上海通志馆　中国乒乓球学院

上海地情普及系列丛书·口述访谈系列

国球之"摇篮"
上海乒乓名将访谈录 下

Interviews with Great Table Tennis Players in Shanghai

金大陆　吴四海　　　　　　编

復旦大學出版社

《国球之"摇篮":上海乒乓名将访谈录》编委会

主　任
吴一峻　施之皓

副主任
石梦洁　杨　玲

委　员
（按姓氏拼音排序）

陈允荣　方文秋　冯　晔　金大陆　金　丹　李汶凯
吕鲜林　任　杰　石梦洁　孙培初　王於竞　吴四海
吴　维　夏勇明　杨　桦　左华荣

目 录

李振恃：我的一路"贵人"   003

黄锡萍：球缘与情缘   035

张德英：知青冠军   065

陆元盛：心念与志业   091

施之皓：为乒乓球而生   115

沈剑萍：搏出来的世界冠军   151

曹燕华：人随心走   173

倪夏莲：乒坛"常青树"   205

丁　松：路在脚下和前方   241

王励勤：天道酬勤   267

附录

顾寇凤：我的乒乓球裁判生涯   297

跋 /金大陆   325

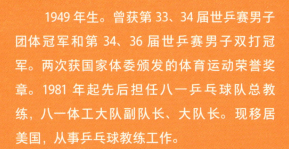

 李振恃

1949年生。曾获第33、34届世乒赛男子团体冠军和第34、36届世乒赛男子双打冠军。两次获国家体委颁发的体育运动荣誉奖章。1981年起先后担任八一乒乓球队总教练，八一体工大队副队长、大队长。现移居美国，从事乒乓球教练工作。

我的一路"贵人"

一、上海市少年冠军

我的经历和大多数打球的运动员确实不一样。

小时候,我打球是受哥哥李小弗的影响。因为那时候母亲乔无疆被错打成"右派",父亲李弗唐被错打成"反革命",都被关起来了。所以我就一直跟着哥哥,他在宁波路第二小学读书,有少年二级乒乓球的证书。他带我去看打球,我一看就挺高兴,挺愿意打。然后,就在家里放张桌子,拿个东西挡一下,跟他一块打。我家住在大楼里面,隔壁的办公室有一张乒乓球台,我们就偷偷跑去打。有时也被人家赶走,说太闹了,后来一看我们打得还不错,一招一式地有模有样,就睁一只眼闭一只眼了。1961年,第26届世乒赛在北京举办,全国掀起了乒乓球热潮,更激发了我打球的兴趣。

我所读的是北京东路小学,体育老师叫董康永,他年轻、有干劲,在学校里组织了一支乒乓球队,称为"五虎将",我是其中一员。我们经常与外校打比赛,经常都是赢的,所以学校也出名了,上上下下都很支持。后来父亲放出来了,因长期睡在潮湿的地上,身体就瘫痪了,原来的单位说给一些钱让他退职。父亲知道我喜欢打乒乓球,而且打得很好,就悄悄用退职金买了一块正胶绿颜色的蝴蝶牌乒乓球拍。我至今还清楚地记得,那天他就叫我过去,把球拍递给我,啥都没有说,不像平时还叮嘱我要努力,这要花很多钱等,我点点头就走开了。没多久他就去世了。董老师看我打得不错，就把我送到四川路的青年宫去训练，同去的还有我的浦光中学同学、后来与我有近六十年友情的老朋友徐文耀。青年宫教练叫李育明，他挺重视我，时常陪我打一打。记得参加市里的少年比赛时，有个瘦瘦小小的削球手叫刘顺根，我就是赢不了他，主要是人小没有力量。1964年参加市少年比赛时，我已进入中学了，就在决赛中胜了他，取得上海市的少年冠军，这在学校里是很大的一件事，连黄浦区的区长也来祝贺我。

这样，我就进了黄浦区区队。区队有两个教练，一个老教练叫丁冠玉，一个女教练叫马宝琴，两个教练对我都非常好，每个周末的邀约比赛，总是派我去打，主要是让我经受各种球路的锻炼。我当时的两个队友，一个叫丁振扬，一个叫金嘉琪，他俩的球打得很好，尤其丁振扬的搓球旋转力度大，对我帮助很大。他们俩无论去哪里打球，都像大哥哥一样带着我。

1965年夏天，上海队教练花凌霄组织上海市少年队的六人集训，准备出征在银川举行的全国少年比赛。我是队中球技最好的。当时家里很穷，母亲工资一个月60块人民币，所以每个月不到月底就要去小额贷款公司借钱，生活确实很不容易。能参加全国少年比赛的集训，我心中很高兴，最起码能吃饱饭，能有肉吃，还能练球，多好啊，当然就练得很卖力。临近出发了，实际上就是在宣布名单前，花凌霄教练把我叫到一边，他说，小李，我得告诉你，这次比赛没有你了。我说：为什么呢？他说，集训一开始就已经定了，因为你跟别人不一样，家庭出身不好，还有海外关系。我一愣，当时就说不出话来。因为以前别人都是在背后说，或者一般都跟你糊弄一下，没有一个人这么明白地告诉你，而且说得这么坦率。花指导又说，不要灰心，好好努力，争取下一次的机会。同时，他说，我也不知道下次的路怎么走。确实当时他也不知道。所以，我很感谢他，直至现在想起来，我都很感谢他，因为他告诉了我实话。

1965年，花凌霄教练（三排左三）率上海市少年队获得了全国男少年比赛混合组冠军。二排左五为张虎根，二排左四为吴新民，三排左四为吴佳蓬（刘顺根提供）

当年日本国家队来上海访问，市里安排他们在青年宫训练。教练就让我们这帮小孩躲在楼上，不出声地观看。日本队有长谷川信彦、荻村和木村等名将。我看到长谷川是蹲着去捡球的，即便是去捡球都在练腿部力量啊，原来世界冠军就是这么训练的。

因为时常代表黄浦区队外出比赛，我也曾和驻沪空军乒乓球队打了几次，赢得多，输得少。驻沪空军队的教练叫杨永盛，队长叫邵启阳，他俩很欣赏我，就汇报上去想要我。但是我的家庭出身不好，怎么办呢？他们就直接汇报到驻沪空军的副政委李道之那里，李道之是将军，他很喜欢看球，有时下了班就坐在角落看运动员训练。杨永盛和邵启阳跟李副政委说，我们看到一个好苗子，想把他招来，但他出身不好，人家都不敢要。李副政委问了一下我家中的情况后当即就说，这跟他自己有什么关系呢？说到海外关系，他还没出生呢!现在不要耽误他了,你们报上来,别人不敢要,我批。

因为李道之将军同意了,所以1966年1月,我进了驻沪空军乒乓队。

二、空军队,我的母队

进了部队,穿上了军装,妈妈也很高兴。

我们在国权路170号空四军大院里的铁皮房子里训练。夏天太热,怎么办?我们就白天睡觉,睡醒了就去游泳,每天晒得跟黑煤球一样,这等于是在进行身体训练了;晚上则全队进行技术训练。当时毕东波、周苗根等老队员陪着我,对我帮助很大。教练杨永盛是削球手,他专门帮我打定点,削出转与不转的球,让我判断和适应。所以,这个阶段训练量大,水

1967年秋,驻沪空军乒乓队在军部大礼堂(今四平路1790号内)门前合影。后排:顾名炜(左一)、周苗根(左三)、毕东波(左四)、李振恃(左七)(任若谦提供)

准也高,营养伙食费 1.05 元一天,我在技术上得到很大的提高。

对我来说,这段日子真是太短了。因为"文化大革命"开始了,部队的训练虽仍然保持着,但也不那么正规了。我们乒乓队开始排演革命节目,下部队先跳"忠字舞",再打表演赛。我笨手笨脚不会跳舞,就混在乐队里敲打扬琴,部队还正儿八经地请来上海民族乐团的专业琴师教我们。下部队表演,尤其是到基层连队,没有乒乓球台怎么办?我们就找人做了张可拼装的球台,这大概是乒乓球运动史上最特别的球台了,每半个球台由四块木头拼起来,整个球台就是八块木头拼起来的,我们背着下基层,到了现场就叠合起来。

驻沪空军乒乓球队下部队到海岛(嵊泗列岛)、哨所等地打表演赛。左图举毛主席语录和右图扬琴演奏者为李振恃(顾名炜提供)

1968 年下半年,驻沪空军乒乓球队解散了。上海邮电队就来要人,问我和顾名炜、王丹华、张福君两男两女愿不愿意去邮电局。乒乓球是上海邮电局的传统项目,去那里的话,一则属于正常分配工作,二则还能业余打球。这样,我就去了邮电队。这时"上山下乡"运动开始了,我的很多中小学同学去了外地务农,我没有这一段的经历。

我分在邮电局转运处机务组，具体工作是搞车床。我的车床师傅叫曹桃莉，第一天报到，她吩咐我压床，动作很简单，结果我用力太猛了，一压那个弹珠就打在我的脑门上，一下子就出血了。车间里顿时乱套了，急忙把我送到医院去缝针，现在我额角还有疤痕呢！我跟师傅说，我笨手笨脚，看起来不是块弄车床的料。他们都笑了。当时在邮电队，一星期练两次球，星期一下班练一个半小时，星期四一点钟以后可以去邮电俱乐部练半天，大约三个钟头。晚上，队友们会碰碰面。当时没有正经训练，就这么两次，并不是后来有人所说的，邮电队李振恃可以脱产不上班，每天打半天球，哪有这回事！邮电队的教练是上海名将刘国璋，他自己也喜欢打，家里的三四个儿子也都打球。他时常陪我练，让我练步伐。当时，凡逢春节、国庆、五一等重大节日，体育馆就邀请上海队跟邮电队打比赛。邮电队主要是顾名炜、余柏年和我。记得1969年国庆节，我们和上海队在卢湾

李振恃加入邮电队后，参加在市体育宫举行的上海工人乒乓球活动。后排左二为李振恃（王有基提供）

体育馆连打了三场球，上海队的各个年龄组，各种各样的打法轮流出来应战，结果三场球的比分都是邮电队5∶4胜，我基本上拿了三分。所以，一下子就在上海传开了。那时候社会上的文化生活很贫乏，每次打比赛观众很多，我手中没有二三十张票去打点熟人和朋友就麻烦了。邮电局机务组的工人们对我非常好，各方面很照顾我，有个年轻人叫张建国，他喜欢打球，天天和我在一起，每次比赛他都要票去看，我如果不给他，就觉得好像对不起他。其实，不是上海队的技术不行，是他们心理障碍重重。后来，我听上海队的人说，一问谁愿意与李振恃打，都没人愿意上场。回想一下，跟他们的一些选手也有打成1∶1的，甚至决胜局我曾以16∶20、14∶20落后，最多的一次是以12∶20落后，但一到20分对方就停住了，被我反败为胜。

第31届名古屋世界锦标赛后，因"小球"转动了"大球"，英国、日本等世界强队纷纷来上海访问。这时，上海队为了保证战绩，便从邮电局借我去打这些比赛。之前，我还去上海队训练过一段时间，应该说这里的技术训练、身体训练，包括伙食都要比在邮电队好多了。跟英国队交手，上海队以5∶3获胜，我拿了三分。上海队借我的次数多了，连食堂的师傅都认识我，每次都在我的盘里多盛一点菜呢。1972年，日本队来上海访问。我代表上海队在江湾体育馆与世界冠军河野满打了一场遭遇战。平时在邮电局队练习时，地面是大理石的，很滑，加上球台也不好，练球效果不理想。到了江湾体育馆，球台、地板很适宜，观众又那么多，灯一打开，我非常兴奋。我记得一上去就觉得他的球怎么这么慢呢，我完全可以用正手拍他，我胜了第一局，第二局河野满赢了我，第三局我又胜得比较轻松。当时是上海队的杨瑞华给我做场外教练。借我在上海队练球时，杨瑞华曾教我一手侧身打直线，我很感谢他。我下场后，杨瑞华高兴得喜笑颜开。

其实,自"文革"以来的四五年,我并未进行过正规的大运动量训练,却能在正式比赛中赢下河野满,说明我还行,在这方面还有一点才能。原来并不知道世界有多大、水平有多高,只是在场上看,因为没有机会嘛。所以,这在很大程度上提高了我的自信心。然而,话又要说回来,这次赢了河野满之后,他却成了我以后最难对付的一个对手。

我和邮电队都有点小名气了,江苏、浙江、湖北、湖南等省的乒乓球队到上海来,都邀请邮电队打比赛,我几乎没有输过。当时湖北队有一个叫肖作云的队员,他是胡道本的学生,中台打回头很好。他去了北京,胜了不少国家队的人,所以,来上海时提出要和我打一次,我以2∶0赢了。他说,这次不算,再打一次。我又以2∶0赢了。这不是说我有多强,只是拿这个例证对照一下,我觉得自己还可以到乒乓世界里去打一打。但在邮电队里要拖多久呢?再这么拖下去,还有希望吗?同时,上海队借我出场,却又因家庭问题不调我,我也死心了。当然,当时大环境如此,我并不怨恨任何人。只是有的人表示同情,处理得柔和一点;有的人则嫉妒在心,甚至落井下石。

1972年年底,空军队的周苗根带了空军政治部的介绍信来上海找我。因为1973年要搞全军运动会,乒乓球怎么能取

1972年,拥有河野满、伊藤繁雄和长谷川信彦等名将的日本队来上海访问。比赛结束后,上海队与日本队在江湾体育馆休息室合影,图中右三为李振恃(刘明权提供)

得好成绩呢？毕东波、周苗根便建议把我调回空军队。那天，我正在机务组上班，周苗根来到我的车间，问我想不想回空军。我说，当然想啦！都二十好几的人了，不能再耽误了。他说，除了告诉你母亲，你不能跟任何人说。我一听就跳起来了。但他同时说，邮电局能不能放你，得靠你自己去申请。

邮电局的党委书记叫杨克瑞，我们都叫他老杨，他是很有水平的军队转业干部。我去办公室找他，他秘书说，老杨在住院呢，等他元旦出院以后再找吧。我说，那不行，我有事。秘书问我什么事，我只得瞎说有重要比赛，想请老杨去看看。秘书告诉我地址后，我骑着自行车赶紧去华东医院。老杨在病房里正躺着，他平时也看我打球，就说：小李，你怎么来了？我说，来看你。他说，不会吧？我说，正好路过。他说，不会吧？大冬天的你来看我干吗？我把旁边的窗帘都拉上，说，有个事想找你啊。他说，没有外人，说吧。我说了自己的情况，然后说，现在机会来了，想让你批准我回空军。老杨说，那就回去呗。我简直不敢相信自己的耳朵。我说，你此话当真？他说，你的事我都知道，我答应了。正当口，门"哗"地开了，涌进来一帮人，你们知道谁来了？是上海的造反派头头、大名鼎鼎的陈阿大！他带队来慰问老干部。陈阿大也时常看工人队跟上海队比赛，他问我怎么来了，我支支吾吾地不知嘟噜了什么。陈阿大说，你出去一下，我跟老杨说个事。我紧张地看着老杨，老杨也不表示什么，我只得退出病房。在门外的这短短几分钟里，我的内心翻江倒海，这对我这一辈子是多么重大的事啊！若是老杨跟陈阿大说了，就坏事了，陈阿大是工交口的负责人，他是绝对不会同意我离开上海的。陈阿大走后，我赶紧进去问老杨，急得两手都出汗了，我说，你没有跟陈阿大说吧？老杨说，不用担心，我们谈别的事。我一下子放下心来。

空军这边也怕出事，周苗根跟我说，已打电话回去请示了，你这些天不要住在家里，住到军队的招待所去。我妈妈一听，就掉眼泪了，她也不理解此中的复杂，就哭着说，我们不打球了行不行？周苗根没有办法，就勉强同意我住在家里。这些天，我每时每刻都感到紧张。元旦上班以后，我和周苗根赶紧去邮电局办了手续。恰恰在这个时候，也即在办这个手续之前，上海队通过正常渠道下了调我的批文。你说这个事情怪不怪，命运捉弄人啊。

1973年1月18日，周苗根陪着我去虹桥机场，上了回空军队的飞机。在十分保密的情况下，也有不少人来送我，但也怕路上"劫人"，一直提心吊胆。飞机起飞了，我从舷窗上鸟瞰着上海的街景，默默地跟上海再见了。

当然，我还是很感谢上海的。在上海期间的磨炼锻铸了我，成了我宝贵的财富。后来，我听说在市工交口的大会上，陈阿大点名批评了杨克瑞。1974年，我取得了亚洲锦标赛的第一块金牌，就直接把它寄给了杨克瑞。

三、1973年的故事

回到空军队后，我告诉自己，时间不多了。因"文化大革命"的关系，我从1968年到邮电这支业余队打球，尽管非常可惜，却是谁也改变不了的命运，现在则要与命运搏一搏了。当时空军队驻地在沈阳，毕东波、周苗根等陪着我训练，有时也会跟辽宁队打一打。辽宁队颇有实力，陈锡联、毛远新也会来看球。1973年春天，我代表八一队去呼和浩特打全国分区赛，北京队、天津队、河北队、国家青年队都在这个赛区中。我们把所有的队都赢了，包括国家青年队。

那时候不懂，因为感觉时间不多了，就拼命练，比赛时又用力过猛，结果把右肩打伤了，1981年世界比赛时还复发了呢。1973年初夏，全军运动会开打了，我跟毕东波打进决赛，我俩分获冠亚军。因为整个比赛我只输了一局，全军运动会打完，就直接把我调到了八一队，备战10月份的全国比赛。我从未参加过全国比赛，不知道是个什么滋味，只知道竞争激烈，水平非常高。八一队的领队是贺捷，非常高兴我能到他的手下，所以很重视我；教练是陆巨芳，他刚从国家队退下来。八一队的训练强度很大，每天上午、下午两场，晚上还加班。陆巨芳告诉我，正手击球要有一点摩擦，这对提高命中率有好处。老将毕东波也一直帮着我练。

  这一年，真是老天有眼，我的人生命运发生了根本性的变化。说来也怪，当时还发生了一些有惊无险的事。整个夏天，我大概就一个半天没有练，那时球熟得闭着眼都能打。可能练多了，右手顶着拍子的地方红肿了起来，疼得没法握板，有医生说是个鸡眼，要动手术，起码一个星期不能练，这不就要命啦！我去八一队医务室找洪大夫，他说不是鸡眼，是你磨得太多，顶得太厉害，下面起了个水泡。于是，他拿消毒后的刀片把老茧刮掉，下面真是一个发亮的水泡，水泡挑破后抹点药就不疼了。八一队的训练基地在红山口，有一天我与队友带上面包、汽水去爬山，花了两个多小时爬上山顶，整个香山和海淀都在脚下。为了尽早赶回去训练，我便想拉着树枝径直下山。这山有几百米高呢！谁知我跳下坡，刚拉着树枝，"砰"一下就滑下去了。我当时就觉得完了，突然一下子停住了，我的身子被山崖边的一棵树挡住了。结果裤子被划破了，右腿出了很多血，后来小腿膝盖上留了一个大疤。真是"大难不死，必有后福"。10月份，我代表解放军队去武汉参加全国比赛，组委会招待大家吃武昌鱼，我回宿舍不久就上吐下泻，全身疲软得不能动。领队贺捷急坏了，送我进医院的单人病房打点滴。一天以后，我想了一下，态度坚决地对贺领队说，夏天练得那么苦，这一辈子第一次的机会来了，这么躺下去好人都躺坏了，你死活得把我从医院弄出去，否则我就偷偷跑了。但医生说不能出去，医院得负责任。还有一天就要比赛了，我突然觉得好一点了；再隔一天，精神也好起来了，吃东西也正常了。比赛正式开始，52个职业队打团体赛。八一队一路顺水顺风，我发挥得也很好，只输了三场。因为第32届世锦赛中国男队输了，国家队的教练分散在场子里看人，徐寅生和李富荣也来看我比赛。我当时没有想太多，亏得没有想太多，否则缩手缩脚就打不好了。八一队打进了决赛，最后输给了辽宁队。

打完团体赛后休息一天，那天贺捷带着我，正巧在走廊里遇见徐寅生。我当然知道徐寅生，大家都是上海人，但没说过话。贺领队大概觉得我们已打到团体第二了，就直接问徐寅生：李振恃能进国家队了吧？当时就我们三人在场。我离开也不是，不离开也不是，低着个头站在旁边。徐寅生很干脆地回答了贺捷，不行，他不拿男子单打冠军，不可能进国家队。在中国，最难打的比赛就是全国乒乓球锦标赛，尤其是男子单打。说老实话，我当然想进国家队。但就我的特殊情况，技术上有贵人相助算是绿灯的话，政审方面却是红灯。这边是绿灯，那边是红灯，红灯时间长，比绿灯还厉害。所以我没有说啥。心中只有一个念头：经历了团体赛，国家队那么多大名鼎鼎的高手并不是不可战胜的。这不是说我的水平有多高，有多骄傲，而是我还不知道深浅，当时只是叮嘱自己，上场了不要害怕。

单打开始了，小组赛五人取一名，输一场就危险了。我这组里有国家队的谷振江和刘荣海，结果，我以全胜战绩出线。进入淘汰赛后，我一路以3∶0赢了国家队队员王家麟、李卓敏、许绍发等，我跟周兰荪打的半决赛也比较顺利。他人高马大，反手特别好，每年联赛都凭实力打进前四名。我跟他硬打肯定不行，便打虚虚实实的套路，最后以3∶1取胜，进入了决赛，对手是国家队的刁文元。

有意思的是，当时半决赛原定在两张球台同时开始，我都在等着入场了,却宣布刁文元和李鹏在上半区先打,我跟周兰荪在下半区,故而晚15分钟开始。据当时的传说,是毛主席要看转播,不知道是不是事实。这样,我就坐在旁边看刁文远与李鹏打第一局比赛。真是老天开眼了,为什么这么说呢?我没有想到国家队的李鹏接刁文元的发球竟然飞天飞地,不是下网就是出界。我仔细看了刁文元魔术般的发球动作,他这么一拧反手发到你正手,上下旋总有一点不一样,发上旋的时候是从上往下,发下旋时则有一点往侧面。这个小漏洞被我看出来了。赛场上的每个人都说,我若进决赛,跟刁文元的球不好打,主要是他的发球不好接。

单打决赛之前,我和伍时宝搭档,与浙江队的徐阿科、朱乃桢进行了混合双打的决赛,我们以3∶1拿下,获得了冠军。这对我也有帮助,因为人活动开了,气氛也适应了,赢了混双心情也很爽。一小时后,我与刁文元的男子单打决赛开始了。当时,刁文元也没有太把我放在眼里,入场的时候,我穿短衣短裤,他穿着绒衣。第一局他先是笑眯眯地发球,我一看是从上往下的,就正手一板。他觉得有点奇怪,认为我可能是蒙的,第二个又来个从上往下的动作,我再打一板。第三个发球,他往侧面发了,我一看是下旋球就搓一板。掌握了这一窍门,我连胜两局。第三局打到以18∶12领先。我思绪一转:再拿三分就是男子单打冠军了。结果一分神,场上比分17∶18了。我定定神后处理了几个来球,以21∶19赢了刁文元,荣获了1973年的全国比赛男单冠军,顺利地进了国家队。

1973年对我来说是命运的转折年,多么重要,多么有意义。

四、李富荣说,你要面对世界了

在国家队,真是非常荣幸,李富荣成了我的主管教练。

1973年第32届世乒赛上，中国男团输了，李富荣带领大家要打"翻身仗"，全队上下提振士气，气氛很好。李富荣对我说，你本是在国内打球，现在要面对世界了，所以，一个是对付弧圈球的能力，一个是发球，要练好。这样，我就跟许绍发学习高抛发球。李富荣再派两个弧圈选手，一人站一个角，同时拉多球，我练得非常苦。李富荣为了锻炼我，早晚下课后还经常跟我挑战打计分比赛，他刚刚退下来，水平非常高，我不是以2：3输，就是以3：2赢。经过整个冬训，我的技术提高了很多。

1974年初，国家队准备去朝鲜访问。出访得有护照，办护照就要政审，我这个问题又一次出现了，所以队里迟迟不宣布名单。八一队领队贺捷听说我的政审过不了关，着急地从红山口赶到国家队，我记得他找了徐寅生和李富荣，他表示需要军队方面提供什么帮助、需要开什么证明，军队都可以出面。实际上，国家队是想让我通过去朝鲜拿到出国的护照，接着4月份去日本，7月份要打亚运会，年底再访问欧洲，第二年就可以打世界锦标赛了。后来，我听说徐寅生和李富荣写了报告给周总理，说国家队要打"翻身仗"，准备要用李振恃，现在卡在政审这边，得有人出来说一下。后来，这个问题就解决了。去朝鲜不是打什么比赛，就是共同训练。回来就去日本参加亚洲锦标赛。刁文元跟我同一个屋。我是第一次打这么重要的国际比赛，他告诉我高手对垒时的特点，提醒我要准备点什么、要注意点什么，对我帮助很大。团体赛中我赢了长谷川（单打半决赛中，我输给了他），联想1965年时，我一个小毛孩看他在上海青年宫训练，现在却能亲自在日本的赛场上跟他比赛。当时自己觉得还行，还能努力为国家争光。

去朝鲜、去日本，一切都是为了在第33届世乒赛上打"翻身仗"。从日本回来后，李富荣找我谈话，提醒我哪些方面需要提高等。我很喜欢李富荣当场外教练，他很有激情，很给劲儿。

1974年，我参加了伊朗亚运会。有一天，徐寅生来房间找我，他说马上要举行开幕式了，你的头发要理一下。那时候年轻，觉得头发长一些漂亮啊。他说，不行！我说，上哪去理呢？他说，我给你理啊！他边理边修，我在亚运会照片中的发型就是徐寅生为我理的。我想这大概是徐主任对我首次担当中国乒乓球队主力队员的鼓励吧。在这届亚运会上，决赛仍然是对日本队。梁戈亮打得很出色，他拿了3分。打到第九场时，场上比分是4：4。这时，我上场对日本的左手横板选手久世雅之。第一局我输了，若是再输一局，本届亚运会中国队就没有这块金牌了。我第二局胜了，第三局一直打到15平，我看见徐寅生一直在那里很冷静地站着，李富荣则一直给我加油。还好，第三局我以21：16拿下了。中国男队夺得团体金牌。

这是我面对世界的初始步伐，以后的步子就大了。

五、历经世乒赛

第33届世乒赛的名单下来了，我和梁戈亮、许绍发、陆元盛等是团体赛成员之一。出发之际，许多人来首都机场送行，让我们放开打，过年时好好吃顿饺子，因为团体决赛正逢中国春节。我们是经广州、香港赴印度的，在广州，时任广东省委第一书记赵紫阳在宾馆宴请我们，鼓励我们好好为国争光。到了印度之后，我们抓紧时间适应环境，一路打得都比较顺利，赢了匈牙利，赢了日本，最后跟南斯拉夫打决赛。谁知关键时刻，我又拉肚子了。

这次是怎么回事呢？印度2月的气候太热了，李景光经常约我一起吃饭，还提醒我喝水不要放冰块，但我练球回来，忍不住在水里放了两块冰，然后就腹泻了。打决赛的时候，我排在第二、四、七的主力位置上。前两盘都胜了，场上总比分是2∶2。第五场陆元盛对舒尔贝克，这一场非常重要。小陆手上很有感觉，发挥得特别好，以2∶1击败舒尔贝克，拿下关键的一场，使中国队3∶2领先。接着，许绍发赢了卡拉卡舍维奇，我们以4∶2领先，胜利在望了。第七场我跟舒尔贝克打，我应该把他赢下来。但是我太兴奋了，第一局以19∶17领先，他发短球到我正手，李富荣在下面讲，不要太冒，不要太凶，我自信没有问题，发力过头，结果输了。第二局以19∶16领先，急切地想打"翻身仗"，拼过头的毛病又犯了，结果又输了，比分变成4∶3。第八盘许绍发定乾坤，中国队以5∶3战胜南斯拉夫，荣获世界冠军，全队上下非常高兴。

我作为在坎坷中奋起的队员，亲手挑起了为国争光的重担，很高兴，也很激动。回想起来，这才意识到，母亲从小教育我要有三个"气"，第一要有"志气"，第二要有"骨气"，第三要有"勇气"，潜意识中起了非常重要的作用。我之所以能从困难的境地中奋起拼搏，成为世界冠军，除了集体的帮助，这三句话起了非常重要的作用。

1977年在英国伯明翰举行的第34届世乒赛开始准备了。回过头来看，这次的准备最顺利、最充分，也最细致。当时细到什么程度？比如，根据不同的对手进行沙盘推演，我第一板发到哪里，对方大概回到哪里；我第二板再打到哪里，对方大概再回到哪里。如此准备六七个回合，全队开了很多次的会来演示和讲解。所以，第34届的时候，自己更成熟一些，分寸就掌握得比较好，心中有数了。

同时，主教练李富荣的工作做得很细，每天我们坐大巴去场地比赛，有队员坐在我旁边，李富荣一上来就请那个队员换位置，他便跟我一路聊，感觉他非常信任我。

小组赛里先对匈牙利队,我和郭跃华、黄亮三人上场。我第一场赢了克兰帕尔,因没与他交过手,只知道他球很好,上去就"咬"住他,交手后发觉他没什么特殊的招数,之后就比较顺利了。我打第五场时出了一点小插曲:英国的女裁判上来就连判我发球违例,输两分,这就争辩起来了。我也有点赌气,冲着下面说,这没法打啊!李富荣去抗议了,我就走到自己的场边。这时,徐寅生拉了我一下,很坚定地说,我们需要你这一分。我看了他一眼,点点头,表示知道了。我

李振恃在第34届世界乒乓球锦标赛比赛中的高抛发球

知道这一分不拿下来,整个队就麻烦了。这一场,我以2∶1赢了回来。其实,对手也不认为这个判罚是对的,因为世界高手之间,没人愿意借助外力赢球。第八场,郭跃华赢了克兰帕尔。我们以5∶3胜了匈牙利队。

我们预测决赛时还会碰到匈牙利队。谁知半决赛时,匈牙利队以3∶5输给了日本,河野满一人拿了三分。我们的半决赛对手是瑞典队,我打的是第一、五、九场,第一场对本格森2∶1赢得很紧张。第五场我对约翰逊,决胜局,我以20∶19领先一分,他正手击球好,外号叫"锒头",身材也高,侧身位站着,就是告诉我要用正手来接这个球。这就看我发的高抛球能不能发到位了。我吸了一口气,定了定神,一个直线发到白线上,他一下子扑过去倒到地上。这确实是我高抛球练了这么多年发得最

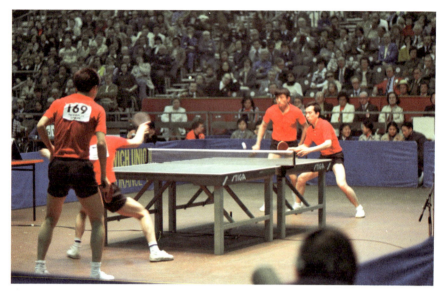

李振恃（右二）和梁戈亮取得第34届世界乒乓球锦标赛男子双打冠军

好的一次，真正派上用处了。我们以5∶0战胜瑞典队，看上去似乎赢得很轻松，实际上我们也可能以0∶5输掉，因为每一场的胜负都是两分球。

团体决赛对日本队，李富荣跟我说，决赛你就不打了，让梁戈亮上。我很想打决赛，我说可以拿两分。李指导说，你已立大功了。单项比赛开始了，我和梁戈亮荣获双打世界冠军，两人配合得很默契，主要是梁戈亮发挥得更好一些。回来以后，正逢全国锦标赛时期，好多教练一起开会，听李富荣做报告。李富荣说，这一届世界锦标赛，李振恃是打得最好的，是立了大功的。我想决赛我没打啊，哪来那么高的评价？后来我才意识到，因为我打欧洲强队成绩突出。

到了1978年，有一天，徐寅生找了我的主管教练李富荣，李富荣再来找我商量，说老徐有个想法，想让我打生胶试试，像日本队河野满的类型。我是比较开放的，李富荣也说可以试试，我就把直板快攻的正胶胶皮换了。这样，队里就临时派我带几个年轻队员去英国打锦标赛，看看换生胶以后的效果。因为没有碰到超一流的对手，自然都赢了。回来后教练问我怎么样，我说老实话：这个比赛还看不出来。接着，就是在福州进行全国比赛。这次比赛打得不错，八一队拿了团体冠军，我和张德英拿了全国混双冠军，总的感觉生胶对付弧圈球还可以，弱点是发球和拉小弧圈的旋转不够了。我征求了一些队友的意见，然后，把思考后的想法告诉李富荣，第35届世乒赛在即，是不是还改回来？李富荣也说生胶没有太大的优势，就同意了。

中国队第33、34届拿了团体冠军，面临第35届世乒赛，全队上下都想来个"三连冠"。回顾历史，1961年、1963年、1965年，中国队连续三届获得男团世界冠军，70年代再来一个"三连冠"，多有意义啊！但这一届我们却输了。回过头看，从准备开始就有一点不顺。有一次训练结束时，国家队一个外号叫"小地主"的左手队员张厚生对我说，今天练得很顺，咱们留下来打个比赛，输赢是一瓶酸奶。我以3∶2赢了他，就去洗澡了。刚一脱裤子不对了，腰弯不下去了。这事情弄大啦，许多天我就直直地躺在宿舍的床上，吃饭、上厕所都要队友帮助。李富荣每天都来看我，队里非常着急，找了全北京最好的大夫，包括给中央首长看病的大夫都来看了还是不行。最后来了一位老中医单文盛，他给我按摩一下后说，咱们去龙潭湖小跑步。我说，别瞎开玩笑啊，我走路都走不了呢！他说，你爬起来，我陪你去，你这是腰肌肉岔气了。这样，我们就去龙潭湖练练高抬腿，慢慢跑步，回来就按摩放松肌肉，一段时间后真的可以训练了。

分析第35届世乒赛的形势，中国男队的主要对手仍是匈牙利队。这之前，我几乎没有输给过匈牙利选手，心理状态也非常好，我知道国家队需要我打这一场。1月份,李富荣带着梁戈亮和郭跃华去了欧洲,主要是尝试对付匈牙利,结果他俩发挥得非常好,把匈牙利的队员都赢了。李富荣从机场回来,直奔训练场馆,他很高兴地拉着我的手说,小老弟这一下可以了,梁戈亮十八般武艺发挥得真好,小郭也赢了,再加上你,打匈牙利我们就有戏了。这一次出访是临时加出来的。事后看,我觉得正是这次出访埋下了祸根。因为从1月到5月初的世界锦标赛,匈牙利队"吃一堑、长一智",找到了办法,更适应梁戈亮的长胶了,这又是一个不顺的因素,既过早暴露了我们的意图和实力,又在无形当中把自己的位置摆高了。

朝鲜是本届世乒赛的东道主。初赛分两个组,我们和朝鲜队一个组,有9个队,按道理第一场是我们对朝鲜。记得在去朝鲜的火车上就开了准备会,哪三个人上场都已经定好了。第二天就要开始比赛,可那个比赛的程序册直到晚上都出不来,我们就意识到会有些问题。领导说,要么大家休息吧。确实很晚了,忽然有人敲门说要开会。原来朝鲜利用东道主的优势改变了安排,第一场是第二天上午中国队对南斯拉夫队。中国队比较习惯于从弱打到强,这就有点打乱节奏了。第二天,我们以5:2胜了南斯拉夫,但大家发挥得都不太理想。

第二场,我们就碰到小组强队匈牙利队。因为前两届我女队单打中张立都让给了朝鲜的朴英顺,朝鲜就是想打到最后,能够从中国队这边获得一点帮助。我和梁戈亮、郭跃华迎战匈牙利队。我第一个上场对克兰帕尔,竟然出师不利,输了。当时的感觉就有点不对,怎么过来的球跟往常不一样,很顶、很冲、力量很足。很多年以后,匈牙利队名将约尼尔来美国看我,说起此事,才知道克兰帕尔那个时候已经开始用胶水了。他每一场都用胶水刷一下,海绵膨胀起来就容易出球,旋转就更强烈。好几年后才发觉这个秘密，所以克兰帕尔是用快胶的带头人。这又是一个客观原因。

接着，梁戈亮和郭跃华连输三场，场上比分是0∶4落后。我跟约尼尔打第五场，如果这场再输，如果匈牙利以2∶5或者1∶5输给南斯拉夫，中国队连小组都出不了线。场上的气氛令人窒息，空气都凝固了。这时，后面有人拉我，我转头一看，是徐寅生。他示意我早点活动，然后捏捏我的手臂，什么话也没说。我从来没看到他今天的脸色是那么凝重。徐主任意识到的，我也意识到了，我点点头说，我一定给你拿下。结果以2∶1很紧张地拿下了，郭跃华再胜一场，场上比分为2∶4。我对梁戈亮说，你第七盘拿下，我跟小郭翻盘儿。梁戈亮非常激动而又沉重地点点头，但是他最终没有顶住，输了第三分，我们在小组赛中以2∶5输给了匈牙利。其实，梁戈亮并非发挥失常，现场也不急躁，只是匈牙利人都盯着他的长胶，以前是着急"冲"，现在是拼命"调"，看准了机会突然"冲"他。高手之间比赛，出现一点点小漏洞，就会成为大问题，就看谁准备得更充分、发挥得更好。

决赛时再碰上匈牙利队。小组赛中梁戈亮输了三分，打长胶的黄亮也不敢用了，只有卢启伟可以打。中国驻朝鲜大使在使馆招待大家，说要放下包袱，徐寅生也讲话了。我自感心态还是不错的。决赛的场地只放两张球台，女队一张，男队一张，气氛完全变了。卢启伟毕竟年轻，他上去后的第一个高抛球，连球台都没碰到，直接发到地上去了。郭跃华碰碰我的胳膊肘，我说，这下坏了，今天咱俩不拿5分就麻烦了。再说排阵也不顺，我和郭跃华的第一场对手，都是最不愿意碰到的。若是开局好一点，可能还有戏。但卢启伟输了也不能怪他，我自己也发挥得不好，在决赛里输了两场。作为一个老队员，我应该承担自己的责任，当时太想"三连冠"啦！

第35届小组赛中还有一段插曲。我们碰到了美国队。美国人踏上朝鲜的国土，自然不受欢迎。我第一局和美国队一个队员正常打，一下子就以12∶0领先。全场近二万朝鲜观众热烈鼓掌，我当时觉得挺奇怪，这球没什么精彩的啊？一直打到15∶0，我放了一分，这个美国队员对着我深深地一鞠躬。我为什么要把人家打那么难看呢？我没有这样做。

大会休息一天后，开始单项比赛，大家都拼得很凶。我跟梁戈亮是上届男子双打冠军，这届的搭档换成了王会元，结果得了第三名。混合双打中，我和阎桂丽配合，上一届得了第三名。这一届进入决赛，碰上了梁戈亮和葛新爱，领导决定让我俩让了，所以我们的成绩是混合双打亚军。半决赛那天，我们早上八点多进场活动，晚上十二点多出来，在体育馆里闷了一天。回旅馆的路程不远，大家就一起走回去了。当时，有年轻队员说，老李，明天你有戏了。我说，什么意思？他说，你们这对混双刚刚让掉了，不可能让你在一个世界锦标赛中让两项吧。我说，那就不知道了，因为明天半决赛这边是我跟郭跃华，那边是日本的小野诚治对梁戈亮。

其实，男单半决赛之前，是我对上了匈牙利的盖尔盖伊，他在前一轮赢了施之皓。施之皓跟我都是八一队的，他输了后就主动找我，告诉我应该注意哪些变化。盖尔盖伊混双的搭档是马库斯，但他为了要赢单打，混双就弃权了。后来听说马库斯很生气，认为他太自私了。我与盖尔盖伊的比赛是在下午六点开始的，我告诉自己一定要拿下来。上来打得比较顺手，以2∶0领先了。第三局感觉节奏对不上，输了；第四局又以10∶15落后，我知道这局输了，第五局就不好打了。我深深吸了一口气，回过头来看了一眼李富荣。我很喜欢李富荣给我当场外教练，很给劲，有默契。我做了一点变化，连发了五个摆他反手的弱转球，他一搓，我就往他中间一打，这样，竟一口气干脆利落地打成了15平。可以说这是我乒乓球生涯打得最果断、最坚决、最漂亮的5个球。此后，盖尔盖伊乱掉了，我以21∶16赢得比赛，进入了半决赛。

日本队的小野是匹黑马，他一路把中国队的黄亮、鲁尧华都打败了，半决赛对梁戈亮。我跟郭跃华的半决赛就看领导怎么定了。当时，我做完准备活动坐在那里等候，好像是黄亮捅了捅我的胳膊肘说，老李，不好，老徐往你这边走呢。我一看，真是徐寅生朝我这边走来了。他朝我点点头说，你过来一下，有话要跟你说。我知道坏了。在这之前，我已找过领队张钧汉，我表达了很想上去亲自拿单打冠军的决心。我说请老张开会的时候反映一下，我和小野打过十次，都赢了，只有一次是2∶1，他就赢过我一局。所以，当徐寅生跟我说"晚上已经开过会了，单打让小郭上"时，我当然不高兴，心里念叨：真是倒霉！我说，我跟老张说了自己的想法，不知道他汇报没有？徐说，老张说了。然后他就说了第26届时他半决赛让给庄则栋的情况。我的太太张立曾让了三次单打冠军，1973年让给胡玉兰，1975年和1977年让给朴英顺。领导已经决定了，我还说什么呢？我什么也没说，就走开了，赛场上我还是服从了。

不料小野以3∶2赢了梁戈亮。我这边已经让掉了，郭跃华与小野将进行男单冠亚军的决赛。小野上场后以2∶0领先，此后郭跃华出现大腿拉伤的情况，急诊治疗后，郭跃华赢得一局。第四局没打几分，他就宣布弃权了。小野得了冠军，我与梁戈亮并列第三。发奖的时候，我上去祝贺他，心里说，你这小子，这次真走运啦！话说回来，我为什么能赢小野呢？因为我接发球不搓，我用正胶挑起来逼住他的反手，就成上风球了。这次比赛回国以后，在运动员食堂吃饭，羽毛球队的老教练王文教跟我们很熟，他说，你们三大主力怎么都没有把小野拿下来啊？我说，王导，这跟我没有关系，我让掉了，我无能为力。后来领队还找我谈了一下，批评我不该发牢骚。

日本选手小野诚治获得第35届世界乒乓球锦标赛男子单打冠军，中国选手郭跃华（左一）获得亚军，李振恃（左三）、梁戈亮并列季军

1979年夏天，张钧汉通知我和张立可以结婚了。当时主力队员结婚是要批准的，那时我30岁，张立28岁，年龄也不小了。因为我的经历比较曲折，在上海的妈妈很高兴，就在南京路新雅饭店定了几桌。领队张钧汉知道了，很严肃地来找我谈话，大意是，你们结婚大摆酒席，社会影响不好，不要搞了。我很尊重张钧汉，彼此也很熟了。我说，结婚嘛，大喜日子庆祝一下，没有大摆酒席，只是亲戚朋友请了几桌。领队说，这不行，一点余地都没有。没有办法，我就告诉妈妈了。我妈妈很不高兴，却也没有办法，后来有朋友出了主意，把新雅饭店的酒桌退了，不声张地在海员俱乐部搞了几桌。从1979年到今年（2019年），我跟张立结婚近40年。她今年年初去世，"自此无期别"，我非常怀念她。

第35届输了，第36届一定要打"翻身仗"。这时，我成了男队的队

1979年，李振恃与张立新婚留念

长，所以在这两年绷得很紧的节奏中，我都没有很好地照顾已怀孕的张立，都是国家队的领导、医院、队医关俨给她特殊的照顾。第36届是准备让蔡振华、谢赛克、施之皓等顶上去。张立、梁戈亮退役了，我仍在队里坚持训练，我跟李富荣说，这次一定把奖杯拿回来，在我手里失去的，我要亲手交给你。这就是说，我们做了两手准备，万一年轻的上不去，那么老的就要顶下来。所以，我们去上海打热身赛时，张立已过了预产期，我还是随队去了上海。女儿在友谊医院诞生了，我跟张立商量，为女儿取名李南。第一是纪念爸爸妈妈最后一次打世界锦标赛是在南斯拉夫；第二，我是上海人，是南方的；第三，张立是河南的。所以女儿的名字有了三重意思。

第36届世乒赛双打是我和蔡振华搭档，他正手好，反手有变化，很有冲劲，很有智慧。因为双打配合的关系，我跟蔡振华住一屋，我记得是旅馆的 134 号房间。男团决赛又碰上匈牙利队，我是男队队长，教练组考虑决赛名单的时候，徐寅生要我参加教练组会议。我一进门，男队教练都在了，徐寅生问我，你怎么看？团体决赛焦点在蔡振华身上，因为有教练提出小蔡在团体赛中输给了瑞典的本格森和日本的小野。我说，蔡振华跟我一个房间，他的思想情况挺正常的，他已憋了一口气。我又说，小蔡输的两场球，对手都是左手将，他打左手，发球挡不住，人家看得见；匈牙利队是三个右手将，接小蔡的发球会有一定的问题。所以，我觉得蔡振华应该上。说完以后，我就离开了房间。最后蔡振华、谢赛克、施之皓三人以 5∶2 获胜，谢赛克拿了三分，蔡振华拿了两分。

男子单打进前 16 名的时候，我输给了瑞典的阿佩伊伦。我先以 2∶1 领先，第四局小分以 11∶4 领先，怎么会输呢？因为 1973 年打全国分区赛的时候，我的肩膀拉伤成疾。这次打阿佩伊伦的一个半高球，一下子又拉伤了，正手不能发力，就只能碰过去，被阿佩伊伦翻盘了。当时的队医张家瑞一摸我身上的肌肉，就知道今天不行了。他紧急为我治疗，保证了我跟蔡振华顺利地拿下了双打世界冠军。可惜张医生已经不在人世了，我很感谢他。

六、我想说一声"谢谢"

打完第 36 届世乒赛以后，我退役了。

之前，李富荣对我说，你回八一队当教练，希望能重点抓一抓范长茂，放在你手里抓两年，准备第 37 届世乒赛派用场。范长茂发球好，步法灵、反应快，临场发挥佳，是个好苗子。所以，我在训练中有意识地盯着范长茂，几乎每天都加班陪他练球，他自己也很努力，后来参加了第 37 届世乒赛，为中国队夺冠出了力。我还培养了王涛、万国辉等。

1983年，第五届全运会在上海举行，八一队在团体赛中的整体实力并不占优势，范长茂脚又受伤不能打。所以，在此要说说施之皓。施之皓小我十岁，是一个很有智慧的人。全运会打团体的时候他尿血了，但仍在场上拼搏，起到了一个老队员的作用。我很感谢他为全运会团体赛出了那么大的力，在我任职教练时，帮助八一队获得团体冠军。后来，我当了八一队大队长以后，他来找我，说想回上海，实际上我很想留他在八一队发展。他说了多方面的因素，我让他写了个报告，就批准同意了。

在八一队任职期间，十岁的刘国梁在八一乒乓队训练。他的第一个专业队的教练，就是重新调我回空军的周苗根。周苗根对我说，刘国梁很有天分，很有灵气，很有前途。有一天，我早上八点要召开重要会议，张立在国家队带队集训，我又必须送女儿李南去托儿所，去托儿所骑车大概需要二十分钟。突然，有人敲门了，很响。李南一转身把脖子给扭了。我一开门，外面站着三五个人，说是河南体委的，为刘国梁的事堵住我家的门。他们说，你是河南的女婿，今天我们要把刘国梁带回去！我八点有会，女儿伤了还得送托儿所，我的态度有点急了，脱口而出：这不可能，这人走不了。原来河南方面给刘国梁的父亲施加了压力，不给他评教练职称等。后来，他们又来找我谈过几次，我不可能放人，当然没有商量的余地。我的老岳父也曾对我说，人家对你有意见。我说，有意见我也没办法，只能希望他们谅解了。说句老实话，我要是同意刘国梁回河南，刘国梁就没有今天了。刘国梁从八一队出发，一路进了国家青年队、国家二队、国家一队，一直到今天。这是个非常特殊的人才，从这个角度说，我留住刘国梁就是发掘了人才。

1987年，第六届全运会在广东佛山举行。那一天，我和秘书走进旅馆，见国家队的教练员围坐一桌。这时，徐寅生叫住了我，他说，李振恃，问你个事，第 35 届世乒赛还记得吗？跟美国队打到 15：0，是怎么回事啊？我说，观众起哄要美国队难看，我让了一分。徐寅生话锋一转，当着大家的面说，第 35 届你男子单打让球，这是个失误，那届你应该拿单打冠军啊。八年啦，说心里说，徐寅生的这番话给了我很大的安慰。

从八一体工大队领导岗位上退下来后，我和张立带着女儿来到了太平洋的西岸，重新开始了人生。我们开了一个乒乓球世界冠军俱乐部，为美国的乒乓球运动做了一点贡献，得了两块世界级比赛的铜牌。整整六十七年，美国乒乓球队没有在国际比赛中得到过好成绩。1995 年，美国队在亚特兰大举办的世界杯团体比赛中赢了瑞典、比利时和法国，输给了韩国，获得男子团体第三名。我们俱乐部有一个叫 Kanak Jha 的孩子，从五岁就

李振恃全家照

跟着我们一起训练，2018年在青少年的奥运会比赛中拿了铜牌。我们一家子都搞乒乓球，我的女婿叫Stefan Feth，是个德国人，现在出任奥运会美国队的教练和国家队的男队教练。

现在我定居美国，生活舒适安逸。我已做外公了，享受着天伦之乐。小外孙两岁，他的中文名字叫李宇明（英文名Mika Feth），是我和张立共同取的。我们全家说三种不同的语言，小外孙在家里和爸爸说德文，与我和张立说中文，和我女儿说英文。回想一生的路程，我对过去没有遗憾，只有感恩，我从内心里感谢所有帮助过我的人。

在太平洋的两岸，中国是第一故乡，美国是第二故乡。我非常感谢中国和美国，我怀念中国故乡的过去，展望美国故乡的未来。

我的全家，包括张立在内，要深情地说一声"谢谢"。

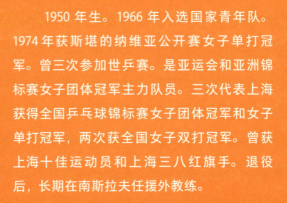

———————● 黄锡萍

1950年生。1966年入选国家青年队。1974年获斯堪的纳维亚公开赛女子单打冠军。曾三次参加世乒赛。是亚运会和亚洲锦标赛女子团体冠军主力队员。三次代表上海获得全国乒乓球锦标赛女子团体冠军和女子单打冠军,两次获全国女子双打冠军。曾获上海十佳运动员和上海三八红旗手。退役后,长期在南斯拉夫任援外教练。

球缘与情缘

一、追梦开始的地方

  我家住在上海巨鹿路，离家不远有个马路菜场，下午一收摊，就有很多人在空木板上打乒乓球，我也跟着一起玩。家里有洗衣板，在家里也用它当球桌打着玩，乒乓球破了就用橡皮膏一粘，总是玩得很开心，这成了我乒乓球生涯的起点。

  1958年9月，我进入巨鹿路第一小学读书。学校只有一个很小的操场，乒乓球台放在教室里面的，楼上一张，楼下两张，还有一张放在天井里。课间休息的时候，大家都奔着去抢台子，玩的是摆擂台，输了就下来。也就在这个过程中，体育老师纪大成发现我是打球的苗子。纪老师的家在江苏涟水，所以吃住都在学校。他把我们当成自己的孩子，平时训练、比赛带进带出。有一次下了很大的雨，我们外出比赛回来，纪老师把我们一个个送回家，自己淋得满身雨水。我妈妈近九十岁了，还一直记着他。其实，下面的基层教练是很辛苦的。纪老师自己打得不怎么样，但因喜欢乒乓球，带我们训练很严格。他是巨鹿路小学开展乒乓球活动的第一功臣。

  我们校队是在上学之前和放学以后训练，周日也不放假。家里是支持的，我也是绝对自愿的，不像现在是家长催着小孩去打球。有时候时间来不及，早饭不吃就往学校跑，记得妈妈还会给我送早饭。我一开始打直板攻球，后来改成横拍削球的过程也蛮有趣的。校队训练时，纪老师楼上楼下来回跑，我很调皮的，老师一走开就换成横板打削球。纪老师时常会在

巨鹿路第一小学的学生在大白菜边打乒乓球,玩得不亦乐乎

教室门上的小窗口看我们是否认真练球,有好几次受到纪老师的批评和训斥。记得那一次又偷偷打起了削球,被纪老师抓住了。我想这下属于"屡教不改",心里怦怦直跳。其实,老师在外面观察了好长时间,反倒觉得我打削球蛮灵的。这次纪老师非但没有批评,反而说:"你明天开始就改打削球吧。"我真是喜出望外,我那时确实喜欢打削球,也是因打削球进了国家队。

六年级的时候,我进了住宿制的卢湾区少体校(陕西路淮海路口的原上海体育馆)。每天上午走路去母校上课,下午回体校训练。住宿制的体校有利条件很多,当时上海队和国家队来体育馆打比赛,外面是要买票的,我们就可以在窗台上看。小时候模仿能力强,特别是看到林慧卿和郑敏之的削球觉得很有启发,郑敏之的削球离台比较近,她是拼命砍的;林慧卿的动作更漂亮一些,我打球模仿她的动作比较多。区体校的教练叫黄

2013年巨鹿路第一小学100周年校庆时黄锡萍与启蒙老师纪大成合影

增基,他对我的帮助也挺大的。柯元炘老师也经常来区体校陪我们训练。记得参加上海市小学比赛,我们巨鹿路第一小学获得冠军,我是主力队员。

1964年,我小学毕业后被保送到上海五十五中体育班(归属区体校)。第二年去湖南长沙参加全国女少年比赛,上海有三个队参赛,小学是巨鹿路一小,初中是五十五中学,还有一个混合队。最终巨鹿路一小和混合队拿了冠军,五十五中在决赛中以2:3负于福建队,我拿了两分。在与郑怀颖比赛时,我顽强地扑救来球,把两边的挡板都撞倒了,场下的纪老师流下了感动的泪水。因为训练时老师就要求我拼命地去救每一个球,我从小打球就比较顽强,这是我一贯作风的表现。

在长沙比赛的时候,国家青年队的李景光、郝培苏、陈宝庆(后来成为我的先生)等球员都来观摩,还给我们做了现场指导。在长沙,我们还组织学习了徐寅生《关于如何打乒乓球》的讲话,比如要"为革命打球"、碰到对手怎么去分析等。我们把徐寅生讲话的小册子带在身边,每次比赛都拿出来学,从乒乓球里学习辩证法。因长沙的这次女少年比赛我一场未

1965年在长沙参加全国女少年比赛的上海队全体成员赛后参观韶山毛主席旧居合影。三排左二为黄锡萍，二排左二是区少体校黄增基指导

输，回上海后就有点沾沾自喜，训练不顺时还会发点小脾气。黄指导及时告诫我要胜不骄，败不馁，并亲自家访，要求家长配合。

1965年3月25日，即将参加第二届全运会的上海乒乓球队来到市体育宫，徐寅生、李富荣、张燮林、余长春、林慧卿、郑敏之、李赫男等知名运动员来给各区的四十多名少年选手进行辅导。林慧卿辅导小横板张迪兰；我和徐剑琴接受郑敏之的辅导，她手把手地教我们怎么才能把球削得低而转，并笑着说："我在这个年纪时，水平没有这么高。"一同前来的乒乓高手还有于贻泽、周一玲、林秀英等,他们个个乐此不疲,几乎把我们每个孩子都教到了。

1966年2月,在北京举行第二届全国女少年比赛,上海同样去了三个队(巨鹿路一小、五十五中、混合队),结果上海的三个队都获得了冠军,我还获得了"风格奖"。周总理观看了比赛,并亲自给我们颁发了风格奖。总理走到我面前,握起我的手问我是哪里人,我说是上海的,总理又说,从小要刻苦训练,将来为国争光!此刻,我心情激动,心想一定要牢牢记住总理的话。国家体委副主任荣高棠场场比赛都来看,同时为国家队挑选人才。

因为第27届世界锦标赛时女队输了,体委更加注重培养女选手。那时老师也和我们说了李富荣不服输的事迹,要我们树雄心立大志,长大了打败日本选手深津尚子。其实,我们长大后人家早不打了。我们从小接受的教育就是这样:大到为国争光,小到为巨鹿路一小争气。有一篇文章《鸡窝里飞出金凤凰》讲的就是巨一小学的事迹,金凤凰正是以我为例的。为此上海市体委还奖励了巨一小学一张球台呢。

1966年3月1日,我是系着红领巾与市少体的徐剑琴一起去北京国家青年队报到的。实际上调我俩的通知早在半年前就下达了,福建的郑怀颖、天津的李玉环已进了青年队,上海没有放是为了打好这一届的全国女少年比赛。我是直接接到区体校的通知,户口关系一并转到北京。当时家里面很开心,也很舍不得,儿行千里母担忧,也是人之常情。从区体校直接进了国家队,没进市少体,没进上海队,三级跳变成一级跳,又是赶在了"文化大革命"发动之前,真是非常幸运的。比我小一届的张迪兰球技很不错,还有严惠英、陆苏苏曾代表巨一小学两次在全国女少年比赛中夺冠,结果严惠英是到上海市队,张迪兰和陆苏苏则都被分配安徽插队落户了。

当时，她们也是上海的希望、国家的希望，太可惜了！

因为在区体校就是住宿制，在国家青年队过集体生活我也比较适应。我们12个人，6个人一个房间，记忆中还有郑怀颖、张立、李玉环、耿喜林、宋琳等。吃饭是排队去排队回，有点像军事化的管理。训练地点在体育场的看台下面，一间房放两三张桌子，场地也不是很大。当时由胡克明、曾传强、孙梅英负责国家青年队，胡克明是我的教练。国青队的训练不像业余体校，是上下午全天制的，每隔一段时间，还有专车送我们去观摩国家一队的训练，这对我们的提高有极大的帮助。

二、冲动后的醒悟

半年时间都不到，"文化大革命"就开始了。乒乓球队属于走"白专道路"的典型，在国家体委系统受到了批判，球队的训练也基本停止了。那时讲家庭成分，我父母都是工人，我参加了乒乓队的红卫兵，戴上红袖章还觉得挺光荣的，年纪小确实也不懂事。所以，什么"破四旧"、抄家、游行、写大字报，我都参加了，抄孙梅英家时我也去了。她气量很大，外出打表演赛还是指定和我打。后来我们相处得也很好，也去她家拉拉家常，时不时蹭顿饭。

1967年，我们青年队也搬到了体育馆路，与国家一队在一起了。起初，国家队庄则栋、李富荣、郑敏之等"铁板一块"，坚定地保荣高棠。经造反派多次批斗荣高棠后，庄则栋第一个出来造反，乒乓队随后就分化了，造反的造反，逍遥的逍遥。这时候乒乓队发生了几件大事。比如傅其芳、容国团相继自杀了。容国团去世前的一天我还碰见过，那时我跟陈宝庆在谈恋爱，想找地方打球就上了四楼，正好碰到容国团从上面下来，彼此点点头就擦肩而过了。后来想想，当时四楼也没有人的，他一个人上去干什么呢？陈宝庆刚进国家队时，分在容国团那个教练组，所以他受容指导的影响比较大，容国团对他技术上的提高也很有帮助。记得陈宝庆给我讲了一件小事，他刚进队不久，因外事活动比较多，容指导就送给他一件带格子的的确良衬衫。容指导可能了解到，我先生兄妹四人，家境较贫寒，去了国家队也没有像样的衣服，说明容指导对人挺细心，也很热心的。这两件事在国家队的震动很大。

"文革"早请示、晚汇报，跳"忠字舞"是"规定动作"。因为我是红卫兵嘛，总要比别人做得好。虽然我五音不全，还在乒乓球队教唱毛主席语录歌，大着胆子上台指挥合唱革命歌曲。一有"最新指示"下来，我们就欢呼雀跃地游行到天安门。后来，我逐步"消极"起来。因为我与陈宝庆谈恋爱，受他的影响就比较大。他的出身不太好，思想就比较平和，处事为人没有那么激动，有点"逍遥派"的味道。

"文革"后期，庄则栋上任后，在国内大搞"体育革命"，他想拉拢一些人，包括我的先生陈宝庆，因为陈宝庆文化底子好，还能写写东西。但是陈宝庆没有答应，我自然也就疏远了"造反派"。这样，我慢慢地与老一代运动员接触多了，思想逐步发生了转变。其实，我对徐寅生、李富荣、郑敏之等老一代运动员一直很敬仰的。那时，陈宝庆和李富荣住一个房间，平时和他们一起打牌，玩"拱猪捉羊"，输了要钻桌子的，关系挺融洽。这期间，特别是受到第一辈国手王传耀的影响，他是陈宝庆的教练，人很正直，我们心里都很信任他，我和郑敏之、郑怀颖、陈宝庆等经常去他家坐坐，一起聊聊。其间也接触了一些老一辈革命家的子女，比如贺龙的女儿贺捷生等。当时，北京的政治气氛比较敏感，小道消息满天飞。但我们成熟了，会思考了，而根本的一条就是出于对总理的感

原籍为上海的第一代国手王传耀,曾获得第一届全运会单打冠军并多次参加世界乒乓球锦标赛

情,所以,我们都认为庄则栋的一些做法过头了,于是就联名写了一封信给总理,反映体委的一些情况,我和郑怀颖也签了名。信是托贺捷生送上去的,那时候确实有紧张的感觉。我们和王传耀夫妇、贺捷生、郭兰英等一起到毛主席的女儿李敏家吃饭,感觉好像就有人跟着。我们平时去王传耀家都有暗号,情况不太好的时候,窗口会挂一把拖把,意思是不要来了。

粉碎"四人帮"后,我、陈宝庆、郑怀颖等相继加入了党组织,我的入党介绍人是林慧卿和胡玉兰。

三、追求新打法

1970年初，国家队基本恢复了训练，也到屯留的五七干校去劳动锻炼。第31届世乒赛我没有参加。那时候乒乓板正反面的胶皮是同色的，俗称"一色板"，特别是梁戈亮打长胶还两面倒板，搞得神神秘秘的，外国选手意见很大。所以梁戈亮一赌气就改成两面反胶两面拉弧圈的进攻型了。我也是用长胶削球，因受欧洲弧旋球的影响，特别是南斯拉夫的舒尔贝克、斯蒂潘契奇的打法很先进。我便把长胶撕去贴成反胶，由削球改成两面拉弧圈的进攻型。在女队中，我应该是第一个学欧洲两面拉的弧圈选手。当时，徐主任提出正胶改反胶，加个"转"字，在乒乓队内部还进行了讨论，事实证明这确实有前瞻性，对乒乓球运动的发展有很大的贡献。因为从现代乒乓球技术的特点来看，旋转的作用是举足轻重的。现在正胶打法在专业层面已经是凤毛麟角了。

我从守球改成进攻型的两面弧圈球打法，从站位、步法、动作直至战术意识都得改变，难度是很大的，这就要求加倍训练。我的身体素质比较好，身高一米六七，陈宝庆陪着我练。只是因为以前打削球，反手进攻比较弱，只能靠身体素质去弥补了，所以我的特点就是可全台大范围移动，反手过度，基本靠正手冲杀，这在女队属于全新的打法，算是补上了女队的空白。

第32届世乒赛报名前，我已基本掌握了弧圈球技术，但队内比赛排名第九，而参赛名单只能报八人，故没有被选上。但我没有气馁，一门心思地苦练。后来在国家队参赛之前，组织了一场国家队选手和各省市尖子队员参加的公开赛，结果我战胜了准备参加世乒赛的队员，获得了女子单打

由"削"改"拉"后，男友陈宝庆甘当陪练

冠军。队友们风趣地说："还是老九行！"

1971年11月20日，我随团参加第十四届瑞典斯堪的纳维亚乒乓球锦标赛，而后顺道访问了英国、爱尔兰、丹麦、联邦德国和罗马尼亚。教练员是徐寅生和王志良；运动员有李景光、梁戈亮、郗恩庭、刁文元、余长春、李莉、林美群、郑怀颖、胡玉兰和我。去的时间比较长，前后有两个多月。临走之前总理在中南海接见了即将出访的乒乓队成员，还一个个点名握手。记得那次是半夜里叫我们集合，说有首长接见，大家起来就出发了。总理是非常关心乒乓队的，我已多次见过敬爱的总理了。

对于出国比赛，其他人习以为常了，我却是头一回，心里自然很激动。记得刁文元对我说，你是第一次出国吧？昨晚上肯定没睡好吧？在瑞典，该国的农业大臣接见了我们。在英国、联邦德国的反响也比较大，因为这几个国家本身乒乓球水平比较高。去英国的时候，英国48个财团各提供一个座位，出面包了一架专机接送。英国华人比较多，又是乒乓球的发源地，我们受到了热情的欢迎，最后还发给我们每人一本访英的影集。

对我来讲，这次出访主要是跟着学习欧洲的打法，同时也是对我的培养。记得我和刁文元配对混双比赛，半决赛时对意大利组合打成1：1，决赛局20平后我们落后一分，此时我发球，刁文元正手弧圈这板是很有威胁

1974年，黄锡萍在斯堪的纳维亚瑞典公开赛上获女子单打第一名

的。他示意我不要发长球,我当时很紧张,竟发了一个自杀球,把他气得不得了,我心里很后悔。总的来讲,在欧洲跟着李莉、胡玉兰、林美群等老队员也打了几场比赛,没什么压力,成绩也一般。从这以后,我基本每年都随队外出访问,去过日本、朝鲜、马来西亚、奥地利、芬兰、尼日利亚、墨西哥、法国、意大利、南斯拉夫等。1974年,我获得斯堪的纳维亚公开赛女子单打冠军,被国际乒联排名为第10号。按国际乒联的规定,排名10号以内的选手,不占世乒赛的参赛名额,我就此获得了参加世乒赛的资格。

四、"外战"与"内战"

第33届在印度加尔各答、第34届在英国伯明翰、第35届在朝鲜平壤的三届世乒赛我都参加了。那时队里竞争很激烈,除了大年初一,我保证天天训练。虽然我已经列为主力,但队内排名在第四或第五,仍没报上团体,这也与我多次去欧洲比赛的成绩一般有关。

第33届世乒赛单打,第二轮对亚历山德鲁,以1∶3被她的削球防死。第34届世乒赛单打第二轮对上英国的削球手谢莉,又是以1∶3输的。比赛中对方很快适应了我的弧圈球打法,我有力不从心的感觉。第35届世乒赛碰到匈牙利的萨博,她是两面拉打法,盯着反手打我的弱点,场上我自己有些着急,又是以1∶3输了。三届世乒赛单打,三个欧洲选手,都是第二轮,都是以1∶3负,真是无巧不成"输"啊!总结观察下来,欧洲对我的打法很习惯,反而惧怕中国的直板,当然自信心不够也是重要原因。

其实,我这个打法对付亚洲选手时成绩都不错。1974年亚运会,我赢

1975年2月在第33届世界乒乓球锦标赛上,与日本女运动员大关行江一起观看上一年在斯堪的纳维亚瑞典公开赛的留影

了韩国的李艾丽萨。同年在日本横滨举行的亚洲锦标赛,我在团体决赛中力克日本的大关行江。我的国内比赛成绩也十分出色。1973年,我的打法改了不到两年,和徐剑琴、丁赛珍代表上海队获得了全国锦标赛团体冠军,我个人拿到了女子单打冠军,先是在四分之一决赛时战胜了夺标呼声很高的仇宝琴,又在决赛中战胜了广东队的余锦佳。

1976年,因毛泽东去世,全国比赛暂停,结果在南京打了个内部比赛,我取得冠军。1977年的全国锦标赛在上海举行。本来上海队并不被看好,但最终我和仇晨燕、胡旻、李小萍拿了团体冠军,我个人还拿了单打、双打两项冠军。上海作为东道主,包揽了女子组的三项冠军,汪道涵市长挺高兴的。1978年全国锦标赛,我和曹燕华合作蝉联女双冠军,我个人再获全国女单冠军。历经这几届全国比赛,我在团体、单项中总共拿了八个冠军。慢热是我的特点,有些教练不了解情况,起初也比较着急,但是看我不紧不慢地追了上来,也就平静了。上海女队主教练杨瑞华对我的竞技状态是比较清楚的。

有一次,郑敏之对我说:你拿了三次全国冠军,就差那么一点点没拿到世界冠军,好遗憾啊。那时教练之间也有争论,梁丽珍主张我改回削球;庄家富说已经拿了全国冠军,没有必要改了。我的心态还是比较平静的,还是挺想得开的,因为很多事情不是说尽力了,就一定能成功的。

五、乒乓夫妇赴南斯拉夫

在1973年武汉全国乒乓球锦标赛上的黄锡萍

1979年底,我挂拍退役了。回首一生走过的乒乓之路,不能不介绍一个人——我的先生陈宝庆。他年长我六岁,我俩最早相识是在长沙的少年比赛中。在国家队,上海话是"官话",人人都会说几句,陈宝庆、肖新国等还学说上海话。他们的宿舍在我们对面,老逗我们这些上海队的小孩。1968年,我俩就基本确定了恋爱关系,为了事业,直至1977年才结婚。

1972年,庄则栋带队回访美国时,领导曾征求我先生的意见。我看了他的日记,大意是若想继续打球,则提高技术进入主力阵容,就不去美国;若觉得自己差不多了,去访问美国回来后做教练。最后,他选择去美国。在美期间他给我来信,介绍访问美国的情况,如在联合国打表演赛,在白宫受到尼克松接见等。信是通过外事途径转的,也是公开的。我俩从谈恋爱到结婚，虽没有那么多浪漫的事，但心心相印，对事情的分析和判断很一致，他乐观的态度给我带来很多的快乐。我由削球改为两面弧圈，在技术上是很先进的，其中陈宝庆给我很大的帮助，他像我的私人教练一样，对我的训练很严格，当我打得别扭发点脾气时，他会耐心开导我。他还为我写了好多技术总结，我一直保留至今。1973 年，他和王传耀一起访问秘鲁、厄瓜多尔等拉美国家，访问尚未结束，队里中途将他召回派去援助西藏。总的说来，我先生是任劳任怨、比较好说话的类型，所以领导第一个想到了他。

此时，国家队领导征求我俩的意见，问我俩是否想出去做援外教练，并可在伊拉克和南斯拉夫两个国家中挑选。我们选择了南斯拉夫，原因之一是中国正在改革开放，很多方面在学南斯拉夫，我便和陈宝庆去了南斯拉夫诺维萨德市伏伊伏丁那俱乐部。国家队第一对乒乓夫妇被公派援外，那时候可是个挺大的新闻啊。

与南乒协签订的合同是为期一年半，也为参加第 36 届世乒赛的南斯拉夫队搞集训。南斯拉夫的训练体制分为少年（10 岁、12 岁、14 岁三个档次）、青年（15 岁到 17 岁）和成年三个层次，均为俱乐部制，每年举行俱乐部联赛。运动员多为业余训练，个别确实打得好的也有专业的，但打球的资金要本人筹措，如果个人有了成绩，俱乐部也会提供支持。只是到了国际比赛时才组织集训，集训也就十天或两个礼拜左右。其实，欧洲都是这个模式，这与中国的少体校体制是不同的。

我们刚去的时候，10 岁这个档次没有人，14 岁的也就 4—5 人，南斯拉夫乒协为每个档次评 12 人为最佳球员，但一般凑不到这个数。直到我们中国教练去了，才有家长把孩子送来训练。诺维萨德市确实漂亮，是名副其实的花园城市。该市为世乒赛造了一个很大的馆区，并附设训练场馆、

1981年南斯拉夫第36届世乒赛前，黄锡萍与林慧卿在比赛场馆前留影

游泳池等体育设施，餐饮、商业、娱乐等项目一应俱全，等于是城中城。

南乒协为我们租了一套房子，生活用品齐全，全部都是新的；还安排我们在附近的一家匈牙利餐馆吃饭，只要记账签名即可。南斯拉夫人对中国人很友好，一次有个老人走到我们面前问，你们是中国人还是日本人？我说中国人呀。他说，中国人有这么高啊！言语中带着风趣和赞许。刚去的时候，俱乐部训练的场所还没造好，只是在一个废旧的教堂里摆了四张台子。世乒赛的日子临近了，新馆还没盖好，我们都着急，可他们一点不急，直到开幕前几天才盖好。我们俱乐部也搬到了比赛场馆旁边的训练馆，有十二张台子呢，这是南斯拉夫最好的场地了。

新华社驻南斯拉夫资深记者丁翔因报道世乒赛，与中国乒乓球队建立了深厚的感情。得知我们来南斯拉夫后，就邀请我们去做客，还在《体育报》上刊登《真诚的友谊——记中国乒乓球队教练在南斯拉夫》的特写。文章中写道，诺维萨德市乒协主席约瑟普托特很风趣地说："过去乒乓球俱乐部的工作很散漫，因此它的水平在南斯拉夫二十几个俱乐部中算是比较落后的。自从中国教练来了以后，训练制度很快建立起来，并改变了训练方式，加快了速度，几乎所有运动员都取得了明显的进步，尤其是姑娘们打球的风格，不像过去那么文质彬彬，而是更加泼辣，更富有战斗力。俱乐部现在已变成一支劲旅，在南斯拉夫各俱乐部当中已名列前茅。"在本届世乒赛上，中国乒乓球队包揽了全部七个项目的冠军，让我们深感骄傲。我和陈宝庆成为大家的朋友，不论我俩走到了哪里，都能听到他们用中文说"你好"的问候声。

我们的训练对象有学生，也有在职人员，大家都是利用业余时间打球。在校学生一个月上午上学，下午练球，一个月后改为上午练球，下午上学，提高了学校教室的使用率。在职人员的工作时间是上午七点至下午两点，我们一般都是上午九点到十一点和下午五点到七点训练。

我们去俱乐部工作不到四个月，队员贝尔库钦就在欧洲锦标赛中获得女单亚军，一年后她又战胜了多年的强手，获得全国单打冠军。她在回家的火车上很兴奋，和我聊了很多，还为平时训练不顺心会发点小脾气向我道歉。在准备世乒赛时，我和陈宝庆分别协助指导南斯拉夫国家男女队，当时队员帕拉蒂努仕已有 4 个月身孕，可她仍然完成了我布置的技术、体能的训练任务，后来见她挺着肚子为自己的俱乐部打联赛时我才知道，真是不可思议。名将舒尔贝克训练很认真，不少人说我是女的舒尔贝克，因我的打法和他挺相似的。有时候我们喂他打多球，他要求每个球都打到，打不到还要发脾气呢！他一打比赛就满腿抹清凉油，一抹以后人就很兴奋。

卡列尼茨、舒尔贝克曾战胜江嘉良和谢赛克，获得世乒赛男双冠军。卡列尼茨是左手直板选手，住在靠近匈牙利边境的小镇，经常开车两小时到我们俱乐部来训练；还有一位即卡拉卡舍维奇打右手直板正胶，他住在首都贝尔格莱德，需开车一小时来俱乐部训练，他本已退役了，因为我们的到来，又重新拿起了球拍，同时加入了我们的俱乐部。因为都是打中国式的直板，经陈宝庆的训练，卡拉卡舍维奇获得了全国单打冠军，后来还当了国家男队的教练。女队的帕拉蒂努仕和贝尔库钦已是欧洲高水平运动员，我和她们比赛，不一定能赢得了。

在南斯拉夫，英语并不普及，我就学起了当地的塞尔维亚语。刚去的两个星期需要配一个中文翻译，而后就取消了，一般训练没什么问题，实践中的交流是学语言最有效的手段。比如我到菜场想买个母鸡，知道"鸡蛋"和"妈妈"这两个词汇，就说"鸡蛋的妈妈"，人家就明白了，实在不懂，"咯咯"几声就行了；要买鸡翅膀就做个手势；买鸡腿就拍拍大腿。我们在南斯拉夫做外教，国内的原工资照拿，外方支付的工资，我们拿小头，大头上交国家，算是给国家创汇了。每个月则要去使馆文化处汇报工作。那时，我们觉得已经很富裕了。

第36届世乒赛结束后，南方又挽留了我们一年。当时国家规定公派不能在外生孩子，我们年龄都大了，都快32岁了。所以，为了生孩子，我们还是执意回来了。

六、再赴南斯拉夫

公派结束后回到国家队。队里领队征求我们的意见，意思是你们两个不能一起留在队里，领导考虑派我到青年队当教练，陈宝庆会写写弄弄，可去王传耀办公室。但陈宝庆喜欢乒乓球，不想坐办公室。于是，我们夫妻俩决定回上海。

我不到16岁离开上海，代表上海打过球但是没进过上海队。现在回到上海，正式进了上海队当教练，内心还是蛮感慨的。我在队里当了一段时

1985年8月,上海乒乓球队为参加上海—大阪5周年纪念活动队在上海体育馆的合影,黄锡萍(前排左二)当时任领队

间教练,生了孩子后又任领队,事无巨细,整天开会,不知不觉待了七个年头。自己系着红领巾时就去了北京,我对北京比较熟悉,反而对上海的环境比较陌生,有时感觉自己像外地人一样。

此时,南斯拉夫乒协又想让我们再回去,特别是俱乐部老教练的儿子得了欧洲少年冠军,继而想夺取欧洲的青年冠军,很需要中国教练的指导(后来他确实拿了青年冠军)。于是,我们再次申请赴南斯拉夫,这次是属于因私出国了。

这样,我们又重新回到了南斯拉夫诺维萨德。儿子的幼儿园就在我们驻地的附近,上学都是免费的,中饭只需付很少的钱,有补贴。新的训练馆有十二张台子,俱乐部对我们特别信任,怎么安排由我们说了算,有什么矛盾和问题也听我们两个教练的,所以,等于把这个俱乐部都交给中国教练了。

在南斯拉夫训练的普里莫拉茨、卢布莱斯库经常到我们俱乐部，因为国家队在这里集训，场地也最好。俱乐部的训练工作，一般上午两个小时，下午两个小时，生活很有规律。俱乐部支付给我俩的工资比较可观，国内停薪留职，也就不用再上交了。国家队的肖战、朱小勇、陈治平三人分别在南斯拉夫的俱乐部打联赛。肖战两面拉，朱小勇直板快攻，陈治平是削球手，国家队集训的时候把他们调在一起，打法多样，对大家的提高很有帮助。

我第二次赴南执教期间，战乱来临了，先是波黑乱了，接着萨拉热窝也乱了。朱小勇正在我们这个城市打比赛，就住在我家里躲避战火。五一节休战，朱小勇就利用交通暂时恢复的间隙，回去拿了东西随即回国了。朱小勇现在是德国国家青年队教练，2017年他带德国队拿了欧洲青年团体冠军。因为南斯拉夫情况不太稳定，陈宝庆通过一个教练的介绍去了卡塔尔。那时候飞机停飞了，便先乘火车到保加利亚首都索菲亚，再飞卡塔尔多哈。本来我们在俱乐部的时候，国家是拨款的，我们每个月去领工资。后来国家不提供了，俱乐部要自找出路，就有困难了。我们目睹这个国家从兴旺到衰落，再到分裂，同时也经历了轰炸和战争洗礼，人家没经历过的，我都经历了。

卡塔尔的经济状况非常好，给个人提供的每月汽油费就有300美金，不开车的就给现金。我去那里探亲也全给报销。家里的客厅可以放两张球台，卫生间也有十几平方米，还有中央空调，外面气温50度以上，房间里要穿长袖，想锻炼时就在房间里面跑步。俱乐部专门配有面包车，每天来接陈宝庆，然后再一家一家去接训练的孩子。有时候陈宝庆还要下车去叫，因为有的小孩想去就去，不来训练也就不来了。

我也曾考虑是否去卡塔尔，但儿子去了进什么学校是个问题。若进卡塔尔英国人办的英语学校，男女是混合编班的，但费用很高。若是当地的小学，男女生分开，服装统一，女的全身是黑的，眼睛被纱布遮着；男的则全身是白的。以儿子在南斯拉夫受的教育，估计会不适应。我第一次去探亲时，因为是女性，都不让进体育馆。到海边游泳，我穿着短衣T恤，后面的警车就一直跟着，以为你们要干什么。我看到人们在水里游泳，男的都穿长褂，女子穿着长裙。商场有很大的中央空调，温度开得很低，穿条长裤还可以，但一出去，外面温度50度以上，待五分钟都受不了。所以我和孩子也没去，只是去探亲了两次。但长期分居也不是个事。最糟糕的就是陈宝庆走了以后，儿子生病怎么办？这时家中没有个男的还真不行。

1993年圣诞节那天，我带着女队在南斯拉夫的一个小城市集训，儿子便留在一所学校的操场上和伙伴们玩耍。一会儿，学校那边急急忙忙来人，说我儿子出事了。原来一根靠墙的柱子倒了下来，压在儿子的肚子上。我赶到现场，见儿子脸色非常难看。急送医院后，医生检查说肚子内出血，必须开刀治疗。要送到我住的诺维萨德去手术的话，路上汽车要奔波7—8个小时，我只得对医生说：孩子的命就交给你们了。手术期间，我心乱如麻，边等边落泪。手术整整做了5个小时。医生对我说，手术成功了，是肠子破了，不幸中的万幸。我儿子这条命算是捡回来了。

1994年2月，我们母子去卡塔尔与陈宝庆会合。此时南斯拉夫战火还没有燃烧起来，但在克罗地亚和塞尔维亚边境、波黑和塞尔维亚边境、科索沃和塞尔维亚边境都有小的冲突，乱象已经出现。我们准备离开时，一个女队员知道后哭个不停。当地的报纸还发过消息，说我在俱乐部既是教练，又是家长，又是朋友。

1994年春天，受新加坡乒总的邀请，我们来到了新加坡。新加坡城市不大，很干净，但气候就像上海的黄梅天一样，每天黏黏糊糊的。我到新加坡后，被委任为新加坡少年队教练，后来又受乒总委派，担任了立化中学和联华小学的教练。陈宝庆也签约，一起负责国家少年队的教练工作，同时由乒总委派为圣公会中学和华侨中学的教练。这样我们一个人要到好几个学校教球，一个学校练两个小时，练完还要赶到另一个学校，有时路上花的时间比训练时间还要长；晚上还要带少年队，挺辛苦的。这样，我们向新加坡乒总打了辞职报告，萌生了三赴南斯拉夫的念头。

七、三赴南斯拉夫

1995年11月初，我们第三次来到南斯拉夫，这次是加盟新泰隆俱乐部。到达时那里已经下雪了，新泰隆俱乐部的主席，还有不少我们在那里的朋友在机场迎候。这家俱乐部的主席是地毯厂的经理，在南斯拉夫比较有名。俱乐部主席的儿子喜欢打乒乓球，他等于为了自己儿子的发展组织了俱乐部。我们带了这孩子两年，他就取得少年、青年冠军，并进了国家队。

该俱乐部的训练场放了六张台子，此场地为多用，训练时拉出来，结束时放回去。学生们都是放学以后来参加训练的，清一色的欧洲横板打法，起初水平不怎么样，随着我和宝庆的到来，为俱乐部建立了从少年到青年的梯队，并重新招了一批七八岁的小孩，整体水平的发展还是不错的。我们主要负责技术方面的教学，当地教练负责日常的组织和纪律方面的管理。在我们看来，一个俱乐部搞得好不好，俱乐部的负责人与教练之间的信任是非常重要的。一年后俱乐部参加全国比赛，也取得了不错的成绩。后来这批队员大都进入了国家青年队和国家队。

两年后，这个俱乐部的经济遇到了困难，我们又回到了原来的伏伊伏丁那俱乐部。对于我们的到来，俱乐部的成员从上到下都很开心。此前，这家俱乐部的成绩已经很好了，女队拿了全国团体冠军。我们走了以后成绩就下滑了，甚至处于散架的状态。我们一回来，队伍的训练又趋于正规了。

那里的人习惯于夜生活，晚上十点以后，我们要睡觉了，他们正涌向市中心的咖啡厅、迪斯科舞厅。一次我儿子被同学叫出去，凌晨两点还不见回来。我憋不住了，打电话到她家询问情况，言语间也很不好意思，打扰了人家休息。没想到她母亲说：你放心，现在是他们玩得最开心的时候，让他们玩吧。孩子三点多才回家。这时已是1998年了，波黑、萨拉热窝等地已经开始打仗了，真正的北约轰炸是在1999年。就在轰炸开始的前两天，姚振绪来到南斯拉夫为世乒赛抽签，我儿子担任他的翻译。那天我们陪着他到城堡等处游览，正照相留念时，有个老太太走过来说：美国人要打进来了，怎么你们还像没事一样？说明当地人是很紧张了。随后，姚振绪和我儿子一同前往贝尔格莱德去开会抽签，宝庆不放心，也跟着去了。3月24日晚上，我刚结束五点到七点的队员训练，就听见两下"轰""轰"的声音传来，心想难道是地震了。不久电话来了，告知北约开始轰炸了，第一个城市就是诺维萨德市，当然目标是城市附近的兵营。我马上给陈宝庆打电话，但所有通讯联系都中断了。我先到一个开理发店的中国朋友那里，大家躲在地下室里聊天，缓解紧张的心情。12点过后，我和陈宝庆联系上了，他说人在旅馆里，乒协都安排好了，明天即回来。第二天，陈宝庆带了许多面包回来了。姚振绪则转道乘大巴走小路去匈牙利，大巴上只有司机和姚振绪几个人。起初我们想，轰炸几天就结束了吧？没料到竟轰炸了77天，我们趴在家里三楼的窗口张望，飞机俯冲轰炸桥梁、石油化工厂、军营，地面高射炮的还击就像放焰火。当时我们也曾想去使馆避一避，使馆说不能接待，但可以帮助我们转移到罗马尼亚。我们没有去，这里朋友多，警报一响一家人一定要聚在一起。一开始训练、比赛都停止了，后来习以为常，没警报时我们就恢复训练，还外出参加联赛。我们教练被安排在一个餐馆里固定用餐，运动员的伙食也有赞助，后来经济情况渐渐不行了。

2001年，我们受黑山乒协主席的邀请，便去了黑山的布杜契瑙斯特俱乐部，反正都是搞乒乓球嘛，没想到一干就是十年。

八、转战黑山

黑山靠近意大利，山多靠海，主要发展旅游业，如高山滑雪等项目很有名。首都犹如一个小城镇，放眼望去都是小平房，鲜有高楼建筑。黑山的交通也不方便，主要还是山路。塞尔维亚与黑山两国首都距离五百公里，火车要开十个小时，而且管理较随意，来去都不准时。有一次乘晚车，按说第二天上午就能到，结果拖拉到下午三点才到。还有一次我带队到塞尔维亚打比赛，早上七点的火车，马上就要出发了，一个小孩说是拍子忘带了，马上给家里打电话，火车刚开动，孩子的母亲赶到了，一个劲地呼叫追赶，车里车外都在叫"停一下"，你还别说，这火车竟然停下来了。工作人员以为出了什么事，一看就为了一块球拍子。这事要在上海，别说火车，就是公交车都不会为你停。

布杜契瑙斯特俱乐部规模比较大，俱乐部主席向我们提出，你们能不能保证三年之内俱乐部包揽从少年到成年的黑山冠军？这个就很难保证，我们只能说尽最大努力，帮俱乐部在不长的时间内达到黑山的高水平。三年以后，我们确实拿到了少年、青年和成年组的冠军。

黑山的乒乓球基础比较差，青年、成年人的动作基本定型，只能做些技战术的训练。但少年这一块是张白纸，我们立足于从小抓起，便招了一批7—8岁的孩子，上午上课，下午练，下午上课，上午练。但上下午训练的人数不平衡，我了解到上午来的学生家长是上午上班的，小孩没人接送。于是我们就开车一家家接，车子是使馆处理的二手奔驰车，蛮宽敞的，最多可乘9人，我开车，陈宝庆在副驾座上再抱着个孩子，像个小公交车。人家还以为中国人在这里办了家幼儿园呢！对于重点培养的学生，因睡过头了，在候车点没接上，还进其家里叫醒他，训练完了再一个个送回家，真是把这些队员当成自己的孩子来培养。有的家长要给我们汽油费，我们坚决不收，因为这是我们的工作。其实俱乐部并不要求孩子一定要天天来，但我们认为要尽快提高水平的话必须天天练。

黑山就是山多，带孩子出去比赛，开车走盘山公路心里也挺紧张，人家把孩子交给你，你就有责任啊！最怕的就是下雪天，太阳照到的地方雪化了，但没照到的地方还结着冰，有时车轮打滑，孩子都惊叫起来。有时夜里开车走山路，心里也一直紧绷着，还好总是有惊无险地过来了。最后几年，毕竟我们年龄上去了，为了保证孩子们的安全，我就请家长们轮流开车接送。克罗地亚萨格勒布的欧洲少年公开赛规模很大，有匈牙利、意大利、俄罗斯、英国、德国等1 000多名12岁的少年组团体赛，我们得过第一名；14岁组得过女子单打第三名。这个成绩是黑山俱乐部从来没有过的。记得2006年黑山刚独立，我带队出去比赛，胜了波黑队，其实原来就是一个国家的，大家彼此都熟悉的。波黑教练说，怪不得我们输了，原来你在那里。过去其他国家喜欢与黑山分在一个组，捡个软柿子捏，以保证小组前两名出线。现在黑山成了小组头两名，反而怕与黑山分在同一个组里，软柿子变成了硬核桃。我是经常带小孩出去比赛的，捷克、匈牙利、俄罗斯、意大利等都去过。赛时是教练，平时又是生活管理员，保证孩子吃好、睡好、不出事，钱是自己先垫出去，回俱乐部则实报实销。我们不但教技术，还教孩子怎么做

2002年黄锡萍带队参加黑山共和国俱乐部比赛,获得女子少年（12岁组）冠军

人,诸如纪律、守信、训练的态度与责任心的培养等。训练时,我也帮队员一起捡球,重点队员要开"小灶",我就提早去接,可以多练一个小时。在我看来,你只有把他们当成自己的孩子,才能真正教会、教好他们。

一直到现在,黑山的运动员基本上是我们教出来的小孩,这一批批孩子散落在黑山各个俱乐部里。

我十六岁离开家,常年在外奔波,父亲瘫痪十五年,母亲有较严重的静脉曲张,要拄着拐杖走路,对父母亲是很愧疚的。所以,我不回去不行了。对此,黑山俱乐部表示理解,但那些我教的孩子不会像我在时那样顺

2012年黑山共和国运动员白雪(Culafic Snezana)在上海同济大学留学时,黄锡萍为她庆祝20岁生日

畅了。其中一个带了十年的学生白雪,跟着我来到上海,在同济大学留学,攻读交通运输工程专业。她的爷爷曾是南斯拉夫内务部部长,跟铁托共事。她在同济大学学习五年,头两年学习不紧张,还时常来和我们一起打球。学成后她现在在黑山的一家路桥公司工作。我们一直操持着联系,发短消息用的都是中文。作为曾经的高干子女,她也有些小姐脾气。我开导她说,我们以前打球,要下定决心改错误的话,就会在手上写字,以时时提醒自

己。她说，那你也给我写个字吧。于是，我就在她的手腕上写了个"忍"字，示意她发脾气时要忍住，她对此高度认同并非常高兴。2016年12月，宝庆因突发心脏病不幸去世，正当我沉浸在悲痛之中时，她发来了悼念的信息问候我，并说，您以前教我"忍"，我现在也希望您能够"忍"住悲痛，好好生活。

我这辈子只会打乒乓球，现在在上海居住，在有限的时间里，教教三四个小朋友打打球，有时约上球友一起玩玩，不仅健体强身，以球交友，更是在延续我生命历程中的乒乓情缘。

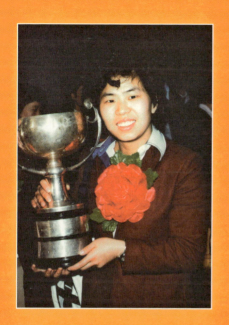

———————— 张德英

1953年生。黑龙江生产建设兵团上海知青。1974年代表黑龙江省女队夺得全国锦标赛团体冠军，并入选国家队。是第34、35、36届世乒赛女子团体冠军主力队员，两次获女双世界冠军。曾任上海乒乓球队教练。后创办张德英乒乓球培训中心。

知青冠军

一、知青记忆

第 26 届世乒赛在北京举行的时候,我正在静安区常德路小学读书。因为喜欢打乒乓球,也喜欢唱歌和跑步,老师叫我选择,我选打乒乓球。那时学校的球台不太好,但我打球的劲头很足,一放学就去打,有时回家后还到附近小菜场的板台上打;平时则喜欢看别人打球,小学老师也指点一

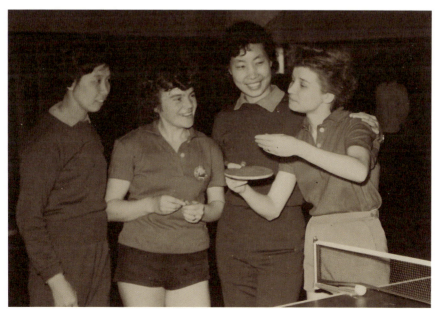

张德英在上海市少体校的教练员池惠芳曾获得 1958 年全国乒乓球锦标赛团体赛和双打比赛的冠军。图为她(左三)在参加第 26 届世界锦标赛时与匈牙利队员切磋交流

下，总的来说是自然学的。

1964年，上海市少体校招生，记得是在黄浦体育馆测试选拔的，我穿的是塑料鞋，水泥地很滑，我索性就脱了鞋子，赤脚上场了。也许招考的老师看我有股劲，打球的灵敏性也不错，就选了我。进队以后是池惠芳教练带我的，因为进行了正规训练，进步很快，成绩也蛮好。这时中国乒乓球队为国争光的事迹已为万众景仰和追捧。我就把庄则栋、徐寅生、李富荣、张燮林、林慧卿、郑敏之、李赫男等荣获世界冠军的照片挂在床前激励自己。我是典型的左推右攻正胶打法。1966年我14岁，池指导带队到北京参加全国少年比赛，我和徐剑琴、邵培珍组成的混合组拿了全国团体冠军。周总理给我们颁发奖状，我们真是又激动又高兴。

1966年2月，全国21城市女少年乒乓球比赛在北京举行。上海代表队囊括了小学组、中学组、混合组和市少年组四个项目的冠军。图为代表混合组参赛的张德英（前排右一）与各组队友的合影（巨鹿路第一小学提供）

"文革"期间,张德英(后排左二)和刘萍、高爱莉等队友在上海市青少年体校门口合影(刘萍提供)

  正当我打球技术上升时期,"文化大革命"开始了。市少体校也停止了训练,乒乓馆的大门关闭了,没有球打了,我很伤心。但我确实喜欢打球,就约了队友王家麟,从窗户里爬进去,那时人比较瘦小。而且我们还随身带着电灯泡的,因为球馆里面的灯泡都被卸掉了。打完后我们再从窗户翻出来。那时,我和王家麟还骑着一辆自行车,要么他带我,要么我带他,到处约人"打野球"。记得我们曾去上海音乐学院打过一次比赛。

  不久,"上山下乡"运动开始了,尽管我妈不愿意,但也没办法,工宣队敲锣打鼓上门做工作,不去也得去。我见黑龙江生产建设兵团招人,还说有打乒乓球的地方,而且兵团还有工资,我便决定去了。市少体校有三十几个人报了名,乒乓球队的只有我去了黑龙江兵团,还有一个人去了江西。那天，同学帮忙弄了辆黄鱼车，把我在市少体校宿舍的行李运回家中，我还从车上摔了下来。走的时候很多人都到火车站送行，我们一帮十几岁涉世未深的孩子，听着高音喇叭里"到农村去，到边疆区去"的歌曲，踏上了赴北大荒的征途。

整整坐了三天的火车，我们到了兵团所在地，举目望去，没有房子，只有几顶帐篷，带队的说今天晚上行李都堆在外面，人在帐篷里休息。但没办法躺下啊！大家就是背靠背地凑合着睡。第二天，因为人多不够住，又搭了些帐篷，包括厨房、厕所等。我们去的时候是4月份，冰雪刚刚开始融化。第一份工作是装卸工，就是到火车站去装卸煤、木头、面粉等。工作时间不固定，有时火车是晚上来的，哨子一响，我们就集合上工。那时也没什么机械化的工具，主要靠双手搬上卸下。50斤一袋的面粉还算好的，最难搞的是煤炭，我们先要用铁锹铲到筐子里，再抬到堆场去。水也不够，每天除了刷牙一杯水外，洗脸是用冰融化的水，含有不少泥沙，毛巾、被沿都是黑乎乎的。更难受的有虱子，搞得全身发痒。冰天雪地里，只能吃馒头，菜就是大白菜加个汤。上个厕所，屁股会被冻僵。记得第一次收到上海来信，晚饭后，大家纷纷上铺打出手电，看自己的家书。不知谁看着看着"妈啊，妈啊"地哭了起来，紧接着又一个哭了起来，十多岁的姑娘哪经得起这种情绪的渲染，全屋的人哭得像个大合唱。后来连长找到我，责怪我带头哭，我是不承认的，因为确实不是我带的头。

要说打球，睡的都是帐篷，通铺之间的通道非常窄，连吃饭的台子都没有，怎么可能打球呢？后来逐渐好些了，砖头房子造起来了。就这么过了大半年，我爸爸生病了，我挺着急的，总觉得在这里待不下去，就想走人。我请了假，背着两个旅行袋打算回上海。巧的是同车来的一个上海小姑娘，她妈妈也生病了，我们二人就一同上路了。我们先乘车到哈尔滨，再乘车到大连,那时知青基本上都不买票,我也如此,遇到查票的就躲到厕所,把门插上,或是开始查票时,车正好进站了,我就从一扇门下车,再从他们身后的门上来,跟查票的人兜起了圈子。哈尔滨是大站,查得严,我就在前面的一个小站下车。同行的小姑娘是小业主出身,比较怕事,到了哈尔滨就不敢再走了。我反正一门心思要走的,在大连买了张九块钱五等舱的船票回到了上海。此时父亲已经去世了,我又不想再回去。听说崇明有农场的,我就过去打听,但因自己的关系已转到外地,人家怎么能收呢?实在没办法,只得硬着头皮又回到了连队。这下好了,兵团战士"临阵脱逃",连队两百多人开会批斗我,逼我做检查。我只得照当时的政治口径说犯错误的原因是"资产阶级思想严重","扎根边疆的意志不坚定"等,最后落了个警告处分。后来连长叫我在下大田和烧炉子两个活中二选一,我选了后者,即一个人负责烧七个炉子,没想到这一烧就是一年。烧炉子就是用两个箩筐一根扁担铲煤挑煤,再加上铲煤灰清炉子,周而复始,很辛苦的。夏天不烧炉子,就到食堂扛面粉袋,和面做饭,我包饺子的手艺还是不错的。1969年,珍宝岛事件发生了,几个知青晚上不睡觉,跑到我烧炉子的地方,大家感觉是要打仗了,心里很紧张。其实,我还做过连队小卖部的营业员,东北那边人喜好喝酒,说来似乎有点不相信,我们

张德英在生产建设兵团一师师部照相馆工作时的留影

进的货中也有茅台酒，七块钱一瓶，我曾买过一瓶，喝掉了，若是留到现在，那价值可就大了。

后来有一次，师宣传科长问有谁会照相。我毛遂自荐。科长疑惑地问，你怎么会的？于是，我拿出自己洗印的照片给他看，说我小时候就喜欢摄影。科长说，师部要成立个照相馆，你就来吧。师部照相馆就在一间木屋，我便到哈尔滨采购了一部120的照相机和配套器材。照相馆里拍、冲、印和收钱基本是我一人干，有一个助手帮我打打下手。用120胶卷拍一张加上冲洗要一元钱。我还经常下基层去为农场的职工拍照，一个连队一个连队地跑，满足各种人的拍照需求，如有的职工想手持钢枪拍个照，以便寄给父母和朋友等。记得1995年我和曹燕华在打表演赛时，有一人挤了进来，自我介绍是专程从杭州来的知青，手里拿着一张照片要我签名。我一看这张知青在北国风光中持枪的黑白照片，不就是当初我拍的吗！这人兴奋地说，就是你拍的，我一直保留到现在啊。

二、我想打球，我要打进国家队

第31届世乒赛在名古屋举行，师部放露天电影，我拿着小板凳，坐在冰天雪地里看完了这部纪录片。在电影里，我看到了徐寅生、李富荣等上海籍运动员，我是边看边流泪。回到照相馆的小木屋，我点亮蜡烛，拿出从上海带到黑龙江的乒乓球板，或许是感到前途渺茫，或许是出于对乒乓球的情结，我倚在窗前，情不自禁地放声大哭，之后我鼓足勇气，拿出信纸，含着热泪给徐寅生写了一封信。现在我还记得信的大意是：

尊敬的徐指导：我是上海知青张德英，现在黑龙江生产建设兵团。

1966年曾荣获全国少年冠军。看了你们在31届世乒赛的电影，我很激动和难过，只能说我想打球。希望您能在百忙之中关注我一下。

信是发出去了，但没回音。后来徐主任说他没收到，收到的话肯定是要回的。第31届世乒赛后，各项体育活动都开始逐步恢复起来，我们师部与当地县里搞了乒乓球比赛，我也报了名。当时拍的照片我还保留着，木制的乒乓台凹凸不平，尽管条件不好，但气氛非常热烈。最后我与黄浦区原少体校的一名队员决冠亚军，我获得兵团的女子第一名。男子第一名是打削球的王昉，他后来也进入黑龙江队当陪练。现场的观众起哄说让男冠军与女冠军打一场，我还赢了他。

给国家队徐寅生的信没有回音，我就又给省队写了封信，先自我介绍是上海知青，现在在建设兵团一师，原来得过全国女少年比赛团体冠军。省里接到我的信后就来联系了。因妈妈生病要回家一趟，我就顺道去了哈尔滨，跑到省队的训练馆。记得我是穿着北方的那种大皮靴进去的，而且当场试打了，省队教练一看不错，就决定要我，让我回去等消息。其实，此刻心里蛮慌的，因为有过想回上海农场的"前科"，是否会"秋后算帐"呢？兵团是属于沈阳军区管的，当时沈阳部队也有球队，但不是十分专业，当知道省队要调我后，是否会放我走呢？

调令下来了，果然师里不放我。但我铁了心要去省队打球，于是那晚我敲响了师长家的门，师长不在家，我就跪求他的爱人让她说服师长放我走，说我不想去当兵，只想到省里打球。师长老婆看我如此渴求，心软了，当着我的面给师长打了电话。第二天，我整理好行李，师长叫了部车，我拿了自己的档案材料，跟谁都没打招呼，只是和师长道了谢，就钻进了吉普车。车子飞也似的开走了，我心里默念着、感叹着：兵团啊，我总算离开了!

我到了哈尔滨,进了黑龙江省队。我非常感谢看中我的那位教练,进队后他对我说,那天你穿着翻毛大皮靴,都能把我们省队的队员打败,我没有理由不要你。对我来说,这就是苦尽甘来、命运转换啊。这样,经历了六七年的波折后,我重新开始了乒乓球的正规训练。

尽管我的岁数大了一点,但不久我就得了全省的冠军,接着代表黑龙江省赴京参加 1972 年的全国五项球类运动会,我赢了梁丽珍,进入前八名,获得单打第三名,前八名里就我一个是来自省队的。梁丽珍对别人说,这个黑龙江人,东打一个,西划一个,不知往哪里打,像个土八路。有人跟梁丽珍说,她是上海人,是上海知青。我的目标不只是在省队拿一份工资打打球,我是立志要进国家队的。目标一旦确定了,我真是万般珍惜现在的机会,训练非常自觉,绝对刻苦。我练出的正手高抛发球,至今没人超过我。早上跟篮球队一起跑步,人家跑得多快啊,但我内心里响着的声音就是"我要进国家队,我要进国家队",信念的力量支撑着硬是不落下,黑龙江冰天雪地,一路跑下来口罩、眉毛都是白糊糊的冰碴。我还在小腿绑着沙袋做蛙跳,让自己的步法更轻灵。人家礼拜天休息,我加班打球,而且还专找男队员练。有一段时间,我的推挡不太好,此时韩玉珍主动提出帮我练,我当然求之不得,推挡是她的强项啊。谁知她凌晨四五点钟就来敲我的门,那就练吧,反正我是拼了,满脑子就是尽快提高球技,早日进国家队。这一拼就是三年。

三、"借调生"的实力和前途

1974 年,我们黑龙江队在南宁得了全国冠军,我是一路横扫对手,这在黑龙江乒乓运动史上是从未有过的。后来我还到男队训练,其中有一位教练是孔令辉的父亲。我想,这下可以进国家队了吧?但好久也没有什么讯息,真是奇怪了!打听后得知对我进国家队是有些争议的,主要认为我的年龄有些大了。我心想自己已经拼到这个程度,因年龄问题这个客观存在的情况进不了国家队,又不是因为主观不努力、技术水平差。这个打击是很严重的,我还有什么前途呢?你们不要我,那我就不打了!甚至做了退役的打算,因为通向最高台阶的门被一个我无法改变的原因卡住了。真没想到,此时省体委和教练找我谈话了,说是刚刚接到国家队的借调函,借我去欧洲参加斯堪的纳维亚锦标赛。我一听,霍地站起身说:机会来了!

1975年10月,就在出国比赛前的一两周,国家队组织集训了。人家借调是轻装简出,我索性把行李统统搬进了国家队,可谓重装随行、破釜沉舟了!我想,要是成绩不过硬,国家队不要我,我就直接回老家上海,何谈再回省队呢!一同去的辽宁队的隋建莹、李明、刘新艳都是国家队队员,已经在国家队好多年了。其实,她们是瞧不起我这个"借调生"的。周兰荪教练曾经说过,中国女队里有两个天才,一个是张德英,一个是曹燕华。当时国家队分一队和二队,我在二队集训。去欧洲比赛的第一站在南斯拉夫,因出国了上街穿的是高跟鞋,像我这种常年穿运动鞋的人怎么能适应呢?结果在过马路时,被路上的石头绊了一下,脚当场肿了起来,痛得直冒冷汗,鞋子也穿不进去,严重到只得到医院去诊治。第二天的比赛怎么办?我深知自己已没有退路了,此时也容不得多想,我全然不顾,坚持上场,咬着牙拼尽全力把比赛打完,并且一场没输。下场后,我的嘴唇都咬出了血,腿上乌青。和我一起出访的队友的隋建莹说,张德英,我算服你了!我发自内心地说,我和你们不一样啊!我打不好就要回北京拿包走人啦。此后,在斯堪的纳维亚比赛中,总共28场球,我又是全胜。大概是因为成绩显著和精神向上吧，我正式进了国家队。赛后，李赫男教练对我说，我看到了你的精神，我看好你了！李教练是全身心投入的人，富有激情，会用很积极的话语鼓励、调动你。2015年苏州世乒赛时，我们还聚在一起呢。我在国家队的教练是马金豹，再后来是周兰荪。

1976年4月，第三届亚洲乒乓球锦标赛在平壤举行。张立和张德英分别获得女子单打冠亚军。图为中国女队的合影，左一为张德英

  1976年，我作为国家队队员准备参加在朝鲜举行的亚洲乒乓球锦标赛。命运就是这么捉弄人。出发前，我骑车去北京火车站送焦志敏的姐姐回黑龙江，因下雪天路上结冰，在崇文门附近车子打滑，我被摔了下来，只能推着自行车到医院治疗。结果关节严重扭伤，韧带也坏了，手臂肿得衣服都穿不了。近期不好练球了，急也没用，我就在房间内拿板颠球。说来也巧，人总是有得有失，得失相互转换。我从市少体校去黑龙江生产建设兵团之前摔了一跤，打斯堪的纳维亚赛前摔了一跤，现在打亚洲锦标赛前又摔了一跤。

但每次摔跤,我都没有"摔倒",好像摔掉了坏的东西,留下的就是好的事情,反而更加向前了。人往往就靠着一股精神,这才真正叫苦尽甘来。尽管两个礼拜没上台练球,我在正式赛场上仍旧一场没输。如果说参加瑞典斯堪的纳维亚的比赛,是通过欧洲对手关,那么这次就是通过亚洲比赛关。欧亚的考验都合格了,我终于成为国家乒乓球队的主力队员。

1977年,我正式进入国家队团体赛的阵容,参加了在英国伯明翰举办的第34届世乒赛。在团体赛的关键场次中,我出战朝鲜队、日本队、韩国队,共打了4盘单打、3盘双打,皆以2∶0获胜,这在我的乒乓人生中是很重要的一章。

现在看比分很光鲜,当时的过程却并非那么轻易。大赛将临,肩负重

1977年3月26日至4月5日,第34届世界乒乓球锦标赛在英国伯明翰市举行,中国队和朝鲜队包揽了女子单打比赛的前三名。图为颁奖时的场面。左起:张立(亚军)、朴英顺(冠军)、张德英和葛新爱(并列第三)

担,谁不紧张呢?是徐寅生指导给了我第二次的精神鼓励。第一次是我在黑龙江给他写信,他虽然没有收到,但前辈运动员参加第31届比赛给我带来了精神鼓励。第34届世乒赛女团决赛之前,张立和葛新爱都很紧张。我第一次代表国家参加决赛,也非常紧张,紧张得睡不着觉,连吃了四粒安眠药,早上起来脸上都发了水泡。其实,我深深知道紧张与否对比赛的结果至关重要,此刻你心一慌、手一抖就完蛋了。决赛时间是下午三点,临进场前,教练却找不到我了。教练哪能知道此时我正在厕所里,拿着徐寅生给女队讲话的文本,一边跳,一边喊:拼了!拼了!一个劲地给自己加油鼓劲。后来有人问我,你有没有想到人们常说的语录"下定决心,不怕牺牲,排除万难,去争取胜利"?我真的没想到,只想到从徐寅生的讲话中获取力量。大概在体育运动中,因为毛主席批示了徐寅生的讲话,我们乒乓球运动员还比较能运用徐寅生关于打球的辩证法,就是:你紧张,对方可能比你更紧张,只有一搏了!所以,我在厕所里又叫又跳,强力使自己兴奋,以此抵消紧张心理。从厕所出来后,我紧张的情绪缓解了许多,最终顺利赢得了比赛。颁奖仪式上,我激动得落泪了,内心非常感慨:"文革"三年,兵团三年,在省队又是三年,人生有几个九年啊!我脑海里像过电影般地闪过一连串自己在装卸、在筑路、在烧炉子的镜头,现在终于站在了世界冠军的领奖台上。

1979年,我又一次作为主力队员参加了在平壤举行第35届世乒赛。团体决赛的第一场,葛新爱输给了朴英顺。我上场后赢了朴英玉,接着双打与张立配合又赢了,最后我再战胜朴英顺。当时的教练是林慧卿,她见我一人为全队拿了两分半,很激动。朝鲜观众非常不友好,我们获胜后是被两万多观众轰下来的。当然,也有华侨拉着我的手哭。回国后,中国乒乓球队召开了汇报会,所有教练、运动员都参加了。我代表女队讲了话。我说：这次世乒赛是一次罕见的比赛，非常地艰难，我们是在朝鲜两万多名观众为主队呐喊的声浪中拿到了团体冠军。当我赢了下来后，老领队张钧汉拉着我的手，彼此眼睛都红了，那种为国争光的荣誉感特别强烈。那时我们在场上还比较保守，不敢像现在的运动员那样喊叫，赢球后尽情宣泄。我为了控制情绪，也就是拧一下大腿，结果比赛下来腿上都是青一块紫一块的。

我在国家队从1975年到1981年一共待了七年，打了三届世锦赛，退役时28岁。说到让球就是服从组织决定。第34届世乒赛单打比赛时，我让给了张立，张立决赛时又让给了朴英顺。第36届女单争夺决赛权时，我让给了童玲。最后，曹燕华再让给她，这就是命。

从1977年至1981年，张德英连续三次随中国队出征世界乒乓球锦标赛（第34届至第36届），获得了三枚女子团体金牌和两枚女子双打金牌。图为张德英鏖战赛场的场景

四、我的"三部曲"

其实，国家队的训练生活很单调，每天就是食堂、寝室、乒乓馆，三点一线。作为主力队员，无论是队内比赛还是队外比赛，你都要保持最佳状态。中国乒乓球队人才多，二十多个强手，你不行马上就有人顶上来。所以，不要说礼拜天的加班，就是平时的多球训练，岂止是一筐，连续打几筐都是家常便饭。我最不喜欢练长跑，恰恰是最不喜欢的最能磨炼意志。有一次练长跑时，李富荣指导跟我们一起跑，他还跑得挺快啊。我们有些不解，教练何必跑得这么起劲？他跟我讲了一句话：人不能放松自己。我听明白了，作为主力队员就要时刻保持一股向上的劲头。

其实，国际上的竞争对手也不是吃素的，朝鲜、韩国、苏联、南斯拉夫、瑞典等国选手的水平都很高。面对不同国家的不同对手，要提高自身的适应能力。我打球的特点一是步伐移动快，二是球路变化多，三是发球好。这个真的不假，我的正手高抛发球是全队最好的，这也是我比赛得胜的法宝，因为我的发球变化多，有侧上、侧下旋转，或直线、斜线，对手难以判断。比如我跟朝鲜的朴英顺打五次胜五次，她对我的发球一筹莫展。欧洲的老外接触我变幻莫测的发球，也都一个劲地跷拇指，有的还来看看我的板有没有什么机关，其实就是最普通的正胶板，关键在于手腕的力量用得足、用得巧。我在黑龙江队和国家队练发球时，都把运动衣扎在腰部，用衣服来保护腰部，因为发球时从上往下切用的力量很大。在国家队，我和李振恃配合获得全国的混双冠军。那是因为赛事组委会规定国家队的队员可以跨队组合。张立也是我的老搭档，我们一同打过团体冠军，也一同得过世乒赛双打冠军。我和张立打表演赛也非常精彩，一会假动作，一会钻台子。有一次在法国打表演赛,观众一个劲地拍手,不让我们下场。张立、葛新爱等几个老队员陆续退役后,随之进队的是曹燕华、童玲、耿丽娟、齐宝香,以及上海的几个小队员。当时,我任国家女队的队长,自然要以身作则起带头作用,用现在的话,就是要给她们以正能量的感受。曹燕华15岁进国家队,我是看着她成长的。那时国家队风气很正,进来的人都是很拼的。我是老队员,是过来之人,肯定要多关心她们。

1975年,第33届世乒赛后,全国搞起了"反击右倾翻案风",乒乓队也整天开会、写大字报等。记得国家队还一度被下放到北京光华木材厂。你还别说,打球不累,倒是开会坐着屁股疼。所以通知我去开会,我就尽量敷衍,我知道进国家队不易,就是一门心思练球。训练之余,最好的休息方法就是看书。在国家队中,我是看书比较多的,尤其喜欢看历史人物传记方面的读物,如《拿破仑传》《第三帝国的兴亡》《武则天》等。晚上十点熄灯以后睡不着,就拿着手电筒看,从中提炼和领悟为我所需的思想层面的东西,以及精神与命运的关系。不是说我进国家队时岁数算大了吗?如何站住脚、如何获得世界冠军,一方面是靠刻苦训练,另一方面就是想从书中汲取知识的力量。我总觉得,人是要有股精神来支撑的,只有如此,你才会对自己有更高的要求,才会时刻保持旺盛的斗志。

退役前,我世界排名第一,起初队里还想叫我打双打,但我毕竟已28岁了。1976年,我代表黑龙江来上海比赛,比赛是在陕西南路卢湾体育馆打的,黑龙江队以5∶2取胜,我一人拿了3分。事后上海队有人说,你不要这样打啊!不就是把你赶出上海了嘛?这跟我们又"不搭界"。我心里有些不是滋味。1981年底,全国比赛在河北石家庄开战,国家队队员全部回省参赛,最后是黑龙江队与上海队争冠亚军。我跟队里说了,与上海队交手,我不上场。但教练非要我上,焦志敏是我带出来的,此时也"拎不清"

地劝我上。结果我还是让掉了，对此焦志敏一个劲地哭，其他人也埋三怨四的。我说，可以了，黑龙江队冠军拿过了，第三名也拿过了，这次拿个第二名，就全了。我说不要上，你们都不听，怎么办呢？她们不响了。赛后我就调回上海了，领队责怪我不早说。可这事怎么能早说呢？能干自己的老本行我就心满意足了。这样，我就在上海队任教练，带一批小选手。人的一生总是曲曲折折，就是要在锲而不舍的努力中，实现自己每一阶段的人生规划。说实在的，我当初对自己的人生规划就是"三部曲"：第一，打进国家队；第二，入党；第三，回故乡上海。我当初的规划全都终于实现了。

五、洋"插队"

我在上海市队当了四年的教练。当教练就要尽责，落实到具体就是要"盯牢"。但按我的经验和眼光，有些队员不会有前途，应该及时转出去读书，不要误了年轻人的前途，但队里一定要"搭"给你，弄得我也很无奈。后来有了一个机会，我准备到美国去。当时，我这个身份能否出去要通过国家体委批准。那天，市体委主任祝嘉铭对我说，徐寅生主任同意了。现在想想，如果没有美国的十年，就没有我后来丰富的社会经验和灵活的工作思路。所以从黑龙江生产建设兵团给徐主任写信，到第34届世乒赛在厕所里手拿主任的讲话汲取力量，再到今天主任理解并批准我赴美求学，老领导对我人生的抚慰和激励，真是难以忘怀。

记得我去美领馆办签证的那天，穿了件黄色皮夹克，内心很忐忑，就怕签不出来。心想，在人家看来，你这个世界冠军为什么还要到美国？而且当时又是市队主教练，生活稳定，况且孩子还小，也需要照顾，肯定是不会理解我的举动啊！但那时出国是一股风潮，我已经决定并联系好了，可以说是"箭在弦上，不得不发"了，如果被拒签，肯定遭人笑话。二号窗口叫了我的名字，我上去说了准备去美国的理由是读书。签证官说，你说的这个理由，我们是不会签的，但因为你是世界冠军，属于特殊人才，边说边盖了章。我清楚地记得是4月4日前往美国洛杉矶的，同机的还有原中国女排的周晓兰。一位姓王的医生做我的担保，接机的是王医生太太的弟弟，他举着写有"张德英"三个字的牌子。周晓兰需第二天转机，我俩就住在担保人临时安排的一个仓库里，用木板搭了张床，凑合着住了一晚。第二天，我的担保人王医生，也就是洛杉矶乒乓球协会的负责人来看我了，说现在有八个人报名，先教一周球，付给我800美金，加上我兜里带着的400美金，共1 200美金了。这天洛杉矶《世界日报》以"前世界冠军来到美国"为题，报道了我来洛杉矶的消息。据我所知，上学的学费是1 300美金，看来还差100美金呢。

4月7日，凯尔斯特大学开学。我带上五块世界冠军金牌和尼克松接见我的照片到学校报到。来到办公室，人家上来说的英文一句听不懂，面对1 300美金的学费，我表达了需要奖学金的意向。校方的几个人就到里屋去商量了，一会儿他们出来对我说，经过研究，决定给你的奖学金是减免1 000美金的学费，但你要做些工作，具体就是下课后把柜子上的咖啡拿下来供学生饮用，上课再放回去。我想这再简单不过了，立马就答应了下来。

第二天开始上课了，我拎着一袋子书，ABCD一个字母都不认识，从我暂住的居所去学校，该怎么去呢？因事先有朋友给我在纸上画了图，我转换了两部公交车到学校，上了车往投币箱里丢一块美金，想想还蛮贵的，在上海打个电话才四分钱啊。在学校先是补习英文，教室里一共13个学生，每人一张小台子，就这样做起了学生。但由于基础差，听不懂，下午就逃课了，一个月后的考试根本无法及格。一个学期三个月，就这么混下来。我想这不是办法，转眼开学又要付学费了，便想到了转学，转到一所专门免费教英文的学校，上午学英文，下午教学员打球。球场里有7张球台，学员开车来接我，在教球的过程中学了乒乓球英文专用术语。那时候，我吃得最多的是方便面，可以说吃得头发昏。学员们很客气，知道我不会做饭，打球后一起吃晚餐是他们分摊的，不让我付钱。可以说是穷人穷开心。慢慢地，读书、教球一步步上了正轨，渐渐地融入了美国社会。一年后，我开始按特殊人才的资格申请绿卡，美国移民局还专门打电话到王医生的诊所，就是向乒乓球协会核实我的信息，协会为我做了证明，提供了必要的帮助，使我顺利地通过了审核，并获得了绿卡。

随后，我先生也来到了洛杉矶。记得王医生为几千个自由女神的装饰品卖不出去，堆在乒乓球馆里占据很大的空间而发愁时，我主动跟他说，你把最低价格报给我，我就按这个价格帮你推销掉吧，他将信将疑地报了6美金的成本价。于是，我动员了乒乓球班的学生，其中有官员、律师等，不仅大家来买，还通过他们的关系再推销。这样人帮人，你五十个，他三十个，几千个自由女神的装饰品很快就卖掉了。当我把销售钱款转给王先生时，他惊讶地说，你这个共产党员真厉害！真的，你要生存就离不开朋友间的互相支持与帮助。

我一直在洛杉矶教球，学员也真不少，大家关系都不错，就像一个大家庭。我所在的洛杉矶是个大的行政区，其下还有许多小城市，有一个市的市长知道我是世界冠军，有相当的影响力，就叫我在该市帮助办一个属于公益性质的乒乓球俱乐部，也算是个活动中心，对社区开放，并聘请我当教练。我欣然同意，这对我来讲也是蛮光荣的事。俱乐部成立那天，市长亲临剪彩，许许多多的乒乓球爱好者也来了。会场上挂起了横幅，还搞了个升五星红旗的仪式，大家合影留念，气氛隆重而热烈，了解美国国情的人都知道，搞成这样是非常不容易的，我感受到了当地人们对我的信任和热情。

当初在国家队时，任何练球以外的事，都是组织上帮你安排好的。我前面已经说过，运动员就是食堂、宿舍和训练馆三点一线。而在国外，任何事情都需要独立思考、独立处理，因为教球只是你生活的一部分。我的学生开饭店的比较多，我先生也就在学生的饭店里干，我也不时被请去帮忙。我的面食手艺和切菜技艺等都是那时练出来的。记得有个叫阿梅的台湾学生开了家清真饭店，开张那天是休息日，阿梅叫我去帮帮忙。我去时还穿着皮鞋，完全没有想到会那么热闹，里里外外一天干下来，虽有136美元的小费，但晚上上床后感觉小腿肚子那个酸呀，仿佛两条腿已经不属于你了。这也算是体验另外一种生活吧，当然我的职业还是辅导人家打乒乓球。总的说来，我感觉在国外的生活就是锻炼人的生活。

我刚开始教球的时候，就在王医生的那间仓库里，最初是一张台子，后来逐步增加至五六张。费用是两个礼拜一收。打球的是大人多，小孩少，主要是为了锻炼身体和个人兴趣。有个残疾人住得挺远，一个礼拜两次开车来打球，一打就是两个小时，就是为了健身、娱乐。当然也有比较正规的培训。美国乒乓球没有常设的国家队，只是到了比赛前夕，才组织训练两个星期。80年代，有一个家长听说我在洛杉矶教球，就专门从旧金山飞过来。他还查过我的资料，知道我有世界冠军的背景。他说希望能指导他的女儿，因为他的女儿要代表美国参加即将在德国举行的世乒赛了。从内心讲，我是不太愿意的，因为这不是大众玩球，只管教会就行了，这可是要真枪实弹参加国际比赛的。但见他非常诚恳，还是答应了。我说学费很贵的，要一万美金。他很爽快地接受了，并在洛杉矶借了一个月的房子。

美国人是很讲究效益与实际的，在他们看来只要付得开心、付得值就行，既然答应了，就要对人家负责，我为这位女选手安排好了每周的训练计划，包括跑步、俯卧撑等体能训练。确实，她的球技有了明显的提高，而后代表美国队去比赛，后来她从德国给我打来电话，告诉我美国队这次打进了前十二名，这是历史上从未有过的。在我的外教经历中，还有一次经一位韩国国家队运动员的介绍，去汉城（首尔）教了一个月的乒乓球；还受宏碁电脑商和中石油的邀请，两次去台湾集中训练准备参加世乒赛的运动员。这些都是在美国期间的插曲。

为此，广东电视台曾为我拍了一部电视片《张德英在美国教乒乓球》，有兴趣的话，大家可以调出来看一看。总之，跟我在黑龙江、在国家队的感悟一样，人要有信念，要有意志和精神力量支撑着。

六、创业、公益和享受

我从美国回上海探亲时，碰到了一些领导，其中一位希望我回来，利用卢湾区体育馆一个空着的仓库，办一个乒乓馆。我觉得这倒是个不错的创业机会。这样，张德英乒乓球中心开张了。我的宗旨是：面对大众，做好服务。刚开始生意好得不得了，因天天爆满，还要发牌子排队，有时晚上开到了十二点钟。现在乒乓馆开得多了，这种情况就不多见了。

记得刚开张不久，区民政局局长对我说，除了正常开放营业外，你还可以做些善事。我就到孤儿院去考察，先后去了两次，最后在百来个小孩中挑了八个相对在乒乓球方面有点感觉的残疾儿童，招来培养。我并不指望他们在打球上有所造诣，只是希望他们通过在乒乓球馆的训练，能有一技之长。球馆为他们准备了球板、服装，我亲自手把手地教，还请了教练陪打。一个礼拜三次培训,他们非常开心。的确,孤儿加上身有残疾,能得到社会大家庭的关爱,是莫大的幸事。一年后,这些孩子的打球有了效果,对攻的技术掌握得不错,显得比较灵活了,便组织他们参加了一些重要而有意义的活动。比如国际残联在上海召开世界残疾人大会时,这些残疾孤儿曾在波特曼大酒店的慈善晚会上进行了表演,世界残疾人关爱推广大使施瓦辛格和冯国勤副市长亲临会场,会场舞台上摆放了乒乓球台。当主持人宣布"有请张德英乒乓球中心残疾儿童乒乓球队上台"时全场响起了热烈的掌声。我与小队员们走上了舞台,我在一边打,另外八个队员每人打一个,然后轮流转圈,节目有趣而成功,人们纷纷投以赞许的目光,说这个节目很有感染力。施瓦辛格上台会见了我的队员。他还用20万美金

张德英(右一)在爱心少年乒乓球队成立大会签字仪式上

拍了一件物品，以表示对国际慈善事业的支持。2018年，曾经带过的残疾小朋友来到乒乓馆看望我，并高兴地报告自己参加了工作，单位里对他们非常关心，而且还参加了乒乓球比赛，逢人总是自豪地说：我们曾在张德英乒乓球中心训练的。我听了非常欣慰，认为这是对我付出的最好回报。我对他们说，你们只要有时间，随时可以再到这里免费打球，服务员都认识你们的。

  类似的公益活动还很多，比如我们成立了爱心乒乓球队，举办了拥军爱民乒乓球比赛、家庭乒乓球比赛、海外留学生乒乓球比赛等系列赛事。影响大、印象深、反映好的是迎接2000年的群众乒乓球比赛，从小孩到退休的老人排着队来报名，最后人数达到1568人次，这还是我适时截止的人数啊。赛前，中心免费训练，比赛形式是自由组合，男女混合打。活动在市民中产生了很大的影响。

  前几年，知青搞活动叫我去参加，包括我们原市少体到黑龙江兵团去的一批知青回访母校，大家聚在一起，讲述知青生活，真是很感慨的。市少体校盛校长说，看过你们的材料，尤其是看了张德英的故事，两次掉下了眼泪。于是，我便想搞一个以知青为主题的乒乓球比赛。上海的知青人数是很多的，我想第一届不要搞得太大，起个引导作用并取得经验就可以了，结果有三百多名老知青报名参加。徐主任和周宇鹏等市领导，还有曹燕华等都来了。在比赛现场，我请体育馆放了《我们年轻人有颗火热心》和《到农村去、到边疆去》等那个年代的歌曲，营造团结和谐的情感氛围。知青们都很激动，他们拉住我的手说，真想不到今天还有知青乒乓球的聚会，谢谢你了！

  在开幕式上，我一一介绍了来宾，最后我说：知青朋友们，兵团战士们，四十八年前的今天，我们响应伟大领袖毛主席的号召，到农村去，到

2018年5月12日,上海市老知青乒乓球比赛发起者张德英与当年农场队友顾伟民(原上海市乒乓球传统学校——风华中学乒乓球队教练)在比赛馆内的合影(王於竞提供)

边疆去,到祖国最需要的地方去。今天让我们再高歌一曲。全场三百人一起大合唱。唱着歌仿佛当年的情景再现,当年唱此歌时是在哭,现在经过改革开放,大家都回城了,来此以乒乓球活动的形式聚会,其实这不仅是一场比赛,我所能做到的,就是让大家快乐、开心。那天,徐主任在开幕式上发表讲话。他说:兵团战士们,知青朋友们,张德英是一千七百万知青中唯一的世界冠军。她自强不息,为国争光,你们应该感到骄傲!我当时就想,祖国人民是不会忘记我们这批老运动员的。后来《新民晚报》也以"一千七百万知青中唯一的世界冠军"为标题做了报道。对于老领导和知青球友们的称赞,我也蛮感动和欣慰的。老知青们大都六十多岁了,但精神爽朗,尽管每个人的境况不同,但对比当年睡帐篷、吃窝窝头、没水洗澡的日子,可以说是今非昔比了!知青里面也有不少乒乓球高手,他们在各类比赛中都有精彩的表演。今后我还是想继续搞好这一赛事,但要策划得更富有激情与特色。

我也确实想搞一些少年儿童的专业培训,有关领导也希望张德英乒乓球中心能出把力。作为我来说,一方面年岁大了,体力、精力有所不济;但更重要的是,现实的社会环境、教育体制和价值判断带来了一连串的问题和难处。我曾办过一个班,七八岁的小孩一下子来报名的就有七八十个,浦东四十几个,浦西三十几个。你说真要能从这些孩子中挑出几个苗子,就责任心而言,我倒也愿意拼了,哪怕请上三四个教练,训练若干年,肯定能有所收获,这个事情一定要全身心投入的。但现在的教育制度就是分数第一,花了很大的精力去培养一些苗子,看看蛮有希望,而人家家长的目标却是升学,练了几年就不打了,只求有一个专长可为升学加分,弄得教练忙乎了半天白辛苦。可能还有独生子女的关系,长辈过分溺爱,孩子在训练,家长围着一大圈在旁边看,一会帮着擦汗,一会送上酸奶,这怎么弄得好。在此,我作为一个问题提出来,供教育界和体育界一起来思考。

我是喝黄浦江水长大的,我是上海的女儿。拼搏了一生,有艰难,也有辉煌,我这辈子值了。

— 陆元盛

1954年生。1972年入上海队,同年入国家队。是第33届世界乒乓球锦标赛男子团体冠军主力队员,并获第34届世乒赛男子双打(与黄亮合作)亚军。曾获国家体育运动荣誉奖章。曾任中国乒乓球女队主教练、中国乒乓球协会副主席、国家体育总局乒乓球羽毛球运动管理中心主任助理等。

心念与志业

一、我的母校

上海巨鹿路一小是我的母校，属于卢湾区，在上海是比较热闹的区域。学校的活动场地比较小，旁边有一个菜场。我们小时候打球有"五板"之说，哪五板呢？地板、铺板、门板、菜板和洗衣板。现在回想起来，在家里铺板上打球，也玩得津津有味。上学的时候，我会带一块乒乓球板，插在背后，只要课间的铃声一响，就冲出去打球，人多就摆擂台，输了的下来，我玩得比较好，自然赢得比较多，慢慢地就对这项运动产生了浓厚的兴趣。

1965年，我们小学的女少年获得全国的冠军，还受到宋庆龄副主席的接见，国家体委奖励学校一张新球台。但这张球台只有校队才能上去打。两年级的时候，校队开始选人。班主任说，你们想进校队的话学习成绩也要好。我的学习成绩在班级里还算可以，自然就进入了学校的乒乓班。乒乓班有专门的训练时间，比如说早晨要提前到校训练；下午可以比别人少上一节课，基本可练一个多小时。我们学校的启蒙教练是纪大成和柯元炘。这两位老师对乒乓球有特别的爱好，甚至做到了忘我的地步，为了我们的训练，他们每天都早早到校开门。这就是我们乒乓班的特色。我初学的时候是打直板的，学校老师认为当时欧洲的高水平选手都打横板削球，一个队各种打法都要有，我试打后手感还可以，就改成横板了。因为我们小学的乒乓球运动比较有名，估计一个月中有一两次老师会带我们外出比赛，

20世纪60年代，巨鹿路第一小学的学生在校门口开展课余乒乓球活动

主要是跟外单位的工会联系，往往是在晚饭之前的食堂里面，巨鹿小学队跟企事业单位的大人比赛，看的人可真不少。记得有一次我们还跟外国语学院的外籍学生打比赛。老师敬业，学校有好的传统，我们这批小孩从初学者一步步地迈向了乒坛。

我查了一下校史，巨鹿路一小的乒乓球特色运动是从1959年开始起步的，多年来，为上海和国家的乒乓球事业做出了重要的贡献。以进入专业队为标准，巨鹿路一小输送上海队的就有三十多人，进入八一等部队专业队的也不少，甚至还有去安徽、青海等其他省队的，打进国家队的则有黄锡萍、何智丽、井俊泓、唐薇依、冯喆等。现在，这所学校不仅被授予上海市乒乓球传统学校，还是全国的乒乓球重点学校。

随着技术水平的提高，我也被抽调去区队训练，因为巨一小学跟区队

陆元盛与恩师柯元炘在母校巨鹿路一小的荣誉墙前留影

是挂钩的。起初是一个礼拜去两次，大大开阔了眼界，队员来自各个学校，特别是有五十五中学的少体校学生，层次更高了，交流广泛了。但是，当我进中学的时候，"文化大革命"来了，区里的训练也停止了。上海淮海路高桥食品店上面有一个由打台球的地方改成的乒乓房，共有十几张球台，社会各界的人都可以买票去打球。所以，很长一段时间，我就在那里"打野球"，区里的教练也时常会来看看。

所谓"打野球"，就是跟社会上各种球路的成人打计分比赛，交手中，我愈加感觉发球和接发球的环节太重要，就自己回家偷偷地练，如下蹲发球等，直至发过去的球能够缩回来，后来5个发球，人家要"吃"两个，我的自我感觉很好。有时候人家看我个头小，故意放短球，我就冲上去攻一板。我印象中有不少工厂里的好手，他们有时也约我出去，包括去大世界打过擂台，我的胜率还是蛮高的。打完了球大家很开心，还在小店里聊聊天，吃吃点心，给我很多的鼓励。乒乓球属于技巧性的项目，现在有不少小孩子训练很正规，一部分青少年教练只知抓固定的基本功，比赛却不会打。我在"文化大革命"中打点"野球"，加深了对乒乓球的理解，具备了相当的实战经验，感觉对后来打球还是有帮助的。

二、从驻沪空军队到国家青年队

我的乒乓生涯的转折点，应该是1970年秋天的上海市乒乓球青少年比赛。当时，我是长乐中学的学生，代表卢湾区参赛。这可是"文革"以来上海举办的第一次市级比赛。比赛在卢湾区体育馆进行，各区的青少年好手汇聚一堂，比赛打得紧张激烈。进入决赛的是我与黄浦区的王家麟，那天，我的小学老师、队友和街坊邻居都来捧场，观众很多，记得是要买门票的。结果，我"一炮打响"，以2∶0赢了王家麟，获得冠军。当时，上海队还没有招生，但也有教练来现场观战。

1971年初，驻上海空四军部队的一位主管体育的干部来我家了，派出所的户籍警也跟着。他们对我父母亲说，这孩子马上可以去当兵，参加部队的乒乓球队，派出所已调查，政审及格，你们同意就准备一下。这真是天上掉下来的好消息！其实，上海空军队本来是有建制的，且在上海赫赫有名，毕东波、李振恃等就在这支队中，"文革"初球队解散了，现在是重新组建。大概是事先有计划，空军队主要吸收了这次上海比赛的优胜者，男女队员有十来人，如南市的岑仰键、我们巨一小学的包帜远和伍时宝等。我们去部队报到后，就穿军装了。接着就是下连队三个月，跟新兵一样参加操练。三个月以后开始正式训练，就在四平路的一个铁皮房里，那里共有十张球台，毕东波是运动员兼教练。

1970年3月,空四军重新组建乒乓球队。图为新兵入伍时的合影,后排右二为陆元盛(任若谦提供)

这时,上海乒乓球运动史上经历了一次令人难忘的比赛:日本青少年队访问上海,与上海的青少年队在江湾体育馆打男女共四组的团体赛,结果上海队以0:36输了,留下了一个惨败的记录。我们坐在看台上目睹了这一切,心着急手发痒也没用,因为我们已经入伍了,不能代表上海队打比赛了。1972年4月,在沈阳有个全国的青少年比赛。部队先下手把我们这些人挑走,弄得上海这个年龄段的乒乓球人才青黄不接。可能经过各方的努力,至3月份的时候,我们便集体复员归入上海队了。为了迎接4月份的全国少年比赛,我们在体育宫加紧集训,主教练是蒋时祥。一个月后,我和王家麟、岑仰键代表上海队北上沈阳参赛。我们一路赢了广西队、吉林队等,最后以5:4战胜强劲的东道主辽宁队,我打了决胜盘的第九场。第一次参加全国比赛就荣获全国冠军,真是人生道路中的重要一步。中国队已决定参加第 31 届世乒赛了，后备队伍自然要抓紧培养，记得当时很多国家队的教练来观看这次全国青少年比赛。1972 年 10 月，国家体委在全国调入男女各三十人组成了国家青年集训队，我有幸入选了。

应该说，这是三个月的短期集训。我们 30 个男队员睡在一个房间的大通铺上，训练点就在国家队的训练楼，我们集训队在四楼，楼下就是国家队的训练基地。我时常偷偷地去看他们训练，梦想能够留下来。正是因为这个机会和在这个环境下，我见到了许多名将，包括我们上海的前辈李富荣、余长春、于贻泽等，真是开了眼界。30 人的集训队来自五湖四海，打法也各式各样，攻球打法的人比较多，直板的、横板的、快攻的、弧圈的，削球手有三位。削球打法是比较艰苦的，因为是防守型，要跟人家磨，有机会的时候反打一板。我是两面反胶搞旋转的削球打法，手上有感觉，教练说我虽然个子小，但反手削球却特别转。队内的大循环比赛中，我处于中上水平。当时规定，集训三个月以后，留下来的就进国家青年队，留不下来的就退回上海。这时，集训队的教练让我试改两面横板攻球打法，上海的前辈运动员余长春却对我说，"物以稀为贵"，你还是坚持削球打法。他还亲自去跟青年队的教练组沟通，他说，这个上海小孩，反手削得特别转，是不是可以变一变，让他正手削长胶，来一个转中有变、变中有转；再说一个队里总要有削球打法啊。

因此年底调整的时候，我就凭新的削球打法留在队中，成为国家青年队的一员。所以我很感谢余长春老师，他是我的"伯乐"。

正式进入国家青年队后，我就经常到国家队去观摩削球手的训练。其实，削球的打法也是有不同风格和式样的。所以，我就不断琢磨长胶怎么削球，是不是反手也可以用长胶削，怎么样加强进攻，发球可否用长胶，不同性能的胶皮如何倒板。这样，我就在这个基础上，有了长胶、反胶、正手长胶、反手反胶四个面的打法了，同时在发球、接发球和攻球上也有所加强。

1973年，国家队去南斯拉夫参加第32届世乒赛。我们这一批青年队就参加全国的分区赛，我和郭跃华是在无锡赛区，赛区中有不少来自各省区的高手，有的甚至是与李富荣一辈的老将，如江苏队的吴宗法、龚宝华、周前等比赛。结果，我们拿到了分区赛的冠军。当打完比赛以后，我们听到了第32届世乒赛中国男女团体均失利的消息。这样，我们青年队就受到重视了，国家队需要新人上来啊。当年11月，我被选入国家青年队访欧团体中的一员，重点参加瑞典的斯堪的纳维亚锦标赛。这是我第一次出国。首场比赛在瑞典首都斯德哥尔摩，对战瑞典国家队，这可是当年团体赛中战胜中国队的原班人马，我在比赛中先赢本格森，再赢约翰森，为全队的胜利立下了汗马功劳。记得打完比赛下来后，本格森叫来翻译跟我交流，他说，今天你打得很好，但是我会去看录像，好好研究你，在下一站的比赛中要赢你。我自己心里也打鼓：本格森是第31届的世界单打冠军，还在第32届团体赛中拿了中国队三分，这次是不是人家没用全力啊？第二场的比赛中，我又赢了本格森和约翰森。本格森下来就对我说，真的打不过你。当年有《参考消息》刊登了本格森的访谈，他说遇到了中国新的"长城"，就是指中国的这一批新的小将赢了他们。本格森还送我一个有他头像的球板，他是世界冠军，也是广告代言人嘛，就如同现在有马龙头像的球板一样。但我觉得这球板弹性不够，就改装加了一层，自己也用过，但后来我还是一直用中国的"红双喜"牌球拍。接着，我们青年队还应邀到冰岛打表演赛，冰岛天气很寒冷，却又是泡温泉的好地方。我们回程先到莫斯科，再坐5天6夜的火车回到北京，已是年底了。

随着乒乓球技术的发展,欧洲横板选手在日本荻村教练的指导下,已全面地弃守为攻了,所以在一定程度上忽略了削球的打法,反而对削球不太适应了,这是当时我能赢球的原因之一。

1973年11月,中国队与瑞典队在首都斯德哥尔摩附近的蒂雷索进行了一场友谊赛。图为两国运动员的出场仪式,右八为陆元盛

三、我想打决赛

我在1973年的访欧比赛中一炮打响,1974年初,就进入了国家一队。

当时,主教练李富荣满脑子琢磨着怎么打好第33届世乒赛的"翻身仗"。这时的国家队有经验丰富的老队员郗恩庭、许绍发、梁戈亮,李振恃也进入了国家队,我应该属于新鲜血液,新老加起来一共八个重点培养对象。李富荣教练有股不服输的精神,是我从小就崇拜的对象。他带队训练之努力和艰苦无人能及。运动量大就不去说了，而且要求我们必须兢兢业业地投入，记得我打多球时测脉搏，总是要达到足够的标准才行。李指导还注重每一个细节，那时中国队的实力不像现在有领先的优势，跟欧洲强队比还处于胶着的状态，所以，打队内比赛比分落后时，你不能有任何的松懈，一定要紧紧地咬住，强调的是一种精神和意志。再比如冬训时的长跑身体训练，他总是先冲出去，带着队员在寒风中一起跑。晚饭后还要进行业务学习，那时科研技术没那么强，电影片就那么一点点，大家看过以后，围着乒乓桌去针对性地讨论并示范，如对本格森发球到什么位置、接发球怎么处理、整体战术如何运用等。

徐寅生主任也来看我们训练，还会跟我们讲讲球场辩证法。我是把徐主任的书放在枕头边的，包括我当教练以后，也经常学习他对女队的讲话。他总是通过一个个实例"抓住"你，乒乓球的学问不是说一定要硬碰硬的，乒乓球技巧和战术讲究善用巧力。欧洲运动员力量大，但在小球的处理上有不足之处。我很欣赏瑞典的瓦尔德内尔。他20世纪80年代初来上海训练，跟我们一起交流比画，从发球开始学中国的技巧，且改变了原来发球时的握拍法，很有成效。

第33届世乒赛进入报名阶段了，教练组采取了以老带新的办法，即由许绍发、梁戈亮、李振恃带两个年轻的队员。我访欧比赛尤其对瑞典队的成绩比较好，也积累了一些经验，经过刻苦的训练，有一定实力，所以，这一年教练没让我出国，就是为了打好关键战役，自然也就入选中国队的主力阵容，成为团体赛的"五虎将"之一。

正式进入赛程了，我一路还算赢得轻松，在进入八强进四强的淘汰赛时与日本队相遇，以5∶3获胜，我第一场就战胜了两面攻打法的河野满，再胜削球好手高岛则夫，连拿两分。半决赛我没有打，决赛是跟南斯拉夫

第33届世界乒乓球锦标赛男子团体冠军队合影。左起：李鹏、许绍发、陆元盛、李富荣（教练）、李振恃、梁戈亮

队打。我的目标就是要打决赛，打决赛才能证明你是过硬的，而且我也有信心。从综合实力来看，李振恃、许绍发肯定要上场，第三号是上梁戈亮还是用我，就看领导如何拍板了，我们俩人都是削中反攻的打法。这一场球的上场名单讨论了一天，直到第二天中午休息的时候都没有消息。我估计"苗头"不好，就关起门来想心思了：是否因为我太年轻啊？前面打得不错就可以啦！再等下一届吧！反正自我求心理的安慰吧。

下午三点多钟的时候，李富荣来我房间了。

"起来！"

"起来干吗？"

"起来，今晚你打！"

我一下子跳起来了，人生能有几回搏！李指导问我对排位有什么要求，我说没有要求，你给我上场的机会我就拼了。晚上开会宣布名单后，我吃了一碗面就上场了。我的排位第1、5、9场。第一场对南斯拉夫队的斯蒂潘契奇，有一局打到26∶28，这一场惜败。李振恃上场扳回一盘。第三场许绍发以1∶2输给舒尔贝克。第四场李振恃再扳一盘，场上的总比分为2∶2，第五场是我对南斯拉夫队的第一主力舒尔贝克，我沉着应战，以2∶0取得这关键的一分。接着，我一边观战一边在思想上准备打第九盘，第九盘我信心满满。不过许绍发连下两盘，我队以5∶3获得冠军，打了一场精彩的"翻身仗"。对我来说，一是教练的信任，二是场上的坚持，有备而来打决赛对我来说是重要的经历和经验。

　　第34届世乒赛中，我跟削球手黄亮配对还参加了男双比赛，打出了一

第34届世乒赛男双比赛第五局中，陆元盛与黄亮在对方握有九个赛点的情况下完成逆转，淘汰了上届世界冠军约尼尔和克兰帕尔

场出乎意料的经典赛事。八分之一决赛的时候,我们与匈牙利的世界名将、第33届世乒赛男双冠军约尼尔、克兰帕尔相遇,最后以3:2取胜。比赛异常激烈,第五局时我们曾以11:20落后,再输一分就淘汰出局了。对方认为大局已定,有点放松,被我们追了几分后反而乱了阵脚,我们追到20平后以23:21拿下这一局。约尼尔特别生气,下来后把球板都扔掉了。这场球的意义在于不放弃,这是中国乒乓球队的一种精神,就是没到最后一分,绝不认输。这在双打上特别不容易,因是俩人配合,只要有一人稍微一松懈就会失球。所以乒乓球不仅靠技术,还要靠毅力、靠意志。就像刘国正力挽七个赛点的战例,那场球丢一分也就输了。这些故事还是要留下

第34届世乒赛上的陆元盛

来教育后代。国家队的训练口号里有这么一句："你不要这一分,全国人民要这一分。"接着,我和黄亮一鼓作气胜了南斯拉夫的舒尔贝克和斯蒂潘契奇,为男子双打这个项目扫清了障碍,与中国选手李振恃、梁戈亮胜利会师,进入决赛。

四、师徒重返国家队

第35届世乒赛结束后,我退役回到上海,先是在上海体育运动技术学院读书,后又在上海队当助理教练。

1987年时,上海男队处于低潮,在全国比赛中连前16名都没有打进,人心涣散,上海体育运动技术学院的领导赵晓阳就来做工作,希望我去接任男队主教练,担负起这个责任,把上海男队搞上来。其实,挑这副担子的压力是很大的,但既然领导信任,我便接受了任务,打算重新组队。此时,丁松刚从国家青年队回来,也准备退役了。这是一个球感很好、很有潜力的削球打法的苗子。我就找他谈话,我说,你年纪那么轻,要想办法把运动生涯调整好,前途还是很开阔的,你先恢复训练,只要好好练,我就想办法把你送回国家队。丁松答应了,开始跟队训练包括进行身体训练。同时,我们也调进一些人,抓紧培养年纪轻的。我们教练组很团结,一天练三场。有些队员下午要上文化课,就安排晚上加班,保证足够的训练量。冬天上海体育馆训练场地很冷,我就让大家穿着大衣先踢小足球,男孩子们很喜欢,踢出一身汗,之后投入训练积极性都挺高。1989年,上海队打进了全国团体前8名。当时,国家队男队主教练是郗恩庭,我郑重向老郗推荐丁松,丁松经过一年的训练后重返国家队。我在上海队任教的时候,除日常训练外还搞集训,就像我在国家青年队一样,利用寒暑假进行调训,以发现有潜质、有前途的队员。我记得闸北区少体校的王励勤就是通过集训于1991年调进来的。回想起来，当时调入王励勤这棵苗子还是选对了。他进入上海队一年多后，就被调入国家青年队集训。

1991年第41届世乒赛在日本千叶举行，中国队的男女团体双双失利。尤其男线基本处于低谷期，瓦尔德内尔等这批外国队员已经很成熟了，所以在世界称"王"的是瑞典队。我们的横板进攻型选手则刚刚起步，如马文革、张雷等这一批，在打法上与欧洲选手相比还有差距。当时蔡振华任主教练，李富荣等领导经多方考虑，决定选几个年轻的教练负重前行。这样，我接到了赴北京任国家男队教练的通知。为什么会选上我呢？一则我曾是国家队队员，当时有一阵人心向"外"的风气，国家队退役的运动员纷纷去国外打球或任教；二则我在实践中把上海男队带出了点模样。

当时，家里确实也困难，孩子才两岁多，调到北京工作起码要干一届四年吧。赵晓阳领导找我谈话时说：国家队调你去，你应该去，支持中国队打"翻身仗"；再说丁松已经在那里，熟悉削球打法的教练少，打瑞典的话很可能会使用削球手。我去北京任职后，蔡振华主教练也是这个意思，要打"翻身仗"，就要在削球这个打法上动脑筋，并叮嘱我把丁松"抓"好。1992年的奥运会，我们男队的突破口在双打，故拿了男双的金牌，男单只得了第三名。1993年的世界锦标赛，中国队把在德国打球的王浩叫回来参赛，但还是没有成功。

应该说，丁松有攀高峰的信念和实力。1992年时，安排丁松随队访问英国，他感觉两面反胶的打法在国内都还可以，攻守协调都很顺手，但对欧洲弧圈选手，却有点"削不住"，打法上不是很主动，这就需要动脑筋在器材上有所改进。这时，我们琢磨着改了薄海绵的正胶，其性能与通常的长胶不一样,削球可以搞转与不转。这个打法是属于创新的,女队有一个队员用这个板,我也请教了几次。调试了将近半年时间后,丁松在队内比赛,已经使不少人摸不透了。韩国队来北京访问比赛时,他把人家打"傻"了,一拉下网,再一拉出界。同时,丁松的攻球能力也增强了。教练组决定要好好研究丁松这个球,想办法去打"翻身仗"。

丁松有潜力,只要引导得好,一定可以攀登高峰。这样拼到1995年世乒赛前夕,队里派他参加瑞典的斯堪的纳维亚大赛,他不负众望,战胜了欧洲强手,拿到了单打冠军,一下子在主力阵容中站稳了位置。他自己也感觉到,经过刻苦训练,技术、能力和意志得到了提升。

1995年世乒赛男子团体的决赛,正是中国队对瑞典队。现在想想,丁松打决赛的过程,跟我1975年打决赛的过程一模一样。定决赛名单之前,李富荣、蔡振华等都在看录像,因赛制已改成五盘三胜制,这关键的第三盘到底要用丁松还是用刘国梁,我作为主管教练心中是明白的。所以,当天晚上我就跟他说,你啊,要做好准备,肯定要打的,技术上完全没问题。他感到紧张是自然的,他说,我代表中国队打决赛要是输了,就在地上找个洞钻进去了。我说,不会的,输了算我的。其实,当天晚上名单还未定下来,我为什么事先对他这么说,是因为我深深地知道丁松的个性和心理,一定要帮他确立自信心。下午四时开准备会,宣布丁松上场时,他已经有这个准备了。

这场决赛打得惊心动魄。前两场打成1:1,第二场马文革对佩尔森输掉第一局时,丁松就跑过来跟我说要输了,我说,你不要管,你只管把第三分拿下来,并叫他赶快去做准备活动,跑一跑,跳一跳,再到场子里面去看看气氛。结果,丁松上场后全神贯注,又削又攻,很漂亮地以2:0赢了卡尔松,自己的心血没白费,经受住了考验,为中国队打"翻身仗"立下了功劳。有意思的是，我跟他谈话时，曾提及要有打决胜局的思想准备，并分析了第一、二局赢或输怎么办，第三局决胜怎么打，弄得丁松以2∶0赢下来后，还以为要打第三局，准备去交换方位呢。接着，在单打比赛中，丁松战胜了赛弗、佩尔森等欧洲名将，半决赛时输给同队的孔令辉，获得世乒赛的季军。

回顾上海的乒乓球运动史，20世纪五六十年代，代表中国队参加男团决赛的徐寅生、李富荣、张燮林等第一代国手功勋卓著；70年代中期，上海籍运动员中是我参加了男团决赛；整整二十年后，则是丁松站在了最高领奖台上。再看新世纪，王励勤、许昕等接班了，希望上海男乒这条脉粗壮而扎实，为国家做出更多的贡献。

五、十年"女教头"

1995年10月，张燮林升任中国乒协副主席和乒羽中心副主任，领导考虑让我接任女队教练。从张燮林教练手中接班，这个担子不轻啊！而且当时面临1996年亚特兰大奥运会。我10月份接队，11月就把王楠、李菊、杨影这一拨年轻人带去参加了访欧的比赛，主要是考虑后备力量的衔接。因为时间太紧，1996年的奥运会还是用了原班人马邓亚萍、乔红、刘伟、乔云萍等，保住了女队的两块金牌。之后，我做了邓亚萍工作，在不影响她去清华大学读书的情况下，带领年轻小将迎战1997年英国曼彻斯特世乒赛。邓亚萍的技战术能力和拼搏精神确实起到了主心骨的作用，那一届的中国女队包揽了团体、单打、双打的全部金牌，算是我当主教练的"开门红"。

1998年亚运会时，我真担心没有邓亚萍参赛，年轻选手是否行。结果

为备战第44届世界乒乓球锦标赛，主教练陆元盛（中）帮助队员王楠做体能训练

王楠、李菊、杨影、张怡宁组队，克服困难，取得了好成绩，王楠以女团、女单、女双、混双四块金牌的战绩受到体育总局的表彰。

在女队执教十年，我经历了三届奥运会。1996年美国亚特兰大奥运会时，我们依靠老将保住了女队两块金牌。此后，教练班子一直为2000年悉尼奥运会考察培养人选，最终选拔出王楠、李菊、杨影、孙晋清一色小将参赛。通过年轻队员的顽强拼搏，女单、女双冠亚军决赛都是在中国选手之间进行，中国女队取得了好成绩。其实，在决赛之前，有几场球打得很艰苦。如王楠对阵新加坡的李佳薇，在落后的情况下反败为胜。王楠半决赛对阵中华台北队陈静，当比赛打到第二局时，裁判宣布比赛进入12板结束此球的轮换发球法。我作为教练也没有见过大赛中两位攻球手用这种方式比赛。我鼓励王楠，多讲有利方面长她的士气，最终王楠拼下了这场关键比赛，进入决赛，与李菊会师。

2004年奥运会,除王楠外,另外三名选手张怡宁、牛剑锋、郭跃都是第一次参加奥运会。整个比赛过程紧张、激烈。单打项目中王楠负于老对手李佳薇,牛剑锋负于朝鲜队金香美,年轻选手张怡宁与金香美进入了决赛。决赛前,张怡宁压力很大,我做临场指导,在场上一直鼓励她。第一局比分咬得很紧,第二局双方打开了,球的回合很多,张怡宁冷静、坚定,积极进攻,以4:0战胜金香美,取得了单打冠军。夺冠后,张怡宁高兴得跑过来与我拥抱庆祝胜利。赛后,我才得知张怡宁这块金牌是中国体育代表团在夏季奥运会上的第100块金牌。女双项目中王楠、张怡宁战胜韩国选手李恩实、石恩美,获得奥运会女双金牌。自1988年乒乓球首次进入奥运"大家庭"后,中国乒乓球队就肩负着为中国体育代表团夺金的任务。同时,从第44届到48届世乒赛,中国女乒都取得了冠军,保持了荣誉。

2004年在希腊雅典奥运会上,张怡宁在单打决赛中夺得金牌后与教练陆元盛庆祝胜利

回顾十年来的队伍建设,我非常注意培养年轻选手,使队伍进入"老带新,新促老"的良性循环局面,这是保持队伍长盛不衰的关键。教练组认识到,保冠军比夺冠军更难。我总是告诫队员们,想当主力,必须技术过硬,心理素质更要过硬,要承受得起与对手拼的压力。让我欣慰的是,从张燮林指导手中接过女乒队伍十年来,在全队上下的共同努力下,女队

保持了在世界乒坛的地位。

在女队工作那么多年，包括记者在内常有人问我：你是怎么管理这支队伍的？记得有一次碰到韩国队教练安宰亨，他也当了几年的女队教练，便问我执教的经验。我认为除了认真训练外，若要扛起大梁，就要有这么一股劲，而且全队是一个整体，大家要能够拧成一股绳。国家队这个地方竞争很激烈，你若没有目标、没有上进心，是待不下来的。所以，我总结最重要的一条是实行目标管理。有目标的人，天天想着一件事，再累再苦也会坚持，不用别人老去盯着，即便失败了也能够爬起来。

有人说我的管理方式比较温和。确实，如果不是原则性问题，我不会严厉批评女队员。女队员评论我，既是恩师又似慈父。王楠说，陆指导把队员都当成女儿一样。当时，我与太太分居两地，自然以队为家，一门心思要把成绩搞上来。在队里，队员依靠教练；教练信任队员、爱护队员，促进队员刻苦训练就是严格管理。有些记者盯着我问：你喜欢哪一个队员？我说，手心手背都是肉，这就像家里的孩子啊。包括队里的几个非主力队员，我是主教练，当然也要去鼓励和关心。遇到重大比赛，两条线上扫清了外国选手，是自己的队员决赛了，怎么办呢？悉尼奥运会时，我就将两瓶水分别递给王楠和李菊，祝她们取得好成绩，为双方加油。然后我就与徐寅生主任离场去饭店，一边吃饭，一边看电视转播，谁拿冠军不都是自己的队员嘛。

总结这十年"女教头"的工作，首先是徐寅生、李富荣、蔡振华等领导的信任，其次是教练团队的合作和支持，使我抓住了这个机遇，为中国的乒乓球事业做了点贡献。同时，我也经常去前辈教练张燮林那里聊聊天、取取经，请他来看看队员，出出主意，给了我很大的帮助。中国乒乓球队是一个整体，一代代的优秀运动员从这个整体中成长起来。当年，我们看着年少的刘国梁进队，现在他已是乒协主席。我体会到，中国乒乓球队的团队精神是我们这支队伍勇往直前、长盛不衰的根本所在。

六、发挥余热

现在，我已退休了，也时常跟徐寅生主任到乒乓球爱好者中去推行"快乐乒乓"。徐主任在体委时也负责过群体工作，有经验，有感情。最近，新的乒协又选我当全民健身委员会主任，也算是发挥余热吧。

老百姓称乒乓球为"国球"，我以为有两大重要的原因：其一是新中国成立七十年，乒乓球项目从容国团、徐寅生、李富荣这一代运动员开始，迄今已经延续五六代，雄踞世界乒坛，为国争光，打出了水平，打出了风采。其二是乒乓球运动在中国有雄厚的群众基础，包括宁夏、甘肃、青海等地打乒乓球的人也很多，有千千万万的爱好者。近些年，国家体育总局强调竞技体育的奥运战略与群众体育的全民健身同步进行，中国乒协也将加大投入，力争把业余的乒乓球活动搞得更好。

肩负这个责任，我也想借这次访谈的机会，向广大的球迷说说心中的感悟。乒乓球运动有百年的历史，很适合中国人身手灵敏的身体条件，所以玩出了多种多样的打法和技能。同时，也适合中国人的生活环境，打球的地方多，花钱也不多，体育场馆、社区乒乓房，还有大中小学校、企事业单位，哪里没有乒乓球台？乒乓球运动冲撞少，却能充分地运动身体的各部分机能，包括眼睛和大脑，据有关研究，还可以有效地预防老年痴呆症。对中老年人来说，踢足球、打篮球对体能要求高，不太适合，但打乒乓球没问题，会很有乐趣，我以为打到八十岁都可以。有很多球迷告诉我，打球强身健体，相互切磋技艺后，一帮球友吃吃饭、聊聊天，真是非常开

2013年11月2日，巨鹿路第一小学举行百年校庆活动，陆元盛向母校捐赠了乒乓球桌，并在校庆活动中向小校友们传授乒乓球技法

心的事。这次新冠病毒肆虐，大家宅在家中。徐主任身体力行，带头发出在家中打简易乒乓练习器的视频，传遍大江南北，很有号召力。其实，在家中也可以对着墙壁打，餐桌上也可以打，我还发明了手机乒乓，很有推广的价值呢。

现在乒乓球爱好者中六十多岁以上的球友很多，练球很积极，参赛很活跃，反之青少年中坚持打球的人倒少了。客观上，这是因为现在小孩子玩的东西太丰富了，不像我们小时候没什么东西玩，而且他们考试升学的压力也很大。我想，怎么能更多地吸引青少年呢？祖辈带孙辈，陪着练，教着打，可能是个很好的途径。这不仅可扩大乒乓球爱好者的人口，也可夯实"国球"发展的根基。所以，我也经常去看看青少年的集训。从这个方面说，乒乓球的群体工作确实很重要。

同时，乒协也在考虑如何在业余比赛与专业性的比赛中架起一座桥梁。中国乒协主席刘国梁很重视发展群众体育。2019年底在郑州举办的国际乒联世界巡回赛总决赛中，中国乒协就把中国业余会员联赛总决赛放在一起举办。业余选手在A馆打完比赛后，可以到B馆去观赏世界高水平的比赛。刘国梁主席还安排了国际乒联主席和国家队全体教练员、运动员参加业余比赛开幕式，世界冠军和业余选手互动的场面非常震撼，展现了乒乓球运动在中国的群众基础。

总之，新的使命，需要新的努力。我还在路上，还要继续前进。

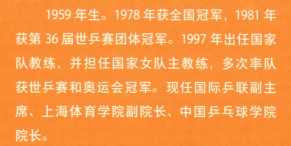

施之皓

1959年生。1978年获全国冠军，1981年获第36届世乒赛团体冠军。1997年出任国家队教练，并担任国家女队主教练，多次率队获世乒赛和奥运会冠军。现任国际乒联副主席、上海体育学院副院长、中国乒乓球学院院长。

为乒乓球而生

一、初萌之路

我从小就喜欢乒乓球,主要是因为叔叔的关系,他教我打球,还给我买了本《五虎将》的书。所以,徐寅生、庄则栋、李富荣等战将的大名,早就刻印在我的脑海里。因为崇拜心理也萌发了想成为他们这样的人的想法。我记得很清楚,1966年全国锦标赛在上海举行。当时我七岁,叔叔专门去排长队买了票,带我到卢湾体育馆去看偶像们的比赛。就此,叔叔把我带入了乒乓球的世界。

我生在上海,长在上海。家住在上海最中心的黄河路,所读小学是凤阳路二小。学校在一个很小的教室里放了两张乒乓球台,只是上体育课的时候打一打。教数学的王老师会打乒乓球,也就兼着体育课。因为有叔叔教我的底子,平时在家里的台凳上也打过球,王老师看我打得还可以,就让我加入了校队。

一年以后我进了体育宫少体校乒乓班,每天下午三点一刻放学后,即去参加训练。体育宫少体校在上海乒乓球界很有声望,从那里走出了李富荣、余长春等世界名将。所以,这里训练非常规范,我真是如鱼得水。我的启蒙教练是国家队的选手周一玲和体育学院的高才生朱俪英。一开始,我跟大多数队员一样打直板攻球,后来她们感觉我打横板两面攻可能更有前途,她们是很有眼光和水准的教练。经过一段时期的训练,我的水平提高得很快,自己的感觉也非常好。可以说,正是这两位女教练给我打下了扎实的乒乓球基础。

  当然，我们的训练也是比较艰苦的。因为训练馆是在看台的上面，乒乓球的场地不能反光，窗户都漆成了黑色，一到夏天就像闷在一个罐子里。那时哪里像现在有空调享受，一场训练下来，可以说大汗淋漓。记得是1971年，因为市青少年体校还没有恢复，市体委就在体育宫搞了一次我这个年龄段的青少年夏季集训。我们都睡在看台底下，一到晚上就去抢地方，有时索性睡在外边，感觉也很有意思。

  我进了少体校以后，也经常去叔叔他们厂里面，包括到外边去打比赛，主要是跟大人们打对抗赛，这对于提高我的乒乓球技术有很大的益处。虽然这些对手年纪比较大，动作不太正规，但多具备一定的实战能力，让我看到乒乓球是多种多样的，熟悉了球路，增强了手感，加强了我对乒乓球的理解，应该是起到了一个非常重要的作用。所以我自认为其他方面并不怎么行，但对乒乓球这项运动的理解还是有独到之处的。我曾跟朋友们说过，从这个意义上来说，我可能就是为乒乓球而生的。后来我当了教练以后，尤其是来到中国乒乓球学院当院长后，我也一直提倡：有些东西不是在书本上能够学会和体验的，你要靠到社会的实践中去打拼才能感悟和获得的。现在有很多乒乓球业余爱好者到我们中乒院来打球，我们这些少年班的小孩应该跟这些业余爱好者多打打，不要看人家似乎不很规范，还有的是用各种胶皮，这会让我们少年班的小孩看到乒乓球不光是正手对攻、反手攻球、搓球、发球等，还有很多稀奇古怪的、各种各样的来路和招数。乒乓球是一种文化，这才是一个完整的乒乓球运动。

  在体育宫少体校，朱俪英教练教小孩比较有经验；周一玲曾是国手，参加过世界锦标赛，跟国家队的一些运动员保持着良好的关系，我也从中受益匪浅。比如孙梅英来上海的时候，就被她请来指点我。我记得孙梅英

20世纪70年代初,施之皓(后排左四)在体育宫体校训练期间与队友和教练朱俪英(后排右一)的合影。

给了我一些不同角度和不同性质的球,使我练球更有了一些灵活性;庄则栋来上海的时候也教过我,他教我攻球怎么发力、横板攻球应该有怎样的进攻意识。孙梅英、庄则栋在我心中都是很伟大的人,这在精神上给了我很大的鼓励。

二、打乒乓的"文艺兵"

当时,我也代表体育宫或黄浦区参加了上海的许多比赛,有区与区之间的比赛,也有市一级比赛。成绩总体上是名列前茅的,但并不是很拔尖。在上海的青少年乒乓球训练体系中,虹口区是很强的,可以直接跟市体校抗衡。

对我来说,少年时期真正辉煌的比赛,是1973年上海市小学生运动会的决赛。那天是在江湾体育馆的运动会闭幕式上,全市电视台转播,我的对手是虹口选手陆小聪。当时,是打21分球的五局三胜制,我在0:2落后的情况下,以3:2翻盘。一开始,陆小聪直板进入状态快一点,前面总体发挥也不错。后来我渐渐适应了,并充分发挥了全面进攻的特长。同时,他可能领先了以后,有了特别的想法。我记得第三局应该是以11:19落后,但被我"捞"回来了,整个局面也就完全倒过来,他几乎处于崩溃状态了。所以这次比赛他记一生,我也记一生。我们现在都在上海,碰到以后也会聊起这次比赛,这是我少年时期印象最深刻的一场球。

其实,在体育宫组织市少年集训的时候,我已具备了较高的水平。但集训结束以后,有好几个跟我同年的队友进了上海队,那个年代能够进上海队深造,是多么令人羡慕和向往的事啊,我却没有入选。主要问题是家庭出身不行,政审不过关,那个年代处在非常时期。对此,我父母,包括我奶奶、爷爷,好像都对我有一种愧疚感,弄得大家很不舒服,对我的打击确实不小。我当时就感觉已经没什么意思了,觉得再努力、打得再好也无用,甚至产生了放弃的念头。队友们进入了上海队,天天在进行正规的训练,我读完书就在弄堂里跟一帮小孩一起玩,家里人都要上班,是不知道的,他们回来后问我,我就说去体育宫打球了。我记得很清楚,就在这个关键时刻,周一玲教练主动跟我家里联系,父母这才知道我没有去参加训练。周教练还专门到弄堂里来找我,她要把我拉回去,她舍不得这棵苗子就此夭折。这期间,周教练与我妈妈有很多的联系,一直鼓励我不要放弃,相信机会总是有的。同时,她也拼命地激励我,告诉我只要球打得好,有实力就有前途。那时候部队来招人的特别多,这也让我看到了希望。完全可以这么说，是周一玲让我重新燃起对乒乓球的热爱和渴望。如果没有周教练，可能就没有我的今天。

小学生运动会夺冠以后，我还代表上海市参加了1973年全国少年比赛。比赛是在宁夏的银川举行的，当时是分两个年龄段的，一个是1959年以后小年龄段的，一个是1958年大年龄段的。我打大年龄段获得第四名。那时候，已经有消息传来我可以进上海队了。实际上，在小学生运动会的时候，铁道兵部队已经跟我们家接触了，所有的征兵手续也都办完了。为了防止走漏消息，发生意外，铁道兵部队招我当兵，没有走体育兵的路子，而是把我当作文艺兵招进去的，因为名义上铁道兵部队是有文工团的，他们也借此在上海招了几个文艺人才。我记得很清楚，应该是1973年7月底，即八一建军节之前，我参加全国少年比赛后，回上海歇了一天，他们就把我带到部队去了。

我进京以后，上海队着急了，他们把我爸爸、妈妈，还有我叔叔叫去，我的铺盖也不让拿，他们说是要把我这个人追回来的，因为调令已经在体委了。

但是，一切都晚了，生米已经煮成熟饭了。

三、我是军人

铁道兵部队的训练也是不错的，除了从上海和哈尔滨招了一批新兵，还通过铁道兵兵团的运动会选拔了一些队员，成立了体工队。我1973年7月进队，10月就代表铁道兵打全国锦标赛，那时候我13岁。尽管是少年选手打成人比赛，我总体上成绩还行，经受的锻炼非常大，使我对乒乓球运动又有了全新的认识。常言说："塞翁失马，焉知非福。"许多事情往往是坏事变成了好事。我们那一拨先前进上海队的队友，根本没机会打上全国比赛，因为在上海队，他们这批年龄段上面还有很多人呢！所以，我出道反而比他们要早了许多。

作为铁道兵的战士，我打完全国比赛后，曾随体工队下秦岭山区，为连队战士打表演赛。到了基层部队，我才感受到铁道兵是多么地辛苦。老实说，铁道兵去的地方是"鸟不生蛋"的地方，他们要挖山洞、筑桥梁、建铁路，还非常危险呢。铁道兵战士几乎没有房子住的，我们去的时候，说是去团部的招待所，其实全部是临时搭的棚子。开饭的时候，战士们从工地上下来，就蹲在那里吃饭，真的没什么好东西吃的，常常是窝窝头蘸点盐水，我们去了以后，才开点罐头。虽然我们是体育兵，主要的工作是打球，但下到连队就是士兵，而且每个人都分到具体的班里，一般每年至少要下去一次，跟所有的战士一模一样，伙食也一模一样。我们在体工队时的伙食很不错的，一天一块二的标准，而战士们只有两毛七，我们真是要比他们好很多啊。

我们外出为战士们打表演赛，没有现在这种舒适的面包车，全部坐卡车，铁道兵部队就是卡车多。卡车在秦岭里开，山很高，路很窄，对面来了车，交叉通行都很困难。从这个部队到那个部队，就是从这个山头到那个山头，路途可能不是很远，但绕来绕去的山路也要开几十公里。战士们在深山老林里的生活是很枯燥的，我们去打表演赛，就是在露天搭个台子，战士们集合把一个山坡围起来，比赛受到战士们的热烈欢迎。我生在上海，长在上海，进部队时14岁，正是人生观趋向成型的时候，通过下部队表演、锻炼，尤其是目睹了铁道兵战士们在如此艰难的条件下为国家的建设做贡献，确实受到了很大的教育。尽管我在铁道兵部队的时间不长，因为计划是下去一个月，结果第二个星期就接到国家队下达的全国少年大区集训的调令，但我终究是一个铁道兵。

这次国家集训安排在上海、广州、杭州三个地方，我被分配在上海一组。这次大区集训经历了一个冬天，直至开春后的 5 月份结束。上海大区的集训设在上海体院的老教学楼里面，就是我现在任职的院子里。后因洋灰地面灰尘很大，影响训练效果，不久就搬到江湾体育场的体操房。在体院时有学生宿舍可住，在江湾体育场就住在一个舞台的后面了，男的睡左边，女的睡右边，站起来都能看见对方。后来任国家女二队主教练的韩华，一米八的个子，他睡上铺，我睡下铺。那时候大家都是小孩，感觉住在一起很有乐趣。应该说这次大区集训的氛围很好，大家都很珍惜这个机会，训练很刻苦。我的主管教练是吴小明，集训队还安排上海港务局和北京工人队的一些高手来陪练。这次集训对我技术水平的提高起到了重要的作用，自我感觉是产生了一个阶段性的飞跃。集训一结束，我又代表铁道兵部队

施之皓在比赛中

去参加全国分区赛，赛程结束就直接进了八一队，那是 1974 年，我 15 岁。

在八一队，经过四年的训练，我于 1978 年拿下全国冠军，这个全过程是由八一队的主教练于贻泽带教的。我认为于指导对乒乓球的理解非常深刻，尤其针对我在乒乓球方面的智力开发起到了至关重要的作用。他总是把对乒乓球的一些理解告诉我、教会我，然后引导我自己去体验，再转化成我自己的心得和技能。

地方上的省市运动队一般都实行半军事化的管理，在部队就更不用说了，无论是训练作风还是平时的生活作风，基本就是军事化管理。所以，八一队的队员并非是全国最好的苗子，却往往能出成绩。凡八一体工大队的运动员每年要下放当兵一个月。如果说我在铁道兵部队曾随队去秦岭打过表演赛的话，那么在八一乒乓队我曾真枪实弹地去福建前线当兵，地点就在大小嶝岛。岛上几乎没有什么老百姓，天气好的时候，肉眼能清楚地看到对面，甚至对面的公鸡叫我们都能听见。晚上 9 点岛上就停电了，我和队友丁毅上下铺住在一块，房间很破旧。那时候部队还与对岸相互打炮，逢单日是他们打过来，逢双日是我们打过去，一打炮就要钻地洞。同时，我们晚上要站岗，开始的时候是一人一班，后来是两人一班。我跟梁猛俩人站一班岗，一班岗只有一把枪，这子弹可真是上了膛的。他拿枪，我拿两颗手榴弹揣在大衣口袋里。我俩背靠背站着，因为还真有摸哨的，这样视线可以广一点。下去当兵，伙食费就是两毛七分钱一天，一个礼拜有一次文艺活动，多半是走 40 分钟到团部去看个电影。就是在八一队驻地的红山口，我们也要到警卫连去站门岗。冬天的时候真是很冷，轮到半夜站岗也得爬起来。我们完全体会到一个当兵的人是什么样子。我们的训练节奏跟省市队差不多，一般都要出早操。每星期有一个早上是出军事操，那就要穿军装、站队列；每星期三有一次政治学习。或许有人会说，下连队当兵一个月会荒废训练时间。实际上,我们在思想上和精神上得到的收获,要比在乒乓球馆里闷头练大得多。

大凡当兵回来,我们的训练态度会焕然一新。那时北京的物资不是很丰裕,为了增强体质,我从上海悄悄带一些葱油苏打饼干、大白兔奶糖等,按理说当兵的时候是不可以的。八一队的管理就这样,训练不好、态度不好,罚你三个月或半年到连队。这对我们是一种约束,也是一种教育。所以八一队的训练应该比各个地方队要强不少,这样,训练质量自然就会提高。特别是"文革"后期,"四人帮"搞"体育革命",各省市的训练受到了一定的影响,八一队的成绩就一下子冒上来了。再则,我们的教练如于贻泽、李莉、陆巨芳等,都有过从地方队到国家队的经历。八一队的队员都是先拿到全国冠军后才进国家队的,这证明教练组对乒乓球训练规律的认识和掌握都是第一流的,并有其独到之处。我认为这个独到之处就是八一队的训练作风。

八一队的另一个优势,是南北风格的交流比较多。从乒乓球技术的角度来理解,上海的风格比较细腻,北方的则比较有力道。八一队正好融合了这两种风格,这对我们打球起到了很好的促进作用。正是经过这样的锤打,我回去跟上海队打,他们会感觉力量方面与我有差距;但我跟北京队打,他们会感觉我的小球可能要好一点,而实力也相当。

同时,八一队还重视技术和打法上的创新。以我为例,1977年全国锦标赛,我们八一队在团体决赛时,遗憾地以4∶5输给北京队,得了亚军,当时我和李振恃各拿两分,北京队的卢启伟拿了我们三分。当时我是打两面反胶,国家队没有调我,可能认为两面反胶的打法不太有出息。回去以后,我的反手就改生胶了,心想反正两面反胶已成常态,不如改变一下,兴许会有好的变化,大不了再改回来。结果,苦练了一个冬训期,我就拿全国单打冠军了。可以这么说,横拍反手生胶这个打法是从我开始的。

1981年，中央军委授予施之皓（右一）、李振恃（右二）、童玲（右三）、沈剑萍（右四）一等功荣誉勋章

四、福州，我的福地

在我的乒乓球生涯中，1978年的福州全国锦标赛是关键性的。我们八一队在团体赛中，半决赛时先胜上海队，因为我和李振恃都是上海人，所以有人戏称：八一队是上海一队，上海队是八一二队。确实，我进八一队后跟上海队交手，他们很少有人能赢我。所以也有人跟我开玩笑，说我当年若是进了上海队，也许就打不出来了。团体决赛时，我们赢了东道主福建队，这场球我胜了郭跃华，一人拿了三分，为八一队夺冠立了功。

那次全国比赛好手云集。单打八分之一决赛的时候，我再次赢了郭跃华，接着淘汰了北京的卢启伟，决赛的时候胜了浙江的鲁尧华，此三人都是当时国家队的队员,可以说我把所有该赢的都赢了。后来李富荣局长告诉我,当我打进前八名的时候,他就跟国家队的教练和队员说,你们不要弄出一个尴尬的场面,七个国家队的人站在施之皓一个人后面。实话实说,国家队是讲究的。在全国比赛中,对教练的考察、对队员的考察,最起码的一点,就是不能输给省市队的。我到国家队当了主教练以后,也是这么要求带队教练的。但是,话又要说回来,当时的情况也比较特殊,群雄纷争,包括我们八一队在内的省市队,都有一些最高水平的人,除了国家队中几个拔尖的可能技高一等外,对国家一队中间甚至于偏上的选手都可一拼。当然,现在的国家乒乓球队已经不是这么一个结构了,各省市队的选手不用说跟国家一队,就是跟国家二队都没法抗衡。确实,那时候领奖不只是前三名上去,是前八名排着队上去的。我排第一,后面是七个国家队

1983年9月,八一队在上海举行的第五届全运会乒乓球比赛中获得男子团体赛冠军。冠军台上右三为施之皓

的队员,这也算为八一队争光了。

所以,在我的心中,福州是我第一次拿全国冠军的地方,福州是我的福地。

五、国家队的历练

1978年5月我拿了全国冠军后,当年年底就进了国家队。经过一整年的训练,1980年初,我和蔡振华等一批年轻选手在访欧比赛中取得较好的成绩,受到了教练组的重视和信任。

当时,国际乒坛的格局是,欧洲的匈牙利队是我们的主要对手,他们

中国乒乓球男队在出征第36届世乒赛前合影。前排左起:谢赛克、郭跃华、施之皓、李振恃。后排左起:蔡振华、王会元、黄亮、鲁尧华、陈新华

两面弧圈结合快攻的打法很先进,还有瑞典队和南斯拉夫队的实力也比较强;亚洲则是日本和韩国队对我们构成一定的威胁。国家队的主要目标是对付欧洲的弧圈球,主要任务是拿世界冠军,所以,训练的理念和重点、训练的内容和方法跟八一队有所不同。我的主管教练是梁友能,他给我很大的空间,强调在自我管理中提高能力,只是在关键点上点拨一下。进入主力阵容后,我大部分是跟两面弧圈球的对手训练,研究的技战术也主要是针对外国的选手的。这样,我对付直板快攻的能力下降了一些,对付弧圈球的能力则强了很多。

1979年,我们男队在平壤世界锦标赛上不慎输了,那时才真正感受到中国乒乓球队不能输。整个队要打"翻身仗",氛围完全不一样了。李富荣是我们的主教练,他每天带着我们出操。那时的训练真是艰苦,单说技术训练后的体能长跑,星期一长跑四千米,星期三跑六千米,星期六跑八千米甚至一万米,运动量非常大。冬训的时候,有一天寒流肆虐,等到我们跑完回来,鼻子、耳朵都是白的,头发全部被冰住了。在场的教练们,还有以前老的领队都掉眼泪了。李富荣有一段时间胃不好,开始怀疑可能是癌症,但他置之度外,坚持在第一线盯着我们,我们队员都非常感动。

两年以后的1981年,我跟蔡振华、谢赛克作为团体赛的主力,打了"翻身仗"。中国队第一次囊括了七项冠军。当然,我也有遗憾的地方,一是单项上没有斩获,二是团体赛的前面部分打得都很好,与匈牙利队决赛时却输了两分,这是我运动员生涯中最大的缺憾。当时,对我个人来讲,确实是非常沮丧的事情。但再往后看,这对我的人生,对我整个的乒乓球生涯,可能起到了一个很关键的作用。因为在当运动员时没有实现的愿望或者留下的遗憾,让我在当教练的生涯当中实现了。

现在反思男团决赛那一幕,可能我前面发挥得很正常,教练在决赛时调整了出场名单。领导找我聊，让我改打冲头，第一个出场。我说没问题，感觉都很好。从我的角度来讲，开始时可能感觉没有什么，实际上上场以后心态即发生变化。所以，从最后的结果看，并不是输在技术环节上，而是情绪和思想上出现了波动，从而对整场比赛产生了致命的影响。在我当教练的时候，这些经验和教训就每每提醒我，要不断思考如何去把控这支队伍、带好这支队伍。我深切地知道：一个运动员的心理素质再好，平时工作做得再细致，进了场以后，只要有一个微小的变化，都有可能会引起心理上的波动。所以，我带队参加奥运会时，就要考虑运动员在奥运村里面是怎么样的，上了巴士去比赛场地的时候又是怎么样的，真正走进挡板与对手握手以后又是怎么样的。因为我自己的体会是很深切的，我一进场感觉上就有误差，这个东西就是这么奇怪，所以，我当教练就要把这些细节考虑周到。

在国家队，我代表中国队参加了两次世界锦标赛，以及亚洲锦标赛等。我是世界锦标赛的团体冠军主力队员，单打进入前八名，并获得亚洲单打冠军、亚洲团体冠军、世界杯的单打第三名等成绩。

自 20 世纪 50 年代以来，中国乒乓球队成绩卓著，长盛不衰，重要的经验是：虽然乒乓球属个人项目，却始终是用集体项目来打造这支队伍，所以，"祖国荣誉高于一切"的理念成为我们的座右铭，当然也得益于我们的"举国体制"。

六、出国与回国

1983 年，我打完全运会后正式退役，不久到上海体育学院教练员班读书，于 1986 年取得执教资格，第二年就去了德国。至于为什么会去德国，因为那个年代，国家的改革开放刚刚启动，各方面的经济条件都不是很理想，不少运动员有这方面的专长，希望能凭此创造一些财富、得到一定的报酬吧。我算是比较早出去的。当然，还因为德国的经济状况很好，各方面的条件自然优厚一些。德国的俱乐部联赛职业化和市场化的程度比较高，应该说从水平到管理到待遇确实是全世界最好的，所以能够吸引、聚集全世界最好的人才。

我在德国一共待了十年，直至1997年才回国。这十年的德国经历使我学到了德国的文化，理解了德国的理念，德意志这个民族确实是值得尊重的。我所在的不来梅俱乐部的足球队，曾经是德甲的冠军，乒乓球项目则是该俱乐部业余的部分。德国的群众乒乓球运动非常普及，每一个级别都有赛事，都有人参加。相比中国来讲，德国在推广乒乓球方面做得非常规范。所以我说日耳曼民族很有"工匠"精神。在此期间，我主要还是从事乒乓球运动，有作为运动员代表俱乐部打一些比赛，也有在俱乐部担任教练，这对我后来回国当乒乓球教练也积累了一些经验。当然我没有参与德国国家队的工作。

我在德国汉诺威也开过饭店，是个中餐馆。因为除了打球，你还得生活。我打球的俱乐部是在不来梅，距离汉诺威100公里，德国的交通很方便，因为高速公路不限速，100公里也就是40分钟的车程。德国俱乐部的乒乓球训练一周也就三四次，其他时间我就忙着经营这家饭店。饭店有70多个位子，规模属中型吧。我给这个饭店所起的名字叫"熊猫"。为什么选址在汉诺威呢？因为那里有一个很大的展览中心，每年都会举办展览会，也是一个旅游的集散地。所以，"熊猫"饭店的生意好做一些。我们的厨师都是从上海过去的。其实不用请太高级的厨师，若是太正宗的中国菜，人家也不一定愿意吃，还是大众菜比较受欢迎。

1989年，中国队在德国多特蒙德世界锦标赛中遭遇罕见的滑铁卢，以0∶5输给瑞典队。那一次，我是应该去现场的，但由于曹燕华的母亲病重，就回国探视了。就世界乒乓球运动发展的格局来说，1989年以前，中国队一直占据优势地位，此后，欧洲队崛起，中国队一直到1993年才完成转变。

1995年的世界锦标赛在天津举行。我的队友、现任总工会副主席的蔡振华已从意大利回国，出任中国男队的主教练。蔡振华的举动很感染我，因为在国外，你付出再多智力、体力和能力，只是获取一些报酬而已。从我内心的角度讲，一个中国人把乒乓球当作事业的话，最合适的道路还是应该回到自己的国家。所以，我还是想着准备回国发展。天津世乒赛时，上海东方电视台聘我和曹燕华作为评球的嘉宾，当场见证了中国队打"翻身仗"的过程。同时我也与蔡振华聊起回国的事，而实现这个想法是在1997年。

我回国的另一个因素与家庭有关。我儿子是1993年在德国出生的，到1997年的时候已三周岁了。三岁之前问题不大，因为不用去幼儿园，在家里可以讲中国话，也不识字。三岁以后就会面临一个问题，我们毕竟是中国人啊，如果再不回来的话，孩子上幼儿园接受教育了，如果长着一张中国人的脸，中文却不会说，这怎么行呢？所以，我和曹燕华商量后，还是选择回国，让孩子接受国内的教育。

当然，我决定回国的重要原因是队友蔡振华希望我能够回来。当运动员的时候，我们一起打"翻身仗"；当教练员的时候，他也希望我们能一起携手。1997年我回来后，即任上海男队主教练，队员是丁松、王励勤、冯喆等这一批。1997年全运会打完后，乒羽中心邀请我去国家队。开始是准备让我到男队，当时丁松、王励勤、冯喆正好都在国家队，我也是从上海

1995年，施之皓应上海东方电视台的邀请担任第43届世乒赛评球嘉宾，与上海队名将刘涌江合影

去的。后来可能有其他的原因，说我刚回来应该从基层做起。有了这个决定之后，蔡振华就打电话问我：你到底来还是不来？若来就把你安排在国家女队。我说，既然答应了，既然要做这个事情，不管是哪一个岗位，我都愿意来。

当时，曹燕华有不同的意见，她说，你在上海不是发展得很好吗？家在上海，孩子也在上海，又是上海队的总教练。但是从我内心来讲，既然要搞乒乓球，就应该到国家队去，在最高的竞技场里边去显身手。

七、驾驭与打造

1997年11月，我去了国家队。那天正好是周日，蔡振华到机场来接我，先在他家吃了饭，然后就去队里了。当时，我只带了替换的衣服，是蔡振华的夫人给我准备的被子，我就住在办公室里。我和蔡振华之间的感情纯真而深厚。当年，我离开国家队回八一队的时候，是蔡振华一个人送我的。时隔十五年之后，我回到国家队，也是蔡振华一个人来接我的。

一开始，我任国家女二队的教练，队员有张怡宁等，后来拿过世界冠军的还有丁宁，因为国家队规定满14岁才可正式进队。1998年的全国锦标赛，女二队有两人打进入了前四名，可以跟一队抗衡了。大概将近一年之后，我调到国家女一队，主要分管李菊、杨影等。2000年至2005年我在国家男一队带教王励勤和闫森，闫、王双打威震世界，共取得了两次世界锦标赛的双打冠军、一次奥运会的双打金牌。中国乒乓球队一共分四个队，男女一队和男女二队，我只是没去男二队任教。所以，有人跟我开玩笑，说我是不是总教练的总教练。2005年之后，我通过竞聘出任国家女一队主教练。以前是任命制，没有竞聘这一说，这是国家体育总局乒羽管理中心第一次采用竞聘的方式选拔主教练。在竞聘过程中，通常人家都会说"给我一次机会，还你一个惊喜"，我最后的一句话是："给我一次机会，我会延续中国女队的辉煌。"为什么我要这么说？因为中国女队拿冠军不是惊喜。当时，是乔红跟我一起竞聘的。

2005年下半年，我开始担任中国女一队的主教练，队员有王楠、张怡宁、郭跃等。在这个岗位上，我带队经历了两届奥运会，差不多将近八年的时间。说实话，最大的压力是2008年的北京奥运会。这是中国人多年期盼的世界大赛，且是我们的主场，这也是很幸运的事情，也是一种机缘，不是人人都赶得上的。但同时，对我们来讲压力也是非常大的。

我任主教练的指导思想是女子技术男性化。从乒乓球技术发展的趋势来说，男子的今天就是女子的明天。它的规律、它的理念，男运动员相对要前沿一些、先进一些。其实，女运动员不可能完整地做到技术的男性化，因为她们的身体条件搁在这里，但我认为女运动员的思想，即打球的理念、进攻的意识是可以男性化的。

同时，我的带队理念是希望队员把我当作一个对手。为什么呢？对手是不会让你舒服的。我对你苛刻、严格，希望你能够理解，因为你不把我当对手的话，你可能就做不到，有些东西你就不能理解。所以你不喜欢做的事情，我就得让你做；甚至你不喜欢吃的东西，我就得让你吃。丁宁不吃鱼，我就一定盯着她吃鱼；张怡宁不太喜欢吃甜的东西，我就一定给她吃些甜的东西。包括平时练习的时候也是这样，张怡宁、王楠最怕练一些别扭的球，对长跑也有畏惧感。我说正式比赛的时候不会那么舒服的，对手肯定是怎么难受怎么来，教练就是给你找别扭的，怎么别扭怎么来。你能够应对了，就成长了。还有一个理念是毛主席说的，"凡是敌人反对的，我们都要拥护；凡是敌人拥护的，我们都要反对"。我们这些年轻运动员不太理解其中的辩证法，结合到乒乓球就是对手怕你攻，限制你攻，你就得攻；对手希望你打长球，你反而要打短球。我还向整个团队说了一句心里话：希望通过我们三年多的准备，在2008年奥运会之后，一起来分享丰硕的成果。

在准备2008年北京奥运会的过程中，每支队伍都要向总队领导汇报"过堂"的。记得第一次汇报的时候，领导就对我说了，乒乓球一共四个项目，中国乒乓球队在主场，四块金牌是要确保的，尤其是你女队的这两块金牌。我是左边一个口袋，右边一个口袋，这两块金牌一定要放进兜里的。领导这么说我能理解，按我们的整体实力，取得金牌应该在情理之中，但我始终感觉：要做到万无一失的确有难度，竞技体育的魅力在于它的不确定性，你都知道输赢了，还有什么魅力？而且必然性中一定存在偶然性。

2007年，在德国马格德堡举行的世界杯女团决赛中，施之皓率领中国队战胜韩国队夺冠。（左起）张怡宁、李晓霞、施之皓、王楠、郭跃在颁奖仪式上

所以，我的难度就在于确保万无一失，尤其是奥运会这么重大的比赛。实事求是地讲，世界锦标赛的难度相对小一些，因为可以参加的人数多，我们有群体优势，胜率自然就高。

但是，我们没有任何借口和理由，上场就必须要赢。所以，我们所有的工作都是从万无一失这个方面去准备的，可以说做得很细，例如比赛打到一半停电了怎么办，漏水了怎么办，裁判误判了怎么办，一共有107条，一切皆有可能。这是我们的队员和教练一起讨论出来的。其中有一条是张怡宁提的：那天比赛时，党和国家领导人突然来现场看比赛怎么办？那你要有这个心理准备啊！因为这个时候，整个场上的氛围马上就不一样了，起码警卫标准立即提高了。如果你平时不去想这个问题，心理没这个准备的话，会突然感受到压力的。虽然压力可以变为动力，但这个转化是需要有准备的。包括 2008 年奥运会，我们有主场的优势，处理不好也可能就是你的劣势啊。

为了使这个团队完成这场任务，首先，我从中国乒乓球队的传统的角度来跟队员们沟通，我说"一切从零开始"，王楠也好，张怡宁也好，即便已经是"大满贯"了，但前面所有拿的奥运会金牌，跟 2008 年北京奥运会的金牌是完全不同的，以前是在国外，现在是在本土，是在自己的祖国。我能担任北京奥运会中国女队的主教练，你们作为运动员代表国家在本土参加奥运会，不是什么人都能赶上的。掐指算来，要有多少代的运动员才能赶上这个机会啊！尤其王楠的身体状态不是很好，技术状态也不处在高峰期，我坦诚地对她说：我不担心你奥运会那一天，或者那几天的比赛状况，我相信你的实力和技战术水平，你的经验也很充足；但我担心你这三年能不能熬过来，在这么激烈的竞争氛围中，许多年轻运动员要冲进来，张怡宁不用说了，还有李晓霞、郭跃等。王楠要能放下架子，跟这些年轻运动员竞争。所以，我对她说，你若能够克服这三年的竞争，你一定是幸运的，你也一定能行的。事实证明，王楠确实是一个优秀的运动员，是值得学习的，直至后来她查出了癌症，还能够坚持。同时，我跟张怡宁讲，之前，男队、女队所有的"大满贯"运动员，都有在世界锦标赛等重大比赛中输过两分的经历，包括王楠在亚运会中也输过两分，刘国梁、孔令辉也输过两分，甚至队里有人开玩笑，说谁也逃不过这个魔咒的。张怡宁说，施指导，你老吓唬我。我说，不是吓唬你，是希望你要做一个跟其他"大满贯"不一样的人。你作为"大满贯"运动员，自己对自己的要求、别人对你的要求，各个方面肯定是不一样的。所以，真正做到"一切从零开始"是不容易的。

2008 年北京奥运会上，我们总体任务完成得很好。总结的时候，上下一致认为,我们不光是在技术方面,在整个系统上都占了优势。接着,2009年的日本世乒赛,我们又取得了所有的金牌。2010年,王楠、张怡宁这两个"大满贯"队员退役了。于是,我们在组队的时候,就要启动一些新人,至此,丁宁、刘诗雯、李晓霞等开始崭露头角。

打完伦敦奥运会后,很多新闻媒体采访我,希望我能用几句话来概括这一时期的执教感受。我说,2008年奥运会时,我能够驾驭这支队伍,因为我2005年上任时,王楠和张怡宁等一流选手是我成功的底牌。伦敦奥运会时则是我打造了这个团队,李晓霞、丁宁、郭跃都是我参与打造的,比如1990年出生的丁宁就是随我从二队到一队的。当时她还很小,每次大循环比赛,输了球都是哭哭啼啼的。到了2010年的时候,我要为2012年的伦敦奥运会做准备,毕竟是新的阵容,除了郭跃曾参加过北京奥运会,其

2008年,施之皓(右一)率队荣获北京奥运会女子团体金牌

他两位都没有奥运会的经历，甚至连世界锦标赛也没有参加过。虽然她们已经具备了很高的水平，具备了能够取得世界冠军的能力，但毕竟没有手握世界冠军的金牌。所以，在2010年莫斯科世乒赛的准备期间，我能够感觉到整个团队不是很踏实，但是找不到确切的问题。在封闭训练期间如果出现的问题多，从某些方面来讲反而是好事。为什么呢？因为多解决一个问题，就多了一份胜利的保障。后来，整个教练组感觉都还可以了，但最后证明，都认为可以的时候，就是都不可以的时候。到了莫斯科比赛，一切都非常顺利，我们赢了小组比赛，一直到半决赛，不只是一场没输，一局都没输，即大分是3∶0，小分也都是3∶0，所有的人都认为中国队赢定了，和新加坡决赛是没有悬念的。这事我记得很清楚，大家说，施指导展望一下明天的比赛吧。我说，与新加坡的比赛跟其他的比赛不太一样，但是我相信中国队能够取胜。结果出问题了，我这才真正体会到这么一句话：中国乒乓球全赢，人家不太接受；但是中国乒乓球队一旦输了，大家是绝对接受不了的。这给了我一个很大的教训，因为在我的教练生涯中，中国女队在你施之皓手上输掉了重大比赛。我作为主教练，绝对是要负主要责任的。我的主要责任在哪儿呢？我们的记者、我们的乒乓球爱好者、我们的老百姓都感觉中国队很强大，中国队没问题，而我也感觉没问题，其实那就出问题了。

那天比赛失败的原因，是我对整个比赛的估计不够充分。我们的运动员丁宁、刘诗雯、李晓霞和郭焱都很年轻。那天上场的是郭焱，她没有打过世界锦标赛之类的决赛，刘诗雯和丁宁也都是第一次报团体赛。我只是拿她们的技术水平来衡量，便认为足够了。但是，实际上这真正是一场综合能力的比拼，并不单纯是技战术，技战术最多占30%，思想、精神、心理、意志，还要加一个偶然性的运气，哪怕有一条不具备都可能出问题。

比如伦敦奥运会上，丁宁和李晓霞决赛，谁知道裁判会判她发球，但这是比赛的一部分。第一场丁宁在2：0领先的情况下被扳了回去；第二场是刘诗雯，她感觉丁宁应该赢，但上场后与想象得完全不一样，一上去就失控了。中国队以0：2落后，郭焱还算一个老运动员，她顶住了，扳回一场，但第四场优势还是没有保持住。所以，所谓的准备一定要非常充分，一切都要估计进去，因为没有人可以保证肯定会赢的，一切皆有可能。越是以为不会输的时候，越是会出问题，我就是这么总结的。

　　大凡搞竞技体育，必须掌握两个规律，一个是项目的规律，一个是认知和运作的规律。我是2010年莫斯科世乒赛输球以后才总结感悟的，我不要去寻找客观的理由，不要去否认这些东西。首先第一责任人是我，一定是我出了问题，起用年轻的运动员就要付学费，就要付出代价，回来总结的时候，我表态要永远记住这个惨痛的教训。我把所有人打完下来那种伤心、哭泣，领奖的时候那种垂头丧气的照片全部挂在训练场上。我说要打"翻身仗"，就要永远记住曾经的教训。等到打完"翻身仗"了，才可以把这些照片撤掉。我不忌讳输球，但是你不能以"胜败乃兵家常事"来作为借口。从这个角度来说。中国乒乓球队如何做到万无一失，值得总结和研究。

　　两年以后，多特蒙德世界锦标赛的时候，也就是伦敦奥运会之前，我们跟新加坡队在决赛中再次相遇。我跟蔡振华聊了很多，想了很多办法。首先要打好"翻身仗"，我自己也有很实际的想法，要是再输，我的教练职位就要丢了，还考虑什么奥运会啊？蔡振华对我说：施之皓，我给你一句话，你一定要坚定信念，一定要一并考虑奥运会。莫斯科的时候，你从头到尾没跟我聊过输，现在你已经想到输了。所以，多特蒙德世锦赛决赛时，我就对上场的运动员说，真是要哪里跌倒，就在哪里爬起来。我还是坚决地将丁宁排在第一场，我料准冯天薇还会排第一场。莫斯科世乒赛上丁宁与冯天薇的第一场是输的，冯天薇是我们的主要对手，就是到了奥运会仍然是主要的对手，所以丁宁一定要过这一关。我对丁宁说，过不了这一关就不用你了。最后定下的阵容，就是2012年伦敦奥运会团体赛的丁宁、李晓霞和郭跃。当时我还考虑过相对比较稳当的郭焱，后来蔡振华说一定要坚定自己的想法，因为更重大的目标是奥运会。事实证明最后的结果是好的。

我整个教练生涯成功的地方，就是因为有莫斯科的失败，才会让我有更多的思考，包括我对执教的理念、对这项运动的理解。当教练最重要的是什么？是对运动员的了解和把控，你对于运动员了解多少，你才能把控多少。反思莫斯科世乒赛失利的原因，就是对年轻的运动员只是从技术上把握，而没有从心理和生活习惯上进行全面的了解。我是比较晚才知道丁宁不吃鱼的，我很严肃地对丁宁说，你不听就不要参加奥运会，就是这么给她压力让她改过来的，唯一没有彻底改过来的就是输球后哭，本来她还一边打一边哭呢。包括对郭跃、对李晓霞也是这样的。刘诗雯总体也改善了很多。我也一直在思考和总结，怎么能够在培养运动员的过程中选择适当的时机在实战中出成绩。

莫斯科世乒赛时，我太自信，也太着急了，对她们的打击是非常大的，真要走出这个阴影也不是很容易的事情，这是我当教练不够的地方。也许2010年不用刘诗雯，让她再"滚一滚"，可能会一炮打响。我当教练期间一直在琢磨刘诗雯，为什么到了关键的时候，到了大家都认为很不错的时候，包括她自认为也很不错的时候，就出现问题了。所以，刘诗雯是我最不愿意去说的运动员。实际上，你说你的运动员不行，就是你本身不行。一个教练说这个运动员傻，实际上是骂自己傻。我现在到了学院当老师也是这样，老师不要去说学生，学生有学生的原因，一个学生书读不好，老师就没责任啦？从教练的角度说，她输了球，我一定有责任，说明我有缺陷。虽然我已培养了很多奥运会冠军，但还是没有做到最好。所以，我的博士论文是《我国乒乓球顶级运动员比分变化和心理关系的研究》。我们在场外做教练，关键是运动员要相信你，哪怕是错了也相信你，她敢于放开打是首要的。对丁宁、李晓霞、郭跃，我认为相对容易，因为是我从小开始带教的，就是在她一张白纸的时候，你慢慢地描绘出了一张好画。

我还有一个理念就是因材施教，每个人的想法不一样，每一代运动员也不一样，比如张怡宁和丁宁完全是两个类型，80后、90后的特点差别很大，因为他们接受的东西完全不一样。带教丁宁这一批运动员的时候，我自觉很年轻，为什么呢？天天跟90后在一起打交道。我要全方位了解她们，包括她们在玩什么电子游戏、在听什么歌等。别以为掌握这些东西不重要，比如对丁宁、李晓霞这一辈运动员，你不能天天忆苦思甜地说：我们那时候有辆自行车就很好了，有一辆私家车简直是做梦。对她们来讲，只要取得好成绩，有辆汽车算什么，现在房子和飞机可能是她们向往的东西，这个社会本身就应该是这样的。所以，作为教练员一定要跟她们打成一片，我开玩笑说就是要"混入敌后"。她们说，施指导，你很潮。我说，不潮怎么行，我与你们有代沟，但我要尽量缩小这个代沟，总之，教练员要和运动员相互了解、相互信任。

大赛来临，一切的准备都在平时。就像开飞机，上天之前肯定要全面检修才能有保障，等飞上了天再检修就来不及了。运动员进了场地就如同飞机上天了，根本就不是教练说了算的，包括王楠、马琳等高水平运动员，都会出现上场后脑子一片空白的状况，这是技术问题吗？或许压力特别大，或许有超出你接受范围的情况，不是说技术特别好，就能一定做到的。讲讲丁宁吧，她本来打削球的能力很差，我对她说，你想参加奥运会、想拿奥运会金牌，若技术有偏差，只能打攻球，不能打削球，是不可能用你的。所以，整个半年的时间，天天让她拉削球半个小时。我对丁宁确实要求比较严，因为我认为她能做到，你给她讲透了反而好。

伦敦奥运会上新老交替完成了，这是我比较欣慰的事情。此后，我就不再参加国乒女队主教练的竞聘了。

八、"体教结合"闯新路

2010年，中国乒乓球学院在上海成立。揭牌的时候，我还在任国家乒乓队女队主教练。卸任以后便由国家体育总局乒羽中心指派，出任中国乒乓球学院院长、上海体育学院院长助理。实际上，中国乒乓球学院起源于上海体院体教运训专业乒乓球教研室。当时，条件很艰苦，人手也少。2011年正式招生时，大概有15个本科生。2015年第一期毕业。2013年后就招的比较多了，我们的目标是一届招50人。现在中乒院四个年级共146个本科生。在这个基础上，我们又成立了少年班。

中国乒乓球学院由国家体育总局和上海市人民政府共建，是以一个单项运动来命名的学院。国家体育总局乒羽中心、上海市教委集中了各方面的资源，给予了很大的投入。我们培养的学生是运动训练专业的乒乓球方向的，是真正的学生运动员，即我们的毕业生既能打球，又能读书。所以，坚持"体教结合"的方针不仅是办学的目标，更是体制的创新。这个模式成功后，还会有篮球学院、足球学院、网球学院、排球学院等。

体教分离是一种悲哀，体育本身是教育的一部分。上海体育学院党委书记李崟讲得好：体育是最好的教育，很多体育项目都有游戏的特征，不

2010年9月17日，国家体育总局和上海市人民政府签约共建中国乒乓球学院签字仪式

仅有技术和体能的要求，还有遵守规则与合作的要求，当然还有意志品质和精神文明的要求。什么叫"体教结合"？有人会打乒乓球，有人会打篮球，有人会踢足球，但他的身份首先是个学生。我就是要真正让体育成为教育的重要构成部分。所以，我们培养的学生，要让乒乓球运动成为他们的一种生活方式。在这个前提下，如果该学生有这方面的天赋和潜力，这自然会成为他的职业，去参加世界比赛，甚至去夺取世界冠军。我来中国乒乓球学院的时候，国家体育总局副局长蔡振华和沈晓明副市长都对我说，你最大的目标不是培养世界冠军，是培养学生运动员。培养世界冠军，不缺一个中国乒乓球学院。全国那么多省市、那么多行业、那么多俱乐部都能培养世界冠军。中国乒乓球学院成立以前，中国已经有一百多个世界冠军了。同时有一条，即通过若干年的努力，希望你能够培养出世界冠军。但这个世界冠军跟专业队的培养模式不一样。这个世界冠军是一个正常的

学生，是有文化的。现在乒乓学院已经有一男一女两位学生输送进国家队了。

确立了这个宗旨以后，中国乒乓球学院办了少年班。此事得到了杨浦区的大力支持。少年班的学生跟正常的学生一样，在附近正规的小学、中学上课，而且不是为这些少年班的学生单独组班，是作为普通的学生插班。正常地学习和考试，正常地升、留级，只是小学阶段课程相对比较少，语、数、外三门主课集中安排在上午，下午活动课、体育课可以不上，参加乒乓球专项训练。到了初中以后，课程内容深了，增加了物理、化学等科目，这些知识不学是不行的，所以必须上完全程的课再来训练。实践证明我们的学生不仅可以做到，而且可以做好。中国乒乓球学院的好多学生，在世界路小学、在同济初级中学的成绩名列前茅，当然也有一些是排在后面的。我们输送进国家女二队的陈熠，从小学到初中，一直是年级前三名。她2004年出生，在这个年龄段属全国最好的之一，已经取得过好几站国际少年比赛的冠军。实践证明，既能打好球，又能读好书，真的并不矛盾，当然这是一个新的探索方向。中国乒乓球学院跟体工队最大的不同，就是坚持以"学历—学位"教育为主导，即用一种新的模式、新的体制来培养竞技体育的后备人才。所以，中国乒乓球学院的教学从少年班开始，一直延续到本科以及研究生教育。中国乒乓球队的科研工作、奥运大赛的攻关等，还有国际推广，都由中乒院来承担。我们的大学生就不光是从竞技的技战术方面，更要从理论方面加深对乒乓球运动规律的认识和掌握。

自2011年开始招生起，经过将近八年的努力，我们中乒院男队拿了全国少年团体冠军，女队拿了一次第四，也属名列前茅了，这可以证明"体教结合"之路，包括为竞技体育培养后备人才是可行的。当然，我现在还不能说是圆满成功的，等到我们的队员拿了世界冠军以后，才能说是成

中国乒乓球学院院长助理张怡宁辅导少儿班学员

功的。

中国乒乓球学院跟上海体院的功能还有些不一样,即我们有正常的学历学位教育,也有竞技体育人才的培养。中国乒乓球学院的本科教学也在创新,力争更符合专项技能教学的规律。为什么呢?之前的专项班是按年级分班的,如一年级一个班,三年级一个班。但按年级分班,一年级进来的学员就比四年级的水平差吗?体育学院有它的特殊性,就如同综合性大学的外语教学,也打破班级制分成快班和慢班。所以,学员录取后先有一个选拔赛,再按水平来进行分类。规则改变了,教学方式能不变吗?学员基础和水平不同,训练的内容、要求和目的自然不一样,这也符合因材施教的道理。但是,所有的文化课程还是按年级来进行学习和考试的,而且还要研究文化素养对打球智慧开发的关系。一个运动员看待问题、分析问题,如果没有一定的文化基础,你怎么搞得清楚?更不用说文化底蕴了。

我们这些运动员又这么年轻，要面对社会上这么多不同的状况，他失去了同龄人很多该享受的东西，但是他也得到了很多同龄人得不到的东西，他怎么保持理性？自认为得冠军了，老子天下第一了，大人还有冲昏头脑、摆不正位置的时候呢！我一直讲，我们这些优秀运动员，如果把花在乒乓球上面的时间用在读书上，绝对不会差的。中乒院也就是从这个角度，想闯出一条"体教结合"的新路，真正实现体育就是教育的一部分的目标。当然，为竞技体育培养后备人才也是很重要的方面。其实，两者在本质上是不矛盾的，关键在于我们的理解和把握。

九、总书记对体育人的肯定

上海体育学院是国家"双一流"和地方高水平高校，对外交流进行国际化办学也是重要的环节。

中国乒乓球学院这么一个好的品牌，引起世界乒乓球界的关注。中乒院巴新训练中心是继欧洲分院之后成立的第二家国际交流机构。巴新训练中心真正启动是从 2019 年 3 月开始的，主要是普及推广，能够让更多的人来参加乒乓球运动。所以，就先让他们选了四个最好的运动员来中乒院练两个月，跟我们的学生一样，在教室上课，在球房练球，在食堂吃饭，在寝室睡觉。我们就是要通过乒乓球的平台，建立起一种交流的纽带，不光是要提高他们的乒乓球专业水平，还要设置一些课程，让他们更多地了解中国文化。我对巴新的运动员说，乒乓球起源于英国，中国人却能够玩得这么好，一定有中国文化的元素在里面。所以，一定要学习一些中文，这便于沟通，有了沟通能力就有机会提高。我在国际乒乓球界也这么说，你们觉得中国队很强，都希望赢中国人，但你不了解中国人、不了解中国文化，怎么赢得了？我们欧洲分院，在教乒乓球技术的同时，也教一些简单的中文。

2018年11月11日至17日，上海体育学院、中国乒乓球学院在巴新训练中心举办第一期训练营。11月16日，正在巴新进行国事访问的习总书记在巴新总理陪同下来到训练中心观看训练。在整个视察的过程中，我有幸与习总书记三次握手。当时，巴新的少年儿童唱起了《茉莉花》，然后是习总书记上台揭牌。这中间有一块红地毯，我和张怡宁站在主席台旁边。习总书记往主席台走的时候，这中间有一点距离，边上还有很多警卫，习总书记走过来跟我握手，我很感动。第二次握手是习总书记讲话后，来看我们的训练，他走进训练场的时候与我第二次握手。习总书记看完张怡宁和巴新运动员训练后把我们留下，跟我们聊了很多。这个活动应该只有半小时，结果超时近20分钟。临走时，巴新的少年儿童又唱起了《让我们荡起双桨》，习总书记转过身来，又一次与我握手。

习总书记非常和蔼可亲。在接见的过程中，张怡宁分别给习总书记和巴新的总理赠送了球拍，球拍上有我们的国旗和巴新的国旗，底下的签署是"上海体育学院巴新培训基地"。总书记看后念了一下"上海体育学院"。接着，习总书记提议一起照相。其实照相是事先有准备并演练过站位的。张怡宁应该站在巴新总理的边上，我站在巴新队员的边上，巴新队员又站在总书记边上。在场的国家体育总局领导马上叮嘱张怡宁站好自己的位置。这时，总书记说："怡宁，你今天站中间。"张怡宁天真地脱口而出"真的?"总书记回了一句："对的，怡宁今天你站中间。"

习总书记对体育、对乒乓球非常了解和重视。他看巴新运动员练球时，第一句话就说："横握球板，还是进攻型的。"然后问我这个运动员是什么水平，我向习总书记汇报：这是巴新的冠军，在南太平洋岛国地区算比较好的运动员。习总书记再问："他们打球有什么愿望？"我说中巴乒乓球培训基地的目的，是帮助巴新以及太平洋各岛国推动乒乓球运动的发展，另外是让他们能够分享中国乒乓球运动取得的成果。习总书记听后说："对的，一定要让人家分享我们的成果。"我介绍这些运动员的愿望是希望能够通过选拔，能够代表他们国家去参加奥运会。习总书记说："你们应该帮助他们实现愿望。"

一轮训练结束后，总书记问我和在场的体育局领导："中国乒乓学院是你们搞的吗？"我们汇报说，中乒院是国家体育总局和上海市人民政府共建的一所高等学府，中乒院的职能分两个大部分，第一部分是体教结合，为现役的优秀运动员能够受到良好的文化教育而搭建的一个平台；另外一部分是国际推广。因为我是做好充分准备的，便说，总书记您多次提出"国之交在于民相亲，民相亲在于心相通"，我们一定会按照这个要求去做。习总书记说："这很好，体育人文交流是非常重要的事情，可增加与各国人民的了解，加深相互之间的友谊，都应该这样去做。"我以为这是总书记对我们体育人的肯定。

最后我想说，中国乒乓球能有今天是历代人的努力，是党和国家领导和关怀的结果，这个不是我唱高调，是我的心里话。

沈剑萍

1961年生。1974年入伍，并加入工程兵乒乓球队。后入八一队。1979年入国家队。获第37届世界乒乓球锦标赛女子双打（与戴丽丽合作）冠军。曾获国家体育运动荣誉奖章。

搏出来的世界冠军

一、江少体，我的摇篮

小时候，我跟哥哥两人体质很弱，一直生病发烧，老是去医院。我爸爸就在中央商场花了一块四毛钱买了两块乒乓球板，其实没有任何要我们学打球的意思，主要是让我俩去锻炼身体。当时我俩很小，还没有上学，就在弄堂里面的板子上打着玩。

我进杨浦区五联小学以后，就开始学打球了。因为这所学校是乒乓球特色学校，学校有乒乓球队，大概读两年级的时候，上体育课就每人发一块板玩球。学校共有四张球台，摆在一个蛮大的房间中。我们四十几个人一个班，老师让每个人都上去打一下，因为老师想挑一些人。我其实也没有什么正规动作，老师大概觉得我的手感还不错，就把我招进了校队。小学的启蒙老师非常好，我前些年还去看望他们。说实话，没有当年的他们，就没有今天的我。

小学校队抓得蛮紧的。尽管主管的朱老师不会打球，但非常严格。我们早上八点钟上课，五点钟就要先被拎到学校练两个小时。有时候，晚上还会再去捣鼓几下，平时还要求挥挥铁板，所以练得肯定比人家多。坦率地说，当初究竟喜欢不喜欢乒乓球，我也说不清楚。特别是大冬天，哪个小孩子不想睡懒觉？但是，进了学校就是怕老师，老师说的话就是"圣旨"，他规定你来就不敢不去的。那时我的十个手指全部长满冻疮，烂得全是洞，握着板很痛，还要去打球。我妈妈用一个老办法，把丝绵烧成灰敷在上面，真是很苦的。

我从二年级开始在校队打了两年多，老师说打得蛮好。其实，我像男孩子一样顽皮得很，一次玩捉迷藏，不小心把手搞得骨折了，正好又是右手，这样就停了三个月，之后我就不想再去打球了。为此，朱老师和王老师亲自上门来做工作，大概他们觉得我是棵苗子，这样我又返回去参加训练了。当时，区里也有小学生乒乓球比赛，我们五联小学一直得杨浦区的冠军。我两三年级的时候是跟班的，主要是高年级的选手打，哪个主力生病了，我才可以上场比试，直至四年级时进了少体校。

我没有入选杨浦区的少体校，好像那里的教练没有看上我，而是进了新创办的江湾体育场少体校（以下简称"江少体"），那里的主教练池惠芳是曾参加过第 26 届世乒赛的老运动员。所以，他们就到各重点学校去招人，在我们五联小学的老师积极推荐下，被召去了不少学生。其实，我们从学校到江少体的路程很远的，先要走到黄兴路坐 60 路公交车，从五角场下车后再走到体育场，当时我们是一帮人，一路上嘻嘻哈哈的，但是我的个性不是特别开朗，不太讲话的。我是双职工家庭，爸爸、妈妈的月工资有八十几块钱，一家四口人，条件很不错了。家里每天给五分钱的零用钱，我用两分钱买一根断棒冰（不断的棒冰是四分钱），三分钱买一包话梅，可以吃很长时间。

当时学校很配合，尽管是全日制的课程，但我们上午上完四节课以后，就背着书包直奔江少体了。中午饭是少体校供应的，有一角七分一客的大排饭；接着开始下午的训练。因为小学的老师抓得紧，我们早上的训练还是坚持的，一般五点半要起来，没有比赛的话，晚上还要加班。所以，我们文化课的作业根本就无法完成，考试时学校也很照顾我们，把我们几个少体校的运动员拎出来，人家闭卷考，我们开卷考。

池指导的训练很有一套，对我们也很重视，她还请了很多辅导员（包括金大陆老师在内）。可能我的成绩比较突出，便成了江少体乒乓队的队长，同时被列为重点，所以基本上是跟辅导员一起练习的。有些学生也很嫉妒，用现在时髦的话语就是"羡慕嫉妒恨"。记得有一次队里开会，有人提出要给我找缺点，说我骄傲了、狂了。当时我是听着的，我感觉自己没有像他们说的那样，所以心中有一种不服的情绪，但是我不敢表露。教练员比较多地把精力放在技术好的运动员身上，并投入更多的精力也很正常。当然，从另一个角度看，大家在一个队里，你整堂课都有人陪练，人家却没有，也就难怪人家有想法了。

20世纪70年代初，沈剑萍（前排左二）在江湾体育场与少体校乒乓球队球友的合影，后排右一为池惠芳教练

在江少体池指导的精心培育下，包括很多辅导员的努力下，我的基本功更扎实了，正手进攻的各种技战术连接更自如了，整个技术水平上了一个新台阶，队内、队外的比赛成绩也很突出。这得益于教练水平高，训练水平高，接触的对手多，经历的场面大。说实在的，尽管那时我们还是小学生，但儿童节这种欢乐时光是没有的，甚至玩耍的画面也没有多少，整天想的就是如何打好球，如何排名单，打好比赛。比如我们五联小学就在上海市小学生乒乓球女子团体决赛中战胜了卢湾区的巨鹿路小学，获得冠军。

这期间，有一件事蛮刺激我的。市少体校要招人了，池指导把我们江少体三个主力送去集训。集训结束后，我被直接退回来了。市少体校教练徐介德选了另外两个队员，理由是我打球没有表情。其实，我是凭实力打球的，性情也比较沉稳，再说人小也不懂，不知道要跟人家去争，我就是这样的性格。当然，被退回来心情总有点沮丧，入选队友的球技并不比我好，为什么不要我？池指导也觉得很可惜，原以为我肯定会进的，所以就特意请她的丈夫、市队教练王传祺来江少体做我的工作。王指导说：你不要泄气，你的球技不比她们差，没关系的，再打一年，明年就来上海队。我现在理解王指导是在安慰我。竞技体育的特点就在于复杂性和不确实性，谁知道你的下一步会怎样呢？或许你的球在一个环节没接上，就直接下去了。也许是人生经历中的一个起伏吧，这个片段我印象特别深刻。因为许多人都来关心我，辅导员们也一直陪我练，我这一口气没泄下去，又过了一年，不仅技术上提高了，也积累了经验，心理上也成熟了。

1974年，我在上海少年乒乓球锦标赛中一路进击，与虹口区一位名声很响亮的削球手双双进入决赛。当年虹口少体校的乒乓球威震上海，可以直接与市少体校对抗，这位削球手出名时，我默默无闻，对她还有点崇拜呢。记得决赛是在风雨操场举行的，她的条件很好，家里的几个哥哥都会打球，所以全家都来了。而我只有池指导陪着，真有点孤军奋战的味道，所以心里就憋着一股劲，觉得要为我加盟的江少体争光。她的"先进武器"是防弧胶，一般的少年运动员是不适应的，恰恰我的这个打法对上她了，我对横板削球，包括对这种防弧胶是不怕的。我就是有这个天赋，对旋转球看得很准，即便当时一块板的两面颜色一样，我也会听声音，看球速来做判断，盯住那个防弧胶，像开枪一样地拍打过去，又准又稳。我没想到会那么轻松，以3∶0取胜了。这场球太解气了，所以我印象很深刻。

我得了市少年冠军后，市少体校的录取通知书来了，上海队的录取通知书也来了，当时正好工程兵部队通过池指导的介绍，来跟我家接触。其实他们也没怎么看我打球，接兵的教练找个地方跟我打了几下，就办政审手续了。面对三个方向的去路，该如何选择呢？市少体校我是肯定不会去了，那么，我为什么没有选择上海市队而选择了部队呢？按理说，我年龄还小，只有13岁，进上海队留在父母身边多好啊。可这里有个很重要的背景，当时还不便对外说呢。我上面有个哥哥，如果我去了外地部队，又是军人，我的哥哥就可以按政策分配在上海，不需要去外地插队落户了。所以离沪赴京时，因为生怕上海队知道后把我追回来，我家

1974年沈剑萍入伍留影

很低调,甚至不敢声张。以前家里没有电话,对方一个公用电话打过来,父母就把我送到火车站,跟少体校都没有告别,当然池指导是知道的,只是一切都是悄悄进行的。就这样,我一个人跟着教练上了火车就走了。

二、"苦"字当头

我和教练坐了22个小时的火车到了北京。

工程兵体工队下属有两个队,一个是乒乓球队,一个是篮球队,兵种的领导很重视,特地为我们这两个队建了乒乓球馆、篮球馆和宿舍,地点在北京的香山。我进工程兵体工队的时候,队里没几个人,后来逐步进来一些,所以我一下子就顶上去了,13岁开始打全军运动会,并和来自辽宁的队友王凤配合获得女双冠军。接着参加全国比赛,尽管也输了一些球,但终究磨炼出来了,成为队里的主力。就这一点来说,我当初没有选择进上海队也是明智的。因为上海队人才济济,仅打进国家队的就有曹燕华、卜启娟、倪夏莲等,当时还有老将黄锡萍,各个年龄层一层压着一层,哪会像我在工程兵部队有如此多的机会。

沈剑萍(左二)与队友王凤配合获得全军第四届体育大会女子双打冠军

所以，我若进了上海队不一定能打得出来。

我们工程兵是所有专业队中练得最苦的。早晨五点钟起床出操，不是伸伸懒腰、踢踢腿，是跑3 000米，早饭后从八点钟训练至十一点半，下午再训练两个半小时，然后跑5 000米，有时跑1万米，晚上还要到球房加班，真是实打实地练。我们有个统计表，看一个月下来谁的加班时间多，这种风气就催促我们每个人都去加班。我是加班最少的，时常就到电视房去看电视，去加班也是装装样子，练练发球，其实是累得打不动了。何况，我自认为已经练到位了。训练的时候男女在一起，教练管得很严。大概我的技术和实力在队里是出挑的，赢得了工程兵部队的信任，又陆续从江少体引进一批队友，如陈丽萍、邵佳波、郑激等，上海人蛮多的，北京、辽宁也有一些。戴丽丽是比我晚两年进队的。大家都练得很苦，全队每个月打一次大循环，前几名男女队员一起打，我跟男队员打，表现也不差的，跟郑激、邵佳波等也可以打，基本上都是打到前面几名，自然成为队里的主力。

但是，生活上很无助啊。被子脏了怎么办？当时又没有洗衣机，训练这么累，我是一边洗澡，一边搓，一边哭，根本就不会洗呀。部队发的都是白床单、绿被子。我妈知道后就从家里捎来床单，这床单是花布的。这一铺上去，不得了，全队开会批评，上纲上线说我有资产阶级的思想，弄得我整天哭。我训练打球从来不哭的，碰到这类事就感到很难堪。

我们部队体工队比地方上的运动员"苦"在哪里？除了开始一个月的新兵训练外，每天在操场上走正步、练军姿，被子要叠得方方正正，像豆腐干一样，从不会叠到会叠，确实有个学习的过程。每年雷打不动的事是有一个月下连队当兵。我在工程兵部队三年，就下去三次。工程兵部队的基地没有在城市的，多数是在野外建桥修路，我们去过河南、安徽等地，

20世纪70年代工程兵乒乓球队下部队时的合影,左六为沈剑萍

也有在北京郊区的山沟沟里面的。一般是先乘火车下去,然后再坐那种带篷的卡车上山,陡陡的、窄窄的盘山路很危险,真的让人的心都揪在一起。现在想来,这也是一种经历啊。尽管条件很差,连队总是把我们当作宝贝,用最好的东西接待我们。当然当兵训练是不含糊的,秋冬时节,趴在地上打枪,风沙扑面而来,吹得眼睛都睁不开,记得我的第一枪是打到人家的靶上去了。轮到站岗放哨,那天晚上就不睡觉了。一个老兵带着我们扛着枪,枪里面没有子弹的,一站就是几个小时,有时还要对口令。下连队当兵还要去帮厨包饺子、包包子等。每年为部队打表演赛也是重要的任务,有一次是在一个礼堂的舞台上打,因为要多跑动多打几个回合,结果太投入了,完全不知前面有个空当,一下子摔倒在乐队池里。教练说,怎么人不见了?我赶忙从地上爬起来跳上台照常打,表演赛打完后发现鼻子都摔

20世纪70年代初,沈剑萍在北京香山的工程兵机关大院门前站岗

歪了。这种吃"苦"对我们的人生来说,在经历上、思想上,包括在生活上都是有帮助的,一般省市的运动员还经历不到呢!

从13岁到16岁,我在工程兵部队苦练了三年。我们参加全国比赛都是代表独立的兵种,不是代表八一队的。工程兵队的成绩一直很好,分区赛多是拿冠军。记得那年在无锡参加全国比赛,因为要组织国家青年队,国家队的教练都下来看比赛了。大概李赫男教练负责筹建女队,我代表工程兵部队发挥得特别好,名气也出来了,她特意来看我比赛,我把好几个现役的国家队员"打掉"了,混合双打与工程兵的郑志毅配对,决赛中输给了国家队的李振恃和张德英一对,获得了全国亚军。李赫男教练是直板快攻打法,也欣赏直板快攻,就把我召进了国家青年队,她是新成立的国家青年队的主管教练，带教我们的教练还有张立和郑怀颖。

看来把握机会是很重要的，人生的关键一步往往决定以后的命运。

三、在国家青年队

与我同期进入国家青年队的队友还有齐宝香、耿丽娟、乔晓卫等差不多 20 人，我的水平大概排在前五名左右。曹燕华和童玲参加欧洲的比赛成绩突出，是直接进国家队的。国家乒乓馆一共四个楼面，一楼是身体训练的地方，国家女队在三楼，我们青年男女队都在四楼。教练分组带队员，我是由李赫男带的。到了国家青年队这个层次，谁都想往前进。队内的竞争也很激烈，特别是内部循环比赛，都要考虑对手的情况写战术，还要算计各自的胜负。尽管这是竞技体育的规律，事实上也很正常，但现在回想起来多少有些不开心。

进国家青年队后，李赫男教练带我去西宁打全国分区赛。这个赛区太强了，北京队、上海队、八一队都围集在这里，我则代表小小的工程兵部队。我的场外教练是李赫男，因为工程兵队的个别教练属于"野路子"，不是很清楚专业队的技战术要求。进入这次分区赛女单冠亚军决赛的是我和代表八一队的童玲。在国家队，要达到高水平一定要有强大的实力，特别是面对的欧洲选手多是两面弧圈打法，你一定要有抗击的能力。李赫男为了锻炼我打削球，要求我跟童玲打时要多拉。我的特点是发球抢攻，往中间点击。那时候是五局三胜制。第一局，李教练说先按自己的打法来，我赢下来了。第二局，李教练要求每个球拉二十板以上才可以扣杀，不可以搓，也不可以放短球，发球抢攻的战术也不可以用，这样就只能发长球全台拉。西宁海拔三四千米，地处高原，球速慢得不得了，所费之力要比平时多50％，真把我累死了；童玲则在那边稳削。结果我输了。第三局，再回到我发球抢攻和点击中路的打法，赢了。第四局，再拉二十板，又输了。第五局打11分制，我自然赢下了这场决赛。我打削球的自信心和判断力太好了，一般都能干净利落地解决问题。童玲是半长胶，我根本不怵的。但李赫男教练为了加强我的实力球，甚至在冠亚军赛中都要以磨炼我的技术为重，她的做法是对的，因为到世界性比赛中，若一紧张看不清楚旋转，就必须去拉。下场后，我跟李教练也有过探讨，我说自己有这个能力去判断转与不转。

在国家青年队时，由李赫男教练带队，从培养的角度，派我和刘杨、谢春英、田静等四人参加了瑞典的斯堪的纳维亚比赛，还去法国、意大利兜了一圈。作为运动员，第一次代表国家出国比赛，我心里既紧张又兴奋。那时代表国家的形象，必须要穿西装，我们都是到出国服务社试穿后借的。零用钱有20块钱美金，当时整个社会都是这样，并没有攀比性。我们的飞机座位在经济舱，一路飞到瑞典有十多个小时，还好飞机比较空，我们就找个位置躺下来睡觉。下了飞机就是倒时差，忙着看赛程、熟悉场地等。参加瑞典的比赛，一方面是增加与国外运动员交锋的经历，更主要的是考察对欧洲运动员的打法是否适应，特别是与欧洲名将的比赛打得如何。当时，从世界乒乓球运动发展的水平来看，日本队弱一些，确实是以瑞典为代表的女队强一些。由于准备充分，我们出色地完成了任务，获得团体等多项冠军。其实，出国比赛时体力和心力都很累，哪有时间和心情去欣赏美丽的风景，再说身上也没钱。那次比赛结束后，李赫男教练带我们去参观了法国的凯旋门、巴黎圣母院，坐船游玩了意大利的威尼斯等。此外，我还代表国家青年队去过一次朝鲜，技术上没什么问题，该拿的名次都拿了。

我们经历了少体校和部队的培养，打下了较为扎实的基本功。当然，

沈剑萍随中国青年队出访欧洲参加斯堪的纳维亚比赛。左二为李赫男教练，左四为沈剑萍

真正在世界大赛中获得优异成绩，为国争光，还得益于国家队教练的指点和帮带，在这方面，我是非常敬佩和感激李赫男教练的。举一个发生在我身上的实例吧。应该是全国比赛前的一个月，国家队和青年队的队员全部回到各自的母队，我和戴丽丽自然回工程兵部队了。这段时间国家队的教练可以休息，但是李赫男放弃了，她索性把行李搬到工程兵部队，整整一个月与我和戴丽丽同吃、同住、同训练。为此，她还把幼小的孩子寄托到

上海。她全身心地扑在事业上,全身心地为了我们的成长努力,我是牢牢记在心的。

四、"看你们的本事了"

国家队也要新陈代谢,我的对内和访欧比赛成绩不错,两年后从青年队进入国家队,是很自然地升级的。在国家队,我的水平在中间一档,带教的指导是马金豹,他还带倪夏莲、何智丽等。

在国家队,我参加了第36、37届两届世界锦标赛。

第36届时,就我的状态和打法,团体赛肯定进不了,因为前面有张德英、曹燕华等。结果,我单打输给了韩国的梁英子。尽管那时挺重视的,但自己没有把握好,主要是特别紧张,一紧张,发球抢攻没了,正手没了,正手不好就没球打了,推挡又是我的弱项。至于客观原因,是因为当时安排不过来,临时由男队的许绍发来做我的场外教练,我对他很陌生,也有点怕。但总之,是自己的球没有打好,不能怪教练。我输了这个场次,没有守住这条线,就把梁英子"放"出来了。此外,我与天津的刘杨配女双,与来自部队的范长茂配混双,我们淘汰了这条线上的外国选手,算是开路成功后就让掉了。记得混双是让给黄俊群、郭跃华这一组,他们直接拿到了冠军。因为在国家队让球是传统,不用做思想工作的。教练过来讲,你们的任务完成了。我们就明白了。其实,我当时也没想过要拿世界冠军,第一次参加世界锦标赛,对上自己人肯定是要牺牲的,所以心里反而轻松了。

第37届时,我只报了双打。我与同为工程兵的戴丽丽配合打女双。在争夺前八名的比赛中,就剩一对韩国选手了,进入半决赛的赛程,我和戴丽丽淘汰了韩国队,这样四对双打便全都是中国人了。当时,我的教练马金豹和戴丽丽的教练郑敏之一起坐镇在现场指挥。郑敏之只带田静和戴丽丽两个队员,田静没有参加比赛,就戴丽丽一个宝贝,一定程度上,她也希望带出去的运动员能拿冠军回来。那天晚上,教练组开会讨论到底是真打还是假打。若按贡献来讲,曹燕华与倪夏莲一组贡献最大,因为她们赢得了团体赛,肯定要让她们的。但郑敏之在教练会上坚持认为,既然都是自己人,冠军已经确保了,就真打吧!郑敏之教练是打过女队"翻身仗"的冠军,在队里有一定的话语权。会后,郑教练就过来对我俩说:看你们的本事了。

这话不一样了啊!一个说"你们的任务完成了",一个说"看你们本事了",我俩兴奋得一时间不知所措。在近两年的比赛中,我和戴丽丽的配合不管是在全国比赛还是国际比赛中从没落掉过一次,所以实力是具备的。当然,戴丽丽是第一次参加世界锦标赛,她比我小三岁,经验上欠缺一些。我俩虽然平时能赢下来,但现在这个场面多么需要坚强的自信心啊!我们半决赛是对曹燕华、倪夏莲一组。平时我跟曹燕华关系很好,也曾相互探讨过,遭遇大赛怎么办?那时真想往自动取烟机上扔个钱,猛猛地抽一口,却又不可能。进场了,我紧张得能听见自

沈剑萍在备战第37届世乒赛的训练中

1983年4月,戴丽丽与沈剑萍获得第37届世界乒乓球锦标赛女子双打冠军

己的心跳。场上的比分咬得很紧,现场也没有教练员,倪夏莲长胶一捅,曹燕华"哐当"一板,我们两个是直板快攻,不占便宜。但我和戴丽丽沉着应战,我的正手进攻和她的反手推挡紧密配合,连成一体,最终以3∶2赢下了半决赛。

冠军决赛的对手是耿丽娟、黄俊群一组。在全国比赛中,因她们代表各自省市,是不会组合在一起的,平时在国家队内部比赛中也不会打得这么紧张,现在是世界锦标赛的决赛,且是硬碰硬地真打,真是紧张得让人窒息。那么,场上的情况怎么样呢?从我俩的角度说,漂亮!那真是超水平发挥。对方五个发球,我们直接在台内"哒哒哒"点打,弄得她们只能发长球。当然,耿丽娟的半长胶和黄俊群的长球,也使我们很难受,尤其我俩都是右手,两块直板正胶显不出专长。但我俩一推一攻,互相鼓励,紧咬比分，每分必争，最终再以一个3∶2惊险获胜。

作为运动员，肯定是想拿世界冠军的，这是人生的一次证明啊。授奖仪式时，捧着奖杯的刹那间，心中十分激动和高兴。但我立即就平静下来了，回想起这一路吃过的苦，心情很复杂。

五、往后的故事

获得世界冠军以后，我就和卜启娟、黄俊群等这一批运动员退役了。"长江后浪推前浪"，戴丽丽等一批冒上来要挑重担了。因为工程兵乒乓队解散了，我就先回到了八一队。既然从顶峰上下来，就要想想下一步的路怎么走，人总要有个归宿嘛。我面对的选择是，要么留在八一队做教练；要么回上海。我是上海人，对北京的气候和饮食不太适应，再说我的未婚夫也是原工程兵乒乓队的上海籍战友，自然是准备回上海了。

其实，我俩的事一开始也不算谈恋爱。当时，我才16岁，他比我大两岁，因为对我有好感，就给我递了一张纸条，也是一种联系吧。那个年代是不敢公开的，但被大家感觉是在谈恋爱，何况我俩都是来自上海的运动员。所以，有一段时间我俩是不讲话的，却有鸡毛信一样的来往，甚至参加全国比赛时，我俩配对混合双打，直至进入冠亚军决赛，我俩在场上都不说话的，相互之间提示上下旋球的处理，完全靠手指头在台下比画。后来他因运动性血尿，就转业回上海虹口少体校做教练了。

我进国家青年队时，工程兵部队的教练为了保护我，曾特地找我谈话，说我正处于事业上升期，如果国家队知道我谈恋爱了，肯定不会要的，并建议我暂时把此事搁一搁，不要被外人知道。部队教练的意见是正确的。这样，我俩就一直就没有联系了。毕竟当时一个在国家队；一个在上海少体校任教。后来他也谈过女朋友,但他心里磨灭不了对我的初恋,所以谈不成都吹了。有一次,国家队回上海在静安体育馆打比赛,他特意带着学生来看我,回京后就收到他的信,我俩的关系又继续发展了。

我回八一队后,当运动员打球已经不可能了,回上海也有一个与打球相关的经历。当时,空军要举办一个运动会,南京空军的团长就去八一队要了我和童玲。因为我决定回上海了,就提了一个要求:我年龄到了,我要结婚,我要房子。后来我才知道,我是团职,到哪里都是可以分房子的。南京空军答应了我的要求,条件是要拿全空运动会的冠军。这样,我就换装代表空军了。我的任务完成了,南京空军提出虹桥、仙霞路和新华一村三个干休所供我选择。我选了新华一村,可以离娘家近一点。

这中间的一段过渡期,我作为得过世界冠军的退役运动员,还去了南京大学上学。因为我们从小数学、物理等都没有学过,便特意安排我们上哲学班,班里还有篮球、游泳、排球等项目的运动员。我在南京大学读书半年,哲学要背概念和要领,历史要背年代和内容,考试要背一本书,又不知道老师会出什么题,我们这些人小学也没毕业,怎么办呢?不是拿那个硬币翻正反面,就是将抄好的答案贴在军大衣里面。这样,实在读不下去,就退学了。再说上海干休所房子建好了,不抓住机会进来的话,不知道要等到哪一天。

一年后,我转业到虹口少体校,跟先生一起做教练,大概干了五六年吧,也带出过像姚彦这样进过国家队的运动员。不久,国内出现一股出国潮,我就和先生办了停薪留职,先去了马来西亚,再到新加坡做教练。去马来西亚的机缘是一个足球教练介绍的。马来西亚没有正式的国家队,由各个州的乒协邀请,待遇还算不错,月收入1 500美金,我们夫妇俩就有3 000美金。马来西亚的训练体制是业余的,队员都是放学或下班后,利用下午或晚上的时间来练习。我们被安排住在一个学校里，2室1厅的房间，一个月交100多块钱，自己买菜烧着吃，吃住都很便宜。但是在马来西亚做教练，很大的困难是语言不通。我们也努力学一些马来语，教球时多用身体语言讲话。马来西亚乒乓球俱乐部的总体水平比较差，跟中国没法比，人家纯粹是业余爱好，这怎么弄得上去呢？所以，我们只是帮助他们集中起来指导一下。

新加坡国家很小，只有四五百万人，却很重视体育。他们造一间学校，体育设施一定非常先进，可开展乒乓球、篮球、排球、足球等多种项目，所以也需要高水平的教练。我先生当运动员的成绩不怎么样，但他做教练的本事很大。后来人家一听他太太是世界冠军，就让我们一起去，一个带男队，一个带女队，而且是以特殊人才引进的。只用一年半的时间，我们夫妇还有孩子三个人的绿卡就全部拿到了。

2005年，沈剑萍（后排左一）带领新加坡少年队在泰国参加比赛

新加坡的训练体制跟马来西亚不一样，青少年的乒乓球基础也比较扎实。因为那里的政策是重点小学、重点中学可以招收有一定技能的孩子，分数是可以照顾的，所以新加坡打球的小孩也比较多。国内也有不少教练在新加坡带中小学校队，包括上海巨鹿路小学的优秀教师柯元炘、上海市少体校的教练姚梅琛、国家队的黄锡萍等。我们是在新加坡更高一级的训练机构里任教，相当于是带一批国家预备队的队员，其训练的正规程度跟我们上海的市少体校差不多。队员六点开始早训，八点吃饭，然后九点至下午一点读书，下午四点至六点继续训练。我们是真为新加坡培养出人才的，我带的女队曾获得亚洲少年冠军，虽然那一届中国队没有参加，成绩也是显见的；我先生培养的一个选手参加了南京青奥会，决赛时输给中国队员，获得亚军。

尽管我和先生在新加坡带队的成绩很好，薪水也上了一个台阶，但还是不适应那边的教学生态。有人说最难搞的是新加坡乒乓球协会，不是压力有多大，也不是新加坡的学生多难带，而是家长太难搞，主教练说了不算。比如你给学生喂球，家长就数着你喂了多少，为什么给人家喂多了，给我女儿喂少了，就在这些方面计较，这叫我们教练怎么弄？所以做得不爽。我们援外做教练赚钱是为了生存，但绝不是纯粹为了赚钱。我们工作上不用这么拼也可以拿同样这些钱，但我们总想把热爱的事业干得出色一点，同时也要舒心一点。所以我不太喜欢那里的环境，而且也时时地想念女儿，于是就决定放弃身份回来了。

有人说，人的性格很大程度上决定了自己要走的路，可我认为也脱离不了大的环境和形势。我走上了一条乒乓球运动员的成才之路，其中有机遇和努力，亦有幸福和失落。在此，我感谢所有帮助过我的前辈和同伴，谢谢你们的关心、爱护和提携。

曹燕华

1962年生。1977年进入国家队,在国内外重大比赛中荣获56项冠军,其中世界冠军7项,成为世乒赛团体、单打、双打、混双冠军的"全满贯"选手。2002年获得中国乒乓球杰出贡献奖。历任上海市人大代表、宝山区侨联副主席、上海曹燕华乒乓培训学校校长。

人随心走

一、幸福村里的"孩子王"

我出生于1962年12月。因上面有两个姐姐,父母从心底里希望有个儿子。加之我襁褓中的哭声胜过男孩,父亲当即决定,就把老三当男孩子养吧,是福是祸全看她自己的造化了。

我家住在虹口区的幸福村。整个村子有几十幢平房,每幢房子有六个门洞,幸福村小学就在村子的正中央,我家在前村81号。家并不大,二十多平方隔成两间,上面有一个阁楼。我和父母睡在阁楼上,那里有个小小的窗户。每到夏天,阁楼成了最舒适的宝地。穿堂风一吹,伴着窗外梧桐树叶的摇曳声,我总能心满意足地进入梦乡。

幸福村那几十幢平房整齐划一,家家门前有一棵高大挺拔的法国梧桐树。我总爱在树下仅有的一尺见方的泥土里种上丝瓜、玉米、花生,看到自己种下的植物一天天长大,别提多有成就感了。

爸爸总爱把我的头发理成男孩子的样子,美其名曰"飞机头"。一到夏天,我光着膀子,只穿条鲜红的尼龙平角裤,和村里那帮年纪差不多的男孩子们一起刮"四角片"、打弹子、玩"逃将赛",获胜者大都是我,哭鼻子却没有我的份。跟女孩子我也能玩到一起,踢毽子能踢到实在踢不动了也不失误;跳橡皮筋,我的脚能够到比人还高的地方;而玩扔"麻子"(一种两个人在两边扔,一群人在中间躲,被击中就下去的游戏),我总能坚持到最后一个人。无形之中我就成了幸福村的"孩子王"。

我的两个姐姐会打乒乓球,大姐直拍快攻,凌厉无比,与她文质彬彬的样子判若两人;二姐是个急性子,却不紧不慢地打起了削球。我还有个堂哥叫曹志华,是横拍两面攻打法。我们曹家几乎包罗了乒乓项目中的各种球路。姐姐们打球时,我跟在后面像个小老鼠,以最快的速度把球捡回来交到她们的手中。不久,"文化大革命"来了,因时势的捉弄,她们只得放弃乒乓球,分别去了内蒙古和江西插队落户。原本,我们曹家或许能多出几个世界冠军呢!

1970年9月,终于盼到了上学的那天。我背上新书包,和一大群新认识的小朋友一起做操,一起扎红缨枪,一起开小小班。不久我就当上了排长,又第一批加入"红小兵"。当然,还有被两位姐姐带出来的爱好——打乒乓球。爸爸给我买了一块盾牌球拍,在小学体育老师杨华安的指点下,我开始上球台了。那时学打球的人真多,学校乒乓房八张球台始终满满的,谁的力气大,谁的胆量大,谁的捡球速度快,谁能把球老打在球台上不失误,谁就能占住球台多打一会。开始时,我觉得挺好玩,跟同学争得热火朝天,随着我在年级里的威信和地位的确立,打球水平也高人一头,跟我抢球台的只剩少数几个男同学了。我每天回家第一件事,就是站在镜子前,没完没了地做打球动作,接受全家的检阅。一天,教音乐的张老师发现我的手指细长有力,问我想不想学弹琴。哪能不想呢?我回家问父母,爸爸一盆冷水浇过来:"现在学弹琴,那打球花的心血不全扔水里了吗?"我虽心不甘、情不愿,但爸爸的话就是圣旨,就这样浇灭了我的艺术梦想。

爸爸见我打球确实比其他小孩有灵感,就狠狠心给我买了一块国内最好的红双喜球拍,要五块钱呢!我视若珍宝,生怕一不小心碰坏了一丁点儿。那天,在体育老师杨华安的办公室,我正聚精会神地数跳高竖杆上刻印的数字,突然听杨老师说要我把新球板上的胶皮回家烘烤一下撕下来,我当即惊出一身冷汗,脸涨得通红,不知哪儿来的勇气,犟头犟脑地回答他:"不去。"杨老师急了:"我再问你一遍,去还是不去?"我回答:"就是不去。"杨老师气呼呼地对我说:"那好,你不用打球了,现在就回家。"

回到家跟父母一说,他们也气坏了,哪有这样的事,不打就不打吧。打球那段时间,每天早上天不亮就要起床训练,下课后练到天黑才回家。现在不打球了,也许爸爸会同意我去学弹琴。我只是暗暗思忖,却不敢开口。

一个多月后,班主任徐老师来家访,说杨老师委托她把这件事情解释清楚。当时杨老师并不是叫我回家把自己球拍上的胶皮撕下来,而是让我帮另一个女队员把胶皮撕下来。我没听清楚。他也在气头上,结果闹了个大误会,差一点就结束了我的乒乓球生涯。当时小学生比赛迫在眉睫,我是绝对主力,没我不行,杨老师只得请徐老师出面协调。既然是误会,双方也就释然了,加上父母又确实希望我能继续打球,我只得遵循父母的旨意,重新拿起了球拍。

打球虽说苦,但苦中也有乐。当其他同学看到我们校队队员穿着印有"幸福"字样的蓝短袖运动衫,外套裤子里露出半寸来长的灯笼状蓝运动裤边,球鞋有意无意在地上磨出叽里叽里的声音时,那种羡慕的眼光让我们的自尊心得到了极大的满足。

二、"你想拿世界冠军吗?"

1973年2月,刚从上海队退役的王莲芳回到虹口少体校,在她的教练丁树德手下初执教鞭。她亲自到区乒乓球重点学校挑选苗子,我有幸被选中,成了她的开门弟子。

因虹口体育场看台下乒乓房的球台有限，区少体校新队员每天上午读书，下午就乘21路电车到地处胜利电影院隔壁的乍浦路乒乓房训练。这是个陈旧的大房子，大门木纹斑驳、油漆开裂，地面、墙面高低不平，如厕要到马路对面的小菜场里。但我还是觉得挺新鲜、挺自豪的。那时，谁也没料到，不声不响的王指导居然是个如此厉害的角色。

进队不久，十几个新兵即分出了高低，我只有一个较难对付的直板快攻对手，叫龚世妹。可是，为什么比我差的人一个接一个被选进一队，在大名鼎鼎的丁树德手下受教，而我却老在二队待着呢？我有这个疑问，家里人也有这个疑问。训练一如既往，偶尔我会偷偷带上几分钱，借上厕所之际，跑到菜场旁的小店买几粒粽子糖，以最快的速度咬碎了，再一路冲刺般地跑回乒乓房。王指导似乎没有发现我的越轨行为，只是责备我上厕所太慢，不准我在训练时再上厕所，吓得我从此再也不敢开小差了。后来在精武体育馆二楼训练房，她果真惩罚了我一回。那次练多球，我肚子难受，憋不住了，请求王指导让我上厕所，她却一脸严肃：问我是要练多球还是要上厕所？二者只能取一。若在平时，我一定回答要练多球，可开口时却成了两样都要，上完厕所再求饶吧。等上完厕所浑身轻松回到球房，她却果真不让我再打多球了。我又气又恨，肚子里不知骂了她多少回，可面上却半点不敢露出来。不光我见了王指导怕得要命，谁见她不怕呀？有一次训练中王指导不在，我和队员们玩起了用副板打球（即打直板的用横板打，打左手的用右手打），没想到其中一个玩得也起劲的人告了我一状，这下可好，王指导当场让我面壁思过，叫我训练完了，写张检讨贴在蚊帐上，让我"每日三省"。回想起来，确实"松是害，严是爱，严师出高徒"。

当时，虹口区有两个"萍"，一个是龚立萍，比我大二三岁，在市队集训过；另一个削球手陈淑萍，是我打不过的。可没过多久，在王莲芳的指导下，我就跨越了这两个似乎很难跨越的障碍。

我的第一次公开亮相，是代表虹口区体校队参加1976年华东六省一市的联赛，地点在四川路上的精武体育馆。我和陈淑萍一组，居然打败了包括专业队在内的上海队。爸爸叫上了厂里大伯、叔叔等好友们一起来当啦啦队。当我们赢下比赛后，全家人激动得语无伦次了好一会儿。同年，我以业余体校运动员的身份，参加上海成年组锦标赛。那一年我才十三岁，很轻易就打进了决赛，决赛在卢湾体育馆举行，对战当时上海滩上的风云人物——卜启娟。平时，卜启娟等原虹口出去的市队队员时常回体校来指导，我对她已赢多输少。决赛当晚，爸爸和两个姐姐紧张地坐在看台上。邻座有观众在议论：这曹燕华是谁呀？从没听说过，肯定没得打。两个知青姐姐听了心中不服，还与他们争了起来。3：1，我一个业余体校队员打败了上海市队的优秀选手，成为上海市最年轻的锦标赛单打冠军。我飞跑下来和爸爸、姐姐们簇拥在一起。

这时，第二炮兵到体校来招生，看中了我。穿军装、打专业队，那可是梦寐以求的大好事。可王指导不让我去，却让另两个比我差一些的队员去了，我又恨得牙根痒痒。不久，我马上明白过来了，她要把我直接送进上海队或八一队，她要让我一步到位、一夜成名。

1977年1月，我进了上海队（试训）。因为关系还没转正，每月只拿六块钱津贴。进队不久，我便代表上海队在无锡打了场与罗马尼亚队的比赛，第一场我赢了，为体现两国人民的友谊，第二场让我"友谊第一，比赛第二"了。这是我打的第一次国际性比赛、让的第一场球。

记得有一天训练完后，我哼着小曲往食堂走去，一旁的队友中突然有人问我："喂，听说你马上要出国啦？"

"大概是头上出角吧？"我不以为然地答道。的确，我还不是上海队的

1981年，曹燕华（右一）随上海乒乓球队去上海第二钢铁厂打表演赛。图为曹燕华在接受基层单位宣传部门的采访（叶忠提供）

正式队员，试训一年能否转正还是个未知数。那人又说："今天好像听领队、教练们在说这件事儿，难道他们没跟你说？"我没再吭声。看老队员的表情，不像是在逗我。周末回家，我把一周的情况向家人做个汇报，也说了有人传说我要出国比赛的事。爸爸接着话茬说："今天下午领队来家里拜访了，让你马上准备一下行装，两天后就到北京报到，一个月后去欧洲打斯堪的纳维亚比赛。"是什么原因促成我出国的呢？原来前不久在上海举行全国比赛，我代表上海二队，虽然此前我已扫平上海无敌手，但论资排辈，一个不到十五岁的黄毛丫头，能在试训期就代表上海参加全国锦标赛已是前所未有了。

那场对河北一队的比赛是在卢湾体育馆进行的。时任国家体委副主任徐寅生、中国乒乓球队总教练李富荣等都在主席台上观看。我当时打得只能说是凑合，做梦也没想到，比赛打完没多久，上海队教练余长春就把我领到了主席台上。头一次这么近看到我心目中的英雄，在别人羡慕的眼光下，我只感到口干舌燥、手心出汗、忐忑不安。这么大的人物居然点名把我叫到主席台上，我脑子里一片空白。终于，我耳边想起了徐主任那声对我一言九鼎并预示我事业巅峰的问话："你想拿世界冠军吗？""当然想拿"，停了片刻，我回答道。幸亏我还机灵，若是我说不想，或者说没想过，就犯了当运动员的大忌，或许，幸运之神就不会降临到我的身上。后来我才得知，这都是徐寅生、李富荣的直接指示，说我这块料不错，是难得一见的智力型选手。

三、"再给她一次机会吧！"

训练、定做出国服装、办学习班等，到北京的新鲜劲还没过完，一个月的时间就飞驰而过了，这次出访的代表团团长是上海市体委主任杜前，教练是周兰荪和张燮林。女队有杨莹、杨燕群、童玲和我，一老、二中带二新的阵容，我和童玲代表中国二队。带着战战兢兢又是"初生牛犊不怕虎"的矛盾心态，我随着这支访欧队伍生平头一次坐上了飞机。

取道卡拉奇飞往欧洲，一路颠簸，晕车、晕机随之而来，不知怎的又患上了重感冒，发起了高烧。可我什么也不敢说，头一回出国，连请老队员帮我在凯旋门下拍照留念都要思想斗争了好半天，哪还敢说自己生病的事啊！再说，女队就四个队员，不管行不行都得打。

法国、瑞典、荷兰，比赛一天接一天，一场接一场，那些欧洲选手的套路已基本摸清，没什么大花样。可以说比赛打得很顺手，我不光打败了外国人，连中国一队也赢了，混双和魏京生配合也出人意料地拿了冠军。

比赛期间，东道主办了一个招待会，宴会后接着是舞会。1977年的中国还没开放，别说参加舞会，就是看一眼都觉得是犯了错误，是受资产阶级腐朽思想的毒害。记得宣布舞会开始时，中国队、朝鲜队都齐齐退场，欧洲人百思不得其解，用奇怪的眼神看着我们。直到后来我到德国定居，以前的球友还不忘提起当时的情景。那是个既无知又无奈的年代，欧洲人又怎能理解呢？

1977年底访欧归来，我和童玲两个十五岁的"新星"被破例直接调进了国家一队。童玲在专业队好几年了，进一队在情理之中。我年初才进上海队试训，只打过一次全国比赛、一次全国分区（少年组）赛。若不是被徐寅生、李富荣看中并点名让我去访欧，我还不知道要在上海队磨炼到何时呢。现在居然像三级跳远，几乎是从业余体校一下子跳进了国家队的大门，居然天天可以和以前梦幻中的大明星们同台练球，真是太幸运了。

头一天训练，两个多小时练下来，我面红耳赤、无地自容。正手进攻打不上十下，不定点左推右攻，我连三个回合也无法完成，两条腿像软脚蟹一样。看看左右，她们简直像机器人一样一阵"噼里啪啦"地对打，好不过瘾。更别说张立、张德英、葛新爱之类的超级球星了。

身体素质训练方面，练哑铃还好，我肌肉爆发力强，没感觉太吃力；要命的是俯卧撑，在去国家队之前从来没做过，胳膊根本不听使唤，时不时"扑通"一声一个"狗吃屎"。长跑，以前在业余体校，最多跑二千米，现在是四千米，要围着田径场转十圈呢！上海队的老大姐黄锡萍带着我跑，可她是国家队跑得最快、耐力最好的运动员啊，跑到第七圈，我就感到跑不动了，黄锡萍放慢脚步，不断地回头看我。我不知道那天的长跑是如何结束的，第一堂训练课下来，犹如在地狱里走了一遭。一段时间的训练后，身体素质不见明显提高，基本功的练习也依然糟糕，有些自我感觉良好的大牌压根就瞧不起我，一堂训练课下来，我练得汗流浃背，可她们却一身绒衣绒裤，谁让我的基本功那么差呢。

然而，一成不变的训练使她们球路如出一辙，缺乏用脑，缺乏应变和创新意识，所以，她们一出手，我就知道打在哪里。而我却让对手永远摸不着头脑，人家正手发高抛球，我不仅有精湛的正手高抛技术，还来它个反其道而行之，反手也发起了高抛；反手位发，你不吃，我就跑到正手位发；好好的推挡，偏偏会从推上旋突然变成了推下旋；接下旋发球，人家除了搓长、摆短及轻挑外别无他法，我偏搞出个把下旋球变成上旋球的花样；扣杀高球非要劈下去让它变成下旋，让人无规可循，谁跟我打球都头疼。

冬训开始时，队内总要举行全队二十几号人的大循环比赛，几乎每个人都有那么几项冠军头衔。五局三胜制，真刀实枪干了四天。最后，我、杨莹、童玲各输一场，我胜了童玲，童玲胜了杨莹，杨莹又胜了我。积分结果：我这个刚进国家队最年轻的队员获得了队内大循环比赛第一名。

1978年11月底，我参加了在马来西亚举行的第四届亚洲乒乓球锦标赛。带队的是女队主教练林慧卿，队员是张立、张德英、杨莹三位老将，带我一个新手。团体小组赛很顺利，感觉一下子就要打决赛的硬仗了，对手是朴英顺领衔的朝鲜队。虽说朴英顺前两届拿的世界女单冠军是增进中朝友谊的结果，但她那一手单面弧圈拉得还真有点男子味，步法跑得飞快，发球也好，又占有左手握拍的便宜。通常这种大型国际锦标赛的决赛都派资格较老、赢球把握大的运动员上场，我不知道决赛名单是事先在国内就定好的还是林指导临时决定的，居然指派我打决赛头一场，对手正是朴英顺。林指导的魄力够大啊，若我输了，或因为我而丢掉了金牌，她的压力可想而知。可能是太紧张了,我一上来的发挥略有失常,接发球时常冒高,被对方占得主动。幸亏她也接不好我的发球,比分五个一轮大起大落地交替上升。但最后我还是被满场哄叫声搞晕了头,27:29输掉了第一局。我低着头走到林指导面前。林指导没责怪我一句,相反还说我打得很好,只要接发球处理得稳一点就一定能赢。既然教练那么相信我,即便对手是两届世界冠军,我也没有什么理由不相信自己的实力了。通过第一局的交手,我心里也有了底,按照林指导布置的战术,接下来的两局就轻而易举地拿了下来。

休息一天后,我在单打比赛中一路过关斩将,再以3:1淘汰了朴英顺,杀入了半决赛,和自己人会师了,张立对张德英,我对杨莹,获胜者进入决赛。按中国队以前的常规,年轻队员在大比赛中遇上老队员都要让路。不知何故,这次林指导破例宣布让我们四个人真打,这可正中下怀。平时队内比赛,我对她们是赢多输少。结果我是以两个3:1分别战胜了杨莹和张德英,获得了自己平生的第一个国际大赛的冠军。虽说二位老将在前紧后松如出一辙式的打法中似乎夹杂着某些情绪,但这一切并没影响我的发挥。回国后的总结会中,我嗅出味道有些不对,这哪里是在开总结会,而是在议论:以前她们碰上老队员要让球,为什么这次我却不让呢?总结会居然发生了这种场面,林指导因决策代我受过,得益的我却成了局外人。我有点懊丧,赢球的兴奋劲儿大打折扣,再仔细回想半决赛和决赛中两位老将无精打采的表现,原来她们对真打的决定有意见,可又不好说出口,就把不满的情绪发泄在赛场上,可我却蒙在鼓里一无所知,只能说声抱歉了。不管这个亚洲冠军是否货真价实,毕竟我在十六岁生日那天登上了亚洲冠军的宝座,大使的鲜花、州长的祝福、新闻报刊的醒目报道,使那一天令我终生难忘。

亚锦赛奠定了我在中国乒乓球队的主力地位。1979年初,刚从男队调到女队的胡炳权代替孙梅英当了我的主管教练。周而复始的训练中,自己的惰性和傲气不时地有所流露。胡教练在训练中基本由着我性子来,拆天拆地他都不吭一声。有一次练多球时,我偷懒省力,想出个放高球的馊主意,他居然会用足力气扣球让我放。张燮林教练过来问我在练什么,他也不吭声,我知趣地马上换了训练内容。冬训三个月,我的表现非常一般,技术上更是驻足不前,但宣布第35届团体赛名单时还是有我。当

曹燕华在第四届亚洲乒乓球锦标赛上获得女子单打冠军

然我也听到了来自各方的不满,也感受到了那些自称比我实力强、资历比我老、见过大世面、本来有希望报上团体而被我取而代之的人对我的嘲讽。此时我才真正感到了压力,能上团体名单并不是我想象的球比别人打得好那么简单。

　　头回参加世乒赛,我在团体赛半决赛和之前的小组赛上过几场,即便是赢了,但发挥挺一般。接下来的单项比赛,我第三轮对欧洲冠军、匈牙利的马库斯。正好中国队主教练李富荣有空,就当起了我的场外指导。我真有点受宠若惊,当年不就是徐寅生、李富荣把我叫上主席台问我想不想拿世界冠军吗?也许是太想打好这场球,一扫团体赛发挥一般的阴影,可

没想到，自己却越打越紧，我拿手的侧身进攻、变化多端的发球等都失去了水准，最后以二比三被淘汰。李教练拍了拍我的肩膀，安慰了几句就默默地走了。可想而知，回到国内后的全队总结会，自己的挨批是免不了的，老账、新账叠加在一起，我成了众矢之的。我再怎么解释也无济于事，尽管心里有诸多不服，不就是因为输了这场球嘛，可谁让自己不争气，做了捧不起的刘阿斗呢！

之后，我灰溜溜地回到上海参加第四届全运会。此时我已没了那种战无不胜的信念，我不再自信。对北京队的半决赛，我输给了新秀谢春英，输了双打，又输给了阎桂丽，全输！就这样，上海队的全运会团体金牌梦葬送在我的手上。单打比赛进入四分之一决赛时，我又输给了河北的耿丽娟，致使上海队最后一丝金牌希望破灭。这对于我，一个参加过世乒赛、当过主力、报过团体的国家队队员是让人难以原谅的。

全运会结束后，国家队要重新组队。当国家队的某些资深教练提出把我调回上海队的建议时，并没有多少人反对，有的支持，有的也默认了。经过了接二连三的惨败，我开始反省，决心少说话，踏踏实实从头干起，一定要东山再起。我还有机会吗？但此时一份把我退回上海的预案已做好。那时，我还不到十七岁。正是徐寅生主任，他看了提案，也许他并不清楚曾经发生的一切，但只说了一句："她还年轻，再给她一次机会吧！"把我从无底深渊的边缘拉了回来。

四、奋起中的绝响

1979年10月，经过第35届世乒赛的惨痛失败后，国家队的教练、运动员队伍大换班，周兰荪来到了女队，主管张德英、齐宝香、谢春英和我。

很快，兰荪就开始实施女子技术男性化的计划，便首先拿我开刀。

他让我换掉了多年的球拍，改成适合弧圈球的胶皮、海绵和底板，然后来个硬性规定：正手不许再攻一板，必须全部用弧圈球；多球训练，全台不许用反手，必须全部在跑动中用正手弧圈回击。我的老天爷！这可是乒乓运动项目中的"搬运工"。练吧，反正我已无路可退，失败后我早已下了卧薪尝胆的狠心，就是再苦再累也得熬过去。脚底起了泡，不是一两个，是一层深过一层的"连环泡"，痛彻心扉，站在原地根本不敢抬脚，可一旦练起来就全然忘了；练多球时大夫来测量运动员的血压、脉搏，我的脉搏根本无法数，跳得太快了。而每当月经来临时那才遭了大罪，肚子痛得先是吃一片止痛药，后来二片、三片、四片止痛药才管用，可兰荪一点也不怜悯，说是给我喂过来的球角度要小一点，可练着练着就忘了，用他那有名的推挡把我推得满地翻滚，有几次倒在地上天旋地转，醒过来还得接着练。有一回打队内比赛，正打到20平，我的胳膊肘不小心狠狠地磕在台角上，顿时血如泉涌，他让大夫给我包扎一下，接着我还得把这场比赛打完。他说：如果世界性比赛碰上这种情况怎么办？他简直就像魔鬼！

我咬着牙，无论吃再多的苦、受再多的罪，我都要挺下来，兰荪把我当男运动员这么练，我就要像男人那样的坚强。我顶住了。

短短两个多月，一个全新的曹燕华奇迹般地出现了：我的技战术素养高人一头，我的基本功实力已不在任何人之下。兰荪的实验成功了！那一年，我第一次夺得了全国冠军，并几乎独揽了所有参赛的单打金牌。

随着年复一年的南征北战，世界冠军的光环一次又一次降临到我们女队头上，兰荪的教练生涯也达到了顶峰，他的得意门生——我和张德英、齐宝香在1981年第36届世乒赛上都报进了团体，占了整个团体阵容的四

1981年，在第36届世界乒乓球锦标赛女子双打比赛中，曹燕华和张德英荣获女双冠军

分之三。我所参加的四个项目中，团体作为第一主力，与齐宝香一起打败了韩国队；混双让给了自己人；女双我和张德英合作，决赛中童玲和卜启娟让给了我们；而单打，在战胜了连过两关的韩国队李寿子后决赛与童玲相遇，我让给了她。而且当时还要求输得好看、真实，搞了个2∶3，但内行人都心知肚明，真正的世界第一是我而不是她。

1983年，第37届世乒赛上，我和齐宝香又是女团绝对的主力，决赛中以3∶0轻取韩国队。女子单打决赛中，我与韩国队的梁英子对阵，此前她已连过中国队三关，我和梁英子的这场冠亚军争夺战，用宋世雄的话来说是前无古人！第四局中比分不分上下时，一个十六大板的纪录诞生了。以前有徐寅生十二大板扣星野，现在是梁英子扣我。看似是简单地用高球把

第37届世界乒乓球锦标赛期间,周兰苏(右三)等教练员和运动员一起分析赛情,右四为曹燕华

对方放死的概念,然而十六大板中包含了拼意志、体力、战术和技术等全方位的竞技。也就是在这十几秒时间里,虽闪现无数念头,但归结到一点就是我无论如何要放"死"对方!结果我以必胜的信念不仅拿下了比分,而且赢得了整场比赛的胜利,第一次站在了世乒赛女子单打冠军的领奖台上。

1985年第38届世乒赛举办,在我运动生涯的最后阶段,在极其艰难的环境中,我开始了最后的冲刺。尽管年初我已恢复往日的状况,但由于队内复杂的人际关系等原因,宣布女团成员名单中,没有"曹燕华"三个字。在此前三个月我已打了退役的报告,送到了训练局副局长张钧汉手里。经过上海体委及父亲、朋友等的多方相劝,我答应打完本届世乒赛。我参加了三个项目的比赛,而且都打进了决赛。结果我以3∶1胜耿丽娟,蝉联世界单打冠军;又与因球拍原因而没报进团体的蔡振华合作获得混双冠军。

曹燕华在第37届世界乒乓球锦标赛中获得女单冠军

至此，我获得了世乒赛"全满贯"（团体、单打、双打、混双世界冠军），登上了乒乓生涯的顶峰。

世乒赛后我退役回到了上海，并在上海静安体育馆举行了一场告别赛。活动是由《解放日报》主办的。国家体委副主任徐寅生、袁伟民，训练局局长李富荣，老领队张钧汉、沈积长，以及上海市体委主任沈嘉麟等领导都来了。当然，我的恩师周兰荪、王莲芳必到无疑。国家体委老领导荣高棠也发来了贺电。无论是贺电内容，还是李富荣

在第37届世界乒乓球锦标赛中，中国乒乓球队夺得六项冠军。图为教练员和运动员手捧六尊金杯合影，左三为曹燕华

蔡振华与曹燕华在第38届世界乒乓球锦标赛上获混双冠军

的现场讲话，都认为我的退役是中国乒乓界的一大损失，希望我能坚持两年，争取世乒赛的三连冠，并参加三年后的奥运会。但我去意已决，还是想淡薄一切，回归逍遥自在本色的我，以后的历史就让下一代运动员去书写吧！

五、从日本到德国

1986年5月，我与施之皓结婚。9月，应日本尼塔库乒乓球器材公司之邀，独自一人踏上了为期一年的赴日留学、治病的旅途。因为施之皓是八一队的现役军人，按规定不能作为自费留学生出国。后来他办理了转业手续，在我之后也来到了日本。

我们住在一幢木板制的二层楼房里，驻地离地铁站不远，在回家必经的巷子里，有卖香烟、冷热饮料的自动贩卖机，有小面馆、小酒馆、烧烤店等，后面一幢楼的铺面是蔬菜店，隔壁不远是卖鱼和肉的店。总之，生活起居和交通都极为便利。

抵达日本的第二天，我就到位于东京闹市区的高田马场学生街的国际日本语学校报到。因其质量过硬，学费挺贵，每天四小时，每月三万日元。学生大多是来自西班牙、意大利、美国、菲律宾、泰国和中国台湾的富家子弟，还有两个来自北京和长春的女孩。这些学员都有了一定的基础，可我却连日语入门的字母都不会，每天与不同肤色的同学相处，看到他们在一起谈学习、工作，聊自己国家的经历，在课堂上与老师热烈讨论的情景，我是既羡慕又无奈，那滋味实在不好受。

按我的脾性，无论什么事总不想甘于人后，但语言这东西起点太低，一时间未必见得成效。施之皓也不识日文，为了让他学得轻松些，我申请降到下一班。这样我就当起了施之皓的老师，不仅他学得便利从容，我也通过施教而温故自新。渐渐地，我们的日语学出了点门道，并活学活用到现实生活中。

在东京，尼塔库公司专营乒乓球器材及服装，人员不多，但比较精干。它和日本关西的TSP乒乓服装器材公司抗衡已久，各有各的地盘。在尼塔库地盘里，见不到一人使用TSP产品，反之亦然。就此，尼塔库打起了请中国的世界冠军到日本讲学的广告战，先是郭跃华、黄统生，接着他们的目光瞄准了我。虽说我们没有直接为公司赚钱，反倒花了他们不少钱，但这一年101场的讲学却并没有白忙活。让乒乓球爱好者对此项运动有进一步的了解，为有志于上进的大中学生指点迷津，看着他们认真的神情、稍有领悟后的肯定，我们的努力就算没白费。

我们来自异国他乡，尼塔库公司上至社长下到一般职员，都给了我们许多帮助,我爱吃朝鲜烧烤,不仅助手安排我每周两次去朝鲜烧烤店一饱口福,而且讲学前,总是早早地关照当地乒协。当我即将离开日本前往德国时,社长向原一雄先生亲自陪我去百货商店选购礼物,又让我指定一个一起用餐的地方。我脱口而出的还是烧烤。不过,没等这顿饭吃完,我已后悔莫及。9月的大热天,虽说冷气开放,但社长那近七十岁还患有高血压、糖尿病的身体哪经得住炉子长时间的烘烤?看他那满头大汗如坐针毡的模样,我意识到这个选择是那么不合时宜,光顾自己的口福而忘记了起码的礼仪。这次经历给我印象颇深,以后,类似的错误再也没犯过。人,总不能只顾自己而不顾别人。

1987年9月,我和施之皓离开日本,乘上了前往德国法兰克福的班机。施之皓加盟了格伦草俱乐部,此为德国乒乓球甲级联赛男子队数一数二的强队,非常有钱。俱乐部的老板很有头脑,旅馆生意红红火火,乒乓球学校也是期期爆满。我们的新家由该俱乐部提供,是在山坳中段一幢依山而建的私人小旅馆,且家中打扫卫生、清洗床单之类都由旅馆女工帮着做了,每天三顿饭也由旅馆提供,省了我们不少时间。

我去的是多瑙河俱乐部,虽不如格伦草有钱,但也得到奔驰工厂的赞助。德国女子乒乓球队纯属业余,几个德国姑娘在学习、工作之余东奔西闯,倒也打出了点小名堂,保持了德国女子甲级前三名的水平。在他们看来,这家德国南部小镇上的俱乐部居然请到了原世界冠军,真是受宠若惊。俱乐部的负责人给我送上鲜花,与我共进晚餐,并一再对没有到机场接机表示歉意。

在俱乐部,我俨然一副救世主的架势。周末下午比赛,我坐三个多小时的车赶过去,稍活动下筋骨,德国名将就被我三下五除二地拿下。一传十,十传百,原来观众寥寥无几,现在只要进行比赛,在当地就是件大事,观众有时多达六七百人。还有几回客场比赛,百多名球迷居然坐十几个小时的大巴士前去助威。

初到德国,不会德语、英语,俱乐部找了个中国饭店的老板当现场翻译。被动地让翻译陪,总不是长久之计。于是,我们请了一位俱乐部的队员黑根当起了英语老师。黑根带来了他那帮不同肤色的朋友,我家那空荡荡的客厅里有了人气,有了欢笑声,仿佛成了世界和平俱乐部,这也给我营造了一个非常好的语言环境。当然,训练之余的大半时间,英文老师黑根都在我们家度过,他捧着字典,一个单词一个单词地教,一遍遍纠正语法和发音的错误。他还给我们买来了短篇英语故事书,先是A级、B级,后来到C级、D级。三个月后,我们断断续续开口说话了,半年后,我们已经能和其他运动员谈笑风生,虽不熟练,但已能明白彼此的意思。

旅馆里千篇一律的炸猪排及牛排、鸡排,硬邦邦的黑面包,夹上奶酪、黄油,外加几片生菜、西红柿、黄瓜早已吃腻。在不外出的日子,我们便开车到三公里外的超级市场采购一大堆的食物,在家里琢磨着烧菜做点心,如买个摇面机自制馄饨皮,隔夜做好肉冻,做的肉包、菜包、生煎、锅贴那味道比店里好得多。那段日子,我像个真正的家庭主妇,成了普通女人中的一员。我们终于在格伦草找到了虽宁静却不寻常的乐趣。

1992年,施之皓与隶属于不来梅足球俱乐部的乒乓球俱乐部签订了两年合约,担任教练并兼任运动员。那时我已三十岁,开始考虑生孩子的问题。要有孩子,住房及环境是基本的条件。整整找了三个月,我们终于找到了基本符合要求的房子:教堂河大街219号,位于不来梅所谓高级住宅区里的一幢三层独立式小楼。整条大街就两公里长,绿化很好,银行、超市、公园、医院等一应俱全,生活中经常碰到的问题出门没几步就都能解决。1993年3月,我们的儿子出生了。我们给他起了两个名字,外国名字引用美国总统克林顿的名字Bill,而中文名则大胆引用了中国两代杰出领袖所共有的"泽"字,取名泽西。

从日本到德国,仍然是乒乓球成全了我们留学和创业的经历。

六、心念、时机与创业

1995年4月,我们带孩子回上海探亲,见到了虹口区区长黄跃金,他介绍了上海这几年的变化,认为以我们的优势还是应该在国内发展。我几经思量,最终下了回国的决心。我在上海筹备成立了曹燕华实业公司,在商海里遨游了两三年,地产、建筑、体育用品等涉足的领域不少,也赚了一点小钱。毕竟是因乒乓球的缘分,我的公司承办了1996年度中国乒乓十佳评选和颁奖活动。我们打制了十块纯金的金牌,请来了新中国历届世界冠军和元老一共三百多位乒坛新老健儿欢聚一堂,那场面足可与世界比赛的大聚会媲美。王传耀、邱钟惠等感慨地说:像这样的聚会太少了,若能一两年举办一次该有多好!

然而,那个时候上海乒乓女队的实力和成绩则让业内人士忧心忡忡。堂堂大上海,中国乒乓球的"摇篮",难道真没能人,真没有可造之才?在德国,为了生计,我曾重操旧业,但当德国队高薪聘请我加盟时,我果断拒绝了。我绝不会做有损于祖国的形象,令恩师、友人脸上无光的事,也无心再进入这个充满竞争的圈子。徐主任曾邀请我回国家女队当教练,我也拒绝了,这不是我想要做的事。但我的天性就是不安于现状,不甘于守着前半生的辉煌而就此一生。人家一辈子要做的事,我可能在22岁前就已完成了。后半生究竟做什么?什么是我最擅长的?记得自己曾经说过,这辈子再也不碰乒乓球了。然而回过头想想，乒乓球才是我的强项，是乒乓球给了我一切，有什么好抱怨的。所以，我想再度涉足已离开了十二年的乒乓界，不谈经济效益，我只想尽微薄之力报答上海的父老乡亲，报答带给我一切的小小银球。

机会很快找上门来了。地处宝山共康的大康集团投资二亿多人民币，新建了一所集度假、会议、休闲、体育、餐饮及娱乐于一体的全功能度假城。集团董事长提出引入名流，提高度假城的知名度，我有幸被纳入名流之列。这样，在上海市体委、上海体育运动技术学院的大力支持下，上海大康乒乓球俱乐部宣告成立。兼任俱乐部总经理的我，带队走上了一条体育体制改革后"以商养队"的新路。接着，在宝山区、区教育局和杨行镇政府的支持和牵线搭桥下，我们合作组建起一所十二年全寄宿制、集高标准的文化学习和乒乓球特色于一体的上海曹燕华乒乓培训学校（以下简称"曹乒"）。

我在国外十年，看到了日本和德国的学校教育体系如何与运动体系相结合。比如德国的足球运动员有硕士、有博士，本科生是很普遍的。平时，爱好者就在学校里接受训练，到了一定程度则靠比赛和成绩在大学里选拔专业运动员。我们这里从小就有少体校，然后是省市队，目的就是培养专业运动员，也就不再读书了，我自己读到初中进了国家队，虽然一个星期有两个半天的文化课，但多是徒有虚名。现在运动员退役后不少进了大学，但真正读书的，像姚明、刘国梁等毕竟是少数。我不认为运动员就是社会上所说"头脑简单，四肢发达"的人，我创办曹乒学校的初衷，就是想通过身体力行，改变大众的这种意识。所以在办校之初，我也立下了豪言壮语：曹乒校不光要培养世界冠军、奥运冠军，而且要让我们的学生在德智体上全面发展。

上海曹燕华乒乓培训学校

办学的头几年,这条路走得非常艰难。曹乒是与宝山杨泰学校合作办学,读书在杨泰,训练是在一个只有四百多平方米的体育馆里,办公区域很小。学生住宿的十二套房子属于杨行房地产公司,每年要交八万元的房租。我跟镇领导沟通,说现在实在没钱,收的费用还不够教职员工的工资,软磨硬磨免掉了这笔房租。另外公司还拿出五万块钱赞助费,因为这是镇里的企业,公司的老总不太乐意,说,曹燕华非常有名,但我们的房子因为曹燕华涨价了吗?这句话其实对我刺激挺深的,将心比心,在商言商,人家免费提供住宿,还要倒贴我们,心里肯定不舒服。我说,总有一天我会让曹乒的名声响亮起来。当时没有成绩,社会支持力度很小,还时常夹杂着不和谐的声音,诸如"曹燕华是到这边赚钱来了"等,没有人相信我为信念而来。直到 2002 年，曹乒校第一次代表宝山参加了四年一届的市运会，囊括了七块金牌。上一届市运会，整个宝山只拿了一块金牌。就此我们得到了宝山区各级领导的重视。

当初怎么会选择宝山呢？我想开办一所寄宿制的乒乓球特色学校时，经我的好朋友、时任宝山公安局局长王志强的介绍，宝山区同意了。当时，地处杨行的杨泰学校才开办了半年，年轻的女校长陈慧娟非常认同我的理念，并具有前瞻的眼光，她将最好的文化老师派往乒乓班任教，而且校长和老师的孩子都带来学打乒乓球，你说这是多么大的支持！若是陈校长认为打球会影响到学校成绩的排名，那我们是办不下去的。我知道不少退役运动员曾开过乒乓球学校或培训机构，就是因为跟合作方的理念有差异，短的数月，长的至多三年就散了。曹乒成功的第一步就是跟杨泰的合作，后来被称为"金球文化"，成为打造"体教结合"的典范。

掐指算来，我们艰苦奋斗十来年，关键还是没钱。第一期招了八个上海学生，属市少体等不要的名额，结果这批学生还打出些名堂。第二学期就增加到三十多个学生。记得经济最困难的时候，为了给学校的员工发工资，我把自己地处新华路唯一的一套住房卖掉了，房子建筑面积 141 平方米，价格是 41 万，自己就跟儿子在市少体校隔壁的小区里租了一套房子。我文化水平不高，自封了一个校长，完全凭着一股热情在坚持运作，脑海里就是邓小平说的那句名言"摸着石头过河"。

曹乒获得快速发展，是因为出了许昕、尚坤和胡斌涛。许昕、胡斌涛是江苏的二线运动员，还没有进编制，尚坤是从山西来的，他们放弃了进省队的机会，认准了上海，认准了我这个人了。我向市体育局申请，曹乒也要办队。这样就一、二、三线"一条龙"接轨了，就是可以直接把队员送国家队了。我们第一批四男一女送进了国家队，但是国家队是不给我们拨款的。在这种情况下，一个是心中的目标，一个是肩上的责任，还有我不服输的心态，整天忙的就是找钱、要政策，并和国家队沟通。

此间，磕磕碰碰的事也不少。当我们拉到一笔赞助，举办首届"杨行·曹燕华杯"上海市学生乒乓球锦标赛的时候，由于没有在市体育局备案，就不让我们办。我跑到市体育局，只见那位处长两只脚翘在桌子上，看了我一眼，问我：你是谁啊？我赶紧自我介绍。但他就是不同意，说我们无法无天，一点规矩不懂，怎么能自说自话搞比赛呢！其实我是真的不知道，在国外待了十年，对国内情况完全不了解，不知道什么事情都是要汇报的。真正的转机是我们承办了全国青少年南方赛区比赛，比赛是在宝山体育馆进行的，决赛时市里领导和宝山区四套班子的领导都来了。就是那天，我们让领导知道了曹乒将来的发展方向和目的。赛后，由区委书记

2009年5月，曹燕华与获得世界冠军的许昕在曹乒校训练馆交流

带头，在宝山掀起了群众性的乒乓球热潮，并给予了曹乒巨大的支持。我们跟宝山的二少体签署了共办的协议，以政府购买服务的方式，每年获得几十万的拨款。这之前，包括器材、人员工资，以及引进队员，都是我自己筹资。学生的训练费有物价局的硬性规定，每个月最高不能超过二百元钱，通过协调可以收到六百元，但这一大摊子人和事，怎么可能应对呢？之前靠卖房子的钱熬了一些时间，现在得到了宝山区、杨行镇政府的大力支持，终于"面包有了，希望有了"。

为了使许昕、尚坤等曹乒培养的优秀选手能够获得更多的机会，每当国家队到上海来训练，我就带他们去蹭球，让上级教练多了解我们的队员。就像徐主任当初看我一样，经余长春教练推荐，我这个虹口少体校的运动员，竟然连跳三级进了国家一队。同时，我还请徐主任、国家队主教练蔡振华等来参加我们的活动。许昕进了国家队，作为一颗冉冉上升的新星，得到了蔡振华、刘国梁的重视。大家都知道，在国家队要是没有更多的机会，很多本来可以是世界冠军、奥运冠军的人才就埋没掉了。所以，我也非常感谢国家队的蔡振华、刘国梁。今天，能为上海宝山培养出有史以来的第一个乒乓球奥运冠军，而且相隔58年上海乒乓球队再次夺得全运会团体冠军——五个报名的队员都是来自曹乒，我是非常自豪的。我自己没有机会去拿奥运冠军，但我带出的队员了却了我的心愿，也是梦想成真了。

七、我们在路上

其实，更使我深感自豪的是，曹乒的"体教结合"取得了相当的成功。"体教结合"是国家体育发展的战略，但实践上始终分离成两块。我的想法就是要探索出一条通道，开创出"体教结合"的先例。

体制内学体育的学生,多寄希望于竞技上出成绩,以求得人生的成功,文化课往往得过且过,弄得文化课老师经常说,只要你们不吵,睡觉都行。这真不是一种好的做法,甚至在方向上存在问题。如果是孩子调皮,不愿意读书,问题不是出在孩子身上,而是教育怎么去引导。实事求是地说,许昕是可遇不可求的,能够打到顶尖的层次,有许多不确定的因素,毕竟大多数的选手难以达到这个水平。所以,我不想耽误任何一个孩子。从教练的角度说,是百里挑一的事,但对家长来说就是百分之一百啊。

然而,我们一个小小的民办学校要去做国家倡导却没有成功经验的事,是不是理念太超前,有点自不量力了?我是个爱探索、爱冒险的人。既然我对此问题有这样的理解,也感到有这份责任,我就是要看看,经过我的努力和坚持,到底能不能真正做到把体育融合到教育之中,使两者融为一体。我

校长曹燕华正在手把手地辅导曹乒校的小队员

在做市人大委员时曾上报有这方面的提案，我认为市级层面体育与教育应该是同一个副市长负责，现在各区已经做到了。所以，我在曹乒宣布：我们的运动员一定是学生运动员，而不能把二者脱离开来。所以，我们非常重视学生的文化课学习，除了课堂教学以外，还专职聘请了四位文化课老师，利用训练之余辅导学生的文化课程。据统计，现在曹乒的在籍学生，70%的成绩超过了杨泰学校的平均成绩，100%达到平均成绩。

今天，曹乒的中、高考的升学率是百分之百，没有落下一个人，我以为这是曹乒最大的成功。自然，大多数孩子的球技达不到顶尖的层次，但大家不仅经历了许多同龄人未曾见识的场面和世面，都有一项陪伴终身的技能和爱好，且文化学习都能达标，都能进入高一级的学校深造。我在这方面所花费的精力是最大的，因为要不断地与教育管理部门进行沟通，以求为一批球打得好、书也读得好，却不可能走专业道路的学生，开辟一条从小学、中学到大学的综合人才培养体系，并与这些学校正式签订了人才培养协议。现在曹乒的学生在杨泰完成小学至初中的学习，高中在上大附中就读，这些年曹乒往交大输送了许昕、尚坤、胡斌涛、赵子豪等，去年（2018年）又有两名被录取了，交大打大学生比赛的队员就是曹乒的班底。其实，交大等重点学校所招本科生运动员，对文化知识有相当的要求，曹乒的学生不仅是合格的，而且包括素养方面的反响都相当好，在与同学之间的交往、在外出比赛中，展现了当代学生运动员的阳光形象。华东师大、中国政法大学、东南大学、宁波大学、中乒院等都有曹乒的毕业生。现在，曹乒校是民政部评的5A级办学单位，此为最高的社会办学等级了。

2018年，我们举办了曹乒二十周年校庆，主题是"感恩"，感恩教练，感恩老师，感恩父母。记得创业的时候，因为场馆小，又没有电扇和空调，孩子们分两个小时一班进行训练，我们几个老教练不能休息，必须连轴转，结果在训练房里度过了整整一个暑假，浑身都起了痱子。所以，曹乒培养出来的毕业生，上了大学后，每年暑假都会主动回来当助教、陪练和管理老师。这不仅成了曹乒的传统，也是"体教结合"的一个亮点。

生活中有很多辛酸苦辣，但我乐观豁达、坚持不懈，包括当年把房子卖掉，都不去想若是失败了怎么办，心里多是美好的东西，总是往好的方面想，总是相信每走一步就会离成功的目标更近一步。当然，曹乒的成功来自多方力量的聚合，这里特别要提及与杨泰小学的精诚合作，为了使"体教结合"的实验有体制上的保证，经批准，该校专门增设了初中部，变成了九年一贯制的学校。镇上还盖了一幢七千平方米集住宿、训练为一体的训练馆，正是有了这些硬件和软件上的保证，我们的"体教结合"之路才能走得比较顺畅。所以，我很庆幸，却不敢居功，甚至认为起码在现实的条件下，曹乒的模式既是可贵的，又是较难复制的。正是在这个意义上，我的新目标是：要把"体教结合"的先进理念和模式，传播、推广到更多的项目和更多的地方，为中国的体育事业做出更大的贡献。

倪夏莲

1963 年生。1979 年入选国家队。是第 37 届世乒赛女子团体冠军队成员,并获混合双打冠军。曾获国家体育运动荣誉奖章。后移居卢森堡,多次获得欧洲锦标赛单打冠军,并代表卢森堡参加数届奥运会,迄今仍活跃于乒坛。

乒坛"常青树"

2019年6月27日,在白俄罗斯举行的第二届欧洲运动会上,我战胜了摩纳哥选手杨晓辛(原中国队队员),获得了女子单打铜牌,取得了进军东京奥运会的资格。这将是我第五次参加奥运会的单打比赛。我有家人的支持,88岁的母亲在看着我,两个孩子在喊着妈妈,我的丈夫在场外向我鼓掌,我挥舞着拍子跳起来,又趴在地上亲吻赛场的地板,泪水涌出来了,我感谢,我感恩……56岁了,我走的是一条什么样的乒坛之路啊!我可以告诉人们:什么是热爱,什么是人生!

2019年6月27日,在明斯克举行的欧运会上,倪夏莲战胜摩纳哥选手,取得了东京奥运会的参赛资格,这是她第五次获得奥运会的单打比赛资格

一、少年时代

我出生在上海杨浦区一个普通纺织工人的家庭中。1947年，父亲从浙江嵊县到上海谋生，在厂里当翻砂工，靠技术吃饭，朴实无华；母亲心灵手巧，一家四个孩子都穿戴得干净整洁。我是家中最小的女儿，与父亲感情深厚，常常喜欢骑在他的自行车上到处玩，可家中也是有规矩的，父亲下班回来，大家才可以上桌吃饭。我4岁时已能登台唱《红灯记》，从不怯场，也许就是在那个时候养成了一种特有的心理状态。我是从水泥地上开始学习打乒乓球的，又在电视里看到乒乓球赛的转播，获得冠军的人简直像英雄一样，在我幼小的心灵里深深地扎下了根。

1970年，我进入上海市控江二村小学，得到启蒙老师郑申康的重视，他认为我是棵苗子，有一股不服输的劲。我当时扔下喜欢的唱歌，一心跟他学打乒乓球，那时我八岁，上二年级，每天早晨6点钟爬起来训练一小时，天冷也不怕。1973年，我被推荐到江湾少体校。教练有名将池惠芳等，辅导能力很强，我知道这个机会来之不易，训练时格外刻苦。从内部比赛的成绩看，我在小伙伴中排第二，但教练组嫌我个子矮，技术发挥有局限，就没有要我。我就像是一只在蓝天上飞翔的小鸟，一下子被折断了翅膀。郑老师就把我托付给了杨浦区体育场的朋友缪德瑞，缪指导的训练方法很独特，他经常让男队员陪我打，特别注意训练我的实力球，我练得真苦啊！为了练习打削球，缪老师要我三分之二全台拉，一个球要拉三十个，有一次拉了三十分钟还没有达到要求，他猛地拉了一下我的小辫子，好疼啊！这是我一生中唯一一次被人拉辫子。现在想想，这是缪指导在我逆境的时候拉了我一把。后来，缪指导去了区体委，又把我转托给杨浦工人队的黄天福教练。同样,黄指导对我倾心培养(我是队中唯一的小年龄队员),让我参加了很多成人比赛。我精神振奋、信心满满,在以后漫长的乒坛生涯中,这对我养成克服困难、顽强拼搏的斗志,起到了重要的作用。当我获得上海市业余组比赛第一名的时候,江湾少体校又向我伸出了橄榄枝,这让我陷入了选择的痛苦中,我怕对不起在逆境中帮助过我的教练,特别是我已成为黄教练手中的一员战将。幸运的是,黄教练很大气,支持我"更上一层楼",这是一种类似家人的情怀。我要谢谢他们。我第二次进江少体训练,没有津贴,没有衣服,没有饭菜票,可我不管这些,有球打就高兴了。1975年,江湾少体校解散了。那一年的夏天,我获得了上海市小学生女子单打冠军。

1976年,我幸运地碰到了教练丁赛祯。她任职市少体校以后,已经不收

1972年上海江湾体育场少体校乒乓球队合影。前排左二为倪夏莲,二排左三为沈剑萍。后排右一为金大陆,右二为池惠芳

我们这个年龄组的人了,但她想在上海再看一下,便召集了十人集训十天。第一天,大循环我得第一名;最后一天大循环,我还是第一名。当年的10月27日,我进了上海市青少年业余体校。其实,当时我在技术上没有什么特别的东西,只是有一股劲,有一种状态。市少体是非常优秀的一个地方,大家读书、打球都很好,纪律性非常强,是为上海队和国家队输送后备人才的基地。后来,我将这个模式带到了卢森堡,他们也学了一些。我在这所学校里待了两年,丁赛祯教练怀孕的时候还帮着我训练,比赛时也不放心,这都促进了我技术的提高。我已很多年没见她了,我对她一直感激不尽。我曾在文化课上写了一篇文章,说要成为世界冠军,这件事在少体校广播了,有人认为我有志气,也有人讥笑我说大话,我不为所动,心中默默地产生了一种信念,要么不做,要做就做到最好。因为个子矮,我击球时没有带动腰部和脚的力量,丁指导费了许多的心血才帮我纠正过来,这成为我以后重要的技术之一。

丁赛祯教练(右)

1978年4月,我到浙江平湖参加全国分区赛。因我抽空去看了一场电影《摩雅傣》而受到处分,最终竟被取消比赛资格,让我第一次领略了权势的威力与被人出卖的痛苦。我开始懂了,人生除了打球,还要处理好社会关系,我还要学习和思考,我开始知道社会的复杂与险恶。

那年夏天,我通过全国的选拔赛,赴土耳其伊兹密尔市参加世界中学

参加1978年世界中学生运动会的中国中学生队合影,二排右一为倪夏莲(朱达提供)

生运动会。我们代表团住在当地一个学校的宿舍里,校园就对着爱琴海,每天都可看到洁白的海鸥在蓝色的海面上飞翔。我和队友们都是第一次出国,比赛空隙就冲向海滩,这让我这个诞生在黄浦江边的少年心潮起伏。玩归玩,球场上依然要拼搏,我们拿下了女团冠军、双打冠军,我本可以轻松获得女单冠军,可当时的领导指示我将冠军让给土耳其人。我是个从小就听老师话的人,我知道这是政治,政治是什么?虽然不大懂其中的奥妙,但这条线始终在牵着你。

在市少体校,我遇到了少年时代最好的朋友黄晓真,至今我们还一直保持着联系呢。她人长得漂亮,为人处事稳健,我向她学到了不少。夏天我们挤在一个帐子里聊天,一个馒头,你咬一口,我咬一口,互相分享趣闻引得我俩大笑不停;周末训练门不开,我们就爬进窗户去打球。那真是个纯真的年代，回忆起来特别开心，可惜一去不复返了。

二、圣地：中国国家队

1978年，上海市举行第六届市运动会。我和高了两届的队友徐莉鸣搭档，代表杨浦区参赛。结果，我俩拿了团体、女双冠军。单打正是我跟她打决赛，我赢了她，共拿了三块金牌。那年我15岁，顺利地进了上海市队（1978年8月14日）。

因为是专业队的体制，我们每天有五小时的技术训练，还有针对性的身体素质训练。冬训时要大运动量的长跑，因我是平足，长跑后脚跟很疼，但我坚持下来了，没有掉队。我在上海队的教练是杨瑞华，他参加过第25

20世纪70年代末上海女队队员合影。三排左一为杨瑞华教练，二排左一为倪夏莲

届、26届世界乒乓球锦标赛，见过大世面，技战术经验丰富。他针对我个子小的问题，专门为我设计了一套战术上灵活多变、技术上结合多变的落点，特别是"小三角"的技术以及适合我的特殊打法。在上海队，我的风格逐渐形成了。从这个角度来说，没有杨瑞华教练智慧型的创新和训练，就没有后来的我。

1979年，第四届全运会预选赛在南京拉开帷幕，上海队有老将黄锡萍和新秀曹燕华，夺冠呼声很高。队里让我出场参加单打比赛，我以两个3∶0战胜黑龙江队的李淑英和削球手田静。八分之一决赛中，我以3∶1赢了童玲，爆出了一个大冷门，因为童玲已是世界名将，而我是无名小卒。三个月后在天津比赛，我又以3∶0赢了她。因为我的出色表现，上海市体委破例将我的工资从49元提到92元，连涨了三级。

同时，国家队的调令也来了。那可是个乒乓球界的"圣地"啊，精英成群，各怀绝技。其实，队里真正打上主力的只有四五个人，二十多人都是陪练的。所以，要在这里站住脚，成为主力队员，如同上天摘星星一样难。我是新来的，身体条件不好，技术也不出众，人又长得不漂亮，还没有一点背景，我应该怎么办呢？我越想越恐慌，最终想通了，只有从每一件小事做起，走好每一个步伐；我要付出更多的汗水，通过更刻苦的训练去感动教练。我把"笨鸟先飞"当成座右铭，每次训练，我都是第一个到，最后一个离开；每捡一个球，都是带着小跑，我的每一分钟都是宝贵的。我常常会从梦中惊醒，"快，接球，球来了"，仿佛手臂还在挥舞。

我虽然好强，但当队里公布参加第36届世乒赛运动员的名单时，我以为自己在全运会上有这么好的成绩，前十名应该有我，可正式名单中根本没有我，连在食堂吃饭时，坐到主力队员饭桌上也被赶走，这真让我气愤至极。这让我明白了，必须要在技术上有突破、有长进。要不然，打退堂鼓回上海队，可不是我的性格啊。

这样，我在国家队足足坐了三年的冷板凳。一天，周兰荪教练在食堂碰见我，像是满腹心事地说：你是否想过要改长胶？仿佛灵光闪现，让我心中一动。可当我去找人咨询时，无人敢下这个决断。因为这事关一个运动员的"生死存亡"，而且谁都不能保证成功，谁敢第一个吃"螃蟹"？我真是"六神无主"，不知如何是好。一旦"改长胶"，首先是速度慢了，我是以前三板快攻为主的运动员，放慢速度还能有优势吗？一旦失败了怎么办？也许是理性使然，最后我勇敢地去迎接和接受了挑战。我找马金豹教练商量，他对我说，要想拿世界冠军，只有背水一战；要战胜自己，哪怕是百分之一的希望，也要去拼命争取，这总比不死不活强。我明白了，不改就只有等待被淘汰，或者是在陪练人员中"蒸发"掉。我自小就很有主张，经过一个月的反复思考，我决定做第一个吃"螃蟹"的人。我去找领队郑敏之，她坚决支持。我提到要到马金豹组里去，领导也同意了。马指导自然很高兴，他迅速为我制定了一个训练计划，其中特别强调球性的变化。

队里的老大姐张德英很支持我，她是世界冠军啊！我对她很敬佩、很崇拜的。有一次，她帮我训练，我可起劲了，捡球时跑步都嫌自己不够快。我永远不会忘记，训练完了她对我说，不知道十年以后你会是什么样子？虽然这句话说得很平静，但在我心中掀起了很大的波澜。我一定要好好打出成绩来回报她。这样，我争分夺秒，连走路都在摆弄手腕倒板。吃完饭了，竟然不知道吃的是什么菜。改长胶会碰到三大问题：进攻性、稳健性、心理观念的转变。如何处理好"快速""凶狠"和"稳健""多变"这一组矛盾，如何使长胶发挥出正胶一样的杀伤力，这需要时间的磨合。

应该说，最初的情况不是令人满意的，到底磕几板才能进攻？我陷入了"磕也磕不住""凶也凶不出"的境地。长胶的几个基本功也掌握得不好,"抹""滑""捅""小三角"都不熟练,临场发挥更不理想。对内的比赛成绩直线下降,几乎没有资格代表上海队打比赛,更不要说代表国家队了。当年赴广州比赛的成绩也不好。那些天我寝食难安,像个无头苍蝇。国家队毕竟人才济济,老队员梁戈亮对使用不同性能的胶皮有实践的经验,他告诉我,击球时先"抹"一下然后发力,这样会使球晃动。在梁戈亮的提示下,我与马金豹指导一起加大运动量,从每天训练五小时增加到八小时,一个环节一个环节地解决问题。马指导说,要贯彻"凶而不急""稳又不失机会"的原则,我终于找到了窍门,并摸索出了正手八种接球法,这些都是高难度的独特技术。我有一个长处,那就是知道自己错了,马上就会改正,绝不在错误的旁边多停留一分钟。

我是左撇子打法,正手侧身斜线的球大大增加了对方跑动的范围,故能轻松地撕开对手的防线。我的"磕弧圈"打法,在改用长胶后,不断地用倒板技术迷惑对方,真是如虎添翼。1982年出访日本,十八场比赛我赢了十七场,被称为"黑马"。同年,在石家庄的优秀运动员调赛中,我以柔克刚,横扫了国内一大片优秀选手,取得了第二名的好成绩。

上海籍运动员在国家队的很多,我年龄最小,他们都很关爱我。卜启娟球打得好,人也好。当时,国家队的伙食也是吃份饭的,我胃口比较大,不够的时候就到她那里去揩油,大姐姐从来不抱怨,还很开心。卜启娟运气不好,女双比赛让球了,没有拿到世界冠军。是的,没有这个头衔很吃亏,但她从来没有一句怨言,一直默默地在幕后做出自己的贡献。来自男队的许漪也是上海人。他模仿匈牙利队的打法,默默地陪主力运动员训练。我们苦练一段时间后,也会出去放松活动。有一次到颐和园去划船,我和卜启娟带着吃的上船,许漪一直当划船手,手都起泡了,事后我们好心疼他。

我真的很有运气，身边有这么一群可敬的人。

三、为国争光啦

参加第37届世乒赛团体赛的名单公布了，我的名字赫然在列，我终于有了展示技术和能力的舞台，可以为国争光了。尤其让我感到意外而又高兴的是，男队的名将郭跃华问我是否愿意与他配混合双打，天哪，郭跃华是全队的白马王子啊！他邀请哪一个女队员合作，那都是一种荣幸啊！为什么会选上我？是看中我为人处世的风格，还是我的技术特点？总之，我非常高兴。我把这件事情告诉了马金豹指导，他说一定要珍惜这个机会。

1983年春天，第37届世乒赛在日本代代木体育馆开幕了。各国好手云集，中国女队一路以3：0打进决赛。我与曹燕华配合双打，攻势凌厉，守中有变，很轻松地战胜了对方。4月20日晚上，中日两国女将争夺考比伦杯。12年来，日本队第一次战胜韩国队进入决赛，士气高涨，且占据天时、地利，故日本队扬言，要以"玉碎"的精神打败中国队。徐寅生团长来为我们鼓劲了，对于派谁上场，在京王饭店二十七层的房间里，教练组反复思考，最后一致决定的阵容是：曹燕华、我、耿丽娟。自第四届全运会以来，我和曹燕华的双打没有输过一场球，大概可信可靠了。

中日大赛，前二场曹燕华和耿丽娟均战胜对手。接着，我和曹燕华的双打一左一右，配合默契，我的"小路球"，总是把球捅到对方难受的地方，曹燕华则瞄准机会，频频拉冲，中国队以3：0的绝对优势战胜了日本队，第六次获得女子团体冠军。记得上台领奖的时候，我理了个很漂亮的蘑菇头，是我的双打搭档曹燕华帮我剪的。曹燕华不仅球打得好，干什么都行，我很佩服她。以后，她帮我剪了好几年头发，我欠她好多理发费呢！

进入单打比赛后，我先击败了韩国的削球手安海淑，接下来对荷兰的芙里赛可普，她的球路很有杀伤力，且处在最佳状态，是当时的欧洲冠军，从斯堪的纳维亚公开赛以来，连续多名顶尖的中国选手败在她的手下。结果，我和马指导一起仔细思考了对她的全盘战术，在实战中发挥了特长，三局轻松取胜，就此把拦在中国队夺冠前的几块硬骨头统统啃掉了。走出赛场的那一刻，我瞅了一下看台上的教练组，他们脸上挂着微笑，频频相互点头，显然认为选择我是正确的，改长胶是正确的。在四分之一决赛前，领导来找我，要我让球给曹燕华，我想好不容易打到这个节骨眼上，为什么要让呢？但这是决定，不容你申辩，我顾全大局，一口就答应下来。没有中国队，哪来倪夏莲呢？

在混双比赛中，我与郭跃华合作，先是面对南斯拉夫的舒尔贝克和巴蒂尼奇。舒尔贝克驰骋乒坛近二十年，两次夺得男双世界冠军，他们也是欧洲混双冠军。但我们的前三板优势也不是吃素的，最终以3∶1的比分将这对欧洲最有希望的选手挤出了四分之一决赛圈。多年后，我在欧洲碰到舒尔贝克，他说真是倒霉透了，不该碰到你们这对杀手啊。进入四分之一决赛后，我们碰到中国队的削球手刁明和卜启娟，他俩使用防弧胶皮，很难对付，我们以1∶2落后，第四局又以13∶17落后，这时裁判突然说，刁明的发球不标准，接着，裁判员又把地板拖了一下。怪了，这一停一拖，把我们俩拖醒了，趁此机会，我与郭跃华作了简短沟通，结果在此后的比赛中，脑筋变灵了，接发球也接好了，比赛好像换了风水，全倒过来了。最后我俩转败为胜，闯过了这一生死关。半决赛的对手是曹燕华和蔡振华，他俩是本届世乒赛中呼声最高的一对，我们沉着应战，配合默契，不轻易

1983年4月，倪夏莲与郭跃华在第37届世乒赛混双决赛中

丢失每一分，最后以3：1赢得了胜利。决赛来临了，对手是世界排名第一的削球手陈新华和童玲，这对金童玉女不可多得，是我们夺冠路上最困难的一仗。女子团体赛没让童玲上，她憋着一股劲，对这块混双金牌是志在必得。

恶战开始，每一分争夺都是艰苦的，我们既要辨别出不同的旋转，还要防备突然的反攻。我们每一分球都要打二三十个回合才能见分晓。比分交叉上升，我偷看了一眼看台上的教练组，他们每个人的表情都很严肃。没有人下来面授机宜，因为这是中国人之间的比赛，仿佛有一个场外的声音在说，谁死谁活，就看"天意"了。2：2后，第五局交换方位之后，尽管比分咬得很紧，我们甚至处于不利的地位，但郭跃华不愧是老运动员，他的每一个眼色、每一个微笑，都能让我明白他的意图，我不断给他制造机会，他连续二十几个漂亮的拉攻得分。终于我们以3：2取胜。我看到教练们的脸上有一种释然的表情。在第37届世乒赛中，我还与曹燕华合作，获得了女子双打第三名的成绩。

中国驻日使馆为我们举行了庆功宴会。当音乐声响起来时，宋大使轮流向每一位运动员敬酒，有人提议，让我唱支歌。我是从小就喜欢唱歌的人，此刻我走到台上，拿起话筒，喉咙竟然像卡住一样，什么也唱不出来了……

我审视着自己，此刻明白了一个道理，即纵然我有一些音乐的天赋，但音乐也是与球一样要时时训练的，我既然将自己置身于那样一个激烈竞争的环境中，每天只是动脑、动手，以熟练动作，歌喉失去了施展的氛围与舞台，这不是很正常吗？我又能怪谁呢？这是我自己选择的结果。

四、半醒的"梦"

经过第37届世乒赛，我成了世界冠军，身份与地位变了，又是队里三个重点队员之一（另外两人是耿丽娟、戴丽丽），伙食上也吃起了小灶，特别是技术上发展到成熟阶段。我的年龄恰在二十二岁，且两年内的成绩也很好，苏联队的波波娃和荷兰的芙里赛可普都被我赢了，而且在第37届世乒赛中单打对外取得一局不输的战绩（多年以后，马指导告诉我，这是历史上最好的成绩，以前没人有过这样的成绩），世界排名升至第五。我踌躇满志，想象着在下一届世乒赛上发挥更大的作用，取得人生更大的辉煌。

但是因队里出现了一股松懈之风，甚至有人公开吸烟、打麻将，而且夜不归宿，这是明文规定不可以的。中国队一向政治挂帅，个人服从集体，任何个人的欲望膨胀都是与这个团队不相容的。所以，上面决定整风，开展批评与自我批评，在成绩面前找差距，摆正个人与集体的关系。要整风，我能置身事外吗？过去可以一心搞技术，现在领导要我发言，起带头作用。我本不想卷进别人的事情中去，我也知道会得罪人。但我一个女孩子能懂得多少轻重呢？既然领导指示了，我就应该听话。于是，我在学习生活会上做了发言，大讲国家培养一个运动员不容易，大讲要把集体的荣誉放在第一位。领导很满意，我却遭到了一些人的排斥，认为我是要表现自己，是要往上爬。他们用异样的眼光看着我，连我半夜起来上厕所，看到有的房间灯亮着，好意问一声，也被视为是汇报领导的小动作，放话出来让我老实点。关于这件事，我后来想明白了，乒乓队也绝不是真空地带，你再强调"集体主义"，那种特定的气氛与格局促使每一个人都不甘心默默无闻，都想冲到前面去，占据主力队员的位置。

偏偏在这个时候，领导来问我"双打与谁搭档"，我说是曹燕华，这是个不争的事实，是一句真话。但这句真话让我付出了代价。确定第38届世乒赛团体赛的名单是件大事，原先是召集全体队员统一公布的，现在则是个别谈话。耿丽娟、戴丽丽都上了团体名单，何智丽与童玲的双打也确定了。队里有人在问，"上届明星怎么了？"（因为我是重点队员之一，而且单双打都是出色的）晚上，李富荣找我谈话，他告诉我，名单是领导集体决定的。我素来敬重李富荣，没有辩白一句，辩白有用吗？听他讲完，我一个人跑到外面的操场上痛哭一场。黑乎乎的操场上很安静，只有我一个人对着天空，对着那幢生活、训练的大楼，正是风华正茂的年龄，正在事业的顶峰，我才二十二岁呀，没有犯任何错误，还是队里各项制度学习的标兵。我只能让眼泪流，但不能用手抹，怕眼睛变红。我强忍着痛苦，表面还要装出若无其事的样子。

第38届世乒赛上，我虽然已不是主力队员，但几个单项还是参加了，并获得女双亚军、混双第三名和单打第五名的成绩，对外比赛依然没有输一场，但我的心被伤害了。第38届世乒赛后，我在队里当陪练，当时邓亚萍、乔红这批小将还没有起来。我经过一个多月的思考，正式向国家队提出辞职，国家队的领导为我举行了一个小型欢送会，全体主力队员都参加了，并让我题字留念。

1986年2月，我离开了国家队。1996年，广东电视台采访我，已经过去十年了，但那毕竟是揭伤疤的事，我竟然哭得泪人一般。这就是我。小女人的脆弱与复杂，全都涌现出来了。当然，我也知道队里有些事情比较复杂，总有些人会感到委屈。时间过去久远了，我逐渐释然了，也更感恩现在拥有的一切。

从国家队回来以后，我去了上海交大科技英语班学习。我一直很喜欢读书，这也就圆了从小的梦想。在上海队与国家队时，虽然训练量很大，我还是挤出一些时间读了《居里夫人传》《钢铁是怎样炼成的》《福尔摩斯探案集》等，我尽可能地用书籍来打开心扉，让自己的思想走得更远。我们八个人一个班级，有好几位奥运冠军呢，乒乓球队就我一个。当时，我们的起点很低，老师是一位特别耐心的女教授，很多东西我们一时接受不了，她总是反反复复地讲解。我的好朋友黄晓真已经先我一步进交大了，她把记得密密麻麻的英语单词本交给我，让我省去了很多精力。我们在一起读书、骑车，形影不离，好像又回到当年的少体校生活。我在交大读书的时间不太长，便被上海队拉回去打全运会了。那时的上海队青黄不接，我心中也犹豫不决。一方面恨死这块球拍了，它给我带来这么多伤心的事情，曾发誓以后再也不打球了；另一方面却还真是舍不得扔下它。这就是女人的心理，又爱又恨。而且我毕竟是上海队培养出来的，滴水之恩当涌泉相报，最终我还是决定出山，为上海队赢得了全国第六名的成绩。其实，人生的每一段都是有意义的，不管它是成功还是失败。如果你从积极的方面去看待，它永远是你的养料。

当时，我在乒乓球事业上已功成名就。我常想是不是应该回到家中去，做一个父母膝下的乖女儿。但即使我离开了国家队，可那训练场却还时时地浮现在自己的脑海里，甚至梦中还发现自己在那张绿色的球桌旁。有时半夜醒来，满头是汗，仿佛还在其中。这种压抑和痛苦是别人难以想象的，我曾恨自己，已经离开那个地方了，为什么梦中还要回到那里去呢？

五、卢森堡，我的第二故乡

20世纪80年代后期，国内掀起一股"出国潮"，我周围的退役运动员接二连三地出去了。我也必须要做出选择了。苦练了这么多年的技术，放弃太可惜了。在马金豹教练的帮助下，我与德国拜尔公司属下的俱乐部签订了一份合同。1989年8月27日，我踏上飞往德国的飞机。

当飞离上海时，我俯视生我养我的土地，潸然泪下。我就要离开祖国，开始新的人生之旅了。来到德国，因底子好，我打一场赢一场，尤其是与芙里赛可普的那场球，打成21∶5、21∶3，大家觉得特别神。但生活总是不易的，刚到德国，美景还没有去欣赏，就被重重敲打了一下。原先预订的房子被人租走，旅馆又不包餐，每天来往走几里路。我骑自行车还摔了一跤，但是我不输球的表现让德国人非常惊讶，很多俱乐部纷纷向我伸出橄榄枝。

我在德国俱乐部的出色表现，引起了邻近的卢森堡国家队的注意，希望我去他们那里打球。经综合考虑后，我决定到卢森堡去（我的身份是教练兼运动员）。我做梦也没有想到，当车子开到边境时，彼尔·克劳斯市长已经在关口等候多时了，他张开双臂，一下子把我搂抱在怀里，仿佛拥抱着自己的女儿，我内心非常激动。这个世界太神奇了，打球既带给我痛苦，

倪夏莲在德国拜尔俱乐部时与队友合影

也带给我幸福与希望。彼尔·克劳斯市长对该市的体育文化建设功绩可大了。这座城市不过七八千人，却有很好的体育俱乐部，城堡、教堂林立，人们相见彬彬有礼。我离开了家，能够凭自己的技术得到一份工作，且是自己非常喜欢的工作，何乐而不为呢？

也许我的一生注定要与卢森堡有千丝万缕的关系。在我离开中国之际，有一次我莫名其妙地请人看命相，那是个盲人，据说是上海滩最灵验的相术大师，他神秘地叮嘱我："走得远远的，越远越好，你的福相也越大。"命运之神让我到了卢森堡，卢森堡有大片的森林，苍茫连绵，令人神往，社会福利排在全世界前列。同时，卢森堡人非常热爱体育运动，足球、自行车、游泳等开展得很好，这些年乒乓球也得到了卢森堡人的青睐。

在卢森堡要过的第一关是语言关。卢森堡的刊物和日常会话用德语和法语，生活中又夹杂着卢森堡语，好像上海话中的浦东话。大家交谈时往往前一句是英语，后一句是德语，中间还可能夹杂着一两个法语单词。这样的语言环境，对一个初来乍到的中国人来说就困难了。要考驾照时，我每天硬逼自己读书八小时，不停地念，不停地记，总算第一次就通过了口试与笔试，驾驶证的路考则是第二次通过的。

卢森堡是世界上唯一的大公国，在市中心圣母教堂北面的一座宫殿，就是大公的宫邸。二战时的夏洛特女大公反对纳粹，得到了人民的拥护；现在的亨利大公是世界上的重要人物，他不参政，对政治、金融都很有研究，并保持平民化的风格。他捐出很多的财物来帮助普通的人家，还让王宫成为旅游景点，赢得了国民的尊敬和爱戴。因为我是卢森堡的杰出运动员，并代表这个国家把乒乓球项目带进了奥运会，我受到大公近十次的接见，还多次受邀到王宫参加宴会。所以，我在他面前一点也不拘束。我在此生活三十年了，两个孩子都在此地出生，故已进入了主流社会。2018年

倪夏莲多次受到卢森堡大公和夫人的接见

这个国家的国务卿领衔召开国务会议，特意邀请了五六位文化体育界的知名人士座谈，我也是受邀代表。

埃特勃鲁克市的电视、电台和报纸时常报道我的活动，不仅发布有关我的比赛信息，连我的生日也上了报纸。尤其因我第五次闯进了奥运会，他们把我看成卢森堡的光荣与骄傲。我上街买东西，他们会跟我打招呼。我的孩子问我是否认识那些人，我说不认识。姐姐与我长得很像，对老外来讲会分不清，他们便时常跟姐姐打招呼，姐姐会跟他们说，我不是"夏莲"。有时，我到商店里买东西，比如买护膝等，他们说，你为卢森堡做了那么大的贡献，不要付钱了。还说，特别高兴能有这么个机会。

现在，我全家都在卢森堡。当时我姐姐过去要办工卡，劳工部的人说，我不帮你办，大公都会跟我过不去的。但是大公从来不说，只是默默地支持我。妈妈来后就一直住在我家里，我是妈妈的女儿，我是丈夫的老婆，我是孩子的妈妈，我是哥哥、姐姐的妹妹。所以我很忙，孩子的读书、工作要去操心；妈妈近九十了，要定期检查、看病、吃药，也要我去操心，所以我的家庭生活占据了很大一块。很多球员到我家里来了以后，看到我还会烧鱼会觉得奇怪，我在球场里可是第一号主力队员。事实上，我在家里什么都要做，这不是别人强求的，我觉得很充实、很开心，这才是生活，而且是有责任感的生活。如此，我的训练时间并不太多，但是我的训练质量比较高，因为我很专心，很珍惜时间。

中国是我的故乡，卢森堡是我的第二个故乡。

六、卢森堡乒协与奥运会

卢森堡的乒乓球训练体制基本属于业余性质。以前一会儿在这个小学

连续四次获得欧洲锦标赛冠军的倪夏莲

练,一会儿在那个中学练,最近才有一个固定场地,这一点根本没法跟国内比。再说卢森堡人口少,打球的人少,自然没什么对手。这种特定的条件决定了它基本达不到世界顶级队的水平。2000年的时候,我带一个搭档,双打进入了奥运会。迄今为止,单打就是我一个人。

在卢森堡,我第一次拿欧洲十二强的冠军,觉得挺过瘾的。当时的对手是匈牙利的优秀选手巴托菲,她非常有经验,高抛发球很有威力。那天,我打得特别好,以3∶0赢了她。这是卢森堡乒协的第一个国际大赛的冠军,升国旗、奏国歌,他们很感动,我也很激动,因为我没有辜负大家。还有一次是美国公开赛,我跟田静决赛,结果以3∶0赢得很漂亮。打完后美国人都来看我的球板,想要研究个透:怎么会打出这么好的球呢?

2008年奥运会后,我觉得年龄不小了,该休息了。但卢森堡乒协一直来我家找我,希望我重披战袍。我一开始是拒绝的,他们多次来劝我,他们认为我在伦敦奥运会上还有机会,我则认为世界重大比赛我都打过了,我也没有想要去拿什么牌,也拿不到什么牌。但我知道我能否参与对他们很重要,因为整个卢森堡能参加奥运会的人十个都不到,所以每一个有可能参赛的运动员,他们都非常珍惜。我想了想最后还是答应了,我的理念是"帮助别人,也是帮助自己",同时,更是对自己价值的肯定,这么想心里就比较踏实了,也找到了动力。

我代表卢森堡参加了伦敦奥运会的乒乓球比赛。那次是输给了一个美国孩子,其实她是有中国人血统的运动员,训练得非常好。前一年我还曾以 4∶0 赢她呢!这次输球的原因,是我胆子太大了,离奥运会只有半年的时间,我改换了胶皮,尝试一种新的打法。训练的时候可能还不错,进入比赛碰到一些状况,调节能力就不够了。这场比赛中,亨利大公在贵宾席上为我喊"加油",而为美国队喊"加油"的是比尔·盖茨。

值得高兴的是,儿子和女儿来到了奥运村。在卢森堡上飞机时,闹出一个笑话,因一个二十岁,一个九岁,姓氏不一样,安保人员还以为是拐卖儿童呢!在奥运村,孩子们参观了兴奋剂的展览,品尝了各种美食,见识了各种肤色的运动员。哥哥呵护妹妹,妹妹依恋哥哥,手足之情非常感人。看到他们如此享受,我甚至比自己拿成绩还开心。奥运会是难得的机会,让他们知道了妈妈在干什么,也是一件美好的事情。他们说,妈妈,你要多打比赛,我们要多来。这句话极大地鼓励了我。在我 39 岁的时候,我以为打不动了,可今年 56 岁,我还在打,还能打。

2012 年,伦敦奥运会结束以后,卢森堡乒协又来跟我谈,希望我打下去,他们说,只要夏莲拿起球板,全国人民都高兴。我真的好感动。同时,两个孩子的伦敦之行也给了我很大的鼓励,那时女儿才九岁,她说,妈妈,奥运会很好玩,你下次再去打!所以,我觉得自己身体和能力都还适应的情况下，帮人家也是帮自己。

当时，我每年选择性地参加一些比赛，如世界锦标赛、欧洲锦标赛等，一般公开赛、世界排名赛就不再参加了，所以，我并不是很频繁地出现在国际赛场上。这样，我就不做教练了，卢森堡乒协给我的定位是以运动员为主。当然，我比较自由，不需要每天去国家队训练，管好自己就行了。他们很爱护我，连我骑自行车都怕我摔着了。

当然，我们的教练也很优秀，他们也做了很多的工作，我在队里是主力队员，年纪是"妈妈"级别的，只要我在场，年轻队员就觉得"妈妈"在，我总归是赢两分的，他们只要拼一分就行了。这个"妈妈"是很仁慈的，不会骂他们，总是给他们鼓励，他们都很高兴。这些年，卢森堡队真的有进步，从原来欧洲的三级队打到欧洲的第五名，创造了历史。

奥运会四年一届，转眼又到了2016年的巴西里约热内卢的奥运会。我

倪夏莲与国际奥委会主席萨马兰奇

觉得很开心，因为这次比赛打得很不错。第一场我的对手是东道主巴西的选手，她名气不太响，排名也不太高，没想到她打得那么好，全场两千多观众从第一个球就开始沸腾起来，场地里的球声根本听不见，我上来时打得太松，直到第七局才以13∶11险胜。现在是11分制的球，一不小心跑掉了两球，就有了20%的输球危险。

第二场我的对手是代表西班牙参赛的沈燕飞。她曾经是中国公开赛和日本公开赛的冠军，最好的成绩是世界前十位。她也来自中国，曾是中国队的队员。之前，我在德国联赛、欧洲杯决赛中都赢过她。但这一次能不能赢她呢？我的年龄越来越大，她则越来越成熟，所以，我对这场球很重视。场上的比分咬得很紧，我打得筋疲力尽，最后以4∶2获胜。赢下来后我特别兴奋，因为我进入了奥运会乒乓大赛的前32名。那一夜我彻夜不眠，激动得睡不着。毕竟那一年，我53岁了。

争前16的对手是新加坡的冯天薇，她是那届奥运会的第三号种子，我上来的两局打得非常顺，以2∶0领先。第三局，以9∶7领先时，我打了一个很漂亮的球，结果她回一个死擦边。这个球输得有点冤，就有点泄气，关键的这一局输得太可惜了，如果以3∶0领先的话，可能会有那么一点机会，所以，我说天时、地利、人和，少了一样都不行。当然，她是非常优秀的选手，对我的球路也适应了。我有时跟年轻一辈的运动员开玩笑说，我还在路上，我还有很多潜力，你们要当心！

里约奥运会结束后，我应该挂拍了。卢森堡乒协又把我找去开会，我说不打了，他们表示出很惊讶的态度，连声说，这个不可以，全国人民不同意，全世界人民不同意。说得我笑喷了。我不知道他们怎么会讲出这种话来，原来一直是说，你行的，你一定行的。其实，挂拍后我的家庭生活也很安逸，很轻松。我回去跟先生一起想了想，卢森堡乒协那么热诚、那么信任我，便决定接受挑战，生活的节律便又改变了。

现在（2019年初）离开东京奥运会只有一年多时间了，我到那时是57周岁，绝对是奔六的人。但很多时候，我是不记年龄的。有许多上海的朋友鼓励我创造一个纪录，成为世界上最年长的且充满活力的奥运会运动员。乒乓球项目肯定没有这么大年纪的参赛者，骑马和射击项目等可能会有，但至少现在还没有超过55周岁的。里约奥运会时，有一次跟著名的网球运动员德约科维奇一起聊天。我说自己没有受过伤，他傻掉了，他说自己训练时经常受伤，他猜我只有三十几岁。竞技运动员不受伤是多么重要啊。

我每一次参加重大比赛，卢森堡乒协及更上层的人士总对我表示感谢，称赞我做出了贡献。其实，这是我应该做的。我感到欣慰和自豪的是：我能够把在中国学成的乒乓球技术，带到卢森堡这个平台上，包括在欧洲和世界的舞台上推广这项运动。

七、我的丈夫兼教练

在我的乒乓生涯中，有一个重要的人物——我的丈夫托米·丹尼尔逊。他是瑞典人，青少年时代曾获瑞典冠军，十七岁进入瑞典国家队，与本格森、卡尔松、阿佩依伦、林德等人一起打球。1981年，第36届世乒赛后，托米离开了瑞典队。

他曾在澳大利亚国家队任教。有一段时间，他与中国队员一起参与辅导一些杰出运动员，所以对中国选手也比较熟悉。他的兴趣十分广泛，性格也十分幽默，打球做滑稽表演，用脑门、脖子、嘴巴接球，能玩出各种让人眼花缭乱的花样，且在玩中闪现着智慧。

1994年，托米到卢森堡来担任教练工作。他一眼看出我的训练与比赛是脱节的,于是帮助我调整训练方法。他熟悉欧洲打法,又善于处理弧圈球。我的表现强烈地吸引了他,用他的话说是"点燃了他","世界上只有一个倪夏莲",他给了我很多的鼓励。

1998年的欧洲十二强比赛在瑞典举行,卢森堡乒协非常清楚托米的作用,高薪聘请他来担任我的教练,希望我第三次拿冠军。与我决赛的又是德国选手斯特鲁泽,两年前的欧锦赛,我就是输给她的。比赛非常激烈,决胜局我5∶10落后,交换场地时,托米做了一个暗示:要从反手突破!我忽然开窍了,找到了方向感,结果反败为胜。这次的胜利再次证明了托米的重要性,以后他带着我一起参加国际乒协组织的波兰公开赛、保加利亚公开赛等,均取得了好成绩。短短六年间,我的国际乒联排位从1993年的60名,上升到1998年的第4名。这样的成绩离不开托米的帮助。

此后,托米成了我的私人教练。有时候,我们到德国、瑞典去集训,我设想了行程后由他安排,所以走起来很顺当。其实多是"临时抱佛脚",今天想练就练,想多练就多练,想少练就少练,吃饭、睡觉都由自己安排,有足够的自由空间,像度假一样。不像在中国队,到了一个地方就规定在哪里食宿,都是集体活动。我已经不适应这种方式了。当然,训练质量是无法跟中国队相比的。好在原来的基本功还比较扎实,一直处于"吃老本"的状态中。这样比较自如的好处,是根据自己的能力办事,不容易受伤。西方人讲这句话的时候要拍拍木头,就是"上帝保佑",我到现在没有受过伤,也很难得吧。

我们之间也时常进行技术上的探讨,有时候聊到晚上十点钟,聊着聊着就穿着拖鞋下去试打,包括发球、接发球等很多细节都要探讨。因为他是欧洲式的,我是亚洲式的,他很自信,我也很自信,但是,他非常绅士,每一次都会满足我想赢的念头,目的是支持我。有时我在想技战术,以至于做梦

倪夏莲参赛时，丈夫托米临场指导

都在打球。等我醒来，他会幽默地来一句：打上了没有？他是一个开心果。

　　这些年参加的各项比赛中，托米不仅是我技术进步的良师益友，生活上更是对我无微不至地关怀，让我始终有一个顽强拼搏的动力和愉悦的精神状态，对自己充满信心。中国人有一句话"退一步海阔天空"。一个人的人品好了，很多事情就容易解决，我先生就是这样的一个人。我有时无理取闹，有意折腾他一下，他都可以忍受，并始终保持自己的风度。所以我很佩服他，自然从内心里去接受他。事实上，我们是在互相欣赏，是在享受着东西方的文化。有时我们也会有争论，因为从社会体制到生活方式，东西方之间有太多的不一样啊。我喜欢看中文电视台，看着看着就哭起来了。他总是会劝我，所以他对中国非常了解、非常热爱，他已经来中国二十多次了，还会讲几句上海话。

在孩子的教育方面，我们的理念则有很大的不同。也许中国的父母要求太高了，总觉得孩子好了还要更好。国外却没有这种理念，也没那么高的要求。这可能跟我们历史上的生活水准有关系，以前比较穷啊，所以想让孩子翻身。他们则没有穷的危机感，怎么开心怎么活，当然有道德标准。所以他们总是给孩子很多的鼓励。在这一点上，我确实学了很多，我的儿女很阳光，很开心，至少心理非常健康。讲到孩子吃的方面，他比较宠，主张吃得开心一点；我则比较讲究，要求吃得健康一点。在这方面我不服输，谁输谁赢还不知道。我的孩子很有运气，从小就知道自己要做什么，这与长期生长在一个和谐健康的环境中有关。现在，他们在上海出去逛，会自己坐地铁、坐车。

中国人讲缘分，缘分到了，事业成功，家庭和睦，人生何其幸运。

八、帮别人，也是帮自己

我从小就是好学生，我是在"学雷锋"的活动中长大的，懂得如何热心地帮助别人。每个制度都有它的特点。我在中国受到的教育，在西方得到了发扬。中国有一句话：舍得，舍在前，得在后。我的人生理念是"帮别人，也是帮自己"。当然，有时候也受过冤枉气，也流过眼泪。但是，人在成长，所以希望把好的东西留下来，做更多更好的事情。

我刚开始去卢森堡的时候，等于是一个技术援外。有些奖励的待遇可能跟当地的球员不一样，大家都是运动员，为什么他有我没有啊？有些人觉得不正常，还为我打抱不平，说取得这个成绩可以拿奖金。我却觉得很正常。当地的运动员不拿工资，所以需要多多鼓励啊。我有工资，已经有该有的一份了。不是我的就不应该去要，要活得踏实，活得有尊严。之后时间久了，因成绩突出，乒协愿意多给我一份，既有工资又有奖金，我自然就拿了。总之，我们中国人有自己的胸怀和风度，不能斤斤计较，要掌握好一个尺度。西方人有一个理念，接受人家的恩赐也是一种文明。我们从来没听说过，所以我也在学习。不好的事情在世界上都会发生，我们的周围也会有，有时候则可能会产生误解，特别是东西方的文化不一样，在这个时候就需要包容和理解，还要宽宏大量。计较是别人的选择，不是我的选择，就是说要豁达一点，我是去做贡献的，不是来斤斤计较的。

卢森堡乒协认为我带来了技术和成绩。中国的一位领导跟卢森堡的大公说，夏莲是我们的女儿，是你们的媳妇。我也很欢迎国内的友人过来走走。中国国家乒乓队，包括中国其他的地方队到欧洲来访问，我这里是个服务站，是一个温暖的家，我会给他们提供一些力所能及的帮助。比如最近中国乒乓球学院在卢森堡办分院搞集训，还有上海队经常过来，我感到很亲切，就带他们出去走走，吃吃饭，有什么问题帮助解决一下，人在心在就好。眼下，我跟包括现役运动员在内的不少中国国家队队友都有联系，如丁宁等都很优秀、很可爱。虽然我们之间年龄相差很大，但有机会聊聊，也是很开心的事情。同时，他们也给我很多的帮助，比如讲最新的胶皮特性、怎么抹油、怎么抹胶水等，也使我知道了许多国内的情况。他们上场打比赛的时候，我就默默地为他们加油。现在微信联系很方便，我也经常写一些话鼓励他们。

在此，要特别说一下马金豹教练。马教练是跟庄则栋、李富荣一辈的运动员，常常担任中国队的开路先锋，就是努力把自己这条线上的外国强手打掉，让庄则栋等一线队员去夺取世界冠军，为国争光，为国家的需要而无怨无悔。

从1979年到1986年，我在国家队待了差不多七年的时间，除了一小段时间在别的组，我基本上是马金豹指导的队员。我从一个什么也不是的小队员成长为世界冠军，这个人生非常大的飞跃，马指导功不可没，作为主管教练，他在我身上花得工夫是很多的，我对此感激不尽。马金豹很有任教的经验，他参与培养了 13 个世界冠军，女队员有李赫男、沈剑萍等，男队员有陈龙灿、马文革等。

1995 年第 43 届世乒赛上，倪夏莲与教练马金豹合影

现在马指导退休了，我也有这个机会和能力外请教练。所以，就想让他来卢森堡。他已经二十多年没出国了，以前出国时任务在身，没有机会看看外面真实的世界，我同时也希望他看看我现在的生活和状态。我多次打电话到北京或成都邀请他，有一次，时差没算准，弄得他冬天从床上爬起来，我好心疼啊。他有些顾虑，生怕帮不上我，就没有答应。新一届奥运会又要参战了，且经费多一些。我反复跟马指导说这次只要参与，没有成绩指标。他终于答应了，来卢森堡待了三个礼拜，我让他住在家里，可以吃中餐，后来给他安

排宾馆他也不要去，我看出他特别高兴，其实我的第一目标是让他高兴。

结果，他来了以后还真在技术上帮了我。随着年龄的增长，我的速度慢下来了，打法也趋于保守了，包括心理上也认为要稳一点，以至于明明可以抢高点，却被动等待。但马指导认为我还有潜力，还有提高的空间。他说，中国队有一句话，越求稳越不稳，所以你这是错的，你应该迎上去抢，首先意识上要积极主动。我在这一点上开窍了，节奏改变了，速度上去了，技术提高了，整个人都变化了。马指导说，夏莲在训练场子里跟年轻运动员没有什么两样，连捡球都是奔跑的。

卢森堡乒协人手不够，愿意花经费请国外的运动员陪练，我极力推荐上海队的运动员过来，前后有十多位孩子来，每次都是三个月，因为是技术援外，所以也有工资。我想让这些孩子们出来开开眼界，吃吃西餐，学学外语，这跟出访不一样，可完全深入民间，即用他们的技术打开人生的另一页，我相信这个平台对他们今后的人生一定有好处。因为东西方有很多的文化差异，会导致生活习惯和思维方式不一样。所以，这批孩子刚来的时候，我就告诉他们，在公共场合不能大声喧哗，吃东西不能随便乱吐，吃饭的时候声音小一点，要在乎别人感受。有一个孩子说，为什么要跟他们学？我们不可以有自己的东西吗？我说现在是在人家的家里，自然要入乡随俗。经历了改革开放，我们的国家发展得这么好，我感到很自豪。我跟很多东欧的选手交流，他们现在连退休金都不能得到保证。当然，中国走得太快了，匆匆忙忙会漏掉一些东西，这不是谁的错。比如中国人有钱了，但是有一个错觉，以为有钱就有一切，这很容易走偏，甚至会被人看不起。所以，我要告诉孩子们，房子再大也是冷的，而人是热的，要把人品、道德、文明、健康、快乐看得比金钱更重要。

现在这批孩子都大了，成家了，立业了，但他们忘不了在卢森堡的那些日子。2019年我回上海时，有两个孩子特意来看我，说倪阿姨改变了我们的人生，我听了好感动。

九、海外拼搏史

回顾在海外三十年的拼搏史，我感到人生的坎坷和起伏，觉得人总需要一种理念和精神支撑着。我无意创造奇迹，但我要展示一种来自大国运动员的风貌和襟怀。

我们一度被称为"海外兵团"，有一种比较不爽的说法，使我们感到很委屈。尽管我很理解其中的含义，可能有点过激，社会上总有一些人是过激的，心里总不那么舒服。我们是时代的产物，改革开放后国门开了，出去打球并没有什么目标要去打败谁，但是作为运动员，必须具备竞技的道德，自然也不肯随意地输。每逢重大的国际比赛，所谓"海外兵团"就会聚在一起。有一次在美国，我永远不会忘记在那个房间里，包括在加拿大的耿丽娟，在新加坡的井俊泓，在德国的施捷、田静，他们推荐我领衔，我不干。此后，这类聚会也就慢慢散掉了。

代表卢森堡乒协参赛，我感到有几场球是可以说一下的，因为我所表现出的精神面貌和品格，表现了一名海外中国人的尊严。

1993年，在第42届世界锦标赛女双四分之一决赛的争夺战中，我已经拿到了赛点，对方发球出界，碰到了我的球板，没有人看见。当时，裁判判了我方得分，我立即举手示意。正是这一关键球，让我们失去了进入前四名的机会。事情发生后，我得到欧洲以及卢森堡人的高度评价。为此，卢森堡大公接见了我，他说："你表现得很好，我们感激你。"并授予我竞赛公平奖。

1996年2月，我在欧洲十二强比赛中获得女单冠军。这次夺冠是我离开国家队专业训练十年之后取得的，接下来的三年，我连续获得第一名。这是不容易的，因为许多中国优秀的选手也在欧洲参赛啊。

2017年9月21号，我和日本队的桥本帆乃香在奥地利公开赛上的一场苦战，惊动了世界乒坛。桥本19岁，是世界第七号选手，而我54岁，排位十三号，是两个孩子的母亲。我们足足打了七局，耗时长达94分钟，刷新了当代乒乓球史上最长的比赛纪录。记得第六局时，她握有6个赛点，我的信念就是不肯输，每一分都想尽办法咬回来，直打到16：14，我赢下来了。第七局比分交替上升，比分8：7时开始打轮换发球，直至10：8领先，我很着急，打到第4—5板就开始扣杀，但是她防得很好，比分到了她第七个赛点时，我用了一个新技术，反胶突然前冲，从而得分获胜，全场沸腾起来了。我想想都为自己骄傲，第一你要想得到，第二你要做得到，第三你还要得分，在这个关键时刻要敢用、用好、用对。最后，我吸取了前面的经验教训，不急不躁，终于在第十二回合时，我打出一个高难度的球，她防守出界。整场比赛一共经历了十四个赛点。事后，有人问我那几个赛点是怎么想的。其实，我当时只想到哪里可以突破，哪里可以得分。我感到这种较量不仅仅是技术上的较量，更是意志品质的较量。为了表彰我的体育精神与创造，欧洲乒联发给我杰出贡献奖。这个奖2018年9月23日在网上宣布后，许多人打电话来祝贺我。

还有一场是在1993年瑞典世锦赛上我与陈子荷的特殊比赛，那场球我的心情非常沉重和复杂。当时，我离开国家队不久，是第二次代表卢森堡打世锦赛。陈子荷也是长胶选手，我的球路打她比较有利。况且，我当时离开国家队，也是由她来替代我，所以我要非常大度地去接受她，要让她赢。为什么？我不是考虑陈子荷个人，我想的是李富荣、徐寅生等球队的领导，他们曾经帮助过我，想的是中国队的集体，中国队的分量很重很重，心中的天平就完全压过来了。当时"海外兵团"被宣传得很厉害，井俊泓把邓亚萍赢了，施捷把乔红赢了，我再把陈子荷赢了，这局面怎么办？我看见李富荣那张紧绷的脸，心里很难过。我是卢森堡的队员，我应该有责任为卢森堡去奋斗每一个球，但我内心中的情结战胜不了自己，一直犹犹豫豫，想赢不能赢，一直打到第五局以 19∶21 输掉。这是我永生难忘的一场球，可能别人不会这么想，可能我有点傻，但我不后悔。我们都是正常的人，总有感情和心结，有些事情想得明白，却做不到。今天讲的这个事没人知道，我也不希望别人以特别的眼光来看这件事。可能我对卢森堡有些不负责任，但处于那个位置上怎么办？心里说不出的难过怎么办？所以，这句话是对的：祖国的荣誉高于一切。

再过一段时间，我就要去东京参加奥运会了。日本，是我在三十七年

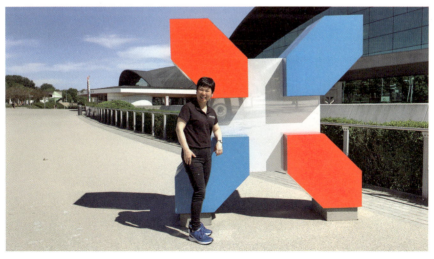

2020 年 5 月 20 日倪夏莲摄于卢森堡大公国首都卢森堡市国家体育文化中心（Coque）前，符号"X"（卢森堡国家新标志）代表卢森堡的价值观——开放、活力和可靠

前,也就是在第37届世乒赛上夺得世界冠军的地方,回味往事,我心潮澎湃。我的战友们和教练们早已离开赛场了。而我,三十多年后,依然能以运动员的身份踏上这块土地,再次拥抱奥运会。

顾拜旦把体育看成"培养人类的沃土"。我,一个身居海外的炎黄子孙,通过实践和思考,归纳出几个自律的信条:第一,在人家的文化背景里生活,要融入其中又不失去自己;第二,中国人有自己的风度,不争地位,凡事有个度;第三,先把你的东西提供出来,不要索取,不要过分刁钻和狂傲;第四,我在中国受到的教育、养成的习惯,在西方也能够发扬。

我愿以一首诗来表达此刻的心情:

长长的旅途中我经历过艰困

也品尝过命运的恩赐

在欣喜落泪的时刻

感受到了向上的力量

在那永恒的力量之中

我看到儿时跳动的火焰

也看到青少年时伴随着的身影

看到中年之后的火焰依然在燃烧

那是奥林匹克之火

也是一个中国人

历经一生的跋涉后

永恒的信念

向上

向上

(本文部分内容摘自顾铁林《乒乓大使倪夏莲》一书)

丁　松

1971年生。曾入选中国乒乓球男队团体赛主力阵容，并三次获得世界冠军。退役后曾在德国、日本打球。2009年毕业于上海交通大学人力资源管理专业。现任上海交通大学乒乓球男队教练。

路在脚下和前方

一、恩师曹馥琴教练

要说我的乒乓球经历，从小学到区少体校，到市少体校，到上海队，到国家队，最后退役在上海交通大学任乒乓球教练，每一步都踏得很准。当然，这每一步是怎么走过来的，其中也有不同的故事和感受。

1971年，我出生在上海瑞金医院。家住肇嘉浜路99弄，就是现在张德英乒乓球俱乐部对面那个弄堂里。其实，从我记事起，我就对球类项目充满了兴趣。当时，有一个邻居特别喜欢我，天天带着我打羽毛球，那时既没有网，也没有场地，但我打得不错，后来甚至名声在外，号称"打遍斜土路"呢！

1978年我七岁的时候，进入肇嘉浜路小学读书。这个学校没有羽毛球场地，只有七八张乒乓球桌，看上去都很破旧。我的小学老师石佩伟一身兼两职，既是美术老师，又是体育老师。乒乓球队挑人时，他叫我们对着墙壁打球，看谁打得来回多。一开始我还感到有点失落，自认为应该是打羽毛球的，乒乓球只是放学后搭一张小台子跟同学随便玩玩的。但我可能天生就对球类这个东西有感觉，自然是打得不错的，石老师就让我参加了校乒乓球队。这样，我就开始走上了打乒乓球的道路。

先是在小学校队训练，小朋友一律都打攻球，而且都从基本动作做起，比如说正手攻、反手推挡等。我上来用的就是横板，那块板子胶皮已经用了很长时间了，所以颜色是黑的。同学们都是随便拿一把，我拿了这把以后，也就一直用它了。

区少体校教练曹馥琴来学校挑人还是比较正规的。因为每年都要来挑人，她和我们徐汇区小学的老师，特别是体育老师都很熟悉。她要走访徐汇区的几个学校，看哪些小孩打得比较好，有没有培养的前途。我是在小学二年级的时候被选中的。曹指导看中后又去跟我妈妈商量，说这孩子能不能三年级就去区少体校打球，我妈自然同意了。我们的区少体校在徐汇网球场。我真正打削球就是在区少体校，是由曹馥琴教练决定的。她培养削球手很有办法，除了我打进了国家队外，胡明弟和徐文富也是蛮有名的。徐文富没有进上海队有些可惜，大概上海队不需要那么多的削球手。有了前面成功的经验，曹指导的感觉就很到位，她对我说："你就打削球了。"其实在第一梯队的训练中就是这样，教练让你打削球，你就打削球了。这样，我三年级就到了区少体校，上午读书，中午自己带饭的，下午一点前做功课，然后就参加训练。

这时，我爸爸的单位东海机械厂分了房子，我家就搬到虹口区通州路那边。所以，我小时候学打球蛮辛苦的，6块钱买一张月票，早晨四点三刻就要去赶第一班17路无轨电车，有时车上就我一个人，然后在汉口路换49路公共汽车到终点站，再换车到衡山路少体校，因为曹教练让我们六点钟到校，早晨要练一个小时发球。早饭是在学校食堂吃的。下午基本是练到四点多左右，再坐一个多小时的车，差不多六点到家。回来的时候车上比较挤，挤惯了也就习以为常了。当然我晚上睡得很早，8点多钟就睡了。每天都是这样，那时候我只是小学三年级的学生啊。

我特别喜欢看连环画，因为坐车时间长，我就在车上看。以前的公交车，最后面有一个小的地方可以钻过去的，我就经常往里钻，然后专注地看《三国演义》《水浒传》《隋唐英雄传》等。当时我的眼睛已经有点近视了，小朋友也不懂得保护视力。有时我也会趴在最前面看司机开车。这样过了一年，我们又搬家了，因为妈妈觉得我太辛苦啦。当时社会上流行换房子，我家就把虹口那个房子换到徐汇区东安路来了。对我来说是轻松了，但我爸爸上班就远了。

徐汇少体校曹教练对我真的很好。训练结束了，其他的队员住得比较近，有的还有家长来接。她时常会准备一点包子或零食给我，因为我回家还有很远一段路程。当然，作为一位女教练，她还是比较严厉的，性格也很要强，所以我们见到她都挺怕的。她也讲过，如果你们见到教练都不怕，那这个教练是带不好学生的。当时，我听这个话没有什么感觉，现在确实深有体会。

曹教练为什么让我打削球，她大概感觉到我对球的控制比较好。我们的训练地点在常熟路游泳池上面的长廊里，长廊外面有两张小台子，我们小朋友经常会在正式训练之前去小台子上打，有时还会在一个小凳子上打着玩，我的表现是比较出挑的，甚至照样能搞出点旋转，其实这就是对球的感觉。曹教练给我讲的不少东西，当时因为年龄小不理解。比如说削球的球点问题，她当时要求还是要去"逼"人家，就是要有落点意识，要高点会削。直至进了专业队，我才领悟到什么叫"逼"。有一次在市体育宫，我代表徐汇区少体校参加上海市"新长征杯"，有一个黄浦区的小朋友会拉弧圈球，我高点一削球就飞，一般的小朋友全是那种小提拉，我还能在前面砍一砍。其实也并不是说高点不能削弧圈球。有一次，曹教练让胡明弟来辅导我们，我就问他为什么我削弧圈老是飞，他说把球点放下来就不太会飞了，因为退下来一点后，对方球的旋转就不那么强烈了，你往下也会好砍一点。其实，我达到一定水平以后，才知道应该是近台也能削，远台也要会削，所以曹教练说的话，只有到一定程度，我才能理解。那么，我怎么样去赢人家呢？我就靠转与不转的变化。落点有没有，能不能让人家跑动起来，这些方面我就不太行。同时，确实要有点速度，没有速度，人家还是能有效地到位。姚振绪教练就是在前面削的，形成低角反攻。当然，弧圈球难度就大了。但我还是认为，虽然有弧圈球，削球还得要"逼"，否则的话，没有速度，你就是死路一条。

1982年，小学四年级的时候，曹教练对我说，丁松，我跟市少体校教练推荐你了，跟你妈妈去一下吧。市里的教练和区体校的教练沟通也是很多的，这说明当时的选拔机制是比较系统的，在区体校打得好了，就可以去考市体校。这样，我在乒乓球的生涯中迈出了重要的一步。

二、市少体校的记忆

去市少体校的那一天，我的印象是很深刻的。我跟妈妈走进水电路市少体校乒乓房的时候，第一个见到的是正在接电话的蒋时祥教练，他放下电话问：是不是丁松啊？然后叫来了何适钧教练。当时，何教练问了我妈妈一些情况，我则在看现场的训练。何教练也曾是打削球的，以后也就是我的主管教练。他带教的这一批有吴颖杰、罗捷、邹翔等七八个运动员。就球技来说，我肯定是比较优秀的，但也不能说绝对第一，因为总有队友是可以跟你抗衡的。比如罗捷的球就不错，后来因身体查出来有点问题，没能进上海队。教练说我球感比较好，这倒是确实的。在市少体校，每一个人都会拉弧圈，我逐渐学会了削弧圈。何适钧教练经常会跟我们提起徐寅生、李富荣、庄则栋等前辈运动员的事迹，其他教练不怎么讲的。包括陆元盛，我也是从他嘴里听来的。那时人小也不懂事，只当故事听。记得陆指导还到市体校来辅导过我们。在何适钧两年多的指导下，我的动作逐渐定型了。

在市少体校，我开始住宿了，完全是一种新的生活方式，而且相当正规和紧张。早晨五点三刻响铃后，要么去球馆练一个小时，要么就是围着网球场长跑。然后七点多钟吃早饭，接着上课读书。中午睡觉后，下午正规训练，晚上八点钟夜自修，九点三刻关灯睡觉。我妈给我准备了饼干箱放在宿舍，有一次我晚上饿了，把巧克力全吃了，弄得流鼻血。我们的宿舍也是上下铺，大家关灯了以后不是马上睡觉的，帐子拉开来就开始吹牛皮。一开始对这种生活有点不习惯，习惯了后，我还是挺喜欢的。后来，我就有些调皮了，有的时候星期天都不回家，跟一两个同学出去玩。住宿生活对自己也是一种锻炼，因为各方面都要自己考虑，衣服也得自己洗。

在市少体校，我参加过两次全国性的比赛，一次是在济南举行的五省二市的比赛。记得是蒋时祥带队的，这是我第一次去外地、第一次坐火车。当然不是现在的动车，是绿皮的火车，卧铺票睡在中铺，那天晚上兴奋得睡不着。我把窗帘拉开来看外面，其实啥也看不见，有的时候列车经过站台有些亮光，就觉得挺兴奋的。睡在我上面的是一个军人，我还跟他聊了半天呢。济南的比赛我没有拿到冠军，但成绩还行。再过一年后，我参加了在河南洛阳举行的全国的"跃进杯"。这个比赛蛮有名的，名次排列是将身体素质和乒乓球成绩加在一起算总分。身体素质方面有跳绳一分钟，不能失误。那时没有带柄的塑料绳，绳子两端全握在手上，我们在市少体校就这么练，手都磨破了，还结起了老茧。全国"跃进杯"，我得了冠军。决赛的时候曾以13：17落后，但赢下来了后很开心。这次比赛成绩跟以后我能进上海队有很大的关系。去济南的时候，我妈给了五块钱，我在书摊上买了本"大书"《三国演义》，这个时候我不看连环画而是喜欢看"大书"了。去洛阳时，我妈给了十块钱，我好像买了两个罐头。我在少体校时,还在闸北体育馆观摩过在上海举办的第五届全运会乒乓球赛,惠钧在决赛时赢了谢赛克,获得冠军。

在市少体校的两年,我读五年级和六年级。按理说五年级读完就升初一了,后来又说可以选择读六年级。我妈说,你就读六年级吧。班主任陈淑娴老师非常好,我对她的感情也很深,因为两个年级都是她带我。她说,今年又是我教你,你是老同学了,要不弄个小队长当当,管这一排人就行了。上英语课我还是蛮喜欢的,最不喜欢的是数学。

我在市少体校也发生过一些事情,主要是我的眼睛越来越近视了。表现不好的时候,或者球打得不太好的时候,蒋指导就把我妈给叫来了,他说,这孩子怎么回事?球怎么只会削一面,两面就不会削了?要不行,你就带回去吧!当时我觉得跟眼睛没有关系,我自认为是能看见的。后来教研组长徐介德对我妈说,你儿子是不是眼睛有点看不清楚?去检查一下眼睛吧。一查,左右眼都是500度。眼镜一旦戴上就拿不下来了,后来我参加全国比赛都是戴着眼镜打的。

接着问题又来了,像我打到这种成绩,按理说应该能很顺利地进上海队。可我是近视眼,况且我长得很瘦小,1984年13岁的时候,身高才1米43。为了我能不能进队,大家讨论了半天。季主任负责招生,他说,这不符合规定,这种眼睛近视、100米才跑18秒多的人怎么能进队?我自己也感觉没什么希望了。过了一段时间,大概8月份时通知我去集训。其实,这是少体校教练努力的结果,他们都知道我是什么样的人,都知道我的球是什么样的情况。他们去跟领导说,这小子虽然眼睛近视,跑得有点慢,但是在球场上还是不慢的,特别是球感好,又打出了成绩。这样好说歹说又把我给招进去了。所以,我一路打球打过来,所有的教练在生活方面可能对我有些意见,但对我的球技应该都是比较认可的。

三、从全国少年冠军到国家青年队

1984年10月，我进了上海队，训练地点在徐汇区的上海体育馆。

从实际的角度说，我开始拿工资了，一个月有三十几块钱，号称有了"铁饭碗"。这时，我学会了抽烟。其实在市少体校的时候，周末不回家在外面玩，已经开始抽了，只是抽得不多。进上海队后，早晨、中午、晚上的饭后三根烟是去二楼厕所抽的。后来时间长了，索性就懒得去了，直接就在房间里公开抽了。

刚进队的时候，教练是卢贤钊，他带教我们一批小的运动员。总教练是于贻泽。在上海队，卢教练带我和奚强、许震参加了三届全国少年比赛，三人中，我年纪最小。第一届在福建漳州，就是国家女排的训练基地。当时，奚强在这个年龄组里面应该是相当不错的，他团体赛基本上每场拿三分，然后我基本上补两分。卢教练认为，我第一次出来打这种比赛，已经很不错了。第二年奚强超龄了，我变成主力了，我带着吴颖杰、徐军在无锡得了全国少年比赛的团体冠军。我每场得三分，他们再补上来两分。卢教练特别开心，因为这个成绩是不容易的。第三届是1986年在武汉举行，此时我已经在国家青年队了，所以，我是从北京过去的。当时，同年龄段里面没有人打得过我，我基本上就是单打冠军了。决赛跟陕西的选手对阵，李富荣也来看了，一会儿我就以3∶0拿下来了。那天，我的眼镜不小心摔坏了，卢教练拿橡皮膏给我粘起来，粘的地方白糊糊的一块，还好没有影响发挥。

那么，是不是这一阶段技术上有了突飞猛进？也不见得。我本身骨骼就小，不太起眼，但我在小朋友中对球的掌握比较好，打削球搞转与不转，人家小朋友搞不大清楚便容易输球，这也是我取得成绩的一个因素。但长大成人以后难度就大了。

后来卢指导援外去了，袁海路教练带了我一段时间。袁指导教削球是有水平的，我在他身上学到了蛮多东西，特别是步伐和腰部动作，让我受益终生。因为他自己也是打削球出身的，体会比较到位。其实每个教练的特点都不太一样，有些教练可能临场指导比较好。这就看你自己最适合哪一种。至于吸烟的问题，袁指导带教的时候，我全国少年冠军都拿了，已经是上海队主力了，教练也就睁只眼闭只眼了。抽烟这个东西，你硬逼着戒也不行的，为什么？你看现在的运动员，你让抽他们都不抽的，因为这个跟各方面都有关系，有些人天生就是不抽的。

至于进国家青年队，主要是汉城奥运会中国队的总体成绩不好，突然之间就有了"狼来了"的说法，就提出要成立国家青年队。国家青年队从陆元盛那批以后，就再没有组织过。国家队的正式队员都是通过全国重大比赛后，直接从省市队调的。当时，国家队的总教练是许绍发，他提出恢复国青队。后来就在国家体委旁边搭了一个平房，我们就住在平房里面，在地下室也住过一段时间。国家队是上午、下午两节训练的。因为球台比较少，可能会影响到江嘉良等一队人马的训练，我们青年队便是早晨六点起来出早操，如同军训一样跑步，然后睡一个"回笼觉"，中午饭后从一点钟训练到了大概四点多钟，把场地腾给一队，晚上再练。反正要跟一队的时间错开来。

在青年队带我的主管教练曾传强也是削球出身的，姚国治教练也常常指点我，他们的水平还真可以，会让你觉得很服气。我的队友是林志刚、李屹、熊柯等这一批，后来林志刚和我一起得过世界杯团体冠军。我是1971年生人，跟1970年出生的混在一起，一起打比赛。青少年时期的乒乓球运动员一般以两年为一档，所以我年龄上有点吃亏，这一批从上海进北京的就我一个。而我在那边又发生抽烟的情况。当时住在地下室，我跑到顶上抽烟，结果他们电视看不清楚，上来一看，我正在抽烟。因为此事就不让我进国家队了，反正事情挺麻烦的。记得中间曾有一次机会，是亚洲少年比赛，许绍发指导说可以让我去的，我护照都办好了，最后还是把我给换了。为此，卢指导跟他还有过一点争执。当年，正式比赛的机会很少，不像现在这么多，这种机会失去了确实有点可惜。

四、我还要回来的

1988年，我们这批国青队的人，该进国家队的进了国家队，进不去的则回省市。像我这种就属于回省市的，理由是我抽烟，表现有点差，当然球技还是可以的。离队时是好兄弟熊克送我的，我对着国家体委训练局的那扇门说：我还要回来的！因为抽烟是一回事，打球是另一回事。当时可能年纪轻，感觉一股气憋不过来，实际上回来还得好好去努力，偷懒的话，那是不行的。

但话要说回来，别看我对着那个门说了狠话，但人都已经回上海了，既然国家青年队不要我了，我还有啥希望？所以，我也有过放弃的想法。为此，我曾和罗捷一起去刘国璋家里，准备到邮电局上班，因为邮电局有乒乓球队。刘国璋教练说欢迎我来，但这样连全运会也很难参加的，总之是希望我还是坚持打下去。此时，陆元盛在上海队，先是在女队做教练，后又接手任男队的主教练。陆指导也是打削球的，他对我说：老兄，你再坚持坚持，再打两年。他也实话实说，队里没什么人，我不打的话确实会影响队里成绩的。于是我就这么坚持下来了。所以，我觉得没有这样的教练，我可能真的去邮电局上班了，也不可能有后面的故事。就此我开始好好训练，上海男队在全国比赛的成绩也逐步好一点了。1989年多特蒙德世乒赛中国队输了后，郗恩庭教练上来接替许绍发干了一届。1990年鞍山全国比赛时，我看陆指导在跟大郗讲话，大概郗教练感觉我还行吧，回来就通知我去黄石参加国家队集训。所以，没有陆指导和大郗，我也不可能重返国家队。

大郗后来带了陈志斌、张雷、马文革等一批人去日本参加世界比赛。因为我比他们小一点，在黄石集训时，跟这批大我几岁的主力打，水准还差一些，但他们赢我也不容易，技术上会感到很别扭。第六届全运会之前，上海队跟江苏队打友谊赛，我差点赢了惠钧。当然，我跟1969年出生的一批人是完全可以打的。当时我是两面反胶打法，主要是削中控制转与不转的变化。我削出去的球确实有模糊感，很多人要"吃"的。因为所有的胶皮都有利有弊，像朱世赫用这种长胶，人家闭着眼睛都能拉，但他的稳定性比我好。我用的胶皮则对方必须得盯着看，不盯就要失误，而我全靠自己控制，就是说你给对方难度大了，你自己的难度也大了。所以两面反胶很少有人坚持打，一般削球多用长胶，我坚持了那么长时间也是不容易的。同时，我也加强了攻击力，特别是在反手发球后会侧身"冲"一下，因手中有数，命中率也蛮高的。

我是第一次进国家一队，感觉也蛮新鲜的。在国家队，一个总教练总管，下面有四五个分带的教练，一个教练管六七八个人吧。我当时分在已升为教练的惠钧一组。每天训练我都到最后一张台子，也没人来多管你的。因为惠钧要抓于沈潼这批准备参加世界比赛的队员，哪有工夫来管我们这种小朋友。所以，我是很识趣的，训练不会跑到前面的台子上去。1991年，练了那么长时间，总算给了我一次机会去朝鲜参加公开赛，我们决赛赢了，但这次比赛中，我输给了削球手李根相，印象很深刻。削球手跟削球手打，我跟他比确实还嫩了一些，他到底是参加了很多大赛的人。我有一板抢冲，他削得好、守得住，冲不"死"他，然后他也拉你一下，我削得没有他那么稳定。而且我俩的性格不太一样，我比他急躁。他可能根据手上的东西来，我则是想要去"弄"他，结果适得其反。从这一点来说，他是我学习的榜样。在朝鲜发生了一件事情，我跟冯喆住一屋，晚上起来上厕所，一看地上全是湿的，一脚踩下去全是水。在家里水管漏了会发水，在宾馆里怎么也会发水呢，一看水龙头都关着的，不知水从哪里来的。第二天，教练尹霄组织队友帮我们排水，包括女队员都拿着干抹布来帮着擦，还好水没有浸到电源里去。临走的时候，我把没吃完的方便面给了阿妈尼，阿妈尼很开心，朝鲜那边的生活确实是比较艰苦的。

不久，我又去了一次英国。这次交流是陈新华联系的，他正在英国打球，因为太太是英国人，他希望国家队派支队伍来英国搞交流比赛，主要是去六七个城市，一个城市打一场比赛，也是尹霄教练带我们去的，队友有于沈潼、谢超杰、陈宏宇等四人。当时真的很穷，口袋里真没钱。英国人的饭量很小，一块鱼就当一顿饭了，我们运动员怎么吃得饱？在国家队大食堂，我们都是吃两碗饭的，所以每天都很饿。

出访回来时，蔡振华指导已经接班了，他要准备奥运会和世界锦标赛。当时，蔡指导刚上来没多久，心里也没有底。在准备巴塞罗那奥运会时，王涛、吕林这一对双打还是保险的，于是蔡指导就让我反手改成长胶，并让我和陈卫星两人模仿松下浩二与涩谷浩，陪王涛、吕林练习打削球。陈卫星是从小打长胶的，我等于是为了陪练而改的。1994年之前，我基本上做了这些事情。那一届奥运会，王涛、吕林在决赛中赢了德国队的费茨纳尔和罗斯科普夫，获得了冠军。他们的那场球，我是在同学家里电视上看的，所以特别有印象。要说做贡献吧，我们属于陪练，是"无名英雄"，在国家队当陪练的人很多，因为已形成了氛围，那个年代，除了主力队员有希望的,其他人都围着他们转,就是大家都为集体服务。哥德堡那一届世界比赛差一点赢了,王浩以 19∶16 领先卡尔松,谁知会连输五球,挺可惜的,本来这一届就应该"翻身"了。他们回来以后,我就感觉要回上海了。不用陪练了,长胶也不用打了,一切似乎都结束了。长胶好削再改回来用反胶,感觉就不是"味道"了。当时我想,到底打什么球板呢?真是有点乱,自己都不知道打什么好了。这时,我看到队里的张凌,就是张本智和的妈妈,反手贴了一块生胶,削得人家有点难受。我和她在淄博的比赛中曾获得混双全国冠军。我就也贴块薄海绵的正胶试试看,结果效果特别明显,在内部比赛几乎不输球了,有时一两个月一场都不输。凡是内部比赛,教练都会制定一个表,我的成绩直线上升啦。蔡振华指导奖励我了,给了我点奖金,还说,最近丁松进步很大。当时即便训练完了再打两局比赛,也基本上不输球的。这是为什么?因为我有一些东西比较奇特,人家看我是个正胶,总感觉搓球不是那么转,其实我搓球天生就很转,人家明明知道转就是拉不起来。同时,我削球转与不转的模糊度也增强了,弄得对方看不大清楚,出手就很犹豫,经常拉出界。因为这两个因素,我的成绩一下子好起来,蔡指导也很开心。1994年底,队里给我去欧洲访问的机

丁松(中)与国家队队友

会，先是几站公开赛，最后一战很关键，是瑞典的传统赛事斯堪的纳维亚比赛，号称"小世乒赛"。我们已经有八年没有拿到男单冠军了，而且世界高手基本上都会来的。那次，我的运气也挺好，因为王浩把瓦尔德内尔给赢了，否则我上去若碰上瓦尔德内尔，就说不定了，老瓦的调节能力非常强。

在此想说说发球。那个发球其实也不是我自己琢磨出来的，我小时候发过转与不转的正手球，多是发短的，后来人家说有犯规的嫌疑，我就放弃了，变成发反手球了，其实当时应该坚持发下去的。那一次在瑞典的比赛，我就随便用正手扔了一个底线长球，突然之间特别地转，我把小塞弗赢了。其实前面意大利公开赛时，我是输给他的。这样就一直用这种发球模式，一直到拿到冠军。我也不知道为什么会那么转，所以，这个发球方式并不是我琢磨出来的，是突然之间的一种感觉，甚至可以说是天意。面对韩国队金泽洙时，我知道很难赢他，上去就抢拉，想不到效果还真不错，把他给赢了。这次荣获冠军，就奠定了我回国以后在队里的地位。

1995年世乒赛就在眼前了，5月份就要去打"翻身仗"。为什么报我参加团体赛？教练员报名是有压力的，他不可能把没有成绩的人给报上去。几个教练的意见是，第一我会打转与不转的削球，第二是有抢拉的能力。转与不转的技术，我小时候就会，抢拉则看拉什么球。拉下旋我小时候也会，现在我上旋也能拉了，而且发球也和以前不一样，完全变成另外一个人了。所有这些东西加上去，这个威力肯定很大了。至于新闻记者把我说成教练雪藏的"秘密武器"，其实1994年我在欧洲大赛中拿冠军，人家还不认识吗？你打出来的球还算什么秘密。唯一就是上团体决赛名单，人家可能没有想到，这个可能性是有的。因为我跟瑞典队的佩尔森、跟老瓦打都不一定赢得了。卡尔松小时候就跟我打过，我记得那一年蔡指导带意大利队来访，我还跟他打过两次，团体赛我输了，单打比赛我赢了。所以很

丁松在第43届世乒赛中

多事情,我觉得也是很奇怪的,可能真是天意吧。我成了第43届世乒赛的主力队员,说实话,身上确实是有压力的,训练确实也非常辛苦。当然,各方面条件也好些了,就是你讲话人家当回事了,比如也有人给你按摩了,组织上也有人关心了,问你的腰伤怎么样,包括营养等。

这里,我想讲一讲打决赛时的心态。其实,我也有过不想打的念头,因为我也怕,关键是怕输。决赛前的那天晚上,蔡指导到我房间来,问我现在是什么感觉。我说,还打得了,但基本上是处于下风。蔡指导又问跟卡尔松打有多少把握,我说小时候打过两次,现在没打过,只能说有60%的概率可以赢,但也吃不准。我跟王永刚住在一起,他对我帮助很大。他说,你怎么能这么说话,应该说全部行的,这是一个机会。但我不行,我比较保守,我怕输。关键我没有在场面上说,我是私底下跟蔡指导说的。教练之间也在讨论,甚至会有争论,因为每个教练都希望自己带的运动员能够上。当年尹霄也是为了刘国梁的事情,肯定要去跟蔡指导、李富荣局长汇报,因为他希望国梁能去打。而陆元盛指导自然希望我能去打,这很正常。这个事情怎么讨论的,我并不知道,下午四点钟突然开会,说现在宣布决赛的名单,名单中有我。我当时想,球万一输了咋办?最怕打到最后一盘,那是多重的担子啊!那天早晨我练了很多,手有点抖。后来进入决赛的时候,手还是有点抖,力量没有控制好，削球不稳定，但攻球很有劲。我在休息室里等待的时候，腿都有点软。卡尔松在往拍子上刷胶水时，冲我来了一个怪脸，吓了我一跳。不是说我平时练得不到位，确实人到了这个时候是会紧张的。上去交手后稍微好一点，第一局赢下来后，我跟蔡指导说，应该问题不大，我肯定能赢了。第二局开局上去便打了个5：0，我不停地跳一跳，很投入。其实，我当时想得太复杂了，甚至想到了第三局20平以后的情况。团体赛我们赢了，打了个漂亮的"翻身仗"。缓过这口气后，到单打时，我感觉外国人没有谁能治得住我，只有中国人能赢我，而中国人就只有两个人，一个是刘国梁，一个是孔令辉，当时就是这种感觉、这种状态。

想到自己能在关键场次中为国立功，我还是心满意足的。

五、"CCTV 杯"擂台赛的故事

在去德国之前，许绍发指导为推进中国乒乓球运动的市场化，曾搞过一次"CCTV 杯"中国乒乓球擂台赛，由电视台转播，所设奖金是一辆 6 缸的切诺基轿车，这可是破天荒的第一次，大概也标志着体育比赛的形式发生了一定的转变。那个时候我还在队里，正准备英国的世界锦标赛。李富荣局长曾问过我，你自我感觉你的这个球，是出去跟外国选手多打好，还是跟他们少接触好？我也是比较实在的，认为我作为削球手，当然是少与外国选手接触为好。就这样一说之后，我出去的机会就少了。眼看着身边的队友不断有人出国比赛交流，自己心里多少也有点不平衡，但是也没有表现出来。许指导搞的这个擂台赛，要得冠军就要一场场打出来的。其实，许指导刚开始的时候也挺困难的，因为队里的出访任务确实很多，擂台赛很有观赏和刺激性，也不能影响队里的任务。我在队里时间多，就经常帮许指导顶一顶。我总的状况是发挥不错的,因为平时在队里有些人也并不好打,有几场球确实赢得蛮辛苦,比如对我的好兄弟熊柯,他是赢了刘国梁上来的。我们之间熟门熟路,所以他跟我打很自信,他跟国梁讲没有问题,我则跟国梁讲,虽然平时对熊柯输得多,但我也不是一点戏都没有。那场球是在石家庄打的,其实大家都想打好,想不到那天我发挥得特别出色,他输了后蛮沮丧的。最后的决赛是跟王涛比,我们正好在正定集训,准备第44届世界锦标赛。王涛说,看来这球不好打。我说,你谦虚了。这场球是在北京海淀体育馆进行的,场面很大,看的人很多,徐主任、蔡指导都在场,气氛热烈而紧张。我记得先以2∶0领先,被他追到2∶2。第五局打到15平,我拉了一个高吊弧圈,他弹出界以后,我知道他崩溃了,我肯定赢了。为什么?那个球不应该失误啊!真的,他一下子输到15∶20的比分。像我们这种水平的运动员,球场比分和对方心态怎么样,都会有所感觉的。那辆北京产的切诺基车很威风,车上还印了"第一届擂台赛"的字样,市场上大概要卖到二十七八万左右。我把它运到上海,但发现南方人并不十分喜欢,它马力大,挺耗油的,北方人则比较喜欢。后来考虑到要去德国,我就开去哈尔滨把它给卖了。总之,这是中国乒乓球走向市场的第一

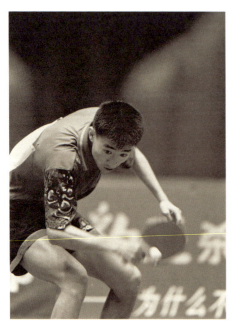

1997年3月22日,经过一年多50场角逐的"CCTV杯"中国乒乓球擂台赛在北京海淀体育馆降下帷幕。丁松以3∶2战胜王涛,夺得总决赛单打冠军

次试水，以前从未想过，第一次在我身上实现了。

打完这场球后，自我感觉很不错，我就跟媒体说，现在这个状态可以去英国了。因为1997年的英国世乒赛时我还是主力队员，而且团体赛也报名了，所以，我是两届团体世界冠军的成员。或许话说得太早啦，没想到去英国后，球板又出了问题。具体情况是出了一种新的机器，能查出胶水的情况，一个星期内球拍沾过胶水的就不行。我们平时涂胶水，涂后放一天再打没有问题。很多事情就如同刚才说的那样，都是命里注定的，谁知道会出现这种情况呢？所以，我决赛时就没有上场，单打则借用了别人的球拍，结果在八分之一决赛时输给了萨姆索诺夫。那时，突然之间感觉那套发球不行了，怎么也发不出原来的那种转性了。

1997年4月30日，中国队在第44届世界乒乓球锦标赛中荣获男子团体冠军。右一为丁松

1997年，我打完英国世乒赛后就退役离开国家队，在上海待了差不多大半年左右，于1998年8月去了德国。

六、德国经历

我去德国俱乐部打球，是通过杨建华联系的。杨建华是国家队的老队员，他跟德国老板交流后，就把我引进过去了。那时我才27岁，技术和身体都还可以，一天练两班基本没问题。那个年代状态好的中国退役运动员多往德国跑，如马文革、陈志斌等，甚至包括曹燕华和施之皓等世界冠军也在德国打球，倪夏莲也是先在德国打球，后来才去了卢森堡。基本上每个德国的俱乐部都会有中国的运动员，其中有些人拿了外籍护照，我所在的俱乐部有丁毅、王燕生、邱建新等，他们分别持德国、挪威、奥地利的护照，只有我一个是中国护照。俱乐部还有一个波兰籍的运动员，打比赛时几乎不用上场。大凡过年过节的时候，分散在各个俱乐部原来的队友会开车在一个地方聚一下。

我们对德国乒乓球俱乐部的情况都比较熟悉，甲级俱乐部应该有十二个左右，哪家俱乐部有什么人都比较清楚。因为自己还在打球，所以对一些活跃在世界乒坛的名将都非常清楚。这也就是说我对这些要去面对的对手，心里也是有数的。我在德国时，球技和成绩都还不错。我第二年就打到总积分第一，整个联赛只输了一场球；其他几次不怎么突出，也都在前十名之内。当时，在德国发球练得也不少，效果却越来越差，后来又改大球了，并不是我的水平往下走，是我的优势似乎不占便宜了，加上年龄逐渐上来了，这也很正常。

俱乐部是我的老板负责经营的，因为他出钱多，是大股东，所以他说了算。当然，他要给我们发工资，还要帮我们交税，我的税很高，要交49%的税啊。也就是说，老板给我100万，他必须准备好将近200万。所以，在那个年代到德国去收入还是很不错的。我的老板是小镇上的名人，在德国也很有名，他挺热爱打球，好像是在八级队，打球时拿着拍子像拿把枪似的，很好玩。德国的乒乓球活动开展得很规范，它有甲、乙、丙、丁等不同的序列。我们的老板个性鲜明，很爱发火，我们一输球就不请我们吃饭，一赢球了晚上就宴请；打得不好还骂人，还拖着副主席一块来骂才过瘾，还好我听不懂德语。有一次，我们输球了，四个中国人吃饭时点了一瓶"竹叶青"，谁知第二天地方上的报纸就出来了，说我们在那里酗酒，挺有意思的。

我去德国打球，只是在签约的俱乐部打，并没有参与德国国家队的事务，从未想过要成为"海外兵团"。打削球的女选手施婕是"海外兵团"的，这应该是德国人要她加入的，因为她能赢球。也一些人像邱建新那样申请加入德国籍，并不是德国人要他入籍，一则他的水平逐渐走下坡路了，二则在德国的时间也到了。所以两种性质不一样。在德国时，我还没有与教育发生关系，所以对培养青少年不太关心，跟学校接触得也比较少。因各乒乓球俱乐部之间每年都有联赛，比如上半赛季我是主场，那下半赛季你就到人家那边去，也就是说每个对手应该是一年打两次。所以，我们只关心甲级联赛，考虑今年是否能够打进总决赛等这一类的问题。

我所在的这个城市不大，可能连地图上都找不到，从一个城市开车到另一个城市大约只要十分钟，所以，乒乓球俱乐部是很小的。这种小地方足球俱乐部却都很大。在那里的生活，就是练球加比赛。有的时候也喝点啤酒，晚上去酒吧扎扎飞镖，是我唯一的爱好，德国的生活让人感觉很安逸，这种生活有一种永远不会变的感觉。我在德国这些年，最大的改变是把棱角磨去了很多，我不再发脾气了。以前球好的时候，内心其实有点狂。几年下来，确实能够平静地去面对世态。当时，我是和第一位爱人一起去的。她在证券公司任职，能力蛮强的。她跟着我去后不能工作，在那边待着没啥事做，我自己逐渐感受到，也许婚姻就应该是平淡的。但她可能有点受不了那份悠闲，所以不能在那边长期跟我待下去。再说，德国人生活就是这么稳定，特别是在小城市，大家好像都活得比较安分守己，这种生活观也对我产生了影响。

那后来为什么要从德国回来呢？

这里有一个契机。有个做和服的日本老板是个乒乓球的"球痴"，愿意投很多钱来搞一个商业比赛，名叫"健胜苑"。开董事会时，股东问他这个钱能否挣回来，他说可以的。法国队盖亭拿了冠军，赢得一亿日元，当然要交税2 000多万。所以，这个比赛吸引了很多高手想去一试身手。我的兄弟王永刚在日本打球，被他一说，我心动了。记得是2003年"非典"爆发那年，那位老板到德国来，我和邱建新跟他见了面。因为德国也有很多人打两个比赛，这样，我确实可以一边打日本的"健胜苑"，一边飞回来打德国的甲级联赛，等于说两边都有收入。打日本的那个商业比赛，我的成绩还可以的，赚到一些钱。

后来，我开始考虑到底是打日本的商业比赛加上德国的联赛，还是加上中国的超级联赛。毕竟是中国人，中国与日本之间来回很方便，那个时候乒超联赛已经有点商业比赛的性质了，而且蛮有钱了。这样，我就选择退出了德国联赛。有人说，我是中国乒乓球商业化比赛中第一个吃螃蟹的，大概是指许绍发指导搞的那个擂台赛。其实，我1998年忍一忍不走的话，也许就不走了。中国的乒超联赛第一届一共才六个队，我是代表上海队参赛的，上海队得到大众汽车公司的赞助，大众说话算数，赞助费是真给的。

那时刚开始比较乱，一些赞助单位说好了给钱，如黑龙江三精制药厂，后来就不一定给的。至2003年，中超的市场已经做得蛮大了，最好的时候我不在，我只是弄到一点"尾巴"。因为已经跟德国的俱乐部签约了，总要去践约的。正是由于中国乒超迅速崛起，那边渐渐就低落了下来。我走的时候跟老板讲，我应该是最后一个到你们这里来打球的世界冠军了。

德国的老板对我挺好，我第四年走的时候，共有七八个箱子带不回来，要带就超重了。老板是做汽车部件的，跟大众有生意上的往来，他说，你放在这里吧，过一段时间有批货去上海，帮你一块放进去吧。这样，我就随身带了两个箱子回来了。

七、任职上海交大

2006年以后，我就退役不打了。曾经在上海队带过我的卢贤钊教练是上海交大的乒乓球老师。其实，我觉得他很多年之前就有让我接他班的想法。当年，我从德国回来看他的时候，他就时常会问：你还打得动吗？还能打几年？我回上海了，便与卢指导经常有交流的机会。卢指导说，你球能打就先打，反正还打得动，然后你赶紧来交大读书。其实，我没退役之前，已经是交大学生了，是作为世界冠军一类的优秀运动员引进的，应该有一些政策上的倾斜，我成了交大的学生。

这样，从2005年一直读到2009年，从交大本科毕业，然后又读了孙麒麟教授的体育运动训练学，两年半硕士毕业后，现在任职于交大体育系，做乒乓球专职老师。这个平台很好，工作也很有意义，所以我特别地幸运。现在回想起来，我这一路走来，有那么多的教练员帮助我、提携我，真是很幸福。说句真心话，我从小到大没有想过，我会和大学教育打交道。现

2013年，丁松率上海交通大学乒乓球队参加世界大学生运动会，荣获团体冠军。右三为丁松，右四为领队孙麒麟

在确实也有很多世界冠军在大学里面任教，也许今后体育和教育会结合得更加紧密。

说起现在的"体教结合"，还是有难度、有挑战的。我因为是从事自己的专长，一般的工作还能应对自如，又因为学校有两个寒暑假，还是蛮开心的。但是现在这些学生队员，不光是在技术训练上要去指导他们，在文化课学习方面，你也要多关心。说实话，学生来自各个系科，我们并不了解学生的专业，但是有些队员专业不及格，你作为乒乓队的老师，也得要帮他们想想办法啊。比如训练时太严了，他们可能就没有精力去搞专业课，所以还是要跟他们多沟通、多交流。你要是太严肃，学生就不敢跟你讲，到时候影响毕业会很麻烦。所以，我在这方面还得要多下点功夫。

现在上海的群众性乒乓球比赛非常活跃，大大小小各类比赛挺多的，这方面确实比以前好多了。但是，接到报名的信息也太多了，有种每周都在比赛的感觉，这是否就好？当然，市里的正规比赛是肯定要参加的。上次徐主任在卢湾体育馆搞过两次阶段性的比赛，我们第一次去了，只是几个主力队员有出访任务没有参加。况且我们是学生运动员，这个比赛来了许多外地的专业选手，双方不是在同一个等级上，真的也没有办法。我刚才说各类比赛有些太多了，就是指交大的学生经常被社会上的部门组队拉出去，往往周六、周日代表某某俱乐部或某某街道等外出比赛。这些私人的活动我们管不着，只是不能用交通大学的名义。再说学生也需要有一些收入，打这种"野球"对适应各种球路不无好处。我们唯一担心的是不能影响他们的专业学习。

在上海，华东理工大学拥有传统的乒乓球特色，现在还增加了中国乒乓球学院。乒乓球项目在交大是一个品牌。在全国，有大学生体育联盟所属的大学生乒乓球协会负责举办全国大学生乒乓球锦标赛。体院系统是不参加这类比赛的，华东理工是肯定参加的，且各方面的优势多比交大强，因为它确实是以乒乓球为重点的，每年单招的人数就很多。我们交大项目多，除了乒乓球外，还有田径、网球、游泳、篮球，还有皮划艇呢，整个系一共只能单招八个学生，这怎么跟华东理工比呢？但是这么多年下来了，交大的孙麒麟教授等老同志打下的江山不容易，我们年轻一辈要保持住。当然上海交通大学的品牌还是得到不少学生和家长认同的。所以，还是有优秀的学生想到交大来，甚至包括一些国家队的队员也挂靠在我们这里。面对这样的学生，我们一定认真负责，抓住、抓紧，不能放松。

现在各个大学的人才竞争很激烈，为了出成绩，要去做不少特别的事情。其实，这样真的好吗？也不见得。全国大学乒乓球锦标赛分甲、乙、丙三个组别。我一开始带大学生队就感觉有些复杂，包括要去查这个学生是怎么进来的，有些学生明明不是这个级别，却也报上来了。应该承认，现在好一点了，但还是有人浑水摸鱼。

2019年9月，丁松在百位乒乓球世界冠军手模捐赠仪式上与复旦大学秦绍德教授打球

大学生乒乓球协会（以下简称"大乒协"）发展到今天这个规模，孙麒麟教授花了很多的心血，真是功不可没。从一开始就只有几个人，到现在搞得很有规则、很有生气。大乒协每年都举办全国教练员会议，很多国手作为大乒协的副主席参与其中，如刘伟代表北大，陈龙灿代表华西，牛剑锋代表北体大，我则代表上海交大，大家在会上针对近期的工作和发展，对发生的一些事情，都提出意见和建议。话不在多，抓住要害，几句就行了。总之，大乒协的接力棒交到我们手里了，我们有责任把大乒协的工作做得更好。

王励勤

1978年生。1991年进入上海队,1993年入选国家队,获奥运会、世乒赛等16项冠军,其中三次获世乒赛男子单打冠军。现任中国乒协副主席、政协第十三届全国委员会教科卫体委员会委员、国际乒联运动委员会委员、上海市体育局竞技体育处处长。

天道酬勤

一、沈益民教练

我能够在乒乓球这条专业的道路上成长起来,并获得多项世界冠军,除了家庭环境的因素,主要还是得益于启蒙教练沈益民的培养。在青少年时期所受到的教育和影响,对于运动员的一生来说,是非常重要的。我从启蒙教练身上学到了很多,尤其是敬业精神和责任心。

我从事乒乓球运动也算机缘巧合。其实,家里是没有人从事体育事业的,是启蒙教练到幼儿园选苗子时,看我一个人在操场上玩球,专注度比较好,人的反应和协调性也还可以,就问我愿不愿意打乒乓球,我说愿意的,就走上这条路了。当时,我在幼儿园大班。

沈教练的训练安排严谨,要求也非常高。凡是他布置的计划,没有完成的话,就要重新开始。这样就为我打下了厚实的基础。我印象很深刻,他曾给我讲过一句话:"世界上最怕'认真'两字。"我一开始不知道这是谁的名言,后来在一次参观活动中,才得知原来出自毛主席的语录。同时,沈教练会引导人,让你渐渐地树立起一个比较明确的理想,那就是要立志成为世界冠军,向前辈运动员学习,能够去为国争光。我觉得内心里有没有这个目标蛮关键的,因为整个运动生涯中总会遇到很多挫折和困难,有了这个目标,你会走得更加坚定。

从幼儿园大班到小学毕业,再到初中二年级,我在沈教练那里训练了八年,直到1991年进了上海队。现在回想起来,这八年总共因生病请假两次，其他真没怎么休息。平时是放学以后训练，到了周末、节庆日或者寒暑假，其他小朋友可以尽情地游玩，我们乒乓队的学生基本上是在球馆里"泡"着了，一天有两节甚至三节的训练课。对我来说，那个时候确实也没有感觉辛苦。当然，也有些队员比较调皮，有的也会逃避训练，但我还是严格按照教练要求完成训练任务。因为比较自觉、刻苦，教练对我也比其他队员关注得多一些。

当时的条件比较艰苦，我们是在一个地下室里训练，楼板很低，基本上不能放高球，甚至也不能退台。底板、胶皮等器材比较有限，都是教练统一配、统一粘的，很多时候胶皮都打得发亮了，还在继续使用。如果你表现比较好，比赛打赢了，教练就给你换新的。这种鼓励会使我兴奋好几天。我一开始也是中国传统的直板打法，练了一段时间后，沈教练看我的身高和动作结构更适应横板全攻打法，就改过来了。这一步很重要，当时还是流行直拍的。所以，这确实是个超前的思路，把握住了乒乓球发展的趋势。我转换得很快，没多少时间就基本上适应了。

对于我打球，家里是非常支持的，父母白天上班，都是外婆接送我。家里离训练的地方不太远，外婆每天还会送些水果到训练场，给我补充营养。父亲则比较注重我的体能训练，每天早上六点钟左右，就带着我和姐姐围绕着小区跑步，跑完后才吃饭、上学；有时还在小区楼下做徒手动作，强化动作的规范性与稳定性。进了上海队后，我就周末回家，周日归队。进了国家二队后，更是长时间回不了家。所以，这么多年不在父母身边，家里的很多事情也帮不上忙。特别是我在国家队期间，家里也不会因为有事来影响我。当时在读的止园路小学和青云中学的任课老师也很关心、支持我，有时外出参加比赛要请假，老师都是放行的。若是取得名次回来，老师还会在班里进行表扬，自己也感到挺自豪的。

1990年8月,全国少年乒乓球比赛在山东淄博举行,代表闸北区少体校参赛的王励勤获得了单打冠军。图为王励勤和沈益民教练在赛地的合影

  我在青少年时期,曾代表闸北区参加过上海市的青少年比赛,代表上海参加全国的青少年比赛。就技术水平和成绩而言,我在上海同年龄段中算突出的。记得初中一年级时,我代表上海去河南濮阳参加全国的青少年乒乓球夏令营集训。能跟全国各地的运动员进行交流,不仅有助于提高技术水平,还能开阔眼界,所以挺兴奋的。那次坐大巴参加全营集体活动,突然天黑下来,下冰雹了。我坐在靠窗的位置,手放窗口上,那个窗是左右拉的,前面的小朋友不知道,他一拉窗,把我的手夹住了。当时特别疼,车里没开灯,自己按压了很长时间,后来借一点微弱的光才知道流血了。回到住地去医务室,医生一看比较严重,右手大拇指肿起来了,手指甲都发黑了,恰巧又是打球的手。晚上教练问我:

明天还能比赛吗？尽管球拍都握不住了，我仍说要坚持，因伤口疼痛，晚上基本没睡着，不过第二天比赛打得还不错，进了前四名，在全国同年龄段里名列前茅。这个事情被组织集训的领导知道了，包括国家队的教练，认为这种精神值得称赞，今后若有类似集训的机会，还会让我参加。进入上海队后，新的训练模式锻炼了我自立的能力，让我学会自我管理。

沈教练在我的打法风格、训练理念方面，会听取乒乓专家的意见。他曾带我去拜访过薛伟初指导。当时，我以正手拉弧圈为主，也不是现在这般"拉冲"的进攻意识和能力，基本属于"打不死"的那种，因为来回球质量不高，反手只能相持。所以想听听薛指导对我的看法，在今后的发展方向上怎样把先进的理念融入训练中去，因为基本功是否扎实对于年轻运动员来说非常重要。至于上海籍的功勋名将徐寅生、李富荣、张燮林等，这些前辈的名字都知道，也是心中的偶像，但当时没有机会见到。

当时要进上海队挺难的，同年龄段的运动员竞争十分激烈，每个区都有几个比较优秀的选手，而且上海运动员的总体水平在全国是走在前面的。乒乓球专业队的招生是按照年龄段的，我们那一批1978年前后出生。跟我同时进上海队的队友，有现任上海女队的教练员蒋峰和男队的教练席敏杰。

上海队招人的消息传来后，我们一边等待一边准备。八一乒乓球队也来联系过，所以沈教练说：如果进不了上海队，就进八一队。因为在全国打比赛时，包括八一队和各大军区体工队的教练都会来选苗子，会打听这个队员是不是已进省市队了。八一队可能与沈教练有过沟通，包括他跟我们家里也这么说过。进上海队肯定有个过程，比如市队教练要看一看，要测验一下基础体能等，我们的体能测试是在衡山路的风雨操场进行的。当

2000年10月，闸北区政府举行了表彰王励勤荣获悉尼奥运会乒乓球男子双打金牌座谈会，图为王励勤与父母、沈益民教练（左二）在一起的合影（陈文耀提供）

然，最主要还是要看比赛的成绩。

不久，通知来了，我进了上海市队，成为专业的乒乓球运动员。沈教练便对我说：进上海队不是目标，你的目标是世界冠军；所以，你要在最短时间里提高水平，最好在两年之内去国家队深造，在上海队训练时间越长，越影响今后的发展。沈教练的叮嘱牢牢地记在了我的心中。

二、四年"两级跳"

上海队在上海体育馆训练，因为没有专门的乒乓馆，我们的训练球台是排列在两个排球馆中间的过道里，男队在一条过道，女队在另一边的过道，不仅中间非常小，前后进退也不能展开，条件比较一般。

进市队以后，主教练是乐强，分管教练是郑明安。那个时候，比我们高一届的上海籍队员冯喆、丁松等在国家队，陆元盛也刚刚去国家队当教练。我的训练主要还是在技术质量上进一步地加强，同时针对自身打法风格，强化相应的战术配套。可能因为我进队时是年龄最小的，一直跟高水平队友训练，这段时间进步比较快。

上海队作为省市一级的专业队，要承担参加全国最高级别比赛的任务，比如说全国锦标赛、全运会等。一般来说选拔参加全国青少年比赛的运动员，先看年龄是否符合，再看技术水平；而选拔参加全国最高级别的比赛则是看比赛能力和技术水平。记得当时备战七运会，虽然当时自己非常希望参加全运会，但可能是考虑到年轻运动员比赛经验不足，所以没有派我参加。对我来说最好的机会是1992年国家体委搞的一次全国集训，组委会宣布：集训要进行三轮大循环赛，男女前两名的选手可以代表中国去参加瑞典公开赛以及与当地的俱乐部交流。结果，我打了三次第一，获得了参赛的资格。

去瑞典，这是我第一次出国，况且是去欧洲的乒乓球强国，对于这次来之不易的参赛机会，我非常期待，同时也希望利用这次与国外运动员交流的机会，开阔眼界，提升水平。带队教练是江苏籍的龚宝华。为了此次出国，父母提前为我精心准备，给我买了一个大旅行箱，北欧天气冷，带了一些较厚的衣服，为了方便在瑞典的训练和生活，他们去银行换了500美金给我带着。我们是在北京报到后稍稍训练了一下就出发了。瑞典的斯堪的纳维亚比赛级别很高，堪称"小世乒赛"，各国的高水平运动员汇聚于此。这说明国家队的领导非常重视后备力量的培养，把机会让给省市一级的优秀运动员去参加，锻炼的价值是比较大的。我们是经统一报名，正式代表中国队参赛的。但那次比赛我发挥得一般，一方面是不太适应这种国际比赛的环境，另外，当时确实在打法和水平上与欧洲选手有差距。比赛后，近一个月时间与瑞典几个俱乐部交流，收获非常大，因为当时欧洲运动员弧圈球的打法更先进，经过与他们共同训练才体验到他们打法的特点和应对办法，对后面的成长很有帮助。记得在训练比赛中，我还胜了瑞典国家队的卡尔松。当然，这不是正规的大型比赛，可能对方没见过这么小又没进过国家队的选手，不太重视吧。

幸运的是，我从瑞典回来后就直接进了国家二队。

此时心中的感受肯定有所变化。中国乒乓球队是一个光荣的集体，只有最优秀的运动员才能来到这里，也只有在这个平台上，才能有更多的机会参加国际大赛。在上海队，主要强化乒乓球基础训练。在国家队，则更多地从技术风格以及战术意识上进行突破，包括对项目特点的研究、发展趋势的分析。因为乒乓球技战术的发展变化很快，我们要适应新的发展潮流，就需要不断在理念及技术上创新，这样才能在比赛中占据主动。

其实，一个优秀运动员能够打到最后，第一是要有先进技术的基础；第二是要有良好的战术素养作为支撑；第三，最关键的是要有强大的内心和顽强的意志，这是战胜自己、战胜对手的重要保障。看弧圈球的发展趋势，单从力量和旋转的技术质量来说，我们与欧洲运动员相比还有差距。我们传统上、习惯上不喜欢退台，最好前三板能够赢下来，多回合的相持便往往处于下风。我想过这个问题，自己的特长恰恰是相持时表现好，身材较高是优势，却整体偏瘦了。确实也有人说我缺少一招制胜的过硬球，自己在实战中也体验到自己总是以多拍相持的打法为主，比别人赢得辛苦。那么，怎样才能提高技术质量呢？那就要加强体能的锻炼，主要是上下肢的力量，使自己更结实，更有爆发力，否则你一两下打不"死"对方，就

王励勤在国家队时，经常加班进行体能训练。图为他正在做增强上肢力量的哑铃负重练习

开始被动了。所以，我每天训练完之后就去健身房，周末加班后也去健身房，有时健身房就我一个人。包括去外地集训时，我也专门寻找健身房去练习力量。一般情况下，乒乓球的运动员不是很重视体能训练，但我非常重视。甚至举重队的训练房开着，我也会去那边练。我的总体感觉是相当受益的，起码退台以后猛拉的力量增强许多，尤其打到胶着状态时，处理关键球要看自己的信念，思想上和战术上过关，身体素质不行的话也是很难的。力量训练的过程很苦，也很枯燥，但因为有信念在，也就坚持下来了。比方说练卧推一开始推40公斤也蛮累的，后来慢慢增加，一直推到107.5公斤。体能教练测试后，认为这对乒乓球运动员来说，是很好的成绩了。队里有人叫我"王大力"，我也不反感。

所以，在国家二队的两年，我的技术实力有很大的提高。

在国家二队参加国际比赛的机会比较少，当时主要参赛任务是由一队承担的。我们年度性的比赛是全国青年锦标赛，还有一类是国际性的青少年比赛，如世青赛或者中日韩三国运动员的交流赛等。我在国际青少年比赛中也曾多次获得冠军。随着水平的提高，我可以代表上海参加成年的高级别比赛了，比如1995年的乒协杯。从20世纪60年代以来的很长一段时间，上海男队在全国拿不到冠军。因为强队如林，我们跟八一队、黑龙江队、广东队都打得不好，团体比赛中总是差一场球就可以获得冠军。当时感觉上海队要拿全国冠军真是太难了。后来，终于有一次是我与冯喆、郭瑾浩、席敏杰等拿了全国最高级别比赛的冠军，我们在决赛时赢了广东队。

我从国家二队升到国家一队，是缘于国家乒乓球队有一队、二队的升降机制，国家队每季度或半年组织一、二队升降赛，由国家一队积分排名后三名与国家二队积分排名前三名进行六人循环升降赛。

这一竞争机制能充分调动年轻运动员的积极性。对二队运动员来说，这既是挑战又是机会。当时，我在二队稳居前三名。前几次升降赛，我对于一队运动员技战术水平情况不够了解，加上临场时求胜心切，没有把握住机会。虽然失利了几次，但我没有气馁，相信自己能够一次比一次打得好。同时，我制定了相应的训练计划，有针对性地进行训练，并对参加升降赛的运动员的技术特点进行了认真研究。二队带管我的教练也会在心态调适和战术运用上给我做一些布置。说实话，二队运动员在技术上不占优势，一队运动员在比赛经验、综合实力上要好于我们。但从心态上说，我们有较大的优势，我们没有包袱，会全力去跟他们拼，在场上斗志顽强。相反，他们压力较大，怕输球后降到二队。每次升降赛，国家队的教练们都很重视，几乎全部到场坐在一起观看。这几次的冲击中，上海籍的运动员就我一个。

从比赛规则看，若想竞争成功，这种循环升降赛最多输一场，输两场就危险了，就要看小分了。比赛顺序也很关键，我打上一队的那一次是先胜了两名攻球运动员，再对一名削球选手，这对我很重要，我自小打削球就欠缺一些，赢下削球后信心十足，连连战胜了几个攻球手。可能因为年轻，又处于去争夺的位置，现场的感觉并不太紧张，打不上去的话大不了再继续苦练。如果换到现在，或者从一个旁观者角度去看，压力还是挺大的。现在国家队的这种机制也放大了，比如少年比赛的前两名、青年比赛的前四名可进国家二队，全国锦标赛的前八名可进国家一队。包括省市队的运动员也可以与国家二队的运动员打挑战赛等，因为国家队需要好苗子，省市队则希望通过比赛进入到国家队。这是相辅相成，不矛盾的。

三、第一个世界冠军

我成为国家一队的正式队员了，但要成为一队的主力队员、承担重大的比赛任务还有个过程，还需要不断地进步。这期间，虽然也在一些国内和国际的比赛中取得一定的成绩，但说实话，在比赛综合能力方面，与完成大赛目标任务的要求相比，还存在一定的差距。1997年，我参加了职业生涯中第一次世界大赛——第44届曼彻斯特世乒赛。在单打前几轮的比赛中，我先后战胜了比利时的小赛弗、瑞典的佩尔森等名将，十六进八的比赛中输给了萨姆索诺夫，其中有两局都是在大比分领先的情况下，由于没有及时应对对方的战术变化，以及在领先被追时没有调整好心态，遗憾地输掉了比赛。1999年在埃因霍温举行的第45届世乒赛，在我的乒乓生涯中非常重要，触动和启发的意义也很大。世乒赛前，我在含金量很高的职业巡回赛总决赛中，一路过关斩将战胜了许多好手，最终拿到了单打和双打两项冠军。所以，我对该届世乒赛抱有非常大的期望，期望能在男子单打项目上有所突破，甚至感觉男单冠军志在必得，可以实现自己从小藏在心中的梦想。真是祸福所系，恰是在这个关头，我只是拿以往一般的节奏、感觉和经验去备战比赛，而忽略了这场比赛的心态调整，以0∶3的悬殊比分输给了法国的埃洛瓦。也许大家对埃洛瓦不太熟悉，他是一名有突出的个人特点、打法凶狠的运动员，尤其发球质量高、变化多，时常能赢一些高水平的运动员。那场比赛我被打蒙了，因在接发球环节出现了问题，导致心态及其他的环节都受到了影响。这场比赛对我来说，真是敲响了穿云裂石的警钟。我的教练，包括身边的人给过我提醒，但我自己没有正确地理解和对待，总以为只要提升技术水平，就能解决一切。赛后通过和教练员的沟通，我认识到影响大赛结果的重要因素，不只是技战术是否先进，更重要的是应对比赛的综合能力。就此，我针对性地制定了一些计划，并落实在训练中。所以，换个角度想，这场失利对我整个职业生涯的发展而言并非坏事。

关于双打，教练员认为我和闫森的组合配对，从打法风格、年龄结构、性格特点来说都有互补性。闫森是左手直拍，我是右手横拍，战术执行上有优势；闫森的前三板技术好，打法比较凶，我是技术比较全面，中远台的相持能力强；闫森的年龄比我大一些，有经验，双打中可给我一些建议。1999年世乒赛时，我和闫森在男双决赛中相遇刘国梁和孔令辉，从比赛的结果看，尽管非常遗憾地输了，但我们的自信心并没有受到打击。我俩当时也是有机会的，存在的问题仍然是特别想赢，又没有完全放下包袱，关键球有些患得患失。登台领奖的时候，我对闫森说，这次失利没有关系，马上就要到2000年悉尼奥运会了，下一次我们俩要站在最高领奖台上。这说明我心中的目标非常明确，在以后的训练中，我和闫森紧紧围绕双打项目备战，不断磨合，经常沟通，研究怎样去冲击男双金牌，备战过程是比较顺利的。赛前我们制定的第一个目标是战胜所有的外国选手，争取与队

2000年9月23日,在悉尼奥运会乒乓球男双决赛中,王励勤、闫森战胜队友刘国梁、孔令辉夺冠

友在决赛时会合。结果我们如愿与刘国梁和孔令辉双双进入决赛。

这一次,我们是彻底放下包袱,抛弃了所有的私心杂念,全力以赴。无论领先、落后,还是相持,我们都一如既往,非常坚决地执行既定技战术。比赛过程相当激烈,比分此起彼伏。比分落后时,我跟闫森沟通,必须积极面对、坚定信心,有一局曾以16∶19落后,但我们锲而不舍地追回来了。在领先的时候,我们则相互提醒千万不能保守求稳。我们专注于发挥自身特长与技战术,以3∶1赢得决赛。这枚奥运会男双金牌,是我的第一个世界级大赛的冠军。

关于让球的故事,原来也听说过一些。我们这个年代已经没有了这种安排,基本上还是按照比赛的规则,大家凭真实的水平去打拼。因为队里已建立了一套合理的选拔机制,大家靠竞争取得参加大赛的资格,应该说队里对运动员的付出和贡献,还是考虑得比较周全的。

四、祸福相倚

作为国家队的主力队员，我屡屡承担重大的比赛任务，共获得十六次世界冠军。当然，这一过程也有高低起伏。比如2001年，我参加第46届世乒赛的团体赛并首次进入团体赛的阵容，虽然荣获了男团、男双和男单的金牌，但是混双比赛却失利了。又如在2003年巴黎世乒赛中，我在以10∶6比分领先，在掌握四个赛点的情况下，输给了奥地利运动员施拉格。当时已经看到赢的机会了，思想中也没有太多的变化，但是在处理球方面想得不够细，面对对手的搏杀，遇到对手追击比分如何做二次发动的准备不够。

这就引发了我的思考：一个运动员从起步阶段上升为主力队员，甚至拿到了世界冠军后，如何保持竞技状态，继续在事业上取得更加优异的成绩？这可能需要不断地去制定新的职业目标并进行技术创新。乒乓球运动的发展非常快，竞争也非常激烈，关键是要提升个人的技战术水平，才能保持厚实的竞技实力。

随着刘国梁、孔令辉的先后退役，队伍的人员结构也发生了变化。我们要带领年轻队员去肩负为国争光的使命，记得时任主教练刘国梁找我谈话，希望我成为运动队的核心，能够起带头的作用，挑起这副重担。我知道历史的接力棒已传承到我们这一代身上，便更激励自己在行动上以身作则，技术上精益求精。比如军训是国家乒乓队的传统。每逢大赛之前国家队都会去部队参加军训，时间一般是在冬季。有一年天气特别冷，教官心疼我们这些队员，就把我们召集到室内的训练馆进行队列操练。教练员发现后对我们进行了严厉的批评，同时向教官指出，参加军训的目的就是锻

2011年，王励勤在军训中

炼意志品质，培养顽强作风，要求立即把队伍拉到操场上进行训练。当时个别队员有些想法和情绪，我作为主力队员，就主动去与这些队员沟通。试想换成一次大赛的话，虽然因客观因素如气候、空调、场地、灯光等受到影响，这个比赛还得进行下去，我们能否发挥正常水平完成目标任务呢？所以，要把不利的客观因素当成锻炼的机会。通过沟通之后，全队达成共识，保质保量地完成了那次军训的各项任务。

2005年的第48届世乒赛对于我们男队非常重要，为什么这么说呢？因为2003年的世乒赛和2004年的雅典奥运会，男队的成绩均不太理想。我们应该从中吸取经验向前看，一步一个脚印地走好，所以，整个男队"憋"了两年，希望在上海的主场打一个"翻身仗"。思想上有了新的认识，技术上也有了新的探索。记得徐寅生主任来看训练时，也会关切地针对我的打法，与我进行一些交流。他提醒力量型选手也要注意细小的手腕、手

中国选手包揽了第 48 届世界乒乓球锦标赛混合双打的前三名,王励勤、郭跃捧得赫杜塞克奖杯,王励勤还获得了本届男子单打的冠军

指的感觉,增强前三板的主动意识,把中国运动员的特长跟国外的优点结合起来;训练不是为了出汗,要跟实战紧密结合。徐主任的指点给我很大的启发。我在前三板技术方面,特别是发球和接发球环节中想了一些办法。原来只想简化前三板形成相持,忽略了前三板的主动性,实践证明这种求简的想法,往往会被对手抓住漏洞,要么上来就打得很凶,要么球路打得很复杂,破坏自己的比赛节奏。所以,我在训练中进行了调整,比方说接发球时的台内球处理,尽量不让对方轻易上手形成被动相持,而要尽量抢先上手形成主动相持;在发球段中,则要求有落点、种类的多种变化,给对方的接发球造成打扰。后来我在第 48 届世乒赛男单的决赛中战胜马琳,也与打磨这些技术有关。

这届世乒赛对于我自己也很重要,作为一个上海籍的运动员在家门口比赛，自然希望在家乡父老面前取得好成绩。所以，我在备战方面进行了一些调整，希望能够静下心来，按照自己的节奏去做准备。当时，我们提前十天左右来上海进行适应性训练，为了集中精力，调整好状态，我把手机关掉了，不跟自己的家人及亲朋好友联系。我们住在上海体育馆对面的东亚富豪酒店，每天去训练比赛会遇到很多球迷，大家都给我们鼓劲加油，有的还要求签名、拍照，我都委婉地谢绝，以便集中精力备战。至于赛后球迷的需求，都是一一去满足的。临近比赛时我心里还是有些不踏实，就主动找分管教练施之皓沟通聊天，到赛场以外的地方去散散心，这样就又达到了相对比较平和的状态。接着，通过一场场的比赛，我渐渐进入了一种比较好的比赛状态。这种运动心理的调适说起来简单，做起来并不容易。哪个运动员不想赢？要处理既想赢又不怕输的关系，关键在于要清晰地了解自己、摆正自己的位置。我觉得这也是要通过不断的体会和积累才能做到的。

王励勤获得第49届世界乒乓球锦标赛男子单打冠军

最后，我跟马琳进入决赛，观众都说打得很紧张，也很精彩。或许我在场上调整得相对好一些吧，在局分落后的情况下，沉得住气，及时调整战术并慢慢地掌握了比赛的节奏，获得了胜利。

当然，赛场上没有常胜将军。竞技体育会有许多的偶然性和遗憾，这大概就是体育的魅力吧。2000年，我与闫森合作拿了悉尼奥运会的男双冠军。接着，我们又在2001年的日本大阪世乒赛和2003年的世乒赛上连续两届拿了男子双打的冠军，所以，我俩对于参加雅典奥运会的信心十足。谁知在世界杯赛前的集训结束后，我的队友闫森遇到了车祸，右手臂被撞成骨折，虽然不是持拍手，但对高水平的运动员来说，身体动作的整体协调非常重要。这突如其来的意外对我们的备战产生了影响。

闫森一直在积极地康复，但效果不是很理想。各方综合研判下来，认为还是存在不确定的因素，于是选择了一个大家认可的对决方式进行选拔，即跟马琳、陈玘这一对打一场淘汰赛。我们俩一开始本来是作为奥运会男双的主力配对的，如今要参加这场队内对决的选拔赛，思想上难免有点求稳、保守，导致比赛过程中打得特别拘谨。再加上闫森的伤病影响，我就拼命想去承担更多的责任，减轻他的一些压力。其实，我们并非没有机会，第四局以9∶6领先时没打好，导致进入决胜局后以2∶3输了。这说明我们可能在某些技术环节上没有做到最好。如今国家队有了通过电视转播公开选拔赛的新举措，但当时我们的这场内部对决在国家乒乓队的历史上大概是第一次。现在有些正式出版的书刊上还专门提到了这个故事。

那次比赛场面确实很特别，总教练蔡振华亲自做裁判，还有徐主任和医生在场，其他人则全部清场。因为这场比赛的规则是，谁胜谁出线，而不是说先打了再看看。现实是残酷的，淘汰出局后心里难受也是自然的，尤其对闫森的影响更大一些，这是他最后一次参加奥运会的机会了。

雅典奥运会时，我在单打半决赛时输给了王皓。我也听说外界有些议论，事实上，这场比赛并没有事先的安排。王皓决赛时意外输给了韩国的柳承敏，丢失了这块金牌，整体上是遗憾的，或许柳承敏发挥得更好，与我的那场球没什么直接的关系。我对王皓是比较了解的，之前与他的比赛基本处于上风，唯有一次是在奥运会之前的热身赛上输给过他。那场比赛他打得比我更好一些,我自己心态上处理得差一些,可能与双打落选也有一点的关系。这要联系起来看,因为本来是报单打、双打两个项目,从我们运动员的角度说,应该是项目越多成功的概率越大。何况,双打先进行,毕竟是有两次机会的,而因为双打落选,自己集中精力于一个项目,反而加大了压力。

  2008年8月,我和队友马琳、王皓一起荣幸地参加了在首都北京举行的第29届奥运会。我们中国男队和女队在做好充分准备的前提下,借助天时、地利、人和的优势,不但囊括了团体和单打比赛的四枚金牌,还在男、女单打的比赛中包揽了前三名,获得了金、银、铜全部奖牌。我们男队在团体赛全部比赛中未输一局,显示出了明显的整体实力。单打比赛中,我力克劲敌,顺利进入半决赛,但半决赛时输给了队友马琳。这场球对我的心理状态影响很大,后经教练员的及时沟通和疏导,帮我及时地排除了消

中国队在北京奥运会乒乓球男子团体决赛中获得金牌

极因素的干扰，使我轻装上阵，全力以赴地战胜乒坛"常青树"——瑞典队的瓦尔德内尔。

最终，马琳与王皓分获单打金牌、银牌，我获得了一枚铜牌，在颁奖仪式上三面五星红旗同时冉冉升起的场面永远铭刻在我的记忆之中。我以乒乓球队能为中国人实现参与赛事、夺取奖牌和举办盛会的百年奥运梦增光添彩而感到无比自豪。

2008年，中国队在北京奥运会乒乓球比赛中包揽男子单打前三名，升起了三面五星红旗

五、新的征程

2013年，我退役回到上海。因组织的关心和信任，很荣幸地从事乒乓球项目的管理工作，先是任乒羽中心主任，现担任市体育局的竞赛体育处处长

职务。我希望能在后备人才培养和继续创造优异成绩方面做出自己的贡献。

上海曾培养出很多的功勋运动员，堪称乒乓球世界冠军的"摇篮"。但随着各省市对乒乓球运动的愈加重视，竞争也随之越来越激烈，对上海的乒乓球发展产生了较大的冲击。这也引发了我的思考：现在最主要的因素，是上海这样的一线城市，包括乒乓项目在内，愿意从事竞技体育的人才越来越少了，这直接导致后备力量与以往相比在数量、质量上处于下降的状态。我在国家队的时候，大概有六七名队员来自上海。现在男队中，只有许昕和赵子豪两名运动员。女队中，一队已经许久没有上海队的运动员，二队有两名。从主力层面来看，上海队的比例也比原来有所下降。所以现实的困难和挑战都是比较大的。

我觉得要转变发展的理念和思路。原来的一、二、三线的运动员培养模式已经不能适应现在的发展环境，因为输送的渠道越来越窄了。我们今后要制定政策鼓励、调动更多的社会力量参与后备人才的培养。包括在学校里布点，在学校里根据场地、设施和师资等条件开设适宜发展的项目。从特色学校、社会体育组织、青少年培训机构中去发现一些有希望往更高层发展的苗子。现在是在探索，也跟有意愿承担这些目标的单位、部门联系，并制定一些激励政策，无论是涉及人员编制还是涉及经费，鼓励社会各个层面一齐参与上海竞技体育的发展。我认为竞技运动不是体育部门一家的事情，需要全社会共同来关注、参与。另外还有市里相关的委办局，也需要加强沟通，在人才引进、经费保障方面，特别需要给予更大的支持。其实，这不仅是在讲乒乓球，其他的竞技项目各有特点，各有瓶颈，各有中间的难点环节，但优秀后备人才匮乏的共性是一致的。所以，在上海一线运动队中，外地运动员的比例大大提升了。特别在重竞技的项目中，上海籍运动员的比例更少。但反过来说，上海竞技体育的基础，包括上海教练员的水平、能力，上海的运动设施和条件，在全国应该是名列前茅的，而后备苗子却稀稀拉拉，这就非常不平衡了。

我觉得如何使一、二、三线有效地衔接起来、贯通起来迫在眉睫。现在上海基本上每个区都有少体校，乒乓球项目的布局还是比较广泛的。至于训练的条件和训练的队伍状态怎么样，教练员的从业情况怎么样，每个竞技项目都成立了教练中心组，对各个区的业余训练进行督导。当然，一线教练员要主动沟通，否则执教理念有差异，输送出来的苗子与一线教练员期望的素质条件不匹配，也是比较大的问题。

我觉得上海青少年训练的条件和经费不会成为问题，关键还是训练时间难以保证。因为我们只能在放学以后进行训练，学习任务重了，更不能保证训练时间。在这方面，我们跟其他省市不能比。技术是需要积累和磨炼的，青少年时期训练时间的差异很大，水平和能力会吃亏许多。竞技体育是一个金字塔结构，必须要有较为厚实的基础，才能够从中筛选，真正培养出能够取得优异成绩的运动员。当然，不是说一上来就要确定专业队的路子。我觉得还是要正确地看待体育，对于青少年的成长来说，参加体育运动非常有利于综合素养的提高，体育也是教育的一部分嘛。我听说日本的校园体育做得非常好。他们会在周末组织很多赛事活动，家长也很积极，带着孩子去各地参与比赛。这会使运动水平迅速上升，青少年运动员往往欠缺的是一些实战的经验。这些很值得我们借鉴。现在上海仍然有重点的特色乒乓球小学、中学的建制，这个工作由青少处在做。所以，大力度地推广校园体育，做到基层学校经常有班级之间、年级之间和学校之间的比赛，让积极性产生荣誉感，让荣誉感催生积极性，就能产生氛围和动力了。其实，基层中小学组织业余训练，孩子们是很快乐的，不少家长还花钱请人教球呢，听说市场很火红。只是目的一为锻炼身体，二为掌握一门技巧，不大愿意往专业队道路上走，这实在是一条独木桥，成才率很低。现在曹乒、中乒院的青少年训练注重体教结合，还直接与交大、华东理工等挂钩，打不进专业队的，也可以进高校，接受高等教育，政策上有衔接和保证，是一个好办法。再说，打的人多了，自然会有天才型的苗子出现的。

2018年上半年，市政府办公厅下发了《关于构建本市竞技体育发展的实施意见》，我查了一下，好像之前没有发过类似的文件。这对于上海竞技体育发展很有指导意义，对我们开展工作有很大的帮助。包括需要很多相关部门给予配合，文件都说明得非常清晰。现在上海乒乓球队中，属于本地户籍的运动员大概一半，可能女队员外地的更多一些。包括许昕、赵子豪等都是小时候就从外地引进的，这证明上海教练员的水平和能力确实很强。当然，从长远的发展来看，作为一个超级城市来说，没有本埠的运动员也是不行的，广大观众在心理上会失去凝聚的因素。所以，我们在导向上还是要鼓励上海籍的运动员更多地去参与竞技体育。上海乒乓球运动的历史决定了上海乒乓球运动的土壤非常肥沃，关键是怎样使这个"摇篮"继续"摇"起来。在这方面，我们需要"两手抓"，既要培养本地的选手，也要吸引外地的人才。

回上海工作以来，最使我兴奋和欣喜的事是2017年带领上海乒乓男队获得天津全运会团体赛冠军。

作为上海籍的运动员，我曾拿过全运会男子单打、双打的冠军，团体赛冠军始终没拿过。其实，我作为运动员时，上海队已具有夺冠的实力了，但总是与冠军失之交臂，比方说2001年全运会就非常可惜，我们跟八一队决赛，以2∶3惜败，我拿了两分，最后一盘席敏杰对王涛，以20∶19领先时发球出台，被王涛抢先上手，输了全场比赛。团体冠军的分量很重，它代表整个省市乒乓球项目的综合实力。八一队是我们的主要对手，后来还有北京队,也不好打。记得我们曾连续三次从全国锦标赛到全运会都是亚军,总是赢不了。

但这次天津全运会,我们上海男队登上了冠军领奖台。查了一下历史,真是感慨万千,1959 年的第一届全运会、1965 年的第二届全运会,徐寅生、李富荣、张燮林、杨瑞华、薛伟初等前辈运动员为上海拿了两届全运会冠军,到 2017 年我们拿到天津全运会冠军,前后两次男团夺冠整整相隔了半个世纪!

在天津全运会的周期里,我们上海队连续获得了三个年度全国锦标赛的男团冠军,这是非常难得的成绩,乒乓球项目拿一次都挺难的啊,更何况是连续三次。从 2014 年开始我负责带队参赛,首先要确立全队的信心,坚信我们可以战胜任何队、任何选手,只有这样才可能有勇气、有智谋去夺取冠军。我们 2014 年的突破,也是从八一队开始的。至此,我们整个团队之间配合得非常好,医务、体能、科研、营养等保障也非常到位,为参赛运动员临场发挥起到了很大的作用。天津全运会之前,我们拟定了周密的计划,成立了复合型团队,团队中的人员负责哪一项工作都非常地明确和到位。

里约奥运会结束后,国家队的队员全部回省市备战全运会。上海队在东方绿舟训练,因训练对手比较有限,时间长了对保持竞技状态会有影响。我想借鉴国家队的备战经验,采取异地训练的方式,即拉到外地换一个环境,既增加新鲜感,又可丰富训练的对手。在征求运动员的意见之后,我们把队伍拉到了浙江萧山体育基地,跟浙江队共同训练,一是考虑到气候、环境等跟上海比较接近;二是浙江队也有国家一、二队的运动员。在浙江进行了为期十天的封闭训练,我觉得大家的精神面貌和状态都是比较积极的。萧山训练的计划非常细致,针对性也很强。回到上海后再进行一个短暂的调整后,我们就奔赴天津了。

整个全运会备战时期,全队上下夺取团体冠军的目标非常明确,我们研究了冲击金牌的具体项目,一个是团体,一个是男双。团体阵容是许昕、尚坤和赵子豪。赵子豪年轻,有冲劲,经验、能力稍差一点。许昕挑大梁不用说,他心里清楚自己承担的责任,团队要想赢,他必须拿两分,最少保一争二。尚坤也慢慢成熟了,他与国家队的一些运动员交手,战绩上提升许多,他要有一定把握,赢下这一分至关重要。

综合性运动会比其他赛会的要求高得多,尤其对于人员的管理非常严格,这不是体育部门一家的事,需要多部门的协同配合。所以,我们在后勤保障上花了不少精力,因为去前线的人员非常有限,参赛多少人、教练多少人、辅助多少人,都有明文规定。我们想要完成这次比赛任务,这些人数是远远不够的,尤其到了赛区,会有一系列问题,包括赛会的班车可能不符合我们的备战要求。比方说上午十点的比赛,我们适宜九点过去,根据自己的习惯时间去赛场热身,但班车八点就发了;打完比赛后,班车要等半个小时才出发,我们则需要早点回宾馆休息,并召开下一场的准备会。所以车辆的安排,还有车辆和人员的证件,都需要想办法解决。最终,我们订了两辆可以进出酒店和场馆的车。每天还有人负责外围事务,如专门组织啦啦队,进场没证件的就去买票。我们跟八一队半决赛时,八一队请了很多当地部队的战士,我们组织的啦啦队大概就 30 人左右,但是我们口令齐,配合的效果比较好。我虽然没在现场指挥,但每场比赛也都在观众席上当啦啦队,一直在为他们鼓劲加油。原来当运动员时人家保障我,现在我要保障队员,我感觉这种转变的反差很大,好在我知道运动员需要什么、保障的重点在哪里,所以一切都还算顺畅。

我作为乒羽中心的带头人,每天除了处理日常的事务,基本上就在训练场上，包括去外地训练比赛。这样才可以更好地了解队伍、掌握队员的情况，同时也能够让队员们感受到你是可信任的人。身份转换了，思维方式、沟通方式也会发生转变。我毕竟是运动员出身，对运动员成长过程中各阶段的思想、心态以及技战术等有相当的了解，所以还是能够有共同的语言，能够在训练和生活方面帮助他们解决一些实际的问题，或者给出一些有针对性的建议。我们的主教练是张洋，他曾是上海队的队员，也去过国家队，较长时期协助前主教练工作，各个层面都有经历和锻炼，包括跟重点队员的沟通上也有优势。天津全运会的临场指挥都是由他负责。我跟他聊得很多，有什么想法及时交换，我们之间也有分工：他跟谁聊，聊到什么程度；我先跟谁聊，后跟谁聊，都会经常通气。从我的角度而言，我希望发挥团队中每个人的作用。许昕是整个队伍的核心，一言一行都要发挥中坚带头作用，所以希望他承担更多的责任，不是给他压力，比如说一定要他拿两分之类，而是要求他在日常的活动中，更加主动地将尚坤、赵子豪聚到一块。每一次赛前准备会，包括对下一场比赛程序的考虑，对上场名单的排序等，我们都会分头征求每个队员的意见，然后在会上集体讨论，共同研究名单怎么排，不是从每个人的得失出发，而是从整个团队如何拿下整场比赛的角度考虑。比如，你觉得这个人不太好打，希望避开他跟后面的人打，但是其他人打对整场的胜负是否有利呢？这就需要综合研判，最终不管是3∶1还是3∶2，总之是以全队的胜出为最高准则。

我们与八一队比赛的名单变化就比较大胆。正常情况下许昕肯定打主力位置，不是排第一、第四，就是排第二、第四，尚坤肯定打第一、第五或第二、第五场。但是我们认为对方的主力是樊振东，名单不太可能变化，我们就抓住对方的这种心理，决定由尚坤打主力位置，其中的关键是我们的队员非常有信心。赵子豪仍然打第三场。我们的目的不是在前四场就结

2017年,第十三届全国运动会在天津举行。时隔五十二年,王励勤率上海队再次夺得全运会乒乓球比赛男子团体的金牌

束,能赢最好,不能则把比赛拖到第五场,相信许昕的实力和经验在关键时刻能发挥作用。结果大家都认可这个布阵,就拍板了。

尚坤的压力是第一场。他知道这个分量,一定要赢下周雨。两个左手将的球路差不多,尚坤确实发挥得更好一些,他赢下了这场关键之战,提升了全队的士气。许昕跟樊振东之间的输赢也很正常。第三场赵子豪发挥得非常出色,我感觉在整个周期中,这是他打得最好的一场比赛,赢下了平时负多胜少的徐晨皓。此时,我们感觉胜率已经起码一半以上了。第四场,樊振东的实力确实略高于尚坤,比分被追成了2∶2平。第五场,许昕顶住了压力,也没有保守,综合实力确实比周雨强一些。

打完八一队的半决赛,我要求大家集中精力,一刻也不放松。因为打到这个份上，每一个对手不仅强劲，状态也非常好，谁都有拿冠军的可能。我们与四川队决冠亚军，虽然以往的战绩好那么一点，但必须高度重视。决赛是顺利的，我们以 3∶0 赢了四川队。颁奖的时候大家非常激动，队员们把奖牌挂到我的脖子上，这是一种让人特别欣慰的感觉，说明了整个团队对我工作的认可。

　　天津全运会的结果圆满、完美，其过程和经验非常值得总结，这也是我走向新征程的坚实一步。这枚时隔五十二年的全运会男团冠军金牌，是新时代的上海乒乓人继承和发扬前辈运动员追求卓越精神的见证，是献给上海这座城市的礼物。

附　录

顾寇凤

1940年生。原中国乒乓球协会裁判委员会副主任。自1961年起，多次担任乒乓球世锦赛、奥运会、世界杯、亚运会、亚锦赛及全国锦标赛、全运会等重大赛事的裁判员、裁判长和仲裁等工作。荣获中华人民共和国体育工作贡献奖、中国乒乓球运动贡献奖、中国老年人体育贡献奖。

我的乒乓球裁判生涯

一、艰苦磨炼意志　开启事业之门

我于1940年出生在上海，从小家境是比较艰辛的。我9岁时父亲就不幸过世，母亲带着3个孩子，上面还有老祖母，靠帮人家洗洗衣服、摆摆小摊，加上政府每月发的8元钱救济费过生活。我小学毕业于长宁区张家宅小学，我是老大，下面有两个弟弟，因为家里条件不好，母亲忙于生计，无暇照管我们，上学读书全靠自己努力。我从小珍惜学习的机会，小学每个学期总成绩在班上基本都是名列第一。1953年我小学毕业，考上了上海市首批重点中学务本女中。

我天性爱活动，不仅玩女生的游戏，比如跳橡皮筋、造房子、挑游戏棒等，两个弟弟玩的游戏如打康乐球、打弹子、滚铁圈、钉铜板、抽贱骨头等，也样样熟练，玩扯铃甚至可以把搪瓷杯盖头当扯铃扯起来，这应该算是一种对体育运动的热爱吧。我参加过年级组的篮、排球比赛，还获得过区三八运动会一分钟踢毽子比赛第一名。我是在务本女中才开始学打乒乓球的，这么大的中学，这么多学生，只有一张乒乓球台，中午下课我们就去抢台子，玩得不亦乐乎。

1956年我初中毕业时考虑到家里经济条件不好，就放弃了考高中然后再考大学的升学之路，报考了上海市海关学校，本意是想早点工作，帮助家里分担。但我不知道报考海关学校不仅要看成绩，还要政审，结果由于我早已去世的父亲所谓伪警的历史问题，虽然我自评门门90分左右，居然没有被录取。按照当年招生规定，我不必再考，即转入了第二速成师范学校（简称"二速师"），学制一年。我在二速师虽任学习委员，但仍然是班上主要的体育骨干分子，学校体育整体水平不高，我"猴子称大王"，不仅当上了乒乓球校队队员，获得女子双打的冠军，还拿过100米短跑与跳远的冠、亚军。

1957年8月，我从二速师毕业后被分配到了徐汇区番禺路小学当老师。没想到领导在安排我担任班主任、数学任课老师的同时，居然让我再兼年级组的体育老师。命运决定了我与体育结缘，工作期间，我入选了徐汇区乒乓球青工队、教工队，虽然我喜欢乒乓球，但没受过正规训练，也没通过等级运动员，纯粹是业余水平，但这段经历为我后来的人生之路打下了重要基础。

我走上乒乓球裁判之路始于1957年底。当年区工会所属的徐汇区工人体育场举办了一个裁判员培训班，校工会主席知道我会打乒乓球，就推荐我去参加，进去之后发现整个培训班只有我一个女学员。授课老师是卢湾区少体校的乒乓球教练黄增基，学习一直是我的爱好与追求，培训班结业考试我考了87分，算"良"吧。

那时，上海体育宫经常对外开放，并且安排上海市队的运动员举行乒乓球对抗赛，以满足民众观看的需求。虽然含有表演赛的成分，但一切按照正规比赛的规则进行，安排有裁判，区里就推荐了我。我最初的乒乓球裁判的实践就这样开始了。普通日常的比赛每次一般是安排2—3人。我记得第一次去担任裁判时，与我搭档的是老裁判黄凤玲（闸北二中英文老师）。黄老师是我担任裁判起的第一位老师（已去世），后来与她的缘分持续了多年：1961年我们一起作为上海派出的裁判参加了第26届世乒赛；1976年在上海举办乒乓球国际邀请赛前夕，我们举办了上海裁判英语培训班，专门聘请她当老师。

我在上海体育宫的裁判工作得到了鼓励，有关方面认为我年纪轻、口齿清、反应好，就创造条件培养我。1959年8月我被批准为国家二级乒乓球裁判员。以后我多次担任了区、市、国家级乃至国际等重大比赛的裁判，如1959年8月上海市青少年乒乓球比赛，当年年底的罗马尼亚国家乒乓队访沪比赛，1960年的匈牙利、朝鲜、瑞典等国家乒乓队来沪比赛……正是在这一系列的高水平、重大比赛的不断实践、锻炼下，我的裁判业务能力获得了快速的提升。

不久，我就迎来了裁判生涯中一次绝佳机遇和严峻考验——入选第26届世界乒乓球锦标赛的裁判队伍。对于年仅20岁、刚刚起步三年多的裁判来说，以火箭式地速度登上世界乒坛执法，我心里非常清醒与感恩，这完全是领导及前辈对年轻裁判的大胆重用、破格培养，是对我的厚爱、期望。我极其珍惜，决心好好学习，好好争气。

二、难忘第26届世乒赛　经典十二大板

1961年4月，第26届世界乒乓球锦标赛在北京举行。作为新中国成立之后承办的第一项国际大赛，党和国家极为重视，早早全力准备，举国上下都投入了极大的热情和关注。

从比赛的前一年起，上海市体委在体育宫就着手进行裁判培训，最后从中挑选出25人到北京参加第26届世乒赛的裁判工作，我有幸入选，我的印象中全国范围内总共挑选了120名左右的裁判。1961年3月我们去北京报到，当时我母亲去世不久，裁判长看到我臂上还戴着黑纱，就让我摘了下来。的确，家庭的变故对个人来讲是悲伤的，但第26届世乒赛是国家

的大事，孰重孰轻，我应该理解。

为了举办第 26 届世乒赛，北京专门建造了工人体育馆。体育馆内共放置 10 张球台，裁判分成 10 个组，我在第 8 组（台）。每张球台安排 9 个裁判员，分成 3 班，轮流进行执法，3 号台、8 号台在场地中间，是中心台。到北京后我们进行了培训。在工人体育馆进行现场实习时，《人民画报》记者郑光华来采访，我被指定担任主裁，他拍摄了我们实习时的场景，并叮嘱我："6 月 1 日画报出刊。"我如期购买了这本画报，其中两页有我的主要镜头，这本刊物我一直珍藏，并于 2019 年 8 月 25 日随同一批珍贵藏品捐赠给国际乒联博物馆。

我们在培训学习时，针对赛场内可能突发的情况进行了广泛讨论，其中包括如果灯光突然发生故障应该怎么办，大家的共识是裁判员此时首先要保护好记分牌，确保比赛现场的比分准确无误。有一天，比赛进行中，突然场内的顶灯瞬间熄灭，我们正疑惑时，忽然灯光又全部亮起，我抬头一看，只见主席台上周恩来总理已入场就座，前来观看比赛。当时在灯光瞬灭的情况下，裁判员完全保护着翻分牌上的比分，使其准确无误。

本届比赛的裁判长是来自上海的王惠章，是经验丰富的老裁判，也是著名乒乓国手王传耀（夫人李燕玲系第 26 届世乒赛的裁判）及王传祺（夫人池惠芳为著名国手）的父亲。由于我是年轻女党员，反应快，并得以在国内外重大比赛中锻炼、提高，又承蒙裁判长对我的业务能力的充分鼓励和肯定，最后我有幸担任了男子团体和女子单打决赛的裁判，这使我能身临赛场中，亲眼得见中国乒乓球男女队奋勇拼搏、开创中国乒乓球历史和国家体育历史新篇章的辉煌一刻。男团决赛在中国与日本两队之间进行，人们后来广为传颂的徐寅生与星野展弥比赛过程中的经典"十二大板"，我就是现场见证人。这一球是星野放高球，徐寅生扣杀，我的头随着乒乓球

第26届世乒赛上,顾寇凤(右一)执裁徐寅生与星野决赛

的来回跳跃也在上下左右不停地转移,我牢牢盯住球的运行,一板一板地默数。那时全场观众都站了起来,数拍声和欢呼声响成一片。随着星野放球出界,徐寅生拿下了这扣人心弦的一分。最后,中国男子乒乓球队第一次夺得了斯韦思林杯。男团夺冠的当天晚上,我们裁判员与运动员一起受到了贺龙副总理等党和国家领导人的接见。贺龙特地举行家宴,备酒畅饮,大家吃得碗杯朝天,完全沉浸在一片喜悦中。当时的场景至今都留存在我记忆的深处。

徐寅生与星野经典的"十二大板"也成就了我裁判生涯的经典一幕。2007年7月,上海举行中日乒乓球友好交流系列活动,在上海卢湾体育馆举行的中日乒乓"群英会"上,徐寅生和星野两位元老又重新聚首挥拍。我作为四十六年前赛场上的裁判,收到了特别邀请,再次担任这场比赛的

在上海卢湾体育馆举行的中日乒乓"群英会"上，徐寅生和星野展弥两位元老又重新聚首挥拍（右一徐寅生，右二星野展弥），顾寇凤（左二）再次担任这场比赛的裁判

裁判，以重温当年十二大板的"经典战役"。无论是当年的第 26 届世乒赛还是四十六年后两位元老的重逢，都给我留下了珍贵的瞬间。

第 26 届世乒赛的女子单打决赛中发生了"球台移动"的风波。决赛是在中国运动员邱钟惠和匈牙利运动员高基安之间进行，她们两人双双并列上届世乒赛女子单打第三名，这次打入决赛，都势在必得。比赛进行得十分激烈，比分胶着。比赛当中有一个回合，当时高基安认为邱钟惠在回击过程中造成球台移动，应该判她失分，但当场主裁判判定球台没有移动。听说赛后匈牙利队仍有异议，争执反映到国际乒联主席蒙塔古那里，蒙塔古在了解情况后仍按有关规定，即"临场裁判对有关事实的认定"的精神予以裁定，维持原判。双方一直打到第五局决胜局，邱钟惠以 21：19 险胜，夺得了中国女子第一个单打世界冠军。

我一直珍藏着第26届世乒赛的许多纪念品：宴会请柬、裁判用具、秩序册……每每翻看这些物品，我思绪万千、回味无穷。应该说，能够参加第26届世乒赛的裁判工作，对我来说不仅是一种幸运，更是对我人生的一种激励、鞭策。

　　第26届世乒赛的辉煌在中国体育历史上留下的印记实在太深了，乒乓球从此成为中国的国球，中国体育人对这届世乒赛也始终怀有特殊的感情。1989年第二届全国青少年运动会的乒乓球比赛在抚顺举行，我在赛场内看到时任中顾委秘书长的荣高棠先生坐在主席台上。荣老是中国体育界德高望重的老领导，第26届世乒赛时他担任国家体委副主任，我觉得机会难得，想请荣老为我签名留念，于是就请我们同行的上海裁判拿好照相机，为我适时按下快门。我持着担任仲裁的特别证件上了主席台，拿着大赛特制的纪念封兴冲冲地递给荣老："荣主任，麻烦您给我签个大名。"没想到他反问道："你是谁？"我头脑清醒，立刻回答道："我是第26届裁判。"此言一出，荣老马上爽快地签下了漂亮的大名，不仅如此，他还主动将纪念封递给坐在他身旁的国家体委主任伍绍祖说："伍主任，你帮她签一个。"伍主任也随即签了名，让我喜出望外。我想"第26届"这几个字一定勾起了荣老的深厚感情：中国队开辟里程碑的辉煌岁月，他亲自参与并掌舵的呕心沥血的日日夜夜。

三、人生峰回路转　再攀事业高峰

　　1963年5月，我被调入徐汇区少体校担任政治辅导员，后来又调入区体委做人事干部。中国乒乓球裁判队伍的裁判员都是业余兼职的，平时大家各自从事自己的本职工作，有赛事就去执裁。上海体育宫有重要比赛或有外国球队访沪比赛时,我都有机会去担任裁判。

1966年"文革"开始,国内的体育比赛也都停了。由于我担任党支部组织委员,被造反派划为"当权派",受到冲击。当时我只有26岁,孩子幼小,但我始终牢记党的教育,从未讲违心话、做违心事。1972年6月,为纪念毛泽东"发展体育运动,增强人民体质"的题词发表20周年,国家体委举办了五项球类(篮球、足球、排球、乒乓球、羽毛球)运动会,这是"文革"以来首次举行的全国性大型体育比赛,五个项目裁判集中一起赴京。在火车上出了点意外,当车行至蚌埠附近时,我在上厕所,火车一个急刹车,我臀部受到严重撞击,顿时脸色苍白,疼痛难忍。列车长很重视,通知下一站派医生上车来给我做了应急治疗。但到了北京后我仍疼痛不止,不能走路,组委会派了车子送我到积水潭医院,拍片诊断为"肌肉撕裂"。当时我们住在西苑旅社,我担任第9组组长,组员们就都到我住的房间内学习开会。整个运动会乒乓球比赛的裁判工作还是比较顺利的。

1973年12月29日,由国际乒联组织的中国第一批国际裁判员考试在北京体育馆南三楼举行,考生共11人。左排自前往后:顾寇凤、戴玫、乐秀华、周游、程嘉炎、顾尔承。右排自前往后:章宝娣、张云庆、宗良性、张伟廉、刘自我

参加考试的顾寇凤

1973年底，我参加了国际乒联举行的裁判考试。当时中国乒协共选派了11个人，梁焯辉、孙叶青二位是考官，在现场监考。那一年我33岁，我凭借自己良好的学习素质和记忆力，发挥出色（有人事后向我透露，我的成绩排在前三名），结果我们11人均获得国际级裁判员称号，这是中国第一批，也是国际乒联批准的较早的国际裁判员，我有幸成为其中一员。

1975年，我担任第一届上海市乒乓球协会副主席，长期分管裁判竞赛工作；1979年，又担任了中国乒乓球协会裁判委员会副主任，开始更多地参与裁判队伍的建设、管理、考核和组织、协调、处理国内外大赛的竞赛裁判等工作。

1980年9月，我被派到日本东京担任第四届亚非拉乒乓球友好邀请赛的裁判，我也因此成为第一个出国执法国际比赛的中国女性裁判。来自香港的梁韵妍和我成了这次比赛仅有的两名女裁判，因而也备受关注。记得在一场比赛中,非洲运动员穆塞发球违例,我果断判其犯规,后来才知道此时裁判长(日本人)正在现场观察我的执法。比赛结束后我去交记分单时,他对着我讲了一番日语,我听不懂,就请来我们的翻译翻给我听,原来裁判长称赞我:"口齿清晰,对运动员要求严格,是一名优秀裁判。"

1988年9月,在韩国汉城举行的第24届奥运会上,乒乓球首次被列为奥运会正式比赛项目。我被点名前往汉城参加乒乓球比赛的裁判工作,成为执法奥运会乒乓球比赛的中国第一人。我想这不仅是一种幸运,更是对我能力的肯定。我长期担任临场裁判,经验丰富,作风严谨,从未出任何纰漏;我从第一届中国乒乓球协会裁判委员会建立起就担任副主任,时年48岁,年富力强。能到奥运会执裁乒乓球比赛,我既高兴,又感到责任重大。我有几十年裁判工作的经历,但中学里学的是俄文,没有英文基础。为此我从26个英文字母开始学起,还做了充分准备:首先将临场所有可能出现的情况和对应的规则条文整理成短句,按中文词汇、句子,请人事先翻译成英文,我再予以强记;遇到争议,我就把事先背好的有关规则条文"背"给运动员听,然后注意对方回话中自己听懂的若干词汇,边听、边看、边想、边猜,再结合动作比画,"告诉"对方,这一招在实践中感到还是蛮实用的。

在裁判员执行任务时,我看到有的外国裁判不太愿意出任双打比赛的裁判,担任双打比赛的裁判工作难度增加不少,不仅要看4个运动员的站位、换位,还要盯住发球运动员和发球次序、球落台的中线、落点、半区,以及对应的接发球运动员的接球顺序、落点、球台中线、半区等,注意力必须高度集中,稍有疏忽就容易出错。有一场双打比赛,按照事先安排,由埃及裁判担任裁判工作,我见他似乎面有难色,不知是不愿去还是不敢去做,就主动请缨,帮助他解围,他很高兴。另一场比赛我与新加坡裁判

1988年9月,在第24届汉城奥运会上顾寇凤与裁判沙阿德拉(科威特)合影

1988年9月,在第24届汉城奥运会期间顾寇凤与中国乒乓球队教练张燮林(中)、队员焦志敏(左)合影。摄于韩国汉城大学

1988年9月，在第24届汉城奥运会乒乓球比赛期间顾寇凤与仲裁委员合影

搭档，帮助他纠正了误判，赛后他对我竖起大拇指。程嘉炎先生非常喜悦地来告诉我说："小顾，让你上男双半决赛裁判！"这是裁判长及有关方面对我裁判水平的肯定，把有难度并且重要的奥运会男双半决赛交给我担任主裁，我出色地完成了任务。回国后我还收到国际乒联秘书长布鲁斯、司库汉斯，规则委员会主席克莱孟特以及哥斯达黎加、韩国等外国裁判的来函，称我为first裁判。

在我的乒乓球裁判生涯中，我以不同身份参加了在中国举办的全部五届世界乒乓球锦标赛，据说，中国乒乓球裁判员队伍中唯有我一人有此经历。第一次是1961年第26届，我担任临场裁判；第二次是1995年第43届，担任裁判长助理；第三次是2005年第48届单项赛，此时我已退休十年，因姚振绪先生等领导的推荐，又受邀参加竞赛部，协助做具体工作；第四次是2008年第49届团体赛，我又受姚振绪先生和裁判长张桦邀请到竞赛部工作；第五次是2015年第53届单项赛，我作为嘉宾应邀参加了大会的重要活动。

四、以原则性、灵活性、艺术性应对赛场风云

在乒乓球比赛中，观众比较关注的是运动员之间的较量，除非发生争执，一般情况下，观众很少去注意裁判的情况，只有自己做了裁判后才深深感受到裁判是一场比赛的组织者和掌控者，甚至在特定环境下，影响着比赛的氛围，故裁判具有举足轻重的责任。一直以来，我深知责任重大，在长期的裁判生涯中，从不间断地学习。特别重视收集实例，进行正反两方面的总结，以提升自己，坚持不懈地"依据规则、规程、事实为准绳"进行执法。我曾无数次担任国际大赛、全运会、全国锦标赛等重大赛事裁判长，遇到问题，临危不乱，从不退缩，勇于担当，巧妙处理。在处理风波中，不断学习，不断提高，不断成熟，从而得到包括国际乒联主席在内的国内外乒乓界权威的高度赞扬与肯定。

1987年我在广东佛山担任第六届全运会乒乓球决赛裁判长，在对裁判工作的总结中，我强调：无论裁判长、裁判，执法应做到"原则性、灵活性、艺术性有机结合"。之后1993年在湖南长沙举行的裁判长培训班前夕，我以中国乒乓球协会裁判委员会副主任的身份专门递交了以"原则性、灵活性、艺术性有机结合"为主题的论文，被授课老师赞赏并采用补充在他的讲课中；2001年《乒乓世界》专门载文，赞誉我"多次担任国际国内重大比赛的裁判长，她果断巧妙地处理了二青会、全国锦标赛、全运会、亚洲锦标赛等多起影响较大的弃权、罢赛纠纷，表现出极强的原则性、灵活性、艺术性，被誉为'老前辈中的少壮派'"。

坚持原则必须内心足够强大。记得在我担任裁判的早期，有一次在江

湾体育馆担任国际访沪比赛的裁判，比赛中我判了上海队选手的边线内发球违例（当时规则的规定）。结果在回来的车上，教练讽刺我："有的裁判怕外国人，崇洋媚外。"出于对老教练的尊重，我没有去当面顶撞或争辩。在我漫长的裁判生涯中，这是我第一次遭到教练的当面数落。我认为既然担任裁判，就必须按规则执行，公开、公平、公正，才能确保比赛圆满进行，无愧于赛场"法官"的称号。

1979年第四届全运会的预赛分设南京、徐州、镇江三个赛区，我担任总裁判长兼南京赛区的裁判长，主要坐镇南京，赛场上也出现了风波。上午的女子单打比赛中，八一队的戴丽丽在八点三十分进行了第一场比赛，以3∶2获胜；第二场十点的比赛由于对手弃权戴丽丽获胜。接着第三场十点五十戴丽丽将与上海队的卜启娟继续比赛。时间已到，却未见戴丽丽到场。此时上海队的教练过来催问，我劝说上海队教练再等等。继续等了一阵之后，人还是没来，当时各代表队都住在大会安排的就近的宾馆，但八一代表队是自行安排在外住宿，该队领队却无理要求大会派车去接。此时我严肃地表示："大会是不可能派车的，是你们自己单独住在外面宾馆。而且上一场戴丽丽还来参加比赛，现在走了，说明她根本忘记了这场比赛！"当时的戴丽丽正处于上升势头，前不久刚获得全军运动会女子单打冠军，已小有名气，但作为裁判长必须一视同仁，公平、公正，坚持原则。由于超时很久，最后我们决定对她作弃权处理。随后上海队教练带着卜启娟离开赛场，不久戴丽丽和教练抵达赛场，听到已被判为"弃权"，当场也无异议。不过后来事情闹大了，八一队把我告到了中国乒协正在召开的代表大会上。我问心无愧地写了书面材料，如实汇报了整个事情的经过情况，从此风平浪静，中国乒协既未询问，更不可能来追查。这证明了我的处理是正确的。但几天之后八一队教练看到我，还冷嘲热讽地说："你，裁判长嘛，有权！"我也底气十足地回敬他："什么意思！你们无非是对戴丽丽弃权不满，我没错！我不怕！"没想到后来再见面时，他很客气，真是不打不相识。六十多年裁判生涯中，他是第二个当面数落我的，也是最后一个。

　　国际赛场上，相应的风波处理难度更大，但只要牢牢把握"规则、规程、事实"的准绳，把"三性"巧妙地结合，一切便可迎刃而解，化险为夷。1986年10月，第八届亚洲乒乓球锦标赛在深圳举行。首先要执行裁判"中立制"，这一届比赛程嘉炎先生是裁判长，他主管外事，安排我任第一副裁判长，全权负责竞赛组织和裁判工作。女子团体半决赛中，朝鲜与韩国两队相遇，胜者将与中国队争冠。根据我多年的经验，尽管中国裁判上场也符合"中立制"，但我非常清楚这两队比赛的敏感性，裁判由中国人担任不好处理。鉴于此，我特地派了中立裁判日本的佐佐木修担任主裁判、巴勒斯坦的阿明担任副裁判。听到对半决赛裁判人选的安排时，中国裁判还当面夸我"英明"。比赛果然相当激烈，总分2：2打平后，最后一盘由韩国的玄静和对朝鲜的赵贞姬，二人前两局又是1：1战平，决胜局打到16：12，朝鲜选手赵贞姬领先。此时她侧身回击对方来球时，球先碰到了自己的衣服，再落到对方球台。玄静和见状先是不准备回击，但主裁判佐佐木修因为赵贞姬回球时正好背对着他，由于视角原因没看到这一情况，故没叫"停"，玄静和只好赶紧勉强回击过去，当再次接对方来球时回击落网。主裁判误判赵贞姬得分，比分为17：12。玄静和当即对这一分的判定提出疑问，比赛中断。在双方的争执中，主裁判几次改判，场上形成了持久的僵持局面。此前，我坐在裁判长席上，也在聚精会神地注意着比赛。虽然赵贞姬回击时背对着我，但我清楚地看到了玄静和先愣了一下，再勉强回击的神态，结合赵贞姬的侧身动作和球的运行状态，我敏锐地意识到赵贞姬在回球时先碰了球衣。我便站了起来，示意裁判员快来报告我。时任国际乒联技术委员会主席、来自马来西亚的叶荣誉先生对我说:"裁判员怎么不来报告?"我说:"是呀!他不来报告,我也不好过去。其实我已经站起来,示意他快来报告。"过了不久,只见阿明在场内向我招手,我带着翻译急忙走了过去,并顺道迅速问正在场内看球的郑敏之:"球碰衣裳对勿?"(她坐的位置是能够看得清楚球的运行的)郑敏之非常肯定地告诉我:"对的。"我进入赛场向两位裁判表明以下三点:首先,国际规则规定,对有关事实的判定是由临场裁判做出的;其次,请你们两位再认真回忆这一回合的事实,作出最后判定。因为此时阿明明确表示赵贞姬回击时球确实碰到了衣服,而因为佐佐木修几次改判,因此必须做一次最后的判定。最后,我说,即使场外看到赵贞姬在回击中球先碰到了衣服,也仅供你参考。我虽没有让主裁判按我的判断而改判,但已暗示他并帮助他解决难境。因为我非常清楚,有关事实的判定,是临场主裁决定的,我虽是裁判长,也无权改判,要改判应由临场裁判自己改。阿明本来就已看到赵贞姬的违例,听了我的三点表态后,两位裁判商量后做出了最后判定:16∶13,玄静和得分。果然,朝鲜队开始大闹了,一帮人冲到裁判长席,拉扯我的衣袖向我叫嚷,我严厉地警告说:"动什么手?有话好好说!刚刚我对两位裁判说了三点(我把三点又重复一遍);听到我讲三点的,有5个人,两名裁判、两名运动员和翻译。我根本没有让他改判,是裁判自己改判的。"翻译也马上在旁边对我所说的进行了证实。比赛因为这一分球的争执中断了50分钟,在这期间,我见赵贞姬人已不在现场,便向叶荣誉报告说:"叶先生,规则上规定,运动员离开挡板3米以外,要经过裁判长同意,赵贞姬现在是擅自离场!"其实我是有意识这样说的,让朝鲜队知道我是精通规则的,我要重塑裁判员的绝对权威,确保赛场秩序。叶先生听到我的话马上说"是呀",他又催促人赶快把赵贞姬叫了回来,同时又向我提出撤换裁判的建议。我考虑到佐佐木修因为赛场风波已是紧张不堪,并一再地向我致歉,为使比赛顺利进行,我决定换另一位副裁判长、来自澳门的国际裁判柯宜洲上场。我对他说:"柯先生,现在是关键时刻,劳您大驾上场了。"听了此话,他很乐意地接受了。我又另派国际级裁判古拉热木担任副裁判,特意关照她"注意看清球的运行,配合好柯先生"。古拉热木信心百倍地回答我:"顾老师,您放心!"这场比赛最终朝鲜队获胜。当天晚上,程嘉炎先生把我找去,我详细汇报了我的现场考虑与处理经过。事后,《深圳日报》对这场风波进行了详细报道,还刊发了朝鲜队员对我围攻时我理直气壮的照片,并完全肯定了我对此事的正确处理。后来我遇上全程观看比赛的国际乒联主席伊万斯先生,他也肯定了我的临场不危与正确处理,赞誉我说:"你是比赛场上重要的人物!"叶荣誉先生也夸我说:"有顾女士在,一切都放心。"

乒乓球运动发展到今天,水平在不断提高,规则也在不断变化,这给我们的裁判工作带来了挑战。如何在坚持原则的前提下,在执行中结合实际,保持适度的灵活性,这是一门艺术。1987 年 11 月,第六届全运会乒乓球决赛阶段在广东佛山举行。当时国际乒联对发球做出了新的规定:运动员在发球时,"球必须几乎垂直抛起离开手掌 16 厘米以上"。这条新规则在预赛阶段并没有执行,而到决赛阶段才执行。由于已知安排我担任(决赛阶段)裁判长,我清楚这肯定有麻烦,甚至会产生纠纷。为此我还跟程嘉炎先生说:"你这不是给我出难题嘛!新规则初赛阶段不执行,而到决赛阶段叫我执行。"果然,在决赛阶段的比赛中,就发生了因判罚新规则发球违例引起的风波。当时比赛分在两块场地进行,我并不在现场,乒乓处领导遇到我对我说:"顾老师,那边场地出事了。"原来,在福建队与广西队的男子团体比赛中,福建队运动员陈新华在比赛过程中因为发球时抛球的高

1987年11月19日,在第六届全运会(决赛阶段)顾宓凤与亚乒联领导城户尚夫(左二)等日本朋友在广东佛山体育馆合影。

度未超过16厘米而违规,被裁判按照新规则连续判罚5个(警告和失分)。这下子把陈新华激怒了,与主裁判发生了争执与口角,并当众讽刺主裁,造成比赛一度中断。后来副裁判长撤换了主裁。换上去的主裁判对运动员却显得分外客气,在剩余的比赛中,既不警告,又无罚分,执法很宽松,走向了另一个极端。

  我首先遇到福建乒乓球队领队,严肃指出:陈新华是国家队优秀运动员,要起榜样的作用,他对裁判员判罚有异议,可以及时提出来,而不应在场内当众讽刺裁判;并明确肯定主裁的判罚、原则没错。领队全然接受。我再与当场主裁判交换意见,指出:新规则刚刚执行,要求发球抛高16厘米以上,陈新华发球违例也肯定不止这五个球,所以你判罚违例的原则性一点没错；但由于预赛没执行新规则，到了决赛阶段才开始执行，这需要一个过渡时间，需要提高灵活性与艺术性。他表示心服口服。最后我在大会结束的裁判员总结会上提醒大家：首先不要认为问题出在某个裁判身上，与己无关，不管谁出问题，我们所有人都要接受教训，包括我也要认真学习，找出问题，总结提高。在一场比赛中，为什么裁判要连续判五个违例，而换上去的裁判却一个都不判，这说明我们裁判的执法尺度不一，先是严格要求，后来是没有要求，走向了两个极端。同时，我还认为副裁判长有权，但无须马上撤换裁判，可以坐在挡板外观察，看看事态的发展，视情况再决定，这样可以更有策略些。除了身体原因、无法控制的场面和原则性判罚错误等必要的情况外，不轻易撤下裁判，也是裁判长对裁判员的关心、支持与爱护。我一再强调，这次事例是属于需要提高的问题，不是错判、漏判的性质。最后我特别强调：无论是裁判员和裁判长，都要严格遵循规则、规程、事实三个准绳，结合原则性、灵活性和艺术性，才能当好一名裁判员（长）。会后我得到了大家的高度肯定和赞扬。

  乒乓器材的变化以及相应规则的变化，也给裁判工作提出了更高的要求。观众在比赛开始前都会看到我们裁判员在检查运动员的球拍，检查内容包括球拍的颜色、光泽、厚度、平整度、胶粒的分布（每1平方厘米20—50个的颗粒数）以及胶皮是否损坏等，这是按照比赛规则的规定，我们要做的工作，而且必须坚持按原则做好。第六届全运会中福建队与辽宁队争夺女团前三名。在运动员即将入场时，该台裁判前来向我报告说："福建队陈子荷的球拍有问题。"陈子荷使用的球拍是长胶，我拿过她的球拍一看，有些部位的长胶颗粒掉得太厉害，我都能看到底板颜色了，这属于胶皮磨损。我确定陈子荷的球拍不符合规则，必须更换胶皮。她强调："没带胶皮。"我回答："这是你的问题。"并且有意走开了。她只好拿出了备用胶皮。这里还有一个小插曲：更换胶皮过程中因为长胶胶皮太薄，卷了起来，总是无法黏合到球拍上。时间在消逝，辽宁队教练在一旁催促。此时张燮林指导看到后走了过来，自告奋勇地对我说："还是我来吧，我有办法。"我兴奋不已，这真是来了"救星"！张燮林指导对球拍的使用、性能操作绝对是行家，于是我马上拿来剪刀，只见他在球拍涂上胶水并垫了一张纸，慢慢地边按边抽出白纸，直到完全黏合，我才松了一口气。

五、亲历事业发展　留下历史印痕

我的乒乓球裁判生涯持续了几十年，人家评价我是从"姑娘级"一直坚持到"奶奶级"。几十年间，我亲身经历了中国乒乓球裁判队伍的成长和裁判事业的发展，这既是我国乒乓球事业的重要组成部分，也是乒乓球运动正常开展的基础与保障。我想结合个人裁判生涯，谈谈我所经历的中国乒乓球裁判队伍的建设和运行。当然这只是一些碎片化的内容，并非系统性的总结。

裁判队伍的建设方面，乒乓球被誉为中国的国球，从事这项运动的专业运动员数量不小，业余爱好者则更是天文数字了，但中国并没有设立专职的乒乓球裁判。中国的乒乓球裁判队伍是客观形成的，所谓"客观形成"，是指这支队伍由爱好者或根据需要所组成，裁判员们都有着自己的本职工作，从事乒乓球裁判工作是业余兼职的。1984年的时候，上海市体委确实有过设置一名专职裁判的考虑，市乒协把我作为人选，并来征求我的看法，我持否定态度。我的出发点还是非常现实、客观的：乒乓球平时职业性的比赛毕竟有限，如果组建这支专业的裁判队伍，平时做什么事呢？谁养得起啊？当然，尽管我们的裁判员都是业余兼职的，但在队伍建设上还是要注意人员的相对稳定。在这方面，我既注重其人品、对乒乓球是否热爱，也注重其业务能力，还要在年龄结构上实行老、中、青衔接，保持队伍的后继有人。因为没有年轻人，队伍就缺乏生气和活力，也不能做到可持续性发展。每逢比赛我们都在这批人员中挑选，以确保比赛的顺利进行和执法水平。尤其是重要赛事，没有相应的经历和水平的人是选不上的。

现在裁判队伍的管理强调协会的作用，主要是乒协在管，这也经历了一个演变过程的。过去在裁判队伍管理方面，完全是行政这条线管理得更多一些、更直接一些。例如我们上海就是由市体委竞赛处管理比赛与裁判工作，乒协则与体育行政部门有关业务处室进行协作与配合。中华人民共和国成立初期是由王惠章负责；大概从1969年左右起，军代表进驻体委系统后，对体育各项目的裁判工作做了调整。我记得是在市体委二楼大厅开的大会，宣布乒乓球裁判工作由我负责，但并非专职工作。其实我和裁判员都是业余的，需要时，接到竞赛处来电就去商讨或执行，包括我从1975年起担任上海市乒协副主席兼裁判委员会主任，后来担任全国乒协裁判委员会副主任。个人的日常工作主要还是在上海这一块，从全国层面上讲，平时没办法也没时间管理。中国乒协裁委会召集常委会（当时为5人）开会时，我和其他常委一样畅所欲言，发表意见、建议（包括裁判长人选，外派裁判国家级裁判考试、培训等），从而发挥了中国乒协裁委会副主任的作用。每逢赛事我担任裁判长时，都利用比赛的全过程，利用裁判长的职责去进行裁判队伍的思想、业务的管理，以及日常考察。

裁判工作的运行方面，在我们那个年代，每逢国家有重要比赛，一般是由国家体委乒乓处下发通知到上海市体委竞赛处，处里再找有关项目负责人和协会具体（联系）负责人商量决定裁判名单。例如举行某项赛事时，市体委下发通知，体委分管竞赛的有关人员就会找到我，一起商议裁判人选或有关事宜。尤其遇到重大比赛时，我们选拔的标准首先就是人品和个人业务能力以及现实表现。由于大家都是业余兼职的裁判，所以初步拟定裁判人选推荐名单后，体委竞赛处会与裁判员所在的单位去协商脱产（半天、一天或几天，视比赛需要），至于能否协商成功，完全由所在单位决定，是否放行要看单位领导的意见。在我去协商时，也遇到因各种事由而未能成行的情况。又如1959年在北京举行第一届全运会，市体委要我去当裁判，但我所在小学的校长无法同意，事后获知是因为当时我担任大队辅导员，每周上20多节课，无人能顶替，故我未能成行。第26届世乒赛，赛事重大，很可能上级部门下文到区教卫部，学校为我专门请了代课教师，我才得以成行。还有1984年的国家级裁判考试，当时委任我是国家裁判考试委员会副主任、考官。但正逢统一整党，规定不能请假，也没去成。我对裁判严格要求：本职工作必须搞好，本职工作搞不好就不要来从事裁判工作，必须用平时的积极工作来取得单位领导的支持。现在这一块工作的运行机制发生了变化，改为由协会出面来组织运作。现在专业和业余的赛事非常多，裁判队伍也日益庞大，赛事裁判的安排通常下沉到各区的体育局和协会运作。

　　赛事裁判的培训方面，全国比赛一般是安排裁判员在赛前提前几天集中，进行培训学习和赛事准备。20世纪60年代通常是晚上比赛，很多重要赛事，包括外国队访沪都安排在江湾体育馆比赛，我们都是比赛当天上午十点左右赶过去，在馆里就餐，下午准备，晚上比赛，一天解决。当然，第26届世乒赛属于特例，因为这是第一次在中国举办世界级的重大比赛，这么多外国选手到中国来参赛，国家特别重视，从裁判员报到直到比赛开始，用了将近一个月的时间进行学习、培训、准备。随着对外的不断开放、扩大，国际大赛不断在中国举行，我们的裁判工作也越来越有经验，越来越卓有成效。除了第 26 届世乒赛外，后面四届在中国举行的世乒赛既无须也不可能对裁判安排长时间脱产（影响单位工作）培训和准备了。第 26 届世乒赛时之所以要安排这么长的培训时间，还有一个因素，就是那时我国执行的是两套规则，国内比赛用中国自己的，国际比赛时执行国际乒联的。第 26 届世乒赛执行的是国际乒联的规则，对此我们都很陌生，所以培训时，发给每个裁判一本英文翻译过来的中文版《乒乓球裁判规则》。这种两套裁判规则体系的情况从 20 世纪 50 年代持续到 70 年代，直到徐寅生出任国家体委副主任后，他提出高见，指出我们作为乒乓强国，必须把国际和国内两个规则统一起来，以后就依据国际规则执行。这样我们就统一采用了国际规则，国际规则也就是我们国内的规则，只不过业余比赛有些条款可以适当放宽标准，比如关于着装的要求，专业比赛着装必须短衣短裤，而国内的业余比赛中这一点就不做硬性要求了。

裁判业务的提高方面，中国的乒乓球运动称雄世界，乒乓球运动的高水平，必然带动着裁判员水平的提高。尤其自程嘉炎先生掌舵后，开创了中国裁判界的新篇章，中国的裁判队伍，无论理论、实践、编排、外语，均突飞猛进，独树丰碑，在国际乒坛享有极高声誉。中国乒乓球裁判员队伍也是人才济济，各有所长，比如睿智的程嘉炎、稳健的刘自我、勤奋的孙麒麟、踏实的杨兆明、聪明的张桦……不胜枚举，我从他们身上学到许许多多，获益匪浅。还有不少年轻裁判，资历虽然比我浅，但他们富有朝气、思维敏捷、文化底蕴厚实，这对我也是一种激励。我自己虽然 33 岁就成为中国第一批 11 名国际裁判员之一，但深感人必须不断提升自己，加强知识储备，所以 1984 年那一年我去报考了上海教育学院四年制的体育大专班。当时单位里不少人包括领导都认为："凭你的资历、裁判业绩，混也能混到退休！"但已经 45 岁的我，以坚毅的态度感动了大家，也改变了领导的看法。他们表示："顾寇凤真够拼的！"按照校方规定，对"知名人士"可以加50分，但我内心的奋斗目标是要努力发挥，考出好成绩，凭本事入学。由于考生整体水平不高，加上在母校打下的扎实基本功，自己也非常珍惜这次机会，刻苦准备，最终在全市180名考生中，我也出人意料地以前6名的成绩考入，并通过四年的艰苦学习顺利毕业，受到所有老师、同学的高度肯定。

在我印象里，老一辈的裁判，如王惠章、施家贤等业务能力都很强，处事认真、作风硬。我们是接老前辈的班，他们言传身教，我们则努力提高业务水平能力，严格要求，严格管理。尽管裁判组织是业余的，但业务必须是专业的、过硬的。当初上海市乒协的办公地点设在体育宫，我们裁判中心组（每区一个代表）每周四晚上学习，内容是工作布置、业务交流和互通信息等。我根据上海市一年内不同层次的比赛计划做出安排，针对具体的比赛级别和地点，组织青年裁判编排培训计划与实施，有针对性地安排经验丰富的老裁判去担任培训老师，不同的比赛放在不同的区，区区平衡，不留空白，包括扩大到高教系统，提供学习、锻炼的舞台，为日后的大乒协培养裁判与骨干打下了一点基础，保证了裁判队伍得到充分锻炼，后继有人。

六、阅尽体坛风云　越过春夏秋冬

运动员的运动生命很有限，裁判员则不然，裁判生涯的时间跨度可以很大。我从20世纪50年代进入裁判界到1995年退休，几十年间，有幸为那些在不同年代里纵横赛场、叱咤风云的中外著名运动员担任过现场裁判，例如中国的容国团、邱钟惠、徐寅生、李富荣、庄则栋、张燮林、郑敏之、林慧卿、梁戈亮、郭跃华、乔红、邓亚萍、王楠等，国外的西多、亚历山德鲁、荻村伊智朗、松琦君代、关正子、本格森、舒尔贝克、小野诚治、梁英子、瓦尔德内尔等，他们比赛的激烈场面和运动员的赛场英姿始终让我难以忘怀。

1989年5月21日，顾寇凤担任第一太平银行国际公开赛裁判长时与国际奥委会理查德·艾弗里合影

受热情观众索取签名的感动与启发，多年来我利用担任裁判长的有利条件，积极收藏世界上体育名人和知名人士的签名与合影，其中包括从国际乒联第二任主席伊万斯至今各位主席的单独合影与亲笔签名，还有几代中国男女乒乓球队和部分外国著名运动员的精彩留影和签名。这些珍贵物品都给我留下了太多美好回忆，其中还有一些难忘的故事。

1988年，我在赴韩国担任第24届奥运会乒乓球裁判工作前夕，专程去拜访了庄则栋。早在第26届世乒赛时我就在赛场上目睹了他夺冠的场景。他对我也并不陌生，1976年在上海举办国际乒乓球邀请赛时，我偶然

在1995年第43届天津世乒赛上,顾寇凤与国际乒联规则委员会主席克莱门特(左)和来自澳大利亚的国际裁判长菲利普(中)合影

遇见了当时的市体委主任杜前和庄则栋,杜主任指着我问庄则栋:"你认识她吗?"庄则栋时任国家体委主任,但他非常客气地回答:"老裁判长。"现在我时隔十二年后专程去拜访他,他非常友好地满足我的请求,为我题下了"逆境练人,荣辱不惊"漂亮的八个大字,与我合影,并主动赠送了他写的《闯与创》一书,让我深受感动。

第24届奥运会乒乓球比赛前夕,组委会设宴款待裁判员,国际奥委会主席萨马兰奇专程前来,向卸任的国际乒联主席伊万斯授予勋章,我在现场用照相机记录了此一瞬间。当时也只是随意拍摄,后来我闻悉萨马兰奇卸任国际奥委会主席一职,对萨翁我素来敬仰,我尊称他为"宇宙总统",此时我突然萌生灵感,果断寄出了这张授勋照片,说明了原委,又提出请求萨翁赐予签名和馈赠他的照片这两个愿望。时隔不久,萨翁果然寄来了有他亲笔签名的这两件珍品，让我受宠若惊。如今萨翁已然仙逝，这位世界体坛的伟人也是一位和蔼可亲的老人，令我永生缅怀。

现在，我已把许许多多乒乓球专题的（尤其是第26届世乒赛和第24届奥运会乒乓赛）以及其他非常珍贵的照片、签名、画刊、秩序册、成绩册、纪念章、邮品等质量上乘的共265件（套）物品捐给了国际乒联博物馆，留传后代，也开创了裁判员捐献的先例。

1995年，我从工作岗位上退休，受聘于上海市体育局，参与协助组织全国农运会、全国体育大会、城运会等各项赛事，直至2003年，并随后协助组织二届老运会直到

2002年12月21日，在参加庆祝中国乒乓球队建队50周年表彰会上顾宠凤与蔡振华、张燮林合影。摄于北京大观园

2008年。1995年退休之后，我的裁判生涯一直在延续。我几乎每年至少一次受邀担任乒乓球比赛仲裁。从1995年起，我连续三届（四年一届，时间跨度12年）被国家体委授予"全国优秀体育裁判员"称号；2002年被国家体育总局、中国乒协授予"中国乒乓球运动贡献奖"，2014年获得国家体育总局颁发的"中国老年人体育贡献奖"。

歌曲《365里路》中有这样几句歌词："满怀痴情追求我的理想，从少年到白头，越过春夏秋冬，即使时光渐去依然执着。"回顾我六十多年漫长且至今持续的乒乓球裁判生涯，正在循着这样的追求理想之路。我珍爱昔日的裁判友情，胜过同胞兄弟姐妹的感情，与他们结下了真诚、纯粹、刻

顾寇风获奖证书

骨铭心的友谊；我感恩各级组织和领导、前辈对我的呵护、培养、帮助与支持，没有他们创造的"舞台"，那有"舞者"的施展；我感恩漫长岁月里全国乒乓球界同仁的全力支持、关心照顾，让我在事业之路上顺利前行、得心应手。这些永远都是我人生历程中最宝贵的财富。

跋

金大陆

我的志趣和专业是历史学,第一本著述却是中国青年出版社1990年版的《体育美学》(其中,《奥林匹克的和平精神》一文入选1986年国际和平年中国组委会主办的"国际和平年·维护世界和平学术讨论会")。原委何在呢?该书《后记》中有这么一段话:

> 我对体育的眷恋,也许源于一段非常的经历,因为我曾用青春去为体育葬过一个梦。梦是无法实现的,但它毕竟美妙、诱惑,并且频频地鼓动起青年人巨大的勇气和毅力,以至于我那么固执地认为:体育的精神正是人类优秀品格和人类崇高理想的映照。

曾有略知一二的记者追寻这个"梦"的故事,我嗫嚅着,不愿意去触动心底的那块疼痛。恰如2008年《体育与科学》杂志主编程志理教授在为《体育美学》再版序言中所说:金大陆"'文革'时期带孩子们打乒乓球的业余教练经历,让我敬佩。大陆细节说得不多,但每每提及,总有些动情"。倒是当时的学生家长、复旦大学图书馆的曹宠先生对记者说:应该是上海五角场地区的一批优秀青年,带领一支小乒乓球队在为理想而奋斗。确实,这大概是"文革"时期第一支民间的"志愿者"队伍吧。在我们这个团队中,出现了三位历史学教授(除我外,另两位是上海交通大学东京审判研究中心主任程兆奇教授、浙江师范大学历史学系主任吴潮教授);队员中则有充满艺术感可称"人球一体"打法的左华荣,他屡屡获得"红双喜杯""联通杯"等市级重大比赛的桂冠以及天津全运会业余组选拔赛男子单打冠军等，还有两位文化传媒界的佼佼者——上海电视台"中日之桥"栏目制片人兼主持人吴四海、深圳报业集团出版社社长杨桦。

日月如梭，一晃三十年过去。2005 年，吴四海在复旦百年校庆的《校友纪念集》里提及我"在五角场空军大院一个仓库改成的乒乓房，收下了我们一群 6 男 4 女不知天高地厚，只知世界冠军指日可待的乒乓小鬼们"，"他闪烁在土黄眼镜片后的那双不屈不挠的眼神永远印在我心灵的底片上"，他出面招呼小伙伴们聚集起来，重新拿起球板进行"快乐乒乓"。此时，我已多年沉浸在 20 世纪六七十年代上海城市社会史、经济史的研究中，故在《体育美学》再版后记中坦言："我现在的学术追求已与体育，已与美学渐行渐远。"诚然，研究的深入和成果的显现是重要的原因，甚或我认为：一个人学术路径的脉络和机缘，"一定会与人生的遭际、境遇、历练，会与人生的心志、学识、情趣等密码相契合"。可为什么？近十年以后的 2013 年，我又会回过头去寻觅体育，在学术路径上开辟了上海乒乓球运动史的研究分支？

扪心自问，在徐寅生、李富荣、张燮林、林慧卿、郑敏之、李赫男等国家功勋运动员的精神感召下，人生历程中曾有一段"痛并快乐着"的生命记忆，此其一。"国球"在"国史"中的位置独树一帜，而"国史"的大旨和要端是"国球"辉煌的根基，故打通"国球"与"国史"的关联，极具探究的价值，此其二。如果说，以上为人生感悟和学术意义的因由，那么，其三则为当年的学生和同道，心心念念，牵线搭桥，提供了种种促成的机缘和便利。我去香港中文大学访学，与时任深圳报业集团出版社社长杨桦谈选题，不约而同地认为若从历史学的角度为中国的乒乓球事业出点力是个好主意，关键是能否采访灵魂人物徐寅生。恰巧知道左华荣的表演赛曾得到徐主任赞许，门便推开了，我邀约当年协助带队的吴维参与工作，便有了徐寅生口述自传《我的乒乓生涯》。真是一路通了路路通，吴四海说上海堪称乒乓球的"摇篮"，何不把"摇篮"中的功勋名将都采访了呢？并出面联系了郑敏之、于贻泽、余长春、曹燕华、张德英、丁松、王励勤等。当我将此课题的申请大纲交给上海地方志办公室·上海通志馆和复旦大学出版社后，立即得到领导的全力支持，通志馆拨款立项，出版社派出优秀编辑。我又联络王於竞教授，与中国乒乓球学院达成合作协议，终成访谈录、纪事录和历史图典的系列研究，以求填补上海乒乓球百年运动史和上海城市史的空白。

就此，我们以四十多年前的学生和球友组成了同心同德的工作团队，筚路蓝缕、日夜兼程，为设定的目标而奋力，而追求。他们是负责配图的王於竞、负责录音的吴维，以及陈允荣、夏勇明、金丹、方文秋、孙培初等。曾为宝山少年队队友的刘茂和朱光琴也时时来电问候和关心。翻开本书的目录，作为乒乓球运动的爱好者，我和我的团队深感自豪，短短两年多的时间，我们采访了前辈如徐寅生、张燮林，同辈如李振恃、张德英，后辈如倪夏莲、王励勤等21位上海籍的国家功勋运动员（需要说明的是，为上海夺得奥运会和全运会金牌的许昕正在备战东京奥运会，我们不便打扰，承蒙球迷们的推崇和厚爱，只能留待重版时再予以增补了。至于何智丽，我们曾多次通过巨鹿路第一小学楼校长等传达信息，但她态度不明确，我们也只能作罢）。除了身处上海、北京的之外，林慧卿在香港，余长春在加拿大，倪夏莲在卢森堡，李赫男和李振恃在美国，都没有难倒我们。记得去采访张德英时，四海说："乒乓球伴随一生，能为世界冠军作传，一幸事矣！"这本书既是向这三代上海籍国家功勋运动员致敬，也是献给上海这座伟大城市的一份礼物。

借此，特别感谢复旦大学前任党委书记秦绍德教授、中国史学会副会长熊月之教授为本书撰写了精彩的序文。

2020年6月于上海

图书在版编目(CIP)数据

国球之"摇篮":上海乒乓名将访谈录/金大陆,吴四海编. —上海:复旦大学出版社,2020.7
(上海地情普及系列丛书)
ISBN 978-7-309-14960-9

Ⅰ.①国… Ⅱ.①金…②吴… Ⅲ.①乒乓球运动-运动员-访问记-上海 Ⅳ.①K825.47

中国版本图书馆 CIP 数据核字(2020)第 120971 号

国球之"摇篮":上海乒乓名将访谈录

金大陆 吴四海 编
出 品 人/严 峰
责任编辑/史立丽

复旦大学出版社有限公司出版发行
上海市国权路 579 号 邮编:200433
网址:fupnet@fudanpress.com http://www.fudanpress.com
门市零售:86-21-65102580 团体订购:86-21-65104505
外埠邮购:86-21-65642846 出版部电话:86-21-65642845
上海丽佳制版印刷有限公司

开本 787×960 1/16 印张 48 字数 588 千
2020 年 7 月第 1 版第 1 次印刷

ISBN 978-7-309-14960-9/K·725
定价:198.00 元

如有印装质量问题,请向复旦大学出版社有限公司出版部调换。
版权所有 侵权必究

杨瑞华　徐寅生　张燮林

林慧卿　李富荣　郗恩庭

李赫男　于贻泽　郑敏之

姚振绪

李振恃　黄锡萍　张德英

陆元盛　郗沼蓉　沈剑萍

（签名）　倪夏莲　（签名）

（签名）

上海通志馆　中国乒乓球学院

上海地情普及系列丛书·口述访谈系列

国球之"摇篮"
上海乒乓名将访谈录 （上）

Interviews with Great Table Tennis Players in Shanghai

金大陆　吴四海　　　　　　编

復旦大學 出版社

《国球之"摇篮":上海乒乓名将访谈录》编委会

主 任
吴一峻　施之皓

副主任
石梦洁　杨　玲

委 员
（按姓氏拼音排序）

陈允荣	方文秋	冯　晔	金大陆	金　丹	李汶凯
吕鲜林	任　杰	石梦洁	孙培初	王於竞	吴四海
吴　维	夏勇明	杨　桦	左华荣		

目 录

序一 / 秦绍德 　　　　　　　　　　　　　　　　　　001
序二 / 熊月之 　　　　　　　　　　　　　　　　　　001
上海：乒乓球世界冠军的"摇篮" / 徐寅生 　　　　　001

薛伟初：梦圆乒乓 　　　　　　　　　　　　　　　001
杨瑞华：我有三个梦想 　　　　　　　　　　　　　017
徐寅生：我的乒乓"三部曲" 　　　　　　　　　　047
张燮林：心心念念的追求 　　　　　　　　　　　　095
林慧卿：归侨人生路 　　　　　　　　　　　　　　141
李富荣：我就是不服输 　　　　　　　　　　　　　171
余长春：从无名英雄到有名英雄 　　　　　　　　　205
李赫男：率性而为 　　　　　　　　　　　　　　　247
于贻泽：道路、命运与奉献 　　　　　　　　　　　271
郑敏之：年年春天来这里 　　　　　　　　　　　　299
姚振绪：行走于中国和世界乒坛 　　　　　　　　　345

序一

秦绍德

翻开这本书,我就被深深吸引住了。当年驰骋乒坛的名将都在这里同你聊天。他们的故事有如一篇篇小说,展现着千姿百态的人生历程;有如一台台活剧,上演着呼风唤雨的精彩剧情。

乒坛名耆徐寅生曾说过,上海是乒乓球世界冠军的"摇篮"。实际上还可以进一步说,上海也是我国乒乓球运动的"摇篮"。

我国乒乓球运动的发祥地在上海。乒乓球运动是一件舶来品,起源于英国,由网球变化而来,晚清时传入我国。至于从哪里传来,从欧洲还是日本,则有待查考。但首先登陆的地点就是上海。大概在20世纪一二十年代,上海已开始流行乒乓球运动(想要了解这段历史,读者可参观位于上海局门路796号的中国乒乓球博物馆)。然后,乒乓球运动传播到全国各地去。说上海是国球之"摇篮",是一点不过分的。

上海又是中国国家乒乓球队参加历届世界锦标赛主力队员的"摇篮"。据不完全统计,从1953年第20届世乒赛至2018年第54届世乒赛,中国国家队的主力队员中至少有上海队员近60人次,占全部队员的近三分之一。

因此,上海自然也是世界冠军的"摇篮"。据徐寅生统计,新中国成立至今我国获乒乓球世界冠军115个,来自上海的运动员、教练员有20人左右。如果把上海队员参加男女团体赛所获冠军也计算在内的话,上海选手至少获得超过69个世界冠军。

上海还是著名乒乓球教练员的"摇篮"。担任过国家队男女队教练的有杨开运、傅其芳、孙梅英、李赫男、徐寅生、张燮林、李富荣、林慧卿、陆元盛、施之皓等人，担任过八一乒乓球队总教练的有李振恃。其中，徐寅生担任国家队男队主教练有8年之久；张燮林担任国家队女队主教练达23年；李富荣担任国家队教练时，率团在第36届世乒赛上囊括7项冠军、5项亚军。有些优秀的教练员成长为执掌我国乒乓球运动全局的官员，对我国乒乓球运动的发展产生着深远的影响。徐寅生一篇充满辩证法的讲话，得到毛泽东的批示，影响几代乒乓人，影响甚至超出体育界。

颇有意思的是，上海还是某项乒乓球技术的"摇篮"，比如说削球。上海出现了那么多擅长削球的名将：张燮林、林慧卿、郑敏之、姚振绪、陆元盛、丁松。张燮林变化多端、"海底捞月"般的削球，使一代球迷如痴如醉，可以说是削球的"宗师"。在削球技术不被重视、削球高手几近湮灭的今天，回顾这些，不禁唏嘘不已。

由于乒乓球运动普遍受欢迎，且在世界比赛中成绩卓著，大显国威，故被人称为"国球"。上海何以成为国球之"摇篮"？探其奥秘，约有数端。

一是因为上海是一座开放型城市，事事得风气之先。上海自1843年开埠以来，百年间逐步发展成为东亚乃至国际性大都会。工商业发达，移民日众，我国各种新产业、新技术皆首先在此发端，乒乓球运动的引入也是一样。

二是因为乒乓球运动普及的基础好。早在新中国成立以前，上海的乒乓球运动已十分常见。商业性质的私人乒乓球房遍布全市各处，如新世界、华新、金门、东方、华胜、太湖、永安七重天等。民间各行各业自发组织的乒乓球队也不少，如糖业队、玩具商队、晓光队、联星队、广东队等。这种情况一直延续到新中国成立以后。这就为上海早年的乒乓球员提供了许多"打野球"从而增进球艺的地方。新中国成立以后，公家办的场所如工人文化宫、精武体育会、沪东工人文化宫，以及企业、机关、学校组织的乒乓球队，又进一步推动了乒乓球运动的普及。青少年体校的乒乓球队就是基于这样的基础组织的。可以说，当时没有哪一座城市的乒乓球运动有这样的普及程度。至于后来每年举行的如火如荼的比赛，从市区赛到各种名目的联赛，以及有乒乓球特色的学校的涌现，更将普及的范围覆盖到全市。普及与提高的关系是永恒的。没有普及就没有提高，没有提高也促进不了普及。没有如此全市普及的运动，也很难诞生世界冠军。

三是因为一代带动一代，代代相传。人们常说"长江后浪推前浪"，比喻后来者推动前辈，超越前人。我认为还有辩证的另一面——"前浪带后浪"，即前辈带动后辈，提携后起之秀。这一点在乒乓球运动中体现得很明显。作为一项竞技运动，新技术总是在成熟技术改进的基础上出现的。新的高地也要在经验积累的基础上方能攀登。遇到一位睿智的教练，就能诞生一批冠军。上海出冠军多，因为有成就的一代不断将技术、心智、品行传给下一代。"名师出高徒"嘛！我做了一个有趣的统计，如果摒除其他成长因素，下列上海教练和上海运动员都有某种教和学的师承关系：杨瑞华—倪夏莲、李赫男—沈剑萍、李富荣—李振恃、张燮林—曹燕华—许昕、林慧卿—曹燕华、林慧卿—张德英、于贻泽—施之皓—王励勤、陆元盛—丁松。这些都反映了乒乓球运动的传承性。

四是因为上海始终处在技术进步的前沿。乒乓球运动是一项特别讲究技术变化的运动。技术的每一次变化，都会带来一片新的天地。小至乒乓球拍胶皮由正胶换反胶，拉弧圈与防弧圈的博弈，大至技术风格的转变，由"快、狠、准"变为"快、狠、准、变、转"，上海的选手始终处在转变的前沿，勇立潮头。有人说上海乒乓球员的特点是头脑灵活、善于变化，其实就是对新的技术敏感，学得快，适应性强。这一特点可能和上海乒乓球运动所处的环境有关，在这里，各种风格、各种流派都有，谁在这里应对自如，谁就能脱颖而出。翻一翻上海乒坛的"群英谱"就可以发现，名将们真是风格各异。

五是上海有社会各界对乒乓球运动的支持。学校教育、群众体育都给乒乓球以重要的一席之地。从各级领导到平民百姓，对乒乓球的喜爱和支持是发自内心的。每年，以各种名义举办的乒乓球赛成千上万。从特色小学到各区少体校再到市体工队的专业培养系统，和正在崛起的民间俱乐部相得益彰。以世界著名品牌"红双喜"为代表的乒乓球运动器材商的支持也是上海所特有的。正因为有这样的基础，中国乒乓球博物馆、中国乒乓球学院落户上海就顺理成章了。

六是上海有国际性乒乓球交流的便利。借助于国际化大都市之便利，又有产生中国乒乓球诸多名将的声誉，来上海交流的国际著名乒乓球运动员和乒坛人士络绎不绝，在上海举行的交流比赛也始终不断。上海的著名运动员和教练又输出到国外打球、任教、定居，成为中外交流的桥梁。广泛的交流和人脉，使上海乒坛更具世界性。

作为"摇篮"，乒乓球运动为上海这座现代化城市增色不少。但上海的乒乓球运动如何再创新的辉煌？奥运冠军、现任中国乒乓球协会副主席、上海市体育局竞技体育处处长王励勤已经提出了问题。相信读者诸君读完这本书也一定会找到答案的。

2020年5月18日于复旦大学

（作者为复旦大学原党委书记、上海市社会科学界第六届委员会主席）

序二

熊月之

在当代中国，没有任何一项体育运动能像乒乓球这样，可以勾连出这么多举世闻名的动人故事。

其一，小球转动大球，这是世界级故事，生动，有味。细节就不用赘述了，任何一本当代史教科书都会写到。两个小球运动员——中国庄则栋与美国科恩的意外接触，竟成为中美两个大国改变关系的契机，从而有了尼克松访华，有了《中美联合公报》的签订，导致了全球性战略格局大变动。导演、推动那次大变动的四个主要政治家，有三位已经作古（毛泽东、周恩来与尼克松），仅一人（基辛格）尚在，但那次大变动的影响，至今余音袅袅。

其二，中华人民共和国运动员第一次获得世界冠军，这是载入史册的世界性大事。1959年，容国团在联邦德国多特蒙德举行的第25届世界乒乓球锦标赛上，一路过关斩将，夺得男子单打冠军。这是中国乒乓球，也是中国体育界第一个世界冠军。对于素有"东亚病夫"之称的中国来说，意义何等重大！由此，乒乓球被定位为"国球"。那年，上海制作的乒乓球通过国际乒联鉴定，周恩来总理极为高兴，亲自提笔，命名为"红双喜"。其寓意有二，一是新中国成立十周年，二是容国团夺冠。将容国团夺冠与国庆十周年并列，可见这枚金牌的分量。

其三，徐寅生演讲"乒乓哲学"。徐寅生是乒坛名将，多次获得世界冠军。1964年，他在一次面向中国乒乓球女队的座谈会上，结合打球经验，发表了一篇《关于如何打乒乓球》的报告，指出比赛中如何一分为二，从战略到战术上破敌制胜，如何从难、从严、从实战出发练兵，如何破旧创新，不搞形式主义和教条主义。报告中谈到多对矛盾，包括训练与实战、特长和短处、进攻与防御、领先与落后、思想与技术、现象与实质、为祖国荣誉打球与为个人名利打球。这深合毛泽东《实践论》《矛盾论》的精神。讲话纪要经时任国家体委主任贺龙加了按语，转呈上去。身为乒乓球爱好者的毛泽东主席看了以后，大为赞赏，于1965年1月12日做出批示："徐寅生同志的讲话和贺龙同志的批语，印发中央工作会议同志们一阅。并请你们回去后，再加印发，以广宣传。"批示写道："同志们，这是小将们向我们这一大批老将挑战了，难道我们不应该向他们学习一点什么东西吗？讲话全文充满了辩证唯物论，处处反对唯心主义和任何一种形而上学。多年以来，没有看到过这样好的作品。他讲的是打球。我们要从他那里学习的是理论、政治、经济、文化、军事。如果我们不向小将们学习，我们就要完蛋了。"批示一出，正在参加中央工作会议的全国代表，掀起了学习题为《关于如何打乒乓球》批示的热潮。对一个运动员的讲话做如此高度肯定且意味深长的批示，查遍毛泽东的著作，没有第二例！《人民日报》用编者按语的方式，把这一批示精神发布出去。由此，"乒乓哲学"走出了乒乓界，走出了体育界，成为全国普遍关注的宏大问题。

以上三个故事，都与上海有关。因为上海是中国乒乓球运动的"摇篮"，是中国乒乓球运动的重镇，是产生乒乓球健将最多的城市。

上海是中国最早传入乒乓球运动且开展最为广泛的城市。乒乓球运动起源于英国。1904年，上海河南路昭通路合记文具店老板王道午，从日本买回10套乒乓球器材，找来几个人学打，并在商店里展示，以利推销。乒乓球运动遂在上海流行开来，并扩展到其他城市。1916年，上海中国基督教青年会体育部设置乒乓球室，供人活动。1918年，上海中华乒乓球联合会成立，并组建中国台球研究会。1923年，交通大学、圣约翰大学、日本青年会日校和上海中国基督教青年会日校举办乒乓球联赛。这是上海最早的乒乓球比赛。1924年，中华乒乓球联合会举办了上海市第一届乒乓球团体锦标赛，因参赛队众多，分11个组预赛，最后由台球研究会队夺得冠军。由此可见，当时上海乒乓球运动已颇有规模。1925年3月7日，上海举行第一次国际比赛秋山杯赛，参赛者为中日两队，因由日商三菱洋行提供奖杯，故以洋行董事长秋山的名字命名，规定连胜三届可永久保持银杯。至1927年夏，中华队连胜三届，秋山杯遂由中华队永久保存。1927年4月，日本桌球同盟邀请中华乒乓球队访日，由上海选手组成的中华队取得4胜2负的战绩。8月，在上海举行的第八届远东运动会上，乒乓球被列为表演项目。此后，上海成立的乒乓球队、举办的乒乓球比赛日益增多。民国时期，上海工商界办的杯赛多达数十种，包括由上海通商银行发起的通商杯赛，上海中华乒乓球联合会主办的联合杯团体赛，还有宗敬杯、银钱杯、精武杯、大学杯、中学杯、女青杯、相伯杯、华联杯、大陆杯、花旗杯、久丰杯、钱兑杯、钱业杯、丝友杯、木业杯、绸布杯等，参赛队达60个以上。除杯赛外，还有埠际比赛，参赛者近的有苏州、无锡、南京、杭州，远的有北京、天津、广州、香港、澳门等。民国时期，上海著名球队有华一、俭德、圣约翰、精武、邮务、光华、青云、友邦、台球研究会队等，著名男运动员有李传书、张永初、王伯洪、林泽民、王孟年、卢仲球、邓国富、沈士英、黄祥发、邹国范、陆汉俊、欧阳维、李宗沛、容德能、傅其芳、薛绪初等，女选手有林慕容、林金兰、孙梅英等。

中华人民共和国成立后，上海群众性乒乓球运动蓬勃发展。1955年，乒乓球队有7 264支，乒乓球台8 701张，当年比赛1 745次，有57 766人参加。邮电、晓光、耀辉、广东、海马、新体育等球队都较著名。1956

年，市体育宫将三楼辟为乒乓球房，有十多张乒乓球台，成为上海乒乓球训练中心。徐寅生、李富荣、张燮林、郑敏之、李赫男、余长春等名将均出自这里。其时，上海乒乓球水平全国领先。1952年，新中国举行第一次全国乒乓球比赛，以大行政区为参加单位，华东区代表以上海选手为主，杨开运、欧阳维、王传耀、陆汉俊、李宗沛获得男子单打第三至第七名；女选手孙梅英、柳碧、蔡秀娱获女子单打第一、三、五名。1959年，第一届全运会上，上海男子乒乓球队获团体冠军，女子获团体第四。

1961—1965年，上海有一批选手的水平进入世界前列。1961年第26届世界乒乓球锦标赛中，徐寅生、李富荣、张燮林、王传耀、孙梅英均进入前三名，徐寅生、李富荣为团体冠军的主力队员。国际乒联公布的世界优秀选手前八名中上海男子占四名——李富荣、徐寅生、张燮林、杨瑞华，女选手一名——孙梅英排第六。至1965年第28届世界乒乓球锦标赛，徐寅生、李富荣已三次蝉联男子团体赛的世界冠军，张燮林两次蝉联团体赛冠军。获当届女子团体冠军的四名队员有三名出自上海：林慧卿、郑敏之与李赫男。同年国际乒联公布世界优秀选手名单，优秀男选手中，中国9人上榜，其中上海占4人——李富荣、张燮林、徐寅生与余长春；优秀女选手中，中国6人上榜，上海占3人——孙梅英、林慧卿与李赫男。

20世纪五六十年代，上海大批选手调入国家队，在国际与全国各类高端赛事中，来自上海的球员差不多占一半。调入国家队的上海选手，有近半数日后成为国家队教练，包括孙梅英、王传耀、杨开运、陆汉俊、顾尔承、徐寅生、李富荣、张燮林、梁友能、薛伟初、郑敏之、李赫男、林慧卿、华正德等。张秀英、余长春、王传祺、李连生等则担任国家青年集训队教练。他们为中国乒乓球运动的发展做出了杰出的贡献。

"文革"时期，正规的乒乓球训练与赛事一度受到冲击，但民间乒乓球活动依旧进行。1973年，上海市乒乓球队恢复训练。改革开放以后，乒乓球运动进入常态。上海为国家队与解放军乒乓球队贡献了不少主力队员，李振恃、陆元盛、黄锡萍、张德英、王家麟、施之皓、倪夏莲、卜启娟、曹燕华、何智丽、唐薇依、冯喆、高冬萍、何玉林、丁松等都出自上海。

据徐寅生统计，新中国成立以后七十年间，中国在乒乓球比赛中共获得115个世界冠军（包括奥运会金牌），其中来自上海的运动员、教练员就有20人之多，在全国排名第一。

上海乒乓球运动之所以如此发达，与上海城市的特点有密切关系。其一，上海城市体量巨大，乒乓球人口众多。1947年上海城市人口430万，是天津（170万）的2.5倍，南京（103万）、广州（96万）的4倍，杭州（60万）、成都（62万）的7倍。人口总量大，乒乓球人口便多。乒乓球运动适应对象广泛，男女老少咸宜。这是一项有百益而无一害的运动，集力量、速度、柔韧、灵敏和耐力为一体，合技术和战术为一身，既能强身，也能益智，还能交友，对身体素质要求不高，对场地、气候条件要求也不高。其二，上海开埠早，受西洋体育运动影响较早，上海居民接受从外国传入的篮球、足球运动较早，自然很容易接受乒乓球运动。其三，上海城市人口密度高，人均体育运动空间较小，而乒乓球运动对于场地空间要求不高。其四，上海企业众多，开展乒乓球赛事频繁。如前所述，在民国时期，上海企业、团体之间的乒乓球赛事已相当频繁。其五，上海城市人口八成以上来自江南，比较适合非身体接触的、讲究反应灵敏的体育运动。这是乒乓球运动更易于在上海开展的原因。

这部《国球之"摇篮"：上海乒乓名将访谈录》汇集的是新中国成立以后上海乒乓名将访谈录，凡21位。每个人都谈了自己的乒乓道路，包括幼年时代与乒乓结缘、接受相关训练、参加赛事过程、打球特点，以及与此相关的人生感悟。这些名将都是乒坛成功人士。

披览这些访谈，以下几点印象特别深刻：

其一，浓厚的兴趣是打球成功的基本条件。访谈的所有人，无一例外，都自幼便对乒乓球运动有浓厚兴趣，没有一个人像某些不愿学习钢琴的幼童那样是被家长硬逼而来的。徐寅生、张燮林、张德英、曹燕华等，乒乓天赋都极高，都是那种一打球就兴奋、不打球就难过的人。上海工人文化宫有乒乓球桌，但进去打球要凭工会会员证。还是学生的徐寅生没有证件，又想去打球，怎么办？后来托人弄到一张"工会会员证待发"的证明，才有了合法身份进入工人文化宫。这个细节真是很生动！"文革"开始那个阶段，乒乓馆被关闭，无处打球，自称"没有球打了很伤心"的张德英，竟然与队友翻窗爬进球馆，自带灯泡，打球过瘾。

其二，刻苦的训练是打球成功的必要条件。访谈的所有人，无一例外，都是苦练成才。容国团的名言"人生能有几回搏"，几乎是所有乒乓名将的共同信条。为了对付日本选手的弧圈球，薛伟初模仿日本人，苦练弧圈球，没有合适的教练，便找来资料，按图索骥地揣摩，手指都练裂了口，贴上橡皮膏接着练，终于练得一手绝活，为中国队战胜日本队立下了汗马功劳。林慧卿是印尼归国华侨，在热带生活久了，来到上海不适应，但她克服困难，每天早晨6点就起床跑步，有时星期天也要找对手训练，"一直练到腰酸腿软，连走路和笑一声都感到肚子疼，即便这样自己还不肯罢休"。张德英在黑龙江时，坚持锻炼体能，早晨冰天雪地，一路跑下来，口罩、眉毛都是白糊糊的冰，还是照样练；为了让自己的步法更轻灵，便在小腿上绑着沙袋做蛙跳。

其三，乒乓与爱国。20世纪五六十年代，为国打球是国家队的共同精神支柱。在与外国选手抗争中，为国争光，自不用说。在参加国际赛事排兵布阵的时候,如何确保国家利益、荣誉最大化,也是从领队、教练到球员的共同信念。于是,在赛事中,让球便成为常态。有时甲让给了乙,乙又让给了丙,下一次丙又让给了甲。何时让、怎么让,完全听领队与教练的。1959年,容国团获得世界冠军后,到苏联参加国际锦标赛,杨瑞华与容国团共同打进决赛。领导来找杨瑞华谈话,表示为了保持容国团的荣誉,"你不能再赢容国团了"。杨瑞华愉快地让球。冠军奖杯是个大花瓶,容国团把奖杯送给杨瑞华,杨瑞华没要。他说:那时,"中国乒乓球队在党的教育下,已经形成了一种艰苦奋斗、公而忘私和先人后己的集体主义精神"。杨瑞华在重大的世界比赛中打败了所有国家的顶级选手,包括日本、匈牙利、瑞典、捷克、罗马尼亚的,但是,在最后争夺冠军时,他按照教练的要求,让球了。他说:"虽然我的名字没能登上世界冠军的名录,但问心无愧",因为当时的国情是为了大局要让球。既为队友登攀高峰做了人梯,也为国争了光,境界十分崇高。1983年的世乒赛女单八进四的比赛中,倪夏莲与曹燕华相遇,领导来找她,"我一口就答应下来。没有中国队,哪来倪夏莲呢?"翻翻这部口述资料,随处可见这样的记录。

其四,乒乓与人生。打球的人成千上万,真正成才的人凤毛麟角。一个乒乓球员成才的路上,每每少不了教练的提携与点拨。很多名将的口述都谈到领导的提携、教练的帮助,感情真挚。李振恃的经历最为感人。

李振恃酷爱打球,球艺高超,但是,家庭出身不好,父亲被错打成"反革命",母亲被错打成"右派"。在那个特别讲究家庭成分的年代,这种家庭出身的孩子,读书、就业都很难找到理想的位置。1965年,上海队组织六人集训,准备出征全国少年比赛。李振恃在上海队员中技术最好,集训名单中自然应该有他。他当然做梦也想参加。那时还没有什么出人头地的想法,只是想到,参加集训能吃饱饭,能有肉吃。临近出发宣布名单前,教练把他叫到一边，对他说："小李，我得告诉你，这次比赛没有你了。"他问为什么，教练说："因为你跟别人不一样，家庭出身不好，还有海外关系。"这对于一个满怀希望的16岁的青年来说，不啻当头一棒，如晴天霹雳，宣判其乒乓前途的终结。打击之大，可想而知！

好在天无绝人之路。李振恃曾与驻沪空军乒乓球队打过球，赢多输少，球技早为空军队所激赏。空军队教练杨永盛设法将李调入空军队。须知，军队是特别讲究家庭成分的地方，空军尤甚。事情汇报到驻沪空军副政委李道之那里。李道之是将军，喜欢看球。杨永盛等人向李将军汇报了李振恃的情况，李将军当时就说："这跟他自己有什么关系呢？说到海外关系，他还没出生呢。现在不要耽误他了，你们报上来，别人不敢要，我批。"将军到底是将军，敢作敢为！于是，李振恃穿上军装，成为驻沪空军乒乓队的一员。

然而，好事多磨。1968年，驻沪空军乒乓队解散，李振恃回到上海地方，进了上海邮电队打球。上海市乒乓队鉴于李振恃球技高超，时常借他代表上海出场，但又无法将他正式调入球队，无法解决他的人事关系。归根到底，还是家庭成分这道"魔咒"。到了1972年，国家要开全运会，空军队又设法将李振恃调回空军队。这时，李振恃的人事关系在市邮电局，邮电局如果不同意放人，他就只能乖乖地"闷"在邮政局，也进不了上海队。这时，又一个"贵人"出现，帮了李振恃。此人就是邮电局党委书记杨克瑞。他是军队转业干部，爱好乒乓，也爱惜人才。他果断地批准了李振恃的请求。于是，李振恃重新成为八一队的一员。

此后，李振恃获第33、34届世乒赛男子团体冠军，第34、36届世乒赛男子双打冠军，两次获国家体委颁发的体育运动荣誉奖章，先后担任八一乒乓球队总教练、八一体工大队大队长。李振恃的成才之路，一波三折。前一次，如果不是遇到空军队教练杨永盛慧眼识珠，鼎力举荐，如果不是遇到空军副政委李道之将军冲破陈规，果断决策，李振恃就不可能进入空军队。后一次，如果邮电局党委书记杨克瑞不是爱惜人才，李振恃也就只能是上海行业系统内的一名球手，而不可能成为叱咤风云的世界名将。

平心而论，李道之将军、杨克瑞书记与李振恃非亲非故，如果他们率由旧章，公事公办，不同意李振恃参军，完全在理，且没有任何风险。相反，他们批准李振恃参军，倒有一定风险，说不准下次运动来了，扣一顶丧失阶级立场、包庇"反革命"后代的帽子，并非没有可能。但是，他们出于公心，爱才惜才，舍易就难，自担风险。这种人不但是李振恃成长路上的贵人，而且是共产党干部队伍中的贤人。

此类的伯乐相马、贵人拔才的事例，在张燮林启用葛新爱、选拔邓亚萍，在施之皓的成长路上，都有类似情况。施之皓也是因为所谓的家庭出身问题，进不了高层次球队，灰心丧气，后经周一玲教练悉心点拨，继续打球，最后进了铁道兵部队的乒乓队。

其五，乒乓与心灵。乒乓是面镜子，能照出社会，也能照出人的心灵。

葛新爱，1970年入河南乒乓球队，打球很有特点，发球变化多，落点好。对于她，河南队教练并不看好，1973年将她分配到河南体委去当电话接线员。换句话说，她的乒乓生命其实已经结束了。张燮林作为国家女队教练，看过葛新爱打球，觉得此人可用，于是，力排众议，将她调入国家队集训。正好有一个国际锦标赛，葛新爱参加，打了两场，输了一场，成绩并不理想。这在葛新爱前进的路上蒙上了一道阴影。在准备第33届世乒赛时，中国队教练中唯有张燮林坚持让葛新爱在决赛时与韩国选手对阵。决赛前夕，她忐忑不安。张燮林问她怎么回事，葛新爱说："我压力大，担心打不好。我不是怕输,输了,大不了还是回河南体委当电话接线员。但是,我怕输了,会连累张指导。"张燮林对葛新爱说:我是上海汽轮机厂工人,从汽轮机厂出来,也可以回到汽轮机厂去。那里的干部、工人都对我很好,回去可以有四级工待遇,过很好的日子。所以,你不要紧张,更不要担忧。"我既然做了教练,我也想赢啊!绝不会拿你开玩笑的。"结果,葛新爱上场了,赢了,中国队以3:0战胜了韩国队。运动员赛前紧张,很正常,可贵的是,葛新爱、张燮林赛前的心理活动都是在为别人着想,并不是为自己。这段对话生动地闪耀出人性的光芒。

倪夏莲,第37届世乒赛女子团体冠军队成员、混合双打冠军。1991年定居卢森堡,成为卢森堡乒乓球队的主力。1993年,在瑞典哥德堡举行的第42届世锦赛上,倪夏莲与中国队陈子荷相遇。那时,很多中国名将退役以后到海外打球,形成"海外兵团",屡屡打败中国球员,对中国队造成很大压力。倪夏莲球技与陈子荷不相上下,也许更强一些。这场球怎么打?倪夏莲一直踌躇不绝,想赢不敢赢,想赢不忍赢。按理说,她是卢森堡队员,有责任为卢森堡去奋争每一个球。但是,当她面对自己祖国的球员,面对在场的中国教练李富荣的一脸紧张,她心里很不安甚至难过。毕竟,中国是她的祖国,李富荣是她以前的领导与教练。所以,前两局打成2:2平以后,关键的第五局,她以19:21输了。倪夏莲自称,"这是我永生难忘的一场球"。这种内心的波澜起伏,很能看得出祖国情、师生情在倪夏莲心灵深处的分量。她能想到这层,最后选择输球,充分显示出其心灵的伟岸!

一些误判的擦边球,也很能照出球员的心灵世界。1988年,邓亚萍第一次参加国际比赛,与李惠芬进入决赛。其中一个擦边球,裁判没看见,判邓亚萍得分,邓亚萍也没有纠正,结果这场球小邓赢得冠军。但是,在场有教练看到那个擦边球,反映给张燮林。张燮林在赛后问邓亚萍是不是擦边球，她点头说是。张燮林对她进行了严肃的批评，并让她向李惠芬赔礼道歉，这事才算了结。这事对邓亚萍教育很大。后来亚运会双打时，邓亚萍、乔红与韩国选手决赛，一个擦边球，乔红没看见，裁判也没看见，邓亚萍举手示意了。张燮林说，他当时很激动，"觉得这不是一场球的胜败问题，这是衡量一个人品德高下的考验。虽然球输了，但思想却赢了，输赢是暂时的，品德的好坏是一辈子的事，所以输了我也高兴"。第42届世界锦标赛上，女双八进四的争夺战中，倪夏莲已经拿到了赛点，对方出界，而碰到了倪夏莲的球板，没有人看见。裁判判倪夏莲得分。倪夏莲立即举手承认，比分改判。正是这一关键球，让卢森堡队失去了进入前四名的机会。事后，倪夏莲得到了卢森堡人的高度评价。卢森堡大公特地接见倪夏莲，说"你表现得很好，我们感激你"。

乒乓球很小，很小，但内涵很大，很大，从中可见人生况味、社会万象，包括奋斗的艰辛、成功的喜悦、失败的忧伤，有对手的算计，也有同伴的帮衬，有山重水复，也有柳暗花明，从中可见世态炎凉与人情冷暖，可见中国社会的波谲云诡，也可见大国之间的纵横捭阖。这部访谈录，我读了又读，不忍释卷。我是乒乓球爱好者，对于书中所述很多国手如徐寅生、李富荣等早已如雷贯耳，年轻时代对于他们的成功也曾欢呼雀跃，现在细读他们的口述，感到格外亲切。当然，书中所述绝大多数奇闻轶事、珍闻秘辛，都是闻所未闻。可以相信，金大陆、吴四海二位先生编的这部访谈录，不光对于乒乓爱好者，对于任何一位关心新中国历史的读者来说，也都很有价值，对于当下正在进行的"四史"教育，也是鲜活有益的素材。

2020年6月1日

（作者为上海社会科学院研究员、中国史学会副会长）

上海：乒乓球世界冠军的"摇篮"

徐寅生

乒乓球运动最早传入上海

《上海滩》杂志把乒乓球作为一个专题来编写，我觉得很有意义。回顾和了解上海乒乓球运动发展的过程，可以从中得到有益的启示。编者问我的第一个问题是：为什么上海被人们称为乒乓球世界冠军的"摇篮"？

我的回答是，新中国成立至今，我们共获得115个世界冠军（包括奥运会冠军），来自上海的运动员、教练员就有20人之多，在全国排名第一。细想一下，之所以能取得这样的成果，又与上海这个城市的历史、经济发展，以及传统文化等因素息息相关。

乒乓球运动起源于英国，它是从网球演变过来的，故有"桌上的网球"之称。1926年，在英国成立了国际乒乓球联合会，并开始举办世界锦标赛，规模由小到大，逐渐成为受人欢迎的竞技体育项目。

乒乓球是从哪里传到中国来的？有的说是从欧洲，最初是在上海的教会学校等洋人的圈子里玩起来的；有的说是从日本传过来的。据说上海有一个经营文具的商人在日本看到有人在桌子两边打球，发出"乒乓"的声音，觉得蛮有趣，就把它带到上海。他找来几个人学打，并在商店里进行展示。以后这项运动就在上海逐步流行起来，并扩展到其他城市。当时上海人打乒乓，直握球拍，和日本人相似，很少有像欧洲横握球拍打球的人。从这点分析，从日本传过来的说法比较靠谱。

上海获得了先机，乒乓球运动自然开展得比其他城市要好。上海人打乒乓球按理说受日本的影响较大，但从以后的发展情况来看，上海人跟日本人走的不是一个路子。同样是直握球拍，日本人使用长方形球拍，握拍方法僵硬，限制了手腕用力，反手击球比较困难，只能依靠正手进攻，所以被称为"独角龙"。日本人打球的动作大，速度较慢，从小孩到世界冠军，几乎是从一个模子里刻出来的，多少年不变。

上海人打乒乓球也不知道从哪年开始，演变成为用圆形球拍，握拍方法顺其自然，手腕灵活，正反手运用自如，打法各种各样，各显神通。中国人聪明、智慧，接受新鲜事物快，引进、学习外来的东西，不单纯模仿照搬，跟着人家后面转，而是根据自己的情况，有所发现，有所创新。这种与生俱来的特质，同样反映在上海人打乒乓球上。中华人民共和国成立以前，上海已有薛绪初、傅其芳等直拍进攻打法的好手自成一派。他们在全国以及远东、亚洲的比赛中初露锋芒，并影响着后人的技术风格。

1953年，我开始做起了"乒乓梦"

我是在小学读书时对小小的乒乓球产生兴趣的。那时学校设在弄堂里，没有体育设施，只能在地上用粉笔画个长方形的框当作乒乓球台，有时蹲着，有时站着打。直到上中学时，才见到一张没上油漆的球台，条件算有了改善。随着水平的提高，我就到处去找打球的地方。

上海有个精武体育会，我第一次在那里看到永安百货公司队和邮电局队的乒乓球比赛。上海名将刘国璋的直拍快攻打法给我留下了深刻的印象。那时上海还有不少私人经营的乒乓球馆，里面放上几张球台，出租给人打球。还有教练和陪打，不过请他们打球需要付费。球馆也会举行一些比赛，延安路上的太湖乒乓球馆曾举办过民间高手乒乓球比赛，在不大的馆内临时搭起看台，观众需买票进场。

新中国建立后，毛主席发出了"发展体育运动，增强人民体质"的号召，在政府部门的推动下，上海群众性乒乓球活动广泛地开展了起来。上海工人文化宫摆着六张球台，很多职工和球迷到那里活动，打球的人排着队打擂台，三分球决定胜负。我也想方设法拿着"工会会员证待发"的明函，混进去打擂台，接触到了五花八门的打法。上海市的乒乓球赛特别多，尤其是体委组织的全市性的赛事，各行各业都组队参加。我曾代表学生队参加过比赛，还获得过上海市第三名。

1953年中国乒协成为国际乒联的正式会员，中国队参加了世界锦标赛。听到了这个消息，我开始做起了"乒乓梦"。1956年，上海市体委决定在上海体育学院竞技指导科设立乒乓球专业，开始向国外职业化俱乐部的形式靠拢。我与杨瑞华（上海汽轮机厂职工，曾获全国锦标赛第三名，参加过1956年东京世乒赛）成了第一批学员，开始了强化训练。那时我们常用"红队"的名义，与上海的高手组成的"蓝队"对抗，水平相当，相互促进，类似男子排球队与复旦大学队的比赛，成了吸人眼球的赛事。另外值得一提的是，归国华侨对上海的乒乓球运动的发展也做出了不可磨灭的贡献。上海第一个女子世界冠军林慧卿是印尼归国华侨，20世纪60年代，她和张秀英、李光祖等人先后归国，把最好的青春年华献给了上海的乒乓球事业。

等到我进国家集训队，准备参加1959年德国世乒赛时，中国男女队已经从乙级队上升到甲级队第三名，进入世界一流水平行列。第一代国手为来自上海的王传耀、孙梅英，以及后来参加世乒赛的杨瑞华。他们的直拍快攻打法让人耳目一新，为后人攀登世界冠军的"高峰"打下了扎实的基础。1959年4月,来自广东的容国团一举夺得了德国世乒赛男子单打冠军,打开了中国运动员通向世界冠军的大门。

为备战两年后的北京世乒赛,老将傅其芳出马执教,和姜永宁、梁焯辉、王锡添、梁友能、陆汉俊等资深教练组成了强有力的教练班子,以"快、准、狠、变"作为指导思想,集国内各路好手"108将"的长处,开展针对日本、欧洲强队的针对性训练。又有来自上海的薛伟初、余长春以及来自其他省市的队员,发扬风格,甘当无名英雄,模仿日本选手最新发明的弧圈球,帮助主力队员训练,使得直拍快攻打法有了新的突破。中国男队终于战胜了乒坛霸主日本队,第一次获得团体冠军,参赛的容国团、王传耀、庄则栋、李富荣、徐寅生等五名队员全是直板快攻打法。庄则栋还获得了男子单打冠军,同样直握球拍的邱钟惠获得了女子单打冠军。从此,中国的直拍快攻打法引领了世界乒乓球技术发展的新潮流。

李富荣的迅速成长,还得益于早期接受了正规的训练。1959年末,在国家体委的倡导下,青少年业余体校在上海如雨后春笋般地出现。很多中小学生在放学以后去附近的业余体校打球。有的区县还办起了"三集中",即读书、训练、住宿在一起的学校。体教结合很受学生和家长的欢迎。不少基层学校被命名为重点乒乓球学校,上海体育宫是市级乒乓球训练基地,硬件设施最好。李宗沛、刘桐芳、池惠芳、徐介德、黄增基、戴龙珠等一批老将在各个体校担任教练,以后又带出了一批年轻的教练。上海的世界冠军几乎都在体校受过正规训练,不但进步快,而且身体素质好。李富荣最早就在市体育宫训练,当我在与李富荣等年轻人一起集训时,除了有紧迫感外,在踢足球、打篮球和游泳时,老受他们"欺负"。当时,巨鹿路小学尽管设施较差,但柯元炘老师克服了种种困难,一心扑在训练上,多年来培养出一批批的好苗子,他本人也被教育部门评为特级教师。

王励勤、许昕横空出世

以后，当传统的直拍快攻受到欧洲选手冲击，甚至面临危机，急需改革创新的时刻，虹口体校教练及时让曹燕华从正贴改为反贴，学习掌握弧圈球技术。曹燕华很快跳跃式地进入国家队一线阵容，她的成功也为乒乓球界提供了新鲜经验。若干年后，曹燕华退役后，在宝山区委区政府的关心支持下，与该区杨行镇杨泰实验学校合作，办起了曹燕华乒乓培训学校，体教结合，培养后备人才。这是一所民办性质的培训学校，在办学过程中，面临资金不足等各种困难。曹燕华四处奔波，到处游说，得到了各方面的理解和支持。当年曹燕华得益于创新，现今她作为校长积极支持许昕直拍横打从头学起。要知道直拍横打在世界乒坛历史上还从来没有出现过。经过不断摸索与总结，许昕同八一队的王皓终于为传统的中国直拍快攻闯出了一条新路子。

上海鲜有横拍打法的高手。直拍多横拍少，除了传统观念，对运动员身体条件方面重视不够也是原因。欧洲人人高马大，身体素质好，手臂力量强，上海人比较吃亏。中国男队也曾一度在欧洲横拍全攻型的压力下处于下风。闸北区（今属静安区）体校教练重视选拔身体条件好的人才。王励勤身材高挑，身体素质好，动作协调，爆发力强（被同伴们称为"大力"）。王励勤被发现后，我们予以了重点培养，加上王励勤兢兢业业，训练刻苦，作风顽强，终于"横"空出世。

除此之外，一些高等院校也为上海的乒乓球发展做出了贡献。上海体育学院除给学生上乒乓球理论、实践课外，还设有乒乓球教研室，进行科学研究，帮助运动队攻克难关，写出不少高质量的论文。学院的徐增祺老师不求名利,几十年来一直在那里辛勤工作。该院也是中国乒协的培训基地,主要为中外教练员、裁判员及后备运动员提供培训服务。经教育部门批准,交通大学、华东理工大学将乒乓球作为重点开展项目,并建立了高水平运动队。他们在国际大学队的比赛中一直取得优异成绩,并担任相关国际组织的主要领导。在招生和学习方面,这些高校对一些世界冠军和退役运动员就读网开一面,解除了他们的后顾之忧。很多运动员毕业以后走上社会,成为推动乒乓球运动的骨干。

上海所处的地理位置和方便的交通,吸引着很多国外的球队来访。1956年,世界强队罗马尼亚队在东京世乒赛后,在上海体育馆(今改为巴黎春天商场)与上海队进行了友谊赛。当时我还在技校念书,市体委让我参加比赛。第一次与外国人交手,双打我和薛伟初搭档,连赢了两场。这既让我看到了差距,也感觉到世界高手也并非高不可攀,增强了自信。以后民主德国、匈牙利队也先后来沪。1961年北京世乒赛后,日本队也以原班人马来到上海,开始执行每年一来一往互访的协议(在日本队处于世界乒坛霸主地位的年代,梅兰芳先生率京剧团访日时,曾代表中方邀请日本乒乓球队访华,日方没回音)。世界强队的不断来访,让上海的球迷大饱眼福,更让上海的乒乓球界开阔了眼界,了解了世界乒乓球技术的发展趋势。

"红双喜"成为世乒赛、奥运会指定器材

乒乓球技术的提高,离不开器材的进步。上海有家"红双喜"企业,1961年北京举办第26届世乒赛,"红双喜"球台和球作为比赛用器材,一举成名。那时国产球拍还不过关,"红双喜"引进人才和机器,不断提高质量。如今,狂飙系列的球拍成了著名品牌,其厂方还跟踪为国家队员服务。

国际乒联有意改革使用40毫米大球,"红双喜"闻风而动,冒着风险率先试制(改变生产线需要费用,原有的球面临卖不出去等风险),最后被国际乒联批准。

除了最早占有国外国内市场,国际上生产大球都要以"红双喜"的各种数据作为标准,这在中国轻工业领域内也是很少有的。在球台上,"红双喜"首先推出拱形底座的球台,造型色彩让人耳目一新。国内外厂商纷纷受到启发,继而做出了各种造型的球台。随着企业的发展,李宁集团入驻,"红双喜"更有经济实力与国际同行竞争,很多次成为世乒赛、奥运会指定器材。可以设想,中国队员常在自家生产的器材上训练比赛该是多么地有利。

上海乒乓球运动的发展离不开社会各界的关心。上海海上世界企业最早在1989年与市体委合办海上世界乒乓球俱乐部;近几年,上海地产集团、光明乳业集团等也给予大力支持。

此外,上海作为国际化大都市,还曾举办过世界乒乓球锦标赛。2010年,中国乒乓球学院落户上海,还在欧洲成立分院;目前,国际乒联博物馆、中国乒乓球博物馆也已在世博园区落成开馆。

综上所述,乒乓球在上海有着良好的氛围和环境,为冠军"摇篮"创造了很多有利的条件。当然,"摇篮"也存在一定的问题和不足。比如上海的世界冠军数量在减少,女子项目多年不见上海姑娘站在领奖台上,上海青少年投身专业队伍的越来越少,另一方面准入条件(对比赛成绩的要求)又被拔高等。

期待现任上海市体育局竞技体育处处长王励勤发"大力"开创新局面。

薛伟初

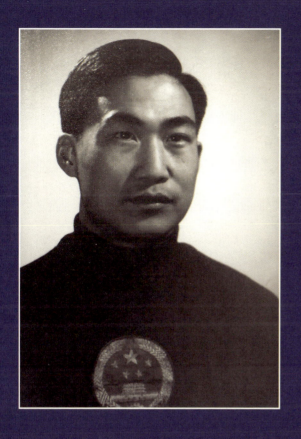

1931年生,2017年去世。20世纪50年代末入选国家乒乓球队。为1959年首届全运会男子团体冠军队成员。为备战第26届北京世界乒乓球锦标赛,主动模仿日本的弧圈球打法,为中国队取得男子团体世界冠军做出了贡献,堪称无名英雄。退役后,任国家队、上海队教练。1981年获国家级教练称号。曾被国家体委授予一等功臣奖和中国乒乓球运动贡献奖。

梦圆乒乓

一、上海永安里

我家住在上海普陀区长寿路的永安里。

在上海,这个弄堂是比较大的。我们家共有三层,我住在三楼,哥哥薛绪初住在二楼。后来他的同学傅其芳也住到我家来了,傅其芳的老家在浙江宁波,与我哥同岁,都是1924年生,属狗的。再往后又来了陆汉俊,他是我们家的房客,住在一楼。

被称为乒乓球"黄埔军校"的永安里

20世纪40年代前后,乒乓球作为舶来品,多数是年轻人聚在一起打着玩的。我们弄堂里的这些伙伴也不例外。因为在外面球馆打球要付台费,经常去花费太贵,于是大家合计凑份子买了张球台回来,平时就放在我家楼下的客堂间,只要不下雨,打球的时候就搬到天井里。

那时打球没有教练,也没有教材,几个大哥哥好琢磨,薛绪初和傅其芳就发明了许多新的玩法。以前发球是把球抛得高高的,发过去让对方打,没有一个发球能直接得分,如果发球得分人家就会觉得你赖皮。合力发球就是他俩搞出来的,最常见的合力是将球向后抛,然后板触球的瞬间再向前用力。这样发过去的球旋转比较强,容易直接得分。还有反手,原来是平挡球,推挡技术也是他俩搞出来的。原来打球都是站在中台,他们两个人打球是站到近台,发完球就抢攻。

由于我哥哥的球艺精湛又爱穿白色球衣,被冠以"白袍小将"的雅号。

薛伟初与兄长薛绪初(右)

看着哥哥与一帮朋友打得不亦乐乎，我的胃口也被吊了起来。出于好玩的天性，自己也拿起了球拍。不久又有同学刘国璋加入了进来。以后，我们二人竟都成了上海队的主力，而国璋则是上海乒乓史上获得市级冠军最多的一员，后来，他担任上海男队主教练，培养出了多名优秀选手，并输送到国家队。薛绪初、傅其芳、陆汉俊三人的水平是当时上海滩最高的，再加上我和刘国璋，乒乓界有人戏言：普陀区永安里组队参赛，几乎是所向披靡、攻无不克，打遍上海无敌手。再看这一批出自永安里的好手对中国乒乓球的发展所做的贡献，可以说永安里为乒乓球界的"黄埔军校"了。

二、耀辉队—蓝队

1950年，绪初离开上海去了香港，此后他一直为港队南征北战，屡获殊荣。1952年，香港乒乓球队首夺世乒赛男团铜牌，同年更是称霸亚洲，绪初均为夺标功臣，香港也迎来了50年代乒乓球运动的全盛时期。其后，他又担任香港乒乓总会义务秘书一职长达20年，积极推动了香港乒乓球运动的发展。

绪初走后，我组建了自己的球队，取名"耀辉"。这是一支真正的业余队，没有老板。以前哥哥和傅其芳的华义队是有老板赞助的，出去打完比赛还能吃顿饭。耀辉队在业余圈里也逐渐打出了名堂，拿了不少上海第一。类似于耀辉这样的业余队在50年代的上海还有不少。其中的高手又组成了"蓝队"，经常和专业的红队打对抗赛。我当时是蓝队的，而徐寅生、杨瑞华、王传祺、李富荣都是红队队员，红队的训练地点是南京西路651号（现在的广电大厦），后来又搬到上海体育宫（现在的上海大剧院）。蓝队虽然是业余，但实力也很强。参加全国比赛时，上海经常派红蓝两队参加，有一届全国锦标赛，红队获冠军，蓝队得第四名。

1960年6月，薛伟初在南京体育馆与屠汉刚配对打乒乓球表演赛

1956年4月，欧洲劲旅罗马尼亚队访问上海，和上海队进行交流比赛。之前，只有印度队于1952年来过中国。世界高水平的乒乓球队来上海，这还是第一次，消息传开，在上海引起了不小的轰动。我和杨汉宏、刘国璋、徐寅生等人代表上海迎战客队。当时我和陆汉俊是上海市男子双打冠军，在讨论上场名单时，陆汉俊认为上海的乒乓球希望还是在青年人身上，所以执意推辞而热心推举徐寅生与我搭档。结果我和寅生以2∶0赢了对手，第二天又与寅生战胜了另一对罗马尼亚选手。寅生在1995年出的一本《我与乒乓球》自传中，对这场比赛做了详尽的描述，这里我就不多说了。在1959年首届全运会上，由徐寅生、李富荣、张燮林、杨瑞华和我组成的上海队一举夺得了金牌。第二年，我们五个人一起到北京参加了国家队集训，备战1961年第26届北京世界乒乓球锦标赛。这样，红队剩下的人和蓝队的一部

分人组成了上海队。相应地，蓝队的另一部分人成了上海二队。

三、中国弧圈球第一人

1961年，第26届世乒赛在北京举办，为了取得好成绩，国家体委举全国之力，从各地抽调了"108将"封闭训练。我也有幸成为一百零八分之一。

为打好世乒赛，队里不仅要求大家刻苦训练，同时也收集各竞争对手的信息。其间得知日本人发明了"神秘魔法球"的消息，那时匈牙利、南斯拉夫等欧洲传统强队联合访日，却被日本队打得一败涂地。我们的队员们第一次听到了"弧圈形上旋球"，说这种球虽然看似弧度高、速度慢，用后来对弧圈球的分类，算是高吊弧圈球了，其杀伤力远远超过普通的拉球。所以匈南联队在比赛中，每次接球不是高球"送死"便是飞出界外，有的球一碰拍甚至就飞出挡板。

当时中国队以近台快攻技术为主，大部分队员都用的是正胶，打反胶的10来个队员里，算来算去，也就我和胡炳权底子好些，而我力量又大，比较适合练弧圈球。

面对这突如其来的棘手问题，我有了个念头，连夜给组织上写了一份"我来学弧圈球，模仿日本人"的申请。也就是这一念间，让我成了陪练，并自我承担了无法参加第26届世乒赛的风险。老实说，那时想法很单纯，连"牺牲"自己的想法都谈不上，想到的是怎么去为国家争得荣誉。记得徐寅生还把我的申请抄了一份贴了出来，让大家一起集思广益。

哥哥绪初时任香港乒协秘书长，有机会接触日本队，对弧圈球比较了解。我就通过书信往来从绪初那里掌握最新信息，他也弄来一些有关弧圈上转球的文字和图片资料。我也因此成了中国弧圈球第一人。

中国弧圈球第一人薛伟初

从1961年1月到世乒赛开幕前的三个月时间里,我根据资料,按图索骥地揣摩、苦练,手指都练裂了口,贴上橡皮膏接着练,不仅自己很快掌握了弧圈球技术,而且更重要的是每天陪着主力队员们练习接、防弧圈球,使主力队员们能在短时间内适应其性能,帮助他们消除对弧圈球的神秘感,对此我是义无反顾。刚开始大家真的不习惯,记得我头一次陪李富荣练弧圈球,他发了一个下旋球,我回拉了一个加转弧圈球,球回得很高,他一大板猛扣,球不是下网就是打出界,一连十几个都是如此。那时每天要拉成千上万次的正手弧圈球,既单调又疲劳,但我决心已定,乐此不疲。而且在陪主力队员练习的同时,我也不断地掌握和提高了拉弧圈球的能力,得空的时候还加练起自己的套路,力求原有技术不丢失,出乎意料的是,我的水平没有退步,反而有了提高。后来领导在考虑参加第26届世乒赛的人员时，我虽然没有进团体名单，但有幸入选了男单比赛。在比赛中，我用弧圈球技术分别战胜了波兰和苏联的冠军，又淘汰了南斯拉夫的欧洲冠军马科维奇，跻身十六强。

八分之一决赛时我遇到了既是队友又是小弟的李富荣。论实力，他比我强，队内比赛互有胜负，但上了场谁都不敢保证谁肯定能赢。赛前，领队张钧汉跑来跟我说，"你要和李富荣打比赛了啊！"我没等他说第二句，便脱口而出："领队，你不用说了，我明白了。"为给小李下一轮的比赛节约体力，0∶3，我以不超过一刻钟的时间速败，结束了自己第一次也是最后一次代表中国队出战大赛的征途。

那时队里还没有让球这一说法，算起来，我大概可称得上是世乒赛上让球的第一人。我没有什么遗憾，因为我们的目标是让中国人拿冠军，不论谁拿了都是国家的荣誉，能作为其中的一分子，我无比自豪，而且我还战胜了三个实力不弱的外国选手，也证明了自己的实力。多年以后，日本队木村对中国教练讲："第一次看到余长春打球跟我那么像，感到不可思议。这等于是中国队员每天可以同我们练球，而我们却做不到。你们不仅占了球艺的便宜，还占了心理优势。"他坦言，这种陪练做法，日本人学不了。正是因为我们中国队做了充分的准备，因而在第26届世乒赛上获得了七个冠军中的三项。50年代，乒乓球基本是欧洲、日本"一统天下"的球类项目，中国队取得如此辉煌的成绩，得到了祖国各界人民群众的赞誉，还受到了毛泽东等党和国家领导人的接见。

四、从教之路

第26届世乒赛后，我留在国家队执教。

领队张钧汉希望我趁热打铁,在队里推广弧圈球技术。实事求是地讲,当陪练只是一个时期的成绩,能够让更多的队员掌握弧圈球技术并发扬光大,才是我最大的成就。于是,我从国家队中挑了12个最合适练弧圈球的队员,我手把手地教,练了不到半年,水平都不错,然后再分到一、二队,现在弧圈球已成为最基本的技术了。

当教练,我绝对是个温和派,亦师亦友吧!在我看来,队员的自尊心不能触犯,遇到队员不听话,我从不训斥或骂人之类的,我就置之不理,让他自己去想通。我的原则就是跟着队员一起练,这也是我的执教风格。

在国家队执教的四年间,也是艰苦的阶段。那时是每周训练六天,早上六点起床,教练负责去叫醒队员,然后去田径场跑圈,教练和队员一起跑1 600米(严冬、风雪等天气不准戴手套、帽子),再回球房练一个小时发球、接发球;练完了才能吃早饭。通常上午训练三个小时,下午训练三个半小时,晚上要求大家写训练日记。队员把自己每天的训练情况、技术难点记下来,教练再批阅,帮队员解决问题。每天不忙到十一二点是不上床的。当时虽然辛苦,但队员们头脑里只有乒乓球,什么谈恋爱等其他事都没有的。

我一直记得哥哥绪初的一句话:"做事要会动脑,有创新意识。"这或许也可以解释为什么当初我敢于尝试模仿弧圈球。在培养李赫男时,就是要她用正胶拉出小上旋弧圈球,来代替普通拉球,这一男子技术在女子运动员中是绝无仅有的。但这种技术也对队员的身体素质提出了更高的要求。每到星期天,我就陪李赫男一起沿着龙潭湖跑,那一圈应该有五六公里。在第27届世乒赛上,李赫男以正胶弧圈球技术轻松战胜了世界亚军、匈牙利削球手高基安。高基安是个难缠的对手,第26届世乒赛的女单决赛中,邱钟惠苦战了五局,超水平发挥,才涉险胜了高基安而夺冠。记得周总理在设家宴款待中国乒乓球队时,还给邱钟惠算过决赛5局的小分,是96∶98,这样算下来邱钟惠还输给高基安2分。这不仅说明总理心细,主要是告诫我们要戒骄戒躁,看到不足。由于李赫男的独特技术及自己的努力,第28届世乒赛上,她横扫欧洲横拍选手,为中国女队首次夺得团体冠军立下功劳。

1965年,我从国家队回到上海,做上海队的教练,并随队参加了第二届全运会。1963年,上海派了两个队参加全国比赛,男一队得第一,男二队得第六。后来国家体委有了规定,全运会各省及直辖市只能派出一个代表队,但如果拥有的国家队队员多,参加全国比赛时,可增加报名人数。参加第二届全运会时,上海乒乓球队由徐寅生兼领队和教练,9名选手中的李富荣、张燮林、林慧卿、郑敏芝、李赫男等是刚参加第28届世乒赛团体赛的名将,

薛伟初夫妇与李赫男(中)

余长春、于贻泽、周一玲、林秀英等都是享誉国际体坛的优秀选手。赴京之前，陈丕显、曹荻秋、王一平、杨西光、宋季文、金仲华等上海市领导，与参加第二届全运会的运动员们举行了联欢会，上海人民评弹团和上海电影演员剧团表演了一些小节目，还放映了电影《年轻的一代》。在市领导接见时，李富荣代表运动员发言，表达了运动员力争优异成绩，为上海人民争光的决心。过了几天，参赛运动员又举行了两场汇报表演。

其实，1965年全运会最大的看点还在于，前年在上海举行的全国乒乓球锦标赛，庄则栋、李富荣、徐寅生、王志良、梁丽珍、李赫男等因前往印尼参加第一届新兴力量运动会而没有上阵。1964年的全国锦标赛人是全了，但没设团体赛，只有单项比赛，后又因部分选手准备访日，故没能参加双打。这次全运会就好了，不仅选手一个不漏，而且是七个项目从头到尾都参加，更能体现出国内的最高水平。不出所料，男女团体决赛是上海队分别与北京队和四川队争夺。结果男队以5∶1赢了世界单打冠军庄则栋领衔的北京队。而上海女队由我做场外指导，我在充分准备的前提下，只对三人说了句"上去打吧"。最终女队以3∶0胜了四川队，获得女团冠军，这是上海乒乓鼎盛的时候。

20世纪80年代，我曾被国家体委派往南斯拉夫执教，当时一同前往的还有王志良、郗恩庭、林美群。两年后，他们三人回国，我又受上海市体委的委派，再赴南斯拉夫萨格勒布（与上海结为友好城市）执教四年。在那里，我从贝尔格莱德到萨格勒布，除了指点国家队，平时看看地方联赛外，更重要的是帮助他们发现并培养有潜质的小球员。比如普里莫拉茨，我带他时他只不过11岁，这小孩的特点是球感好，正反手居然看不出有什么明显弱点，从小就被视为乒乓神童。但这个孩子也有缺点，就是训练时老偷懒，我给他做多球练习，说好一组练习10分钟，只打了两三分钟，小

薛伟初执教南斯拉夫时与小运动员合影

家伙死活不肯继续打。这孩子一耍赖,你还真拿他没辙。所以对这种孩子就是要锲而不舍地"盯",有时看似满足他的要求,先练其他项目,迂回过来再练,用以退为进的办法保证训练数量与质量。后来普里莫拉茨与瑞典的瓦尔德内尔、白俄罗斯的萨姆索诺夫并称为90年代"欧洲三虎",三人曾数次成为中国队夺冠路上的强劲对手。他和另一位名将卢普莱斯库夺得过1987年第39届世乒赛男双亚军和1988年汉城奥运会男双亚军。我至今仍与教过的队员保持着书信往来,还有队员结婚度蜜月来上海看我,我也陪他们游览了京、沪、杭等地。

五、乒乓婚姻

20岁那年,我进入中国图书发行公司工作。当时我的乒乓球水平已是小有名气，挺受异性们的关注，可我偏偏对同事夏嘉倩情有独钟。

当时的业余时间里，年轻人总爱去俱乐部。俱乐部二楼是乒乓室，三楼是交谊舞厅。我喜欢打球，夏嘉倩喜欢跳舞。为了接近喜欢跳舞的她，尽管对跳舞一窍不通，我不得不"屈尊求教"，经常硬着头皮上楼跟夏嘉倩学跳舞。当然每每跳舞时，还不忘游说，"我教你打乒乓吧"！

没几个月，夏嘉倩就跟我到二楼学打乒乓球。我俩是一个认真教、一个刻苦学。那时大家都住集体宿舍，每次打完球就顺路一起回去。从1952年到1958年，我俩从俱乐部到宿舍这条路一走就是六年，时间久了自然就谈起了恋爱。夏嘉倩也从不会打乒乓到进入机关队，成为一级运动员。我们这对"情侣档"还频频出现在市里的各项比赛中，双方之间的默契使我们屡创佳绩。记得有一次比赛，我们遇到的是"师徒档"李张明和郑敏之，我想这下难打了，因为夏嘉倩的水平与郑敏之还是有相当差距的。比赛的结果自然是甘拜下风，但我以为还是可以接受的。

话说这六年的爱情长跑，我们之间也情投意合，却一直没捅破谈婚论嫁这层窗户纸。其实，夏嘉倩脾气性格好，很适合做自己的妻子。所以，我是一直在思忖着怎么找个合适的机会提出来。1958年，我被招进上海市队。我找来夏嘉倩，故意对她说："我要进专业队了，专业队是不能结婚的，等我退役又不知道是什么时候，要不我们把事办了吧。"夏嘉倩听了爽气地同意了，我们二人到照相馆拍了一张当时算是时髦的婚纱照，没有鲜花和钻戒，在杏花楼摆了几桌宴席，邀请了亲朋好友见证我俩的幸福时刻。

我俩相濡以沫，如今我们的婚姻已走过了近六十年路程。其间，我们两地分居了很多年，有我去国家队的那段时间，还有当援外教练的几年，家务和孩子就靠她一人全包，我自动把家里的财政大权交给妻子，银行卡里有多少钱我都不知道。正是有这样一个以乒乓结缘的好妻子，一个可以放心依靠的家为后盾,我才能毫无顾忌地将满腔热情倾注在乒乓上。

六、发挥余热

援外归来时,我已是 56 岁了,这个岁数已不宜在一线从事教练工作,但教青少年打球仍是我的乐趣,于是主动请缨到闸北区体校去做"三线"辅导员。一次偶然的机会,我在体校观看小队员们的训练时,察觉到王励勤的悟性和那股不服输的劲儿,认为是棵好苗子。在体校是沈益民教练专职指导王励勤,我就每逢休息日去给王励勤开"小灶",把自己擅长的步法

薛伟初国家级教练员与运动健将证书

和正手攻传授给他。后来我感到时机成熟了,难得走了一回"后门",通过关系摆平了王励勤血色素测试不合格的小"问题"。再经过我的推荐,使年纪尚小的王励勤破格从区少体校直接进入了市队,让他到更高的舞台上去磨炼自己。因为我知道他肯定能行的。"大力"(王励勤的昵称)也不负众望,后来多次夺得世乒赛冠军,成了国家队的领军人物。我在闸北区少体校的两年多时间,重点辅导的5名运动员,除王励勤外,另外有三位进入了一线队伍,冯颖华则成了上海市乒乓球女队的主力队员。

1989年,我退休前的两年,市体委成立了包括乒乓球在内的各重点项目办公室,负责管理全市二、三线运动队的训练、比赛等事宜。此时,我担任了市乒乓球办公室副主任(后改称市乒乓球协会办公室,则改任上海乒乓球协会秘书长),想不到一干就是十余年。我操办过大小乒乓业余赛事200余次,得到领导"勤勤恳恳,默默无闻"的评语;群众的印象是没有架子,平易近人。上海电视台纪实频道《见证乒乓》栏目和《乒乓世界》杂志也对我做过专访。

如今,我已年近八十,结缘乒乓六十载,仍放不下乒乓情缘,似乎离了乒乓就缺乏乐趣,有了乒乓身心方得到愉悦。在全市的乒乓球比赛中当个仲裁,给市老年体协乒委会当个竞赛部长,为"敏之杯"中老年乒乓球比赛做些实事等,反正只要不离开乒乓球就开心。当然每周三次下基层辅导少年选手也是不可少的,如到全市唯一校办二线(初中)的娄山中学辅导,继续享受着训练乒乓球小运动员给自己带来的快乐与幸福。

杨瑞华

1937年生。1956年入选中国乒乓球队，曾参加第23、25、26、27届世乒赛。多次代表上海队获得全国男子团体、单打冠军。担任上海女子乒乓球队教练期间，共率队获得八次全国团体冠军、五次单打冠军、三次双打冠军。1979年被评为首批国家级教练。曾获国家体委颁发的世界冠军特等功奖章和中国乒乓球运动贡献奖。

我有三个梦想

总结人生，我有三个梦想：一是打球要成为世界冠军。虽然我的名字没能登上世界冠军的名录，但问心无愧。我在重大的世界比赛中打败了所有国家的顶级选手，其中有日本队的荻村、木村，匈牙利队的西多、别尔切克，瑞典队的约翰森、拉尔森、阿尔塞，捷克斯洛伐克队的斯蒂佩克，罗马尼亚队的内古莱斯库等，既为队友攀登高峰做了人梯，也为国争了光。二是带队培养世界冠军。我参与带出三个世界冠军，这个梦想实现了。三为丰富群众性乒乓球运动，搞个业余俱乐部。近些年，上海汽轮机厂每年投入20万元办起了俱乐部，在电气集团的比赛中屡屡获得冠军，该厂领导自豪地说：我们出了两个乒乓名人，一个是张燮林，一个是杨瑞华。我年纪大了，每两个礼拜去一次，指导俱乐部的活动。

现在向乒乓球爱好者讲讲我自己的故事。

一、神鹰队

我1937年出生在无锡，一岁左右随父亲来到上海。父亲在地处外滩的上海纱布交易所（解放后改成了上海自然博物馆）帮人家烧饭。我的家也就在这幢大楼的一间阁楼里。大楼的顶层有一所群学会小学，我和其他许多小朋友一样，喜欢刮香烟牌子、打菱角、打弹子等，我玩得比较灵，常会赢人家。我从小就迷上了打乒乓，在弄堂里用洗衣板和骨牌凳当球台，横放一块砖头算球网，还曾用充气的鸡肫子当球呢。

记得1948年时，楼里的一家公司摆出了三张乒乓球台。我们白天看公司里的人打球，晚上下班后，当然网子也收掉了，我们就用三夹板锯成乒乓板，用书包代替球网，后改为用粗铁丝做成网架，一根线拉住两头，当中挂着一块块手帕就算球网，就这样与小伙伴们玩了起来。正宗的乒乓球最便宜的是"三角牌"乒乓球，一不小心踩扁了，就在开水里泡一泡。当时还有铜牌、铁军牌，盾牌算比较好的，还分101硬球和102软球。不久又出了连环牌。正式比赛使用连环牌或盾牌101。我们对球没有要求，有啥打啥，买球的钱是从早餐大饼油条的钱中省下来的。

那时也没人教我们打球，我们就多看多模仿，打了几个月还蛮像样的。一次大楼里公司员工打比赛，我们就围在旁边看。公司老板看到我，就对另一家公司的老板说，这个小孩打球不错，他跟你打，你若输的话就送一块乒乓球板。结果我打赢了，他真的送了一块带橡皮面的乒乓球板。这是我人生的第一块球板，从此球技提高得更快了。此时，我已不再满足于待在纱布交易所里"摆大王"，想出去闯一闯，于是，1948年底的一天，我与陆金城、顾仁贤、郑惠昌、王伟忠等五位同学组织了一支球队，取名"神鹰队"，预示将来要飞翔的。

1949年以前，上海的乒乓球活动分为四种状态：工人队、机关队、学生队，还有一种是社会队。其中社会队是朋友之间的组合。上海的乒乓房挺多的，有东方乒乓房、华胜乒乓房、太湖乒乓房等，打的人不少，有的单位也来包台子，几块钱一个钟头。像徐寅生就在地处三马路的东方乒乓房打球。

神鹰队在上海滩崭露头角后，一些有实力的球队想来收编。当糖业队（上海市糖业公司创办）邀请我们比赛败北后，就提出联合意向。顾尔承是糖业的老板，后来成了国际裁判，他答应保留神鹰队的队名，并提供一切所需的经费和装备。为了更好地提高技术，经小伙伴们商量后，一致同意改编为"糖童队"参加如精武体育、太湖乒乓房等组织的比赛。有一次糖业队应邀赴无锡市比赛，派了我们几个"孩子兵"上阵，结果无锡队以四负二胜败退，其中季庆华为江苏省冠军，也被我打败了。

此消息传到上海后，《新民晚报》的新联乒乓球队派人来游说，极力劝我们加盟效力，并且许愿说：名义上是请当报童，实际上一边读书，一边打球，还可以拿津贴，长大了还可以进新民晚报社工作。我们加入了新联队，便成了"沪上五强"的霸主，而其他"四强"（晓光队、联星队、广东队、雪队）纷纷使出手段，争夺神鹰小将，以至于神鹰队不知不觉地解散了。我去了晓光队，这是一家做玩具生意的商人组织的球队，在社会上有相当的知名度。徐寅生也是晓光队的一员，我们二人算是会合了。

二、工人选手参加世乒赛

我小学毕业后读私立中专，学习机械制图，一年级已经会画图纸了。1953年，华东工业部的一家国有企业，听说是为解放台湾造船，我画图纸画得不错，就留下算是参加工作了，所以我的工龄从17岁开始算起。后来正式分配时，我被分配到了地处闵行的上海汽轮机厂。

我的岗位是厂设计科绘图员，在做好本职工作的同时，还坚持练习乒乓球。一次，我们厂与上海电机厂比赛，我赢了对方所有的选手。这下可轰动了，在场的厂党委书记龙跃指示工会组织要为我创造好的条件。这样，工会就把我送到上海工人乒乓球运动员集训班，即上海工人队深造。在进"班"前夕，龙书记关照工会主席，叫我好好训练，打球算公假，一切费用都由厂里报销。

集训班的学员有刘造时、杨汉宏、欧阳维、刘国璋、秦家楠、冯浩、苏字元、丁其昌、徐晶昌、张菊臣、张世德和我共计十二人。进队时,我排名倒数第二。但我虚心好学,喜欢看别人打,还特别爱琢磨。比如陆汉俊的推挡是弹力比较大的一种。李宗沛的推挡则属于防守型,人称"铜墙铁壁"。我是两种都学,便掌握了两种推挡技能。正手攻球,一个是学付连方声东击西的滑板球,一个是学王传耀的大力扣杀。后来我从国际饭店的一个大师傅王德芳那里学会一种俗称"老鼠偷油"的攻球,就是侧身打直线球,有出其不意的效果。后来国家队的徐寅生、李富荣、庄则栋等都学过这一招。

起初我们的训练场所在靠近外滩的黄浦游泳池,有六张台子,一周训

1955年,杨瑞华(左一)、张逸倩、朱培民代表上海队参加全国比赛时与教练陆汉俊在交谈

练两次。1955年5月，我参加了上海市乒乓球锦标赛，获得了冠军。接着代表上海到北京打全国比赛，四十多人分成四个组，我赢了王传耀，列第五名。这时国家队成立了，准备参加1956年在日本东京举行的第23届世乒赛。

那年春节，上海工人乒乓球队访问南通，我第一次乘大轮船，虽然有些晃动，但没有感到不适。南通乒乓球活动开展得不错。比赛放在文化宫的剧场里，观众在台下看。我们打得起劲，观众喝彩声也很热烈。比赛结束的晚上，南通方面还开了个联欢会。此时领队走来笑嘻嘻地对我说，告诉你一个好消息，国家乒乓球队通知你去参加集训；上海来了电报，要你立即回沪去北京报到。听到这个消息，我简直不敢相信自己的耳朵，又追问了一句，确认是真的。队员们纷纷向我祝贺，我一夜兴奋得没睡好。进入国家队是我多年的愿望，这一天终于到来了。

到国家集训队报到后，领队找我谈话，叮嘱要认真训练，准备打好这一届世界锦标赛。我高兴得话都说不出来，只是不住地点头称是。在运动员宿舍我见到了王传耀、杨开运、孙梅英，都是上海人，格外亲切。中午在食堂吃饭，三荤一素。饭后午睡，我没有此习惯，加上刚到国家队很兴奋，哪还睡得着，但又不敢动弹，下午三点开始正式训练。

我们的教练是梁焯辉，他是国家队的第一任主教练。他特别强调基本功，在他眼里没有基本功就没有实力，没有实力就没有制胜对手的把握。因此，他对姜永宁的"牛皮糖"削球、王传耀的两面起板尤为欣赏。而我的打法是"游击队"式的，虽讲究灵活多变，具有实战性，却并不为教练所欣赏。因我在全国比赛中名列第五，自然入选了国家集训队。当然，我当时的水平也没有达到高峰阶段。

参加第23届世乒赛的男队由姜永宁、王传耀、岑淮光、胡炳权和我组

1956年参加第23届世乒赛的中国队合影,后排左二为杨瑞华

成,女队为孙梅英、邱钟惠、张逸倩。我们从北京取道香港,再飞往日本东京。团体赛出场运动员为三名,我排在第五位,为了打出成绩,自始至终都是姜永宁、王传耀、岑淮光上场,我是冷板凳坐到了底。中国队战胜了美国和韩国等队,输给了捷克斯洛伐克、英国队,被评为甲级队第六名,算是初露头角。这是中国队第二次参加世乒赛,第一次是1953年的第20届,男队是甲级队的第十名。

我用海绵板打球反手推挡特别好,正手快攻也行,所以对付进攻型选手得心应手,碰到削球手就差一些,当时百分之九十的欧洲人是打削球的。所以,比赛中我发挥得不好,单打比赛中我与美国人交手,对方削削攻攻,更使我难受。这个美国人打球哇哇乱叫,我临场经验也不足,输了这场比赛。虽然梁教练没有责备我,但我心里真不是滋味。大概在教练的眼里,我还是个小孩,输在哪里也没跟我好好总结。记得世界比赛结束后,罗马尼亚队到中国访问，在北京举行了三场比赛，按理说我应该轮得到一场，可教练没给我机会。我去问教练，教练说把我忘掉了。我蛮生气的，便以父亲身体不好的理由，要求回上海，教练当然也就同意了。

三、上海专业队

我回到了上海汽轮机厂，真有些心灰意冷。厂里的同事们也为我在日本失利而惋惜，同时热情地为我出主意，分析利弊得失，鼓励我继续努力，勇攀高峰。这也坚定了我投身乒乓球运动的决心。有一次，我代表上海工人队出征苏州和无锡，厂里的摄影师冯培山一同前往，在苏州的比赛中我输给了一位没有名气的选手，便抱怨人家的球路乱七八糟。冯培山听了应声说，不要管什么球路，只要符合规则就可以，输了球，就是你的功夫不过硬。后来，我在无锡赢了江苏省的冠军，又产生了自满松劲的情绪，又被他批评了一顿，说我赢了就沾沾自喜，技术怎么能上进呢？说得我是心悦诚服。多好的同志啊！我也正是在这点滴的磨炼中成长了起来。

转眼已是1957年了。有一次我在厂大礼堂看电影，突然见人举着"杨瑞华有人找"的灯牌走来。原来是广东队的教练，他听说我从国家队回来了，准备招我去广东，加入全国第一支省级专业队，并且许诺我打主力，工资加一级。我的内心也希望去专业队打球，自然就答应了。星期日，我到体育宫找徐寅生，此时徐寅生正借调到体育宫做教练。我与他聊起了广东的事情，问他愿不愿意一起去，他说可以考虑。第二天，徐寅生赶到我家，进门就说不去广东了。原来当天体委副主任张振亚到体育宫视察，听说我要到广东去打球，便说：上海也可以搞专业队的，叫他不要走，我们明天就搞。就此，上海成立了我与徐寅生两个人的第一支专业乒乓球队。

那时,我俩在南京西路上海体育学院竞技指导科练球,生活上同进同出,球台上互为对手,球技上互帮互助。我俩都是近台左推右攻,虽打法相似,但特点不同。他擅长发球抢攻,侧身攻,攻球出手快、角度大、力量大。而我擅长推挡,落点刁,攻球声东击西。当时我俩共同的弱点是实力不够强。一次看世界冠军日本的荻村和田中的训练电影,对攻能打上千个来回,动作、步法、发力,越看越有劲。于是我们就模仿起来,虽然日本人的站位离台远一点,动作大一点,我们仍可借鉴这种练习的方法。开始的时候觉得枯燥单一,但因目的明确,一个多月下来,我俩对攻也能达到这个水平。由于基本技术提高了,战术运用就有了保证。徐寅生年龄比

1959年9月,上海乒乓球队在第一届全运会上取得了男团冠军、女团第四的优异成绩。前排左起:张燮林、池惠芳、朱培民、张秀英、薛伟初。后排左起:陆汉俊(教练)、徐寅生、杨瑞华、李富荣、戚吉庆(领队)

我小，起初球艺比不过我。后因他钻劲十足，一手正手攻潇洒利落，我俩就互有输赢，难分高下了。我和他的合作双打很有名，1957年获全国锦标赛亚军，1958年获全国九城市乒乓球锦标赛冠军。

不久，李富荣、屠汉刚、池惠芳、朱培民等先后加入球队。但队里没有教练，既不正规更不正常，我便以队长的名义写信给在国家队的上海人杨开运，结果他回来当了教练。当时社会上搞劳卫制，运动健将一定要通过一级劳卫制，比如一百米一定要跑进13秒7。我们是向田径队借了钉鞋才勉强达到。早先"运动健将"的称号是很光荣的，现在是讲世界冠军了。

如果说我过去打球像野牛一样乱闯，缺乏科学性的话，这次市体委组队后的正规训练，使我的乒乓球技艺向前跨进了一大步。上海队的整体水平也走向了全国前列，这时，国际比赛也频繁起来。1958年5月，我作为中国青年乒乓球队的成员访问朝鲜。下榻的旅店里挂有朝鲜领袖金日成的画像，我们一个队员用手摸了摸画像，想看看是什么颜料。朝鲜的工作人员反映到领队那里，这位同志受到了批评，从这件事上可见朝鲜人民对领袖的崇敬。

欧洲冠军是匈牙利队，世界排名也仅次于日本队，列第二。听说包括欧洲冠军别尔切克在内的匈牙利队要来沪访问，我非常兴奋，想在强手面前一试身手，掂掂自己的斤两。为了打好这场比赛，市体委专门派了教练去北京观察国家队与匈牙利队的比赛，摸摸对方的球路，回来后特地向全队作了技术分析。第一场比赛是五人对抗赛。我正巧对上别尔切克，内心一阵狂喜，却又不知对手厉害到什么程度，结果，第一局竟以4∶21败下阵来。第二局，我静下心来，采取稳扎稳打的战术，有时一个球要拉上十几个回合，看准了旋转，就实施进攻，这一局虽然以17∶21输了，还是发挥了应有的水平，世上号称"削球机器"的别尔切克胜我也理所当然。我看到了自己的水平有差距，但只要努力还是可以较量的。第二天的团体赛，我又同别尔切克遇上了。这场比赛我仍采用拉中突击的战术，第一局以21∶19取胜。别尔切克毕竟是久经沙场的世界名将，经验非常丰富，立即改变战术，在稳削中加强反攻，我思想上缺乏多方面的战术准备，以13∶21输了第二局。第三局，我把他的反攻当作对攻球来打，还真奏效，双方比分交替上升，一直打到19∶21。这盘球虽然输了，却使我牢牢记取关键时刻还有一分的差距，鞭策我更加刻苦训练，增强攀登高峰的信心。

1958年，各行各业都纷纷表示赶超世界先进水平。体育界也不例外，市体委在文化广场召开大会。各个项目的代表都上主席台表决心，我代表乒乓队发言，提出上海乒乓球队两年内获得全国冠军，我个人要在世界比赛中进入前八名。当然，也有人提出这个指标似乎距离大了一点。现在回想起来，自己是有股"初生牛犊不怕虎"的劲头。但是，赶超世界先进水平的雄心壮志并无问题。当时，上海乒乓球队很年轻，我二十一岁，徐寅生二十岁，李富荣才十六岁，他年少志高，训练非常刻苦，每次训练下来，他总要拉住我这个队长问长问短，我也不藏私货，十分倾心地把他当作小弟弟，有问必答。徐寅生则常同他打让分制比赛，李富荣从中学到了不少徐寅生的长处。所以李富荣的打法，把我和徐寅生的打法结合起来，且比我们更勇猛。这一年，李富荣的球技突飞猛进，上海队的整体实力上了一个台阶。所以，我们提出的奋斗目标，既有国际国内比赛的实战基础，也是因为我们这支队伍有雄心、能吃苦。

1958年全国锦标赛上，上海队在决赛中击败了由姜永宁、王传耀、庄家富等国家队队员组成的北京队，获得了全国团体冠军，从而提前实现了目标。之后，上海男子乒乓球队中徐寅生、李富荣和我在乒乓界被称为"三剑客"。每当外国乒乓球队来上海访问，我们都以绝对优势取胜，比如以 5∶0 战胜民主德国队、瑞典队、罗马尼亚队、捷克斯洛伐克队，以 5∶1 胜日本队。比赛是在卢湾体育馆进行的，观众有几千人，信心也就逐步建立起来了。虽然我们只是上海市的代表队，却已具备足够的力量同世界强队抗衡。不久，我们"三剑客"被吸收进了国家队。我和徐寅生还成为第 25 届世乒赛团体赛中国队的成员。

四、第 25 届世乒赛

我进国家队，算是"二进宫"了，因为国内、国际比赛打得多了，积累了经验，思想也比较成熟了。国家队的指导思想是为国争光，不管谁拿了冠军，都是代表中国。集体主义思想发扬光大，影响很深，所以不少人放弃自己的打法，而模仿外国选手的技术特点。这样，主力队员练球的条件更优越了。主力队员与非主力队员训练，一切计划服从主力队员，非主力就是陪练。当然，多跟主力队员打，一些非主力队员也提高得很快。

就器材来讲，我也是"鸟枪换炮了"。1953 年国家队成立后，就从日本买来了海绵板。1955 年，朋友送我一块海绵板，海绵是很厚的车子坐垫，拿到中央商场一剖三，打打还蛮灵的。到了国家队就换了有胶皮的海绵板了，这也是通过香港买来的日本货。国家队的训练，能根据每个人的特点制定方案。比如我进攻速度比较快，但对付旋转球把握不大，教练就叫我学会过渡球。这样有针对性地练了一年，效果不错，又会拉又会打了。梁焯辉教练提出要打出具有中国特色的球，即快、准、狠、变。后来傅其芳由中国青年队到国家队任教，进一步发展了这一技术风格。傅其芳解放之前去了香港，他有相当的教练水平，是贺龙把他请回来的，每月工资 500 元呢！因参加联邦德国多特蒙德第 25 届世乒赛的政治条件要求高，没让傅其芳去，由庄家富、姜永宁代替他做教练。

这时容国团已经回来了，他那句"人生能有几回搏"的口号振奋人心。在球路上，我是容国团的克星，他基本没赢过我。第一次他代表香港队到内地访问，在北京把国家队的人都打败了，到了上海就是输给了我，后来参加全国比赛又输给了我，他拿了世界冠军后还是输给我。我的推挡强，又学了他的"急下旋"的发球技术，实战效果非常好。我们的业余生活就是打打扑克，李富荣、庄则栋、徐寅生等都参加，徐寅生人缘好，肯帮助人家，关键是他脑子灵，看问题准确，尤其在当教练时，对乒乓球的发展贡献很大。容国团不参加打牌，他喜欢拉手风琴。

第25届世乒赛之前，我们先访问了匈牙利与民主德国。第一天中国队对匈牙利国家队进行团体赛，我队出场的是王传耀、容国团、徐寅生，以5∶2取胜，王传耀打得很出色，一人独得三分。第二天是参加匈牙利的全国单打比赛，结果王传耀第一，我第二，半决赛时领导叫我让给王传耀，这是我第一次让球。进入前四名的是两个匈牙利人（别尔切克、费尔迪）和两个中国人。因为我在上海曾两度输给别尔切克，领导为了保证中国拿冠军，就此做出这个决定。当时我曾说技术上已有了进步，应该给我一个冲击的机会，但领导说王传耀的把握大，国家荣誉第一。第三场比赛是对抗赛，我又碰上别尔切克，此时我是信心满满，打得"削球机器"发不出威来，以2∶1拿下胜局。今朝报了"一箭之仇"，我的心情非常舒畅。这两场比赛下来，庄家富教练给予了好评，我的地位也起了变化，从一个替补队员上升为正式队员。接着，访问比赛移至民主德国，第一场团体赛，是容国团、徐寅生和我上阵，我队以5∶3取胜。第二天，举行民主德国、捷克和中国的三国联赛，我打得非常出色，一路过关斩将，最后与容国团争冠亚军，我2∶1取胜，获得男子单打冠军。

1959年参加第25届世乒赛凯旋的队员在北京机场合影留念,右二为杨瑞华

这样,我进入了团体赛主力名单,小组赛中包括对联邦德国和瑞典等强队,都连连获胜。进入到第二阶段争夺决赛权时,我队遇上了匈牙利队,我以2:1巧胜上届冠军西多,却在第五场先胜一局的情况下,因比分咬得很紧,反而感到打好打坏责任重大,想得越多,手脚越放不开,输给了别尔切克。那天别尔切克打"神"了,再胜容国团和王传耀,连下我们"三城"。中国队获得了团体赛的第三名,虽然这是我国体育运动史上破天荒的好成绩,但毕竟非常遗憾。若是与日本队决赛,我们的近台快攻已具备了与日本队全面对抗的实力,谁能夺冠,很难定论,此后的单打中,容国团胜星野、王传耀胜荻村就是明证。

在随后的单打比赛中,我连克瑞典、南斯拉夫、美国、波兰、越南共和国(南越)五个国家的冠军,进了前八名。结果争夺前四名时,输给了美国的怪板选手迈尔斯,失去了一个非常好的夺冠机会。当时中国队进前八名的是我、庄家富、王传耀、容国团四个人。容国团赢了别尔切克、星野及迈尔斯，与西多进行决赛。因为我曾三次击败西多，最近一次还是本届团体赛中取胜的，对付西多自有一套办法。于是，团长陈先和副团长张钧汉亲自布置，指定我担任这场决赛的场外指导。我对容国团说，西多人胖，跑动不灵活，但手上功夫好，削球落点角度大；所以建议容国团拉球加强摩擦，造成球的旋转，形成"侧旋球"，迫使西多不易"逼角"，又无法反攻。坐在教练席旁边的徐寅生和庄家富都同意我的意见，这个主意扣住了西多的弱点，果真灵验了，屡屡造成西多回球失误，或被迫在跑动中削出高球，为容国团创造了大板扣杀的机会。后来西多改变战术，加强攻势，我则打手势示意容国团打搓球，迫使西多攻也不是，守也不是，直到败下阵来，匈牙利队预料西多一定能获冠军，连鲜花都准备好了呢。所以，容国团对我说："这奖杯有你的一半功劳啊。"

容国团第一次为祖国取得了乒乓球男子单打冠军的称号，令世人瞩目。当时，身临其境的我高兴得竟如同做梦一般。但细细想来，也都在情理之中。因为中国乒乓队在党的教育下，已经形成了一种艰苦奋斗、公而忘私和先人后己的集体主义精神。当时哪个国家队队员没有这种想法呢？容国团实现了我们的愿望。世乒赛后，我们又到苏联参加国际锦标赛，结果又是我跟容国团打进决赛。这时领导说，你不能再赢容国团了，他刚刚拿了世界冠军，你赢了，他不成了隔夜冠军啦！结果我让了他，冠军奖杯是个大花瓶，他要把奖杯送给我，我没要。

我一个小青年，一下子跑了五个国家，算是开了眼界。感觉人家的生活水平确实高，连开电梯的都是西装笔挺。我们发的零用钱是20美元，买不了什么东西。当时几乎是训练场与宾馆两点一线，与当地人接触较少，但有两件事情印象很深：一次是坐德国的电车，人家售票员好奇地看我们的后脑勺，意思是看我们的辫子是不是剪掉了；还有一次在饭店吃饭，是讲要给小费的。当时饭店人挺多，人家给一两个马克，我们不太懂，给了十个马克。服务员说中国人有钱，马上帮我们脱大衣，安排座位。

1960年，领导派我到瑞典参加斯堪的纳维亚比赛，这是欧洲乃至世界的顶级比赛。我发挥得很好，拿了单打、双打冠军和混合双打亚军。

1960年尼泊尔国王接见到访的中国乒乓球队，二排右三为杨瑞华

五、大局为重

从瑞典回来以后，全队上下已集中精力投入训练，争取打好在北京举行的第26届世乒赛。

当时，国家队集中了"108将"，其中主力队员十来人，有一部分人还模仿欧洲人、日本人的打法陪主力队员,来保证比赛的胜利,如薛伟初、胡炳权主动学日本人的弧圈球,陪庄则栋、李富荣等练习。我能把罗马尼亚的欧洲冠军打败,就离不开湖北队胡峰的帮助,最起码没有他我不会打得这么顺。

我们的集训地在北京工人体育场的看台下面,十几个房间,每间房三张台子,主教练是傅其芳。集训队早上六点钟起床,晚上九点钟睡觉。教练组对我们几个主力队员很重视,每天起床后医生就来量脉搏。上午八点半正式训练,上午三个小时,中午睡觉,下午两点半再开始训练。非主力队员一般是十五到二十分钟交换一个项目。成了主力就由陪练帮着练专项,除了基本功,还有战术等,甚至还找刁文元等发球好的陪练接发球。与陪练打比赛就先让五分,谁输了就放一分,以提高实战能力。庄则栋练球跟我不一样,白天六个钟头,晚上还加班,特别卖力,他喜欢练基本功,技术活炉火纯青,但战术意识较差。1962年前他打不过我,1963年以后我就没办法跟他打了。

体委领导荣高棠就在队里蹲点,真正是吃住都在体育场,和运动员打成一片,他的口才很好,常和运动员聊天,据说战争年代还讲过相声。他做动员报告会不时引起队员们哈哈大笑。周总理还派陈毅来作报告,给我们打气,他说:你们为祖国争光,打赢了我请你们喝酒,打输了我也请你们喝酒。在精神生活上也有调节,如每周安排放一次电影,外国的、中国的,大都外面没公映的,还组织开联欢会。

此时主力队员六个人的排名是:容国团、王传耀、庄则栋、徐寅生、我、李富荣。比赛报团体名单时有我,当时世界排名是容国团第一,我第五,自我感觉也是进团体名单应该没啥问题,可离开幕没两天把我换掉了。李梦华找我谈话,叫我好好打单打。后来想想,即使团体名单进了,但轮

1961年第26届世乒赛上,杨瑞华与容国团配合参加双打比赛

不到上场坐冷板凳,也没啥意思。当时也根本没考虑到荣誉,因为如果名字在里面,团体打了第一也就有了世界冠军的头衔。

我单打的关键一场是与罗马尼亚的内古莱斯库,他的打法是削攻结合,是当年的欧洲冠军。因为我在赛前就有针对性的训练,3∶0拿下了,领导直拍我的肩膀说,杨瑞华立大功了。八分之一决赛时我与张燮林相遇,如果我赢了,就与西多抢前四,西多是我多年的手下败将。结果西多输给了日本的三木,领导叫我让给张燮林,还说要给我评特等功。为了集体的荣誉我让了,而且为了保证张燮林的体力,我跟裁判说了弃权。张燮林也很争气,3∶0轻松拿下三木。后来,我在走道上碰到西多,他一个劲地比画说"Money",意为:你是拿了对方钞票而不打了。我的回答是:No,No,腰伤了。

到了第 27 届世乒赛时，国家队主力排名是：庄则栋、李富荣、徐寅生、容国团、张燮林、我。团体赛六人报五个，我是当年的全国冠军，料想肯定有我，结果我和容国团都没上，上了个王家声，据说领导是要培养新兵。我因此又失去了冲击团体世界冠军的机会。此时，我的情绪是蛮低落的，领导找我谈了话，说虽没报团体，但荣誉上是不会忘记的。这一届的单打比赛中，我又以 3：0 打败了新的欧洲冠军、人称世界"未来之星"的瑞典人约翰森。八分之一决赛时与胡道本打。团中央体育部部长、代表团副团长李广耀找我谈话，考虑到我在第 28 届世乒赛前就要退役了，而若进了前八名就可不记名额，直接进入下一届世乒赛，为了能多几个人参加第 28 届，叫我让给胡道本。第 27 届世乒赛回来，我又被评了特等功。这样，我在第 25、26 届世乒赛被评为一等功，在第 27 届世乒赛被评为特等功。这是世界冠军的待遇，每月可发 15 元奖金。作为第 27 届世乒赛团体冠军成员的王家声却没评上。可从现在角度讲，就不一样了，历史只介绍世界冠军头衔，而不会介绍特等功选手。

在我的经历中，前后共三次受到毛主席、刘少奇、周恩来、朱德、贺龙等党和国家领导人的接见，给我留下了难以磨灭的印象。

第一次是 1961 年 5 月，毛主席、刘少奇、贺龙等在中南海接见了世乒赛中国代表团，我和容国团向中央领导作了单打的汇报表演，我尽力克制住内心的激动，非常认真地把平生本事施展出来。我的贡献是微小的，获得的荣誉是丰厚的。第二次是 1962 年 6 月，全队到北戴河调整，正逢党中央在此开会。由于乒乓球队影响很大，政治待遇就高了。新华社记者拍下了我与毛主席握手的珍贵镜头，就刊登在《人民日报》头版上。第三次是 1963 年 7 月第 27 届世乒赛结束后，毛主席等党和国家领导又一次在中南海接见了中国乒乓球队代表团。记得接见前，周总理还和时任国家体委副主任的李达上将来了场友谊赛,由我做现场裁判。在这次接见中,毛主席等领导仔细看了我们捧回的冠军奖杯,还饶有兴致地观看了我和徐寅生表演的乒乓球对抗赛。

表演结束后,毛主席与其他中央领导和我们一一握手。当时在场没有参加表演的队员非常想有这个机会。周总理看透了队员们的心思,笑着说:"去呀,你们怎么不快去和毛主席握手啊。"边说便张开双臂把他们拥到了毛主席的身边,炽热的情绪达到了高潮。

六、非常经历

第27届世乒赛后我就退役了。先在国家队当了三个月的女队教练,带胡克明、狄蔷华等,主要是与傅其芳合不拢,便要求回上海。当时国家体委副主任李梦华找我谈话,叫我慎重考虑。我说,不用考虑了,还是回上海吧。

回上海后,我任上海男队主教练,运动员有杜功楷、姚昌元、刘明全、姚振绪等,教练有陆汉俊、刘国璋、杨永成和戴龙珠。刘国璋的关系在邮电局,杨永成的关系在港务局,两个人算是借来的。当时上海队在全国是第5—8名的水平,女队还稍差一点。

1966年,"文革"开始了。对我来讲精神上受到蛮大打击,主要感到做人已经没有尊严了。我虽然没得过世界冠军,但得过全国冠军、得过世界第三名(团体),为国家争光,取得了一定的荣誉,也受人尊敬,可在"文革"中却被审查批斗。当时,上海体委系统的造反组织叫"上体司",乒乓队成立了一个名叫"怒火"的造反队,矛头指向当权派。我是群众,随大流,算是观望派。可没想到几个月后,造反队把我在印尼做教练的事

1965年，杨瑞华在上海汽轮机厂为职工打乒乓球表演赛

抛了出来。这是怎么回事呢？

原来1964年我曾被派往印尼做援外教练，那里的球队是业余的，水平不怎么高，我上午、下午分两批用陪打的方式帮助他们提高。结果在东南亚运动会上，印尼队连克越南共和国、马来西亚，获得了团体亚军。所以，印尼乒协对我很照顾，不仅包吃住，还为我配了辆汽车。有一次，乒协主席借车外出，不想他开车去了夜总会。有爱国华侨发现，以为是我，便向大使馆反映了。大使馆便找我谈话，我把借车的原委说了。大使馆听后嘱咐我要注意。我当时不放心，又不懂外交政策，私自要求借车的乒乓协会主席去大使馆作证，以澄清事实。谁知不讲则已，一讲反而出事了。大使馆领导责怪我把此事跟外国人说，内部是小事，但对外就是大事。加上我带印尼队回国比赛时，穿着他们的花衬衫队服，就更成为把柄了。乒乓队的造反派批斗我，把我剃了光头让我打扫足球场，对我的身心打击很大。

1964年杨瑞华（后排左一）执教印尼队，带队访问越南民主共和国，受到胡志明主席的接见

我平时被关在宿舍里不准自由活动，只有在周六晚上可以回家。有一次周二发工资，我怕工资放在身边不安全，就叫我爱人来领。爱人是抱着小孩来的，小孩笑着要叫我抱，刚抱一会，造反派就哇啦哇啦呵斥"好啦！好啦！"我的眼睛酸溜溜的，心里感到对不起女儿。

大约1969年，根据中央的政策，我的问题被作为人民内部矛盾处理。记得开大会宣布时，我激动得不得了，高呼"毛主席万岁！"1970年运动队开始恢复训练，我仍做教练，大家都称我老杨。记得那年要派个教练去崇明五七干校劳动，我就主动请缨去了。

1971年，因为"乒乓外交"的关系，美国乒乓球队到上海访问，美国队的迈尔斯点名要找我，因为第25届世乒赛上我俩打过。军代表就赶紧把我从崇明叫回来。比赛在江湾体育馆进行，宗旨是"友谊第一，比赛第二"，我们身着一套红衣服出场，很轰动的。迈尔斯见到我非常开心。整个

1971年美国乒乓球队访问上海,杨瑞华与迈尔斯握手

比赛安排老的先打,并规定是赢一场输一场,刘国璋打第一,我打第二。领导的安排是刘国璋输,我赢迈尔斯。结果刘国璋没输掉,领导急了,连忙叫我让给迈尔斯。迈尔斯不知情地跟裁判讲,既然是表演赛,为了使观众满意,第一、二局各赢一局,第三局真打。第三局我赢一球,就马上输一球,结果被他看出来了。他便很幽默地故意打出界的球,轻的向后拉拉台子,重的就"抢板"。比赛结果是21:19,他赢了我。

上海队恢复训练后,我主管男队,感觉总体水平是下降的。1971年驻沪空军队解散,岑仰健、陆元盛这批小将进了上海队,李振恃则转到邮电队去了。当时,市体委军管组的负责人曾找我谈话,他说,老杨啊,你胆子大一些,我们还是要赢球的,你大胆搞,我支持你。所以,在与外国强队的比赛中,我就向军管组打报告,要求把李振恃借来,他也争气,与外国队打都赢了,甚至打败了日本高手河野满。李振恃出身不好,政审有些问题,但出身不好不代表他有问题。后来我"得寸进尺",向领导提出将他调进上海队,但没获同意。李振恃最终进了解放军队,还获得了全国单打冠军。

1972年后,情况有所改善。因为我过去的成绩,又由于我担任主教练,组织上分配给我康乐新村带有煤卫的两间房。弄堂里的居民不太熟悉我,在人家眼里我就是个教师。但我到我父母家去,很多人知道我参加过世界比赛,是了不起的人物,都来看我。1986年,我已被评为国家级教练,体委又在田林新村为我增配了一套两室户的房子。

1975年打全运会比赛时,已升任国家体委主任的庄则栋到运动员住处去视察,特意到我的房间来了。他没有什么官架子,讲了点形势和要求。他说:老杨,我们培养运动员要政治思想第一,不要技术搞上去,红旗落了地啊!当年在国家队,我和庄则栋住一个房间,我比他大几岁,他对我蛮尊重。此人品性蛮老实,训练特别刻苦。用他的话,一天攻球不打个三千板是不睡觉的。他基本技术好,战术意识差,而我战术意识好,他对我也蛮崇拜的。1959年第一届全运会单打我淘汰了他。以后,我反手推不赢他,就打不过了。

那时,庄则栋在全国大搞"体育革命",我们出去比赛前,首先要写好"批判锦标主义"等大字报,并抢先在赛场张贴,这样才能被评为红旗球队。比赛结束发奖,不叫发冠军奖,叫发红旗奖。还有一种说法是运动队培养的运动员只专不红,故提出解散专业队。为此,市体委训练组召开座谈会,各运动队主教练都参加讨论,我说专业运动队不能解散,解散了,国际比赛还要不要打?成绩还是要的,否则五星红旗升不起来,那还有什么意义?在场的大多人是反对解散的。我和庄则栋再次见面是2010年7月的"108将"北京聚会。吃饭时第一桌都是世界冠军,并在座席上写有名字,其他桌就随便坐了。我当时坐在第二桌,他看到我就说,老杨,咱们坐在一起吧。

"文革"中的两件重大事件，也算经历过了。比如林彪事件，记得是乒乓队开会，有个叫吴新民的运动员坐在我旁边，我看见他在《毛主席语录》前言的"林彪"两字上打了叉。我说，你不要乱来啊！他哈哈一笑说，林彪已经被打倒了。我大吃一惊，他是接班人，怎么会被打倒呢？原来吴新民的姐姐在新华社工作，率先得到了这个消息。粉碎"四人帮"的消息是一个做小生意的朋友王根清告诉我的。他是球迷，自己也会打。一次餐叙时，他悄悄告诉我的，当时还没传达，也不知道他是从哪里得到了这个消息，我也不便多问，内心还是蛮兴奋的。

七、教练生涯

"四人帮"被打倒后，上海队的训练真正走向了正规。1977年，我从男队调到女队任主教练。根据竞赛规则，上海可报1—2个队。我们从1977年赢下河南队拿到全国冠军后，又获得五次女子团体冠军，还涌现出了不少优秀选手，如曹燕华、倪夏莲、何智丽、卜启娟等。

其中有几位，我亲自点拨，效果显著。倪夏莲直拍单面进攻，速度快、落点好，但推挡差，靠侧身，由于人矮，两边跑动够不到，所以她的反手问题一定要解决。我就把她的胶皮改换成半长胶，一打球往下沉，人家较难与她相持，就此，反手漏洞变成了强项，再加上原来正手攻的速度快、落点刁的优势，技术水平大幅提高，在全国比赛中获得亚军。后来，倪夏莲为中国队再度捧回考比伦杯立了功，并与郭跃华一起，获得世乒赛混双冠军。卜启娟是削球手，防守反击是她的强项。她本想退役了，我做她的思想工作，并将她的球拍反面换成防弧圈胶皮，即通过倒拍的变化，增加削中进攻的机会。卜启娟不负众望,在 1979 年全运会乒乓球比赛中获得女子单打季军,并调进国家队,又在世锦赛中获得女子双打亚军。还有一位是何智丽,从少体校来时有一定实力,但速度不快、力量不大,打少年比赛问题不大,打成年比赛问题就大了。我看她身体素质不错,就发展她拉弧圈球。我专门叫了男队员归振其陪她练了三个月。一次她与区队男队员打比赛,第一局就输了,我问她为什么不拉弧圈。她说想赢怕失误。我说,你放手打,21 分拉弧圈赢 6 分就行了,学了不打有何用,你用了就有希望。结果弧圈一拉,连扳两局。后来她进了国家队。

1979 年,我作为全国冠军队的教练,参加了国家体委组织的第 35 届世乒赛观摩团,与八一队的于贻泽、北京队的岑淮光等出国去了朝鲜,这是我自"文革"以来的第一次出国。更重要的是,这一年,我光荣地加入

1981 年夏天,杨瑞华(后排右三)带队去上钢二厂打表演赛

了中国共产党。记得 1959 年,我和徐寅生、李富荣"三剑客"屡胜外国队,宋季文副市长就跟我谈过,说:你要争取入党啊!二十年后,我终于入党了。我决心要多为国家争光,更加严格地要求自己。

  之后,1981 年,我被派往西班牙;1983 年和 1990 年两次被派往日本担任外教。我任外教的成绩还是不错的。去西班牙巴塞罗那的时间为一年。因队员有的是下班过来的,有的是放学过来的,所以是晚七点到九点训练。世界比赛原分为甲、乙两个组。西班牙原来属于乙组第九名,我去后打到乙组第三名,若再进一位就可升为甲组了。去日本,第一次是荻村跟徐寅生讲,希望派两个老教练来帮忙,我和北京的教练岑淮光就去了,目的就是帮助提高日本的后备力量。但日本没有组织少年队,所以就由日本乒协组织,去巡回讲了几次课,包括日本国家队的人也来听了。其实,这就是

1983 年,应日本世界冠军荻村(左一)邀请,杨瑞华(左三)前往日本指导

荻村办的俱乐部，并不是正规训练班。我们三人住一套两房一厅，翻译住在厅里。分工是岑教练买菜，我烧菜，翻译负责洗碗。爱人一年后来探了一次亲。给我们的钱也不多，一个月四千多元人民币，当然国内的工资还是照发的。第二次是去日本青森县一个学校做乒乓球教练。日本的学校体育比较正规，小学、初中、高中都有乒乓学校，大都是在下午的体育课上训练，周六、周日加班训练。日本名将福原爱就是在我教过的学校打球的。在日本，要参加全国的学校比赛，必须取得县的冠军才可以报名。我去的这个学校一直是"老二"。我去了以后，跟校长说要保证拿冠军，前提条件是请一个同龄的中国小孩来留学，校长同意了。我请了上海虹口体校的李真，念高中的学费全免，还给两万日元零用钱。我们在县比赛的决战中，以3：2赢了对手，得了第一，又在全国高中乒乓学校比赛中打进了前八，冲前四时以2：3失利。我这次去的待遇是每月三十万日元，等于人民币一万二千，当时国内的工资是五百元。

回上海后，上海海上世界公司的老总王根清向市体委申请，一年投资一百万，组织个俱乐部，与上海市队平起平坐地竞争。体委同意了，王根清请我去当教练。这样搞了两年，还真把上海女队打败了。

这支俱乐部的球员是从各少体校招考的，应该承认多是市队捡剩下来的。海上世界承诺招考的前三名发工资，而后几名要交一点学费。来自闸北体校的糜惠琴名列第五，体校教练推荐说，小糜是有实力的，只是因这两年进不了上海队，技术就荒疏了。结果糜惠琴是按每月自费一千五百元进来的，经过两年的训练，她把上海队的选手打败了，以至于市队要参加全国比赛还来借她，在比赛中，糜惠琴2：0赢了世界亚军郭跃。因为海上世界是和七宝镇合资的，后来这块场地要搞绿化，队伍也就解散了。

我认为，中国乒乓球能够雄踞世界乒坛，有五大优势：一是教练水平高，打球方向明确。二是运动员数量大。仅上海就有十多所区级少体校，还有半专业的市少体校，全国的发展也差不多，底子雄厚，呈宝塔型，人才辈出。三是我们是职业队。专业训练每天能保证四五个小时。四是各层次的比赛多，各种打法的运动员交流多、实战多，有利于技术、战术的提高。五是我们有集体主义思想，全队互相帮助、互相提高，保证主力队员的优势，一切都是为了祖国争光。

我今年八十岁了，衷心祝愿中国乒乓球队长盛不衰、永葆青春。

徐寅生

　　1938年生。直拍快攻打法。素有乒坛"智多星"之称。第26、27、28届世界乒乓球锦标赛上中国男队连续获得团体冠军，徐寅生是团体赛的成员，并与庄则栋合作，获得过男子双打冠军。1965年1月，毛泽东对他在乒乓球女队的讲话《关于如何打乒乓球》作了批示，给予高度评价。担任教练后，随着欧洲选手的崛起，主张要学习创新，在中国传统的直拍快攻的基础上，更上一层楼。1976年，任国家体委副主任。长年担任中国乒乓球协会主席，并在国际乒联任职，1997年担任国际乒联主席。为使乒乓球项目更有观赏性、成为最受欢迎的体育项目之一，他积极推动改革。2010年被国际乒联授予终身名誉主席。

我的乒乓"三部曲"

一、打乒乓

我上小学时,学校没有操场,只能在弄堂里玩耍,最爱玩的是乒乓球。

那时没有球台,就在水泥地上用粉笔画个长方框框,或者用门板当球台,再用两块碎砖架起一根竹竿代替网子,双方蹲在地上推来挡去,有时出了高球还能站起来抽杀,照样玩得兴高采烈。小伙伴中,谁要有一块像样的球拍,或一只新的乒乓球,是很得意的事。有一次,我好不容易凑足零花钱买了一只新球,一不小心把球踩瘪了。我非常心疼,赶紧用开水烫,可是怎么也鼓不起来。我想,可能温度不够,于是捏着球贴着炉子烤。突然"呼"的一声,球烧了起来,火苗蹿得挺高,吓得我一身冷汗。

我就读的中学里有一张未油漆的球台,连球网都是木板制成的。尽管我常在那里"摆大王",但仍觉得不过瘾。家附近的皮革工会有一张乒乓球台。我和职工混熟了,就常去打球,跟水平高的人对打,有时被弄得狼狈不堪,却也从中学到了不少东西。

1953年,我无意中从报纸上看到消息,说中国乒乓球队将参加世界锦标赛。从此,我的心中筑起了"乒乓梦"。上海工人文化宫的球房是擂台式的。哪一方先胜三分就作为擂主,上台攻擂必须自备球。愁的是我没有工会会员证。后来托人弄到一张证明,上面注明"工会会员证待发",也就有了合法身份进出了。当时上海还有不少私人开设的球房,是要付台费的。我因技术不错,常被邀请,就不用自己花钱了。总之,我东奔西闯,往一切可以打球的地方钻,与各种高手接触,对提高技术和适应各种打法的能力很有帮助。有一些经商的业主,只是出于爱好,愿意当个领队出钱组织球队,发些运动服,吃个夜宵。有时我晚上出去参赛,半夜三更才回家,隔天早上,都要母亲多次催促,才匆忙上学,学习成绩下降势所难免。有一次,被化学老师抓了典型,他用一整堂课的时间对我进行教育,告诫我不要玩球丧志,令我羞愧交加,至今难忘。

初中毕业后,我上了航空学校,学的是钳工。老师傅布置作业,我做出来的东西总是不合格,手上的锉刀就是不听使唤。我意识到自己的心思不在这个方面。高级钳工不是我的目标,当一名乒乓球国手,才是我梦寐以求的。

我是在读学生时,便参加了上海学生系统的比赛,成绩领先,开始有点小名气。有一次发生的事真是又好气又好笑。那个时候海绵球拍开始流行了,但国内没有生产。我们曾用土办法,试着用轮胎里面的黑海绵拼凑起来。学生队里有一名印尼华侨,他从外面寄来一块日本产的厚海绵拍。我问他借来打,球拍弹性好,速度快,我在比赛中占了不少便宜。但快到决赛时,被他要了回去。我大失水准,只得了个第三名。

1956年,中国队为参加东京世乒赛来上海"练兵",我有幸代表上海参赛,还胜了两场。在这届世乒赛上,中国男队被评为甲级队第六名,女队也从乙级队上升至甲级队,进入了世界先进行列。罗马尼亚队男队获世界亚军,东京世乒赛后,他们顺道来上海访问。一天下午,老师突然到车间通知我:"徐寅生,市体委让你参加国际比赛啦!"技工学校是培养技术工人的地方,学生出去参加国际比赛是有史以来第一次。到市体委报到时才知,我将与上海好手刘国璋、薛伟初等人一起迎战罗马尼亚队。在研究出场人选时,一些人主张,从长远考虑,上海应该培养新手,让他们去闯一闯，见见世面。市体委领导采纳了这种意见，于是我被选上了。罗马尼亚的队员个个横握球拍，能攻善守，是典型的欧式打法。当高大的甘特纳同我列队入场时，观众席上发出一片欢笑声，我感觉到一种莫名的紧张和兴奋。比赛中我也打出了一些好球，但毕竟实力不强，以 0∶2 败下阵来。下场后，市体委领导和教练夸我打得不错，鼓励我打好男子双打比赛。轮到我和薛伟初上场了。大我 8 岁的薛伟初提醒说，双打不像单打，要互相通气。比赛结果是我们以 2∶0 赢了对手。比赛中还出现了一个戏剧性的场面——我抖腕发了一个侧上旋急球，球直奔对方球台后来了个右拐弯，对手居然连球皮都没摸到。观众席上响起热烈的掌声和欢笑声。

第一次参加国际比赛使我认识到外国选手并不可怕，更相信中国人将来一定能登上最高峰。

从这之后，我人在学校，心在球场。

当时，全国有两所体育学院培养乒乓球人才。一是北京体育学院，那里有香港归来的姜永宁和上海的王传耀、孙梅英等第一代国手。另一所是广州体育学院。曾入选参加东京世乒赛的杨瑞华鼓动我去广州体院深造。上海体委获悉之后，决定在体院增设乒乓球项目。我别上白底红字的上海体育学院校徽，心里不禁洋洋自得。

进了校门除了训练，还要学习文化和理论，课程有语文、外语、生理解剖、运动医学及专项体育理论等。但主修的乒乓球课缺乏系统性，首先是没有教练，计划虽然订了，我们这几个"打野球"出身的常常自由发挥计分比赛。杨瑞华赢了我，就嘻嘻哈哈，把我气得够呛，我就想方设法反败为胜。比赛是最好的斗智方式，斗来斗去，战术意识有了提高。我打球善于观察人家的优缺点。杨瑞华落点控制得好，变化也多，尤其发力推挡和正手攻直线更是一绝。我从他那里学到了不少东西。有些人一讲学习就往外跑。其实在你周围,有很多好的经验。不久国手杨开运担任上海队教练,训练走上了正轨。每天清晨我们都要跑步二三千米,上下午技术训练,加上身体专项训练,一天下来疲劳不堪,但见教练与队员一起摸爬滚打,也就硬着头皮坚持。经过一段时间的苦练,我的技术、体力都有了明显提高。

20世纪50年代的上海乒乓球男队。左起:薛伟初、杨瑞华、徐寅生、李富荣、张燮林

1958年3月,京、津、沪、穗等九城市乒乓球锦标赛在上海举行,其中阵容最强的是北京队。从香港回来的容国团代表广州队参赛,两次战胜了王传耀,引起了人们的关注。团体赛中,我赢了王传耀和容国团,在单打比赛中却出了洋相。那天,我看了比赛日程表,以为下午没有比赛。便向教练请假去看电影,正看得起劲时,影院的工作人员举了一个亮灯的牌

子走进来,上面写着"徐寅生外出"。我连忙冲到门外,才知道看错了日程。赶到体育馆时,只听到裁判长正在向全场广播,宣布我过时不到,作弃权论。我一屁股坐在场边,茫然不知所措。第二天,《新民晚报》作了报道,豆腐块文章虽小,但标题醒目:《看戏误比赛,徐寅生辜负众望》。这下我的日子难过了,正如那场电影片名:《暗无天日》。

不久,我随中国青年乒乓球队去莫斯科参加世界青年联欢节。当时,我还没有突出的成绩,怎么会派我出访呢?原来国家体委领导主张培养年轻运动员,主管乒乓球的领导张钧汉将我列于名单之中。所以,我对张钧汉始终怀有一种特殊的敬重之情。那时,《新民晚报》报纸上发了一条我去参加联欢节的小新闻,家里人也为我感到高兴。

我这个航空技工学校的学生,只去过机场看飞机起落,我想这次可以飞上蓝天,俯瞰祖国大地,心情十分激动。到了北京才知道,是坐火车去苏联,要十天十夜才到莫斯科。当我第一次拿到国家发给的几百元置装费

徐寅生在莫斯科留影

时，站在百货大楼里直发呆，不知道该怎么花。同队的郭毅萍煞有介事地说，出国睡觉必须穿睡衣。我便听他指挥，买了一套布的，一套丝绸的。回国后两套睡衣一直躺在衣柜里。进了苏联境内，几乎每到一个车站，都有当地的群众前来欢迎。停车短则十几分钟，长则要个把小时，代表团成员在站台上和欢迎的群众尽情联欢，好不热闹。

参赛运动员中最引人注意的是匈牙利的别尔切克。他是"新科"欧洲冠军。我同别尔切克的友谊比赛，互有胜负。单打比赛争前八名时，我碰上了南斯拉夫老将伏格林奇。一开场，我抢攻连连得分，首局获胜。之后伏格林奇抓住我的弱点，我越打越没有信心，最后以1∶3出局。没进前八，情绪低落，我硬着头皮去打附加赛，很快输了下来。

在回国的列车上，教练和队友们对我进行了批评和帮助。我认识到，要想成为优秀的运动员，不仅技术要提高，更要增强为祖国争光的荣誉感和顽强的斗志。

1958年，党中央发出"破除迷信，解放思想"的号召。在这种新形势下，乒乓球界酝酿着在第25届世乒赛上攀登顶峰。容国团在广州体育界的集会上发出了豪言壮语："两年之内，夺取世界冠军！"一石激起千层浪，催人奋进。为此，国家体委把各地的高手调到北京集训，我有幸入选。名将傅其芳担任教练，强调快攻要"快准狠变"，主动进攻，讲究发球抢攻前三板的技术。

我基本功差、体质弱。我在旧社会长大，家庭生活贫穷，营养不良，体育锻炼很少，更缺乏耐力。有一次，我在长跑训练中，实在支持不住，脚一软就躺了下来。结果听到的是教练的喊叫：起来！起来！！我咬咬牙强迫自己坚持跑完全程。有时运动量过头，两条腿都迈不开步，教练还让去踢球。

集训中，大家对国际乒坛的形势进行了分析，最后形成共识：将男队作为在世乒赛的突破口。经过强化训练，我的技术和体力有了明显进步。领导经常鼓励我准备挑重担。不过，我心里也有一本账：前面有王传耀等老将压阵，中间有容国团、杨瑞华等人，论经验、技术实力，他们都比我强，我也只是"备胎"，没用更高的标准来要求自己。

1959年3月，第25届世乒赛在德国举行。国家队最后确定的团体阵容是王传耀、容国团、杨瑞华、胡炳权和我，全是直拍快攻打法。

世乒赛前，中国队先到匈牙利和民主德国访问，对匈牙利队的比赛中我胜了别尔切克，输给了老将西多。在世乒赛赛场上，我第一次见识了日本队的训练。教练是长谷川喜太郎，带着大名鼎鼎的荻村和日本全国冠军成田及星野、村上等人。他们灵活快捷的步法、功底扎实的正手进攻技术，给我留下深刻印象。

世乒赛团体赛开始后，对瑞典队前，庄家富教练征求我对上场人选的意见。因瑞典队水平较高，胜负事关能否出线，责任重大。我态度犹豫，教练见我决心不大，就没有派我上场。中国队以5∶1胜瑞典队出线，接着与匈牙利队争夺决赛权，胜者将与日本队争夺冠军。上场队员不变，但没能打出应有的水平，以3∶5输给匈牙利，痛失与日本队交手的机会。日本队棋高一着，轻松地胜了匈牙利队蝉联冠军。看着日本队趾高气扬地在领奖台上向观众示意时，我的心中五味杂陈。

单打比赛中，我在第三轮惊险地胜了日本的成田，接着遇上了美国老将迈尔斯。迈尔斯是典型的稳守型打法，曾获得混双世界冠军。我因久攻不下，心情烦躁。当杨瑞华给我指点时，我根本听不进去，对他说："侬勿要讲了，我勿来事啦（上海话：不行了）。"以1∶3被淘汰出局。双打输得更不应该。我与胡炳权配对，争夺前四名时，与别尔切

参加第 25 届世界乒乓球锦标赛的中国乒乓球队选手。左起前排：徐寅生、叶佩琼、孙梅英、邱钟惠、姜永宁。后排：庄家富（兼教练）、容国团、王传耀、胡炳权、李仁苏、杨瑞华

克、福尔迪相遇。第五局以 19：16 领先，这时我却保守求稳，先赢后输。

至此，我已经是"孔夫子搬家全是书（输）"了。

一年前登高一呼、誓夺世界冠军的容国团用行动实现了誓言。团体赛失利，他毫不气馁，一个人过关斩将，连胜星野、别尔切克、迈尔斯，与老将西多争夺冠军。1959 年 4 月 5 日，德国威斯法伦体育馆座无虚席。容国团曾在团体赛中负于西多，匈牙利队以为稳操胜券，连鲜花都带来了，准备向西多祝贺。赛前，我队开了"诸葛亮会"，大家给容国团出点子、想办法。容国团为祖国荣誉拼搏，加上战术得当，随着他最后的有力一击，一个新的世界冠军诞生了。圣·勃莱德杯第一次刻上了中国运动员

的名字。

容国团的成功，为中国运动员攀登高峰做出了榜样，解放了思想，破除了迷信。回国后，毛主席等中央领导亲切接见了容国团和乒乓球队，国家体委副主任荣高棠向毛主席介绍，说我战胜了日本冠军成田。在欢迎宴会上，周总理特意赶来参加。他说："胜而骄就容易摔跤。败一次不算什么，常胜将军也会打败仗，最怕的是气馁。"我觉得这些话就是针对我的情况说的。席间，周总理还特意把我招呼到他身边给予鼓励。代表团总结时，大家开诚布公，对我提出了热情又尖锐的批评。领队张钧汉评价我：技术不错，思想还需提高。第一次参加世乒赛，教训非常深刻。我决心哪儿跌倒就必须从哪儿奋起。

时隔不久，领导让我随青年队赴捷克斯洛伐克和罗马尼亚访问。领导不以一场球的得失论英雄，而是从长计议，并给予我锻炼提高的机会，我深受激励。在捷、罗的比赛中，我任主力，每场必上，保持了全胜。1960年底，匈牙利队来访，我代表上海队参赛，市体委领导对我说："上海队要赢，全靠侬了，侬一定要拿三分。"尽管压力不小，我还是获得全胜。

中国乒乓球队的崛起，促使国际乒联决定1961年第26届世乒赛交由北京承办。为此，国家体委从全国选出108名运动员集训，学习解放军从难、从严、从实战出发的精神，进行强化训练，这批队员后被称为"108将"。

当时，我最头疼的是长跑。从工人体育场到北京火车站折返跑，一跑就是万米，腿酸、胸闷、气短，真想歇下来。但一想这正是磨炼意志的机会，便给自己鼓劲："坚持，坚持……"一次又一次地跑完全程。有一次队内比赛，周兰荪说我斗志差，只要咬住我，就能赢。我想这次倒非要跟你斗个明白，在比赛中拼劲十足，结果把他赢了。1960年的全国锦标赛，我接连三场球0∶2落后，眼看要被淘汰，我要求自己一拼到底，结果三次反败为胜。从"不要"到"要",我打球的责任感有所增强。

1960年,中国登山队发扬了"无高不可攀,无坚不可摧"的英雄主义精神,登上了世界最高峰——珠穆朗玛峰。队员刘连满甘当铺路石,把剩余的氧气留给主攻队员,保证了登顶成功。集训队把登山队的英雄事迹作为学习的榜样。按照贺老总的指示,乒乓集训队必须加强思想政治工作,荣高棠带领李梦华、张之槐、陈先等司级干部到集训队蹲点,引导大家学习毛主席的有关著作。他们联系训练比赛的实际,深入浅出地给大家讲解怎样分析矛盾和解决矛盾,我也从中受到了很多启发和教育。我打球喜欢自由发挥,不重视基本功训练,战术变化是多了,但功夫不到家。于是我加强基本功训练,同时也没有墨守成规,有新的发现和创新。

我擅长对付欧洲防守型打法,对付进攻型打法的日本选手自信心不够。针对这种情况,我做了具体分析:对攻技术的"弱",是与我对付防守型打法的"强"相对而言的。与日本选手比较,我的反手技术好,速度快,发球花样多,这是我的优势。日本选手是世界冠军,易背包袱。我初出茅庐,思想没压力。日本选手在明处,我在暗处。这样一想,战胜日本选手的信心便大大增强了。

1960年11月,匈牙利队来华,老将西多告诉我们,几个月前,他们访问日本时,被日本队新发明的弧圈球技术弄得一筹莫展。不久,日本的乒乓球杂志也对弧圈球作了介绍,并扬言日本队将用这一"秘密武器"再度称霸。至于弧圈球是什么样子,西多没有说出更多的细节。

正巧,日本队要访问香港了。教练庄家富专程赴香港火线侦察。原来弧圈球是用力摩擦,使球产生强烈上旋的打法,虽然威力很大,但并非无懈可击。体委领导要求我们"战略上藐视,战术上重视",第一,不怕;第二,认真对待;第三,要争取最好的结果,准备最坏的情况。

2008年2月29日·第26届世乒赛国家集训队"108将"在广州聚会留念

离世乒赛开幕仅剩下三四个月。在此紧要关头，来自上海的薛伟初和来自广东的胡炳权等队员挺身而出，表示为了祖国的荣誉宁愿放弃参加世乒赛，也要学会弧圈球，帮助主力队员训练。正是这种甘当铺路石的壮举感动了全队。以后余长春、廖文挺、吴小明等一批年轻队员也毅然加入了陪练的行列。

集训队掀起了苦练弧圈球和对付弧圈球的热潮。我第一次接弧圈球时曾大吃一惊，因为来球的上旋太强，控制不住，球一下子蹿得老高，飞得很远。如果在比赛中第一次遇到，不仅会失误，心理上更会受到很大的威胁。当时负责陪练的队员表示一定"重点保证，随叫随到"。主力队员轮番跟他们练，他们每天要甩臂转腰千把次，体力消耗很大，胳膊拉肿了，也一直坚持着。

"无名英雄"鼓舞了主力队员的斗志和信心，也提高了对付"秘密武器"的能力。

1961年4月4日，第26届世乒赛拉开了战幕。周恩来、邓小平等党和国家领导人和国际乒联主席蒙塔古等各国来宾出席了开幕式。

卫冕的日本队派来了10位强将。我队半决赛的对手还是匈牙利队。傅其芳教练派容国团、庄则栋和我上场，并在排阵时要我与别尔切克对战。接受任务后，我连开局第一个球怎么发都想好了。比赛开始，别尔切克按老经验，以为我会发正手急球，发力抢攻，所以接球后就后退防守。我猜透他的心理，突然放了个近网短球。别尔切克毫无准备，先失一分。由于战术准备得充分，我掌握了主动权，以2∶0获胜。当中国队以大比分4∶1领先时，我出场对西多。两年前，我曾1∶2输给他。在集训中，我反复琢磨，找到了对付的办法，以2∶0获胜。

中国队终于等来了与日本队交手的机会。

中日男团决战,工人体育馆成了全国人民关心的焦点,一票难求。领导为了让我们安心参赛,给每人购一张三元钱的决赛球票。

排阵时,傅其芳教练对我说:"你目前状况最好,先打一场硬仗,对木村。"我听了暗暗叫苦。我打球一怕凶狠打法,二怕左撇子,而木村两条皆占。但我没有退路,为祖国荣誉而搏的时候到了。我除了要力争胜利,也做了万一失手的准备。

我与木村的比赛,是靠发球抢攻和压木村反手先胜一局;而后因太多的接发球失误及对手高质量的弧圈,虽曾一度领先,还是被他屡屡得分,连负两局。这说明我对"左撇子"的畏惧心理没有彻底消除。接着,是我与星野对决。此时,我感到压力很大。再输的话,局势将很难逆转。偏偏星野又不好对付,第一局我以17:21先输。好在教练及时指点,我也意识

第26届世乒赛上,徐寅生与星野对决

中国乒乓球队在第26届世乒赛上获得男子团体冠军,右二为徐寅生

到此刻信心比战术更重要。思想坚定了,进攻也就果断了,以21∶14扳回一局。第三局我以20∶18领先。赛前曾听老队员讲过,日本选手往往在落后时采用孤注一掷的搏杀战术,给对方造成极大的心理威胁,有时还大放高球,引诱对手操之过急失误,所以自己宁冒风险也要抢攻在前。星野没料到我会侧身攻,只得退后防守,在远台放起了高球。按说,我应该发力猛扣,力争一板解决战斗。由于赛前有所准备,我见星野已远离球台,无回手之力,就用中等力量连扣他的反手,掌握主动权,星野只得连续放高球。这时场内万余名观众情不自禁地随着球的起落齐声呐喊为我加油。终于在连扣12大板后,结束了战斗。这时全场沸腾,观众都站了起来,鼓掌欢呼。我胜了星野,如释重负,胆量也大了。第七盘对荻村,他速度偏慢,正合我胃口。我以21∶7、21∶8获胜。

场上总分4∶3,中国队领先了,人们把全部希望都倾注在容国团身上。容国团奋力与星野周旋，1∶1战平后，第三局20∶18领先。我再也控制不住激动的心情，往前走了几步，站到离比赛场地近一点的地方，想把这具有历史意义的最后一个球看个清楚。不料身后变电室工作人员着急让我离开。原来，他们在准备着，只要容国团再拿一分，他们就打开场内所有的照明设备。只见星野连续侧身拉弧圈球，容国团推挡回接。打了六七个来回之后，突然星野用力一拉，球出界了。刹那间，灯火通明，掌声、欢笑声似山呼海啸，观众将手中可以抛出去的东西抛向天空。容国团被人们围住，高高抬起。

斯韦思林杯第一次被中国人拥入怀中。我们高举奖杯向观众致意，欢乐气氛达到了最高潮。比赛结束后，观看决赛的领导人董必武、贺龙、李先念、罗瑞卿等在休息室接见了参加决赛的运动员、教练员。

团体夺冠固然高兴，单项比赛仍须继续努力。当我战胜老牌世界冠军、英国的李奇和新加坡等国选手后，与队友吴小明相遇。吴小明发扬风格，手下留情，让我顺利过关。第五轮的对手是日本的村上，场上一打照面，我觉察到他精神不振，腿上贴了一块橡皮膏。这短暂的观察，让我信心大增。比赛时，荻村也来为村上助威指导。两年前荻村为成田做教练，曾引起我的紧张不安。运动员心理活动有时很复杂，一件细小的事物，甚至一念之差，都会影响情绪，导致比分的大起大落。如今我再也不会受干扰，3∶0淘汰了村上。

日本的六名选手均败在中国队拍下，男单最后四名选手都是中国人。最后，庄则栋、李富荣分获冠亚军，我和张燮林并列第三。庄则栋向记者表示："我是代表集体领奖的。"

女子单打中，邱钟惠战胜匈牙利的高基安，获得冠军。北京世乒赛圆满闭幕，中国乒乓球队荣获三项冠军，在国内外产生了巨大的影响。新闻媒体称赞运动员体现了中国青年一代的顽强作风和斗志。世乒赛的举行，推动了国人打乒乓球的热潮。那时中小学生几乎是人手一拍,到处可以看到人们打乒乓球的身影。1961年欢度国际劳动节,由数千人组成的方阵,人手一拍,表演各种打乒乓球的姿势,接受天安门上国家领导人的检阅。《人民日报》还发表题为《走在世界冠军前面的人》的文章,表扬为中国乒乓球运动做出贡献的无名英雄们。

国际乒坛从此进入了中日两队长期较量、抗衡的新时期。

世乒赛后,根据周总理的指示,中国乒协邀请日本队留访,日本队一路南下,从上海、杭州一直打到广州,比赛双方互相摸底,各有胜负。人称"智多星"的荻村在比赛中用各种打法试探,力求找出对付中国队的有效办法,用心良苦。

在欢送日本队的宴会上,平时比较严肃的长谷川先生说:"夺冠军不易,保冠军更难……我要以最大的兴趣看中国的王座能保持多久。"北京世乒赛后,日本乒协宣布成立"强化对策委员会",制定长期集训计划,决心两年后重新夺回失去的优势。

按照中日两国乒协的协议,1962年10月,中国队将去日本回访。

起初,领导为留一手,名单上没我。我想,技术上我已无多大秘密,况且比赛就是相互适应。我们平时有"无名英雄"帮助进行针对性训练。如果对日本选手的变化不了解,尤其对日本新人情况不明,可能会吃亏。我考虑再三,斗胆提出要随队赴日的请求,领导采纳了我的意见。

在东京举行的比赛中,日本男队派出荻村、木村、三木这一最强阵容。北京世乒赛中,我曾以悬殊比分胜了荻村。这次一向稳扎稳打的荻村积极抢攻打得很凶。对此我估计不足,以1:2失利。凭借主场的优势,日本队以5:4险胜。"士隔三日,当刮目相看。"日本各报都以很大的篇幅报道,赞扬日本选手出色的表演。老将荻村扬言:"已经找到了对付中国的办法。"

访日比赛，我四胜五负，乘兴而去，败兴而归。经过思考，我意识到自己有了成绩后，听好话多了，输了球后又觉得下不了台。思想上患得患失，胜了骄，败了馁，这是失败的主要原因。我想，要对付日本队的挑战不易，而要克服自己思想作风上的弱点更加困难。

第 27 届世乒赛已迫在眉睫。

我思想上压力很大，心事重重，通过比较和分析，渐渐理出了一些头绪。由于方法对头，信心有所增强，对付日本队心中有了底。

1963 年 4 月，第 27 届世乒赛在布拉格举行。

男子团体赛中，中国队胜了联邦德国队进入决赛，我出场两次，一负一胜。跟日本队决赛，会不会让我上场呢？我想对横拍的欧洲选手失利，不等于对日本队的直拍就不行，它们之间没有什么必然的联系。我相信领导会分析和考虑这些问题，并做好了上场的准备。正当我一个人在房间里等待时，教练傅其芳走了进来。"夜里侬上！"他用上海话通知我，语气坚定果断。我听后心里一阵激动，"嗯"了一声，正等着傅指导继续讲下去。不料，他二话不说转身走了。

这就叫"此时无声胜有声"，"用兵不疑，疑兵不用"。组织的信任增强了我的勇气和信心。赛前，余长春挥拍拉弧圈帮我训练，旁边的日本选手不时地窥测。若干年后，木村曾说过这样的话："第一次见到余长春打球跟我一模一样，太不可思议了。这等于中国选手每天可以跟我们练球，而我们却做不到。"

中日决赛终于开始了。

首场，庄则栋出师不利，以 1：2 输给了木村，让大家吃了一惊。第二场由张燮林对三木。张燮林是少有的直拍防守型打法。本届世乒赛，教练

第 27 届世乒赛上，中国男队再次战胜日本队，蝉联男子团体世界冠军

们把他作为"黑马"。决赛前，当傅其芳教练问张燮林：决赛你上场，还要排主力位置，敢不敢？张燮林回答干脆："你敢排我就敢打。"张燮林的削球使三木很不适应，很快就败下阵来。第三盘轮到我对荻村，因有备而来，以 2∶0 获胜。接着张燮林、庄则栋分别胜了木村和荻村，中国队以 4∶1 领先，我乘胜追击，赢下三木，结束了战斗。中国队终于有惊无险地蝉联男团冠军。

男队获得三项冠军，比上届有了进步，但女队却全军覆没。参加男子单打比赛的 16 名中国运动员，大多数打出了水平。庄则栋蝉联单打冠军，我却被淘汰，对手是朝鲜的郑吉和。郑吉和胜我以后败给了余长春。"无名英雄"一举跻身世界前八名。上届世乒赛时，中国队无缘问鼎双打项目。在调整配对人选时，我向教练提出试配庄则栋的想法。教练经过研究，接受了我的意见。功夫不负有心人，两年后，原来处于劣势的男子双打打了胜仗，前四名由中国队包揽，单打失利，双打补过，我心中得到了安慰。

相反，中国女队全军覆没。"沾女子边的都输"，大大刺激了姑娘们的心灵。

为了女队打好"翻身仗"，国家体委从全国调集了一批年轻队员集训。年轻姑娘们的心中蕴藏着强烈的为国争光的愿望。郑敏之曾与张燮林合作，在一次比赛中战胜了荻村和松崎。她感到日本选手并不可怕，在女队技术分析会上，表示要争取上团体决赛。她的发言鼓舞了队伍的信心。

经过艰苦的训练，女队逐步形成了两个类型的阵容，一个是林慧卿、郑敏之的防守型打法，另一个是李赫男、梁丽珍的进攻型打法。前者对付日本队，后者对付欧洲队。应该说，从技术上说，女队已经具备夺取团体冠军的能力，但在思想上还不够坚定，处理问题的方法比较片面。

此前，一些省市队到国家队来"取经"，领导派我去与他们座谈，据说反应还不错。女队领队孙叶青闻讯后，就邀我去给女队讲一次话。说实话，

徐寅生给省市队年轻女运动员介绍打球经验

我是有顾虑的。有的教练资历比我老,讲话难免有不同看法甚至有可能会得罪人。于是我想方设法推托,最后还是抵挡不住孙领队多次的邀请。

那天,我破例写了一个提纲,还带上一缸茶水,准备紧张卡壳时喝两口镇定一下。女队员都早早地来到了会场。到了现场,我也就豁出去了,开场一句话:"我是来放火的。"我讲自己打球的经历,其中有学习解放军从难、从严、从实战出发,带着"敌情"练兵的体会,以及怎样分析和解决问题。从现场看,大家的反应还不错。这不过是一次平常的发言,事情也就到此为止。

至于这次讲话以后发生的事情,是我没有料到的。

体委干部刘兴对我的讲话作了记录,乒协主席陈先看完后,写了一大段批示,推荐给体委领导。据说李梦华向贺老总汇报工作时提到:徐寅生到女队讲了一次话,女队反应很受启发,美中不足是没有引用毛主席的话。贺老总说:看一篇讲稿是不是体现了毛泽东思想,不一定看是否引用原话。贺老总看后,做了批示,给予了肯定,还指示让各运动队学习。

1965年1月12日,毛主席作了批示:"徐寅生同志的讲话和贺龙同志的批语,印发中央工作会议同志们一阅。请你们回去后,再加印发,以广宣传……讲话全文充满了辩证唯物论,处处反对唯心主义和任何一种形而上学……"

周恩来总理把毛主席的批件转给贺老总时说:"毛主席批示是千军万马……"

贺老总立即赶到国家体委,向党委进行传达,还亲自到国家乒乓球队宣讲毛主席的批示,传达周总理的指示。他希望我们认真学习毛泽东思想,联系实际,提高分析问题和解决矛盾的能力,争取优异的成绩。贺老总还特意叮嘱我,要谦虚谨慎,继续努力。不久,《人民日报》用编者按语的方

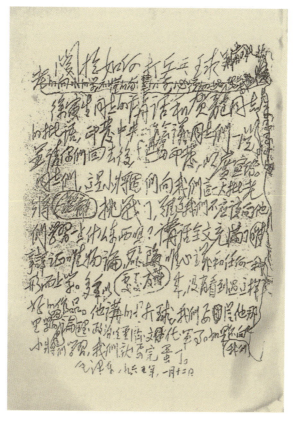

毛主席《关于如何打乒乓球》的批示影印件

式,将毛主席批示的主要精神传达出去,并刊登了我的"讲话"。我清楚地知道,这是毛主席对年轻一代的期望和关怀,对我来说既是荣誉也是鞭策。这次讲话是乒乓球队这个集体的经验结晶,只是通过我把这些心得讲了出来。人贵有自知之明,我要和大家一样,认真学习毛主席的批示,用正确的立场、观点、方法来指导实践,搞好本职工作。

毛主席的批示使乒乓女队深受鼓舞和教育,她们联系实际,学习、分析训练竞赛等方面的矛盾,增强了信心,提升了自己的战斗力。

第28届世乒赛前，容国团出任女队主教练。他对女队员们说："党交给我一个光荣而艰巨的任务，同你们一起去夺取世界冠军。"榜样的力量是无穷的，除了训练竞赛方面外，他给女队带来了新的理念，更重要的是鼓舞了斗志。

4月初，第28届世乒赛在南斯拉夫的卢布尔雅那举行。容国团将一份秩序册递给傅其芳，傅教练接过来一看哈哈大笑。原来，容国团画了一条龙，梁丽珍、李赫男的名字写在龙身上，而龙的两个眼珠上，则分别写着林慧卿、郑敏之的名字。果然不出所料，梁、李在半决赛中以3：0战胜罗马尼亚队；进入决赛后，林、郑以柔克刚，以3：0把蝉联四届世界冠军的日本女队拉下马，中国女队成了新的世界冠军。

随着欧洲球队的衰退，1961年起，三届世乒赛男团决赛都在中日两队之间进行。那时庄则栋的状态一直较好，张燮林的削球对外国选手来说还是一个谜。当领导就男团决赛上场人员征求意见时，我推荐第三人选是李富荣。我认为我上较稳，周兰荪上较凶，而李富荣上则是凶稳结合。前两届中日决赛时，李富荣跃跃欲试，整整憋了四年。他毫不松懈，坚持苦练，有一股不上团体决赛誓不罢休的顽强拼搏的精神。把决赛任务交给他，是可以放心的。

果然，决赛时，李富荣上场像老虎下山，气势不凡，先以2：0胜了小中健。在与木村的首局比赛中，曾以16：20落后，却临危不惧，硬是把比分追了回来，反败为胜，为中国队第三次夺得斯韦思林杯立了功。每一次大型体育比赛后，南斯拉夫的观众都要推选出一名大家喜爱的明星。李富荣仪表堂堂，攻势凌厉，作风顽强，很快赢得了一个雅号——"美男子加轰炸机"。比赛结束后，李富荣被南斯拉夫的姑娘们团团围住，久久不得脱身。

我为同伴取得胜利感到高兴之时，也为自己没有参加决赛感到遗憾。

1965年4月在第28届世乒赛中,庄则栋、徐寅生获得男子双打冠军,夺得伊朗杯

但转而一想,这也是自然规律,毕竟我快28岁了。单项比赛中,我和庄则栋合作获得双打冠军。庄则栋很谦让地让我接受奖杯。抚摸着像个小酒坛似的伊朗杯,我庆幸自己退役前有一个比较好的结局。

二、教乒乓

第28届世乒赛后,我退役当教练。不久,"文革"开始。体育系统的造反派否定乒乓球队为国争光。对于这些,我难以接受。造反派把矛头对着荣高棠。我们一些被称为"保皇派"的还到贺老总家反映情况,力保荣高棠。

1966年12月初,我作为教练带领青年乒乓球队出访瑞典,参加斯堪的纳维亚国际公开赛。我们上飞机前提心吊胆,生怕造反派来机场阻挠闹事。这次出访比赛中,欧洲选手的横板全攻型打法有了不少进步,给我们带来了很大的冲击。

1967年,第29届世乒赛临近,造反派上书要求禁止国家队去参赛。周总理指示就是否参加世乒赛的问题,发动群众进行讨论。乒乓球队连夜开会。会上,我发言表示应该参加。造反派批判我阶级立场没有转变。

周总理从全局考虑,决定暂不参加本届世乒赛。随着政治形势更加复杂,两年后的第30届世乒赛,中国队仍然缺席。这几年中,体委处于瘫痪的状态。三届世界冠军庄则栋首当其冲,是批斗的主要对象。我们这些人则在小范围内受到冲击。体委的两派互相斗争,我们都不参与,就成了"逍遥派"。

1969年10月10日,周总理在首都体育馆观看体育表演后,与国家体委军管会、军宣队负责人谈话,详细了解运动员的情况。总理针对造反派的污蔑,严肃指出,运动员是为祖国争光,他们是毛泽东思想培育起来的,要抓紧训练,提高技术。

于是,乒乓球队恢复正常训练。

直到1970年6月,尼泊尔国王马亨德拉寿辰,尼方邀请中国体育队伍参加庆贺活动。周总理把握时机,选定乒乓队出访。这一决定给体育界带来了希望,标志着体育外事活动的恢复。

到了加德满都,见到了日本乒乓球界的朋友。当时受极"左"思潮的影响,带队的干部要求先把日本队打败后,再跟他们打招呼表示友好。中国队获胜后,我们蜂拥而上,同日本朋友握手问候,这一举动使对方有点受宠若惊。

1970年初冬,中国队前往瑞典参加国际公开赛。这说明中国乒乓球队有望参加即将在日本举行的世乒赛,重返国际乒坛大家庭。中国队派出了最强阵容,男队有庄则栋、李富荣、张燮林、周兰荪、李景光、郗恩庭、王文华,女队有林慧卿、郑敏之等。

没料到的是,欧洲选手在这几年中技术上有了飞跃性的进步,涌现了一批优秀的年轻好手,比如瑞典的本格森,匈牙利的约尼尔、克兰帕尔,以及南斯拉夫的舒尔贝克、斯蒂潘契奇,捷克斯洛伐克的奥洛夫斯基等。他们根据自身的特点,把中国队的快攻和日本队的弧圈球糅合在一起,形成了横握球拍全攻性打法,不少选手甚至反手也能拉出旋转很强的弧圈球,完全具备了与中国队对抗的能力。大家意识到情况不妙。果然,男队同英国队的首场交锋,我们以3∶2险胜。与非欧洲一流的英国队打成这样,下面的几个强队怎么对付?当晚,庄则栋找出一把水果刀,把他的拍子背面挖了几个小坑,又用蓝墨水涂上。郗恩庭问这是干什么,他说:为了"减震"。第二天对匈牙利队,对方出场的是18岁的克兰帕尔和21岁的约尼尔。我队以2∶3输给了匈牙利队。单打比赛时,我队七名队员先后被欧洲选手淘汰,成了轰动的头条新闻。我作为教练,没能及时帮助解决队员的恐惧心理。

北欧之行敲响了警钟,队员们也产生了畏难情绪,信心有所动摇。还有三个月就要举行第31届世界锦标赛了,尽管是否参加还没有定论,但应该怎样对付欧洲队,每个人都在苦苦地思索。集训队里看法不一。一部分人认为,欧洲选手虽有进步,我们只要磨炼快攻技术,把对付弧圈球的能力提高到一个新水平,战胜欧洲的挑战则指日可待。另一些人则认为,要在短期内练就对付弧圈球的有效手段，难以做到，我们强攻不上，不妨练一板旋转的拉球作为过渡和转机，为快攻创造机会。我的看法属于后一种。

实践是检验真理的唯一标准。访欧比赛的运动员懂得怎样根据自己的情况来改进训练方法。这一时期，全队上下有一种不同寻常的紧迫感。"无名英雄"们更加积极地帮助主力队员进行模拟性训练。

1971年1月，日本乒协会长后藤钾二先生来到中国，专程邀请中国派队参加第31届世乒赛。在他看来，没有中国队参加，比赛就不具备世界性。当时，中日两国还没有恢复邦交。日本右翼势力听说后藤先生力邀中国队，对他进行威胁恐吓。

周恩来总理在人民大会堂会见了后藤先生一行。后藤先生说："中国总理对乒乓球运动这样关心支持，实在是想不到，真让人感动。"1971年2月1日，中国乒乓球协会和中国人民对外友协，与日本乒协和日中文化交流协会，在北京签署了会谈纪要。中国队参加世乒赛之事敲定。

当晚，日本新闻界以很大篇幅进行宣传报道，引起各方面的重视和关注。

岂料形势突然变化。原来，柬埔寨的朗诺集团发动政变。中国政府全力支持的柬埔寨王国民族团结政府提出，朗诺集团将派队参加第31届世乒赛，希望中国和朝鲜放弃参赛。周总理当即指示：把乒乓球队全体运动员、教练员召集起来，一起讨论要不要参赛。

3月14日凌晨一点钟了，乒乓球队成员被召集到北京体育馆会议室。外交部副部长韩念龙传达了周总理的指示，然后让大家发表意见。当时我咽喉发炎，话音嘶哑，也扯着嗓门抢着发言。我主张参加，理由是，在周总理关心下，已与日本方面达成协议，我们要言而有信。

据说周总理听了讨论汇报后，亲笔给毛主席写了请示报告。毛主席同意周总理的意见,并针对当时日本的政治形势,批示:"照办。我队应去,并准备死几个人,不死更好。要一不怕苦,二不怕死。"中国乒乓球队参加名古屋世乒赛终成定局。

周总理对代表团作了很多指示,特别要求我们做到"友谊第一,比赛第二";去日本不仅是参赛,更重要的是为了促进中日两国及世界各国人民的友谊。如果遇上朗诺集团派来的选手,则用弃权的方式,以示支持西哈努克亲王。周总理还告诉我们,与中国不同的是,朝鲜运动员若遇到朗诺集团派来的选手,则准备全力打败他们。日本30万朝侨希望朝鲜运动员取得优异成绩。

1971年3月20日,中国乒乓球代表团飞抵东京。机场大厅挤满了前来欢迎的日本各界朋友们,大家互致问候,笑语声声。欢迎仪式上,后藤钾二先生情绪激动,致辞时几度哽咽。中国代表团团长、国家体委副主任赵正洪随后发表了"友谊第一,比赛第二"的讲话,引来热烈掌声。日本各大报纸争先在显要位置上刊登。

代表团坐车的路上,由警车开道。报纸评论:"这显然是对外国元首的规格。"次日晚,日本各友好团体在名古屋新大谷饭店举行盛大招待会,欢迎中国乒乓球代表团。中岛健藏、西园寺公一等知名人士和华侨代表数百人出席,气氛甚为热烈。

中国队参加的比赛场次的球票很快销售一空。无论在饭店还是在体育馆,中国运动员经常被热情人群围住。

不过,友谊的洪流中也夹杂着泥沙。

在中国代表团居住的宾馆附近,日本右翼势力经常开着装有高音喇叭、呼喊反华口号的车辆前来捣乱,还预谋制造恶性事件。为此日方专门布置了警察和保安人员。

参加第31届世乒赛的中国代表团抵达日本东京,在机场受到2 000多名日本各界友好人士和旅日侨胞的热烈欢迎

男队团体赛的成员是庄则栋、李富荣、李景光、郗恩庭、梁戈亮。这是一个以老带新的阵容。对四位直拍快攻队员,我作为教练比较熟悉,唯独对新手梁戈亮心中没底。

团体赛第二阶段我队与匈牙利和瑞典队的比赛,都打得难分难解,最终以5∶4和5∶3获胜。又是中日男队进入团体决赛,中国队梁戈亮、庄则栋、李景光上场,经过一番激烈的争夺,最终以5∶2获胜。阔别多年的斯韦思林杯又一次回到了中国。按说团体赛获胜,士气大振,不料单项比赛中,男队单打和双打,一项冠军未得。

中国男子乒乓球队在第31届世乒赛上获得团体冠军。图为教练与队员在向观众致意

当时,郗恩庭的夺标呼声可谓最高。他在淘汰了朝鲜选手朴信一后,又战胜最有威胁的匈牙利主将克兰帕尔,接着与瑞典的本格森争夺决赛权。以往本格森曾多次输给郗恩庭,郗恩庭自以为优势明显,思想上麻痹轻敌,竟然直落三局败北。

事后,他追悔莫及地说:"教练赛前嘱咐我多想想困难,我曾四次胜过本格森,每局球不过十分,我怎么也想不出会有什么困难。"我作为他的教练,工作做得不细,对困难也估计不足,负有相当的责任。

瑞典的本格森连胜中国好手,时隔多年后,为欧洲重新夺得了单打世界冠军,这标志着欧洲队的崛起。

与男队相反,女子团体赛中,女队负于东道主日本队,冠军奖杯旁落。不过单项比赛中,她们毫不气馁,林慧卿获得单打冠军,并与郑敏之、张燮林配对,先后获得女双和混双两项冠军。

中国队最终获得四块金牌。外电评论说,中国队"是从薄冰上走了过来"。

随着国际形势的发展,关于如何处理中美关系,毛主席做出了一系列的安排,表现出了政治家的远见卓识。

1970年12月18日,毛主席对斯诺说:尼克松愿意来,我愿意和他谈。谈得成也行,谈不成也行,吵架也行,不吵架也行……总而言之都行。毛主席为打开中美关系进行了一系列试探。同时,尼克松当选美国总统后,敌视中国的态度有了变化,并请巴基斯坦总统向中国领导人捎信"美国不参加孤立中国的任何安排"。

名古屋世乒赛期间,美国选手科恩误上了中国队的班车。庄则栋热情地与科恩进行交流。这反映了庄则栋对"友谊第一,比赛第二"的方针有着深刻的理解,并自觉地贯彻在行动中。这个看似平常的运动员间的交流,引起了毛主席的重视和肯定。

就在名古屋世乒赛即将闭幕的时刻,毛主席经过深思熟虑,从国际政治的全局出发,决定邀请美国乒乓球队访华,由此主导了轰动世界的"乒乓外交",小球转动大球。

1971年4月10日,美国乒乓球队穿越深圳罗湖桥,踏上了中国的土地。

在北京,美国队参观了天安门广场,访问了清华大学,游览了万里长城,并进行了中美乒乓球友谊赛,中美选手混合配对,既体现了友好,又提高了观赏性。美国队的所有行程和细节,都是总理亲自布置的。

4月14日,周总理会见美国、加拿大、英国、哥伦比亚、尼日利亚乒乓球队代表团。总理走向美国队的座位时说:"你们这次来访,打开了两国人民友谊的大门。"美国乒乓球队的团长斯廷霍文也表示希望中国乒乓球队访问美国。周总理会见美国乒乓球队的消息传到美国不到10个小时,尼克松总统便发表声明，宣布了改善中美关系的五个"新步骤"。

同年秋天，基辛格通过"巴基斯坦渠道"飞抵北京，安排尼克松总统访华事宜。从这以后，中国与日本、英国、联邦德国等20多个国家先后恢复和建立了外交关系，中国恢复了在联合国的合法席位。国际奥委会也通过决议，恢复中华人民共和国的会员资格。

历史上，由体育波及政治的事件屡有发生，但从来没有像"乒乓外交"那样，给世界的政治格局带来那样巨大的震撼和影响。

1972年5月，周恩来总理在人民大会堂会见亚乒联盟16个国家和地区的代表。他充分肯定新成立的亚乒联盟的意义和作用。然后，话题一转对大家说："当我看到亚洲各国和地区的乒乓球界朋友们欢聚在一起时，很自然地想到我们的台湾同胞。如果台湾作为中国的一个省，可不可以参加亚乒联盟的活动……"谁也没有料到周总理会提出这样一个涉及政治的问题，在场的中外人士面面相觑。

突然，总理把目光转向我，说："徐寅生同志，你说说看可不可以。"我脑袋顿时"嗡"了一下，连忙站了起来，我想这个问题十分重大，万一答错了，打乱了中央的部署非同小可，可是回避不答，又不可行。于是说："台湾是中华人民共和国神圣领土一部分……"很明显，我是在争取一点时间思考。

周总理见我下面没有话了，就说："你还没有回答我的问题呢？"时间在一秒一秒地过去，我苦苦地思索：我们坚决反对"两个中国"和"一中一台"，现在让他们参加比赛，会不会违背这个原则呢？可是再一想，如果不行，周总理又何必要提这个问题呢？就在这时，不知是谁在我的背后小声地说了一声"可以"。听到这个提示，我陡然增加了勇气，于是我轻轻地说了一声"可以"。

周总理马上接着我的话对大家说："徐寅生是我们的教练，他说可以，各位朋友请你们研究一下这个问题……"从周总理的神情和语气分析,我意识到回答大概没有错,如释重负,心中一块石头这才落地。

果然,经中央批准,中国乒乓球协会向台湾乒乓球协会发出邀请,请台湾乒乓球队以中国台湾省代表队的名义,参加北京亚洲乒乓球锦标赛。遗憾的是这个邀请遭到了台湾当局的拒绝。海内外舆论对此表示失望和不满。以后,旅居日本、美国、欧洲的台湾同胞先后组队,以中国旅居海外台湾同胞的名义参加了亚非拉乒乓球友好邀请赛等赛事。自此,海峡两岸同胞要求互相增进往来、实现祖国和平统一的呼声越来越高。

此时,欧洲选手的崛起,使乒乓球技术发展到一个新的高度。中国传统的直板快攻怎样适应新的形势?出路只有两条:要么在原来的基础上打得更快、更准、更狠;要么学习掌握弧圈球这个先进技术,在"快、准、狠、变"的基础上,加上一个"转"字。可别小看加一个"转"字,在乒乓球这个行当里,可是大事啊。

首先要更新"武器",把正贴海绵胶换成反贴海绵胶。道理很简单,正贴没有黏性,摩擦球产生不了强烈的旋转。为此,我看上了郗恩庭,要求他改换反胶,掌握一手旋转强烈、具有杀伤力的弧圈球,就能如虎添翼。我开始对大郗下"毛毛雨"。他思想上很抵触,以为我对他失去信心。

名古屋世乒赛后,中国队访欧。郗恩庭连续输给瑞典的约翰逊。旅途中,我有意同队员们讨论技术问题,并把话题转到反胶上,我故意对郗恩庭说:"算啦,反胶再好,你这辈子也不会改了。"大郗输了球,已知自身技术的不足,尤其是想到有约翰逊挡道,自己很难拿到世界冠军,便表示可回去试试。我知道大郗做事犹豫,就说:"光试不行,要下决心改,空口无凭,找把小刀来,你得写血书保证。"大郗说:"血书就别写了,我是靠手吃饭的。"

经过一年多时间的闭门苦练,在困难面前,大郗挺住了。1972年夏,

教练徐寅生与郗恩庭（右一）

大郗在全国五项球类运动会中夺得了乒乓球单打亚军。他在比赛中除了保持近台快攻的特长外，时而离台连续用弧圈球与对方周旋，在相持和被动的情况下屡屡转为主动，打出了不少高难度的球来。这些正是其他快攻队员所没有的。

第32届世乒赛在南斯拉夫举行。参加男子团体的五员战将是李景光、许绍发、梁戈亮、郗恩庭和刁文元。这样一个新阵容，究竟能否经受住考验呢？我作为男队教练，心里很不踏实。

本届世乒赛，国际乒联采取分级分组循环赛。第一阶段把若干个强队分成两个组，循环比赛取前两名。第二阶段四个队再循环决出冠军。分组赛，中国队先对瑞典队。为防止不慎透露消息，我们特地到郊区一个公园席地而坐，讨论出场名单。李景光、许绍发很快确定下来，第三个人选是谁呢？

多数人主张出梁戈亮,认为他年轻,敢打敢拼,经受过大场面的考验,不久前瑞典队的访华比赛,他还胜过世界冠军本格森,对瑞典队有一定把握。

我的观点是必须确保从对方第三号身上拿一分,让刁文元上比较好。梁戈亮自第31届世乒赛后,改原有的"鸳鸯拍"为全攻型打法,实力有所下降,打好了可能全胜,打不好一人也可能连丢三分。经过翻来覆去的分析比较,我想梁戈亮无论如何总可以赢下一场,最终没有坚持,同意了让梁戈亮上的方案。决赛人选就这么决定了。

当梁戈亮没有拿下第三号选手时,大家已预感到出现了危机。尽管李景光、许绍发奋力拼搏,最后仍打成4∶4。决胜的第九场,梁戈亮对约翰逊明显占下风。中国队以4∶5负于瑞典队。梁戈亮一人独输三场,我作为教练,用人不当,应承担责任。虽说让刁文元上也不一定能赢,但实践证明这是一次用人失误。在竞技体育中,取胜就是硬道理。

至此,中国队团体比赛的成绩是两胜一负。拿冠军只能寄希望于日本队战胜瑞典队。日本队即使获胜也得不了第一,他们无心为别人做嫁衣。瑞典队两胜一负,战绩与中国队相同,但因为他们胜了中国队,排名第一,中国队只能屈居亚军。

团体失利单项补,男队决心放手一搏。这时郗恩庭开始发力,他采用鸵鸟政策,完全不去想现在是第几轮、下面对手是谁,集中精力一场一场拼。最后进入决赛,对手正是他最难对付的瑞典名将约翰逊。

改变打法后,大郗面目一新,让约翰逊感到棘手。决胜局大郗紧压反手弱点,约翰逊老谋深算,就佯作侧身强攻,故意漏出正手空位,诱使大郗变线,然后等着正手一阵猛扣得分。大郗一时未能识破,连连失分。我提醒他不要上当。领队张钧汉赶紧过来对他大声吼道:"你再变线就输定了!"大郗似乎有些清醒了。比分打到19∶18，大郗领先。这时大郗如有神助，连续两个擦边球得分，以21∶18结束战斗。约翰逊运气不佳，屈居亚军。

大郗的成功为直拍快攻打法的改革、创新提供了有益的启示。

1974年，当时的新任国家体委领导调我到机关搞外事工作。尽管我没有思想准备，也不得不服从。男队教练由李富荣接替，我对他说，我当教练时团体赛是一胜一负，以后就看你的了。

1975年，第33届世乒赛在印度的加尔各答举行，参加男子团体赛的成员中，李振恃、陆元盛是新手，都来自上海。男队决赛的对手是南斯拉夫队。该队实力雄厚，除了有拼命三郎之称的舒尔贝克外，左撇子斯蒂潘契奇的弧圈球左右开弓，旋转强，威胁大；另外还有欧洲稀有的直握球拍的卡拉卡舍维奇。以往每次与南斯拉夫队的比赛都打得难解难分，是我队最怵的对手。

上场的人选除许绍发、李振恃外，第三人选经反复斟酌，最终选择了陆元盛。小陆子擅长横拍防守打法，虽与梁戈亮同一类型，但他旋转变化多，守得稳。我队在4∶3领先的关键时刻，陆元盛大搞心理战，五个发球时而转，时而不转，把舒尔贝克搞得一头雾水，不是接发球失误，就是高球被扣杀。陆元盛为中国队击败南斯拉夫队立下了战功，斯韦斯林奖杯又回归了中国。

随后的单项赛中，匈牙利的约尼尔出尽了风头，不仅获得男单冠军，还和克兰帕尔配对，获得了双打冠军。这说明欧洲男子水平正在突飞猛进。

中国女队在前两届世乒赛中，团体赛奖杯先后被日本、韩国队夺走。葛新爱、张立作为主力队员，在与上届团体冠军韩国队决战时，激战五盘，艰难折桂，捧着久违的冠军奖杯，女队员们心情激动，她们又一次打了翻身仗。女子单打决赛是在张立与朝鲜朴英顺之间进行，张立1∶3失利。赛后，朝鲜代表团团长说:"这不是一场单纯的比赛,而是朋友之间的友好比赛。"

1977年,第34届世乒赛在乒乓球运动的发源地英国举行。在国际乒联成立50周年之际,乒乓球又回到了英国。我既是团长,又是国际乒联的官员。与历届世乒赛不同的是,赛场的地面是水泥地。尽管队员们抱怨很多,也无济于事。

新人郭跃华被列入本届中国男队团体赛的阵容。郭跃华原本擅长直拍正胶快攻型打法,在郗恩庭改拍的前后,教练们认为他各方面条件适合改用反胶拉弧圈球,但他思想上接受不了。在与教练员议论时,我曾不经意地说过:"这小子不改就叫他回家……"也许这话刺激了他,加上教练员多次与他商讨,分析利弊,而且有了郗恩庭成功的先例,他终于想通了。郭跃华用了新的"武器"之后,如鱼得水,经过努力,技术上了新的台阶,令人刮目相看。他在比赛中连胜匈牙利、日本队好手,为中国队蝉联团体冠军立下了汗马功劳。

女队方面,来自黑龙江建设兵团的上海姑娘张德英,曾在业余体校训练多年,身在农场,心在球场。她从农场队一路打到国家队。首次参加世锦赛的张德英,与张立合作双打全胜,以3:0打败了韩国队,中国女队蝉联团体冠军。

值得一提的是黄亮和陆元盛的男子双打,把上届冠军匈牙利的约尼尔和克兰帕尔淘汰出局。决胜局黄亮、陆元盛以11:20落后,竟然一口气连追11分,奇迹般地反败为胜。

女双比赛的冠军得主是中国的杨莹和朝鲜队朴英玉组合。两位姑娘一路顺风,手拉手登上了最高领奖台。朝鲜记者说,这是中朝两国人民友谊的结晶。

第35届世乒赛在朝鲜举行。平壤街头到处悬挂、张贴着世乒赛的横幅和宣传画，表明朴英顺对"三连冠"志在必得。

我男队蝉联团体冠军后，欧洲选手再次发起新的挑战。匈牙利队的约尼尔、克兰帕尔已连续多次参加世乒赛，越来越成熟。令人刮目相看的是第三号选手盖尔盖伊，也有了长足的进步。结果，中匈团体决赛中，对方横拍左右开弓，两手打我们一手，近远台攻防自如，占了上风。匈牙利队以5∶1的悬殊比分夺得了冠军。

男单决赛中，郭跃华中途腿部拉伤，退出比赛，日本小野诚治幸运夺冠。加上男双失利，我男子项目除了与女队合作获得混双冠军外，颗粒无收。李富荣自我调侃说："男队输得只剩一条裤衩，差一点光了屁股。"好在中国女队在本届世乒赛中一举夺下了全部冠军。朝鲜的朴英顺在上两届世乒赛上都获得女单冠军，决赛对手都是中国队员，这次就没有那么幸运了，被童玲淘汰出局。

男队的惨败说明，任何一种先进打法，它可以在一段时间里处于领先地位，但是，如果它不发展、不进步，就可能变为落后的，甚至被淘汰。中国传统的直拍进攻打法以及首创的横拍两面不同性能球拍（鸳鸯拍）的打法，曾经占有优势，但没有居安思危，技术创新不够，而欧洲选手有了飞跃的进步，我男队受挫失利也在情理之中。

李富荣是个不服输的人，他在回答匈牙利记者提问时说："匈牙利队用了27年时间重新拿到奖杯，这很不容易。我想中国队恐怕用不了那么长时间。"

说到做到，回国不久，李富荣总结教训，在全国乒乓球界的支持下，选拔物色人才。为打翻身仗，他和集训教练一起努力，一心扑在球场上。来自无锡的蔡振华左手横握球拍的进攻打法，与众不同的是反手用防弧圈球海绵来进攻，这种胶皮是专门用来削球防守的，是"鸳鸯拍"中的另类。他敢打敢拼，作风顽强。来自广西的谢赛克也是个左撇子，擅长直板近台快攻，虽仍用正胶，但拉一手旋转较强的上旋球。他俩都入选了。

1981年4月，第36届世乒赛在南斯拉夫诺维萨德市举行。男子团体决赛仍在中匈两队之间展开。匈牙利队上场的仍是克兰帕尔、盖尔盖伊和约尼尔。中国队上场的是三位小将：谢赛克、蔡振华和施之皓。谢赛克遇强不弱，硬是把对方的弧圈球给压了下去，他一人独得三分。蔡振华敢打敢拼，他反手用的防弧圈海绵让对手发不出力；正手的一板猛冲，又让对方吃不住力，独得两分。中国队以5∶2战胜匈牙利队，"翻身仗"的夙愿终于实现了！

李富荣挤出欢乐的人群，和我紧紧地握手时，轻声感慨："这两年的日子不好过，这两个多小时更难过……"

同时，我女队也在另一张球台上以3∶0战胜韩国队，第四次捧得考比伦杯。接着，男子单打、男子双打、女子双打和混合双打全由中国选手胜利会师。最后一项女子双打，前四名中我们占了三对，张德英、曹燕华和韩国队的黄南淑、安海淑进行半决赛，若是这场球赢了，中国队将创造囊括全部七项冠军和五个单项亚军的纪录。这是国际乒联50多年来从来没有过的事情，可谓空前绝后的胜利。

比赛开始，张德英、曹燕华敢打敢拼，领先两局。眼看胜利在望，偏偏两位女将各打各的，有些反常，对方乘虚而入，追回一局。可能她俩在想最后谁会是新的女子单打冠军，思想不太集中。趁交换方位，我赶紧上前去向她们大声喊道："大家都盼望你们把这场球拿下来，你们在想什么……"我的态度很严肃。张德英、曹燕华终于恢复了常态，很快就占了上风。随着张德英的最后一板扣杀，激动人心的时刻终于来到了。

组委会的朋友说："我们准备了七个奖杯，你们全抱回去了，也不给我们留一个……"引得大家一阵欢笑。五个项目的世界冠军没有一个人是重复的。于是他们又说俏皮话了："比赛结果怎么会那样圆满？上帝分配得太公平了！"

在首都机场的欢迎仪式上，我讲了这样一番话："中国乒乓球队能在这届世乒赛中获得全胜，能在 20 多年来不断取得优异的成绩，首先要归功于党，归功于全国人民。"

之后，自 1989 年起，男子团体冠军曾先后四次被瑞典队夺走，欧洲选手五次获男单冠军；我女队也两次团体冠军奖杯旁落。但从总体上看，中国队一直处于领先地位。

2002 年 12 月 22 日，获得中国乒乓球运动最高荣誉奖的荣高棠、李梦华、徐寅生、李富荣（从左至右）在领奖台上

2020年的韩国世乒赛及2021年的东京奥运会,中国队面临着新一代的各国选手的挑战,尤其是日本女队咄咄逼人,气势正盛,中国队要保持荣誉还需要加倍努力。

三、管乒乓

我自不当教练后,长时间担任中国乒协主席,并在国际乒联任职。有人说,领导就是要做好服务,我与中国乒乓球队同呼吸、共命运。

天津世乒赛结束不久,国际乒联主席哈马隆德因病去世,按章程规定,我作为第一副主席代理主席职务。事情往往就是这样,你不想当偏偏要让你当,你越想当的,就越当不上。当主席事务多,影响我看球,这是最苦恼的事情。

最麻烦的是语言问题。开代表大会时,我的话经英文翻译,传到同声翻译室,再翻译成法语、西班牙语、阿拉伯语,才能传到与会者的耳机。遇到复杂一点的议题,传到最后,也许已经走样了。后来,我把复杂的议题交给第一副主席、加拿大人沙拉拉来主持。这一招果然可行。

有时也会遇到棘手的事情。南斯拉夫世乒赛筹备过程中,由于西方国家的制裁,场馆离完工还遥遥无期。南方信誓旦旦,表示一定按期举行。从政治上考虑,国际乒联必须给予坚决支持。时任国际乒联技术委员会主席姚振绪也在那里坚持工作。最后北约开始轰炸,世乒赛无望,东道主只得紧急安排车辆让姚振绪撤离。因为贝尔格莱德机场停飞,南斯拉夫朋友自己凑钱,并帮着把宾馆的瓶装水和食品带上以供急用。司机一路上冒着风险,走小道、绕圈子,姚振绪终于到达匈牙利,坐上了开往北京的飞机。

国际乒联执委会紧急召开国际电话会议，研究更改世乒赛地点。第一副主席沙拉拉负责具体安排，当各方线路开通后，沙拉拉就开始让执委们发言。我不能让他喧宾夺主，最后作为主席作了总结发言，才宣布会议结束。

当主席期间，我提议世界锦标赛允许冠名，为国际乒联广开了财路。不少体育项目的大赛都会寻求企业冠名赞助合作，从而获得可观的经费。国际乒联却没有这样做。为此我提议世乒赛允许冠名，得到了各方支持。从这以后，欧洲和日本的企业也开始与国际乒联合作。国际乒联口袋里有了钱，就可以做很多事情。

此外，我提议举办世界俱乐部比赛，有不少企业办起了俱乐部，吸引优秀选手加盟，提高企业知名度。由于收入不菲，白俄罗斯的萨姆索诺夫就长期在德国打球。把俱乐部比赛办成世界性的赛事，对企业有更大的吸引力。

首次俱乐部比赛在上海东方电视台举行，球台放在舞台上，观众在底下座席上像看剧一样观赏，别有一番趣味。欧亚许多高手都代表各自的俱乐部来参赛，引起乒乓球爱好者和新闻媒体的关注。这本来是一件好事，可惜的是以后没有继续进行下去。其中一个原因是，国际乒联以及一些协会担心俱乐部赛发展起来，有可能会与世乒赛分庭抗礼，因为优秀球员只听俱乐部老板的调遣安排。

另外，我提议大球的改革方案。随着乒乓球技术的提高，速度加快，旋转加强，造成比赛中回合减少，有时比赛不甚精彩，影响了人们观赏的兴趣。我上任后曾讲过这样的话：过去我当运动员、教练员时，只想着最好能一板就能打赢对手，没考虑到比赛好不好看。现在我在这个位置上，就要考虑乒乓球如何提高观赏性，吸引更多的观众，这就叫"屁股指挥脑袋"。也不知道翻译成外文,人家能不能听懂。据说反应还不错,常有人在会上发言时提到我这段讲话。

过去,原国际乒联主席荻村也曾讲过,如果比赛中,平均每个球能打上五六个来回,再有一些特别精彩的回合,乒乓球就好看了。乒乓球需要改革,是大势所趋,至于怎么改,各种各样的方案,五花八门。有的说把球网加高,球台加大,甚至有的说,把反贴海绵球拍取消,旋转弱了,来回就多了等。

日本有一款直径44毫米的乒乓球。这种大球在中老年爱好者中比较流行,由于体积大,速度慢,旋转少,因此来回多。我试打时亲身体验过,即使用足力气进攻也不易得分。一场比赛下来,如果水平相当,可以打得满身出汗,是个很好的健身项目。我从44毫米的大球中得到启发:如果把现有的38毫米竞赛用球加大一些,就能把速度和旋转减下来,考虑到这种改动影响不至于太大,应该容易被大家接受。同时我也表态将带头进行改革,因此我的建议得到了大家的肯定。讨论结果认为太大不行,以加大到40毫米为好。

纸上谈兵比较容易,谁去落实是个问题。作为主席,我义不容辞。就在亚特兰大奥运会国际乒联会议结束后,我就打电话给

2015年苏州世乒赛上徐寅生与楼世和合影

上海红双喜楼世和老总，询问他能否先做出 40 毫米的大球，作为样品，让运动员们试打。要知道做一个大球并非那么容易，近期要先开模具，然后再加工，费工费钱；还有原有的球库存量巨大，如何处理是个大问题。作为一个企业的老总，不得不考虑这些问题，但楼总一口答应给予支持，这让我深受感动。

红双喜很快把新的 40 毫米大球做了出来，中国乒协还要给国际乒联及不少协会送球，让他们试打。接着中国乒协在苏州办了一个大球邀请赛，白俄罗斯的萨姆索诺夫应邀与马琳等中外好手一起比赛。新闻媒体推波助澜，科研人员现场进行测试，还对观众及各方面进行采访，了解他们对使用大球的反应。小小的大球，在苏州掀起了一个高潮。

比赛结果，老萨获得了冠军，拿到奖金，心情大好。加上大球本身也只是微调，容易适应，于是得到大家的赞赏。从现场看，大球确实使比赛中回合增多，精彩球不少，各方面反应良好。不久科研也有了初步结果：大球与小球相比，速度下降 13%，旋转减弱 21%。以后，欧洲人在丹麦也搞了个大球邀请赛。两次赛事使大球基本上得到了认可。由于我的国际乒联主席任期到了，这项改革就由沙拉拉继续推进。他把各方面的数据汇总起来，有理有据，在代表大会上用视频向大家报告，最终通过决定，在日本大阪的世乒赛上正式开始使用大球。

在整个过程中，一些国外的器材商态度暧昧，有的说更换生产线投资是一个天文数字，难以承受。为了顾及厂商的利益，国际乒联给了近两年的缓冲时间，让厂商把 38 毫米的球卖掉，国际性青年比赛还是允许用小球。红双喜最早生产了大球，除了得到国际乒联好评称赞外，还把上海制大球的多种数据作为国际标准。中国的轻工产品在世界上获得这样的荣誉并达到这样的水平还是很少有的，红双喜大球畅销世界。现在看来，大球

徐寅生与沙拉拉

的改革还是成功的,比赛的观赏性有了明显提高。从现在的比赛来看,双方运动员连续跑动,中远台对攻几十个来回,已经成了常态。

我当主席期间,因国内有公务,不少事务委托沙拉拉去办。沙拉拉在加拿大乒协工作,能讲英、法、阿拉伯语。他又是教练员出身,工作能力强,与国际奥委会等组织接触打交道,确实做了不少工作。时间一长,心里开始不平衡,于是提出要与我竞选国际乒联主席。

那时,我距退休还有一年左右时间,从体育总局岗位退休后,就应该由总局主管领导统一抓乒乓球项目的工作,包括国内国际的事务,退休后就不应该参政。于是我告诉沙拉拉,退休后不再谋求连任主席,建议他等到那时再竞选,再说竞争必然牵涉到很多精力,影响工作,"两虎相争必有一伤"。沙拉拉却表示:"我输了没关系。"

对于我是否连任主席一事,体育总局从上到下也都很关心。有的鼓励我连任,说可以通过众多在国外的中国教练做各国乒协的工作,投我的赞成票。袁伟民副局长还主张将来把国际乒联秘书处移到中国来。我心想这可了得,那要配备多少人员来承担国际乒联的工作,又有多少难以处理的事情推到我们身上。我想还是应该先把我们自身的工作做好,尽我们的能力帮助国际乒联发展乒乓球运动。我给总局领导写了一份报告,阐述了我不再连任主席的理由,得到了他们的理解和同意。

经过与沙拉拉的多次沟通,资深的体育官员魏纪中(中国奥委会秘书长)也从中做了不少工作,沙拉拉最后表示理解。一年后,他在无其他人竞选的情况下,顺利当选第六任国际乒联主席。

张燮林

1940年生。直拍长胶削球打法。在历次世乒赛上获得男子团体冠军、男子单打第三名和男子双打冠军、混合双打冠军。获中国乒乓球运动杰出贡献奖。1972年至1995年起任中国乒乓球女队主教练、总教练，率队获得十届世乒赛团体冠军、九次女子单打冠军，八次女子双打冠军，九次混合双打冠军，并率中国女队获得第24、25、26届奥运会乒乓球赛冠军。1996年，被国际乒联授予首位"世界最高教练员荣誉奖"；2008年，荣获国际乒联杰出贡献奖。曾任国家体委乒乓球羽毛球管理中心副主任、中国乒乓球协会副主席。

心心念念的追求

一、喜欢是天生的

说起乒乓球,实在地说一句,我是一看到乒乓球就喜欢上了。

我所读的涵德小学有一张不太平整的乒乓台,因学校规定,三年级以上才能够上球台,所以,我一、二年级的时候是不能在学校打球的。我家住在新闸路靠近温州路,隔壁有家钟表店,晚上总开着灯。我们上午上学,下午家里管得比较紧,要完成课外作业。一到晚上,我们同龄的小孩,就拿着粉笔在店外的人行道上画个乒乓球台,中间再画根线就算是球网了,大家就这样借着店里的余光聚在一起打球。当我升到了三年级后就可以在学校打球了,即便如此,也只是在课间休息时,大家围成一圈,像走马灯似的轮流转,谁失误谁就下来,绕到最后只剩下两个人。那时还没有抽杀,打得是光板,只能挡来挡去。我经常是这最后两人中的一个。这大概是1947年到1948年的事。

到了五、六年级时,我们有时把桌子拼起来,中间放上书包就可以打了。后来发现菜场的摊位收市后就空了,于是就找来两块砖和一根竹竿搭成一个球台。总之,当时是变着法儿找地方打球,自然,我的球技有了一定的长进。其实,在我学习和生活的这个新闸路区域,有不少高手在附近活动,比如孙梅英在长沙路,李富荣在新闸路的另一头。因为热爱乒乓球,我还经常去市里的一些球馆看高手打球。那时,工人文化宫后面有晋风祥乒乓馆,南京路靠近九江路口有新华乒乓馆,水平比较高的是地处延安路大世界对面的太湖乒乓馆。这些球馆都是私人老板开的,大的场地有十来张球台,进去打球要付台费,要请指导员还要另行加钱,实际上就是请陪打,价钱也不便宜。我一个小学生,你说学习也好,欣赏也罢,反正看高手打球蛮过瘾的。

给我印象最深的是在华东乒乓馆看杨开运打球。杨开运是后来的国手,还当了上海队的教练。他直板削球的动作非常潇洒,且技术全面、攻守兼备。对方攻他就守,对方守他就攻。也就是看了他的精彩打法以后,本来打攻球的我,转而开始练起了削球。那时,新世界楼上也有乒乓球馆,上海有一个叫俞诚的好手,他的削球又是另外一种风格,动作漂亮,这也是我看到的第二个削球选手。有一次,上海的一些高手汇集在地处南京路的精武体育会比赛。我看到一个叫水涵高的左手直板削球手,动作优美,比前面两位更加好看,你说"海底捞月",他早就在捞了,这一切促使我定下了学削球的志向。

见了世面后,自己的心里也痒痒的,有一种想要出去打打的冲动。于是,我就组织同学成立了一个名为"红旗"的乒乓球队,校方知道后也很支持,当我们提出刻队章时,竟然为我们开具了证明。有了一支队,我们就四下打听社会上的球讯,当得知某工厂打得不错时,我们就写一份"挑战书"或者称为"邀请书",图章往上面一敲,还是蛮正规的。这种利用休息日和大人打交流赛的形式,进行了好多次。

到了初中,因家境一般。我父亲所开的装配小店,做装配雇人是要用钱的,为了省钱,我就白天帮着装配,晚上再到新民夜中学读书。新闸路一带有许多商店,店员也有一批是爱好乒乓球的,而且有个像俱乐部一样的组织,我就和他们一起练球,因而条件就好多了。记得我家斜对面有个义泰兴煤球加工厂,地方大,有空地,里面放了个球台。但在这里打完球,球都被煤屑弄黑了，球板的胶皮板也要用清水洗。店员的技术水平也不错，六七个人就组织了一个队，取名"健身"乒乓球队，我也参加了。队里要求每人买件绒衣，又称"斯威特"。起初家里不同意，认为小孩打球玩玩，还要什么球衣，但经不住我软缠硬磨，父亲同意给我买了。我在这个队待得时间比较长，里面有一个叫王关宝的队员，他是两面攻，我是守，我和他经常在一起打。因为他是店员，早上八点钟店要开门，所以我们六点多就到地处南京西路成都路的新城游泳池去打球，这里面有五个球台，场地也比较好，大概一毛钱一小时。当然这是冬天泳池不开放的时候，夏天就没有这个便利了。在上海打球的地方还是比较多的，我们逐渐扩大范围，还到过陕西路上的上海体育馆去打。这段时间我的技术有很大长进。

我还有一个好朋友叫浦欣生，他的正手攻球相当好，我们经常在一起切磋。所以，我的削球与这两位的"捶打"不无关系。开始学削球时，我说打我正手，人家打我反手，我不用板接而是用手去抓。由于受到削球前辈的影响，我削球注重的是动作的优美和潇洒。到初中毕业时，我的乒乓球水平在上海已经算是不错了，一般的对手是赢不了我的。工人文化宫是上海乒乓球业余高手集中的地方，我是学生，不能进去的。那里有五张球台，在第一张台上打的人水平最高，围观的观众也很多，气氛相当好。店员给了我不少参观票，我一得空就去那里打球，要打就在第一张台子上打，上去就开始，因为球路多，你不知道上来的对手是什么打法，是海绵板还是胶皮板，各种怪球都有，有时自己也会打输。如果你能在这里打上一圈，说明你的水平已经相当不错了。随着技术的提高，我守擂的次数就多了，所以这个地方为我接触球路、熟悉球性、适应各种打法奠定了基础。在新新公司楼上有一个俱乐部，上面只有一张球台，场地很大，看上去很舒服，但是地板是水磨地，相当滑。这对打削球来讲是一个很大的障碍，就是等到你感到对方打你左方时，你脚一蹬就滑掉了。但你还别说，这对你判断来球的方向是一大好处，尤其是脚下的功夫有了很大的长进。后来在国家队打球，人家评价我说"老张打球不浪费半步"，就是移位恰到好处。这乒乓球你别看大家都在看手上动作，实际上功夫是在脚下。

祖父是反对我打球的，说乒乓球是玩玩的事。父亲是不管的，但祖父掌管全家，看到我成绩下降，就说是打球造成的，甚至规定我放学回来先要完成一张大楷和一张小楷，可我手上写着字，脑子里却想着打球，所以写几笔就没心思了，字当然很潦草，交到祖父那里过不了关，只能重新再写。这样，我就认真地从第一个字写到最后一个字，再也不敢马虎了。反过来，这潜在地对磨炼我的意志、培养我的责任心产生了很大的影响。所以，我做事一般不会虎头蛇尾，而是坚持善始善终。因为太喜欢乒乓球了，有一次考试成绩不太好。祖父一怒之下，就把我的球板给劈了。那可是我用零用钱买的好板啊！后来，我在新闸路旧货市场买回来一块人家镶镜框用的柳桉三合板，自己用锯子锯成乒乓球板的形状，再用牛皮胶将两块三合板粘在一起，磨平后贴上胶皮。这个板虽然重一些，但声音好听，击球的声音特别脆。人家拉我削，传出的声音美得无法想象。有了前车之鉴，我就把板放在同学家里，出去练球时就先到同学家去拿。其实，我祖父的设想是培养我当中医，一支笔、一杆秤、号号脉，就好成家立业了。但从我内心来讲，打球才是真正喜欢的。

初中毕业时，我就四处打听哪个中学乒乓球台比较多。先是听说新闸路的育才中学有不少，进去一看，果真如此，篮球架、乒乓球台都有，但掂了掂自己的分量，人家是重点学校，怎么考得进呢！而后又发现浦东杨思中学不错，球台多而且住校练球更加方便。最后，考分下来了，我收到了陕西省西安市气象干部学校的录取通知。我的一个同学周宝才也是如此。

那天《解放日报》头版正好登出了有关今日西安的文章。我一看，觉得西安也不错啊！于是与家里人、同学商量，决定去西安读书。此时，我祖父已过世，祖母虽舍不得，但不管事。家里我是老大，下面一个弟弟、两个妹妹，父母尊重我的决定。最后，我还是离别了上海，到了西安。当时我觉得气象学是一门新兴科学，学得好的话将来可以成为一名气象学家。对是否继续打球，我想了很长时间，临行前整理东西的时候，还是把球板放进了行李箱，实在舍不得啊！

到了学校，湖南、浙江、四川等地学生纷纷报到。我是下了决心要好好读书了，一周六天上课，学习数学、气象学等课程，周日就到西安市逛逛。记得一个周日，几个外地的同学跑到西安钟楼玩，回来就说北大街上有一个"青年会"，里面有一张球台，那里有人乒乓球打得不错，特别是一个脸上长雀斑的小伙子，没人打得过他。同学周宝才就说，这人肯定打不过张燮林。同学们不信，说是从未在学校见过我打球。其实，学校里有一张球台的，我们那个校长就喜欢打球，他是炮兵中校，但我克制自己从来不去。结果，周宝才就与其他同学打赌，说是如果张燮林能把那人打败，对方要到学校斜对面的面馆请客吃一个礼拜的鸡丝面。起初，我蒙在鼓里，周宝才来鼓动我，因为已下定决心好好学习，我没有答应。周又来求我，说是不打也行，去看看也好。我去一看，此人哪是我的对手啊！那天是同学帮我排队，上台打11分球，我不仅把那人打败，还赢了一圈。晚上同学叫我到面馆吃面，我方知他们在拿我的胜负打赌。这一下就传开了，校长也来找我，我又重拾球拍开始打球了。有一次，西安市搞一个全民的体育竞赛，包括乒乓球项目。气象局就把我报上去，代表气象局参加这次活动。一开始，大家不计分打着玩，突然大家鼓起掌来，原来西安市打得最好的人来了。这人是上海银行支内的职工。他大衣一脱、鞋子一换，就和我打，也许掂出了我的分量,他只是练练,不肯与我比赛。他攻我削,打得蛮好看的。后来政府征用土地,学校从西安市中心的通济坊动迁到郊区,这里是当年国民党陆军训练的地方。这样我们这些上海人就不习惯了,而且得知我们毕业后是到偏远的地区做气象观察员,即在没有人烟的地方去收集第一手气象资料。这和我当初立志做气象专家的想法差距太大了。我们这些上海来的学生就聚在一起,商量如何是好,是继续上学还是退学。最终想打球的念头还是占了上风,我和一些同学便打了退学报告。那些没走的同学,后来有的分在延安气象站,那算是不错的,不少人去了青海等更加边远的地方。

二、从上海队到国家队

回到上海后,正逢上海汽轮机厂技校招生,该厂的一位体育老师看到我胸前别着一枚二级运动员的证章,就问我是什么项目。我说是乒乓球。我怎么会有二级运动员的证章呢?这是我在市学生比赛中名列前茅获得的。没过几天,我正在市体育宫参加16位选手的大循环比赛时,接到了上海汽轮机厂技工学校的入学通知。这样,我每天上午乘15路公交车转沪闵线到地处老闵行的厂里,下午三点钟离厂,厂里给我报销一半车费。晚上七点钟到体育宫比赛,穿的衣服是篮球背心,因是16位选手,我最少要来回跑15次。这回父亲有意见了,我的专业工种是镗床,他认为学一门技术也挺好,故而要我专心工作。但正规比赛总不能半途而废,有一次父亲堵在家门口,不让我出门比赛。那天,我的对手是邮电队的冯浩,朋友看我不到场,就找上门来,还做起了我父亲的工作,说今天的选手是上海的名流,是代表上海队的,并说估计我赢不了,输了也就被淘汰,不会再去了。这样就把我父亲说动了，我急急忙忙出门，从我家小路穿过去到体育宫也不远。我知道冯浩的底细，他直板削球特别强，但攻球没我好。那天天气特别热，结果我把他赢了。下一次比赛怎么办？还是要做工作啊，还好父亲索性不管了。这个比赛体育宫还对外买票，一毛钱一张。想不到父亲也悄悄买了票，坐在观众台上看我比赛。后来报纸上登了我的名字，父亲也就不反对了。没多久，师父对我说：小张，你把自己的东西理理，到市体委报到。

正是这个机缘，我打进了上海队。

在体育宫集训时，我的工资仍是汽轮机厂发的，记得是每月到九江路的厂办事处去拿，拿的是学徒工资。不久，体育宫给我来了一个函，其中一条对我触动很大，意思是问我的人事关系是留在汽轮机厂还是进入体委。我想日后回厂，要进行技术考核，并根据考核的结果决定工资级别；现在专心打球，回去肯定考不出来的。何去何从？我又面临选择。乒乓队的领队戚吉庆看我有些心神不定，就关心地问我，我如实相告。他说：小张，培养一个二级工，上海一抓一大把；打乒乓球，现在上海要找张燮林，除了你，没有第二人了。一席话坚定了我留队的信心。这样，我就在体委转正，每月工资三十几块呢。

此时上海要备战第一届全运会，上海乒乓队的团体名单中三个人是铁定的：徐寅生、杨瑞华、李富荣。前二人是国家队的，李富荣是国家青年队的。此外还有刘国璋、薛伟初、杨永盛、于贻泽、曹志强、陈时忠、王传祺等一批选手在体育宫集训，从中取两个人。这期间，上海市还搞了春运会和秋运会，我得了一次冠军。《新民晚报》的冯小秀还为此写了报道。1958年，我们参加了在广州举行的全国锦标赛。上海红队有徐寅生、李富荣、杨瑞华，蓝队是工人队，黄队是上海青年队。我们团体拿了冠军，单打我打得不太好，上去就输了。通过这次集训选拔，最后是我和薛伟初加入了团体赛的名单，代表上海队参加了第一届全运会，我们在决赛时胜了北京队，获得男团冠军。

1959年容国团荣获世界冠军以后，到上海来访问，目的就是推动乒乓球运动的发展。上海队的教练是陆汉俊，国家队教练是傅其芳。我们在江湾体育馆打了场比赛，是七人对抗赛。我和容国团均排在了第七场。我第一局赢了，此时，教练陆汉俊就跟我传话：上海分管体育的宋季文副市长表态了，人家刚拿了世界冠军，所以上海的张燮林不能赢他。于是后面两局我就没有尽全力打。

记得国家队离开上海时，我们到车站送行。我是有意识去送姜永宁的，因为他也是直板削球手，曾在第23届世乒赛团体赛中一人拿下美国队三分，令我非常崇拜。我一边在月台上走，一边就问他："姜指导，怎么才能把削球打好？"实际上我这个题目太大，他也不理我，径直往前走。我心里就直犯嘀咕，眼看就要到车厢门了，他回过头来对我说："打削球，不管对方过来什么球，你都要拼命地去救。"说着他就上了车。我的理解就是长球、短球、左边、右边、中间，你都要尽力救。对我来讲，这又是一个提醒和促进，促使我在赛场上去顽强拼搏。后来我执教时，就在场上写了个横幅："没有攻不死的球，也没有防不住的球。"这就是主动与被动的矛盾统一啊！我两面都讲，鼓励运动员顽强拼搏去救每一个球。

那时上海队的训练场地在体育宫，教练是陆汉俊、李宗沛。大概是为了迎接第26届北京世乒赛，上海搞了一个大区集训，福建队、四川队的好手都来参加。最后，再从各地抽调了108将去北京集训，我们上海队入选的人不少。我是1960年12月20日到北京报到的，就在北京工人体育场的看台下面训练。我们运动员住六人间，房间里五张床，空的一张放行李。那时我祖母还健在，我走时还跟她说，我很快就会回上海来的；想不到一去几十年，连家都安在了北京。

我们的集训分上午、下午两个时段，晚上学习或开会。队员分在两个或三个区，在工人体育场的是主力队员，在体育馆路训练局也有一批，先农坛有没有我记不清楚了。体委领导非常重视，荣高棠亲自蹲点，技术上是教练负责制，比如攻球的几个人由傅其芳负责，削球的几个由另一个教练负责。那时大家都很单纯，除了训练也没多想什么。迎战集训时，听说日本队发明了弧圈球。匈牙利队到中国访问，我们问他们弧圈球的事情，但人家不说。正好日本队在香港比赛，队里就派了庄家富去了解。他回来介绍说，日本队员拉的是强力上旋球。于是就找了几个人模仿，先有胡炳权、薛伟初，后来还有余长春、廖文挺。参加本届单打的有32人，我也在其中。那时都很民主，大家坐在一个房间里，讨论团体赛报谁。我没有记错的话，只有一个人提了我，就是容国团。因为他跟我交过手，知道我的技术特点。

1960年4月，国家队在天津举行了各省市队的邀请赛，我代表华东区连胜王传耀、徐寅生、杨瑞华、庄则栋、李富荣、周兰荪等一队选手，但2∶3输给了容国团。一开始容国团打拉攻，正对我路子，到了第三局，还以19∶17领先。这时他打起了搓攻，特别是正手搓球不转，甚至还有点拱。我不服啊，于是就主动进攻，不想一攻就出界，结果输了第三局。到了第四局，这老兄索性一个也不拉了，我是活活地给他搓"死"了。容国团正手搓球功夫实在了得，我判断他是在加转，实际上却一点不转，不得不佩服。

我跟"红双喜"还真是有缘。我在上海队时，负责管运动器材。队员换胶皮就到我这里来，一天我看到仓库里有一搭反胶皮，实际上是处理品，胶粒不平整。当时我用的是上海出品的达汇胶皮，且已经老化了。这样我就换了那张报废的"红双喜"胶皮,一试感觉还挺顺,我就把陆汉俊教练叫来,还找个队员试打起来。其实,日本早就有长胶了,是用来防守的,但不太好攻,但我这张皮子无论削还是攻都还不错。陆指导也觉得蛮奇怪,实际上是这个皮子胶粒不算长,才1.65毫米(现在的长胶都是1.9毫米,超过2.0毫米就犯规了),与生胶差不多,比普通的胶皮长一些。我用这块胶皮参加上海市比赛,除了刘国璋、薛伟初不太好对付,对其他人都是以3∶0取胜,拿了冠军。我在上海队,就是换好胶皮后去天津参加比赛的。所以,后来我跟"红双喜"的老总楼世和说,我有今天就是用了你们的"红双喜"。我有时开玩笑说,假如那时长胶就有1.9毫米,那我可能要横扫世界了,人家没法打的啊!我这块胶皮的编号是6,严格意义上讲,还属于中长胶。后来红双喜厂就正式生产了。

三、大赛前后

第26届世乒赛中,我们的对手主要是日本队。我参加单打赢三木是蛮顺利的,三木的弧圈球拉得越转,我削过去的反旋转就越强。星野基本功好,拉吊结合,我是以3∶2的比分赢的,赢得很吃力。最后我得了第三名,半决赛时让给了庄则栋,徐寅生让给了李富荣。第27届世乒赛时,我半决赛让给了李富荣。那时贺龙就对大家讲了,党和人民不会忘记你们的。这句话深刻地印在了我的脑子里。后来我也感到人们对我还是很尊重的。那时我们都很单纯,听从领导的安排。好像杨瑞华也让掉了,应该是让给我的,主要考虑到杨瑞华与三木对战把握不大,所以让我去打三木,可以保险一些。

第26届世乒赛结束后,国家队分两路南下北上宣传表演,主要目的是通过表演赛推广乒乓球运动。接着，国家队去日本访问，但我作为"秘密武器"没去。后来日本队到中国来访问，只让我打了一场。有人问我，看着人家一批批地出国访问，你作为"秘密武器"留在国内，有什么想法？我的回答是：没有想法，因为领导这样安排自有他们的道理。

总理对我们乒乓队特别关心，指示队伍出去要分成两批。第 27 届世乒赛去捷克布拉格比赛，我们那架飞机滑出跑道，冲到田里去了，窗子上溅满了泥巴。我们下了飞机，只见一个妇女抱着一个孩子，许多旅客都到那个孩子面前去祷告。人家老外也信这个，好像这个小孩保佑了大家的平安。我们上了汽车后，我的旁边坐着一位空乘小姐。一场虚惊以后，汽车里气氛挺活跃，大家唱起了《莫斯科郊外的晚上》。不知谁说了一句，这位小姐前面都唱了，但漏掉了"我的心上人坐在我身旁"这句歌词。这是起哄，拿我开心啊！意思是你老张坐在人家身边，人家就不好意思唱了。

荣获第 27 届世界乒乓球锦标赛男子双打冠军的中国选手张燮林（左）、王志良

第27届世乒赛我参加团体赛了。我对付日本队还是有底气的,所以领导就把我放在团体名单中。前面几场对付比较弱的队我也上了一下,主要是为了适应场地上去练练手,关键就等最后一场,所以压力也很大。全队临出发前,由主教练傅其芳全权接手训练和管理主力队员。傅其芳首先找我谈话,问我:"叫你打日本队敢不敢?"我说:"这有什么不敢啊。"他又说:"如果排你打主力位置敢不敢?"我说:"你敢排我就敢打。"他看我很自信,就跟领导汇报了。结果与日本队决赛时,就把我排在了第2、4、7的主力位置上。我们是5:1赢的,第一分庄则栋输给了木村,我一上去整个形势就扭转了,气势也上来了,三木和木村都被我打得很惨。单项比赛中我和王志良拿了双打冠军,这也是中国队第一次摘得这项桂冠。混合双打中,我和林慧卿拿了亚军。

直拍削球手张燮林

单项比赛的程序很密集,有一天是单双打等轮着打了好多场,其中两场打到了规定时间,一场是跟美国的削球手,他的场外教练是有名的"牛皮糖"迈尔斯。这人跟我死搓,我攻球比他好,打到第13板,我进攻得分较多,最后赢了,但赢得很累。还有一个就是南斯拉夫的选手马科维奇,也是死磨后赢下来的。由于当年跟南斯拉夫有个意识形态的问题,所以绝对不能输啊!中间还夹着双打,反正这一天是从早打到晚。最后对日本的荻村

第 27 届世界乒乓球锦标赛上,中国队战胜日本队,蝉联团体冠军。图为获得斯韦思林杯的中国男子乒乓球队。左起:王家声、庄则栋、徐寅生、傅其芳(教练)、张燮林、李富荣

我也是险胜,荻村毕竟是老将,他针对我的弱点,希望速战速决。我则尽量打控制球,不让他进攻,自己也有不少失误。最后,我已经麻木了,是被人搀着走出赛场的。回到大使馆,大使夫人跟我讲,你包也没拿,知道是谁帮你拿的吗?因为所有运动员的包都是一样的,我是稀里糊涂不知道了。她说是荣高棠主任为你提的包,我一下愣住了,想想层次蛮高的嘛,团长给我拎包。

第 27 届世乒赛打完后,从自己的情况和成绩来说信心增强了,所以也就满怀期望地准备第 28 届世乒赛,同时在这过程中,自己也觉得难度在增大,因为全世界都知道你这个打法了。有一次,教练对我说,你以后跟日本队打啊,包括要参加第 28 届的比赛,思想上要做艰苦的准备。后来我才知道日本人在放我打球的录像,而且不是一般地看,是在进行认真的研究

呢！同时，我在国内比赛中也遇到了一些挫折，因为我的削球特点，包括旋转的性质啊，大家都打熟了嘛。每年都有全国锦标赛，团体赛常常是上海队与北京队对决，上海队基本上能拿冠军。为准备这类大赛，国家队队员都回各省市训练，大家都会分开一段。所以，我们跟北京队相遇，肯定就要碰到庄则栋。团体赛是三局两胜，我还有机会赢他，而单打，我每次都败在他手里，为什么呢？因为世界排名第一是庄则栋，第二是李富荣，第三是我，单打就按这个顺序排位置。第一号种子在上面第一条线，下边一条线是李富荣，因同一个协会不能分在同一个区，所以我不能跟李富荣在一个区，只能在上半区。这样一来，每次全国比赛相遇时，我俩球路和旋转都相当熟了，单打时五局三胜，便经常输给庄则栋。碰到国内的其他选手，也有输的时候。所以，我一度觉得技术存在一些问题，信心也有点不足了。教练就问我，你的信心建立在什么基础上？我就很坦率地说，还是要加强基本功的训练，假如说对方拉攻 100 个，我就想办法削 200 个，对方拉攻 500 个，那我准备削 600 个，在这上面多下功夫，就是要练得再扎实一些。所以有一个阶段的训练是比较艰苦的，当然光是防守也不行，同时我加强了发球抢攻，加强一些直线的攻球，以此来充实我的技术含量，这样，我的技术能力提高了，自信心也回来了。所以第 28 届世乒赛时，团体赛与日本队的决战中我又拿了关键的分。但高桥浩赢了我和庄则栋。为什么会输给高桥浩呢？我太过于自信了，以为自己打日本的办法很牛啊！赛前王志良跟我讲，哎哟，你跟高桥打没问题啦，去年访日与他交过手，他不太会打削球。我一听，思想就麻痹了。可上场后，高桥根本不跟我打拉球，我一削，他一搓，我再一搓，他反手就起板，我一下子就被他打蒙了，弄得削也不是，攻也不是，自己阵脚就乱了。我自己回来以后反省，主要是没有做艰苦的思想准备，没有想到他的反手起板这么准。

单打时我以两分之差输给德国人绍勒尔。那一场球打得太艰苦了，比赛是在下午比较晚的时间开始的，结果一直打到晚上，晚场的观众要进来，下午场的观众还没走，因为我们这场比赛还没有结束。绍勒尔是削球手，我这个板呀，很难搓得低，所以只能打拉攻，我以我为主，他也以我为主，这样，我拉他削，三个球就打到了20分钟（后来的规则改成15分钟，现在的11分赛制是10分钟）。我一拉就是100多板，他也削100多板，有个记录说最多是打了322板，但没有力量啊，就像和平球一样。到了轮换发球时，我发球后的第十二板一定要把他打"死"。他第十二板过来，打的是弹击球，若打在外头他输，若打在球台上我输。双方的体力消耗都非常大，我好像前面还领先的，一直打到决胜局的25平，最后一球我扣空了，是25：27输的。赛后当地报纸上有多种评论，好像还有什么"伟大的失败者"的说法，赞扬了这场球的扣人心弦以及运动员顽强的意志等。绍勒尔的女友丹尔尼露是英国的球员，当时紧张得低着头不敢看。接下来一轮是庄则栋对绍勒尔，当时我已经回旅馆了，人家传来消息说小庄一杯咖啡的功夫就以3：0把他打败了。庄则栋回来见到我，说了一句："张兄，谢谢你，你把他打累了！"

第28届世乒赛男子双打冠军是庄则栋和徐寅生，我和王志良是亚军。当时比赛已打到最后了，领导便找我和王志良谈话。我们出去之前总理曾接见我们，并讲话做了动员。总理说毛主席对徐寅生的批示就是千军万马。领导一找谈话，我们心里都清楚了。因为单项比赛，又都是中国人，如果不找我们谈，那么我们可以真打，谁赢谁输就看现场发挥了。领导让我们表态，我们异口同声地说没有问题。混双比赛中，我跟林慧卿得了亚军，有一个关键球没处理好，有些可惜。我所参加的第28届世乒赛，大概就是这样的情况。

为了准备第28届世乒赛，国家体委副主任荣高棠来乒乓队蹲点，重点抓思想和意志。那时女队需要打"翻身仗"，徐寅生给女队作了《关于如何打乒乓球》的讲座，毛主席批示后影响很大。之前，因为女队的两个主力林慧卿、郑敏之是削球手，国家女队的领队孙叶青也来找我，要我来女队讲一讲削球的技术要领以及战术的变化等。为此，我也做了准备，还向男队的苏国熙等削球手征求了意见。后来徐寅生开始讲的时候，还说张燮林先给你们讲过削球了，他还是很认真的。体委有一个叫刘兴的秘书整理了徐寅生的讲话，前面的那一段就删去了。

贺龙元帅对我们乒乓球队是很爱护的，他有的时候还到食堂、宿舍看我们。我们的宿舍住了四个人。那次，贺老总来到我和胡道本的房间，他抬头一看，胡道本的床头上贴着从画报上剪下来的芭蕾舞《天鹅湖》的图片，四个"小天鹅"正在展示优美舞姿。贺老总就用拐杖指点着说，把它拿下来。记得第26届世乒赛中容国团输给了巴西小将，贺老总说，没有关系嘛，这次输了，下次再把它拿下来。这对我们是很大的安慰。陈毅、叶剑英元帅也都很关心我们。第27届世乒赛的时候，陈毅元帅给我们发了一个函，意思就是相信你们会取得很好的成绩，因为他喜欢作诗嘛，信函也有一种诗文的味道，最后一句就是：等着你们，我立在门口，等待你们胜利归来。周总理是最关心我们的，一年好多次接见我们。总理曾设家宴请我们乒乓球队，因全国都处在"票证时代"，我们去吃饭也要交粮票的。毛主席接见乒乓球队，我所经历的，一次是1962年在北戴河，还有一次在中南海。我两次都是跟庄则栋一攻一削地打表演赛。我还知道毛主席在一次讲话中提到我，是贺老总说的，大意是我们的工作干劲要学庄则栋的"小老虎"精神，但是我们的工作方法要学习张燮林的。我还听说陈伯达不知道毛主席所讲的工作方法是什么意思，还将我打球的录像调了去看，看了以后才理解的。

  毛主席在北戴河接见那次,我记得比较清楚。因为那时我老是发低烧,一查原来是扁桃体发炎的缘故,就在同仁医院做了切除手术,手术后嗓子一直渗血,这是不太正常的。同仁医院一个姓田的大夫值晚班,就拿个棉花球给塞在里头,就不渗血了。好像过了十多天,我们已在北戴河了。我照镜子,老觉得口腔里面有一块白的东西,咳一咳就出来了,一咽它又回去了。后来傅其芳来找我,说是晚上要给毛主席打表演赛。进场后,毛主席、刘少奇、朱老总、周总理等坐了一排看我们打球,最后压场是我跟庄则栋打,他攻我削,一来一回打得很精彩的。表演结束后,我们就和国家领导人合影,这张相片我现在还保存着。第二天,北戴河医务室的大夫看了我的喉咙,让我赶快回北京的医院看。同仁医院的医生用镜子一照,原来是半块棉花粘在里面。

  1971年5月1日晚,总理接见外宾后把我们带上了天安门城楼。这一天,在总理的引见下,我跟毛主席握手了。

四、非常记忆

  "文革"中,体委里面也分成了两派,一边是毛泽东思想兵团,一边是造反大队。我是属于造反大队的,反正大家都没有什么事可干了,训练停止了,食堂也停掉了运动员的伙食。可能乒乓球队太有名了,一会儿《体育报》的造反派过来聊聊,一会儿体院的造反派过来谈谈。体院的那个头头叫刘长信,大谈自己的革命造反精神。有时候,我们也就跟着出去,比如清华大学的造反派批斗"彭罗陆杨",那个场面很大,还加上推出了王光美,王光美的那个用线串起来的乒乓球项链,就是到我们队里来拿的乒乓球，目的是让人联想到王光美访问印度尼西亚。

我们有时候会到基层打表演赛，这叫为工农兵服务。我们乒乓球队也分成了两派，就是这派归这派表演，那派归那派表演。去工厂和部队比较多，去学校不多。一般总是先跳一下"忠字舞"，再打球。毛主席"最高指示"下来，不管是几点钟，我们都要集合出去游行，游行就是一边走，一边跳，大家都是这个样子嘛，所以也没有什么脸面拉不下来的事。唯独周兰荪不跳，他有点小心计，他说他来举牌子。游行从训练局出发，一直到东单，到天安门，再从前门回来，兜一大圈子。其实，并不是只有我们乒乓球队出去，乒乓球队只是小小的一部分。全体委的人，包括《体育报》的、体委机关的、训练局的，反正这条体育馆路上的单位都要去游行，人多得不得了。

军管以后，乒乓队曾到山西长治的"五七"干校去劳动。不久，上面通知我们回京，大概有新的比赛任务了。这一次是到瑞典参加斯堪的纳维亚比赛，因为每逢世界大赛之前，中国代表队都要去瑞典、芬兰等地打一打，摸一摸底。说实话，我们那时候去啊，是两眼一抹黑，因为我们已经停训几年了，只知道现任单打冠军是日本的长谷川，对于世界乒乓球运动的发展方向究竟是什么、水平怎么样，完全不清楚。到了那边以后，才发现匈牙利队弧圈球非常厉害，庄则栋上去打就感到很困难了，他总觉得球拍弹性大了，实际上是弧圈球冲力很大，旋转很强。为此，庄则栋还在球板后边抠掉一块，以减轻弹性。反正这次出访成绩也不太理想。我在那边也打输了，是输给丹麦队的一个长着大胡子的人，因为没有碰到过这么转的弧圈球。所以后来他们老讲我的笑话，说张燮林输给人家老大爷。

接下来就是考虑在名古屋举行的第31届世乒赛了。

关于这届世乒赛到底去不去，周总理叫乒乓队进行讨论。记得一共讨论了两次，有一次讨论的范围还比较大，北京体院的那些造反派也参加了。说法五花八门，各种意见都有，什么乒乓球是群众性的，什么这是锦标主义，什么以后打球看好时间，我跟你打10分钟下来，再换两个人打10分钟。我们听着都在笑，造反派根本不懂乒乓球的游戏规则啊。当然，大多数人还是支持去的，因为我们都有一个为国争光的念头。那时候讨论完了都要写《简报》，《简报》先报到体委，体委再往上报。

讨论参加第31届世乒赛名单的时候，团体没有我的名字，单打、双打、混双三项准备报我的，后来研究来、研究去，最后把我的单打去掉，由周兰荪来代替我。至于具体原因，我也不知道。后来周兰荪担任女队教练，我是教练组长，大家都会讲上海话，就这么谈起来了。我问周兰荪，"本来第31届单打报我的，后来听说你讲了一句话：包打一条线"。他说，"老张，我真的没有讲过"。所以这个就没法查了。结果，本格森是那届的单打冠军。我在瑞典是赢了本格森的，他力量不大，我肯定能"拿下"他。单打没有报我，双打本来是报我跟梁戈亮的，我也搞不清楚教练员的策略，后来让庄则栋跟梁戈亮配，最后我就只剩跟林慧卿的混双了。

这样一来，备战时各方面的训练，比如安排对手、熟悉弧圈球，都轮不到我了，因为主要的陪练选手要跟团体和单打的主力陪打了。我只能跟下面一般的对手练练。到了日本以后，我就把拉弧圈的刁文元找来，我说，你不是要陪主力队员练球嘛，那咱们早一点去球馆，我跟你练个十来分钟。因为那个时候铺天盖地的都是弧圈球，既然报我打混双了，我就要尽量打好，也是对林慧卿负责。

后来公布比赛程序和抽签名单，规定混合双打的金牌先打先发，这是从来没有过的，其实这是日本队的战略方针。东道主为什么这么安排呢？自有他的道理。我们的配对大概就是四对，第一轮上来，整个场子里面都是日本的混双选手，就是打"人海战术"嘛。日本队想把这个冠军拿下来，以鼓舞士气。我对林慧卿说，咱们一轮一轮打下去，坚持打到最后。最后是我们得了冠军，决赛胜了罗马尼亚与南斯拉夫选手的组合。拿了冠军以后，要发奖，回答记者的提问。这时军代表来找我，他说，小张啊，你要说这是"伟大的毛泽东思想的胜利"。所以我一上台，不管你底下提什么问题，我一开口就是先把这句话说出去了。这在当时并不奇怪，因为那时的历史环境就是这样的。

我跟林慧卿的混合双打一路打上去是很顺手的，这个不瞒你们说，我们技术上"骄傲"到什么程度呢？对方在一本正经地商量准备时，我有时候还会开玩笑，说，阿林啊，你看旁边的球台吧，这个你不要管了，我接发球台内起板抢攻得分了。那时是21分制，对方发5个球，我基本可以上手4个，所以打得很轻松。拿了冠军以后，队友也说，老张啊，你打削球的抢攻还真有一套。其实，我平时就找一个人帮我练接发球抢攻，长的、短的、转的、不转的、上旋的、下旋的、侧旋的，就这么坚持练。用现在的话来说，就是针对性训练，因为比赛时一半是接发球，熟能生巧啊，这一半我就占优势了。反正第31届团体赛我没上，我没有想法，我第27届、第28届团体赛都打过了，也算得到荣誉了。至于单打、男双是否一定打得好，我没有上场就不好说，但我当时的技术还是好的，成绩不差，信心挺强的，在家里练得也挺好。我不知道上面领导的想法，可能是想着重培养年轻人，让梁戈亮、郗恩庭、李景光等上来。

第31届世乒赛中，庄则栋与美国运动员科恩的交往，轰动了世界。这个事发生时我在场，在我看来就是巧合，或者说就是天意，事先并没有任何的安排。当时我们往球场的客车还没有开，而其他的班车都开跑了，科恩一看我们的车门还开着，就跳上来了。一开始，我们坐在各自位置上有说有笑的，都还挺轻松的。结果科恩一上来马上转过身脸朝门，衣服后面印着 USA。顷刻，大家都你看我，我看你，车厢里面消停了一会。这时庄则栋跟他搭讪了，小庄就问翻译，你有没有带个纪念品？翻译说有一个杭州的丝织品。下车后，其他队员都走了，我还在那里看。日本记者真厉害，好像事先知道这件事似的，车一停下来，就有很多记者拿着相机"咔咔咔"拍。第二天，日本的报纸就登出来了，他们称呼美国不是用美丽的"美"，是用大米的"米"，叫"米国"，这两个字我们都认识，版面很显眼。当时，我记得苏联在开一个很重要的会，结果庄则栋与美国运动员科恩的这张照片一上报，就把苏联那个会的消息也冲淡了。后来，我们陆陆续续知道了一些背景，就是尼克松总统有意放松对中国的封锁，不然的话，美国队也不会提出要到中国来。当时我们还邀请了加拿大、英格兰，还包括尼日利亚的乒乓队到北京来。这些活动我都参加了。

1972年4月13日，中国乒乓球队代表团飞抵底特律，对美国进行回访。图为队员们正走出机舱，向欢迎的人群致意。二排右一为张燮林

至于在这个车上为什么是庄则栋迎上去跟科恩说话，一个原因是他喜欢搭讪；更重要的是，据他自己说，出访之前，我们是经过学习的，其中就有毛主席说的，美国政府跟美国人要有区别。这倒一点不假，确为事实，庄则栋应该领悟得好一点。同时，庄则栋作为世界冠军，影响力也大；若是换一般的工作人员，这个事就"炒"不起来了。第31届世乒赛时，总理承诺了不跟朗诺政府的球队比赛，庄则栋、林美群都弃权让掉了。当时还有南非也是这个性质。这些外交上的事情很难办，比如两队交换队旗，中国乒乓球队的队旗人家收了，我们却不能拿，只能使个眼色让对方放在旁边，挺尴尬的。所以体育赛事其实里面有很多的政治因素。第31届世乒赛结束后，我和庄则栋、李富荣等还到香港打表演赛，记得是在伊丽莎白体育馆，打了好几场，主要是我跟庄则栋一攻一削，周兰荪跟李富荣对攻，轰动极了，连英国驻港的总督也来看了。

　　接着，我们连续主办了亚非拉邀请赛，搞了好长时间，动静也很大。我还被派去北京体院当柬埔寨队的教练。一开始，教练是邱钟慧，后因她爱人是从苏联回来的水利专家，就将她的教练职务停了。由于我在队里资格最老，就派我去了。柬埔寨队有七八个队员，好像还有两个女的，技术水平比刚学打球的好一点，训练的时间也不长。但他们的官员很关心，还发给我一个镀金的奖牌，肯定我的工作。他们的宾努亲王过生日时，也邀请我这个教练去祝寿。

　　那时候讲"友谊第一，比赛第二"，有时也要手下留情。乒乓球跟其他一些项目不太一样，是一对一的你来我往的对抗性的比赛。所以，我觉得在乒乓球里有一个道理，不要搅浑了。关于让球，还是不让球，咱们还是要往远处看。我记得很清楚，荻村先生当选国际乒联理事后，有一次来中国在首都体育馆打表演比赛，观众比较热烈，也喜欢我们这些老运动员。

正好是我跟荻村打,我球削得很高,他老打出界,所以这个就很难把握。后来总理接见时说,张燮林你怎么把荻村先生打掉了,人家是客人啊!当时总理讲了一句话:胜之不武,让之有德。我就一直在想这个事,假如我让球输给他,从道德上是提升了;但他心里也有数啊,我削这么高他都打丢,是因为他已经任职于国际乒联,不练球了啊。所谓"友谊第一,比赛第二",我不给你难看,不跟你真打,让你打得舒服点,让你赢一局,哪怕你也看出来了,但面子上大家比较好看,也显示我尊重你。所以这个问题看你怎么理解。不过现在奥委会的精神是"更高、更快、更强",大家都应该认真地打,毕竟还是竞技体育嘛。

五、我的任教经历

第 31 届名古屋世乒赛是中国队因"文革"的耽误而重返世界乒坛的重要赛事。这一届由王志良任女队主教练,结果 1:3 输给了日本队。第 32 届世乒赛时,林慧卿出任主教练,我们的队也输了。所以,我担任国家乒乓队女队主教练后,深感责任重大。我分析了当时世界乒坛的态势,认为主要的对手是韩国,欧洲只有个别国家的个别队员能造成威胁。目标清晰了,我就开始有意识地物色选手。我首先注意到的是河南队的葛新爱,她是直板长胶打法。记得是在河南的一次比赛时,他们的一个领队要我看看这个女孩还有没有成才的希望。我一看,别人长胶一般是削,她的打法与一般的长胶还真不太一样,要怪一些。她在前台还会拱、刮和拉,反板也会打一板,发球擅长快发,对手接不过肯定下网。那次她正好与北京队的阎桂丽进行比赛,我一看觉得她的球技可以用,就把她调到了国家队。后来我才知道,当时河南的球队已经不准备用葛新爱,她已经被分配到河南体委去当电话接线员了。

那时国际比赛不多,有一个南斯拉夫、日本、韩国和我国的四国锦标赛,在每个国家轮着打。我就试用了葛新爱,让她去参赛,诸如战术、指标等我什么也没跟她定,赛前也没找她谈话。结果,打了两场,输了一场。于是葛新爱在底下就说了:张指导战术也不给我讲,就让我自己去打。她不知道我是故意的,我就是要看看她的心理素质。但问题是输了一场球,教练组以后在讨论参赛名单时,就会作为不同意她上场的理由。第33届世乒赛在印度加尔各答举行,男女队教练讨论团体赛名单时,老将胡玉兰、郑怀颖和新手张立都没问题,但没有一个教练同意葛新爱打团体赛,只有我坚持让葛新爱决赛与韩国选手打。其实,我知道她输的那场球主要输在没有变化上,只是拱来拱去。当时,我是女队教练组长,如此坚持并做出最终决定,责任大如天啊。

记得决赛前的晚上,那时我与队医住在一个房间里,他正喝啤酒呢。我打开窗户一看,怎么有人在花园里徘徊走动,再仔细一看,怎么像是葛新爱。此时已经很晚了,我连忙跑下去,果真是她。我说:小葛,这么晚了,为啥还不休息?说不清她是迟疑,还是激动,她说有心里话要说。她说,张指导,明天打决赛,我真紧张!我说,已决定让你去打啊,我信任你,大家都信任你。她连忙摇头说,张指导,您别说了,没有一个人同意我打决赛。我一听心里就明白了,有个别教练不太负责,或者说漏嘴了。我还是很冷静,很坚定地鼓励她。我说,你这个球有长处,对手不适应你的打法,你一定是可以赢的。但葛新爱说,她不是怕输,输了大不了还是回河南体委当电话接线员;她是怕输了反过来连累我,而为我担心呢。我镇定了一下说,你千万不要为我考虑。她又说,您国家队教练当得好好的,就为了用我出了差错,不值啊!在那个晚上、在那个非常的时刻,我也是发自内心地对自己的队员说,我是上海汽轮机厂的工人,从汽轮机厂出来的,也可以回到汽轮机厂去。那里的干部、工人都对我很好,回去可以有四级工待遇,若找个同厂的女工结婚,还可分配带阳台的房子。所以,你不要紧张,更不要担忧。紧张与不紧张,明天都要上,你就胆子大一点,你平时挺泼辣的,几个队员中,你文化水平最高,还会写《十六字令》。我是教练,我也想赢啊,绝不会拿你开玩笑的,再说还有其他队员嘛。

结果,葛新爱上场了,我们3∶0战胜了韩国队。在1965年第28届世乒赛的十年后,中国女队再一次夺得考比伦杯。

事实证明,我没有看错人,葛新爱这样的队员真是可以信赖的。第35届世乒赛时,葛新爱出手不凡,表现突出,一人拿了团体、单打、混双三

1977年3月,参加第34届世界乒乓球锦标赛的中国女队获女子团体冠军。左起:张立、葛新爱、张燮林、张德英、朱香云

块金牌。我做临场指挥时,屁股离凳鼓掌叫好的就两个球,其中一个就是葛新爱打的。那是跟朝鲜队李松淑的单打决赛,俩人同是削球手,规则限定对磨不能超过第13板。那是朝鲜的主场,人家是又敲锣又打鼓。磨到第11板时,葛突然倒板换成反贴,一击起板进攻,打得李松淑猝不及防。我情不自禁地站了起来,为葛鼓掌。

任国家乒乓球队女队总教练时,我总感觉领导这么信任,把担子交给我,我一定要全力以赴,把工作做好。同时,我有自己的工作方式、自己的主张,即使这件事情失败了,我也可以总结经验教训,从中提高执教水平。在队里,我是比较民主的,教练开会时以及在用人、出人的问题上,都叫大

1979年5月6日,第35届世界乒乓球锦标赛女子单打决赛在平壤举行。中国选手葛新爱获得冠军

家畅所欲言，然后听取各方意见与建议后才做决定。在内部分工上，我多注意和考虑国际动向，以引导国内的训练能够顺畅地进行。在平时的鼓动干劲、制造气氛等方面，我就叫周兰荪负责，他的讲话比较有气势。对其他的几位教练，我则要求把分管的队员教好、带好。比如，我每每在世界大赛中注意观察重点国家涌现出的后起之秀，看这些后起之秀所掌握的技术和应用的特点，然后有针对性地考虑我们自己的年轻队员如何去培养、怎么去应对，评估条件不错、表现不错的年轻选手一两年之内会往哪一个方向发展；并做到自己心里有数，训练中把下一届的队员布置安排好，当然这些并不会告诉其本人的。所以，领队杨树安称我为"吃着碗里，看着锅里"的人。

在专项技术上，我则不断地思考求变。比如，这届锦标赛大家都怕弧圈球，发来发去都是短球。我就鼓励中、长、短全方位地发，对方反而会不适应，下届锦标赛就见效了。我们乒乓球"快准狠变转"的技术风格都是专家们定出来的，但我觉得不完全适应女队的具体情况。我在总体不变的情况下，针对女队力量比较弱的特点，大胆地变为"狠快准灵"。把"狠"放在了第一位。为什么呢？女队打球，之前一直是客客气气的，喜欢打来回球，不够狠。我这个"狠"是从哪里提炼出来的呢？是从邓亚萍身上。主席讲得对啊，官教兵，兵教官。邓亚萍打球就是对方出一个高球，她一板就把你打"死"。打球不是请客吃饭，不能温良恭俭让，我就提倡这种精神。"快"自然不用说了，"快"能够抢到主动，能够一鼓作气。"准"就是再狠再快，你打不上球台等于白搭。所以，训练时我一段时间是强调狠、快，过一段时间后，我又强调精准。而"灵"指的是战术变化，就是打球要动脑筋。我觉得运动员"灵"字用得好，还可以延长运动寿命。四个点互相依靠、交叉应用，相当有效。另外，带队训练话要少，特别对女队员，话不能多。

当然，我们的后起之秀也各有其特点，这就要制定相应的训练路子，根据不同的对手用其长处。比如，焦志敏与韩国队、日本队打很有优势，韩国队没有左撇子队员。焦志敏往右角一站，韩国人偏中站位，很怕焦志敏发大斜线球，她就靠这个先把对方牵制住了。韩国人的球路正手厉害，反手比较弱，所以站位一偏中，正手的范围只有二分之一个台了，长处就无形中缩小了。在我的印象中，焦志敏与韩国队打没有输过球。

我们的运动员是一茬一茬的，当年同一批的曹燕华和童玲进队时，曾作为二队去欧洲参加公开赛。我指挥一队时，二队没有教练，她俩打完就跑来向我报告成绩，结果总是3∶0把欧洲队打掉。这两个孩子，一个攻球，一个削球，还是不错的。第35届世乒赛时，曹燕华初出茅庐没有打好；第36届世乒赛时，曹燕华虽然打了，但并没有挑团体赛的大梁；到第37届东京世乒赛时，她真正成熟了，作为第一主力，挑起了女队团体赛的重担，携手

张燮林对运动员焦志敏进行指导

1981年4月20日，在南斯拉夫举行的第36届世界乒乓球锦标赛女子团体决赛中，中国队获女子团体冠军

童玲、耿丽娟、倪夏莲获得桂冠。她的心理素质特别好，有运动天赋。当她和梁英子打世锦赛决赛时，赛前就在场边的临时休息室里睡着了，我怕别人影响她，还坐在门口守着呢。第38届世乒赛时，没有安排曹燕华打团体，是第二批去的，结果，女子单打前八名中，七名是我们的选手。我就到看台上去了，看她们自己打。因为没有外面的干扰了，也就不存在"让"的问题了。结果，曹燕华蝉联了女子单打世界冠军。队里有人对她有些看法，但她训练还是很刻苦的，其实细节上的问题每个人都有，我作为主教练主要看她的训练和比赛。曹燕华拿了两届世界冠军后，我希望她再打下去，她还是坚决退役了。

第37届世界乒乓球锦标赛中,张燮林在对女队员进行现场指导

我做教练指挥比赛,一直坚持的指导思想是:出人与打法不能单一,要讲究各种打法的配合和平衡,比如童玲、管建华的削球,曹燕华的快攻与弧圈球,张德英的直板生胶和发球,陈静、焦志敏的左手球,戴丽丽的正胶小弧圈,何智丽的实力球,加上倪夏莲的直板正胶、长胶的倒板。否则人家适应你一个,就是适应了你一片。诸如你两块横板水平特别高则是特例,一般总是兼而有之。其实她们之间的水平都差不多,关键就看你怎么用。比赛的方案在国内早就定好了,出去发生重大的事情时再进行调整。

至第40届世乒赛时,何智丽、戴丽丽、焦志敏同时挂拍了,女队十人,新手竟占了七八位,处于新老交替的状态。团体赛我们上的是陈静、李惠芬、陈子荷、胡小新,算是一老、一中、两新。为了用好陈子荷的长胶以对付欧洲队,我在两队教练抽签选择主队还是客队时,即便先挑到选择的权利,我都很客气地请对方选。对方一般选的是AB,我则一定选XY。为什么呢?第一、第五场我就用陈子荷,陈子荷用长胶先战胜对方主力,把其气势打下去了。决赛对韩国时,第一个上场的老将李慧芬有点拘谨,首局以18∶21输给了玄静和,第二局李慧芬以20∶16领先。不料玄静和连追4分,后又以20∶21落后,如果再输一球,我们即以0∶1落后。好在李慧芬以23∶21拿下第二局,之后又一鼓作气拿下第三局,中国队旗开得胜。我队第三盘双打陈子荷和李慧芬配对。陈子荷充分发挥了长胶或抹或拱的特性,使对方不断回出半高球,为李慧芬扣杀创造了有利条件。对方即使接回来,陈子荷再捅一板怪球,李慧芬再扣,整个比赛一直处于领先和主动的状态中。

下面想说说邓亚萍。我是在河南队与湖北队的一场比赛中认识小邓的,发现她打球有一种气势。什么气势呢?敢打敢拼、敢于胜利的气势!这个印象非常深刻,我认定她是棵好苗子。殊不知,当时湖北队出场的是乔红、陈静、胡小新三强啊。所以,我有调邓亚萍进国家队的想法,因国家体委有个规定,年龄不到不能进队,我就把她放到青年队打了一年。但当我正式提出调邓亚萍进队时,一些教练发表了不同意见,主要观点是她个子太矮,以至于第一次没有通过,当然这些教练也是出于公心的。过了几个月,我又提出调邓,有教练说前一段在无锡集训,她还输给外国选手,看来她的球技不会有大的发展;还有教练提出技术分析,比如若吊她一个右短,再打她一个左长,她个子矮,来不及回打等,第二次又没通过。到了第三次讨论时,我手里已经有资料了。我说,今天开会就是讨论邓亚萍进队的问题。教练员们有点烦了,说,怎么你老提她。有一个教练说得蛮逗:老张啊,我们国家队也需要形象啊!另一个教练说,你同样在她身上下功夫,不如找个体型好的，两个人同样下功夫，为啥非要找个体型差的。这样说也不是没有道理。听完大家的意见后，我拿出统计表说，邓亚萍与八一队的一场比赛，打丢即主动进攻失误了十一个球，但在二十一平后仍然赢了。我曾问输的球员：邓亚萍打丢十一个球，怎么你还没赢？她说，我想控制她，不叫她起板，但她仍老打我，我控制的难度很大，她免不了要失误；但虽然她的失误多，我被她打"死"及自己的失误更多，最终还是她赢了。我说，假如小邓到国家队训练，相信她不会有十一个球的失误。我说，为什么小邓抢攻积极、击球速度比人家快？就是因为她的个子矮，人家打过来的球在她看来都是高球、都是机会，所以她起板而无后顾之忧啊！我把大家都说笑了。大家说，行了，那就让她来吧。如此经过三次讨论，因为是我主张并同意的，我便直接带教小邓。小邓在队里的刻苦训练是大家公认的，除了正常训练外，还要加班加点，训练结束后，她还找别的队员继续训练，互帮互助，加练自己需要提高的技术，算上星期日休息的加班，我草草统计了一下，她一年要比他人多练40天。由于加班，食堂关门，晚饭就成了问题，她只好在宿舍里吃方便面。有一次我去查房，看见小邓房间里有电炉，就严厉地批评了小邓。后来同房的队员说，小邓加班练球，食堂没有饭，只能泡面充饥。我听了心里很不好受，就与爱人商量，拿了鸡蛋给她增加营养。要知道，那个时候鸡蛋是要凭票证购买的。

　　实事求是地说，世界冠军就这么几个，邓亚萍的技术确实过硬，却也离不开机遇啊。正好那时焦志敏、耿丽娟、戴丽丽退役了，这些都是她的对手啊，假如她们还在打，邓亚萍在一两年之内还出不了头，也很可能就不是今天的邓亚萍了，就没有后来界内人称的"邓亚萍时代"了。从第26届到第28届世乒赛的时候，有不少女削球手技术都不错的，但你削得再好也削不过林慧卿、郑敏之。所以人家问我，为什么总是邓亚萍和乔红打冠亚军决赛,并让我谈谈对两人的评价。我很坦率地说,邓亚萍打球是靠智慧加实力,乔红打球是靠实力加智慧。赛场上,我一个眼神过去,小邓就知道怎么发球,我基本上也就知道她下一球怎么打,心有灵犀啊!教练员与运动员之间有这样的默契,这球自然就好打了。

第41届世乒赛时,我们团体决赛败给了朝鲜-韩国的联合组队。当时,朝鲜一号是李粉姬,谁知她第一阶段以1:2败于罗马尼亚队的巴蒂斯库,联队就以状态不佳为由把李粉姬换成了俞顺福。我们在国内一直是针对李粉姬准备的,此时对俞顺福的球路不了解。邓亚萍第一个上去对阵俞顺福,瑞典的裁判在邓亚萍发第二个球时,就判她发球违例,五个球里判了两分,这样她的正手发球侧身攻的优势就没了,只得全部改成反手发球。第一局输得比较惨,虽然第二局扳回,第三局还是输了。接着,玄静和2:0胜了高军。按照高军的情况,要赢玄静和是勉为其难的。双打是邓亚萍与高军合作,2:1胜了李粉姬与玄静和,第四盘邓亚萍以2:0胜玄静和。但高军在第五盘以两个19:21负于俞顺福。原定这场比赛是乔红上的,大概是因她受伤换成了高军。我们由0:2落后追成了2:2时,日本的荻村也太敏感了,跑来跟我说,第31届"乒乓外交"就是在我们日本,这一次中国是不是还有外交的说法啊!我说没这个事,高军是临时上阵的。记得我给高军制定战术时,曾问过她,假如对方拉你,你怎么办?她说自己能碰过去。我追问,若碰不过去怎么办?她似乎就没办法了。高军正手比较差,反手好。最后高军还是经不住这个压力。至于为什么陈子荷没上,主要是人家研究、对付长胶已有心得了。关键是乔红没有上。开局时,瑞典裁判把整个气氛弄得那么紧张。那个裁判下来后,我对他说,邓亚萍打了那么多世界比赛都过来了,你这个裁判的水平难道就比别人都高吗?但是当时在现场也没有办法。

六、所谓"何智丽事件"

关于何智丽与管建华的那场比赛，以及引发出来的故事，方方面面议论很多，风风雨雨闹得很大，我是当届的女队总教练，对事情的来龙去脉应该是比较清楚的。

那是在第39届世乒赛上，女单打到最后，何智丽与管建华出现在半决赛的位置上，代表团就坐下来讨论究竟是谁进决赛为好。会上所有教练均提议管建华上，理由是何智丽曾在过去的比赛中输给过梁英子，且她一路打上来没碰到过硬的对手，四分之一决赛时还是陈静让给她的。那场球我在场，我根据教练组的意见通知陈静让掉，陈静第一局是赢的，之后下面就有人提醒陈静，她就连输了三局。而管建华一路连克强硬的对手，气势很足，估计可取梁英子。讨论中，只有我提议上何智丽，管建华是打削球的，我也是打削球的，私下里的感情远比与何智丽好。但我的理由之一是，管建华的削球功底不如童玲，童玲削得更稳，技术也更全面。梁英子与童玲打很轻松，我是场外教练，感觉管建华较难有办法赢下梁英子。所以让攻球选手上会好一些。理由之二是，削球手上去，会给梁英子以喘息的机会，快攻则可使梁英子疲于奔命。但讨论到最后，既然大家都认为让管建华上有利，我表示服从组织决定，保留不同的意见。

马金豹是何智丽的主管教练，找何智丽谈了，听说老徐也找她谈了，何智丽闷着头没有发声。我觉得，何智丽如果不愿意，应该事先跟管建华讲清楚，应该告诉管建华：领导叫我让，你肯定知道了，但我们之间还是真打。事后，何智丽说，若自己表明真实的态度，领导会以某种理由让她

1987年2月24日，中国女子乒乓球队获得第39届世乒赛女子团体冠军。自左至右：陈静、焦志敏、张燮林、戴丽丽、李惠芬

弃权。当然，这只是她本人的想法，实际上怎么可能呢？她又没有生病，又没有受伤，冠亚军决赛怎么可能少个人呢？

　　后来，何智丽赢了管建华，与梁英子决赛时，我坐在场外。因为何智丽曾输给梁英子，我曾两次到体委电教中心调看那场比赛的录像。我觉得只要在个别环节上改进就可以了。第一，接发球拉起来，不要去搓。因为一搓，对方马上小弧圈一拉，那时还没有反撕技术，你一碰，对方就侧身打，场面非常被动；反之你拉起来，梁的推挡一般，侧身也很勉强，这样处理就能变被动为主动。第二，出手要狠一些，不要太稳。我以此指导了何智丽，结果决赛时何智丽很顺利地以3：0拿下。这样，其他教练就不说什么了，我也不能多说什么，否则就成了火上浇油。其实我心里也明白，不管让管建华上，还是让何智丽上，大家都是为了拿冠军，目标是一致的。

回来后此事没有起什么风波。因为我们往上面一报，上面的结论是功大于过。应该承认，队里的教练和队员对何智丽是不满的，意见最大的就是，何智丽应该跟队友讲清楚，人家削过来的球这么高，你心里没数啊？何况，上一轮陈静让了你，你为什么接受，不说真打一场呢？这就是人品的问题，但风波并没有掀起来。

问题出在第二年参加1988年汉城奥运会的人选上。当年4月1日中国乒协杯赛在江西南昌举行，正逢甲肝大流行，我也去了江西，既是为了考察队员，又是为了同步考虑奥运会阵容。按照奥运会的章程，中国队有六名选手可以选择。根据国际乒联1987年年底的排名，何智丽是第一号，还有就是管建华、陈静、焦志敏、李惠芬和戴丽丽等。面对这种情况，我作为主教练应考虑的问题是谁上最有利，此时根本就没有别的想法，只是一门心思想把奥运会的冠军拿下来。

记得那天，我把曾传强教练约到阳台上，我说不一定用何智丽，因为她的球太老实、太普通，属于实力派，变化不多，打球还需要智慧，所以她国内的比赛成绩就很一般。如此便经不起人家研究，参加奥运会不太有利，大概也向曾传强透露了我打算用谁。我主要想听听曾的意见与想法。因为定奥运会的参赛名单事情太大，他也没完全表态。快要到报名的时候了，即一切要明朗化了，我们在队里搞了一次无记名投票的测验，结果投何智丽的票数很少。其中有一张票上写的是"你们敢不敢用年轻选手？"这时，我的态度也逐渐明朗化了，就是想用陈静。我的指导思想，一是考虑国际比赛成绩，二是考虑国内比赛成绩，三是本人表现与群众关系。陈静两次去欧洲比赛，取得全胜，包括一次在斯堪的纳维亚乒乓球比赛中拿了冠军。这两次全是王传耀带队，于是我两次把王传耀请到女队，请他介绍陈静打欧洲比赛的优势所在。王传耀讲陈静比较聪明，特别是发短球时，对方一搓，陈静马上侧身斜，直线一冲；另外陈静还有反手弹击，再依靠正手攻击得分；陈静发球也不错，因为她是左撇子，对方会很别扭。通过单打、双打配对等的综合考虑，我们确定了参加奥运会的名单，当然排除了何智丽。

这下就麻烦了，你张燮林教练怎么敢把一号种子拿掉了？是是非非闹得满城风雨，甚至还有人写信给奥委会主席萨马兰奇，萨翁也跟李梦华主任反映了。包括我到欧洲访问，南斯拉夫的官员直截了当地问我，怎么不报一号种子？事情还惊动了上海市政府，主管文化的副市长刘振元等都知道了。我根本没想到事情会闹得这么大。上海的一些报纸对我进行了指责，有的甚至对我进行人身攻击，叫我戴着安全帽上街等。事情汇报到李梦华主任那里，梦华找我谈话说，你把全国各省市的主教练都召集到北京，包括上海的于贻泽、陈宝庆等，听取大家的意见。会上，我就把为什么用陈静而不用何智丽的道理讲了。表决的结果都同意我的意见，唯独孙梅英不同意。再次向梦华主任汇报后，他又下命令：将全国乒协专职、兼职副主席叫来征求意见。结果依旧是孙梅英一人不同意。

我思前想后，感到对上海也必须有个交代，于是就写了一封长信。抬头是"刘振元副市长并金永昌主任"，下面就写了用谁与不用谁的原因，何智丽跟欧洲选手打不是说不能赢，技术是好的，场上拼劲也是足的，但是赢得不轻松，每个球来回一二十板。由于其打法与欧洲选手类同，那么备战奥运会时，欧洲选手之间的练习就等于每天跟何智丽在练。再说，我计算过了，整个参加奥运会的女选手大概32名，没有一个左手将，所以让左手握拍的陈静上，比让右手握拍的何智丽上更有利。这些情况我都在给上海的信里写了。

记得是一天中午，我正在午睡，电话铃响了，一听是中南海打来的，是主管体育的李铁映国务委员的秘书小董打来的。他问我，下午有时间吗？我问，你有什么事？他说请我到中南海来聊聊，并问我有没有车。我说训练局有车，我现在就过来。没想到训练局的小车都出去了，只有一辆旧的面包车，进中南海是要报车号的。到了小董那里，俩人边聊边抽烟。他明确说，我不是代表领导的，只是个人了解点情况。我则重复地讲了选拔队员的原因，诸如技术特点、亚欧情况等。听下来的意思是小董担心我因此分心而训练受干扰，影响奥运会的备战；最后，他还说，现在是厂长负责制。我一下就明白了，我作为总教练，就要负这个责任，输赢都要担着，其他人管不了。这次聊得时间不短，前后约两个多小时。然后国家队就开拔到丹东集训。

当何智丽知道不能参加奥运会后，就把气一股脑地撒在了我的头上。记得要到丹东去训练之前，我给她打了个电话，说，你现在是国家队队员，车票已给你买好了，我保留到开车前的最后一分钟。她给我打电话毫不客气，不叫张指导，直呼我的名字，意思就是，看你怎么回上海。何智丽没有去丹东，记者们却追到了丹东，紧盯着要来采访我。北京台有个节目，中午天天在说我。我跟记者说，我们乒乓球队是第一次参加奥运会，难道我不想拿金牌为国争光吗？我们当教练的怎么不想着这一天呢？假如我要减轻来自社会压力的话，何智丽是上海人，我也是上海人，她又是世界一号种子，我用她即便打输了也不会有什么事。现在，我用五六号选手的风险，就是"秃子头上的虱子"，明摆着的。到了最后报名阶段，我从丹东回京向梦华主任汇报后，就把名单确定了。

整个事情的前前后后，就我一个人这么扛着。我的爱人是社体中心的，有一次，她去参加在大连举行的一个活动，正巧碰见张彩珍副主任。张彩珍当面问她，张燮林定的这张名单，是不是他自己的主意？我爱人回答，谁也没有插手，就是他自己定的。新华社记者还写了一篇文章，说张燮林是在"百尺竿头翻跟头"。百尺竿头啊，翻了跟头还要站住，站不住就粉身碎骨啦！而且何智丽还不知道，当初只有我一票同意她进世乒赛决赛的，我是从来没跟她讲过呢。关于让球的问题，包括在汉城奥运会上，让焦志敏让给李惠芬，当时开会开到两点，我也是持保留意见的。因为在一次世锦赛上，焦志敏对赫拉霍娃2∶0领先，第三局打得也很顺利。这时那边赛场陈新华打了个好球，兴奋地躺在地上，她就去看，一下子思想上放松了，被对方扳了回去，连输三局。所以不同意的人就以这场球为依据，认为还是让李惠芬去打为妥。我以为这个理由不充分，把我的道理都说了，但领导决定了，我自然得服从。所以说让球的问题是由当时的历史条件决定的，但有些东西处理不好，也会留下后遗症的。

最后，在汉城奥运会领奖台上，陈静、焦志敏、李惠芬为中国升起了三面红旗。有很多记者采访我，其中一名记者说，张指导，我们心中的一块石头也落地了。表明记者还是支持理解我的。假如陈静没拿到冠军，我今天也不会坐在这里了。这说明这名单不是我的一时冲动，是广泛征求意见、深思熟虑的结果。那届奥运会中国总体成绩不好，但乒乓球队成绩是好的。回国时李铁映到机场迎接，他握住我的手，握得很紧很紧。

1987年11月广东全运会比赛时，乒乓球项目是在佛山进行的，单打抽签陈静与何智丽恰巧在一起。比赛的那天观众爆满啊！大家都要看看陈静与何智丽的这场"火拼"。当时，我就坐在旁边看这场球，结果陈静赢了何智丽，此时是全场起立鼓掌啊！假如陈静输了，说明陈静本来就打不过何智丽，也没人相信第39届世乒赛四分之一决赛时让给何智丽的这档事。现在陈静赢了，就从另一个角度证明当时陈静确实让了。那你何智丽在已知领导的决定的情况下，半决赛时怎么不能让给管建华呢？而且事先也不跟队友打招呼。当时我也想,万一管建华上去输给梁英子了怎么办?冠军失守,谁来承担这个责任?

一切都过去了,都成为了历史,一切都交给历史学家吧。

七、我的"二十八个心"

我当女队主教练多年,带队获得十届世界冠军,有一届失误。有记者说我有什么经验和法宝,我认真想一想,总结下来有"二十八个心"。

在道德与修养方面有七条:(1)对党和国家要忠心;(2)对父母长辈要有孝心;(3)对社会公共事业要有爱心;(4)做人要宽心;(5)待人要诚心;(6)对自己的事业要有责任心;(7)对不义之财不能贪心。

在球队管理和纪律方面有五条:(1)对自己所犯的错误和缺点要感到痛心;(2)对队员经常犯的同样毛病要做到苦口婆心;(3)同志间发生矛盾要谈心;(4)同志间有不同意见和看法要交心;(5)处理问题及确定出国名单和大赛名单要出于公心。

1996年国际乒联授予张燮林杰出贡献奖

在训练与比赛方面有十六条:(1)平时训练要专心;(2)备战训练要细心;(3)对新鲜事物和创造新的战术要有好奇心;(4)制定计划和战术要用心;(5)赛前要静心;(6)比赛开始要有自信心;(7)遇强

者要有挑战心;·(8)遇弱者要谨慎小心;(9)领先时不要存在侥幸心;(10)落后时不要灰心;(11)相持时要有恒心;(12)关键时刻要有决心;(13)遇到困难要有耐心;(14)打胜了要虚心;(15)打败了要有平常心;(16)完成任务大家要齐心。

合起来就是"二十八个心"。我基本就是按这"二十八个心"的要求和标准去执教的。

举几个例子吧。比如,我所说的对经常犯同样毛病的人要苦口婆心,就指的是刘伟。刘伟训练时和对手间的配合时常出问题,具体表现为火气大、脾气暴,不顺意时就发力打。我找她谈话说,场上训练就这么两个多小时,你发脾气不仅影响自己,更影响对手的训练。她说知道了,过一段时间老毛病又犯了,人家又来告状了,我就双方做工作说,刘伟发力瞎打,十个球中有没有两三个打在台子上?回答是有的。我说,你就把这两三个难度大的球打回去,不就提高了嘛!队员调整时有些教练提到她,为此至少开了三四次会,但她的技术绝对是好的,我怎么舍得呢?后来她跟王涛拿了三届世乒赛混双冠军,又跟乔云萍拿了女双冠军。总之,定计划要用心、细心,队员之间、队员与教练之间有矛盾要交心,要谈谈心里话。大赛之前,队员有各种各样的表现,这很正常,我则要求他们静下心来想想自己的战术。

在教育运动员做事做人方面,比如,有段时间焦志敏的球打得不是很顺,就把气出在乒乓球上,用脚踩球。我把焦志敏叫过来问她,你知道生产一个乒乓球要多少工序吗?要四十几道啊!你这样踩乒乓球,我就把生产厂里的工人叫来,看着你踩,看你这脸往哪放?我这么说的目的,就是要让她知道,这球来之不易,要懂得珍惜。邓亚萍也有件让我印象深刻的事,那是小邓第一次参加国际比赛,记得是在菲律宾举行的亚洲乒乓球锦标赛。她跟李惠芬打决赛。当时我和香港教练在看台上观战,其中有一个擦边球，我没看见，但香港教练看见了，说这球确实是擦边了，裁判也没看见，小邓也不承认，结果这场球小邓赢得冠军。我下了看台，就把邓亚萍叫了过来，我说，小邓啊，这个球是不是擦边啊？她点头说是。我说，你当时为什么不承认呢？她说，家里人都看不起我，这次是我的一个机会，拿了冠军可能就会改变人家的看法。我说，中国乒乓球队既要赢球还要赢心，你球赢了，人家却心不服，这种做法是不道德的。当然，我也缓和了一句，这也不能完全怪你，怪你以前没有经历这样的教育。原来河南省队不要她，是郑州市队收了她，她希望冒出来的思想特别强烈。于是，我就说，第一，你现在就到李惠芬那里赔礼道歉；第二，回去写个书面思想认识。小邓嘴还特别甜，"李姐、李姐"地叫着，一个劲地道歉，李惠芬也接受了。

这件事真正地教育了邓亚萍，后来亚运会双打时，邓亚萍、乔红与韩国选手决赛，有一个擦边球，乔红没看见，裁判也没看见，邓亚萍举手示意了。我当时也蛮激动的，觉得这不是一场球的胜败问题，这是衡量一个人品德高下的考验。虽然球输了，但思想上却赢了，输赢是暂时的，品德的好坏是一辈子的事，所以输了我也高兴。还有一事，那时邓亚萍已经退役，在清华上学了。深圳搞了一个挑战赛，邀请她去跟李菊打比赛，也就是用以前的冠军对现在的冠军，出场费是十万元。小邓给我打了个电话，我问她，你最近练过球吗？她回答：没练过。我说，你自己决定吧。结果她没去，事后我问她原因，她说，人家以为我嫌少又加了，我还是没去；因为我一直没练，肯定打不好，我不能对不起观众，不能心安理得地去拿这个钱。也许有的人会开玩笑地说，小邓你就是瘸了一条腿也去打一打，反正钱拿到了。我听了很高兴，说明小邓已经有了很高的思想境界，也说明我的品德教育是成功的。小邓出名了，很多观众围着她签名，小邓的签

张燮林率队员在第 43 届世乒赛领奖台上

名随手一挥谁都看不出来。我批评她说,这三个字中哪一个字是你啊?她接受了,改正了。所以,对这些孩子要慢慢地耐心引导。

我最不接受的是运动员说假话。运动员有事外出总是难免的,但请假最多的理由就是去医院,实际上到医院挂个号就溜了,去办私人的事去了。而且女孩子说要去医院,你还不好多问。我就在会上严肃地提出:凡是有事,只要你请假,有正当理由,我百分之九十九同意;但是不能在外面过夜。何智丽去日本比赛时,小山约她,何智丽来找我请假,讲的是真话,我也同意了,但要求她必须十点钟之前回来。其实你只要思想集中,也不会耽误训练;反之,你吹牛,胡编理由,这就不行。这也是对人要诚心的一个方面。

在训练方面,我也在球馆里贴出大幅标语:没有杀不死的球,也没有救不起的球。虽然这是一对矛盾,但发扬的就是拼搏的精神。我很明白,作为一个教练员，在训练和管理上，不是看你嗓门有多高，说了多少话，讲得多么头头是道；教练员的权威建立在为运动员解决问题的基础上，即通过你的指导，运动员感觉有效果，下一次比赛能赢球。所以，在我看来，国家队的教练员首先是个"采购员"，要有独到的眼光，能把有发展前途的运动员吸收进来；然后是"指导员"，能够既发现问题，弥补不足，又发扬长处，优势为先，犹如一个工艺大师，什么石材雕什么作品，运动员就是教练员精耕细作的作品；最后就是"推销员"，能把你的爱徒推举到世界大赛中去为国家争光，取得好成绩，甚至拿冠军，那就成功了。这就是你作为教练员把人家吸收进来的目的。我们有些队员，训练挺刻苦，但就是打球不动脑筋，满足于正手、反手、中台攻，对战术考虑不足。于是，我就给运动员举了日本电器的例子：三洋收音机的主要部件是好的，其他零件是次品，但并不影响其使用功能。飞利浦则是主要零件与附属零件都很好。结果三洋经不起考验，时间一长就坏了，而飞利浦用了二十年还在用。联系到乒乓球技术，你发球、接发球、推挡、正手攻、弧圈、搓球都要高质量，你每一个动作、每一个球都要精，不能凑合，不能有次品。比如你接发球就不能草率，要为下一板的主动性创造条件；反之，你应付过去的话就给了人家机会。这些道理不是每个运动员都能听进去的，听进去技术就上去了。

　　总之，教练员最重要的是有责任心，既然领导把队伍交给你了，家长，还有启蒙教练、省市教练把小孩送到你里来了，就要把队员当成自己的孩子。这是我的出发点，也是我多年带队的体验和感悟。

林慧卿

1941年生。横拍削球打法。曾获全印尼少年冠军。1959年回到祖国,考入上海体育学院,入选上海乒乓球队,翌年跻身国家乒乓球集训队。多次参加世界乒乓球锦标赛,是中国乒乓球运动史上第一位荣获世乒赛女子团体、女子单打、女子双打和混合双打冠军的"全满贯"选手。获中国乒乓球运动杰出贡献奖。任职国家队教练期间,率中国女队夺得第35届世乒赛女子团体冠军。曾担任中国乒乓球协会副主席,第四届、第五届全国人大代表,第六届全国政协委员,中华全国侨联第二届副主席,第五、六届顾问。现移居香港。

归侨人生路

一、心念

  我的祖籍是广东新会。父母早年为谋生计,来到了印尼。父亲拥有一间小小的食品加工厂,全家人的生活还比较安定。我 1941 年出生,家里兄弟姐妹六人,我排行老三,上有两个姐姐,下有三个弟弟。

  我是在雅加达广肇会馆创办的广仁学校上的小学,虽说身体有些柔弱,但我从小就爱好体育运动。我家的旁边有一座鲁班庙,里面放着一张乒乓台,总是有不少年轻人在那里打球、比赛,我在家隔着窗口就可以看到,小小的银球在墨绿色的球台上来回跳跃,对我的吸引力是很大的,由此,自己也渐渐喜爱上了这项运动,课余时间也就打起了乒乓球。在巴城中学上高中时,我曾在一个酷爱乒乓球的印尼家庭做家庭教师,学生的哥哥喜欢打乒乓球,于是我边做家教边打球。

  一次偶然的机会,我听说离家不远的地方有一个福清(福建的一个县级市)籍中国人组织的叫"同益社"的华侨团体,那里常有一些高水平的青年人在打乒乓球。我去那里一看,确实是雅加达算得上最高水平的球手们在那里训练,于是,我马上申请加入了队伍,利用课余时间来这里练习。当时在同益社的众多球友中,有一位技术高超的球友叫卢绍雕,他不但技术娴熟、经验丰富,而且乐于助人。我为了多和高手对打,就必须尽快提高技术,所以便经常主动向卢绍雕请教,并提出自己每天提早一个小时来练球。他看到我如此投入,就热心地陪我训练,并且悉心指教,使我的正反手的削球技术有了突飞猛进的提高。由于每天下午我总去练球，同益社的球友们用印尼语给我起了个"勤劳人"的绰号。

1956年，刚刚在日本东京第23届世乒赛上取得男团、男单、男双和女单四项冠军的日本运动员荻村伊智郎、田中利明来印尼访问，并在雅加达"快乐世界"打表演赛。我当然没有错过这个观摩学习的机会，世界冠军对攻、大板扣杀、连续放高球等精湛的球技折服了我。这也成了我对乒乓球追求的转折点。

同益社的乒乓球队经常到外地去进行各种竞技交流。1957年，我第一次作为正式队员到三宝垄市参加中爪哇省的比赛。出乎许多人的意料，我这个初出茅庐的中学生竟然连续击败多名年长的好手，取得了第二名的成绩。当父亲看到我拿回的奖杯时，开心地笑了。原先他是不赞成女儿打乒乓球的，认为女孩子去当运动员太辛苦，现在的想法却慢慢地改变了。

巴城中学是当时雅加达最著名的爱国中文学校，对国内各方面的情况介绍得比较详细，还经常集体组织我们观看中国拍摄的电影。其中，给我印象最深并产生极大的共鸣的，就是反映中国女运动员训练与生活的故事片《女篮五号》。在报纸上，我也看到国内有像孙梅英、王传耀这样的乒乓高手代表中国参加世界级的比赛的报道，所以常幻想有朝一日能够回国打球，能在世界乒坛为祖国争得荣誉。

1957年6月，我在巴城中学高中毕业后，就着手做起了回国的准备。一方面我仍然认真练球，以保持状态。这期间我还参加了全印尼乒乓球锦标赛，蝉联了1957年和1958年全印尼女子单打冠军；另一方面积极与国内联系，因为我在同益社的队友张秀英已经先回到国内，并入选上海市乒乓球队，这件事对我影响很大。因为印尼乒乓球运动整体水平比较低，要想真正提高技术，只有回到国内。于是，我通过张秀英向上海队询问招不招收横拍削球手。答复是需要削球手，可以来试一试，这让我喜出望外。当然，我也是做了两手准备，如果国内不接受我，我就去考大学。

1959年4月，我乘船取道香港抵达广州，再转火车来到了上海。

二、新"上海人"

结果，真是顺风顺水，一切都很顺利，上海队教练看了我打的球后，立即决定录取，同时，我也考入了上海体育学院，这令我非常兴奋。

在上海队，我被安排住在集体宿舍，房间虽然很大，但十张双层床一摆，空间已经所剩无几了，随身带来的两个皮箱没地方放，只好统一放在仓库里，要取点需要的东西还真不那么方便。分配给我们的就一个洗脸盆，这对第一次离开父母独自生活的我，确实是个考验。

比起生活条件，上海的训练场地倒是让我大开眼界。一个大厅放了几十张球台，运动员同时训练。想想在同益社，只有一张球台，大家轮流上台，打一局就换人，而上海队的训练馆一打就是一节课，训练也更加专业化、正规化。在印尼时，大都只是搓来搓去，老师拉，我只能削个两三板；现在则是正手快攻噼里啪啦几十板不丢，动作也非常好看、协调，我从未接受过这种正规的技术或体能训练。很久以后我才听说，当我开始参加正规训练之后，教练、队员看我不是很"灵"，步伐也不会移动，都曾怀疑我是不是打球的"料"。但当时我浑然不知，感到一切都很新鲜。训练是很艰苦的，我当时很不适应体能训练。每天早晨六点就要起床，然后就是集合跑步，尤其冬天的早晨在室外跑步，我从小习惯在赤道的炎热气候中生活，根本不懂得在呼啸的寒风中怎样保护自己，但我都咬牙顶了下来，因为我太喜欢打乒乓球了。一到技术训练我就非常兴奋，有高水平的对手、有教练的指导，我练得很起劲。1959年第一次参加全国青少年乒乓球比赛，我就获得第三名。

1960年匈牙利队到上海访问，坐在看台上观战时，我看到该队女队员高基安的动作特别潇洒优美，队友张秀英也提醒我注意观察和尽量模仿。于是，我不仅求教于自己的教练，甚至还询问对方的教练，他们都很愿意帮助我。加上队里削球手少，主力队员也都愿意找我练，这也使我快速进步。

中国青年乒乓球队出访欧洲回国后，庄则栋、胡克明等国手曾到上海进行交流比赛。我也被安排同中青队的队员赛了一场，结果自然是惨败。这个意料之中的结果使我更加意识到自己与优秀运动员的差距，也促使我更加刻苦训练。有时星期天我也要找一位对手"补课"，一直练到腰酸腿软，连走路和笑一声都感到肚子疼，即便这样自己还不肯罢休。看到我如此倔强，教练也不时为我开起了"小灶"。虽然面临着不少的困难，但因为我从骨子里喜爱乒乓球这项运动，内心中就不断地产生着力量激励自己，并以此磨炼意志，增强信心，要坚持、坚持、再坚持，要用事实证明自己的能力。

三、从"108将"之一到世界冠军

第26届世界乒乓球锦标赛于1961年在中国北京举行。为取得好成绩，国家体委主任贺龙元帅决定从全国各地抽调当时代表国内最高水平的108名运动员组成国家集训队（史称"108将"），我也有幸成了其中的一员。

就竞技体育而言，荣誉犹如金字塔，永远是属于少数人的。"108将"中的大多数人，为了集体的荣誉，都甘当了"无名英雄"，成了上场队员的陪练，做了为中国队走向成功之路的"铺路石"。第26届世乒赛后，"108将"中的一小部分人留在国家队继续打球或当教练员。大部分人则回到了基层，继续从事体育工作。2008年2月，"108将"聚首羊城，47年前的老战友，如今已是七八十岁白发苍苍的老人，有近20人则已经永远离开了我们。他们当中的绝大部分人把自己的一生献给了乒乓球事业，还有些人在其他领域也取得了骄人的成绩。"108将"之一的姚国治，曾任国家青年女队主教练，在羊城聚首之后，产生了一种强烈的责任感和紧迫感。为此他任主笔，与《乒乓世界》月刊记者一起，用文字把"108将"的故事和那段不平凡的历史告诉乒乓球爱好者。

我是1960年底从上海来到北京的，当时集训的队员分为四个队，我被分在二队。这就是说我不可能入选为团体赛的成员。但是中国作为东道国，可以派出32名队员参加包括各个单项在内的比赛。就这样，我获得了单项参赛的机会。

第一次参加世界性的大型比赛，我当然十分珍惜。经过在上海队的系统训练，我的削球技术有了全面的提高，防守比较稳健，但进攻能力仍旧不强。进入正式的大型比赛，单纯依靠削球防守总是被动的，在关键时刻还必须拥有克敌制胜的反击能力。所以，我分秒必争，连早晨出操后吃早餐前的十几分钟也不放过，总要找个队友练习防守中的反攻；甚至午餐前也是这样，从不间断。应该说，到了国家队，训练条件更好了，同邱钟惠、孙梅英、叶佩琼等名将共同训练，还有男帮女和业务讲座，队里还经常组织我们观摩男队优秀选手的训练。当时我看的最多的是男队削球手郭仲恭和何英潜，特别是何英潜的正手加转动作很漂亮，又简单，发力又好。当时队里训练风气很浓，节假日及每天晚上都有"补课"训练，去晚了还没球台呢。

在拼命训练的同时，因正值国家处于"三年困难时期"，队员的日常生活也是很艰苦的。今天已经习以为常的洗衣机，当时队里还没有，换下的衣服只能自己手洗。训练结束，洗好衣服，还要爬楼梯上到四楼才能休息。

在第 26 届女子单打比赛中，面对经验丰富的欧洲冠军高基安的时候，只经过一年正规训练的我，心情不免感到有些紧张，加上技术和实力上的差距，结果以 0∶3 负于对手。尽管球输了，通过这段时间的集训与比赛，我在思想与技术上收获还是很大的。比如我有一个缺点，比赛中容易心情急躁。在北京集训期间，队内经常举行半公开赛。对手知道我反手弱，就偏往我反手打，加上我缺少进攻的手段，一旦遇到困难，自己就容易发急，而越是急躁，自己技术优势的一面就越是发挥不出来，最后的结果只能是输球。当时队内每周都要开一次民主生活会，我也因为脾气急躁而受到大家的批评。其实，我也深知这急躁的毛病，特别对于打守球的运动员来说更是致命的弱点。对此我也是心里难受，甚至常常难以入睡，一个人躲在厕所里写训练日记。为此，领队经常找我谈心，启发我认识到，要成为一名优秀的运动员，技术提高是必要的，还必须加强思想修养，本着对国家和人民负责的精神，坚决克服急躁情绪。在国家队期间，我积攒了几十本这样的训练日记，里面几乎都是自我检讨与认识的话。也正是在大家的热心帮助和自己的努力下，我才逐步改掉了比赛中的"急毛病"。经过一年多的训练，1961 年我作为上海队的主力参加了全国乒乓球锦标赛，在团体赛中战胜了世界女子单打冠军邱钟惠。

1963 年，我在上海第一次获得了全国乒乓球锦标赛女子单打冠军，并被国家体委授予运动健将称号。1963 年，我随队参加了在捷克斯洛伐克首都布拉格举行的第 27 届世乒赛。尽管孙梅英、邱钟惠年龄偏大，但她们久经沙场，经验丰富，所以团体赛还得依靠她俩，结果团体赛中国队 2∶3 负于罗马尼亚队,没能进入决赛。我和梁丽珍、李赫男等年轻队员参加了单项比赛。单打比赛我是从预赛开始打起,并以3∶1战胜了日本队的全国冠军关正子;李赫男也以3∶1淘汰了高基安。从技术和临场比赛经验上,年轻队员都上了一个台阶。但这届中国女队的最好成绩是团体、单打、双打三个第三名,比上一届退步了。反观中国男队,在这届世乒赛上,团体、单打、双打都获得了冠军,只有混双没能进入决赛。所以有人半开玩笑地说,中国队凡是沾了"女"字边的项目都输了。

在赛后的总结会上,孙梅英、邱钟惠争相检讨。其实大家心里明白,她们已经尽力了,问题还是出在队伍的青黄不接上。但我们也看到,年轻的队员已经经受了锻炼,正在逐步成长起来。

1963年11月10日,第一届新兴力量运动会在印尼首都雅加达举行。我前不久在全国锦标赛上获得女单、女双冠军,又在第27届世乒赛上战胜过关正子,自认为应该可以代表中国队出战,去印尼还可以顺道回家看看年迈的父母,算是一举两得了。出乎预料的是,名单公布了,没有我。对这样的安排,我感到很失望,觉得不公平。尽管我知道,当时中国乒乓球界一直视近台快攻为传统优势,对横拍削球始终持怀疑态度。想必这也是我没能入选的主要原因吧,心中虽郁闷不快,但又不能表示不满。

1963年底,原来担任男队教练的梁友能转任女队教练。因为梁教练本人就是一名优秀的削球手,他针对我的削球技术和战术提出了具体的改进办法。我原来是模仿高基安的近台快削技术,虽然速度比较快,但球的旋转力度不够,也难以变化战术。因此,他要求我的接球点向后退移,这样就可以加强球的稳定性和旋转性,可以使削球的落点多变,这也是对付弧圈球的有效办法。同时,为了加强削球的旋转力度的变化,他要求我把正手击球面的正胶改为反胶。事实证明,这种技术和战术的改进是非常有效的。

　　实战中我也体会到，一味靠削球防守，不仅消耗体力，而且在有进攻机会的时候，往往因为缺乏给对手以有力的扣杀而使自己功亏一篑。因此，我除了继续提升削球技术外，更注意练就防守反击的本领。这样，我以高质量的削球迫使对手回球过高的时候，就可以用扣杀给对手致命一击。有一次，我和梁丽珍模拟中、日选手进行公开比赛。由梁丽珍不断进攻，我则耐心防守，双方你来我往，比分交替上升。在各胜一局后，第三局打到28平。这时，梁丽珍一板大力扣杀，迫使我后退几米，撞上身后的挡板。梁丽珍很聪明地放了一个短球，估计她想我无论如何也来不及了。没想到我飞也似的冲向球台，对准来球一板扣杀，这个突然进攻使梁丽珍措手不及，没有防住。最终，这场比技术、比意志的比赛以我的胜利而结束。

　　1964年4月，周总理邀请世界冠军日本女排素有"魔鬼教练"之称的大松博文来华访问，对中国女排进行指导。当时容国团总指导、梁友能教练就用大松的难度、大密度的极限训练法来训练我们。梁教练采取的是多球训练法，目的是增强队员的体能和反应速度。他用一筐筐球，接连不断地打两角，或又快又急，或大力扣杀，或轻放短球，我们队员前后左右不停地奔跑。有时甚至把两张球台并在一起，使球的落点范围扩大一倍，以此来增加接球的难度，累得我们上气不接下气。当时，我将一张写着"一不怕苦，二不怕死""没有救不起的球，只有不顽强的心"和"为国争光"的字条贴在球网上，以此来激励斗志。在每一轮打完30—50个回合后，还要把满地的球一个个捡起来。那个时候球鞋特别硬，袜子质量差，有时上午训练后，袜子就磨破了，脚底也起了泡，就请队医把泡刺破，裹上纱布，脚底垫点棉花，下午接着练。我和郑敏之是一边打一边掉眼泪，但还是坚持高标准地完成每堂训练课、每个动作，到了第28届世乒赛前终于奠定了扎实的技战术和身体基础。每想到这点,我是很感激梁指导的。

1964年,我和张燮林合作,第一次夺得了全国混合双打冠军。这一年,中国乒乓球队应邀访问柬埔寨和印度尼西亚两国。我入选为中国队成员参加比赛。这也是我自1959年回到祖国以后,第一次返回雅加达,见到了分别多年的父母和兄弟姐妹,心中的欣喜难以言表。父母看到女儿的成就,也感到非常欣慰。

为了使女队在第28届世乒赛上打好翻身仗,我们女队领队孙叶青特地邀请了男队主力队员徐寅生到女队做了一场精彩的报告。徐寅生用唯物辩证法的观点,从自己的实战经验中总结出乒乓球比赛中关于战术和战术运用的一系列科学规律,特别是针对女队存在的问题,指出了改进的方法。他特别鼓励女队员要解放思想,树立必胜的信心。从徐寅生的报告中,我体会到,要学会辩证地看问题,对自己和对手的能力都要充分认识,要坚信自己一定能克服困难,战胜对手。比赛不仅是双方运动员的技术和战术的对抗,也要一分为二地看问题,当自己处于困难的时候,一定要看到自己的优势,并尽力发挥出这些优势。

在准备出征第28届世乒赛的关键时刻,领导任命容国团为女队主教练。对我来讲,在所有教练员中,正是容国团给了我最大的帮助。容指导工作十分认真仔细,能根据每

比赛中的林慧卿

一个队员的特点制定有针对性的训练方法。他看到我基本功很扎实，就着重加强战术意识和适应能力的培养。看到我容易出现急躁情绪的弱点，他再三嘱咐我的一句话是"小不忍，则乱大谋"，并将这句话写在我的训练日记上。每当我在比赛中遇到挫折时，就会立即想起容指导的这句话，也就会立即冷静下来，告诫自己，一定要耐心，一定要坚持，一定要发挥自己的优势去一步步战胜对手。他常说："艺高人胆大，胆大人艺高。"这是符合辩证法的哲理，而他的"人生能有几回搏"的口号更是脍炙人口，成为激励我和所有队员努力拼搏的精神力量。

1965年第28届世乒赛在南斯拉夫的卢布尔雅那市举行。女队由我和郑敏之、李赫男、梁丽珍四人出战团体赛。根据教练事先准备好的排兵布阵，前几轮基本是由李赫男、梁丽珍这两名攻击型队员出战，在争夺决赛权的关键战役中，她俩又以3∶0的优势将世界强队罗马尼亚队淘汰出局。对日本队的决赛派谁上场，这是许多乒乓球爱好者心中的悬念，但中国队的教练们早已取得一致意见，就是我和郑敏之这一对削球型选手。

决赛中日本队依然派出两名最强的主力队员，即关正子和深津尚子。这个名单在我们意料之中，但我们的名单对日本队而言却出乎他们的意料。因此，他们一上场就显得有些紧张。第一场是郑敏之对关正子，记得比赛开始前，我跟郑敏之说："小燕子，养兵千日，用兵一时。我们平时流了那么多的汗，就是为了打好这样重要的比赛，遇到困难，你千万不要发急，一定要记住。"燕子果然不负众望，2∶1拿下了关正子，取得了开门红。

第二场由我迎战深津尚子。此前，深津尚子在来中国访问比赛时，曾经横扫中国队，没有一名中国运动员能赢她。由于深津尚子的基本功很扎实，失误很少，这场球打得十分艰苦，有时来回要几十个回合才能获得一分。由于我事先准备充分，战术运用得当，同样也是2∶1拿下了深津尚

第 28 届世乒赛上，中国女队首次夺得团体冠军。领奖台上右二为林慧卿

子。两场单打的胜利，不仅体现在比分上，更使我和燕子的信心大增。在接下来的双打比赛中，我俩配合默契，以柔克刚，我 2∶0 直落两局击败对手。这样，中国队就在团体赛的决赛中以 3∶0 的总分获得了最后的胜利，从蝉联四届世界冠军的日本队手中捧走了考比伦杯，打了场漂亮的"翻身仗"。

接下来的单项比赛中，我单打、双打和混双都进入了决赛，都在同一天进行，都是每局 21 分的 5 局 3 胜制，从早打到晚。当时，我胃痛得厉害，吃不下东西，腿又抽筋，整个人完全是靠毅力在支撑着。单打决赛中我又与深津尚子碰上了，我们前四局打成了 2∶2 平，在最后的决胜局中，第五局打到 15 分钟，超过了规定时间，采用轮换发球，发球的一方如果不能在十二个回合结束比赛则被判失分。因为削球手的得分往往需要很多回合，所以对我显然不利，结果输了，与冠军失之交臂。但在双打决赛中，我与郑敏之合作，又击败日本选手，获得了这项冠军。混双比赛中我和张燮林合作拼了5局，输给日本的木村和关正子，获得了亚军。这些成绩的取得，标志着女队水平的大幅提高，可与咱们男队并肩站在世界乒坛的最高峰了。

日本著名乒乓球运动员荻村伊智郎在赛后接受记者采访时，对我有如下的评价："林慧卿的技术已经得心应手，别人要战胜她已经很不容易了。"后来，荻村伊智郎在他撰写的《乒乓球战术与技术》一书中，曾用专章研究我的技术特点，称赞我的打法已经达到"女子削球技术的顶峰"。他认为，我的削球手法表面看来似乎没有什么奇特之处，其实是变幻莫测的，不仅观众看不出来，就是对手在球拍还没有接触到我削过来的球之前，也无法判断。这便是我削球手法的奥妙神奇之处。他认为我的全盛期是在1966年之后开始的。我自己也认为，第28届世乒赛前后，我的技术达到巅峰，要攻就攻，要削有削，可以说是挥洒自如。1966年在新兴力量运动会中我拿了单打冠军。1970年，即便有"文革"四年的耽误，我也拿了斯堪的纳维亚公开赛女单冠军，这是后话。

四、峥嵘岁月

1966年5月，我随中国乒乓球队到柬埔寨参加第二届新兴力量运动会。当回到北京的时候，"文化大革命"的风暴已经席卷全国了。我一走进宿舍楼，就看见楼道里贴满了大字报，造反派给我加的罪名是"保皇派""修正主义苗子""白专道路的典型"等。其实，队里一线主力队员差不多都被戴上了这些帽子，但我想到自己有海外关系，恐怕还要罪加一等，心里自然感到分外恐惧。

记得是8月份，按原计划安排，在北京工人体育馆要举行一次国际邀请赛，我被安排出战。比赛那天我正和郑敏之在食堂吃饭，一群红卫兵闯了进来，大骂我们是"王八蛋"，"专吸人民的血"等，并高呼"打倒林慧卿、郑敏之""再踏上一只脚，永世不得翻身"等口号。这帮红卫兵折腾了半个多小时才离去。我俩低着头一言不发地走在了去体育馆的路上。应该说，这突如其来的恐吓使我们心里很不是滋味。但到了运动员休息室，我立即想到自己即将要代表国家出战，所以极力平复心情，集中思想，争取胜利。结果，我们再次以3:0打败了劲敌日本队。

随着"文革"的声势越来越大，国家体委大大小小的领导先后都被揪出批斗，整个体委瘫痪了。当时我怎么也想不通，一夜之间，贺老总、荣高棠等领导为何会被批斗呢？在那个是非颠倒的年代，作为运动员，拿的世界冠军越多，罪行就越大。我1964年从印尼带回的一台小录音机和一些欧洲古典音乐磁带也成为造反派批判我的一项罪状。他们指责我没有与资产阶级家庭划清界限，迫使我扔掉了这些物品；还多次强迫我跪在伟大领袖像前，承认拿世界冠军是为了自己，是"私"字当头。然而，造反派并没有找到我的任何"反革命罪行"，过了段时间，我便和队员一起每天早请示、晚汇报，中午就是绣领袖像，跳"忠"字舞。

此时球队里原来和谐友好的人际关系一下子变了，有些年轻队员突然翻脸不认人了，容国团被强迫跪在地上"低头认罪"。我们比赛的成绩、报刊的宣传、外事活动、领导的关怀等，一下子都成了罪过。老队员们成了"不许乱说乱动"的"阶级敌人"。尤其对我打击最大的就是听到傅其芳、容国团和姜永宁这三位教练自杀的消息，他们可都是从香港归来的优秀教练员和运动员，呕心沥血为国家做出了那么大贡献。他们一夜间由人民的功臣变成了"人民的敌人"，被迫走上了以死抗争的道路。等到批斗声势告一段落后,我和队友们便被安排到山西的"五七干校"劳动改造。

1968年体委军管后,各种活动都让"出身好"的人参加,我属于被打入另册的,心情苦闷,但又无可奈何。1969年国庆节照例举行国宴,与往年不同的是,乒乓球队参加的人都换成一批年轻队员,但周总理还是十分关心地询问我们这些老队员的情况。此后的各种宴会等活动,总理都亲自点名让我和其他老队员参加,这给了我莫大的安慰。那年年底,球队领导传达了一个好消息:周总理要来观看乒乓球队的训练活动,时间和地点是晚间在首都体育馆。那天,我和队友们很早就在体育馆内集合准备等候。直到半夜12点以后,总理终于出现在大家的面前,此刻,体育馆内爆发出热烈的掌声。我们明白,总理日理万机,还抽出时间亲自来观看训练,这对我们真是莫大的鼓舞。看了我们的训练后,总理从看台上走了下来,与我们一一握手,并鼓励我们说:"国家需要你们!"

此后,国家队被安排到首都各个高等院校作巡回表演,并逐渐恢复了大运动量的训练。在停止了三年多训练以后,大家的体能都明显下降,技术也不免生疏。我的颈椎、腰椎、肩膀和膝盖早就有伤病,训练后,常常疼得连弯腰穿袜子都十分困难。因此,我每天晚上不得不接受医生两个小时的按摩治疗,第二天又必须照常训练。为了增强腰部和手臂的力量,我还利用哑铃进行辅助训练。

当然,中国乒乓球队也面临着难题,那就是在与世隔绝的六年后,我们对世界乒坛的情况很不了解。我也是年龄到三十岁的老运动员了。为了增强点实战经验,1970年球队到几个国家进行了友谊赛。6月,为了参加了尼泊尔国王的诞辰活动,与日本队等进行了几场表演赛。但这些赛事的程度远不及正式的锦标赛,因此被某些人嘲笑为只是"耍花架子"。11月26日,斯堪的纳维亚乒乓球公开赛照例在瑞典举行,中国抓住这一难得机会,派出全部主力参赛。当看到欧洲运动员的打法已经从过去防守为主改变为主动进攻时,由于缺乏足够的思想与技术准备,自然感到了很大的压力。尽管如此,女队还是依靠整体实力夺得了冠军,我自己也收获了又一枚金牌。

当时,国家已经决定参加第31届世界锦标赛,这是缺席1967年、1969年两届锦标赛后的重新回归。队员们心理压力非常大,主要是怕输了比赛,就会在政治上被扣上"给'文化大革命'、给国家抹黑"的帽子。我甚至做好了回来挨批斗的准备。另外还有日本反华势力的影响,还有我们不了解对手、对手则一直在研究我们等因素。总理十分理解运动员承受的各种压力,鼓励我们放下包袱。总理说:"你们不要怕,要是你们输了回来,我到机场接你们!"就这样,经历了不到一年的训练,我们就上场了。

第31届乒乓球世锦赛在日本的名古屋举行,我们在代表团团长赵正洪的率领下,取道香港飞往东京。我兼任副领队。

比赛开始前,中国队在体育馆举行了开放式训练,许多日本青年学生和新闻记者都前来看看这支阔别世界乒坛六年的中国乒乓球队的水平如何。尽管当时中日两国还没有外交关系,但观众表现出了十分友好的态度,我们也主动和日本朋友打招呼。

女子团体比赛中,我们一路打进了决赛,对手同第28届世乒赛一样,仍旧是在中日两队间进行,而且中国队出战决赛的还是我和郑敏之。第一盘,郑敏之0:2不敌日本队主力小和田敏子。第二盘,我与日本老将大关行江对阵,前两局打成1:1,决胜局打成23:24,我落后一分,此时对方回了个高球,我想一定要抓住这个机会,也许是求胜心切,我的手腕没控制好,竟把这个必胜球扣出了界外。虽然双打我们拿下,但郑敏之负于大关行江。之后我第三次出战,与小和田敏子交锋,又负于对手。这样,日本队获得第 31 届世乒赛女团冠军。此时，我还是努力克制着自己的失望之情，走上前去主动与日本队员握手祝贺。但回到酒店后，我难过地大哭了一场，饭也吃不下，觉也睡不着。教练、队友纷纷前来安慰鼓励我。此前团体赛打了五天，体力消耗很大，动作也有些变形，只有一天的调整时间，就要迎接下面的单打、双打、混双等三个项目的比赛，这对自己的技术、体能、毅力、心理都是一个严峻的考验。我想还是要振作起来，尽快走出失败的阴影，重新投入到比赛的状态中去。

在后来的比赛中，无论是单打还是与郑敏之配对的女子双打，还是和张燮林组合的混合双打，都是一路过关斩将，再次杀入决赛。混双决赛中，我与张燮林配合得很好，我接男选手的弧圈球时尽量削不转的低球过去，对方女选手拉球就不敢用力，张燮林就反攻，长胶攻过去不好防。张燮林还专门练了接发球抢攻，非常有效。结果，我们战胜了南斯拉夫的斯蒂潘

第 31 届世乒赛上，林慧卿与张燮林配合获得混合双打冠军

契奇和罗马尼亚的亚历山德鲁的国际组合拿了冠军。双打中我们击败了日本选手，也拿了冠军。到了争夺女单决赛权的时候，我身上一点力气也没了，对手又是在团体赛上赢过我的大关行江。我对梁丽珍说，真有点打不下去的感觉。此时，梁丽珍就用容国团"人生能有几回搏"、机不可失的道理来鼓励我，还给我讲了王杰"一不怕苦，二不怕死"的故事。不知怎么搞的，我就觉得有劲了。这个现在看来似乎不可思议，但当时人的思想就是这么单纯。而且梁丽珍还模仿左、右侧旋搓球，让我适应，并找到破解的办法。比赛时，梁丽珍还组织了队员们当啦啦队，为我加油鼓劲。结果，我拼劲十足，发挥了全部潜能，打败了大关行江，最后夺得女子单打世界冠军。

1971年，在日本名古屋举行的第31届世乒赛上，林慧卿获得了女子单打冠军，中国队的郑敏之和李莉分获第二、三名

在同一届世乒赛中，我代表中国队打进了所参加的所有项目的决赛，同时获得三个单项的冠军，成了中国乒乓球历史上第一个获得"全满贯"称号的运动员（获得过团体、单打、双打、混双所有四个项目的冠军），这是我乒乓球事业的一个巅峰，也是中国乒乓球运动员中个人获得的最好成绩。"文革"曾使我错过了夺取世界冠军的最好年华，但苍天不负有心人，我终于实现了自己的梦想。

在此，我要感谢容国团和徐寅生教练，他们两位前世界冠军的战略思想、胸襟和魄力，对我影响很大。他们做临场指挥时，我特别能发挥实力。有时我打得很乱时，他们几句话就能把我的情绪调整过来，我又能打顺手并赢回来，所以我一直很欣赏这两位教练的临场指挥能力。

五、我经历的"乒乓外交"

在这届世乒赛上还有一个意外的收获，就是促成了美国乒乓球队首次访问中国。1971年4月10日，美国队抵达北京，住在新侨饭店。13日下午，中国乒乓球协会在北京体育馆举行欢迎仪式，两国运动员进行了友谊赛。14日下午，周总理在人民大会堂会见了来华访问的美国、加拿大、英国、哥伦比亚和尼日利亚等国的代表团成员。

记得是5月的一天，周总理在人民大会堂接见了乒乓球队的运动员，我也参加了。接着总理还和我打了一场乒乓球，最后又亲自主持召开了乒乓球队的会议。会议开始时，我和郑敏之坐在后排，总理没有看见我们，便问："林慧卿、郑敏之来了吗？"我们立即起身回应。总理便叫我们坐到前排，并带头鼓掌说，"你们为国家立功了"。然后，总理首先问我："你敢不敢去美国比赛啊？"总理的提问确实出乎我的意料。出去比赛，看看外面的世界，虽然内心愿意，但一下子又不知道该怎么回答，我只好微微一笑。原来总理早有安排，1972年4月，继尼克松总统访问中国后，为进一步促进中美两国的交流，我国派出了第一个访问美国的体育代表团。我作为代表团的成员踏上了美利坚的土地。

我们飞抵加拿大的渥太华，再由美方的飞机接到美国。当时，美国还是中国的"头号敌人"，而我们正肩负着"乒乓外交"的光荣使命。内心真是既兴奋激动，又紧张害怕，担心不知会发生什么事。

我们访问的第一站是底特律，这是美国著名的汽车城。在去工厂的沿途中，我们看到的是热情的人群和大幅的欢迎标语。为了保障中国代表团的安全，当地派出了大批保安人员护送，其中有些人还会汉语，这就方便了沟通，并能随时帮助我们解决遇到的困难。我和队员们这才慢慢放下心来。我们在厂里举行了一场表演赛，观众们都报以热烈掌声。许多人还好奇地向我们提出了许多问题。随后我们又在密歇根大学和马里兰大学分别进行了表演赛，同样引起教职员工与学生的极大兴趣。尼克松的女儿也到马里兰大学观看了我们的表演赛。

在我们抵达华盛顿的第二天，美国总统尼克松在白宫玫瑰园接见了中国代表团全体成员，同我们每个人一一握手，翻译也向总统简要介绍了我的情况。在纽约，我们应邀在联合国大厦的安理会会议大厅进行了一场乒乓球表演赛，并与美国乒乓球队打了友谊赛，许多国家的大使纷纷前来观看。

在美期间，接待方特意安排我们参观一个18世纪欧洲移民聚居的小城镇。那里的居民依然保留着18世纪的服装，街上跑着的还是旧式马车，房屋的灯饰也都是传统的式样。看到这些景致，仿佛回到了早期的美国。

在洛杉矶，我们参观了闻名世界的好莱坞电影城，许多著名演员应邀出席了欢迎中国代表团的盛大宴会。对我们的年轻队员来说，游览迪士尼乐园和参观人造地球卫星模型展,是最新奇和兴奋的经历。所有这些民间交流活动都促进了中美两国人民的相互了解和友谊。

结束了访美的行程,我们还顺道访问了墨西哥和古巴两国。

1997年,为纪念中美乒乓外交25周年,应美中关系委员会的邀请,中国乒乓球队再次组团访问美国,而我也有幸再次成为中国访美代表团的成员。一道去的成员还有当年的老运动员徐寅生、李富荣、张燮林、梁戈亮、郑敏之等,也包括年轻一代的新秀刘国梁、邓亚萍等。中国代表团的到来在美国引起了轰动,媒体纷纷做了详细的报道。在中美建交中发挥了关键作用的基辛格,当时已是年老体弱,但他仍然兴致勃勃地参加接待中国代表团的活动。他再次与我见面的时候,很高兴地说:"We were met!"我们共同回忆起25年前的情景,不禁感慨万千。当年的美国总

1997年,林慧卿作为香港华侨华人总会负责人,随中国代表团赴美出席乒乓外交纪念活动,图为她与美国前国务卿基辛格亲切交流

统尼克松已不在人世，但他的女儿在同我们共同回忆往事时，仍然十分激动。

在联合国大厦内，我们是故地重游。中美两国运动员举行了几场表演赛，再次同场竞技，如同复制了 25 年前的一幕，但给我的感受却大不相同了。如果说当初两国运动员的交往还要承受巨大的政治压力和风险的话，现在球场内外都可以畅叙友情了。在一场表演赛中，我和美国男队一名老运动员混合搭档。有一位生性幽默的美国队员假装把美元放在桌上当赌注，当他看到美国队领先的时候，就装作赌场里赢钱的样子，而一看到美国队比分落后，又赶紧把赌注拿了回去，以免输钱。这个动作引起观众的哄堂大笑。

在纽约市访问时，市议会议长向中国代表团成员颁发了表彰状，我们也回赠了 25 周年特制 T 恤衫及一个水晶乒乓球。该市华侨和华人还设宴招待中国代表团，并请刘国梁、邓亚萍等打了表演赛。

与此同时，中国乒乓球协会和美中友好协会也在北京地坛体育馆合作举办国际乒乓球男子精英赛，25 年前参与"乒乓外交"的美国老运动员应邀参加。我在访美前，曾应邀赴日本东京都附近的三鹰市，参加由荻村伊智郎成立的乒乓球俱乐部举办的纪念日中建交 25 周年活动。

六、无怨无悔

1972 年从美国访问回来后，我发起了低烧，并感到肝区疼痛。到协和医院检查的结果是：慢性肝炎。其实，我对这样的诊断并不感到意外，运动员超强度的训练和比赛，造成身体的严重透支，加上自己平时不懂得如何保养，身体不适时大多是咬牙扛着，顶多自己熬一点中药补一补。在那个"一不怕苦,二不怕死"的无私年代里,自己怎么能叫苦喊累呢?伤病就这么一天天拖了下来,越来越严重。

于是,我决定急流勇退,结束运动员生涯。我的退役请求得到了乒乓球队领导的理解和有关部门的批准,同时任命我为国家女队教练。据说,当总理看到乒乓球队上报的参加第32届世乒赛的名单时,还关切地问林慧卿怎么不再参加比赛了。球队领导就如实报告。我也根据球队领导的要求,写了封信给总理说明病情。令我没想到的是,总理得知球队没有专职女医生,就立即指示派来了张恩德大夫。我的病情在医生的悉心治疗下,也逐步趋于好转,但伤病的根是落下了,不时地还影响着我的生活。

在我担任教练员期间,国家体委曾经准备调我到领导机关工作,但我

参加第35届世乒赛的中国女队运动员和教练员。前排左起:孙梅英(教练)、魏力捷、林慧卿(教练)、曹燕华、葛新爱、阎桂丽、张德英。后排左起:杨艳群、杨莹、张立、张燮林(教练)、胡炳权(教练)、童玲、黄锡萍

想自己还是继续当好教练员，培养更多的年轻运动员，于是谢绝了这份当官的"美差"。在第 35 届世乒赛上，我带的女队再次夺得了女子团体冠军。对于我所取得的成绩，组织上也给了很高的荣誉和政治待遇。我三次获得国家体育荣誉奖章，并作为归国华侨的优秀代表而当选为中华全国归国华侨联合会第二届理事会副主席（其后一直担任顾问至今），还曾当选全国第四届人大代表及主席团成员和第五届人大代表，1983 年当选全国政协委员。

"文革"结束后，我的父母已经年迈，二老十分想念女儿。1979 年 7 月，我们全家获准到香港探亲。由于我的先生已经在港工作，为了家庭团聚，也为了照顾父母，我决定带着女儿苏林定居香港。

的确，探亲与定居有着本质区别，如何谋生就是摆在我面前的一个实际问题。乒乓球队的老领导也为我考虑，打算安排我到香港的中资企业工作。但我的想法是不再依靠组织生活。在见到时任侨办主任廖承志的时候，我明确表示："我有一双手，我会自己找工作，还是给我一点自由吧。"

日本乒乓球协会主席荻村伊智郎得知我移居香港的消息后，立即邀请我担任日本队女乒教练。但是我考虑到女儿还小，需要自己照顾，无法长期在日本任职，而只能短期执教，每次只在日本停留两周。日本女队的老队员见到我特别高兴，热情地安排我住到家中。我和这些女队员彼此都相处得很好，真的是场上是对手，场下是朋友。记得我得知松崎君代婚后一直没孩子，曾向周总理报告，总理特别安排林巧稚大夫给她诊治。后来，印度尼西亚也要请我长期执教，也是出于同样的考虑，我只能答应为印尼教练员开办短期讲座。印尼乒乓球水平不高，该国乒协就将各地教练员集中到雅加达来听课，每期一两个月。

到香港后，得知当年的队友张秀英和郑仲贤已先期来港，并当了乒乓球教练。我不想再进这个圈子里占一席之地。但为了家人的生活，自己在香港必须有稳定的收入，许多老同学、老朋友都劝我改行做生意，我从来没有接触过商业，一无资金，二无经验，一个多年的职业运动员如何去适应商场里的规矩呢？家里虽有大堆奖状、奖牌，却没有什么奖金。但我还是要面对现实，开始人生的第二次拼搏。

为了积累经验，我先去了一家贸易公司打工，慢慢地熟悉了一些做生意的门道。我想为祖国统一事业做点有意义的事，在取得对台办的支持后，大陆贸易部门的一些领导对我也都很支持，并在申请批文方面给了我一些照顾，我就开始做起了经香港转口的对台贸易，这也促进了台湾商人对大陆的了解。随着改革开放的深入，内地可直接从台湾地区以至于外国企业采购各种产品，不再需要从香港转口了。我看到这一变化，就另辟蹊径，采取与内地企业合资经营的办法。然而，商业竞争与人际关系使我深感压力。我对自己踏足商场的总结就是：没有经商的本领，也学不会奸商的那一套"诀窍"。同时，我感谢一些好心人给了我真诚的帮助，比如先期来到香港的老球迷们，主动传授我经商的方法。当然也有一些人对我冷嘲热讽，我从中体会到了人情的冷暖。不过，总的来说，很多人对我很热情，很关照，使我总算站住了脚跟。

每当我回内地，都可以发现内地的变化，市场经济的发展，人民生活水平的提高，北京的一些大商场不亚于香港。退役后，自己无论是在外讲学教球，还是在商场博弈，有顺利也有挫折，能与父母和孩子在一起，补偿自己的一份亲情对我而言才是最重要的。女儿长大成人，在悉尼大学学有所成，家庭生活幸福安定。我作为香港体育工作者基金会发起人之一，在我心中，始终割舍不下的还是对乒乓球的那份热爱之情。人们还没有忘记我，1999年，我和庄则栋、李富荣一起被选入了国际乒联名人堂，这是祖国人民对我的信任与肯定。

2000年，华侨华人总会所属海峡两岸交流委员会讨论开展文化交流活动时，我提出了举办海峡两岸暨香港的乒乓球友谊赛的设想，立即得到总会各位会长的支持。会后，我找到张秀英，与这位昔日上海队的队友、现任香港乒乓球队女队教练商量，她也十分赞同。于是，我又同企业界人士联系，得到了经费赞助，这项活动终于得以落实了。

2002年的比赛在台北市举行，由于香港华侨华人总会会长古占辉和我这个副会长都是全国人大代表，被认为具有政治身份，申请入台手续非常烦琐。但是，在台湾各界人士的热情帮助下，问题得到了解决。特别是台北乒乓球队的朋友对香港队、上海队在台北的活动都做了仔细周到的安排，比赛也得以顺利进行，使大家感到温馨愉快。有一次午餐时，时任台北市长的马英九先生也在同一餐厅用餐，台北的朋友还特意将我介绍给马英九先生，我们还进行了亲切交谈。台北之行让我感到两岸人民之间的同胞之情。

2001年，我从老同学梁淦基先生那里获悉，他有一位来自台湾的朋友黄显雄先生在苏州经营一家企业，本人十分喜爱乒乓球这项运动，并愿意为推动这项运动提供赞助，这当然是件求之不得的好事。于是，我立即与中国乒协联系，乒协副主席姚振绪告诉我说，国际乒联也希望中国乒乓球女队能帮助欧洲提高女子乒乓球水平。我便抓住这个机会，建议在苏州市举办一场冠名为"胜华杯"的中国与欧洲女子乒乓球对抗赛。在苏州市政府的积极支持下，这场国际比赛得以顺利进行。市长等领导以及中国乒协领导徐寅生、李富荣等都前来观看，比赛非常成功。后来，国际乒联希望2002年再举办一次，梁淦基、黄显雄两位企业家也表示乐见其成。这样便有了第二届"胜华杯"比赛。为此，中国乒协还特别授予了我"中国乒乓球运动杰出贡献奖"，但我念念不忘的是梁淦基先生、黄显雄先生这两位企业家的热情赞助。

2002年12月21日，前来参加中国乒乓球队建队50周年系列庆祝活动的梁丽珍（中）、林慧卿（右）、郑敏之（左）在中国体育博物馆举办的乒乓球50年成就展上，与当年参加比赛的照片合影

此外，我还以香港主办方即香港华侨华人总会的名义，积极支持组织香港、澳门、深圳、广州和珠海五个城市的侨届"龙禧杯"乒乓球联谊赛，并与老队友张秀英和郑忠贤组成香港归侨代表队参赛。这项赛事至今已连续举办了17届。

2005年，第48届世乒赛在上海举行，徐寅生代表中国乒乓球协会特意邀请我参加开幕式。但更使我意想不到的是，开幕式上还有一项称为"冠军之路"的节目，就是安排10位乒乓球前世界冠军（5位中国运动员和5位外国运动员）上台接受鲜花，而我是唯一的女运动员。2008年，我应邀出席了北京举办的奥运会开幕式；2009年10月1日，我应邀参加中华人民共和国成立60周年天安门庆祝观礼活动，晚上还出席了在人民大会堂举行的盛大国宴。

  如今，年过七十的我生活得很幸福，喜欢听音乐、看小说，特别喜欢梁凤仪的财经小说，有时去学跳舞、唱歌。我参与创立香港华侨华人总会，并先后担任总会的副会长、顾问和荣誉会长，以及香港侨界社团联会顾问。我自己也将不负同胞的期望，为维护广大归侨的权益尽心服务，并通过乒乓球运动努力促进海峡两岸同胞的文化交流合作，为祖国的和平统一事业贡献自己的力量！

李富荣

  1942年生。直拍左推右攻打法。1958年入选国家青年队，1960年进入国家队。是第26、27、28、31届世乒赛男子团体冠军主力队员，并多次赢得男子单打亚军、混合双打亚军和男子双打季军。1974年起任国家乒乓球队教练，1979年获国家级教练称号。第36届世乒赛中，率队囊括七项冠军和五个单项亚军。1984年被评为中华人民共和国成立三十五年来杰出教练员。1994年被评为"建国45周年·体坛45英杰"之一。八次获得国家运动员荣誉奖章和中国乒乓球运动最高荣誉奖。是第五、六、十届全国人大代表。曾任国家体育总局副局长、中国奥委会副主席、亚乒联主席。现任亚乒联终身名誉主席。

我就是不服输

一、来自少体校

上海新闸路靠近泰兴路的三育小学是我学打乒乓球的母校。在我的记忆中，学校里至少有三四张乒乓球台。黄志钧老师是上海有点小名气的乒乓球好手，正是在他的带动下，三育小学的乒乓球活动开展得不错。我从小对体育很感兴趣，单杠、双杠，这个碰碰，那个拉拉，中学部的篮球比赛也经常去看。记得有一次观赛时，自己挤在前面，场上一个队员接球时把我也给撞到了，身上被划出一条挺大的口子。

我家隔壁有一家奎记印刷厂，里面有两张球台，工人们休息时都在那里打。我看着眼热，因为家里条件不好，没钱买球拍。我的哥哥在一家玻璃厂当工人，一个礼拜回来一两次，给我五毛零用钱，我攒了一个月，用一块八毛钱买了块海绵球板。尽管上面的海绵类似银行点钞时使用的那种，质量很差，对我来讲还是如获至宝，毕竟是自己省吃俭用购买的。为此我还找了块布，缝了个拍套。后来我就拿着这块拍子到处打球，直到小学毕业。

小学毕业后我考入同济大学旁边的56中学，因是寄宿制，每个礼拜回家一次。体育老师原是撑竿跳运动员，故田径运动开展得比较好；乒乓球则不行，基本没什么人打。所以入学一个月后，我便转学到了地处共和新路的市十三初级中学。这所学校乒乓球活动开展得很好，而且离家很近。因自带午饭，每天中午都是打乒乓球的时间，越打越有兴趣，水平也有了提高。有一次，得过上海市乒乓球比赛女子第三名的张逸倩回印刷厂打球，厂里叫我去和她比试，不料还赢了，特别开心。十三中的体育老师陆耀看我打球还有些天分，当然我在学校里的成绩和表现也是不错的，还任少先队的小队长，就通知我去报考上海市业余体校乒乓班。记得考试不仅考乒乓球，还考跑步等田径项目。结果我被录取了。现在想来，当时换校决定了我的命运。换言之，我如果继续在56中读下去，就不是今天的李富荣了。

初进体校，我的水平属中等。教练有陆汉俊、李宗沛、戴龙珠等。训练地点在市体育宫，一周三次，周日是全天，我风雨无阻，训练必到，即便明天考试，今天的训练也照旧不误。我很珍惜在体校训练的机会，不耍不玩，练得很踏实，教练也愿意陪我打。为了节省车钱，我从新闸路到体育宫都是走着来回，单程就需要半小时。其实，我很少在外面"打野球"，基本没去过球房或工人文化宫，一是没有这样的经济实力，二是没有这样的社会关系。我属于中规中矩的那种，一头扎进少体校坚持、认真、刻苦训练，经过一段时间，我的水平上升到优秀的一类。1957年，上海举行了青少年乒乓球比赛，我拿了冠军。

同年，上海体育学院竞技指导科要组建乒乓球队，杨开运教练来业余体校选人。他看我打得不错，跟我试打了几下，就同意招我了，我也算正式进入了专业队。市乒乓球队的驻地在风雨操场，每天坐车去体育宫训练。大概我年纪小，又比较较真。有一次，杨瑞华打球时耍我逗我，弄得我委屈地哭了，觉得他不认真，看不起我。后来杨瑞华过来哄我，我才与杨大哥和好如初地练了起来。1958年，我和杨瑞华、徐寅生一起参加了在广州举行的全国乒乓球比赛，我赢了当时国家队的主力王传耀、容国团，还赢了北京队的庄则栋，上海队获得了全国冠军。其实，我那时的技术并不是

1958年参加广州全国比赛的上海队合影,后排左三为李富荣

巅峰状态,主要是有股"初生牛犊不怕虎"的劲头,比较放得开,关键时不手软,落后时意志也比较顽强。

1958年,国家队傅其芳教练到上海选人,因为中国乒乓球运动发展的战略,要组建国家队和国家青年队。他先看我们训练,然后又和我们每人打了一局,我前面的几个输了没吭声就下去了,轮到我输了却不肯下来,直嚷嚷要再打一局,虽然我憋着劲猛攻猛扣,但还是输了。也许是不服输的性格使然,我仍缠着教练再打一局,这一局居然赢了。后来进了国家队,才知人家是故意输的,傅其芳对我说,不输你一局,我是下不了台啊!大概傅其芳对我还是蛮满意的,并当场问我:愿不愿意去北京?年底,我和徐寅生一同坐火车到了北京。徐寅生长我四岁,球技又好,进了国家队,我进了青年队。

从我的经历和成长道路来看,就是从正规学校起步,关键是进了少体校,然后进专业队,最后跨进国家队的大门。这一路印证了中国体育人才培养的模式。所以,现在看来竞技体育要上去,后备力量很重要。学校体育不开展,就没有基础;业余体校弱化了,人才就难以出头。辉煌的时候不注意,等你一发现,就觉得青黄不接,来不及了。所以,只有踏踏实实地把这两层抓好抓实,后备力量才能源源不断。

李富荣在第一届全运会上获得男子单打第四名

二、中国队的"重头戏"

我在国家青年队的第一任教练是岑淮光,他是广东籍的老运动员,曾得过全国第三名。梁焯辉教练也时常来指点我们。我们的驻地在工人体育场的看台周围,我有幸和容国团同一宿舍。容国团是中国乒乓球界的先锋,他为中国运动员夺取世界冠军打开了大门。原来大家都不敢想,现在敢想了,此事意义非常重大。我很羡慕容国团,很愿意跟他凑在一起。容国团喜欢跳舞,我不会跳,主要看他跳。他还很喜欢看电影,尤其是内部电影,有时没票也要去等别人退票。人家一看是容国团,就主动送票给他。他人高脚小,鞋子的尺码与我差不多大。有一次,他把一双皮鞋让给了我,只要了三元钱。与容国团同屋三年,对我夺取世界冠军的志向有着潜移默化的影响。

1959年10月,我随国家青年队先后访问欧洲的匈牙利、南斯拉夫、英国、瑞典等国家,并参加第五届斯堪的纳维亚国际乒乓球比赛。一开始人家看不起我们,说,容国团、王传耀怎么没来啊?后来一交手,才感到我们这批年轻人也不是好对付的。记得在与南斯拉夫老将哈林克索对阵时,从技术上讲,我还处于下风,上来就以0:2落后,但我凭着股韧劲连扳三局赢了回来。此刻,全场观众站起来为我这小年轻鼓掌。这是我第一次正式与外国选手打比赛,所以印象特别深刻。而后,我们又在英国兜了一圈,他们的整体实力敌不过我们,当地的报刊报道说"中国乒乓小将横扫英伦三岛"。在瑞典斯堪的纳维亚比赛中,我和庄则栋拿了个双打冠军。第一次出国参加正式比赛,成绩还可以,关键是打出了自信心。

从欧洲回来以后,国家队和青年队合并,再经过层层选拔,于1960年12月组成了国家集训队(即中国乒乓球队队史上著名的"108将"),开始准备在北京举行的第26届世界锦标赛。当时首要的任务是对付日本发明的弧圈球,我们的科研所得到了情报,并转告我们说这是日本的"秘密武器"。恰好日本队在香港比赛,我们就派了广东籍运动员庄家富去香港打

1959年国家青年队出访欧洲，在参观莫斯科红场时的合影。左三为李富荣，左四为庄则栋，左五为杜前（代表团团长）

探。内行看门道，庄家富基本看懂了日本弧圈球的路数，回来以后做了介绍。为此，荣高棠主任主持召开了一次形势分析会，他提出对付弧圈球要"战略上藐视，战术上重视"，星野的弧圈球输给了香港的快攻手，说明没有什么了不起，但同时要去模仿适应它。于是教练组针对性地制定了对付弧圈球的训练计划。队里的薛伟初、胡炳权改拉弧圈球，起先还没有前冲弧圈，就是高吊，所以要强烈摩擦球，拉起来是很累的。主力队员通过他们的陪练，掌握了击球的时间与拍形把握的关系，手上有了数，心中有了底，因而在第26届比赛中没受什么影响。我们的体育科研所在帮助集训队掌握弧圈球的技术原理方面也起到了至关重要的作用。应该说，中国队是靠集体的力量攻克了弧圈球。这是日本队没想到的，他们起初以为我们会吃苦头的。日本队教练老长谷川就曾说，第26届世乒赛中国队还不会成为日本的对手，若干年以后才可以。

60年代初，国家正处于"三年困难时期"。但国家保证了乒乓队的基本需求，如鸡蛋、白面、罐头肉等都有供应。所以，我们的成功离不开四面八方的鼎力支持，我们的成绩绝不仅仅是个人的功劳。没有国家，个人寸步难行。同时，大家知道机会来之不易，想想人民群众的生活都凭票证定量供应，我们还吃得这样好，大家训练的刻苦性与自觉性就不用说了。除了正常训练外，我们周日还"补课"，有时管理人员把门锁了，我和庄则栋就从窗子里跳进去练。

当时，贺老总强调，集训队要加强领导。荣高棠就在国家体委内选调干部，组成蹲点小组。他担任组长，组员有竞赛司司长李梦华、球类司司长张之槐、群众体育司司长兼乒协主席陈先，还有不少体委的处级干部和善于总结的"笔杆子"。这等于把半个国家体委搬到了集训队，可见领导层的重视程度，有的后来就留在了乒乓队，如孙叶青担任了女队领队。他们与大家同吃同住，深入群众，总结经验，推广典型，不仅帮助解决思想教育、后勤保障等实际问题，在技术问题上也是严格要求。我的技术特点是近台快攻，但遇到把握不太大的球时就喜欢后退，从内心讲是存在一种不是特别敢拼的思想。荣高棠发现后就跟我说，你一定要坚持近台快攻的风格，不能对方一凶你就退，风格不能丢啊！他要求训练中一切"从实战出发，从难、从严，加上大运动量"，这就是那时所有运动队奉行的一个原则——"三从一大"。

男队教练是傅其芳，他提出中国队的技术风格是"快准狠变"，从实践到理论起到了很大的作用。在训练中，傅其芳管容国团、徐寅生、庄则栋、王传耀和我等几个攻球手；梁友能辅佐傅其芳分管张燮林、王志良等削球手。傅其芳确实有水平，当时团体比赛的规则是三对三，九盘五胜制，他在排兵布阵上很有办法,能有效地抓对方的软肋。同时,做场外教练时,对场上出现的问题看得比较准,能简单扼要地提醒,并告知应对的办法。不像有的人啰啰唆唆讲不清楚,或者只会说几句"加油""拼了"之类的话。所以,我们上场比赛时,有他在身后就感觉很踏实。

举办第 26 届世乒赛是中国体育界的大事。动员报告是陈毅元帅来作的,说明党和国家对这次比赛的重视。那天听完报告后,我骑车去医院看病,因皮肤患有荨麻疹,遇冷风一吹就起块。可能还沉浸在听报告的激动中,不慎把一位老大爷给撞了。有路人认出了我,随口说了句:李富荣,你打球快,骑车也快啊!好在没什么事,我道了歉就继续赶路了。

第 26 届时,我 19 岁。经过"108 将"的大集训,我进入了五人主力大名单,心中自然高兴,却也觉得团体赛上场的可能性不太大。因为实事求是地说,技术方面,我不如老徐成熟;风格方面,也没有庄则栋犀利的进攻杀伤力。跟着队伍去感受大赛的氛围,为后续的比赛做准备,也是很重要的。当我们拿到团体冠军后,场上一万五千多名观众"呼"地站了起来。"三年困难时期",饭都吃不饱啊,中国乒乓球队第一次在中国举行的世界大赛上夺冠,多么鼓舞人心、提振士气啊!当然,高兴之余,我还是为自己没能上场有些遗憾,并深感自己还须加倍努力。第 26 届世乒赛结束后,日本队继续在北京和上海进行了两场中日对抗团体赛,记得我打了五场,均获胜利,其中还赢了获村、木村、星野等日本主力。

单打比赛的第二轮,我碰到日本队的削球老将涩谷。可能是因为紧张,开打即以 0∶2 落后,于是,我就改变战术,死缠着跟他"泡",边"泡"边打,连扳三局,赢得非常艰险。要知道,这场球对我的一生太重要了!如果我输了,就没有后面的李富荣了!在中国队,一个运动员若输一两场关键球,教练就可能把你往后放了,因为能上的运动员很多啊。过了这一关，如对瑞典的拉尔森等就一路顺利了。最后，与庄则栋进行冠亚军决赛。当时，报纸上称我俩是"南北两虎将"啊！现在网上也有很多说法。庄则栋连续三届获世乒赛男子单打冠军，而我正是这三届的亚军。所以人们提起庄则栋的冠军，总不免要讲到我的"让"，给我的感觉这是一个绕不开的话题。当时从中国乒乓球队为国争光的角度说，领导的大局考虑是：容国团拿了世界冠军后，技术有所下滑，年龄也稍大了，第26届单打输给了巴西小将考斯特蛮可惜的。所以，此时要有一个运动员能在这个领域较长时间地将冠军的位置持续保持下去，这就选中了庄则栋。我觉得选他是对的，那时欧洲弧圈球技术还没露头，庄则栋的近台两面攻打法是比较先进的，而且庄则栋年轻、刻苦、能拼、意志顽强。我也没想更多，决定让就让了，都是中国人拿第一嘛。其实，我让给庄则栋三次，湖北的胡道本也曾让给

国际乒联主席蒙塔古（前排左二）为第26届世界乒乓球锦标赛男子单打前三名颁奖

我三次。"文化大革命"以后，湖北体委派人来核实这件事，我如实作答，说，你们那里对他该加工资加工资，该提级要提级。中国乒乓球队是一个集体，我们个人的成绩都离不开队友的帮助，因为我们那个时代所受的教育就是集体荣誉至上，个人的利益看得很淡。

三、我的决战

1962年，中日球队进行了互访。那年夏天日本队来访，男队由位列日本男子单打前三名的木村、三木和松原组成，实力非常强。当时是在上海江湾体育馆打了两场友谊比赛。我和徐寅生、杨瑞华代表上海队出战。我第一场对三木，感觉是被他凶猛的进攻压制，输了，三木还胜了老徐。虽然我们最后是以5∶2获得团体赛的胜利，但三木一人独得了两分。这年秋天，我们回访日本，共打了五场比赛，重要的是在东京打的第二场，日本队上场的是荻村、木村和三木，实际上就是第27届世乒赛决赛的阵容。比赛中我先负荻村，后胜木村，当场上比分打成4∶4时，决胜局我又对上了三木，但还是0∶2输了，结果日本队以5∶4险胜中国队。

因为与日本队打得不太理想，影响了我第27届世乒赛的上场，或者说起码这也是一个原因吧。第27届世乒赛团体半决赛对联邦德国队，我赢了主力绍勒尔，拿了两分，在团体决赛前，我保持不败，竞技状态不错。但在对日本队的决赛时还是没派我上，因为傅其芳觉得老徐整体上比我全面。同时，张燮林作为"秘密武器"，对日本选手有很大的优势，他在团体赛中击败三木，两局分别为21∶9、21∶8，对方两局加起来只得了17分。这样，我很遗憾地又等了两年。

第28届世乒赛之前，老徐给女队的讲话在队内外产生了很大的影响。

当时女队的技术还可以,训练也不错,只是会在关键时刻"掉链子"。老徐打球爱动脑子,不喜猛攻,善用巧劲,而且能够发现问题。所以女队孙叶青领队就请他去给女队"把脉会诊",讲讲女队问题的症结所在。老徐的讲话经人记录整理后送给了荣高棠,荣高棠再转给了贺老总,最后送到了毛主席那里,并得到了主席的批示。以后每年的1月12日,队里都要开会纪念。

第28届世乒赛时,我的技术趋于全面、稳定。以前我正手强,反手弱,通过前两届的大赛,反手技术有了较大的提高,自觉没什么可让对方轻易突破的漏洞。傅其芳和教练组也认为我成熟了,可堪大用。同时,傅其芳又征求了老徐的意见,老徐说:出我稳,出周兰荪凶,出李富荣又稳又凶。

中国男子乒乓球队获得第28届世界乒乓球锦标赛男子团体赛冠军。图为中国队在领奖台上,前排右一为李富荣

于是，第28届世乒赛团体决赛决定派我上场。

开赛前，南斯拉夫的工作人员把斯韦思林杯抱进来了。我是又激动又紧张，心里真有些七上八下的。教练排我打第2、6、9场次，别看这第三主力的位置，实际上最难打。上来就碰客队的第一主力，若是输了，不可避免地会影响下面的比赛，万一两队打成了4∶4，则最后要打决胜盘。我上来的对手是木村，没想到第一局还真打成16∶20。此时我没有多想，有人问是不是想到国家荣誉或者个人前途等，我觉得想得太多反而要误事。我靠的就是一个"拼"字，就是铆着劲一分一分地追。当然也要随机应变，比如突然发了个下蹲球直接得分，又或者连续毫不手软地发球抢攻，结果屡屡奏效，连扳六分，以22∶20拿下这一局，并最终以2∶1赢了木村。第六盘，我以两个21∶18赢了小中健，使我队在总分上以4∶2领先。说来也巧，1959年第一届全运会时，我和杨瑞华、徐寅生代表上海队与北京队争夺男子团体，第6盘由我出战庄则栋，连续两局，我都是在18∶20的劣势下反败为胜，使上海队以4∶2领先的。俗语说"两强相争勇者胜"，因为你不可能无敌于天下，比分落后时怎么处理？关键时刻比的就是意志，甚至意志品质比技战术更重要，这与我生来不服输的特点有很大的关系。

单打决赛又是在我与庄则栋之间进行的。领导要求打成3∶2，且场面要精彩好看。我说算了吧，还是3∶1稳妥些，前两届不都是3∶1嘛，不要搞得太悬。但领导不同意，结果打到第五局，我以10∶5领先，交换场地。人家打球往前面跑，我是发一个球就往后退，接着放高球，打回头，老徐在后面看得都笑了。场子上的南斯拉夫观众一个劲地叫喊，搞得我很紧张，差一点都让不掉。

中国乒乓球队参加第26届至第28届世乒赛，战绩卓著，三次受到毛主席等党和国家领导人的接见。第一次是在中南海，记得我与毛主席握手时，还没握上，照片就拍了。那次是容国团等为主席打表演，我因年轻，帮着捡球。第二次是我和庄则栋上场表演，毛主席、刘少奇、周恩来等领导都在。我想：毛主席日理万机，真是太劳累了，一定要好好打，让毛主席高兴地看球。谁知我太想打好了，一丢球就急得要命。这样，反而打得结结巴巴，很不顺手。下来后，那个懊恼劲就不提了。第三次在北戴河，补救的机会终于来了，这次庄则栋和张燮林是攻守组合。我和周兰荪是快攻组合，我总结了上次的教训，放开打，打了场好球，这才算如愿以偿。

四、非常纪事

对我来说，第29届、30届世乒赛是非常关键的两届，因为技术、能力和经验正处于稳定的高峰期，可惜"文化大革命"来了，一晃四年的青春年华就逝去了。到了第31届世乒赛时，我已经29岁，长期不训练，各方面的条件都退化了，且一条腿在"文革"拉练行军时受伤，损失是很大的。但在国家这个层面上，个人是微乎其微的。全国人民都在"闹革命"，世界冠军又算得了什么！游泳队搞起了武装泅渡，红卫兵住进了体育馆，乒乓球队被说成是"修正主义大染缸"，更别说参加世乒赛了。

在造反派眼里，乒乓队属于"铁杆劳保"。我们与荣高棠主任相处那么多年，在他的带领下为国争光，他的言行举止大家是再了解不过了，怎么一下子就成了"反革命"呢？思想上自然转不过弯。1966年10月下旬的一天，北京体院的红卫兵批斗荣主任，我们正在食堂，听说荣主任在主席台上站着，到中午12点了连饭都吃不上。于是我和周兰荪、郭仲恭等几个一合计，就端着一锅饺子进入了会场，径直走上主席台送饺子，结果被红卫兵拦了下来，这就成了著名的"送饺子"事件。那年11月中旬将在柬埔寨召开新兴力量运动会，原定荣高棠是团长，却又不让去了。于是，我们乒乓队就到国务院去请愿，为此事还挨了总理的批评。总理是最关心乒乓队的，在我的记忆里，有一年见了总理八次，但在这种情况下，他也顾不过来了。

以后，直至给荣高棠定了性，我们几个送饺子的也被拉上去低头陪斗。我那时是年少气盛、敢作敢为，在造反派看来属于弯子没转过来，因而成了重点对象。记得我有一次验血后转氨酶的个别指标偏高，于是就请队医关俨诊疗，关医生给我开了全休单。造反派看后不相信，认为是我伪造的，为此还专门到关医生那里去核实。

乒乓队的"保皇派"本是铁板一块，但随着荣高棠问题的升级，庄则栋在体委大楼贴出"我要造反了！"的大字报后，乒乓队逐渐开始分化了。要革命嘛，队内分成了造反大队与毛泽东思想兵团两派。除容国团等不多的人外，大家则按自己的看法或者认识的人选边站，我和老徐参加了"兵团"。既然是两派，双方就互相指责，总认为自己是正确的，当然也没有像外单位那样发展到冲突的地步。1967年，毛主席有了"大联合"的最高指示，乒乓队又联合起来下基层为工农兵打表演。表演不是比赛，不讲战术，只看技巧，就是自己驾轻就熟地玩球。如果看过陈新华与郭跃华的趣味乒乓，就可以想象我们当初是怎么打的了。

说到"文革"中乒乓队发生的"三英"事件，徐寅生、庄家富、关俨等不少同志都在自传中追述了很多，尤其是关俨医生更是把整个过程详尽道来。我就不细说了，只想谈谈自己内心的感受。虽说在那个年月，死人是习以为常的，但同在队里训练、生活，大家朝夕相处多年，且三人是我的前辈，是我的良师益友，三人更是共和国的功臣，那感触就不同了。姜永宁是最先从香港返回内地的，1952年新中国第一次举行全国乒乓球锦标赛，他就夺得男子单打冠军；1953年首次代表中国参加第20届世乒赛；

1956年第23届世乒赛上，作为新中国运动员在世界大赛中第一次战胜了前世界冠军。1952年，傅其芳曾代表香港参加第19届世乒赛，获男团第四名；从1958年起任国家队主教练，指挥中国乒乓球队连续三届夺得男子团体冠军。容国团是中国乒乓球乃至中国体育界第一个世界冠军，并带队获得第28届世界乒乓球锦标赛女子团体冠军。周总理曾将容国团夺冠和国庆十周年列为1959年的两件大喜事。但就在1968年的4月至6月，傅其芳、姜永宁和容国团三人永远离开了一生所钟爱的乒乓球事业。我虽不在现场，但消息传来，却是无比地震惊、难过，辗转反侧，夜不能寐。

容国团的去世，实与力图突破"文革"运动对乒乓球运动的干扰有关。1967年底，周总理有意让中国队参加第30届世界乒乓球锦标赛，要求体委进行讨论。讨论会上，容国团发言说，我们应该立即组织队伍，参加世乒赛，为祖国争取荣誉。造反派坚决反对，宣称"革命运动大于一切"，想参加比赛无非是为了个人名利，并贴出大字报，攻击容国团等人是修正主义黑干将。容国团不服，执意给中央写信，起草后邱钟惠、郗恩庭、张燮林和我等都签名支持，积极要求参加第30届世乒赛。1968年5月下旬，寄出的信被退了回来，"文革"小组还派人调查写信人的"幕后黑手"。容国团在造反派轮番审讯下，脱口说出我们几人的名字。容国团被释放了，但他想不通自己这番为国争光的苦心为什么会遭到如此的责难。乒乓球运动给了他极大的荣誉，现在一下子什么都没有了，记得容国团在最后的遗书中写道："我爱面子甚于生命！"其实这个面子就是人格与尊严。

1985年，由中国乒协牵头，设立了"三英杯"乒乓球邀请赛，每年分别在北京、上海、广东、香港（后加入澳门、宁波）等六地轮流举办，不仅是为了纪念中国乒乓球界容国团、傅其芳、姜永宁三位英杰，更要我们牢记历史，教育后人，不要让悲剧重演。

2009年4月5日,在广东省珠海市体育中心容国团塑像揭幕仪式上合影。后排中间为李富荣

1968年后,国家体委实行了军管。就此,国家队进行了整顿,人事供给关系不在体委和户口不在北京的一律回原单位,如姚振绪就回到了上海。所有运动队都改为部队的连、排编制,乒乓队编为一个排。此时"三忠于"活动搞得很热闹,早请示、晚汇报,学跳"忠"字舞,大唱语录歌。时常有"最新指示"下来,于是大家就排着队,敲锣打鼓喊口号,从训练局出发到人民广场兜上一圈。之后又搞野营拉练,组织到农场劳动,有时还组织我们下基层打乒乓表演赛,反正日子就这么一天天过,在那个动荡年代里,谁能预测到这场运动会搞成个什么样子,何时又是头。

到了1970年，球队逐步开始恢复训练，对外交流也开始了。6月，以尼泊尔马亨德拉国王五十寿辰庆祝活动为契机，中国乒乓球队前去访问表演。这应该说是"文革"中中国体育代表团的第一次出访。7月，在董老和总理等领导的陪同下，我们在首都体育馆为柬埔寨西哈努克亲王和宾努首相进行了体操、乒乓球、篮球、排球等四个项目的体育表演，男子单打仍然是庄则栋与张燮林一攻一守、我与周兰荪的对攻。体育表演结束后，领导和外宾与我们合影，西哈努克亲王还赠送了银杯。这一时期，社会主义国家球队的来访比赛也多了。8月，朝鲜乒乓球队来访；11月，越南乒乓球队来访；12月，罗马尼亚乒乓球队来访等。除了在北京的比赛外，来访球队又到外地继续进行访问比赛，如朝鲜队去了上海，此时国家队就安排上海籍队员余长春、于贻泽回上海参赛，加上先前返回上海的姚振绪，实力应该是可以的，结果却以4∶5输了，这说明咱们断了训练，人家没断，水平下降是必然的。

11月，我们启程参加欧洲巡回赛，访问了罗马尼亚、瑞典、丹麦、南斯拉夫和阿尔巴尼亚等欧洲五国。男队教练是徐寅生，女队教练是王志良，整齐的主力阵容中，男队有庄则栋、张燮林、周兰荪、李景光、郗恩庭、余长春、王文华和我，女队有林慧卿、郑敏之、李莉、梁丽珍、李赫男、郑怀颖、张立。因为这是"文革"以来中国乒乓球队第一次参加国际赛事，引起了国内外舆论的高度关注。结果在第30届斯堪的纳维亚锦标赛上，我们男队的表现却不如人意，丢掉了分量最重的团体和单打冠军，为后来参加第31届世乒赛敲响了警钟。

在团体四分之一决赛时，我们就险负名不见经传的英国队。当双方打成2∶2时，我上场对战巴纳斯，第一局以19∶21输了，好在自己稳定住了情绪，最终以21∶18和21∶16连扳两局。但半决赛时我们输给了匈牙利队，决赛盘是我对克兰帕尔，他的弧圈冲劲十足，我的发球抢攻又没奏效,没能担负起挽回战局的重任。在随后的单打比赛中,我们七位男选手在半决赛前,均先后负于欧洲选手,包括进入前八名的庄则栋、周兰荪也分别以2:3、1:3负于瑞典的本格森和匈牙利的约尼尔。除老徐当了教练,第28届世乒赛曾所向披靡的中国男队"五虎将"都输了。欧洲媒体评论说:四年没有参加国际比赛,中国乒乓球队的技术已大大落后了。

这次的输球对我们的震动很大,这才真正看到了欧洲弧圈球的发展水平。好在队里有准备,带去了录像机,回来后反复观看克兰帕尔、约尼尔、斯蒂潘契奇等欧洲运动员的技术特点,并针对性地确定训练方案。男队教练徐寅生认为,离第31届世乒赛还有短短三个月时间,要想彻底扭转被动局面已不现实。他建议加板小弧圈,以旋转为快攻创造条件,这就是老徐所说的在中国乒乓球"快准狠变"后加个"转"字。

五、我所经历的"乒乓外交"

1971年初,日本乒乓球协会会长后藤钾二来到北京,正式邀请中国队参加第31届名古屋世界乒乓球锦标赛。在他看来,没有中国队参加就谈不上真正的世界级比赛。第29届、30届日本队拿了许多冠军,但那是在乒乓大国没有参加的情况下获得的。

我们听说,起初后藤先生与中国外交部等有关负责人谈得并不顺利,因我方提出了一些外事要求。在后藤看来,自己不是官方代表,故很为难。问题汇报到周总理那里,总理认为人家只是代表乒乓球协会来的,应该实事求是。几经周折后,双方签署了五点纪要。消息传来,大家训练的劲头更足了。其实,运动员就是要参加比赛,否则不是徒有虚名吗?

中国回归世界乒坛已万事俱备,参加名古屋世乒赛的队伍已整装待发。

此时却风云突变,因柬埔寨发生朗诺集团的政变,西哈努克亲王在北京成立民族统一阵线和团结政府。当朗诺集团宣布派选手参加第31届世乒赛后,民柬官员就来问我们是否还准备参赛。此时已是3月10日,离第31届世乒赛开幕只有十几天了。同时,日本的右派势力还扬言要搞破坏,甚至暗杀等。为此,总理叫乒乓队展开讨论,究竟去还是不去?我们是在晚上开会的,外交部韩念龙副部长也来了。我记得庄则栋明确表示不去。老徐作为教练是支持去的,我也表态支持去的。后来总理给主席写了报告,主席批示:"照办。我队应去,并准备死几个人,不死更好。要一不怕苦,二不怕死。"这是在代表团中传达的,至此尘埃落定。赴日之前,周总理在人民大会堂接见代表团全体成员,并和我们每个人一一握手。也就是在这次会见中,我们第一次听到总理讲了在比赛中要确立"友谊第一,比赛第二"的方针。

参加第31届世界乒乓球锦标赛的中国男子乒乓球队运动员和教练。前排左起:王文荣、刁文元、李景光、郗恩庭、周兰荪、余长春、王文华。后排左起:李树森(教练)、庄家富(教练)、李富荣、张燮林、庄则栋、梁戈亮、徐寅生(教练)

为了安全起见,代表团分乘德(国)航和加(拿大)航的飞机飞往东京。日本乒协在机场大厅举行了上千人规模的欢迎仪式,后藤和中方代表团团长赵正洪先后致辞。3月28日,第31届世乒赛拉开战幕。虽然我从欧洲比赛回来,重点加强了对付欧洲前冲弧圈球的能力,训练也蛮拼的,教练还是更多地安排庄则栋、李景光和梁戈亮三人上场。从实际效果来看,梁戈亮使用两面不同性能的球拍,在战胜瑞典、匈牙利等欧洲强队的比赛中确实起到了"奇兵"的作用。李景光在对日本队的决赛中更有超水平的发挥,一人独得三分,中国队获得了第31届世乒赛男子团体冠军。在随后的男子单打比赛中,我在对阵匈牙利的约尼尔时,成功地用快攻压制住了他的强力弧圈,以3:2取得胜利。但比赛中还是发生了一个插曲,当比分打到21:20我领先时,约尼尔发球后,示意此球擦网,但裁判并没有领会,比赛继续进行,结果我赢了这最后一分。赛后,日本裁判叫约尼尔签名,他画了个叉,比分已经成定局,但不欢而散是肯定的。我们回国后,总理接见时特意提到这件事,我当即向总理承认自己当时求胜心切,没有体现出"友谊第一,比赛第二"的精神。总理听了我的表述,高兴地站起来同我握手,使我深受感动。

第31届世乒赛期间发生了著名的"乒乓外交"事件。庄则栋是当事人,我是见证人和受益者。那天,我们准备乘车去赛场,车子已经发动了,落单的美国运动员科恩跳上了我们的车。此时车上的人各想各的心事,无非是正常搭车嘛,或是因是个美国人,讲话举止要注意点等,并不像庄则栋后来所说:忽然蹦出个美国人,谁都不敢理他。当时,庄则栋带了翻译,上前与科恩谈了起来,并赠送了一块织锦作为礼物。搞新闻的人嗅觉就是灵,我们的车一停,一帮子记者就围了上来,庄则栋、科恩二人一下子成了焦点,科恩向大家展示织锦的照片就此留了下来。其实,之所以引起这么大的关注,一方面是因为庄则栋是三届世界冠军,另一方面,他性格上遇事喜欢出头，也敢出头，说上就上去了。至于后来传说上面肯定他有外交头脑，考虑到中美两国关系的大局，这是不可能的。只是在不经意间，简单变复杂，小事变成了大事。经毛主席和周总理的运筹帷幄，美国乒乓球队访问了中国。当总理接见来访的代表团时，美国乒协主席斯廷霍文向总理提出邀请中国乒乓球队访问美国，总理当即表示了同意。

既然要出访美国，就要定人组团。不久，我和张燮林、郑敏之等人接到了去参加由总理主持并有国务院有关部门人员参加的外事工作会议。总理问："乒乓队来了没有？"我们说"来了"，总理说，"到前排来坐"。就在这次会议上，总理点了我们几个人的名，并定下了由运动员即庄则栋任代表团团长。如果说美国队来访是我们敞开了胸怀，那我们的回访则预示着美国二十多年的封闭之门终于打开了。能成为访美代表团中的一员，我当然是既兴奋又自豪。

这里讲讲在加拿大和美国访问的情况吧。

1972年3月27日，中国乒乓球代表团离开北京。29日在巴黎停留了一天，30日抵达加拿大。我们访问了渥太华、蒙特利尔、温哥华、多伦多等地，内容多为访问学校、游览景点、友谊比赛和与当地的华侨联欢等。我们还专访了位于多伦多以北格拉文赫尔斯特市的白求恩故居，受到了新主人的欢迎。代表团还向该市赠送了一幅白求恩的绣像，大家又一起簇拥着绣像合影留念。至于比赛，则或是平分秋色，或是搞些混合编队，讲的是"友谊第一"，例如第一次在渥太华的比赛中就是林慧卿和凯塔诺与张燮林和内苏凯蒂斯混合对阵。

4月12日，我们在加拿大访问了十天后，美国乒乓球协会主席斯廷霍文专程赶到渥太华，陪同代表团乘专机抵达美国的底特律市，开始了对美国的回访。美国总统特别顾问斯卡利到机场迎接。在欢迎的人群中，我看

1972年，中国乒乓球队代表团访美，在白宫玫瑰园受到尼克松总统的接见。左三为李富荣

到了一年前来中国访问的美国运动员。机场上举行了欢迎仪式，美接待方主席和中方团长分别致辞，都希望本次访问能取得圆满成功。美国方面以及旅美华侨团体对这次访问非常重视，纽约和美东各界爱国华侨成立了"美东华侨欢迎祖国乒乓球团委员会"。就在我们来之前，据外媒报道：能容纳11 245人的底特律科博竞技场，已将中国队和美国选手比赛入场券销售一空。在华盛顿，我们来到白宫玫瑰花园，受到了美国总统尼克松的接见；在纽约，我们访问了联合国总部，还进行了乒乓球表演和友谊赛。在我的印象中，代表团参观美国的工厂比较多，如克莱斯勒汽车制造厂、铁工厂、豆油加工厂、唱片制造厂等。当然，大千世界，无奇不有，我们也会碰到一些捣乱、骚扰者，发出一些不和谐的声音。但这与当地人民对我们热情欢迎的程度比起来又算得了什么呢？

六、教练生涯

第 31 届世乒赛后，由于年龄等原因，我基本淡出了国家队主力阵容，与张燮林一样，属于运动员兼教练员，即开始向专职教练过渡。此时随队的任务主要是出访打打表演赛，如 1972 年 2 月 23 日，周总理、叶剑英等陪同美国总统尼克松观看体育表演，就有庄则栋与张燮林的单打，我跟李景光配对与余长春、刁文元的男子双打。而重要的赛事基本都由李景光、郗恩庭、梁戈亮、许绍发、于贻泽、刁文元、余长春等出战，同时也在他们中间选拔出了参加第 32 届世乒赛的主力阵容。

1973 年 4 月，第 32 届世乒赛在南斯拉夫的萨拉热窝举行。此时，我和张燮林已三十出头，是名副其实的老队员，故只参加单项比赛，也算是尽最后一份力吧。记得临出发前，总理和叶帅特意来看望了我们。总理对乒乓球队真是关怀备至啊！就拿我来讲，因爱人张予懿北京舞校毕业分配到了沈阳，可我时常要出国或去外地训练比赛，尤其是有了孩子后，两地分居给家庭生活带来诸多不便。为此我多次向组织请求能将张予懿调回北京，但总是得不到解决。王猛任国家体委主任后，将我的困难向总理汇报了。在周总理的过问下，张予懿调回了北京。说回世乒赛，在这次男子单打比赛中，我没能挡住南斯拉夫的斯蒂潘契奇的两面弧圈，从而结束了自己的征战之旅。而由李景光、郗恩庭、梁戈亮等出战的男子团体赛中，因关键场次中梁戈亮发挥失常，一人丢了 3 分，致使中国队屈居亚军。

第 32 届世乒赛之后，因徐寅生调体委国际司，我出任中国男队主教练。记得老徐在交接时对我说，他执教时是 1 次夺冠，1 次失利，1∶1，以后就看我的了。话语中含有一种托付、一种希望。的确，原来是从旁协助，现在是要挑起这副重担，自己深感压力。后来老徐评价我，在男队执掌五届，四次夺魁，一次失手，4∶1，似乎超过了他。用现在的网络时髦用语就是领导给你点赞了！作为老大哥、老战友，他虽不任教练，但也是带团领导，我所取得的成绩与他的真诚帮助、出谋划策是分不开的。他的稳重、大智、慧眼是我难以企及的，这不是能用1∶1和4∶1简单比较的。关于主教练的职责，我体会最深的是：一个运动员，当人家都认为合适时你用他，那不叫本事，在人家对他犹豫不定，可上可下，难以定夺时，你能以独到的眼光看到他的独到之处，最终达到出奇制胜的效果，那才是你的本事、你的气魄。

比如第33届与南斯拉夫队决赛时的用人。许绍发在上届决赛时就有出色发挥，尤其在队友失手的情况下，更是毫无畏惧，起到了顶梁柱的作用，尤其他的高抛发球更是一绝。李振恃是1973年全国男单冠军，曾战胜过本格森、河野满、约尼尔、舒尔贝克等名将。二人在此前的比赛中发挥都不错，故决赛上场毫无异议。那第三个人选谁呢？一个是梁戈亮，一个是陆元盛，队里教练意见不一。在我看来，梁戈亮是正面反胶，反面长胶，而小陆子是正面长胶，反面反胶，与一般人正好相反，倒板的规律肯定不同；且从防守的效果上讲，小陆子更"黏"，用老徐的话来讲就是，他擅长耐着性子"泡蘑菇"，把对方搞得心慌手软，最后被活活缠"死"。从另一角度讲，梁戈亮已参加了三届世乒赛，外国选手已经适应了他的打法。所以，作为男队主教练，我倾向让小陆子上。在男团决赛出场人员的名单上，我把小陆子排在第1、5、9二号主力位上。他在先负斯蒂潘契奇的情况下顶住压力，2∶0战胜南斯拉夫一号主力舒尔贝克，为中国队重新夺回男团冠军立下汗马功劳。至于第34届世乒赛小组赛对匈牙利队时，我们选择第一次参加世乒赛、也是持两面不同性能球拍的削攻结合选手的黄亮担任第2、4、7的一号主力，智取了匈牙利队；决赛对日本队时又同时让黄亮和梁戈

1974年4月9日，中国乒乓球代表团副团长、教练员李富荣（左二）和阿拉伯联合酋长国、也门民主人民共和国、巴基斯坦等国运动员进行友好交谈

亮上场，轻取了日本队。这些都是有着异曲同工之妙，我就不一一细说了。

从老徐手中接过教鞭，至1984年，一干就是十年。在这十年的教练生涯中，有过胜利，也有失败。4∶1嘛，总体上是胜利多一些，至今回忆起来仍是有非常多的感慨。其中有代表性的和戏剧性的，可作为故事来讲的是1979年第35届世乒赛，这届我们没打好，男队输给了匈牙利，丢了冠军。我记得当时非常紧张，自己的裤腰带都松了两节，队员也尽了力，主要是我们赛前的工作没有做好，导致失利的原因有三个：第一，我们与匈牙利队胜多负少，对困难估计不足，有麻痹轻敌的思想。梁戈亮、黄亮长胶的"怪拍"打法，已被人摸透。小组赛中我队以2∶5负于匈牙利队，梁戈亮输两分，团体决赛时用人捉襟见肘。第二是我们的技术还存在缺陷，

1979年4月25日，第35届世界乒乓球锦标赛在平壤体育馆开幕。图为李富荣率中国队入场

打法缺乏创新，面对匈牙利队日趋成熟的正反手两面弧圈，我们的直拍快攻防御太多，主动发力进攻太少，没有有效的针对措施。第三是我们的运动员的意志品质不够顽强，落于下风，顶不住，所以以1∶5丢了冠军。作为教练员，我内心很不服气，匈牙利队教练别尔切克过来握手，我们是老对手和老朋友了。此时记者又过来采访提问，我说，匈牙利从上次夺冠到这次再度捧杯用了27年，而我们中国夺回这个杯绝不会用27年。

回来后，我发愤图强，在自己的训练日记的第一页上贴上了平壤发奖的照片，照片上匈牙利队员在别尔切克的带领下，兴高采烈地手捧斯韦思林杯站在奖台上，中国队则站在第二的位置上。我要牢记这次失败，激励自己，打好"翻身仗"。

欧洲水平上去了，我们怎么办？中国乒乓球男队已被推到"逆水行舟，不进则退"的境地。我也确定了针对性的三点措施：一是大力培养新人，力求打法多样;二是有效地弥补技术上的不足;三是在意志品质上加强集体主义的教育,大家拧成一股绳。我们所培养的新人,力求技术上有所突破。比如谢赛克、蔡振华,二人握拍一直一横,都是左撇子。他们的共同点是发球技术好,旋转变化多,尤其是蔡振华攻守兼备、以攻为主,其球拍反面贴的是有一定怪异度的防弧圈胶皮,这样倒板出球,转与不转更令对手难以琢磨。蔡振华的打球特点是线路灵活,更难能可贵的是他的心理素质好,关键球不手软。谢赛克对付弧圈球的能力非常强,并且能以正胶小弧圈加上快速凌厉的扣杀,迫使对方难以拉出质量高的弧圈球。所以二人不管对日本还是欧洲选手,都是较为合适的人选,故被推上了前台。同时在日常训练中,我们对队员的思想意志与品德要求更趋严格。如谢赛克由于握板的原因,手指上起了泡,本人提出需要休息。我坚决不同意,对他说,就是流血也要坚持;如果在决赛场上,你流血了怎么办?难道不打了?到内蒙古热身赛时,冬天到了零下10℃,施之皓发烧38.4度,同样要求休息,我仍旧没有同意。两年的冬训中,我要求队员们对体能极限和意志品质发起挑战。每天六点出操,我亲自领跑2 000米,然后是一小时以发球为主的技术训练;上午技术训练两个半小时,再加一小时的身体训练;下

1981年5月4日,中国乒乓球队自诺维萨德载誉归来以后,球队总教练李富荣和乒乓球运动员应邀到清华大学访问,受到师生热烈欢迎。李富荣被评为第36届世界乒乓球锦标赛最佳教练员

午又是三小时的技术训练；晚上是总结会。有的队员感冒了，可以休息，但必须到场边走走，帮助捡球，体现大家是一个团队的，你是球队中的一分子。要使我们的队员明白，自己所有的付出都不会白费。就是这样，从点滴小事上严格要求，经过两年的不懈努力磨炼，我们的乒乓球队练成了一支意志顽强、作风过硬、技术全面的"铁军"。

在南斯拉夫诺维萨德市举行的第36届世乒赛上，我们男队的小伙子不负众望，在决赛中以5：2战胜了匈牙利队，重夺斯韦思林杯，报了平壤世乒赛的"一箭之仇"。中国乒乓球队还一举夺得了乒乓球比赛项目的全部七项冠军，回报了祖国人民的培养和期望。一位南斯拉夫记者开着玩笑对我说，中国朋友一点都不客气，我们烧了那么多的菜，你们全部都吃完了。实际上我们不仅拿了七项冠军，把各单项的亚军也都包了。

这是历史性的胜利，也是中国乒乓球队有史以来的第一次。

七、从政之路

随着年龄的增长等多种因素，更主要的是组织上的培养和重用，1981年，我被任命为国家体委训练局副局长，主要负责田径、乒乓球、羽毛球、体操、举重、游泳（跳水）和足球、篮球、排球等九个项目国家队的训练管理，堪称中国竞技体育的大本营，可谓任务繁重。起初我还是将乒乓球列为重点，从1983年的第37届世乒赛后，我的工作重心就逐步向其他项目转移了。因为我在其他的项目中算不得内行啊，况且这些项目里名人名角居多，不熟悉业务，尽讲外行话肯定不行，必须触类旁通。后来听老徐评价说，我比较快地进入了角色，思路清楚，有条理。不久，体委领导决定让我脱产学习，去北京体育学院干部专修科深造。当上到乒乓球项目的

1983年6月，第六届全国人大在北京隆重召开。图为李富荣代表和宋世雄代表在一起交谈

课程时，任课教师对我说："还是请你上台讲吧。"实际情况是，我们这些人有实践经验，但理论基础薄弱，确实需要学习充实。完成学业取得学历后，我被任命为国家体委训练局局长。从1984年任第23届奥运会中国体育代表团副团长起，至2004年，我6次担任此职务。当时，训练局管理的9个运动大项，有7个获得过奥运会冠军，是中国体育代表团夺取奥运会金牌的大户，如在巴塞罗那奥运会上获得的金牌，占代表团全部金牌数的四分之三。1996年中国女足获得银牌；1992年和1994年，中国女篮获得银牌和铜牌；1996年中国男篮首次进入前8名。这些在奥运会上取得的成绩也是历史上最好的。从1984年到1996年四届奥运会，中国一共获得52块金牌，其中42块金牌是训练局所属项目获得的。后来，这些项目分别被划归中心进行管理了。

从一个项目的总教练管理，到出任局长的全面管理，不仅需要探索学习,更重要的是善于发掘人才,所以首要的是充分发挥教练的作用,特别是要给年轻有为的教练创造施展才华的舞台。比如乒乓球队的蔡振华、羽毛球队的李永波、体操队的黄玉斌、跳水队的周继红等,把他们扶上马后,还要送一程,不断发现问题,寻找根源,及时地去提醒、告诫和激励,既给这批年轻人信心,又给予人力、物力、财力的支持和保障。当乒乓男队出现一些问题的时候,甚至调动全国乒乓界的力量来帮助共渡难关。雅典奥运会之前,因中国跳水队在世锦赛上成绩不佳,面临媒体和公众的压力,人们普遍认为,中国选手的动作难度已经低于外国的选手了。我特地在上海观看了跳水比赛,发现胡佳的两个动作难度大,但不够稳定。于是,我亲自和胡佳谈话,建议他在奥运会比赛中放弃高难度动作,选择发挥稳定的动作。在当时的情况下做出这样的决定,就连胡佳自己都将信将疑。比

2001年2月7日,中国奥委会全会在北京举行。会上,时任国家体育总局副局长李富荣将奥委会特制的金、银、铜纪念章,授予在第27届奥运会上获得优异成绩的运动员。图为乒乓球、羽毛球运动管理中心主任杨树安代表乒羽中心运动员领奖

2015年5月3日,时任国家体育总局副局长蔡振华给徐寅生、李富荣颁发"终身成就奖"

赛的结果证明了我的预判——胡佳降低了动作难度,凭借稳定的发挥击败各国高手,站上了奥运会冠军的领奖台。

1994年,全国兴起了体育改革,乒乓球当然也不例外。8月,我在全国乒乓球工作会议上做了关于《加快改革步伐,促进我国乒乓球事业的进一步发展》的报告,将"双轨制"引入乒乓球的改革进程。所谓"双轨制",就是计划与市场双轨并行。1995年,俱乐部赛应运而生。到了1999年,中国的乒乓球发展终于不再局限于国家队,乒超联赛成为推动国球发展的重要力量。

我在训练局领导岗位上一干就是17年,副局长与局长任期各半。1999年5月,国务院任命我为国家体育总局副局长时,有人调侃我说,升了职,"局长"却变成了"副局长"。其实,从打球到当教练,再转行当领导,既是一个业务向行政转变的过程，也是一个勇于"摸着石子过河"的探索和创新的过程。这就要凭借多年的运动生涯和对于竞技体育规律的认识与理解，去做出正确的判断和决策。2000年，全国第一家真正市场意义上的企业运作的乒乓球俱乐部——山东鲁能成立，标志着乒乓球改革迈出了关键的一步。尽管乒超"市场化"的进程有些缓慢，但方向对了，就离成功更近了。

中国体育跨越式的发展和历史性的突破，主要得益于国家经济发展实力的增强，对体育事业的关心和加大投入，以及广大人民群众的支持。这才是我们体育事业蓬勃发展的根本源泉。如今我已经离开一线多年，退休后过着慢节奏的生活，当然，每天还要坚持一个小时的体育运动，如跑步、游泳、打网球。最大的愿望是一家人其乐融融，至于乒乓情结总是难以忘怀，所以一有机会，我也非常愿意在推动群众性乒乓球运动中贡献自己力所能及的力量。

余长春

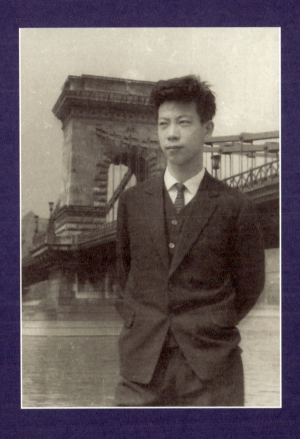

1942年生。1959年入选国家队。代表中国队参加了五届世乒赛,在单项比赛中获得男子单打第五名,男子双打、混合双打第三名。1962年,模仿日本弧圈球打法,为中国队夺取世界冠军做出了贡献。曾被国家体委授予特等功臣奖、中国乒乓球运动杰出贡献奖。曾担任上海乒乓球领队和主教练、上海乒乓球协会主席、中国乒乓球协会副主席。1989年移居加拿大。

从无名英雄到有名英雄

一、上海特色的"打野球"

我自幼就与乒乓球结缘,这跟我爸爸有很大的关系。我爸爸余惠民是震旦大学法律系的优等生,毕业后在上海做律师。当时震旦大学有足球队,也有打乒乓球的,我爸爸酷爱体育运动,又打乒乓,又踢足球。他的球友里有许多是学西医的同学,中华人民共和国成立后没有律师这个行业了,他就跟同事开了一家利民西药房。

六岁时,我爸爸开始带我去玩球,当然是他最喜欢的两个球类运动:乒乓球和足球。观察了一段时间后,他说我最大的特点是灵活,踢足球挺灵活,但太瘦小,被人家一挤一推就摔倒了;打乒乓球没有身体接触,而灵活是很大的长处,以后就打乒乓吧。而我自己也更喜欢乒乓球。那时乒乓球远没有现在这样普及,我爸爸就在家里的八仙桌上架个网教我打球,作为我的启蒙教练,他也常带我找有正规球台的地方去打。爸爸开的药房在淮海路嵩山路,对面的嵩山剧场是上海滑稽剧团驻地,杨华生等几位名角就在那里演出,里面有一张乒乓台,我爸爸跟他们熟悉了以后,就常常在六点钟打烊后带我去打球。南京路上有个大沪书场,是唱苏州评弹的地方,那里的说书演员喜欢打乒乓,也放了张台子,我也时常到那里打球。徐寅生、杨瑞华跟说书先生认识,也经常去那里,我就是在那里看见了这些上海滩的名手。穿过金陵路有家太湖乒乓房,当时在上海是相当出名的,里面有十张球桌呢!陆汉俊、李宗沛、俞诚等上海名将在那里当指导,还

我的启蒙教练——父亲余惠民（后排右二）

有陪打员，包括一些女陪打员。我爸爸有空就带我去，时常找一些会打的人练，有时也请教练，请陪打。球打得像模像样以后，我就独自到其他地方去闯闯，去"打野球"。

1956年以前，球房都是私人开的，以后就公私合营了。我爸爸的药房也公私合营了，所以印象很深。虽然公私合营了，教练和打球的还是这些人。在球房里打球是要付费的，一小时四毛钱的台费。我们这种"打野球"的，常常要等人家空闲了才能上台，有时还要被人随便"差差"的。有的人打得不错，想进一步提高，如果请教练或陪打的话要付钱，他就会找一个球技好的对手，这样只要付台费就好了。我这个"小左手"就经常被这些人邀请，不用出台费就可以练球，多好啊。

我常去"打野球"的地方有南京路新世界商场四楼的乒乓房、南京路贵州路口的华新乒乓房、西藏路金陵路转弯口的金门乒乓房、中苏友好大厦对面的现代体育馆、四川路横浜桥的精武体育会等。反正哪里有乒乓房，我就往哪里跑，我家附近的私人乒乓房我都跑遍了。

有一次我得到一张进永安公司七重天打球的票，记得是坐电梯上去的，那里有三张乒乓台，是专门供好手打的，他们水平很高。当我排队准备上去时，一个大人过来撇撇嘴对我说：你知道这是什么地方？你一个小孩子怎么好在这里打？我听了心头火起，心想打不打没关系，你这张藐视人的面孔要记住，总有一天要赢你。后来我14岁时代表黄浦区比赛，碰巧那人代表南市区参赛，我2∶0赢了他。

上海工人文化宫有六张球桌，那里的规矩很有意思：按水平分球台，打得好的在第一张台，水平差的在最后一张球台，我是从最后一张台一级级打到了第一张台。进工人文化宫打球是要票的，我一个学生哪有票？有个邻居是工会会员，他有票，他知道我想要票，就提出要我家拿肉票来换。一张肉票换两张门票，肉票啊！我犹豫了好几天，最后还是忐忑着告诉了母亲，谁知她竟毫不犹豫：你这么喜欢打球，我们换。

在文化宫我还结识了两个球友，一个是螺丝厂的工人叫汤德兴，另一个是南京路状元楼的厨师叫谢兆元。汤德兴说他知道六合路工厂宿舍上面有一张球台，我一听乐坏了，那个时候找一张球台可不容易。我们之间的水平差不多，汤德兴是直板削球，谢兆元是左推右攻，我是左手，我们三个人搭配在一起，有空就往六合路跑，我心里一直很感谢这两个朋友对我的帮助。

我对打球是很痴迷的，书包一扔就想打球，做梦也想打球。我喜欢读书，更喜欢打球，但爸妈规定我必须把书读好了才可以去打球。亲戚朋友生怕我打球耽误了学习，开口闭口总是说，长春啊，打球不能当饭吃啊，读书最重要。当时国家并没有专业队,在一般人眼里打球只是业余爱好,不是安身立命的长久之计。我爷爷是上海滩大律师,父辈都是解放前的大学生,对我们兄弟姐妹的功课一向抓得很紧。爷爷对我打乒乓是有点看法的:打球的能有几个得冠军?这倒是实话,好几个和我一起进上海队的,没到一年就分配到邮电局或煤气公司去了。我爸爸则坚定地支持我打球,我拼了命想把球打好,就是要给我爸爸争口气。后来进了上海队,我怕爷爷不放心,就跟他开玩笑:您看,打球也是可以吃饭的,听说如果到国家队那里条件还要好,一天一块钱伙食呢。后来我真的进了国家队,爷爷就以我为荣了。

打了几年"野球",我的技术进步很快,主要因为看得多、打得多,加上自己平时用心琢磨,体验了各种打法、各种球路,确确实实锻炼了实战能力。但"打野球"最大的问题是没有一套正规训练的路子,上台练两下马上就开始计分了,想要多练习是不可能的,因为早就有人在排队等着了。

1956年离我家很近的上海体育宫里开了一个非常正规的乒乓房,第一批学员有李富荣、屠汉刚、杨光炎、丁树德等,第二批学员有华正德和龚宝华等。但我对此完全不知道。其实体育宫曾到我就读的上海国强中学招人,当时我读初二,但学校完全不知道我会打乒乓,错过了这次机会。1957年我爸爸从报上看到了体育宫公开招收训练班学员的消息,我马上报名,进去一看,哎呀!教练原来是刘桐芳、戴龙珠、陆汉俊、李宗沛等,他们大多曾在太湖乒乓房做指导,看过我这个"小左手"打球。一练球,教练就发现这批学员根本没法跟我打,不在一个档次上,于是安排我跳级,直接跳到李富荣他们第一批学员里。我那么喜欢打球,现在可真是如鱼得水啦!

进了体育宫训练班,周一到周五每天下午从三点半练到六点。从此我再也不用像以前那样到处"流浪",找地方"打野球"了!更重要的是在体育宫得到了正规的基本功训练。那时候发球最好的是屠汉刚,我的发球是学屠汉刚和徐寅生的。徐寅生发的那个奔球,用手腕一转摩擦侧面,球就快速地向右拐出去。有一次看徐寅生跟罗马尼亚队的比赛,一个快奔发过去,对方连球皮都碰不到。那时候凡是有比赛我都去看,偷偷地学他们的动作。体育宫的训练使我的技术更趋全面,弥补了"打野球"时的基本功不足。

1958年以前我用的都是橡皮板,1957年日本在上海中苏友好大厦举办工业展览会,卖过一批带正贴的海绵拍,当我知道消息赶过去时,已经买不到了。我渴望有一块海绵板,妈妈想了个办法,把我爸爸自行车坐垫中的三角海绵取出来,两人拉平,用刀片一剖为二,我们父子俩一人一块,然后把乒乓板上的橡胶皮撕掉,用黄鱼膏把海绵贴在板上,就成了海绵板。我兴致勃勃地拿着板到华新乒乓房去试打,不想用足力气拼命地抽,球打在板上像被吸住了一样,根本弹不起来。后来找到了原因,自行车的坐垫海绵空隙太大,小洞很多而且偏软,根本不适合用作乒乓板的海绵。术业有专攻,日本的乒乓球海绵,完全看不出空隙,手指按下去感觉柔和且富有张力,再配上奶黄色的正贴胶皮,真是弹性十足。进了体育宫体校,每人发了一块国产的黑海绵球拍,拿到发的海绵板时,我激动得一晚没睡好觉。从此我的进攻速度加快了,这块海绵板对我技术的进步起了很大的作用。我们每人还发了一套SWT的红色运动服,穿着回到家里,那叫一个神气啊!我跟妈妈说穿长裤打球不舒服,她马上跑去买布为我做了两条短裤。我爸爸更是有心人,从我的名字见报开始一直到1988年,报纸上有关我的报道他全都做成剪报保留下来了。

就这样一直打到1958年初中毕业,我进了上海体育学院招收的预科

1959年的上海蓝队。三排左五为余长春

班,等于是高中。记得同学中有陆明通、唐鑫生、高妙福等。我们跟足球队、网球队的人一起睡在大教室里,十八个人一间,上下铺,网球冠军许梅琳就睡在我的下铺。9月份入学,一个月后我就参加了上海市的秋季运动会,获得市少年单打第三名。到11月份,为了迎接1959年的第一届全运会,上海成立了两个乒乓球专业队,一个叫乒乓球红队,在南京路651号竞技指导科,队员有徐寅生、李富荣、杨瑞华等;另一个叫乒乓球蓝队,有张燮林、我、刘国璋、薛伟初、张思德等。训练和住宿都在黄陂路的体育宫,一个大房间,一群年轻人,不用说,天天都是活力四射、热闹非凡。

1959年10月举行了全国青少年乒乓球比赛,主教练傅其芳看中了我,将我调入国家队。我热爱打乒乓球,终于从上海队打到国家队,我真开心啊,连做梦都在笑。我清楚地记得报到那一天是1959年12月24日。

我家住在凤阳路的一栋楼上,爷爷余华龙是上海滩的大律师,还是南京路商界联合会的会长。他是爱国民主人士，上海解放前夕，国民党到处抓捕胡厥文，就是抓不到，他们哪里想得到胡厥文就住在我家。生长在这样一个大家庭，父母总是教育我凡事要会忍耐、包容、谦让，还要懂得感恩，这养成了我的性格、脾气。打进了国家队，能够为国争光，是国家培养了我，我非常感恩。

二、特等功臣

那时国家队里有庄则栋、徐寅生、李富荣、容国团、王传耀几个主力队员，还有我们这批年轻队员，其中有王家声、胡道本、苏国熙、郭仲恭、杨国腾等十多人。当时我的打法是直板正胶快攻。对训练大家都是非常刻苦自觉，每天一睁开眼就是早操、长跑，早饭后八点半到十一点半是规定训练，午饭后睡到两点半，三点集合，打到六点。庄则栋带头"加班补课"，这小子像牛一样身体壮实。他晚上七点钟吃完饭就拉着吴小明，有时也拉着我，一直"加班"打到九点。队里的身体训练是很苦的，叫你哭也哭不出来，每天都是仰卧起坐、单杠、双杠、哑铃、杠铃等，筋疲力尽了还要去跑长跑，在北京大雪天里，穿件短袖、一条短裤，还跑得满身大汗。

为了备战即将在北京举行的第26届世界乒乓球锦标赛，国家体委从各地调人组建了"108将"集训队，从中选拔32名男选手和32名女选手共64名选手参加第26届的正式比赛，公布入选名单时，我听到了自己的名字，悬着的心放了下来，但很快又悬了上去：我要第一次打世乒赛这样的大赛了。

训练是由总教练根据日本队、欧洲队和我们比赛选手抽签的情况，有针对性地安排相类似的选手对练，提倡的是集体主义和"有一分光发一分热"的精神。容国团给我们作报告，要求我们齐心协力，帮助团体赛的主力队员。所以有不少削球选手就去模仿匈牙利的西多、别尔切克等。"108将"中有二三十个打横板削球的运动员，他们不但帮男选手，还要帮女选手，如胡克明、邱钟惠、孙梅英、王健等。队里给32名男子单打选手的任务很明确：坚决守住自己这条线，为主力队员开路。

这时传来日本人有"秘密武器"弧圈球的消息，正好日本队在香港有一场比赛，国家队就派庄家富前去侦察。庄家富回来后专门作了报告，介绍日本运动员荻村、村上、星野、伊藤拉弧圈球的情况，讲得神乎其神。那时还没有前冲弧圈，都是高吊弧圈。我们打反胶的队员很少，上海的薛伟初、广东的胡炳权两位率先表态放弃参加本届世乒赛，愿意模仿弧圈打法，专门陪庄则栋、李富荣、徐寅生、容国团、王传耀五名打团体赛的主力队员适应弧圈球。薛伟初和胡炳权是我的前辈，高风亮节，是国家队的第一批"无名英雄"。

第26届世乒赛终于开始了，我首先面对的是澳大利亚选手，3∶0拿下那是必须的。然后是蒙古选手，又是一个3∶0拿下。第三轮是对联邦德国的戈莫拉，他死守，我猛攻，一个球要扣好多下才能扣死，我们打成2∶2，第五局16∶13我领先，去捡球的时候，我对自己说无论如何一定要完成任务。谁知这么一来我就特别紧张了，手也有点抖，结果给对方追到19平，后面两分不敢扣，软掉了，输了比赛。

下来后，荣高棠主任跑过来说：大余，打得不错，打得很凶啊，怎么最后没有继续凶下去呀？输了没关系，以后再来过就是了。说完就请我去吃冰激凌。这让我心里很温暖。总结的时候，领导叫我谈谈。我老老实实说，最后关头给自己的心理压力太大，影响了技术的发挥。吃一堑长一智，此后我一直很注意自己心理素质的培养。

第26届世乒赛打完，日本队访问上海。我是上海籍运动员，自然被派回来代表上海队出战。那天的对手是星野，他是那年的全日本冠军。星野很会放高球，韧性十足，我在比赛中有一球连续扣了他十三大板才扣死，我爸爸还留着当年的剪报《余长春力战星野》，说我2∶0打得星野满场跑。第二场对抗赛我抽到了木村，木村在第26届团体赛中赢了我们两分。我心想，你把中国最好的选手都赢了，我输给你也算不了什么，反正我已经赢了全日本冠军星野，够本了。还真别说，心理压力一减轻，放开打，球就不一样了。我第一局赢了，木村显得有些慌乱，大概我这个名不见经传的"左手"还是挺出乎他意料的。第二局我17∶21输了。第三局双方一直拼到19∶19，此时是木村发球，他一个隐蔽的侧旋底线长球发到我正手，我手上稍微紧了点，只是把球带起来，反被他的弧圈冲了我的正手，就这么一模一样的两个球，我以19∶21输给了木村。

接着，捷克斯洛伐克和民主德国队来到上海。我和刘国璋、薛伟初打三人团体，我每场拿了两分。回到北京后，国家队肯定了我的表现，说：大余打得不错，实力是有的。

亲身与木村交手后，我开始琢磨木村的弧圈球的特点，以及他为什么会对我们中国队有这么大的威胁。大家一谈木村似乎都有点怵。确实，木村和庄则栋是当时世界乒坛成绩最好的两个运动员，那时欧洲的别尔切克和西多已经走下坡路了。当时我的打法是直板正胶快攻，我左思右想，觉得木村的弧圈球是当时世界上最先进的打法之一，如果改打弧圈球不仅对我有利，对国家也有利，因为队里正缺少这样一个角色，对我们集体打破恐"木"病是大有好处的。何况我的模仿能力蛮强的，又是用左手的，如果我学木村一定像模像样。1962年夏天，我与领队张钧汉和主教练傅其芳正式谈了自己的想法，我知道自己的想法有点大胆，谁知我一讲，他们两人都觉得这个想法很好,表示教练组要开会研究一下,很快决定就出来了:大余改打弧圈球学木村的想法很好,本人有决心、有信心,正胶改反胶学习先进技术是可行的。木村的威胁很大,大余学木村后可以帮助庄则栋、李富荣、徐寅生、张燮林树立个假想敌,我们同意改。

当我真的把正胶撕掉换反胶,再把中国式的椭圆形板锯成日本式的方板时,心情还是挺复杂的。当时中国乒乓球队要集体到北戴河去接受中央领导的接见。因我之前主动请战,便留在北京工人体育场苦练。我足足拉了一个月的弧圈,从无到有,初步打下了弧圈球技术的底子。

大队人马从北戴河回来后,国家队又合在一起训练了,大家说,大余在家拉了一个月弧圈,上台练练看。我上台一拉,哎哟,容国团、庄则栋、徐寅生、李富荣、张燮林都说有点"味道"啦,跟木村挺像啊,前冲不错啊。后来在乒乓球队的队内比赛中,我打出了好成绩,对弧圈球的技术有了更深的体会,大大地增强了我的信心。第 27 届世乒赛,国家队 16 名男队员参加,我入选。世乒赛后,国家队一路访问西欧,一路访问东欧,我分在东欧一路,和李富荣、周兰荪、杨瑞华等去罗马尼亚、阿尔巴尼亚、捷克斯洛伐克、匈牙利四国。庄家富是带队教练,他说一定要用我的弧圈球打团体赛,我心情很好,上去把欧洲好手全给"刷"了。

现在外面媒体上有报道,说我赛前模仿木村,还戴了副眼镜,不仅球像,形象也像。其实让日本人知道我模仿木村是在第 27 届世乒赛中日决赛之前,我跟廖文挺上去陪主力队员热身,我陪庄则栋,廖文挺陪李富荣。我们一开练,日本队木村、三木、小中健三人就停止了练习,都在看我们,心里疑惑:怎么这么像啊!他们不知道,这是傅其芳布置的心理战,显示中国也有"秘密武器",专门有人在模仿他们。日本队自然不知道我已改成弧圈球打法,所以傅其芳派我上去说,大余啊,你逗逗他,走路也学学他的样。还叫我戴一副眼镜,我想戴眼镜会不会太刺激人家了,就没戴。真正戴眼镜是在国内准备第 28 届世乒赛选拔赛的时候,为了模仿木村更逼真一些,我戴了一副平光眼镜。后来,我对木村说,你们日本没有这个条件,没有谁陪谁的任务,都是为自己拼命打;我学了你,就可以让我们的主力队员适应你的打法。木村笑了,他说:当然喽,等于是有个木村天天在陪庄则栋练,他怎么会怕我呢!我说:如果你们国家也有人两面攻学庄则栋,左推右攻学李富荣,整天陪你打,那比赛结果可能就会不一样。他笑了,他知道那是不可能的。木村还说:虽然你学了我,但第 27 届世乒赛以后你世界大赛的成绩都比我好啊。木村这个人修养很高,即使输了球也依然非常有风度。但这时我们俩谁都没想到,我们之间的友谊竟会延续五十多年,

1963 年参加第 27 届世乒赛的余长春

从北京延续到温哥华。

我改打弧圈球后,在第 27 届世界锦标赛中与容国团配双打,傅其芳对我说,容国团球控制得好,你步法快,别人与容国团配双打,两个右手,撞来撞去,你左手位置跟他不冲突,便于各自的技术发挥。能跟容国团配对打双打,我当然很高兴。容国团 1959 年获得了我国第一个乒乓球世界冠军,全国为之轰动。我对容国团很敬重,经常向他请教技术,比如他的搓球"贼转",因为他用的是暗功,不论搓出的球转与不转,他那个动作是一样的,让对手很难判断他的球,判断错了就容易失误。第 25 届半决赛时,容国团如果用拉球打美国队迈尔斯,则两人旗鼓相当,但容国团使用了他炉火纯青的搓球战术,使迈尔斯不是下网就是出高球,硬是用搓攻活活打"死"他。我们配双打在一起打球,彼此了解越来越多,并结为好友。他说,大余啊,你这个人很老实、很爽气。1963 年 10 月在上海举行全国乒乓球锦标赛,容国团特地到我家来看望我爷爷和爸爸、妈妈。容国团细长的个子,一表人才,斯斯文文,非常潇洒,他喜欢弹吉他,我住在他隔壁,非常享受他优美的吉他旋律。容国团挂拍后曾担任我太太林秀英的主管教练,现在我们都非常怀念他。

国家队的训练是由傅其芳安排对手的,主力队员一个礼拜四次碰弧圈,两次对快攻,三次打削球。我改了弧圈确实一举两得,庄则栋就跟我开玩笑说:大余啊,你看看表上,你不是对我,就是对徐寅生、对李富荣、对张燮林,你一天到晚跟我们这几个主力打,多好啊。确实如此,我固然是陪他们训练,可是天天和这几名世界顶尖选手对打,我的球技也迅速提高。我既高兴自己技术的提高,又高兴能对集体有所帮助,这些团体赛的主力成员在大赛上都可能碰到木村,通过针对性的训练,我们团体、单打、双打凡遇见木村的都赢了,再也不怕了。赛后他们来谢我,说大余是"无名英雄"。我说,别谢我,这是集体的荣誉、国家的荣誉,陪你们是应该的,能完成队里交给我的任务我很高兴。

第27届世乒赛在捷克斯洛伐克举行,我们分两批飞往布拉格。我是第一批的,这批里还有容国团、张燮林、王志良、陈先等。当时布拉格下大雪,飞机不好降落,就在旁边的小城市布拉吉斯拉瓦的机场降落,那里也是冰天雪地,由于大雪覆盖了跑道,飞机降落时起落架被雪缠住了,整个飞机冲出跑道,机尾翘起来像蜻蜓一样,王志良的下巴磕在座椅上全都是血,我们每个人都是从驾驶员舱爬出去的。后来听驾驶员说,万幸大雪没有卷到发动机的喷头里,否则要爆炸的,真是命大。

第27届世乒赛的单打中,我3∶1胜了种子选手捷克斯洛伐克队的安德里亚迪斯,进了十六强,完成了任务,一身轻松,离开比赛场地就回使馆吃饭休息了。没想到刚吃完饭,傅其芳就通知我做好准备,我一瞬间没有反应过来,随口问了一句:做什么准备?傅其芳说,接下来你要跟朝鲜的郑吉和争前八。郑吉和是日本朝侨,他和日本队经常一起训练,是朝鲜的一号主力队员。本来我已经解除了心理武装,我清楚自己的位置,下一场准备让球了。没想到郑吉和打疯了,超水平发挥,意外地赢了我们一名主力队员,所以我要和郑吉和打了。傅其芳给我布置了战术,第一,郑吉和是拼命侧身的打法,你是左手,弧圈冲在前面;第二,发球要发到对方正手近网,只要郑吉和挑起来,就马上冲他反手;第三,他的发球比较转,不管是拉还是过渡,总之都打到他反手。听了傅指导的布置,我有底了,紧张的心情慢慢平复了下来。到了赛场,傅其芳做我的临场教练。第一局,我顺利地赢了,第二局,打得太凶,不够稳,反而输了。第三局郑吉和弹起了"琵琶",打得哆哆嗦嗦,我及时抓住对方心理的变化,稳扎稳打,拿下了第三局。第四局前,傅其芳对我说,郑吉和背水一战,会跟你拼命,你要留心。我则想快点赢下来,正手发球时应该用抖动的侧上侧下旋,全然忘记了,反而发了反手球,郑吉和顺势回过来,弄得我很被动,输了第四局。第五局一开始,布拉格的观众拍手欢呼给郑吉和加油,我连球的声音都听不见。其实,我的弧圈球比木村"冲",人称"世界第一冲",本来拉过去可以冲 5 米远的,现在受场上气氛影响,打过去只能冲 3 米。郑吉和一个劲地吼叫着跟我拼,开局我就以 3∶10 落后。双方交换场地,我尽量冷静下来,控制情绪,减少无谓失误,两面大角度拉开。这样你来我往,比分交替上升到 13∶19,我下来擦汗,傅其芳用上海话对我说:大余啊,你还想啥?死马当活马医,你给我搏了!顶多输了,还哪能?没错,拼了!我振作精神上去了。此时郑吉和发个正手球,我拉起了高吊,他挡了回来,我猛冲,没想到他挡了个斜线擦边球,擦边球没得救,他以为赢定了,万没想到我一个交叉步飞扑过去,硬是把快落地的球拉了回去,他完全没有

1965 年参加第 28 届世乒赛的中国男队。前排左三为余长春

思想准备，张着嘴，眼都直了，一副不敢相信的表情。这下他崩溃了，发了两个不转的球，被我一一"冲死"。傅其芳示意我继续用正手发抖动的侧上、侧下旋至其正手近网，我一口气连发五个、连冲五个，"格啦松脆"地以21：19赢了。赢了这场球，完成了任务，我很高兴，教练和队员们都向我祝贺。

我进入了前八名。王志良和木村争前八时以3：2赢了木村，这样争前四时，我碰到王志良，这时领导来做工作，说：大余啊，你的功劳很大，王志良的功劳也很大，但他把单打最危险的劲敌木村干掉了，应该说他的贡献比你大，所以你要让给他。我觉得有道理，坚决服从领导的决定。

让掉了单打，我便专心跟容国团一左一右配合双打。轻松地胜了前两轮，第三轮碰到李富荣与王家声。傅其芳说，容国团啊，你反正第28届不打了，就让给他们吧。没说的，我们服从了领导的决定。

时间到了第28届世乒赛，体委常务副主任荣高棠在全体动员大会上说：国际乒联还没有抽签，双打最厉害的外国选手就是木村和小中健这一对，这是中国队的一个坎，如果谁抽到这一组把他们干掉了，就让谁去争夺冠军。结果我和周兰荪一路打上去，争前四名时正巧碰上了木村和小中健。我俩一看拿冠军的机会来了，不管是多难啃的硬骨头都要啃下来呀，兰荪也说，我们就放开了打吧。我们四个人有很多来回漂亮球，比分咬得很紧，一直打到第五局的后半段，还是日本队以16：14领先。这时我打了两个这辈子也忘不了的球。训练时我曾练过正手加力推挡，这种球从来没有人见过，我比赛中也从未使用过。周兰荪开球，小中健拉起高吊，这个球很转，我一般要压板型，还要轻轻带过去，但这样打威胁不大，因为木村可以对拉过来。我灵机一动，冲上去就猛然用正手加力推挡对付小中健的弧圈球，小中健人还没有闪开，球就直接推在他的肚子上了。连续两个

1965年第28届世乒赛上，余长春与周兰荪获男双第三名

这样的球，连得两分，小中健再接发球就不敢拉了，改用搓接，正好被我连续抢拉前冲，又连得两分，他们虽然失去了主动，但拼得很顽强，打到20∶18，我们领先，周兰荪再打一个漂亮球，我们赢啦！下来后周兰荪用杭州话问我，你这两个球什么时候弄出来的？真是绝了！巧得很，中央电视台拍到了我们这组的最后五个球。这样世界男子双打前四名都是中国人了，按事先说好的，我们应该是冠军了。但党委紧急开会后对我们说，徐寅生对女队的讲话影响很大，毛主席都批示了，女队"翻身"，徐寅生功劳很大。确实如此，我们认为很有道理，坚决服从领导安排，我们是以第三名上了领奖台。混合双打中我和周一玲让给梁丽珍和庄则栋一组，我三个单项全让掉了。回国总结时，所有世界冠军都是特等功，同时党组一致决定我按世界冠军待遇，获特等功臣并发荣誉奖章。现在，我在温哥华的家里就挂着特等功臣奖状、国家体育荣誉奖章和国家级教练证书这三样东西。

颁奖大会在国家体委礼堂召开，我代表乒乓球队特等功臣发言，感谢

1965年国家体委授予余长春特等功奖状

党和人民给我们的荣誉。后来，徐寅生在报上发表了一篇文章，说我是"五好"运动员，学"毛选"积极分子，既"无名"又"有名"。他脑子好使，分析问题、总结问题的时候，总有一种哲学家的味道。

说到坚决服从领导安排让球不是说我的觉悟有多高，20世纪60年代就是这个风气，只要对集体有利，对后续的比赛有利，大家都会让。那时荣高棠、李梦华、张钧汉、傅其芳说一句，我们都是绝不说二话的，国家乒乓球队充满了集体主义精神，庄则栋拿到男子单打世界冠军领奖时说：我这是代表集体来领取奖杯的。

每次世界大赛回来，总理都要请我们乒乓球队到中南海西花厅吃饭。总理对我们每个人的情况都很关心：庄则栋你怎么样啊？徐寅生你怎么样啊？张燮林你的"海底捞月"怎么样啊？余长春你的弧圈拉得怎么样啊？他把我们当成了家里人。1962年，日本女子排球队来中国训练，大松博文用多球训练法训练日本女排，总理一看，说他们训练的运动量很大，而且质量很高。这话启发了乒乓队梁友能教练，为什么乒乓球不能这样呢？于是，梁友能拿了一箩筐红双喜球，给队员们喂球。之前，包括国家队的训练都是用一个球，梁指导在打多球方面是立了大功的。总理西花厅里有个乒乓球台，那天总理叫我上去玩玩，陪总理打乒乓球真是非常开心。接着，我们在总理家里吃饭，邓小平、陈老总、罗瑞卿也来了。吃饭的时候，大家为取得的胜利干杯，总理说，你们今天的庆功会，按照国务院规定就是四菜一汤，不过盘子要稍微大一点，因为运动员胃口大啊，但是吃饭有定量，这个我也没有多的，所以每人要交半斤粮票。有一次去贺龙家，贺龙夫人薛明、儿子贺鹏飞，还有一个女儿也在。贺老总知道我会变戏法，就把我拉到旁边，我变了几个，引得大家哈哈大笑。记得第28届世乒赛的集体照是在中南海门口拍的，总理总是不肯站在中间，陈毅等老帅也都往后走，这样就和我们运动员站在一起了，照片印出来一看原来我站在邓小平旁边了。毛主席在看第28届世乒赛获得的五个奖杯的时候，贺老总陪着做介绍：这是什么奖杯，那是什么奖杯。毛主席看得非常仔细。

三、"文革"开始了

国家队准备第29届世乒赛时，"文化大革命"已经开始了。因为那时国家队参加国际比赛的协议还有效，瑞典队和日本队仍相继来访。徐寅生、李富荣、张燮林等上海籍主力队员在北京打比赛，所以我和于贻泽、姚振绪三兄弟一起回上海，代表上海队比赛。其实，我从1961年起就打国际比赛了，只要上海迎接外国球队，我都回上海打，包括与匈牙利、捷克斯洛伐克、罗马尼亚等队打，而且战绩都很好，上海分管体育的副市长宋季文总是动员我们一定要为上海争光。那时瑞典队的水平已经不错，队员有约翰逊、阿尔塞和巴尔哈特。我们三兄弟精诚团结，在江湾体育馆以5∶1赢了瑞典。等到去上海迎战日本队的时候，已是8月份了，我们虽是卧铺票，但火车已很难挤上去，全是参加大串联的红卫兵，只得让送行的人把我们一个个从窗口推进去。到了上海比赛时，江湾体育馆人山人海，都在一遍一遍集体大声念毛主席语录："下定决心，不怕牺牲，排除万难，去争取胜利！"连球的声音都听不到。这种气氛下我们精神压力很大，都知道这场球只能赢不能输，还好最后我们5∶4赢了。

1967年初，国际乒联询问中国乒乓球队是否参加第29届世乒赛。这个问题汇报到周总理那里，周总理把这个问题交给我们来讨论，并说讨论出意见要报中央。我清楚地记得讨论是在体育馆二号楼上的会议室，讨论了四五次，两派意见相持不下，最后中央决定不参加第29届世乒赛。时隔四年后，1971年中国乒乓球队才恢复参加在日本举行的第31届世乒赛。

当时队里都在学习徐寅生的文章，他的文章是讲如何打乒乓球，有对问题的辩证分析，也提出了解决问题的切实办法，我一听就懂了。但对报纸上所说的党内有一个资产阶级司令部，那是一点都不懂，直到三级干部会议传达毛主席的讲话"我们国家有复辟资本主义的可能"，仍然似懂非懂。后来队里一些人开始到清华、北大去看大字报，去大串联。"文革"来了，整个国家体工队都停训了，体育馆里住满了来北京大串联的红卫兵。我们运动员的伙食灶也停了，原来是一块八的伙食，两荤一素，现在跟红卫兵一样，北京大白菜加粉丝肉片等。红卫兵造反派批判我们乒乓球队不是红旗，是"黑旗"，是培养"修正主义苗子"，是培养"资本主义的运动员"。我们这批人就跟他们辩论，我们的论据很过硬：徐寅生的文章是毛主席亲自批示的，毛主席肯定了乒乓队，我们是为国争光，让中国人民扬眉吐气。

"文革"中，国家乒乓球队曾实行军管，主要任务是学"毛选"，搞

"三忠于",跳"忠字舞",有时也出去为工农兵打表演赛等。我们乒乓球队成立了一支毛泽东思想宣传队,有庄则栋、我、李景光八个男队员,还有林秀英、郑怀颖、黄锡萍等八个女队员。那时大家都很认真,可我们从小就打乒乓球,跳舞绝对是外行,为此还特地把徐寅生的爱人陈丽汶从中央歌舞团请来,一招一式地教我们。"文革"中,我们乒乓球队也分了两派,但两派之间不打不吵,就是不怎么说话,毕竟兄弟一场,就是观点不一样嘛。所以当毛主席号召大联合的时候,乒乓队是国家运动队中第一个实现大联合的。

乒乓球队经常到工农兵中去打表演赛,军代表曾率领我们到 8341 部队、北京卫戍区、清华大学、北京大学、门头沟煤矿等地,反正有工农兵来请,我们就去,有时就在很大的食堂里,观众多得里三层外三层。凡是有重要的外宾来访,不管是塞拉西皇帝、西哈努克亲王,还是尼克松总统到北京,表演的保留项目都有庄则栋和张燮林的攻与削、李富荣和周兰荪的打对攻,双打表演是吴小明、我对郗恩庭、李景光,这些是很受欢迎的节目,堪称国家队的绝配。双打时,往往是吴小明放出侧旋的高球,就转到球台一边,李景光打过来很斜,我就一定跳出挡板,从挡板外接球,然后再从挡板外跳进来,对方再放短球,我又跑过去兜一大圈再回来打。有时吴小明故意把板打丢了,我们两人就打一块板,我打完给他,他打完给我,像耍杂技一样。女队参加表演的主要是在第 28 届世乒赛团体夺冠的林慧卿、郑敏之、梁丽珍、李赫男等,年轻一些的有郑怀颖和张立、林秀英和胡玉兰,她们都配合得很好。

1970 年,国家乒乓球队到山西屯留国家体委干校劳动,我们还去大寨打表演赛,屯留这个名字很好记,大家开玩笑地说就是要把我们屯在那里、留在那里。然而事实恰恰相反。屯留干校有个大仓库,里面放了几张乒乓球台可以打球。平时我们就是劳动，在那里弄棒子面，说是在大风大浪中接受贫下中农的"再教育"。

"文革"中，中国乒乓球队的重大损失是容国团、傅其芳和姜永宁三位英杰的不幸去世。对容国团的离世，大家心里都很难受。我尤其痛心，我们在第27届世乒赛时搭配双打，成为好朋友，不想天人永隔，我难过得好几天吃不下饭。

四、新的征程

第28届世乒赛后，国家队连续四年没有参加国际交流，外面的消息也不通。后两届谁获得冠军、欧洲队的发展怎么样了，我们都不知道。

直到1970年5月，尼泊尔国王过生日，邀请中国乒乓球队去祝寿，同时邀请日本队一起比赛。出访名单宣布了，男运动员有庄则栋、李景光、郗恩庭、苏国熙和我，女运动员有林慧卿、李赫男、郑怀颖和李莉。这是"文革"以来中国体育界第一次打开了外事交流的大门，巧的是对手又是日本队，我们加班加点地训练。带队的是搞军事体育的赵希武，他来看我们训练，给我们开会，每天念毛主席语录。印象最深的是出国前的那天早上，去飞机场前我们站在大楼前，由教练徐寅生带着我们宣誓：向毛主席保证，一定要为毛主席争光。其他运动队都围着看，很隆重，我们压力很大。到了尼泊尔以后，大使也很紧张，交代这是"政治仗"，一定要打好，并规定比赛前不能跟日本队有接触，甚至不许说话。比赛名单抽出来了，庄则栋的对手是削球手。我的对手是1970年全日本冠军金野裕二郎，他是生胶两面攻打法。徐寅生给我布置了战术，我3∶2赢下来，完成了任务。庄则栋打得比较辛苦，他是世界冠军啊！对那个削球手1∶2落后，第五局时比分还落后，最后硬是咬下来了，体现出了顽强的意志、出色的技术。刚赛完，我们的领队风度也不管了，高兴得跑到场上抱着庄则栋。赢了日本队，大使馆开心得不得了，宣布可以开展"人民外交"，跟日本队员接触了，我们和日本队一起参观了尼泊尔的一家工厂，大家一起交谈，也拍了很多照片。接着，尼泊尔国王又邀请我们中国队去皇宫里打表演赛，表演是在舞台上，我们用娴熟的球技把乒乓球打得眼花缭乱，像耍杂技一样，尼泊尔国王很高兴。

1970年11月份，为了试探欧洲各队的情况，我们参加了在瑞典斯堪的纳维亚的比赛，这才发现世界乒乓球运动出现了全新的情况。在第28届世乒赛以前，我们知道除了日本人以外，欧洲几乎90％以上都是削球手。与世乒赛隔离四年，一看欧洲的年轻运动员已经完全弃守为攻了，有的是两面快攻，有的是两面弧圈。尤其是匈牙利队，以前知道的别尔切克、西多都不打了，新生代克兰帕尔、约尼尔等全是两面拉；瑞典队的约翰森、阿尔塞都是全攻型打法，还有法国的塞克雷坦等好手。我们都有点看傻了，这世界变化怎么这么大啊！我们团体报的是庄则栋、周兰荪、李景光和郗恩庭，前面打得很好，决赛时与匈牙利相遇，庄则栋、周兰荪对克兰帕尔、约尼尔，结果2∶3输掉了。在现场，我和苏国熙的任务是什么？是一人带一个摄像机、二十筒胶卷全场拍。这是国家体委科研所为了了解欧洲的新技术，临出发前给我们的任务，还教我们怎么拍，我们就从头到尾把这场比赛拍下来了。因为这场比赛输了，外电轰动了，说"文革"以后的中国队不行了。我驻瑞典大使压力很大，把我们叫到休息室开战地动员会，他很严肃地说，为了挽回团体赛失利的影响，后面的五个单项要尽全力把冠军拿回来。我和周兰荪赢了所有的外国选手，男子双打决赛时让给了庄则栋和李景光，完成了任务。

总教练徐寅生一看这个情况，立即给国内打电话，提出要在器材上和打法上动脑筋。回来以后，队里多次组织我们观摩讨论拍回来的录像，有针对性地研究克兰帕尔、约尼尔、盖尔盖伊、阿尔塞、约翰森等人的打法。一些横板运动员也对号入座了，如国家队的李德阳是左手，他就学南斯拉夫的斯蒂潘契奇。这是中国乒乓球队的又一次大转变，从学日本的单面弧圈，转到学欧洲的横板两面弧圈。

1971年，日本乒协主席、亚乒联主席后藤钾二专程到中国来邀请我们派队参加在日本名古屋举行的第31届世乒赛，他认为世乒赛没有中国队参加就不是真正意义上的世乒赛，外交部韩念龙副部长把日本邀请中国参赛的事报告给周总理。我们运动员的任务是做好两手准备，一旦中央决定去，就一定要打好。最后总理报告主席，做出了去日本参赛的决定，总理给我们开会，讲了"友谊第一，比赛第二"的方针。

为了安全或者说是为了防止特务破坏，我们分两批去日本参加第31届世乒赛，而且乘坐的是德国航空公司的波音707飞机。飞机经停香港起飞后，翻译告诉我们下面就是祖国的宝岛台湾，所有的人都挤在玻璃窗上往下看那块小小的长条形的绿岛。到了日本后，日本乒协派人来接待我们。接待人员中有个叫池上诚的，他听我讲上海话，也开腔讲上海话。原来他年轻时在上海生活，60年代才回到日本，他全程陪着我们，对中国很有感情。因为当时日本右翼的势力很大，一些右翼分子开着吉普车、拿着扩音器，在我们旅馆的马路上大声吼叫，所以队里规定必须是两人以上才可出行。在比赛场子里，日本观众还是很友好的。庄则栋后来的太太佐佐木敦子就是他那时的"粉丝"，她在车上和大家聊天，一口东北话。原来她出生在中国沈阳，一直跟父亲在沈阳生活，也是60年代才回日本的。她整天跟着庄则栋，很崇拜他，对我们也非常友好。

著名的中美乒乓外交就是这时候开始的,庄则栋相遇科恩的时候我在车上,科恩的球衣上印着字母 USA,一看就知道是美国运动员。庄则栋是通过翻译刘思庆跟他聊的,谁知道聊出了一件轰动世界的大事。第二天日本报纸就刊登了中美运动员接触交谈并互送礼品的大新闻。第 31 届世乒赛结束后,应中国乒协的邀请,美国乒乓球队来中国访问比赛。我太太林秀英参加了在北京首都体育馆的友谊比赛以及后续的陪同访问活动。让我羡慕的是她参加了 1972 年以庄则栋为团长的中国乒乓球代表团,访问了美国,美国总统尼克松在白宫接见了他们,她访美比赛时的大特写照片现在还登在美中关系全国委员会(National Committee on United States-China Relations)的官方网站上。他们有幸见证了中美乒乓外交史上的重要一幕。

第 31 届世乒赛团体赛男队赢了,女队输了。瑞典的本格森获得男子单打冠军。庄则栋因碰到柬埔寨朗诺集团的选手而主动弃权,我们损失了一员大将。我参加的是双打,仍然和周兰荪配对,争前八名时,碰到上届的世界冠军约翰森和阿尔塞,我们干净利落地把他们打败了。争前四的时候,遇到匈牙利的克兰帕尔和约尼尔,因为对他俩的弧圈不适应,比分落后时没能咬住,1∶3 输给这一对,后来这一对获得了这一届世乒赛的双打冠军。

第 31 届世乒赛后,中国搞了几届"亚非拉乒乓球邀请赛",中国队没有以 5∶0 胜,总要让掉几盘。那时国家队全部出动,陪同各国来宾游览北京的颐和园、故宫、北塔、地下宫殿等名胜古迹。我陪过日本队、尼日利亚队和印度尼西亚队。最震动的事是摩洛哥的黑人运动员,他当着我们面用刚学的中国话说爱中国,爱毛主席。我们给他毛主席的像章,他光着膀子拿起来就往肉里扎,把像章别在肉上了。

1973 年,第 32 届世乒赛在南斯拉夫的萨拉热窝举行,我仍然参加双打项目。徐寅生对我说：你的两个搭档是不错的，男双是梁戈亮，混双是郑怀颖。在国家队，我双打是数一数二的，因为我是左手。混双比赛中，我跟郑怀颖一路打上去，进了前四，半决赛时对手是苏联的一对选手，一直打到 2∶2，第五局交换方位的时候我们还领先，关键时刻我转板用长胶发球，很多对手都"吃"这种发球的，但没想到这对苏联选手却不"吃"，怎么会这样？原来他们刚刚跟我们的队员交过锋，已经适应了。所以我一发对方就拉了，郑怀颖一挡，对方小青年反手弹得很快，19 平后又失误两分，我们获得第三名。

第 32 届世乒赛的男子双打也有故事。我和梁戈亮一路打进前八，结果争前四时碰到瑞典的约翰森和本格森，我们赢一局，他们赢一局，一直打到 2∶2，第五局咬得很紧。庄家富在现场做教练，他说：你们四个人来回

1973 年，余长春与郑怀颖获第 32 届世乒赛混双第三名

对拉像打炮一样，一个球总有十几个来回。直到19平时，我一个侧身大角度的球，本格森摔在地下去救，一救把球从下往上打直线，打到球台的下沿，但裁判却明显误判说是擦边。和裁判理论无果后，重新开球，我们追成20平，20平以后又是多个来回球，本格森拉了一个直线，这次明显出界了，但裁判又说是擦边，闹到裁判长那里。这个球明明没有碰到球台，但总裁判决定坚持原判，那时没有电视监控，没有办法，我不知道这个裁判是水平问题还是有意帮瑞典队。最后一球我们也就稀里糊涂地输掉了，只能说运气不在你这边。

第32届世乒赛结束后，我就退役回了上海。

五、我眼中的"千里马"

我在国家队待了15年，这是我一生最美好的15年。我太太林秀英在国家队待了10年。我俩是1972年6月30日在北京登记结婚的，那时她访问美国回来，我访问日本回来。当时，上海市体委跟国家体委协商，希望我回上海工作。国家体委表示打完第32届世乒赛后才可以考虑放人。1973年第32届世乒赛比赛结束后，领队张钧汉找我谈，他说国家队需要你这样的弧圈球教练，留在国家队还是回上海你们自己定。我对国家队是很有感情的，有好领导、好队友。外人可能不知道，我们有时打完球，会玩起扑克来，输了是要钻桌子底下的，就是世界冠军容国团输了也一样钻。所以，从个人感情上讲，我是不愿意回去的。我和太太征求双方父母的意见，他们都非常希望我们回去。这样，我们就决定回上海了。

回上海后，我先后担任上海体委党委委员、体工大队副主任、乒乓队的领队兼女队主教练（后又转兼男队主教练）、中国乒乓球协会副主席、上海乒乓球协会主席。作为女队主教练，我带领上海女队获得了全国女子团体冠军，黄锡萍还蝉联了两届单打冠军。在我负责上海乒乓队期间，上海队向国家队输送了曹燕华等一大批优秀运动员。

从教练员的角度，我发现、帮助和培养了一批"千里马"。

先说陆元盛。

1972年，我还在国家队，是国家队的老队员。郭跃华、陆元盛、王家麟等一批在中国青年队。陆元盛是打削球的，有一天他来跟我讲，他的教练叫他当陪练，他想不通。我这个人比较直爽，出于公心，我去找了他的教练，我说国家青年队调来的人，每个都应该培养而不是当陪练，陆元盛得过全国少年冠军，很有前途，很有潜力，现在潜力还没被充分发掘出来就被宣布为陪练，这样不太好，希望能够再考虑一下。讲完后我又去找青年队领队王传耀反映了这个情况，王传耀说：大余，你讲得对，我作为领队从来没想过要叫小陆子当陪练。事后我给陆元盛想了个办法，我说：你听我的一定能发挥出你的潜力，现在所有的削球手都是反手长胶、正手反胶，你来个另辟蹊径，跟人家都不一样，正手打长胶，反手打反胶，两面换拍打，准行。陆元盛一听开心了，马上换胶皮，一下子他的特长、优点都发挥出来了，成绩突飞猛进。凭着他自己的勤奋、过硬的功夫、灵活的头脑，陆元盛最终成为国家队主力，成为世界冠军。

再说蔡振华。

因为我常随国家队出国比赛，知道世界乒乓球技术的发展和变化。刚回上海做教练的时候，各省市地方的教练大多还不太了解国外的情况，还以为欧洲是削球，日本是直拍弧圈。有一次华东乒乓球比赛在上海普陀体育馆举行，我坐在主席台上看上海队对江苏队比赛，江苏队上场的一个叫蔡振华，一个叫杨川宁。我一看蔡振华步法非常灵活，斗志特别顽强，战术意识极佳，打得很好，是左手削球打法。看后，我去找江苏队的主教练杨光炎，少年时我们就一起在上海体育宫打球，彼此很熟。我说：现在欧洲全部弃守为攻，而且全部拉弧圈，蔡振华是个好苗子，但再打两年削球那就完了，我给你出个主意，你听我的没错，让蔡振华马上改打全攻，重点拉弧圈。杨光炎认同了我的看法，回去就让蔡振华改打弧圈了。是金子总会发光，我只是出了个主意，蔡振华的成就完全是他和他的教练共同努力的结果。

第三说李振恃。

我担任上海男队主教练后，要调李振恃进上海队，向体工大队打了让李振恃进队的报告，理由是他年轻，脑子很冷静，战术意识强，是上海传统打法，手上确实有功夫，特别是正手快攻技术。我相信他进队后，加强全面训练，一定能为上海出大力。看到报告后，体工队管训练的副主任刘怀塘也同意，报告转到市体委训练处，训练处负责人却说李振恃的家庭出身有问题，不同意调进上海队。

那时有很多解放军部队运动队在上海招运动员，上海市体委训练处明文规定：上海队不要的运动员才可以让部队调。八一队的领队贺捷知道了李振恃的情况，来上海找我，问李振恃能不能给八一队。我说，你眼光不错啊，他是个好苗子，我正在使劲把他往上海队调呢，只是领导认为他出身有问题，政审不合格，不同意。贺捷说他能搞定出身问题，八一队可以要他。听了贺捷的话，我又多次去市体委训练处试图说服领导，没有道理啊，上海队的政审难道比解放军队的政审还严格吗？我据理力争，党的用人方针是"有成分，不唯成分，重在政治表现"，他是个难得的好苗子，培养培养就能挑大梁，但市体委训练处领导就是坚决不同意。几次下来，市体委训练处领导明确指示：李振恃出身不好，不可以进上海队，也不可放他去其他单位。贺捷三天两头来找我，真是一个爱才的好同志，他很着急，说再这么耗两年就把这孩子给毁了。我完全同意他的看法，不论多好的苗子都耽误不起，可是领导已有明确指示哪里都不许他去，这种情况下若放李振恃走，我的责任和压力是很大的，尤其是在那个极"左"的年代。考虑再三我下了决心对贺捷说：只能这么办，你有办法就赶紧悄悄地把李振恃调到你那里去，我这里你放心，我装着不知道，你就调吧。贺捷真有办法，七拐八绕把李振恃调走了。李振恃后来一鸣惊人，代表八一队拿了全国冠军，更拿了世界冠军。李振恃出名后，领导也没追究我的责任。

贺捷现在已经八十多岁了，这个可敬的军队老干部每次参加大型乒乓球聚会碰到我时，都会真诚地谢谢我。我说，你别谢我，我只是在李振恃没有被耽误这件事上出了点小力，这一切全是你的本事，是李振恃的本事。

第四说曹燕华。

1972年，徐寅生叫郗恩庭由正胶改反胶，即快攻结合弧圈球打法。当时队里有不同的看法，认为郗恩庭在欧洲比赛的成绩不错，差一点就拿世界冠军，这么改是否冒险了？鉴于中国队当时只有正胶快攻，没有反胶快攻的打法，徐寅生认为要勇于突破，改了反胶后打法会更丰富，所以要郗恩庭改。当时有相当一部分人不理解，压力自然很大，但是徐寅生做事非常有魄力，力排众议，在他的坚持下，郗恩庭还是改了。我是支持郗恩庭改的，平时也陪他练习。1973年，改了反胶的郗恩庭在南斯拉夫的第32届世乒赛上，过五关斩六将，势如破竹，一举获得男子单打世界冠军。徐寅生很高兴，实践证明改革成功了！郗恩庭尝到了甜头，非常感谢徐寅生，试想要不是徐寅生盯牢他改了十个月，也就不可能有今天的世界冠军。

在回上海之前，徐寅生找我谈了一次，他说，大余，你回去后按郗恩庭反胶快攻结合弧圈的打法，在上海培养几个青少年。

1976年，我到上海市少体校和各区县体校挑选苗子，发现虹口区少体校的曹燕华是个好苗子，符合徐寅生提出的快攻结合弧圈球打法的要求。正当我要把曹燕华调进上海队时，却遇到了麻烦。当时市体委训练处搞了个"一条龙"训练体制：凡是要进上海队的运动员，各个区、县少体校必须先送到市少体，上海队只能从市少体调运动员。我对这个训练体制有不同看法，虹口区有好苗子为什么不能直接调入上海队，而要去少体校转一圈？这不是浪费时间吗？对于青少年运动员来说，这样的浪费是很可惜的，可能会影响他们出成绩。

为了直接把曹燕华从虹口区少体校调入上海队，突破"一条龙"体制的限制，我找了体工队主管业务的副主任刘怀塘和市体委副主任尹敏，提出要"两条腿走路"，特殊情况特殊处理，允许直接调入上海队，在我的说服下他们完全支持我。但问题又来了，进体工队是有年龄要求的，曹燕华还小，不符合规定。我再三向上级领导争取，说曹燕华是很好的苗子，越早开始专业队训练越容易出成绩。最后领导决定：既然你这么看好她，那你打一份曹燕华特殊调入的报告，这次是破例调入，是你给曹燕华打保票，保证她一定出成绩。如果曹燕华出不来成绩，那就是你看人不准，工作失误，你要负责，你敢立这个军令状吗？我毫不犹豫地立了军令状，签了字。这样，市体委训练处负责人也只能服从上级指示，同意直接调入。几经周折，总算把曹燕华调入了上海队。

还在曹燕华没进上海队之前，我就安排她代表上海队参加省与省之间的比赛、华东区分区赛，还有与尼日利亚少年队的国际比赛，进队后马上给予重点培养。我在这里也要谢谢曹燕华那么小就那么努力，展现了过人的才华，让我的军令状立对了；否则看人不准、工作失误，对一个教练的职业生涯是有很大负面影响的。

1977年9月,在上海体育馆看比赛时,我陪徐寅生坐在主席台上。此时,曹燕华正在比赛,我就向徐寅生举荐她,我说,这个曹燕华就是你想要的反胶快攻结合弧圈球打法的运动员,她的特点是手感好,正手能打能拉,比赛时放得开,比训练时发挥得更好,而且还会发反手高抛球,推挡速度快,人也非常灵活,拼劲十足,敢于挑战男选手,有种天不怕地不怕的气势;缺点当然也有,主要是进队时间短,基本功还需加强,相持球、实力球还不够;另外年纪还小,身体素质有待提高,跑动不够快,抽球力度还不足。曹燕华打完后,徐寅生就对我说,你去把她叫上来,我跟她谈谈。我就把曹燕华叫了上来,按照她的话说,走到徐寅生面前她脚都发软了,差点摔个跟头。徐寅生亲自考察了她以后回到北京,11月初,国家体委就把曹燕华调进了国家队,这并不容易,当时有一种看法,说曹燕华一无名气,二没成绩,凭什么一下子就进国家队?面对阻力,徐寅生再次展现了他的魄力,唯才是举。进国家队后,很快就派曹燕华参加了瑞典的斯堪的纳维亚公开赛,小小年纪的曹燕华在比赛中发挥出了高水平,取得了很好的成绩。徐寅生和我都非常高兴,事实证明,我们俩的眼光是准的,判断是对的,以后曹燕华的战绩越来越出色,多次取得世界冠军,确实是匹"千里马"。

最后讲一个很可惜的运动员陈志浩。

教练生涯中,我有成功的喜悦,也有一些遗憾。我从市少体调来了周平、杨明,重点培养后,周平去了国家队,杨明去了意大利,杨明还得了全欧冠军。在市少体我还看中了一个很有天分的运动员陈志浩,他是削中反攻的打法,发球像郗恩庭那样时转时不转,很能迷惑对手。我认定他是个很有特点的好苗子,想马上把他调进上海队,可当时市少体不放人,因为需要他代表市少体去参加世界中学生运动会,要晚一年才放人。我只能配合。其实一个运动员成长期的训练对他的影响是很大的，毕竟少体校的训练与上海队的训练是不一样的，此外，每个教练的训练思路、培养理念也有差异。我们国家少年乒乓球运动员基数很大，竞争激烈，运动员在早期培养阶段差一年就差很多了。作为一名教练，我深深地体会到：一定要及时发现、及时培养，才能够让一个优秀运动员脱颖而出。

六、从荷兰到阿根廷

1979年，国家体委派中国乒乓球教练团去澳大利亚、新西兰进行三个月的讲课、辅导和表演，我是团长，周兰荪是副团长。我们访问了墨尔本、堪培拉、悉尼，还有新西兰的惠灵顿等七八个城市，一站一站地进行示范和辅导。我们一般在一个城市里待三四天，先是当地官方出面开个迎接酒会；第二天到乒乓房去看他们成年组和少年组的训练，辅导基本的动作和打法；然后，我们有一个小时的表演赛，有单打和双打。他们多是业余选手，看得很兴奋，尤其引起了当地华侨的轰动，他们说中国乒乓球队很少来澳大利亚，现在终于知道中国队水平确实很高，打得很精彩。

1981年，荷兰足球教练跟我国乒乓球教练对换，因为我们的足球不行，徐寅生说我们派一个国家级的乒乓球教练去。我在鹿特丹待了三个月。荷兰的乒乓球运动水平在欧洲是比较差的，读书的读书，上班的上班，全是业余选手。市里专门搞了个场地，放了十张台子。我在俱乐部给他们的省队和青少年队讲课，省队是一周训练三次，小孩是周六和周日来训练。对方有个教练跟着我学，看我怎么安排训练内容，诸如科目、对手、打法等。对他们来说，这一切都很新鲜，我认为既然训练就要正规，要有系统地进行针对性训练，这样才能够尽快出效果。我循序渐进，一一讲解，他

1979年，中国乒乓球队教练团访问澳大利亚。左二为余长春

们听得很仔细，认真做笔记。我对少年球员进行了细致的辅导，只要一个球员打几次球，我就能从灵敏度、反应等方面看出他的最佳发展方向，我一一帮助每个少年运动员把他们的打法确定下来。回国前，我写好详细的训练计划留给他们，作为感谢，每个运动员都送了一件小礼物给我。生活方面荷兰安排得很好，市政府的秘书长每个星期都要请我吃饭。他知道我不习惯西餐，就请我到旅店旁边的金都酒家吃中餐。荷兰方面充分肯定了我的工作，鹿特丹市的体育部长还专程陪我乘游艇观光。

1983年，根据中阿两国互换体育教练的文化协定，中国乒协派我和阿根廷著名足球教练达米果对换。为了我的到来，阿根廷破天荒地在首都布宜诺斯艾利斯的体育中心设置了有10张乒乓球台的训练房，下决心要把阿根廷的乒乓球搞上去。从这时开始，阿根廷在布宜诺斯艾利斯才算有了一

1981年，余长春在荷兰执教

个真正的乒乓馆。我规定的训练时间是每天下午三点到六点、晚上七点到十点，比较辛苦，但我认为中国乒协派我来了，我就要切切实实地把阿根廷的乒乓球水平提高上去，以不负所托。阿根廷乒协主席对我说，你是中国乒协的副主席、上海乒协的主席，又是国家级教练，我就把所有的权力都交给你了，一切由你说了算！这对我是很大的信任。我利用8月与9月放暑假的机会在全国搞了个集训，从各地调来的人中选了12个男运动员和8个女运动员。运动员的家长们都非常支持，球员们除周六、周日必须参加训练外，平时再来一次，雷打不动。

我在阿根廷执教三年，这三年我对他们进行了系统、正规的训练。阿根廷的成年队在南美八个国家中总是保持在第三或第四的位置上。我一看这批队员年纪太大了，有三十多岁甚至还有四十多岁的，动作技术也都已定型。我表示只要坚持系统训练，一定会在原有的基础上帮他们提高。确实如此，后来阿根廷女子单打获得过两次南美冠军，男子单打获得一次南美亚军。

阿根廷的少年队在南美是倒数第一，我对同为援外教练的太太林秀英说，这任务很重啊！南美乒乓球的第一名永远是巴西，因为那里有不少的日本人，曾经胜过荻村的台湾教练李国定在那里带队。第二名是智利，中国教练派去多年了。厄瓜多尔、秘鲁也是中国教练在教。巴拉圭、乌拉圭是台湾教练在教。我们中国教练第一次到阿根廷，这群小孩得好好抓了。经过两年扎扎实实的训练，他们的基本功差不多了。1986年在巴西举行全南美比赛，我挑中两个横板全攻的左手和一个打生胶的选手去参赛。赛前巴西乒协举行了欢迎酒会，会后其他队都去跳舞了，我跟阿根廷的运动员说：现在不许跳舞，都去睡觉。几个中国援外教练跟我说，可不能太严格了，南美没有这一套的，随便他们玩去吧。我说，阿根廷选手水平差，跟你们比不了，运动员管得严一点好。一会儿，阿根廷的乒乓球协会主席来了，他非常欣赏我的严格管理。

我平时训练很严格，运动员见到我是很怕的，但不训练时我跟他们开玩笑，那很随便的。我基本用的是国家队的一套。这次全南美比赛，我跟队员说不要考虑名次，全部放开了打。

第一天比赛，对手是上届亚军智利队，智利队的吴宏教练跟我开玩笑地说：昨天晚上你们睡觉那么早啊，不过别忘了阿根廷队可从来没赢过智利，也许这次你们能赢一两分吧，我看最多也就是5∶1、5∶2啊！我不露声色。结果一开打，我们3∶0领先，吴宏坐不住了，最后我们5∶0大胜。吴宏下来和我说，大余，没想到你这三个小子还真有两下子。我心里很高兴，嘴上说"运气，运气"。

赢了智利之后，我们一路过关斩将，又赢了秘鲁和哥伦比亚，最后打入冠亚军决赛，对手自然是南美的常胜将军巴西。这时巴西队的教练李国定有点紧张了，他说只准备跟智利决赛，万没想到阿根廷这匹黑马一下子蹿出来了。跟巴西队的决赛非常紧张，双方咬得很紧，一直打到 4：4，最后关头，第九场第三局 20 平，可惜我们那个"小左手"经验还差一点点，关键时刻实在太紧张了，连输了两个球，结果以 4：5 输给了巴西。这样，阿根廷有史以来第一次获得了南美乒乓球亚军，运动员们蹦着跳着，高兴得一定要把我抬起来庆祝。能够带领阿根廷队一下子取得这么大的突破，这是我到阿根廷最开心的事情。与我交换的阿根廷足球教练达米果特地把我和太太请到他家吃饭，席间他敲着桌子说：真是惭愧啊，我到你们国家三年，没能把你们的足球搞上去，你们俩却一下子把阿根廷的乒乓球搞成亚军了。

从 1983 年到 1986 年，我在阿根廷工作了三年，大使馆非常满意，阿根廷乒协也非常满意，提出一定要我们继续执教。我们表示来阿根廷执教是根据两国文化协定派出的，执教时间是规定好的。回国以后，那些运动员一直给我们写信，叫我们一定要再去啊，现在我家里还有很多他们的来信，阿根廷朋友都非常纯朴热情。

回国后，赶上了改革开放的春风，我就去了加拿大。

七、定居加拿大

在加拿大，我居住在温哥华，担任了不列颠哥伦比亚省省队的教练，我太太和我一起训练省队，一个礼拜训练四次，几年下来不列颠哥伦比亚省在全国各级比赛中包揽了一半以上的冠军，省乒乓球协会会长对我们的工作非常满意。

1994年余长春（后排右二）与林秀英（前排左一）执教加拿大不列颠哥伦比亚省青少年队

1995年以后乒乓球运动员和爱好者越来越多，我就建议搞一些私人的乒乓俱乐部。从第一家开创以来，现在已经有七八个俱乐部了。1997年有个香港移民潮，来了很多香港人。我们在报纸上一宣传，不少香港人都知道我的名字，于是呼朋唤友来参加训练的人很多。从这个角度说，整个加拿大乒乓球的生态是被中国的教练员带动起来的。

我训练过的青少年运动员球打得好，读书成绩也好，基本上都考进了加拿大的名校英属哥伦比亚大学，和我女儿余林蔚、女婿黎丹是校友，他们年轻人之间互相交流，都认为打乒乓培养了他们的意志品质，对他们的学业帮助很大。因为两者有许多相通之处，读书相当于练球，考试相当于比赛，业精于勤而荒于嬉，踏踏实实，一板一板地练球，一页一页地读书，一道一道地解题。他们已经习惯了做事有毅力、细心分析、熟能生巧；他们也习惯了拼搏，习惯了迎着困难上，所以读书不费劲。另外，心理素质的训练培养了他们沉稳的性格，不论是比赛、考试还是面试，都能在紧张的情况下不慌乱,稳定地发挥出自己的水平。当然,他们毕业后都找到了非常满意的工作。有的人工作后又出来打球,他们说:生活安定了,可以重拾爱好。我们时常在一起喝喝茶、聊聊天,他们总是感谢我不但会教球,更会育人,潜移默化、润物无声,他们受益匪浅。我很高兴能够对他们有所帮助。

2006年庆祝中日乒乓球友好交流50周年活动在北京举行,一批日本老运动员木村、高桥浩、松崎、关正子、深津尚子、森泽幸子等都来了。我当时在温哥华,中日乒协互相通报参加的运动员名单时,木村在名单里没有找到我的名字,就向有关部门提出想见见老朋友余长春,中国乒协立刻联系到我,希望我能参加这项活动。不巧我和太太已经订好了外出旅游的机票,时间紧迫,也不知道能否改换机票并变动预先的一些安排,我们把这个情况告

2010年在加拿大温哥华举行的第21届冬奥会上,余长春(右)与木村在日本代表团驻地合影

诉了中国乒协，请他们做两手准备，几经周折，总算在日本代表团来华的当天赶到北京。后来听迎接日本代表团的姚振绪说，陪同日本代表团的人一下飞机第一句就问：余长春来了没有？当知道我已赶到北京参加这次活动时，他们很高兴。我们陪日本运动员参观了中国乒乓球队训练基地，我和木村还进行了共同练习。在第二天的中央电视台实况转播中，我和木村进行了一场真假木村的表演赛，徐寅生在表演赛前很"艺术"地介绍我们说，我国克隆了一个木村；并递给我一副平光眼镜，一定要我戴上，这一下更是真假难分了。我和木村闲谈时才知道他的女儿已经移民加拿大，就住在温哥华，这也太巧了。自此，只要木村和太太来温哥华探望女儿，都会约我和我太太一起聚聚，在他女儿家我们谈谈笑笑，从乒坛趣事到风土人情，从"昔别君未婚"到"鬓发各已苍"，无拘无束，海阔天空。

2010年，木村作为日本奥林匹克委员会理事率领日本代表团参加在加拿大温哥华举行的第21届冬季奥林匹克运动会，邀我到日本代表团的驻地见面，谈话间我说日本冬奥会选手里我知道浅田真央是一名非常优秀的花样滑冰选手，有夺金实力，我女儿余林蔚特别喜欢她，祝她在这次冬奥会上取得好成绩。木村非常高兴，说中国冬奥代表团是一支极其优秀的队伍。临别时他还送给我日本代表团冬奥会的礼品。后来，他又邀请了我和太太去日本玩。从1963年第27届世乒赛他知道有我这个人在模仿他，到现在已经有五十多年了，我们都非常珍惜这份难得的友谊。

现在我已退休，居住在温哥华，很喜欢这里的生活。温哥华濒海临山，景色极其优美，山峦渺渺、溪水潺潺、海风习习，置身其中，安享晚年，别有一份悠闲、一份自在，更有儿孙绕膝，天伦之乐，我知足了。

李赫男

　　1943年生。1960年入选国家乒乓球队。是第28届世乒赛女子团体冠军主力队员，并获女子双打第三名。多次代表上海队在全国比赛中荣获女子单打亚军、女子双打冠军和混合双打冠军。退役后任国家青年队女队主教练和国家队女队教练，参与培养张立、张德英、戴丽丽、何智丽、沈剑萍等世界冠军。1975年作为主教练，在与张燮林教练合作下，带领中国女队获第33届世界乒乓球锦标赛团体冠军。这是女队十年后第二次获得团体世界冠军。曾获国家体育运动荣誉奖章、中国乒乓球运动杰出贡献奖。20世纪80年代赴美国执教并定居。

率性而为

一、喜欢为本

我家住在上海虹口区的弄堂里，是典型的上海石库门房子，有挺大的天井。小朋友们两块洗衣板一拼，两块砖头一放，架起根细竹竿，就你来我往地打起了乒乓球。我就是喜欢打，却自认为不是打球的材料，也不像张德英那样有拿世界冠军的志向。

中华人民共和国成立前，我的父亲在中信轮船公司工作。他日语很好，负责接待国外来的船员。50年代以后，国家提倡学俄语，父亲就自学起来，还不时地去请教一位白俄老太，他是属于对语言有兴趣的人。后来，父亲调到了地处杨浦区的上海电力学校当教师，学校里设有教职工俱乐部，离我们居住的家属宿舍很近。我就是好动，时常与男孩子们一起踢足球，当发现俱乐部里还有乒乓球台时，就很兴奋地往里面张望。俱乐部一般不对小孩开放，我们只得见缝插针地打几下，结果有懂行一点的老师一看，"嘿，这小孩不错啊！"就接纳我进去打球了。

父亲是知识分子，因为家庭出身问题，在学校受到排斥，被派到江西、安徽等地支教，工资也由原来的一百多块降到五十来块。家里有兄弟姐妹六个，生活就非常拮据，我也要担起照顾弟弟妹妹的责任。记得一次带着小弟到俱乐部打球，把小弟放在凳子上，并关照他不要动。不料我正打球时，只听"哐啷"一声，小弟摔倒在地哭起来了，我赶紧把他抱起来，边哄边叮嘱他别告诉妈妈。来打球的老师不住地夸我有前途，反正我也不懂什么叫"前途",就是喜欢,有兴趣。

我在虹口区读的小学,每天起床第一件家务活就是生煤炉,吃碗上海人习惯的"泡饭",天还蒙蒙亮,就赶到学校门口等着开门。大门一开,我和同学冲锋似的去抢球台,这所学校没有乒乓球房,球台都是露天的。即使刮点风,下点雨,我们仍照打不误;课间则与同学在教室里的课桌上"乒乓乒乓"地打。

小学毕业后,我考进了上海建设中学。该校出了个很有名的足球运动员张宏根。我们是自带中饭的,记得学校有三个露天球台,我们就拿着铝制饭盒,边吃边排着队,当轮到上台时,饭盒随手往地上一放,小王出球,大王是擂主,输了下来,胜了则可一直打下去。若是你当了几场擂主,饭早已冰凉了,这也算是一景啊!

这样打来打去,我便有了些小名气,高中部的几个男生来班级里找我,起初吓了我一跳,原来他们是邀约我去参加沪东工人文化宫的乒乓球比赛。说来真使人不敢相信,至此,我才知道外面还有乒乓球比赛,才逐步懂了些乒乓球比赛的规则。他们给我看了一本梁焯辉写的《怎样打乒乓球》的书,我才知道王传耀、孙梅英等人的大名。

1958年,正是因为这些高中生带着我出来见世面,才有了我参加上海市秋季运动会少年乒乓球比赛的机会。当然,我的学习也是出色的,数理化成绩都行。父亲的一位朋友从美国留学回来,在交通大学当教授,我去过他的家,当时的理想是也能成为一名教授。父亲时常说,学好数理化,走遍天下都不怕。我特别喜欢几何和代数,父亲也给我买这方面的书籍,解题是我擅长的,每次考试都名列前茅,因打球特别需要时间,几何老师对我是否交作业也就睁一只眼闭一只眼了。记得我曾路过少年宫,看到过体校招生的广告,之所以没有去打探,一方面是住家离少年宫较远;二是家里生活较困难,我妈就说:谁给你路费啊?进了上海队之后,我才知道郑敏之等都是进过少体校的,不仅路费全部报销,还给一定的补贴呢。

在上海市秋季运动会的少年乒乓球比赛中,我获得第六名,被选进了市体育宫。起初说集训一年,转眼一年快到了,我心想,这打球是一辈子的事吗?正犹豫之时,通知来了,我被选调进了国家队,而且是去首都北京。我妈妈说,家里营养不好,你身体那么瘦小,还是去吧。

二、薛伟初的提携

进了国家队,我真是傻眼了。那么多人,那么多好手,感到这不是自己待的地方,说不定哪天就会被调整回去。很多人晚上去"加班",不去也不行啊,教练会认为你偷懒啊。所以我是属于被迫"上马"的,这是我的真实想法。

那时,队里互相帮助的氛围很好。虽说我也是"108将"之一,但不都是能上场参加第26届世乒赛的。当时国际乒联规定,单打每个协会男女不能超过各16名选手,主办锦标赛的协会可加倍。我们是用足了政策,上了男32名、女32名,后来又增加了3名,共67人。这等于是用"人海战术",层层拦截着,确保中国运动员登上胜利顶峰。我单打第一轮轮空,第二轮对阵日本的伊藤合子。我属于打法凶狠的类型,但不会防守,教练的意图是叫我去冲她,可人家是世界名将,这怎么可能啊!球不是出界,就是下网,上去就以0∶3输了。

第27届世乒赛前,领导安排我参加世界大学生青年联欢节乒乓球赛,这是我第一次出国比赛。同去的队员还有狄蔷华、胡道本、马金豹,教练是薛伟初。说实在的,欧洲的女选手实力不怎么样,最后我和狄蔷华会师决赛，领导指示我让给了狄蔷华，我荣获亚军。当时国家队分为一、二、三队，一队全是男的，二队是女队的主力队员，或是作为主力来培养的队员，她们是韩玉珍、孙梅英、邱钟惠、叶佩琼、王健、胡克明、梁丽珍、林慧卿等。三队则是称之为年轻人的队伍。二队的梁丽珍比我还小两岁呢，已列为一线队员。当时郑敏之也在三队。所以我没想到自己可以去参加第27届世乒赛。

第26届世乒赛后，反胶弧圈球打法已经比较盛行了，欧洲打守球的选手仍比较多。就在第27届世乒赛开幕前的三个月，薛伟初教练来找我了，他问我想不想学正胶弧圈球，并说在男子队很成功，若想学他来教我，保证三个月就能行。我想，这怎么可能呢？他说，你学东西蛮快的，而且动作比较协调，还有就是你属于听话的那种类型。我再想了想，自己不是主力队员，不是队里显眼的人物，万一不成功，责任也不会那么大。薛指导还与我具体分析了利弊，他说现在世界上打削球的占到80%，拉了正胶小弧圈，就能战胜这80%，起码能进入世界八强。现实地讲，我就有希望参加第27届世锦赛，总之是只有利没有弊。

听罢，我就爽快地同意了。薛伟初是男队教练，他就跟女队教练提出来，让我跟随男队训练，就是由男队的削球手陪我练。同时，我还可以观摩马金豹、余长春的练习。说来我打乒乓球，很多东西都没人教的，可能天生的模仿能力比较强，所以效果还是蛮明显的。练了一个多月，就把女队一些削球手郑敏之、仇宝琴、林西蒙等打败了。当然，这不是我有多好，而是人家不适应这种新打法。确实，我的小弧圈拉得很稳，拉个几百板几乎不丢，可以把对手活活拉"死"。但正手拉要全台跑，体力跟不上，薛指导就陪我绕着龙潭湖跑三千米，北京风这么大，又那么干燥，但想想教练员都陪着你跑，你好意思不跑吗？现在想来，我能打上去就是运气好，碰到了好教练，学习了弧圈球。薛指导让我看到了希望，或许还能打出点名堂来。

说来也巧，第27届世乒赛的女单抽签，我第一轮就抽到了匈牙利的削球名将高基安。这正中我下怀，真是上帝的安排；如果抽到日本的攻球手，真就没什么胜算了。这次比赛，薛伟初没有去赛地布拉格，他跟随队的马金豹讲，你要帮助李赫男啊。所以，赛前马金豹就对我说，你要记住一点，要把眼光放在球台的中间，即把弧圈拉到台子的中央，这样使劲过大，球也就到底线，使劲过小则球也能过网，这是最稳当的一招，可以说是诀窍吧。这场比赛打得很艰苦，正胶弧圈与反胶弧圈还不一样，高基安不太适应，削飞了不少，我以21：17和21：18连赢两局。高基安适应能力非常强，第三局呈胶着状，我渐渐感到体力跟不上，关键时刻没咬住，以19：21输了第三局。此刻，我的信心有点动摇，下来我就问庄家富：我能赢吗？内心还有些害怕。因为我不是张德英那种类型的运动员，始终斗志旺盛，自信满满。庄指导说，你一定能赢！我上场后咬紧牙关，终以21：17拿下了胜局。

在临出国前，每个人都定有指标。我是按薛指导所说，力争进入世界前八。打完高基安，马光泓让给了我。接下来面对种子选手——苏联队的攻球手巴拉伊西杰，如果赢了，则进前八，完成指标，输了的话也白赢高基安了。所以赛前的一整天，我非常紧张。记得我在当天日记中写了这样的话：我不能当运动员，这场比赛打完，任务完成就不打了，受不了！所以上场之前，我对场外教练说，你什么都不要说，就给我加油鼓劲，说你一定能打败她！结果，我竟然士气高昂，发挥正常，直落三局赢了对手。此刻，我一身轻松，拿起行装就往回走。教练庄家富见状立马喊住我：李赫男，你上哪去？原来还有第五轮，即对阵罗马尼亚的康斯坦丁内斯库。

2005年薛伟初与李赫男合影

她也是赛事的种子选手啊,原本中国队希望狄蔷华能在第二轮把她"冲"下来,但狄蔷华以1∶3输了。按说我是康斯坦丁内斯库的克星,但思想上没有重视,总以为自己任务完成了,后面就是领导的事了,所以对这场比赛放松得连激情都没有了。看来人不能放松,人必须有目标。我也是1∶3输的,但心里不怎么难受。后来想想蛮可惜,赢下来的话就进前四了。扪心自问,自己还是一个不适合当运动员的人。

回国以后,周总理、邓大姐在中南海宴请中国乒乓球队。席间,总理笑着说,据路透社报道,李赫男小姐打败了世界亚军高基安,哪位是李赫男啊?我要敬她一杯。说着总理与邓大姐站起来给我敬了酒。我真是很激动。

三、女队"翻身仗"

队里召开总结会时,梁丽珍发言说:女队团体赛输了,要靠我们年轻人挑担子。此时，领导对女队有了要求，也就是要拿冠军。梁丽珍是个非常聪明的人，善于动脑筋，善于总结，不像我，输了就输了。跟她交手，总是打得我很难受，输多赢少。梁丽珍曾来找我说，看来打欧洲队就是我和你了，打日本队林慧卿是肯定上的，同时，她认为狄蔷华作用不大，所以比较看好郑敏之。她动员我一起去找郑敏之谈一谈，谈的结果是郑敏之给领导写了封"请战书"。领导也是从出奇兵的角度考虑吧，最终定下我和梁丽珍打欧洲选手，林慧卿、郑敏之二人对付日本队。

第28届世乒赛前，徐寅生来女队作了一次报告，他没有讲稿，只从裤袋里摸出一张皱巴巴的纸条来，就坐下来滔滔不绝地讲了两个多小时。大家都认为他分析得很有道理，特别他讲到不要惧怕对手，你怕她，也许她更怕你，主要是在战略上要藐视对手，战术上要重视对手。在我看来，徐寅生对哲学辩证法的理论未必精通，也没讲辩证法之类的哲学词语，但他能从实际出发，恰恰就讲出了最要紧的观点。后来领导把讲稿送了上去，毛泽东批示了，大家就开始认真学习，也更加激起了女队员们的求胜欲望。比如，领导就曾批评我缺少雄心壮志，我的最大体会就是要多看自己有利的地方，从而提高自信心。因为只有长自己的志气，才能灭对手的威风。从这个意义上说，徐寅生的讲话对我们女队打"翻身仗"的确起到了很大的作用。

第28届世乒赛前三个月，领导派中国第一个世界冠军容国团来担任女队主教练。具体还是薛伟初负责抓我，因贺龙提倡学习庄则栋的反手攻，我的模仿能力还不错，且推挡差，就成了唯一的女子两面攻选手，对付削球则以拉攻为主，左右调动对方形成优势。梁丽珍是孙梅英管。梁友能则借鉴了日本排球教练大松博文的多球法训练林慧卿和郑敏之，效果相当明显。在此之前，我与她们俩交手还比较轻松，此后，要赢也比较吃力了。容国团来了以后，运动员心里的感觉很不一样，他能起到"镇定"的作用。容国团知道我胆小，就让我到游泳池去跳水，就是"插冰棍"式地跳下去。我不敢跳，连游泳都不会。容国团问我，你想拿世界冠军吗？你想就一定给我跳！在众目睽睽之下，我被逼着跳了下去。训练时，他叮嘱我不要往后退，并不断在给我打气。容国团作为主教练就把我们四个人"捏"在了一起，大大增添了我们夺取世界冠军的信心。

那时，教练安排我和梁丽珍一起去举重队练力量，休息时，我们只要看到杯状物体，就指着说：这就是考比伦杯啦！领队孙叶青抽烟，她到我们宿舍后留下一些空烟盒，我就抽出其中的锡纸，做了一个小考比伦杯送给梁丽珍，我说，你放在桌子上，每天看着它。这说明我们夺取世界冠军的决心愈发坚定。从战术分工来讲，林慧卿、郑敏之是对付攻击性选手的。所以，我与林慧卿约定，每天训练结束后，再加打三局二胜的比赛，当时我赢得比较多。有一次，我俩已打好球洗完澡了，在去食堂的路上，我说，不服气，再打一场。结果俩人又返回乒乓馆重新开打，澡也白洗了，打完去吃饭食堂早已没人了。就是这样心里萌动着一个目标：女队翻身，拿世界冠军！

不出所料，第28届女子团体比赛的半决赛由我队与罗马尼亚队对阵，我第一场对康斯坦丁内斯库，她是本届大赛的第二号种子，我的打法克她，信心又强，而我的胆量来自扎实的基本功，便拉出不同线路的弧圈球，配合左右开弓，以21：16和21：9直下两局，旗开得胜。接着，梁丽珍的单打和我俩的双打均以2：0获胜。教练掐表算算，整场比赛只用了55分钟，这是我们与罗马尼亚队交锋时间最短的一次，也是比分最悬殊的一次。中日之间的决赛，我队上场的是两位削球名将林慧卿和郑敏之，她们二人打

李赫男、梁丽珍在第28届世乒赛团体赛中充当先锋，为中国队夺冠扫除了障碍

得比较艰苦，但相当出色，直落三盘，零封对手。中国女队终于"翻身"了，捧起了向往已久的考比伦杯。

1965年9月，我们在准备第29届世乒赛之际，有个第二届全国运动会。我和林慧卿、郑敏之代表上海队获得团体冠军。决赛是对四川队，徐寅生开赛前准备会，宣布由我和林慧卿上场。郑敏之属于争强好胜的类型，她马上提出：为什么让李赫男上，不让我上啊？徐寅生不吭声。会后我找到徐指导说，能不能叫郑敏之上啊，她上也可以赢的。我这么说是指郑敏之有好胜心，比我好。徐寅生说：不行！你上！可能他考虑我这个球路更合适吧。

这届全运会，我与王家声合作混合双打，竟然打败了庄则栋和梁丽珍。此前，我也与徐寅生、李富荣等合作过，都打得不怎么样，主要是人家名气太大了，我在思想上就有负担。庄则栋与梁丽珍的组合实力肯定比我们强，但王家声拼劲十足，有些看似没法救的球，他会一个鱼跃扑过去起死回生，我不如他，但他的气势感染着我，我俩配合默契，第一次拿了全国冠军。

本届全运会的女单比赛中，我发挥得相当出色，居然战胜了从没赢过的王健、梁丽珍，还赢了韩玉珍、马光泓等。决赛是对林慧卿，我2：0领先，第三局又以20：18拿到赛点，眼看冠军到手了。只见她回了个半高球，按平时往中路一打，基本就定音了。但我却随手往她正手打去，林慧卿回打了个擦网又擦边的球，这下我傻了，后面几个球也不知怎么打就输了。第三局后，我真是没体力了，反以2：3输给了林慧卿。记得领奖时，我说，阿林，还是你厉害！你应该拿冠军。是的，我很佩服林慧卿的斗志，她确实比我强。

其实，当时主教练容国团面对第29届世乒赛，担心出"奇兵"被人识破，故希望培植攻守兼容的阵容。他曾跟我说过，你的反手攻球很好，对日本还是有威胁的。所以，他看到我在全运会上打败了王健、梁丽珍等有实力的攻球手，特意在随后的访日比赛时说：李赫男，你这次要挑重担，你不要给我往后退啊！这次访日比赛中，第一场比赛，我就把深津尚子和森泽幸子打败了，接着，是与山中教子打，但我满足于赢了前两场，便输了这场比赛。赛后，容指导批评我，你这个人太没出息了！可以拿三分，却没能全部拿下来。

接着，在北京有个邀请赛，容指导有意让我挂帅，带着年轻选手李莉上场，以便进一步考验我是不是这块"料"。结果，在与日本队决赛时，我又一次输给了山中教子，也许是日本队教练荻村找到了我的弱点，看出我反手只会打斜线，因此指导山中教子在正手专打回头。但从内心讲，我确实不想打了,而且李莉已迎头赶上来,她发挥得非常出色,拿了两分,起到了关键的作用。这样,第29届世乒赛我要么不打,要么与欧洲的削球手打,或者与李莉配对打双打。

后来"文革"来了,大家都没有球打了。

四、教练员生涯

"文革"中,乒乓队也搞"三忠于"活动,不仅下基层宣传毛泽东思想,为工农兵打表演,还曾为外交服务,比如专场给西哈努克亲王打表演赛。

听说中国队能够参加第31届名古屋世乒赛了,大伙高兴得不得了,都争得要去日本打比赛。但我却找到领队说:我能不能不去啊?郑怀颖等新秀都上来了,而且都打得很好,就不要考虑我了。按领导的思路,在名额有限的情况下,首先会考虑老队员,但现在我是自己找上门来,领队就答应了。在外界看来,第31届世乒赛老队员都去了,李赫男没去,是不是有问题啊?的确,我只是告诉了梁丽珍和林慧卿,最了解我的还是徐寅生,他看见我就说:李赫男,你现在是肩膀上没担子,轻松了吧?开心了吧?我说:是啊。还是那句话,我不是当运动员的料,我不敢承担责任。正是在这点上,我打心眼里佩服曾带教过的运动员张德英,她是天生打球的料,天生就想拿世界冠军,这种精神状态和劲头是谁也挡不住的。人家说我是世界冠军,其实我就是打了第28届对欧洲队的两场球,四个人里我是排在最后的,属于运气好,沾了别人的光。

不当运动员后,我就当教练员了。特别是培养了张立以后,逐步悟出些规律,渐渐觉得这蛮适合我的。运动员主要是要给予鼓励,不仅激励其斗志,还要帮助他卸包袱,提振信心。反正我的教练风格就是这样,有激情，全身心投入，一心扑在球场上。

我从薛伟初、容国团两位教练那里学到不少东西。他俩都有文化，比如薛伟初训练之余，还会跟我讲讲唐诗；容国团教练喜欢看书，他受美国作家杰克·伦敦的影响很大。他俩的字也写得好，经过批改的训练日记中有不少道理，可惜都遗失了。我想，我要当教练，就要做这种类型的教练。我自认为胆子小，不是当运动员的料，可能与我内心存在着另一种期盼有些关系，那就是想抓紧学点文化，将来能去上大学。当时，队里还是有文化学习课的，教英语的老师罗凤奇，表扬我发音很好。有一次，领队孙叶青来到我们宿舍，看我在自学英文，非但没有表扬，还批评我事业心不强。殊不知，我非常羡慕沈爱武，他从国家队调整回上海后，在外贸学院读了英语专业。再说，打球总是吃"青春饭"，人一辈子还是要靠文化知识。若是我被调整回上海，也很希望能从事文教工作。当时包括《人民日报》副刊的散文、小说，我也是经常拜读，意在提高自己的阅读和鉴赏能力。当然，这已是过去的故事了。

领导首先派我任国家青年队教练。第一个学生是辽宁的隋建英，在我带她之前，她的成绩是全国青少年冠军。起初我没经验，对她只是一味地严格要求而弹性不够。隋建英打横拍两面攻，对付削球不行，我就想让她学我，能够全台跑动拉，结果很不成功。后来梁友能教练根据她的实际情况，让她学习搓攻与拉攻结合的打法，起到了较好的效果。小隋最终没能得到世界冠军，但梁指导因人施教，非常值得我学习和借鉴。当初，容指导是针对我的胆小而严格要求，时刻叮嘱推着我向前；小隋不是我这种性格的人，我一直想找个机会向她道歉。

后来我转到国家队当教练，负责带张立。我在张立身上花的功夫是最多的。她参加过第31届世乒赛，有一定实力，最大的问题是与我类似，就是信心不足。有教练跟我说，张立心理素质不行。我想自己还不如张立呢，不也马马虎虎混了个世界冠军嘛！张立有自己的特点，她个子高，正面对攻好，两面管得住，有些像韩玉珍的风格。对付削球只要教她一个小弧圈，再加强反手推挡的力量，就解决问题了。后来她的正胶小弧圈拉得比我好，又快又有冲劲，尤其是拉直线，人家难以防御。在信心上，我对她说：我的胆子还不如你呢，你要相信自己一定能打好。1972年，在沈阳举行的全国比赛中，国家队一线队员郑怀颖、胡玉兰、李莉、仇宝琴等好手都参加了。张立与刘亚琴的双打组合获得了冠军。之后张立便进入国家队主力阵容。

1973年8月，第一届亚非拉友好邀请赛在北京举行，我是以有孕之身带领中国女队参加。夺得女团、混双冠军后，张立与朝鲜著名选手朴英顺展开了争夺女单冠军的决赛。张立发挥得很好，以直落两局领先。此时外交部翻译唐闻生从主席台上走下来，对我说："李赫男同志，总理指示，告诉张立是不是放一局啊。"总理的指示当然要执行。我对张立一说，张立瞬间"傻"了！我安慰她说：你放一局没关系，你绝对是上风球！张立还是胆小，放一局后就软得一发不可收拾，最终反以2∶3负于朴英顺。在闭幕式的招待会上，总理走过来问：谁是张立啊？我连忙把张立介绍给总理。总理对张立说："谢谢！你的任务完成得很好！"我理解总理的意思，就是圆满地完成了政治任务。那时中国乒乓球队不在乎个人名利，国家利益是第一位的。

1974年，我刚生完孩子，还没满月呢，领队张钧汉就催我丈夫艾立国写信，让我回北京准备在伊朗举行的第七届亚运会。邓小平副总理亲自到机场为代表团送行。江青则心血来潮，为代表团设计了队服，大家都觉得不好看，但谁也不敢议论。我们女队去的是张立、胡玉兰、郑怀颖和黄锡萍。张立是领军人物,她战胜了朝鲜、韩国和日本的主力李艾丽萨、朴英顺、大关行江等。郑怀颖也打得很不错,中国队拿下六项冠军。黄锡萍原是横拍削球手,后改打了弧圈球,她主动模仿韩国队李艾莉萨的打法,为队友陪练。为此我还特意写了题为"高风格的铺路者——黄锡萍"的文章刊登在 1978 年 10 月 27 日的《体育报》上,表扬了她牺牲个人利益,甘当"铺路石"的精神。

第 33 届世乒赛的女团主力是张立和葛新爱。本应是林慧卿带队,但她身体不好,难以成行,就推荐我挂帅。我推说不行,林慧卿说:怎么不行?张立等队员不是你在管吗?此时,张燮林是女队教练组长,他拥有许多个世界冠军的头衔,教练的含金量比我大多了。他的指挥风格属于耐心稳重的类型,值得一提的是,张指导非常大度,排兵布阵,包括临场指挥,都同我一起商量,最终再由他来拍板。比如,他力主葛新爱上场打决赛,并

1975 年 2 月 10 日在第 33 届世界乒乓球锦标赛女子团体决赛中,中国队获得冠军。左三为李赫男

亲临现场指挥，葛新爱表现出色，拿了关键的两分。领奖时，张燮林主动让我带领女队上台，报刊上有张我抱着"考比伦杯"与张立、葛新爱、胡玉兰和郑怀颖的领奖图片。回国后，也有人对这番排兵布阵有意见，我极力维护教练组组长的权威。张指导不争名利、友爱谦让，我觉得这种品质难能可贵。

我自认为还是比较适合当教练员的，而当了教练就想努力培养运动员。第33届世乒赛结束后，我到国家青年队担任女队教练组组长，负责组织1979年度在秦皇岛的集训，主管的队员有张德英、沈剑萍、戴丽丽、何智丽、焦志敏等。差不多每天训练完了，我都给她们加打多球，此时教练一定要亲力亲为，所以，我总是最后一个下班。有一次，马光泓对我说，童玲这孩子不好意思讲，你能不能也帮她打多球？我回答：可以啊！我喜欢做教练，运动员能出成绩，自己能在其中起点作用，就特别地开心，仿佛当教练的目的就是开心，就这么简单。李慧芬虽然不是我主管的，也过来说：李导，能不能也陪我打打多球？我不仅陪她打，还夸她学东西很快。没想到李慧芬说：李导，人家都说我笨，你是夸我聪明的第一个人，你教起来容易懂、容易学，你是和我商量着办。张德英也说，李指导，你真有意思，每次带队训练、比赛，你下了汽车总是走在第一个，而且特别快。进了场地，总是亲自带领大家做准备活动，喊口令特别来劲，要求队员们压腿就要压到底，一定要活动开。其实，我做教练就是要朝气蓬勃。在我看来，一切应先问本人的感受和体会，再解决练习中存在的问题。

值得一提的是张德英。张德英正式来国家队以前，我就曾带她去瑞典参加斯堪的纳维亚锦标赛，她打得非常出色，一场没输，只是有一场对南斯拉夫的选手，领导一定要她让，真是莫名其妙。这次在秦皇岛集训，我针对张德英的技术特点，帮她解决了在省队没有弧圈球手陪练的机会，且安排男运动员陪练，再讲解如何控制拍形、接弧圈的时间点等，并学习一板正胶小弧圈，加强了对付削球手的能力。张德英在训练中与其他运动员不一样，她有自己的想法和主张。比如我开始教她对付削球要少放短球，因为我曾在这方面吃过亏，往往放过去后，就被对手上来进攻。但她认为自己放短球技术好，人家上来很难进攻，即便攻到了，她的强项就是对攻。所以，带张德英训练时，我根本不用多言，只要稍微点一点，她就能打得很好。由于张德英成绩优异，所以成了第36届世乒赛的主力人选。我对她说：张德英啊，不是我指导你，而是你的精神鼓舞了我，你的精神状态很值得我们学习。

集训时，记得姚国治教练对我说：李赫男，咱们是不是要劳逸结合啊！我恍然大悟，觉得怎么忘了这个茬。于是，我们也给运动员开开舞会，以放松身心。前几年，李慧芬在给我的电子邮件中还说，我永远不会忘记在秦皇岛训练的日子。1982年8月，我带一批年轻的队员到欧洲参加五国比赛，其中有河北队的陈丽丽、陈婕玲等。我与这些队员接触不多，但发现陈丽丽比赛前时常因紧张上厕所，别人老批评她、催促她。有一次裁判都上来了，她跟我说：李导，我要上厕所。我安慰她说：别着急，你去吧，裁判这边我来对付。事后，陈丽丽对我说，从来都是教练说我"懒驴上磨屎尿多"。我说，我自己是过来人，将心比心就很理解你。同时，我每次吃饭都把香蕉留给她。后来陈丽丽到日本当了教练，一次相见谈及此事，对我表示深深的感激。我笑答：人家天生胆大，没体会到胆小的是什么心境。我在美国也收到她的来信，说是经常想起我，说我很亲切，善解人意。其实，在我看来，这都是很正常的事，运动员还是孩子，何时宽以相待，何时严格要求，这是需要教练去拿捏和把握的。

这次去欧洲五国比赛，戴丽丽也参加了。戴丽丽是1981年的全国女子单打冠军。我对她说，这次要看你打外国选手行不行了，你一场都不输，才有可能参加下一届世乒赛。她果真一场未输。那一年，因备战全国比赛，国家队队员临时都回省市队了，戴丽丽和沈剑萍是我带教的青年队队员，因他俩的所属关系在工程兵部队，刚调进国家队不久就下放训练，我有些不放心，即便女儿正放暑假，我也顾及不上，直接带着行李住进了工程兵

1982年率队赴欧洲参加五国比赛的李赫男

队。那里的条件比国家队差多了，晚上蚊帐上叮满了蚊子。我对沈剑萍说，我就是要把你的正手练到左右打几十个都不丢，你才能在国家队站住脚。的确，后来二人蛮争气，获得了第37届世锦赛女子双打冠军，戴丽丽又入选第38届团体冠军主力队员。在我离开工程兵队之前，队领导给我一封信，叫我交给体育报社。我打开一看是封表扬信，自然压下来没有交。我这个人怕出头，此次访谈若不是沈剑萍说了此事，我也都忘了。

后来想想，我真对不起1974年出生的女儿，她还没满月，我就赶回北京带领国家队参加亚运会的集训，以至于女儿没吃过我的奶，因缺钙弄得身体特别差。即便到工程兵队去帮忙，我也可以把女儿带着啊！其实，事业、家庭还是可以兼顾的，但我没有顾及。我看人家亲自把孩子带大，与孩子同成长，真的好羡慕。

五、美国纪事

我的丈夫艾立国是辽宁籍的乒乓球运动员，1962年，在作为国家集训队108将之一参加第26届世乒赛后，就调整到了八一队，以后八一队解散，他就退役到了总参。因为他当运动员时自学俄语，达到了大学毕业的水平，去总参后经三部培训任密码破译员。当时中苏关系不好，特别是中蒙边境一度紧张，他破译了一个密码，还立了三等功。

我和艾立国结婚后，"文革"中停刊的《体育报》也复刊了。艾立国想调到《体育报》社去。但他的档案里有"黑材料"，结论是"现行反革命，按人民内部矛盾处理"，连预备党员也被开除了。其实，他的问题一是发表了除学习"老三篇"外还要多学《矛盾论》《实践论》的观点；二是他看天安门城楼上林彪瘦弱单薄，就说了一句"林彪这身体能不能接到毛主席的班啊"，被人告发了，就上纲上线成了"反革命"言论。当时，我对乒乓队领队说，艾立国没能调到《体育报》社，就是档案里有"黑材料"啊。领队说，江青对你印象不错，你是不是给江青写封信？那是有一次为总理等领导人打表演赛后，江青接见了我们，女队员有林慧卿、郑怀颖等。江青见到我说：李赫男，看到你在场上左右开弓打得很凶，你坐在这里，看上去倒是文质彬彬、挺斯文的。江青还签名送给我们每人一套《毛泽东选集》的合订本。但直觉告诉我不能给江青写信，我还是信任总理，于是，就给总理写了封信。很快总理办公室就派人来了，并让总参领导打电话给我，艾立国顺利得到了平反，总算调进了《体育报》社。

1981年，经过领导的同意，艾立国去美国探亲，其间认识了美国乒协的一些朋友。半年以后，艾立国回国并带来了一封美国乒协邀请我们全家赴美的信函。后来，我以探亲的名义去美国，并开始执教。我带领美国国家队在泛美运动会上以 3∶0 的成绩战胜了加拿大队，并取得三项冠军。当时加队的教练沙拉拉上来祝贺我，他后来担任了国际乒联主席。我们很快申请到了绿卡，不久就全家正式移民美国了。

我们考察了美国的乒乓球运动现状，感到与想象的有相当差距，便向美国乒协提出类似中国少体校训练模式的"驻训计划"。美国乒协是个民间组织，政府不投钱的。1984 年，美国奥委会因举办第 23 届奥运会赚了大钱，各个运动协会均受益，乒乓球协会分到了 100 多万美元，有了经费的保障，就使"驻训计划"得以实施，我也成了美国乒乓球历史上第一个支付薪水的教练，艾立国也被委任为教练委员会主任。于是，我们招了一些小孩，集中在奥林匹克训练中心，一边读书，一边训练，即放学后打四个小时。这在美国乒乓球运动历史上已是首创了。这些孩子的岁数在 11 岁至 17 岁之间，自主能力都很强。我把原中国队队员成应华、黄统生等请来陪练，孩子们都很高兴。我当教练，如同张德英的评价，全身心投入，有激情、善鼓动，同时能理解运动员的内心想法。从另外一方面讲，在国内干的是事业，在美国还是要挣钱来养家糊口。

这些孩子的基础差，得世界冠军不太可能。何况，他们高中毕业后就要上大学，训练计划就不能持续，包括国家队都是大赛前临时选拔组合的，所以，对我来说不可能制定长久的规划。这时，我接到国际乒联主席荻村的电话，说国际乒联准备在美国组建国际乒乓球学院，打算聘请我当总教练。1986 年美国公开赛期间，荻村来美国时，曾在与美国乒协座谈时介绍我，说：李赫男是非常出色的运动员，在中国任教练时培养了不少人才，相信她一定会为美国的乒乓球运动做出贡献。我和艾立国分析，这可能有中国乒协在其中起了作用，因为徐寅生主任对我在美国的情况也很关心，

20 世纪 80 年代李赫男赴美国执教与学员合影

希望我在美国能有所建树,因为美国是世界大国,如果乒乓球能够发展起来,对世界乒乓球运动的推动有好处。荻村还在电话里称赞我会说英文,是总教练最合适的人选。但荻村去世后,就无下文了。我一直纳闷,也一直想问问老徐,当初他与荻村是不是推进过此事?

1988 年,我带美国队参加汉城奥运会,没想到女子单打第一轮就是焦志敏对上美国队的戴安娜。戴安娜是我在美国训练的第一个学生,当时她才 13 岁,擅长正手反胶、反手长胶型的两面快攻打法。第一局焦志敏输了,我觉得很奇怪。虽说戴安娜经过我的多球训练,进步相当大,但无论如何与焦志敏的水平是差一截的。按照我的教练风格，戴安娜赢了第一局，我一定布置战术，并鼓励她一定能赢。但我那天的心情十分复杂，焦志敏曾是我在中国青年队带教的学生，她若输在我带的美国队员手下，就算栽了；但戴安娜若输了则损失不大，即便赢了也不可能拿冠军。就是在这种心境的支配下，第一局下来，我只是随便讲了些不搭边的套话。戴安娜的父亲是中国人，正在场上看球，他从气氛中能看出个大概。焦志敏随后连扳三局也在情理之中，并最终获得了本届奥运会的女子单打第三名。前些日子，我看了郎平带队的排球比赛，还很有感慨地对女儿说，郎平的职业道德真是了得！在美国队，就一心一意带好美国队；在中国队，就全力以赴带好中国队。你是谁的教练，就把谁的队带好。我是性情中人，自我反省就是缺少职业教练的那种精神。现在很多外国教练来中国执教，指导中国队拿了奥运会冠军，人家也是全力以赴的啊！汉城奥运会后，我收到时任美国总统老布什的邀请信，但我没有去。

  到了美国才真正体会到打球就是个人的爱好，原来总认为打球是为国争光，很神圣的。其实，打球同时也是一份工作、一个职业，做好了就有成就感。现在，我已离开乒乓球运动很长时间了。2018年，美国乒协授予我荣誉奖，我顺道看了美国的全国比赛，感觉水平已相当高了，但运动员大都是华人、印度人或越南人，属于亚裔美国人。总之，看到高军、李振恃等开办的乒乓球俱乐部推动了美国的乒乓球运动，我也挺开心的。

于贻泽

1944年生。直拍近台快攻打法。1962年入选国家乒乓球队。1966年代表上海队获得全国锦标赛男子团体冠军。曾参加第28届、第32届世界锦标赛。1972—1973年度,被国际乒联列为世界第七号优秀选手。退役后,担任八一乒乓队男队主教练,获得四次全国冠军。后担任上海乒乓球男队主教练。1979年被评为首批国家级教练。

道路、命运与奉献

一、郊区的孩子

我出生在知识分子家庭，家父毕业于复旦大学，先在银行工作，后改行当了教师，任教于浦东的洋泾中学和高桥中学，从教导主任做到了校长。父亲在学生时代也喜欢打乒乓球，中华人民共和国成立前是上海的大学生冠军，与当时的上海名将傅其芳、薛绪初、王有新等都认识。我后来喜欢打乒乓球，大概也受他影响吧。

我所居住的高桥是个古镇，已经靠近长江口的海边了，虽然比较偏僻，还是有文化气息的。高桥中学只在教工俱乐部有一张乒乓球台，学生是不能进去打的。我们就在外面"打游击"，哪里有球台，就往哪里钻。高桥镇有一个文化馆，放着两张球台，供镇上的居民体育锻炼时用。我们就常到那里打球，排队的人不少，实行"擂台制"，排一圈要二十分钟呢！就是说你摆不了"大王"的话，你就打不了多少球。我在学校里是冠军，水平算好的，"大王"做得多，球技也不断地进步。我记得自己还买了本姜永宁、梁焯辉编的《怎样打乒乓球》的书，通过看书琢磨姿势、步法等，真正是喜欢而又用心的。其实，我母亲是反对我打球的，她认为"唯有读书高"，读书人家庭就要好好读书。父亲工作很忙，但还是支持我打球的。

一开始大家打球用的是胶皮板，后来海绵板时兴了，有些家庭条件好的，就托海外关系寄过来，确实弹性很好、速度很快。我就问妈妈要了五毛钱，买了双回力球鞋的鞋底，用黄鱼胶粘在球板上，这就是我的第一块海绵板。我用的底板是顺风牌,陪伴我 50 多年呢。听说是英国有批茶叶进口到上海,包装用的木板很有质地,就被用来制作乒乓球板了。胶皮打久了,中间部分就磨圆或断了,自己就数好需修补的颗粒后,再用刮胡子的刀片将球拍左上角好的部分裁割下来,与中间部分进行位置交换。现在的球友很难想象我们是怎么打球的。

1958 年,我幸运地碰到了引路人顾尔承。顾老师是作为下放干部到浦东学校来的,他是乒乓球国家级裁判。当年,上海要搞一次全市的少年比赛,他就组队把我们这批郊区的孩子从浦东带到了浦西参赛。市区选手的水平确实高一层,当时我得了第六名。顾老师认为我是有潜力的,若留在浦东打球,没人指导,加上设施简陋,肯定就荒废了。所以,他就介绍我进了新城区(今静安区)业余体校代训,我就住在新城游泳池里面。这所体校的领导对训练是非常重视的,那里的足球队出了徐根宝,乒乓队出了郑敏之。对我来说,训练的条件好了,训练对手的水平高了,参加比赛的机会多了,技术进步很快,在上海少年中已位于前列了,更重要的是对乒乓球的理解加深了,眼界开阔了。

高中毕业时,跟我一起打球的,如余永年、谷天华、花凌霄、蒋时祥等都陆陆续续调进了上海队,他们有的比我好,有的比我差,我则没有进去。1960 年上海搞过一次锦标赛,我是少年选手中唯一进入前十二名的。原来上海队不要我的原因,是说我个子矮,没有培养前途。这次,体委主任杜前在体育宫看我在比赛中胜了老将杨永盛,也许是因为杜主任的个子也矮,就对上海队领导说:你们认为于贻泽个子矮、没前途,我看还可以嘛。就此,在杜前的力挺下,我进了上海队。由于其他队员已经早于我一年或一年多进队,练得更正规、更有强度,伙食等各方面的条件也好,我刚进队时的排名是第九到第十名。那时候的比赛不像现在这么多,全国锦标赛就一年一次，五男四女参赛，你一定要在队里挤进前五名，否则连报名的机会都没有。如果说这是第一步，那么第二步则必须挤进前三名，否则就得坐板凳。第26届世乒赛中庄则栋、徐寅生、容国团打败了日本队，全国掀起了乒乓热，对我的鼓舞与震动很大。所以我想既然进队了，教练当初又看不上，用体育的行话就是不会重点培养你，你只能靠自己拼。那时确实是吃了不少苦，每天咬着牙拼命练。

我是从小靠"摆大王"起家的，打球不怎么去想动作如何优美，想的是如何战胜对手，以至于从小就养成了动脑筋的习惯，即便这场球吃了亏，也要弄个明白下回赢回来。我大约用了半年时间挤进了前五名，用一年时间挤进了前三名，这个进步的过程就是一个吸取教训、积累经验的过程。在1962年中的大半年时间里，我在与其他部级省市交流比赛中，是队中唯一保持全胜的选手。同年日本队来访，我输二场、赢二场，特别是赢了赫赫有名的世界级弧圈高手木村，使我信心倍增。11月，在天津举行全国优秀运动员比赛，8个重点省市队与国家队组成的8个队对抗，我们赢了6个队，开创了省市队赢国家队的先河。因为我赢了国家队的大部分队员，年底就被抽调进了国家队。

1962年真是我的成功之年。第一次进京，我妈只送到家门口，叮嘱我到了北京一定写封信回来。

二、向上的势头

我因为成绩优异进了国家队，教练把我当作了培养对象。当时国家队有四个队，一队是最好的男队员，其中大多是世界冠军，二队是男二队与最好的女队员，三队是男三队，四队是其他女队员，结果教练把我分在了一队。这样我就跟庄则栋、徐寅生、容国团、张燮林、李富荣、杨瑞华、胡道本、周兰荪等十六七个最好的选手同台练习了。

与高手们在一起,面临着的情况是上面有人"压"着你,下面有人"拱"着你。自己就感觉位置有些摆不准。在上海我不大输球,在国家队情况就不一样了。比如我和李富荣打公开比赛,第三局二十平时,我想"偷鸡摸狗",发了个侧上旋球,李富荣推挡比我差,正手比我好,心想他若搓一下我就能捡个"皮夹子",不料他迅速一个快打过来,弄得我猝不及防。这说明人家优秀运动员都经过严格的训练,打球从来不抱侥幸心理,关键时刻凭着过硬的心理素质,能做出果决的判断。那时输球多了点,自己也蛮苦恼。后来容国团当了我的教练,使我受益匪浅。他一是为人正直,二是充满智慧,是我接触的教练中水平最高的。他整个的教练思想是因人制宜,即根据你的具体情况,挖掘你的潜力,塑造你的打法,没有框框,非常注重技术的实用性,不搞花架子;而且临场指挥时头脑非常清晰,指令果断,我也跟他很谈得来,很尊重他。

1964年,我在莫斯科国际比赛中淘汰了匈牙利的别尔切克和朝鲜的郑吉和,与王家声决赛,得了冠军。那次比赛的规则是只取前三名,若半决赛输给冠军则得第三,输给亚军算第四。此时朝鲜队的领队找到我的领队说要拿第三,所以逼着我要拿第一。其实,王家声出道比我早。1965年,我和王家声代表中国青年队去瑞典参加斯堪的纳维亚公开赛,这也是国际大型的比赛,我和王家声搭档拿了团体冠军和双打冠军,王家声是单打冠军。而后,我们又与欧洲联队进行了比赛,我赢了素有"锤子"之称的欧洲冠军约翰森。1966年,全国乒乓球锦标赛在上海举行,我和李富荣、张燮林代表上海队,我是每场二分,赢河北队的一场关键球,是与李景光、郗恩庭等打的,李景光拿了我们三分,我队以5∶4险胜。决赛时,我们以

5∶2胜了胡道本领衔的湖北队,从而夺冠。当时我感觉在国家队的年轻人中,我的势头是往上的。

进了国家队后,一开始在工人体育场下面的小馆训练,后来考虑到体育馆空间大,比赛球速不一样,就搬了过去。平时底下是六张球台,晚上工人下班后,关三张留三张。我们吃过晚饭后就去抢台子,总是奔过去把球板往台上一放,算是占住了,然后在门口休息二十分钟,让胃里的饭菜消化一阵。那个年代没有什么娱乐。乒乓球队在所有体育项目里是唯一具有世界水平的队伍,所以受到了各方面的关照。练得比较苦的时候,领导就跟北京的文化部门联系,调些好看的电影来放映。但大多数人不去,因为看电影就意味着不能打球,但反过来领队张钧汉也会说我们,弄来了影片,你们怎么不去看?我们年轻队员基本上是一天练四次,早上早操、上午、下午和晚上加班。庄则栋是一直加班的,其他主力一般不加班,但我看李富荣平时训练时绝对认真刻苦,打球绝不肯轻易认输的。

第28届世锦赛报名抽签后,每个教练组就开始针对性地准备了。我们先去了欧洲,在驻捷克斯洛伐克大使馆的地下室里搞了几个球台,天天练得很猛、很苦,就请庄则栋向领导提议调部电影看看,大使馆里都是《地道战》《地雷战》《南征北战》等老片子。结果被陈先知道后一顿臭骂:看什么电影,马上就要比赛了,每个人都自己过过线,研究抽签后自己线上的对手。后来,庄则栋又找荣高棠反映,荣高棠一听,说:很好啊,让大家放松一下,不要绷得太紧了嘛。在捷克斯洛伐克备战了一个星期后,队伍就去了南斯拉夫。

第28届世锦赛时,我参加了单打,一路打上去,没有太强的对手,赢了苏联的冠军,算是完成了任务。八分之一决赛时相遇庄则栋,领导就讲了一句:小庄上去啊。我回答:这我知道。对我来讲,领导怎么说我就怎么

参加第 28 届世乒赛的于贻泽

做,况且庄则栋比我强,他也应该上去。我跟他打帮着练练球还不能消耗他的体力,后面庄则栋要跟日本的高桥浩对决了。

关于让球之事,后来队里出了何智丽的事,我也可谈谈看法。当时领导认为,何智丽虽拿了冠军,但破坏了队里的传统,应该认错。但何智丽认为:我拿了冠军,又没输给外国人;没拿冠军你才能来批评我。这跟我们这辈人真的不一样,我们不用领导多讲的,孰重孰轻,一切以国家的荣誉为重。如果你赛前讲清楚,告知对方我是要和你拼实力的,也罢了。当时,李富荣在现场急了,但面对那么多摄像机,又不能太冲动。何智丽也不给教练眼神示意,打完一局,毛巾往肩上一甩,眼睛朝另一方向看。直到研究参加汉城奥运会的名单时,我跟陈宝庆已在上海队当教练了,接到赴北京听取意见的通知,上午开会后,中午去看看老领导张钧汉,刚坐下没几分钟,袁伟民的电话就来了,问:上海的两个教练在你家吗?请到我办公室来。于是我们赶到袁伟民处,他一见面就开门见山地说:你们上海

1965年第28届世乒赛中,中国队捧回了五个冠军奖杯。后排右二为于贻泽

也厉害的,我们上午刚开完会,你们副市长就打来电话了,希望国家体委能考虑上海这一大城市的感受,慎重再慎重。我们球场上有个道理:"赢了球绝对不能赢嘴巴;输了球绝对不能输人格。"后来何智丽代表日本队在场上"吆西吆西"地叫,实在是太过分了。

说到打球的风格,我非常赞赏庄则栋这样的左右开攻类型。实际上,中国传统打法的左推右攻也有几种流派,一种以李富荣为代表,正手好,步法灵,反手弱。还一种以徐寅生、杨瑞华为代表,反手好,控制能力强,技术细腻,攻防比较平衡。我也属于这种类型的。我们那时强调赢球要赢得漂亮,即使比分赢了,你没打出风格和水平也不行,就是拿这个标准来衡量的。但进入比赛时,运动员因紧张输了也是难免的。那时的口号是"打出风格,打出水平,为国争光"。在国家队里,没一个人敢狂,狂就割你尾巴。不像现在,运动员成绩好了,金牌到手了,有的人就忘乎所以了。

国家乒乓球队是在总理的直接关怀下成长的,贺龙元帅是体委主任,陈毅元帅也喜欢体育。1965年第28届世乒赛回来，我们正下放到北京卫戍区当兵锻炼。一天，北京军区副司令员腾海清中将来了，北京新闻电影制片厂的人扛着摄像机跟随着，通知我们马上回北京，原来是总理请我们去中南海。车到中南海大门时，警卫给予放行的指令。我们的车在中南海里拐了几个弯到达了接见的地点。运动员们都很守规矩，纷纷贴在墙角的边上站着。第一个进来的是罗瑞卿，他见到郑敏之就说：你比赛时手上贴块胶布，提醒自己顽强拼搏。随后，贺龙、陈毅、邓小平、康生、彭真纷纷入场。最后，总理进来了，大家都问总理好。总理第一个直奔贺龙，握着贺老总的手说，你是体委主任，带队为国争光。贺龙马上说，我只是做了点具体的事，都是按照总理的指示。接着，大家围成四桌，总理在主桌，刚拿起酒杯，只听总理说"给我换"，原来医生不让总理喝白酒，杯子里倒的是白开水。总理手一拨说：我都可以当他们的爷爷了，怎么能骗这些年轻人呢？于是一个服务员上来给总理换了酒杯。总理说，今天高兴，我代表党中央感谢你们！接着，总理又安排乒乓队到北戴河休整，这是中央领导、省部级干部和著名科学家等夏天休养的地方，确实给予了乒乓队很高的待遇。

三、时运不济

我1962年底进国家队，经历了三年高强度、高标准的训练，技术水准达到高潮，正待报效国家之时，"文革"运动来临了。可谓时运不济，这是我人生的一大遗憾。

运动初期，我们还能坚持训练，真正感受到冲击的压力是在1966年夏秋之交。国家队地处龙潭湖，离王府井较近。看到街上带着袖章的红卫兵

"破四旧",剪头发、剪裤脚;看到街上的平板车把地主婆、隐藏的阶级"异己分子"捆得像猪一样遣送回乡;还听到"老子英雄儿好汉,老子反动儿混蛋"的口号,心里总有害怕的感觉。还有一段时间,由于国家队的乒乓馆面积大,可住几百个人,自然成了北京市接待红卫兵的一个点。我们的任务便是为红卫兵送饭。乒乓队受到冲击的原因,是说我们经常出国,多多少少带点洋玩意;而且吃的是运动灶,人家按定量还不一定能吃饱,我们能有肉吃。所以这是培养"修正主义苗子"的地方。一开始是展开辩论,但我们队里非无产阶级出身的占大多数,包括庄则栋,他父亲是哈同的女婿;像我这样的教师家庭也属于非无产阶级出身。所以,我们肯定是不能跳出去辩论的,辩论首先要报家庭出身的。当然,我们国家体委也是藏龙卧虎之地,如北京体育馆馆长石国瑞就曾给毛主席当警卫员。你们在纪录片里看到主席外出考察坐下休息时,主席拿起烟后递上火柴的就是他。后来石国瑞又给任弼时、刘少奇当过警卫员。冲击他的"造反派"说,你给刘少奇当过警卫!他马上反击:我给毛主席、任弼时当警卫员你们怎么不说啊!红卫兵说,荣高棠用修正主义的物质刺激来毒害你们!庄则栋是世界冠军,他立即反击说:不,荣高棠送给我们《毛泽东选集》四卷。

1966年12月上旬,日本队按协议到上海来比赛,我和余长春、姚振绪加上教练梁友能四人回上海参赛。一般我们外出都是卧铺,因为"大串联"卧铺取消了,我们凭票上车,一会儿红卫兵像潮水一样涌了进来,挤得门都打不开,厕所也难上,饭也没法吃,只得中途到站台的小推车上买干粮,勉强对付一下。到了上海,发现上海没有北京那么乱,但已没人接站了,好在我们都是上海人,就乘公交车到了体委。第二天在江湾体育馆比赛,我们胜了日本队。回家待了一天即返回北京。这次我们学聪明了,买了面包带上车。进京的火车停在西直门车站,出门就看到国家体委造反派张贴的"坚决不让荣高棠出国"的大幅标语,原来国家体委内部也乱套了。我们乒乓队百分之一百是保"荣"派,有一天批荣的大会开到中午12点钟,荣高棠一直在主席台上站着。乒乓队的一些人就到食堂去煮饺子,端饺子的是大个子周兰荪,大家绕场一周,敲碗敲盘以示抗议。造反派认定乒乓队是"铁杆老保",于是就猛批乒乓队。到了12月24日,中央召开体育系统大会,宣布对荣高棠定了性,我们都傻掉了。后来荣高棠被下放到江西上饶的一个农场。

荣高棠被打倒后,训练馆就封了起来。年底,上海体育战线造反司令部要把荣高棠揪到上海批斗。记得被揪往上海前的那个晚上,他在我和余长春住的房间里,一条席子加一条毯子,就卧在那里一声不响。半响,荣高棠叫我:小于啊,能不能帮我个忙?我说:你说吧,有什么事?他说:帮我买包烟?我帮助去买了。人与人还是讲感情的。后来荣高棠恢复工作后,有一次在国家体委的楼梯上看到我,就小跑步过来,问我最近怎么样,彼此之间还是很感慨的。

当时的口号是"造反有理,保皇可耻"。不久,乒乓球队内部也开始分化了。分化的标志是从庄则栋转向开始的。庄则栋的未婚妻鲍蕙荞是首都三司的,她说:"保皇"是不符合毛主席革命路线的,你要站出来向"旧世界"造反。在她的影响下,庄则栋到体委贴出宣布"造反"的大字报,还告诫"保皇派"要认清形势,不要执迷不悟。庄则栋摇身一变"革命"了,我们反而成了对立面,于是我们就贴庄则栋的大字报,揭他的老底。经过这一轮的分化,一些人溜回家,一些人外出游玩,甚至三五个月才露脸,原来帮荣高棠端饺子的周兰荪,索性跑到山西去找女朋友了。再说当时领导班子瘫痪,也没人管,打球这顶"资产阶级、修正主义"的帽子,谁也不敢自己戴在头上。就这样整整三年我没有碰过拍子。我也没办法,当时家里受到了冲击，爸爸被隔离，妈妈是小学校长，天天拉劳动车，工资也被冻结了，两个姐姐一人一个月二十元的生活费。家里回不去了，我只能"泡"在北京，有时也骑着自行车到北大等校看热闹，比如清华那场批斗王光美的大会我也看到了。记得我还碰到复旦大学的朱维铮，他是《文汇报》派驻北京的记者，跟我的一个好朋友来往较多，主要是在北京高校中打听消息。

这期间，国家乒乓队也发生了令人伤痛的事。

傅其芳作为总教练，曾率领男队获得第26届世乒赛团体冠军，确实很风光的，荣高棠还曾把藏了四五十年的茅台酒送给了他。他曾去香港打球，后来又从香港回来，入国家队。"文革"到了清理阶级队伍这一环，傅其芳受不了冲击，就在二楼房间里上吊自尽了。

容国团曾是我的带教指导。第28届世锦赛他率女队打了"翻身仗"。领导希望吸收他入党。他说党有非常光辉的形象，自己觉得与党员的标准尚有距离。容指导平时弹弹吉他，练练书法，品品咖啡，穿着也比较讲究，皮鞋是小牛皮的，裤管比较瘦，西装笔挺两开叉。他为人很正派，从不说东道西、搬弄是非。尽管容指导也是从香港回来的，但没有像傅其芳那样被关起来。此时他的话已很少，情绪明显忧郁，在崇文区郊区劳动休息时，常坐在田头抽烟。一天晚上九点多，我们在运动系开批判会，容指导的爱人黄秀珍（原广东田径跳远的）找过来，说容指导人不见了。我们队里有开摩托车的，有骑自行车的，带着手电筒纷纷四处寻啊。第二天，养鸭场的农民来报告，说有人吊死在鸭场院外的一棵树上。原来容指导是把自己的皮带解下来挂在树上，树下一片烟头，说明他死前有激烈的思想斗争。公安局说悲剧发生在凌晨四点多。其实，容国团历史清白，父亲是海员工人，参加过省港大罢工。容国团说过，他爱惜自己的名誉胜过自己的生命。

当晚我们寻找时是经过养鸭场的,但他不吭声呀。我想,容指导能顶住这一关就好了。今天想起来,我心里还很难过。

这样闹到1968年,此年的5月12日,中央发布了对国家体委进行军管的命令。军管会来了以后,对干部开始分类审查。每个运动队均成立连排班,连长由军管人员担任,排长必须是"红五类"出身,乒乓队的排长是李景光、陆巨芳、李联益。训练仍然停着,整天组织学习,每天早请示、晚汇报。早上起来唱《东方红》,晚上唱《大海航行靠舵手》,每间房间都张贴领袖的像,大家站成一排,口念要"斗私批修",然后讲自己今天什么事做得不好,下次要改正等。排长陆巨芳,一度是活学活用的标兵,在早请示、晚汇报,敬祝"伟大领袖万寿无疆"时,动作搞得比较大。教练员庄家富胆子大一点,他竟然问陆巨芳喊口号时与其他人有什么不一样。我们因出身等问题,小心翼翼,不敢妄议。记得一次在体育馆开批判大会,天热大家穿着凉鞋。庄家富坐在栏杆前一排,大概是脚癣发了,随手就用手中的语录本搓脚趾缝,越搓越痒,搓得都见血了。此举被"左"派看见了,晚上宣布开紧急会议。主持人读了一段"阶级敌人不会自行退出历史舞台"的语录后,话锋一转说:革命的同志们,树欲静而风不止,要警惕啊!现行反革命分子就在我们身边。此时有两人已准备好,一下子就把庄家富推上台前,主持人大喊一声:庄家富你知罪不知罪?庄家富连忙回答:知罪知罪。主持人责令:你老实交代反革命罪行。庄家富说:不知道犯了什么罪。于是,有人起来揭发批判,口号此起彼伏。并宣布隔离审查,庄家富被关了一个多月。第31届世锦赛时,我们一个英文翻译也不"正经",半真半假地对庄家富说,阿庄啊,你现在已经和"苏修"坐在一条板凳上了。当即吓得他像针戳了屁股似的跳了起来,原来那个长条凳的另一头坐着苏联教练。

军管后，为参加国庆节的天安门游行，整整两个月时间里，由当兵的负责操练我们走方阵。晚上，一有重要广播，我们就得马上出发，一阵鞭炮后，就到天安门广场兜一圈。《葵花朵朵向太阳》是必唱的歌。当时，有些单位也会请我们去表演，先跳"忠字舞"，后打表演赛。有一次正好和歌唱家胡松华同台，我们几个都不会唱歌跳舞，就跟着胡松华边唱边跳。外出表演时，感兴趣的人会送我们毛主席像章。

"文革"使国家队错过了参加第29、30届世乒赛的机会，等我们恢复训练时，欧洲的横拍弧圈球技术已进入了一个新阶段，我们的直拍快攻已趋于过时了。

第31届世锦赛我没去。原因应该是与朝鲜的一场球没打好，这场比赛是在首都体育馆打的，对手是金永三，他打得很凶，第三局19平后我输了。过去我对朝鲜队的记录是全胜，挂拍多年，准备也不足，有些紧张失常。当年，世界上的重大国际比赛就是世锦赛与瑞典的邀请赛，机会就这点，不像现在比赛这么多，"东边不亮西方亮"。国家队的内部环境是，若挤不进前五名，上场机会就很少。我打球脑子比较灵，防守与相持球能力强，弱点是魄力和胆量不够，也不像郗恩庭发球好。第31届世乒赛用了两个新人，男的是梁戈亮，女的是郑怀颖。梁戈亮的优势是反手换了长胶，正手攻球基础比较好。一次队里打内部比赛，梁戈亮胜了庄则栋、郗恩庭等得第一名。过去我对梁戈亮一局可赢七八分。有一次生病没去，没隔了几天，与他一交手，他变化很大，发球旋转很难判断，1∶2输给了他，领导就把他列为"奇兵"。

第32届世锦赛我参加了。之前，我和许绍发、刁文元等到瑞典打了斯堪的纳维亚公开赛，以及与瑞典国家队的比赛。因为与世锦赛日程接近，世界好手去的人很多。我赢了捷克斯洛伐克冠军、南斯拉夫的斯蒂潘契奇、

1972年4月访问日本时，于贻泽与日本著名运动员何野满比赛

法国的塞克雷坦和第31届世界冠军本格森。《参考消息》曾登了本格森的自述，说最怕中国的于贻泽。在备战的几次内部热身赛中，天津赛场上许绍发第一，我第二，梁戈亮与老刁第三；北京赛场我打第一，许绍发第二，郗恩庭和老刁第三。尽管我已不具备年龄优势，李景光、许绍发、郗恩庭都比我年轻，但我的技术实力和比赛成绩在队里仍是优秀的。所以，一开始报我打团体赛，因教练赛前要搞一些摸底，听听大家的表态，比如跟瑞典队打，你会怎么样。郗恩庭和我一样不会说满话，只说正常得两分，争取得三分。实际上大家都明白，瑞典队三号比较差，基本都可以赢，打本格森、约翰森则要场上见分晓。梁戈亮和刁文元则说没问题，基本可以得三分。这样，领导就认为我底气不足，就被换下参加单打了。不同的人有不同的性格，领导就是要掌握不同人的不同特点。有的运动员是越骂越急越差，有的则骂了会醒悟而更好。

当时我们住的地方离赛场很远，路上要花一个多小时。练习场地的球台只有十几张，每次都要去抢球台，中国队人多，组委会就分配给我们四张台子。这种情况下，为保证团体主力球员练球，我基本没怎么练习。比赛开始后，两个打弧圈球的陪练待命，随叫随到。我则被派去为主力队员做技术统计，一场比赛打四到五个小时，整整干了五天，感觉眼睛里全是符号。其实，我也有比赛任务啊，五天后，我上场，输给日本队的一个新手。

1973年，我领衔带着陆元盛、王家麟、杜功楷、姚昶元等，代表上海到武汉参加全国比赛，全场共有五十几个队，分十个组交锋。我基本是场场三分，只输过一场，最后获得团体第四名，单打我是准备上的，也已知道这是运动生涯接近尾声的"绝唱"了。这时国家体委出访的通知来了，叫我马上到北京报到，单打也就泡汤了。

1973年于贻泽随国家队访问南美阿根廷时留影

1974年4月，我从国家队退役，担任了八一队男队主教练的工作。

四、八一队的历练

由于部队的特殊性质，在八一队确实比地方辛苦、紧张。而且部队对成绩的要求非常高，平时强调运动员的作风培养，比赛时要求勇猛、顽强、拼搏。当时,施之皓在八一队,我在他身上花得力气蛮多的。他的优点是头脑清楚,手上功夫好,技术比较平衡;缺点是身体素质单薄,力量差。他在同年龄组里名列前茅,1974年全国少年比赛,他得了第三名,蔡振华则在十名以后。施之皓并不是那种苦练型的运动员,但总体训练质量是好的,尤其在聪明领悟方面超过别人;比赛时,临场发挥和应变能力强,无谓的失误少,平时话不多,上去打球蛮有底的。练了一年,他参加包括东三省、河北、山东、解放军等成年队的全国分区赛,就拿了亚军;练了二年,在南京的全国比赛中,他已经上场打团体赛了,结果八一队拿了团体冠军;练了三年,施之皓已是队里的绝对主力。三年多的时间,一个少年有如此进步,真是难以想象的。我率八一队前后拿过全国男子团体四次冠军、三次单项冠军。

1974年八一队访问朝鲜时在三八线附近的合影。前排左二为于贻泽,左三为施之皓

有一年得了个第三名,按理说前三名也算是可以交代的,但在部队则不行。在八一体工大队的会议上,大队长点名把我叫了起来。他说,乒乓球队于贻泽来了没有?按照部队习惯,我马上站起来说,报告领导,我到了。队长问,你们今年比赛是第几名?我说,第三名。那去年呢?冠军。怎么退步了?我说,教练工作没有做好。就这样当着全大队人员的面进行自我批评。在八一队,每次汇报工作,比如说冬训准备重点抓体能,突破哪些技战术,领导根本不听,只听你讲两分钟就打断你,直接问你今年全国比赛或全运会比赛的名次。我说今年的指标是确保前三,力争第一。领导马上就说,去年第一,今年怎么能确保前三呢?所以,第一,你不能思想保守,第二,要勇往直前拿第一。领导的要求非常明确,然后就是问你有什么困难。我说看准某些军区的苗子,但调来很困难。领导马上叫政治部的干事来,说:把于教练的话记下来,立马给总政写报告,让总政下调令。比如我说,球台弹性不好,可否添置几张球台?领导马上说没问题。总之,八一大队的风格就是这样:合理的要求全部答应,问你要成绩毫不含糊。就像武侠小说那样,只求身怀绝技,才能打遍天下无敌手,勤学苦练,丢人丢在家里,不能丢在外边。所以,我在八一队一点也不敢掉以轻心,每天都如芒刺背。其实,搞运动哪有不输球的。

我这个人一向低调,或者说比较直。我每年上交工作报告的套路,前面是今年任务完成的情况,好的方面与不足的方面,基本上一页纸就完了;后面写存在的不足,以及今后努力的方向,包括具体落实的措施,则用好几页纸。领导看了说,成绩那么好就要多做文章,轻描淡写一笔带过,有点煞风景。我则认为,成绩不用说也跑不掉,存在的问题不找出来,今后完不成任务怎么办。而且竞技场上的各种关系也比较复杂,我们八一队的队员胜了国家队的选手,我总是非常小心,赢球后绝对闭住嘴巴,且主动跟人家打招呼,说人家运气不好、发挥得不好,再打的话也不一定谁赢。

我们八一乒乓队属部队编制,也就有下部队的任务。有一次我率四男二女六名队员先坐火车到云南昆明,再坐汽车团派来的解放牌军卡转到楚雄、大理。我算过,行程一共3 200公里路,其中1 700公里的土路、1 500公里的柏油路。车一开,路上弥漫着尘土,我们穿着雨衣,背对着外面,翻一座山就七八十公里。下雨时,为防打滑,车轮用铁链扎了起来。我们请部队的领导介绍部队的光荣传统,给干部战士打表演赛。这样前后一个月"开门"行动,接受再教育。记得在楚雄时,打表演赛是在一个灯光露天球场,有一万多观众呢!云贵高原海拔高,气压低,球轻轻一拉就容易出界,年轻的队员没有经验,打不了几个回合,只有我和施之皓能完整地把球打得很连贯,而且还打得比较精彩。

在八一队时,我作为主教练还经历了唐山大地震。那是凌晨三点多,教练组在一楼,二楼是男队员,三楼是女队员。瞬间感到房子的四个角都在震动,我赶快叫队员们跑出来,并招呼大家集中。我们的驻地在颐和园后面,旁边就是空34师,不久就听见飞机起飞的声音,估计是去查看地震灾情了。我们3月份刚刚去唐山参加华北和东北分区邀请赛。郗恩庭、李景光、马金豹几个人家都安在唐山。李景光的家是木板房,倒下后没砸死人。郗恩庭、马金豹家里都有伤亡的。我们搭了防震棚,在外面住了一个多月。当时的口号是"地大震,人大干"。起先,我们把球台搬到外面,记得体操队也把器械搬到了外面,进行训练,但又不好上高难度动作。后来,我们回到乒乓馆,训练时把四周的门都打开,拿了些啤酒瓶倒竖在窗台上,一晃就会倒下来,也算是简易的地震预报吧。我这个教练则在脖子上挂了个哨子,遇有地震,哨子一吹,运动员就马上撤。

那时,我们也为领导人打表演赛。有一次通知我们到首都体育馆参加活动，领导就讲了，今天有一位重要的首长要来，大家不要奇怪啊。等到主席台灯光闪亮打开时，我们见到是邓小平走了出来，大家热烈鼓掌。后来发生"批邓"运动的时候，国家队郑敏之等曾向中央写信表达不同意见。我听郑怀颖说有一次她与郑敏之到叶帅家反映乒乓球队存在的问题，叶帅马上叫秘书打电话把庄则栋叫来。庄则栋来了后就给叶帅讲两条路线的斗争，叶帅两眼闭着，似听非听。庄则栋看叶帅不讲话、不表态，就走了。庄则栋走了以后，叶帅很生气地说，体委的问题要中央的问题解决好才能解决。

1976年1月周恩来总理去世时，我们发自内心地感到悲痛，因为总理对我们乒乓球队实在是太好了，我们扎了不少花圈送到天安门广场，当时是不允许的。我知道郑怀颖等几个女队员还去了天安门广场抄诗。毛主席去世的时候，我们八一队也设了灵堂，并去了一百多人瞻仰毛主席的遗容。

我和郑怀颖结婚以后，她在国家体委，我在红山口，路途相距很远，一个礼拜一次班车，确实没办法相互照顾。有一次李富荣对我说，法国要请中国教练，法国队在世界上算是强队，估计省队的教练多半吃不下来，问我们夫妇能不能考虑去法国。我说，法国最好的队员是塞克雷坦，曾淘汰本格森，我曾3：0赢他，资格和条件是有利的，但估计部队不会放。后来李富荣征求八一队的意见，果然被一口回绝了。这时余长春希望我回上海，同时福建也与郑怀颖联系希望我们去那里任教。余长春是我在国家队时的队友，我俩同住一个房间。他1973年就回上海了，是上海体工大队副大队长、总教练、支部书记。其实，回上海这根筋在我的脑海中是一直绷着的，我从小就离开父母，也很希望回来。1982年，经余长春的安排，我和郑怀颖回到了上海。

2005年第48届世乒赛在上海举行，于贻泽、郑怀颖夫妇参加世界冠军观摩团时的合影

五、在上海的一波三折

上海乒乓球队的情况是，在全国甲级比赛中，女队有曹燕华、倪夏莲等选手，基本上可保证得前三名；男队的整体实力则比较弱，当时还没有一个国家队的正式队员，当时所定的指标就是不能掉出甲级十六名，否则就成为乙级队了。我这个人喜欢直来直去，想法比较简单，思忖凭我的自身条件，无论政治业务还是文化水平方面问题都不大，历史上与他人也没有恩怨，既然回来了，就应帮上海队做些事，让队伍的成绩升上来。

当时，上海队在上海体育馆训练。我是男队主教练，一个礼拜四天住在队里值班。离家二十年了，孩子小，父母年纪大，我都顾不上。我有一个固执的想法，就是教练员要用自己的队员去参赛、去赢球，这才是真本事。记得一次在体育局开座谈会，领导讲到人才交流时说，上海是移民城市，是一个码头，若有船靠上来，为什么不愿意呢？我不太同意这个说法，认为上海这座国际城市，一定要立足于以自身培养为主，引进为辅。你说全国这些省市，西藏、新疆、青海、云南、宁夏等都没设乒乓球项目的专业队，如果加上八一队、火车头队，上海要是连前十六名都没打进，还有什么好说的？依我们的观点看，全国前三名一个档次，算是一流水平；四到八名是一个档次，算是二流水平的；八名朝后的就是三流水平了。有一年王励勤等回来参赛，上面拨下来三百万，从华东理工调一个，从山东鲁能弄一个，山东鲁能又不愿意给你最好的，结果全运会还是没打进前十六名，三百万也就打水漂了，自然也没人来追究。讲起来，还是那两个字——"没人"啊！你一年讲没人可以，两三年讲没人也可以，到第四年、第五年还是讲没人，你作为教练在干什么事情呢？索性连教练一块引进算了。我在八一队时，陆巨芳管女队，我很坦诚地对他说，你自己带的队员坐板凳不上场，上场比赛的是北京军区的童玲和工程兵沈剑萍，打赢了，人家说不是你带的队员，打输了，说你临场指挥不好。陆巨芳说，我不管，只要名次好就行了。我说，你的队员再坐下去都不会打了。所以，我推心置腹地对手下的队员说，大家一起努力，如果拿了全国冠军，说明汗水没白流，至于我自己则没什么大不了，全国冠军我已经拿过好多次了。

刚回来的时候，有朋友告诉我，上海队的水很深的。我想，只要认认真真地工作，不搞歪门邪道，就能走在"大路"上。不久，我听到一个莫名其妙的说法：不要把军队的一套带到地方上来。我想，既然是专业队，就是要半封闭、半军事化地刻苦训练；你脑子再好，吃苦是最基本的，苦字当头，巧在其中。所以我不吃这一套，照样严格训练、严格管理。上海队女队实力强，从全局考虑肯定是重点，所以我们班子研究决定：为确保女队夺冠，男队要帮助女队训练，女队主教练杨瑞华也来跟我商量过，我满口答应，每周一、三、五抽人帮女队。后来，老杨在每周二、四、六又借了港务、邮电的男队员来陪练。最终全运会中上海女队夺得了冠军。上海男队中虽没有一个现役的国家队队员，但眼看着成绩也节节上升，大赛中胜了北京队、广东队，从降级的边缘升到了全国第五名。

我带队就是抓两头：一头抓住能拿成绩的，一头抓住后备力量。而且首先要管球打得好的主力运动员，主力运动员管好了，这个队伍的风气就好；绝不能因为球打得好，做了违规的事情就不管，尽拿球差的小队员出气。所以，我要求大队员要做表率，要关心小队员。当我看到有的老队员牙膏肥皂都不买，用小队员的，还有叫小队员当勤务兵，叫小队员去代劳买东西，小队员不去，立马"头塔"（上海话）打下来。我发现这个情况，马上明令禁止。有的老队员说自己就是这么过来的，好像很有道理，但我说在我这里就不行。

20世纪80年代中期以后，整个社会的开放度越来越大，价值观越来越多元。有的队员希望生活潇洒一点，晚上不要管得太紧，能外出看个电影，甚至去游戏场玩玩等。有的队员索性"泡"病号。更重要的是出现了"拜金主义"倾向，总想有没有"花头"。其实，这个倾向不只在我们上海的乒乓队，其他队包括世界纪录创造者，甚至在国家队中也是存在的。1987年第39届世乒赛的总结报告就指出：现在反映出的问题是很严重的，有些队员受"出国热"的影响，不安心训练，有的同志在改革开放后不能很好地处理个人与国家、个人与集体的关系等。不像以前在八一队那么单纯，大家想的是怎样积极入党、怎样取得好成绩等。当然八一队制约的手段也很多。后来，更严重的情况是发现部分运动员搓起了麻将，一边抽烟一边摸牌，甚至发展到周六不回去通宵搓麻将的情况。这是我不能容忍的，有一次我敲门进去，他们都缩在床上。我把床单一拉，底下麻将牌、人民币都有。我想，这样下去这个队怎么带呢？在这个问题上，我主张严刹歪风邪气。我说这些运动员都超过18岁了，应该对自身的行为负有法律的责任。如果队里没有教育好，没有采取措施，就是失职。保卫科知道这种情况后，也进行了处理。

此时，我已是国家级教练，还是全国男子专业组的副组长。但因为队里同时存在一些不敢顶真、不敢负责任的消极因素，我也感觉这样的队伍是出不了成绩、出不了人才的，也就把队伍交给蒋时祥教练了。

在上海队期间，尽管内外的条件并不理想，但经过严格和科学的训练培养，还是有两个队员冒尖了，一个是后来去了国家队的丁松，一个是后来去国外打球的杨敏。丁松从市少体校抽调来市队时，年纪只有12岁。当时，我是男队主教练，政治身份又是党员，所以丁松的政审是我去的，他的父亲是部队连排级干部的退伍军人，母亲在上海颛桥的一家油漆厂工作。我抄了些基本情况，就盖了章。从球技来说，丁松手上的感觉和功夫是比较好的，能有意识地搞出转与不转；但体质上不是很强健，带了副眼镜，视力为0.2，我们教练组为他做了体能测验，一百米跑了18秒。我对分管教练袁海路说，你帮我盯住他，若培养得当，丁松是有潜力的。但是，丁松一进队我就发现他会抽烟，我便找他谈话说：如果有一只大闸蟹和一支香烟，你选择哪一样？我说会选大闸蟹，他说选香烟，可见瘾头之大。后来，他也学会了搓麻将，一周三次的文化课不去上，甚至到离上海体育馆的训练点不远的家里去搓。面对这种情况，我在思想作风上、技术指导方面一直盯住他、关心他，给予他很大的帮助。杨敏是正胶直板快攻选手，与我一个打法，我以自己在国家队和八一队的经验重点培养他，严格要求他。他有时累了，想在耐力长跑训练时偷懒，我及时指出：为什么盯牢你？谁在这个队承担比赛任务，谁就不好偷懒，你是要代表集体出战的。杨敏的球与同期同类打法的陈龙灿、江嘉良还是可以一拼的，杨敏也曾在正式比赛中赢了江嘉良。我这个人也有个缺点，就是给队员的表扬和鼓励太少，认为打好是应该的，好了还要更好，反而给他分析这里不足、那里不够。后来，杨敏去欧洲打球，成绩很出色，第43届天津世乒赛上，他代表意大利队赢了韩国队的金泽洙、刘南奎。他现在成熟了，心中很明白，每次回到上海总"师父、师父"地叫我。

我是有个性、有事业心的人，对乒乓球运动有很深的情结。此时，有个热情的老板愿意出资，在我的家乡成立浦东乒乓球俱乐部。于是我就与浦东新区社发局体育处联系。上海体委的负责人金永昌与人为善，对老运动员是很关照的。所以，当我们向国家体委申报资格时，他对我一路"绿灯"，手续顺利办好了。我们组织了个女队。老板出了钱，肯定是要拿出成绩的，但招来的选手多是专业队剩下的，我们就苦练了两年基础功。后来上海乒协搞了个"红双喜"乒乓球比赛，有华东理工、上海队、港务队、邮电队等五支注册的球队参加，在娄山中学的球场打单打比赛，我们的队员获得了第一名，第二名是港务队的秦建红，第三名是华理的帖雅娜，第四名也是我们的，上海队最好的是第六名。后来我们与上海队各出6个人对抗，结果我们以26：6胜。

虽然我们这支队伍具备了相当的实力，但在行政编制上讲，浦东新区是不可以养一支专业队的。当时老板出钱，浦东政府也出钱，合同签好，一年六七十万的资金，分三次打入。我们则要负担孩子每月五六百元的工资，要买器具、生活用品，吃饭、外出比赛要开支等，还要联系上课的学校，确实非常繁杂、吃力。老板是做房地产的，地产逢低谷时，银行的贷款要还，资金周转遇到困难总是一个问题。这样，浦东乒乓球俱乐部坚持搞了七年就结束了。即便我跟这个地产商合作了那么长时间，却从没在买房上动什么脑筋。我是浦东新区的政协委员，房产商说莲花路有个楼盘，可以以2 800元一平方米卖给我，我知道那时的房价已经4 000多元了，也没有点头，不想占人家的便宜。

之后，我受中华台北乒协的邀请，前后两三次去帮教，先是帮宏碁电脑公司组织个球队，再就是到高雄的奥运会训练基地。台湾有规定，大陆来的人一年只能待四个月，之后必须离开。因为我是为其征战奥运而来，所以他们又跟中华台北奥委会提出申请，破例延长了两个月。在台湾，北部是国民党的势力，南部是民进党的势力。我跟他们的关系定得非常清楚，你雇我付我这份工资，我则尽心帮着做好这份工作，其他没什么好啰唆的。因为台湾的队员基本都比较听话，训练过程还是比较顺利的。当然，台湾选手的水平离我们的队员还差一段的。

1994年，远东残疾运动会要开了，市残联组织人马在风雨操场集训，并请求技术学院帮助。我的小师弟张孚璇在技术学院当领导，就招呼我去帮忙。两位理事长也多次上门来邀请，我发现二位为人诚恳，就同意了。这样练了几个月，到石家庄去选拔时，除了两人落选，其他人均入选了。中残联和国家体委群体司组织了一个班子负责此事，他们正式与我谈话，希望我留下当这个队的总教练，八十天后率队参加比赛。我觉得这是为国争光的分内事，就答应了。原来以为选拔赛后就可回沪，现在还得回去拿生活用品，并帮队里再买些球板、胶皮等器材。三四天后我又回到石家庄，不想邓朴方来找我了，主要是全面了解情况等。正常训练开始了，一共二十四个运动员，一个领队，六个教练，每天的情况都要向北京汇报，五个

1994年于贻泽（中）率队员参加远东残疾人乒乓球比赛时的合影

残联的处长则为工作人员。这次在北京的比赛，国家很重视，花了很多的钱，残疾人的服装、手表、太阳镜等样样都发，安保、服务等方面的工作很到位。江泽民、李鹏、乔石等领导还接见我们，在大厅里合影照相，我是教练员代表，当时的任务就是陪着乔石。庆功宴上我被安排在主桌，与李瑞环、宋平等领导在一起。

郑敏之

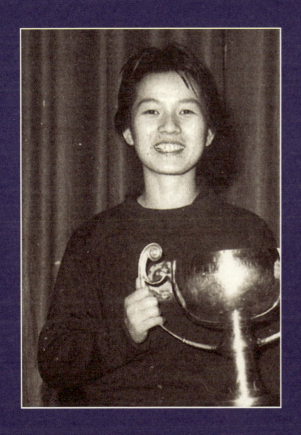

1945年生。横板削球打法。1960年入选国家队。是第28届世乒赛女子团体冠军主力队员，并获女子双打冠军。1974年后，任国家乒乓球女队教练、副领队兼副总教练。曾荣获国家体育运动荣誉勋章、中国乒乓球运动杰出贡献奖。曾任国家体委训练竞赛二司副司长、中国乒乓球协会副主席，全国政协第五届、第六届常委，第七届委员。退休后，积极推动群众性乒乓球活动，并举办"敏之杯"乒乓球赛事等。

年年春天来这里

一、我的启蒙教练

说起我的打球经历，我的爸爸是启蒙教练。他毕业于复旦大学，是个体育爱好者，不仅喜欢打乒乓球，还参加过田径的撑竿跳和万人跑等活动。20世纪50年代，上海的乒乓球运动开展得很好，各区都有乒乓房。我家早先住在北京西路1312弄，靠近同仁路，旁边就有一个群众乒乓房。这球房是私人老板开的，有五张球台呢！我父亲在里面打球，还顺带教别人。我便时常到乒乓房玩。有一次我爸爸说，你来打两下吧。我一挥拍爸爸看我打球还有些灵气，就开始教我了，我那时不到十岁。

这球房的老板想培养他的女儿；还有一个女同学，她父亲是资本家，每天都来乒乓房打球，也想培养女儿。这样，三个女孩，三个父亲，一起走上了打球的道路。相比之下，我爸爸是非常严的，那两个父亲则比较松。

每天放学后，我到乒乓房打球一个小时左右，每隔一天的早上六点钟，我爸爸就把我喊起来，到乒乓房拉开窗帘开始进行训练，这样的话不用开灯，也就不用付钱。原来我只是对乒乓球感兴趣，现在真当件事了，自己感到蛮苦的，便有了些抵触情绪。但爸爸一不做，二不休，就是要把我这劲掰过来，他拿着棍子要打我的，真正算是铁了心吧。训练是严格的，但另一方面，家中兄弟姐妹五人，我每天能多吃个荷包蛋，目的是增加营养把运动量打上去。

我爸爸的思路就是与众不同，他说，正因为中国人多打直板攻球，你就要打横板削球。他还叫我妹妹用左手打球,其实我妹妹并不是左撇子。他教我练习时一会一个短球,一会一个长球,一会打两边,要我尽最大的努力把球接回来,如果接不到,就叫我重新来过,有时父女间会产生碰撞。旁边的人都在看热闹,说这个爸爸那么凶,这个小姑娘还反抗。我有时也掉眼泪,回家跟妈妈哭诉,妈妈也是老师,就跟爸爸说,你这个教学方法要改变啊。爸爸根本不听,照旧我行我素。那时心里抱怨,但现在却很感恩爸爸对我的严格要求。所以,我的球技是从小被逼出来的。当然,我爸爸毕竟不是专业教练,他只能教一些简单的动作。于是,他就到上海体育宫求教名将戴龙珠,并希望戴老师能接收我到体育宫训练。

我在静安区第一中心小学念书,代表校队出去比赛,获得了区少年冠军;后来进市体育宫集训没多久,又拿了上海市少年冠军。现在回想起

郑敏之的启蒙教练是她的父亲,图为她与父母亲的合影

来,真的很感谢我的爸爸。那时,他经常带我外出打球,有时他跟人家比赛,打到一半的时候就说,敏之你上来打。所以,我不是很怯场,这跟我从小混在大人堆里有一定的关系。记得第 25 届世锦赛上,容国团为中国拿了第一个世界冠军后,上海就有不少外国球队来访问。其中匈牙利队的西多、别尔切克、高基安和罗马尼亚队的亚历山德鲁、内古莱斯库等都是世界名将。我爸爸就买了票,让我去现场观摩。他还要我学英文,我真是从音标开始学了,还打算叫我学手风琴,并为此外出求教,他说,你们将来坐火车出去访问,大家在一起,要有文艺的气质,拉拉手风琴多好啊!这个被我妈妈挡住了,她说,小小年纪又学这个又学那个,怎么行呢?

1958 年,我进了上海队,那时队里还有些教条主义,即每个队员必须通

20 世纪 60 年代初,郑敏之(前排左二)回静安区体校探望教练和学友

过国家二级老卫制的测试，累得我得了肺病，从市队退回来了。静安区体校校长陈文标特别好，他跟我妈妈说，叫敏之到体校来，一边休养，一边念书，一边训练，读书、打球不计成绩，以休养为主，把身体搞好。这样，在体校大半年后，我的身体恢复了，也保持了球技，又进了上海队。所以我是很感恩陈校长的。上海队的教练是薛伟初和刘国璋。此时上海队分红队和蓝队，李富荣、屠汉刚、王传祺、池惠芳等是红队的，我是蓝队的，队友有李赫男、林慧卿、张秀英、余长春、余永年等，后来两队又合并了。

当时，第 26 届世乒赛准备在北京举行，国家需要组织不同类型的选手进行集训，1960 年 12 月，我接到了进国家队的通知，爸爸妈妈高兴极了。爸爸把他的手表给了我，妈妈把她过去的西装改了给我，说女孩子总要有几件像样的衣服。

二、从第 26 届到第 28 届世乒赛

我被安排在国家四队，地址在先农坛。记得李赫男在三队，林慧卿大概是在二队，后来三队、四队合并了。因国家队要选拔男女各 36 名队员参加第 26 届世乒赛，我年龄小，排不上号，被分配的任务是做技术统计。当时，队里有正手攻球小组、推挡侧身小组等，一场比赛下来，双方攻球得失分、防守得失分的统计，需要马上算出百分比，供教练布置技战术。比如，庄则栋下一个对手是西多的话，应该采取什么战术、需要注意哪些环节，这其中还有西多与其他选手的技术统计资料，绝对是要精细化的。

我没有参赛，却也属于"108 将"集训队的。现在，我还珍藏着一张中央领导接见第 26 届世乒赛集训队的照片。那时我被邓小平叫了过去，他说，小鬼过来。我一下子就坐在了邓小平与彭真的当中，这是蛮大的荣誉。

大赛结束后，日本队到上海访问，比赛是在江湾体育馆进行的。我与日本的伊藤和子、山中教子打，技术上是可以抗衡的，比分甚至一度领先。所以，队里认为我还是有培养前途的。

其实，真正锻炼我的是1963年的第27届世乒赛，我与林慧卿都是打削球的，她技术全面，动作比我优美，实力绝对强。我的优势是在近台的削球带有进攻性。所以，教练认为我打日本队还是有特点、有威胁的。第27

作为国家队队员的郑敏之

届世乒赛女队不很景气，孙梅英已退役了，邱钟慧水平往下掉，韩玉珍确实打得好，基本功扎实，但是她一到大赛就怯场，关键时刻往往"掉链子"。所以，荣高棠主任决定，第28届世乒赛时全部起用年轻选手。在国家队，我是叶佩琼指导管的，她曾得过全国冠军，她说，郑敏之你要懂啊，你现在是重点了，是重点培养你了。意思是说你可不能稀里糊涂啊！

我打得好时很好，打得不好时却很任性，缺少责任感。结果教练下决心把我给换掉了，这使我很受震动，自然也比过去成熟一点了。第27届世乒赛没报我打团体赛，我自己也明白：如果真的报了，很有可能会输在我的手里，一是我的技术虽然有进步，但不够老到；二是我的思想还不过硬。所以把我换掉是对的。由此，我才会珍惜第28届世乒赛的比赛机会。第27届世乒赛时我和张燮林打混双，赢了荻村、松崎这对世界冠军的组合。单打我是输给了罗马尼亚的亚历山德鲁。通过比赛,我也觉得技术上还有欠缺,需要加强和弥补。

第27届世乒赛女队团体赛只得了个第三名,整个女队锐气受挫,看见外国人就有畏惧的感觉,主要是一批老将的技战术跟不上,还有就是女队的特点是喜欢嘀咕,一点点小问题就看得很大。所以,孙领队就想从男队找一个有思想、有经验的队员来给我们讲讲课。这样就把徐寅生请来了。

老徐的讲话是在运动员大楼进行的,大楼一边住的是女队,另一边住的是男队,走几步路就可以串门。男队、女队各有会议室,中间则有一个共用的大会议室。当时是通知女队集中,大家"踢踢踏踏"地就来到了大会议室,各自拿着小板凳,人坐满了就坐在外面。徐寅生开场就说,孙领队来叫我"放火的"……他为我们讲话是动了脑筋的,特别是联系实际,讲了一些特长制特短、特短制特长等富有哲理的问题。后来才知道,这次讲话被整理成文,并送报上去,被毛主席批示了。其实,我很喜欢听一些有成绩、有经验的同行,如庄则栋、李富荣、张燮林等讲出来的话,同样一句话含金量是不一样的啊,是他们经验的结晶。所以,我每次大小比赛都带着老徐的书,书中的重点内容用笔一道道画出来,每画一遍我都有新的感受。虽然看得又破又烂,但对这本书我是很有感情的。这次上海建乒乓球博物馆,我那本学习老徐的书已经捐出并展览了。我对老徐说,在你那本书上,我写了很多体会和感想,画了很多杠杠,是学得很深刻的,真是不舍得捐啊。

当时国家乒乓球队很民主,大家一起讨论谁能参加团体赛,教练之间也可以争辩,一般没有私心、"小鞋"之类的过节,不同意谁上并不等于对谁有什么成见,确实是从全局出发考虑的。此时,我也被大家评头论足,大家的意见点得我蛮痛的。那时林慧卿、梁丽珍、李赫男基本上定了,问

郑敏之保存的徐寅生为女队讲话的单行本

题就是我和狄蔷华到底谁上团体赛。我是很平静地在听,虽然有时听得心里也冒火,也不舒服,但我们这代人受了很多正面的教育,比如我们学王杰,学麦贤德,学《英雄儿女》里的王成,学大庆油田王铁人。王铁人说过,一个人要敢于挑担子,明明有十斤的担子,你说自己只能挑九斤,那就不对。通过大家的议论,我认为我能与日本队打。对照王铁人的担子,我十斤是能够挑起来的,所以我应该表态。再说 1964 年的北京国际邀请赛,我一开始打得不错,都是领先的,尽管后来稀里糊涂败了,但已经显示出我对日本队的某些优势。队内比赛我的成绩是中上水平,在全国比赛中,我代表上海队拿过华东区冠军、全国冠军等。正是这种优势,才使我有了底气。于是,我就暗暗地写了一篇请战书交给了教练组,表示我能够打决赛。教练拿到请战书,也是需要考察的,当然也为队员自告奋勇的勇气而高兴。队里就说,"小燕子"想打决赛的要求,上面也是考虑的。我也认为自己这步迈得蛮勇敢。队里叫我"小燕子",可能是因为我的步伐比较灵活轻盈。梁丽珍在队里叫"小黄莺"。

交了请战书后,我就感到自己不是过去的郑敏之了,肩上沉甸甸的。有一个运动员对我说,郑敏之你讲话要算数啊,要知道分量。我听了觉得挺有压力,当然也没话说。同时,我下定决心对自己每一步路、每一个生活的节奏都有意识地磨炼自己。比如,每天我们乒乓队都要在体育馆路大楼前集合排队,我偶然发现地上有一块很有特色的小石头,从大楼到乒乓馆大约千米路,我就每天踢着这块石头,一直踢到乒乓馆。这是我自己在锻炼毅力,看是否能踢到我参加世界比赛的时候。

当听说容国团指导要到女队任教,并管我们参加团体赛的四位主力队员时,我心里非常期待。容指导比较内向,从不乱吹乱侃。那时社会上要求学习毛主席语录,所以每次训练、开会之前都要念一段。容指导摘录的内容,都是针对我们训练中的问题,绝不是应付式的学习。他话不多,但说出的话很有力量,是技术讲技术,有问题说问题,一是一,二是二,表扬、批评恰如其分,就是让你感觉表扬确实值得表扬,批评确实应该批评,绝不上纲上线,让你心服口服。在严格的训练间隙,他也会幽默地讲几句,高兴起来也会唱几句"小燕子,穿花衣",调节我们的情绪。尽管他的普通话中带着浓浓的广东腔,但我感到他对我的信任。

整个世锦赛准备阶段,对每场训练与比赛我都当决赛打。一般情况下,练习与比赛的出手是不一样的,国内比赛与国际比赛也是不一样的,国际比赛与世锦赛或决赛更是不一样的。一个优秀的运动员就是要看你在关键时刻的出手。我看上去很放松,但我心里是抓紧的,我要兑现庄严的承诺。除了平时的训练,每到周六,容国团指导就安排我们参加团体赛的四个人打"极限球",就是用多球从三点半打到六点钟,中间不可休息,两只脚就是跑啊，一千个球要打中七八百个，命中了才能下来，否则一直打下去。所以打到后来，不是林慧卿哭，就是我哭。我们在球网上挂着名言录和自己所订的要求，以此激发斗志。林慧卿挂着的牌子是"没有救不起的球，只有不顽强的人"。我挂着的是"记住二十八届翻身仗"。领队孙叶青则拿着秒表，把失误的次数记下来。我受不了，停下来不打了，把球甩出来，就被罚长跑一圈，教练陪着一块跑。就这样，我们终于顶过来了。

第28届世乒赛在南斯拉夫举行，根据容指导的安排，在团体决赛前我只打了与苏联的一场双打，林慧卿比我多打了一场，其他时间就在场馆看球，等待着与日本队的决赛。这时，我就一个人"修炼"，仿佛自己沉浸在繁杂的场馆，在喧闹的声音中进行决赛。梁丽珍、李赫男表现得非常出色，一路把欧洲队都打败了。当时，我们四个人确实是心往一处想，劲往一处使。晚上，我们准备去打决赛了。在车上，梁丽珍就起头唱了一句歌词：我们朝着一个理想进军，胜利一定属于我们。一下子，我们心潮澎湃、热血沸腾，大家就一起唱了起来。

决赛的时刻到了。容指导在纸上画了一条龙，正需要我和林慧卿去点睛。容指导为中国队首夺世界冠军时，曾有一句名言"人生能有几回搏"，对我来说现在正是"搏"的时候了。那个晚上我都没睡着。在国外比赛吃不惯洋饭，就是面包、白鸡蛋，最多带点凤尾鱼罐头。如果体力不行，就张开嘴巴，滴两滴蜂皇精。比赛那天，容指导问我能不能打第一场。我说，可以！容指导就去抽签了。抽签回来，容指导说：小燕子，给我们抓住了，你打关正子。容指导话不多，但我感到他说得有力量。他沉稳地与我握一下手，说了声"加油"。当裁判让我与关正子挑球时，我手抖得根本拿不住球，对球的硬软简直没感觉，真有点控制不住自己。谁知关正子挑球时，手抖得比我还厉害。此刻老徐的话出现了，我怕你也怕，你比我更怕，我心里一下子镇定了许多。上场练习时,我还有点小心机,故意削出些舒服球,让关正子容易提拉和抽杀。正式比赛开始了,我在手上写着"高度集中,排除干扰,一定要胜利"的字句,捡球时就看一眼,全身心投入比赛,甚至连场上的观众都忘记了。我很感谢那段从难从严的训练过程对我的历练,比如故意制造难度、故意翻错分数,甚至明明赢却判我输。这样,我就稳得住了,整个脑子就没想到输。虽然赛前也会冒出万一输了怎么办的念头,但很快就被自己坚定的信念压了回去。比起战斗英雄,人家是拼条命,我不过是打场球。最后,我是以2:1拿下了关正子。第二轮林慧卿上场,我与她握了下手,说了声"阿林,加油"。结果林的比赛与我俩后来的双打都顺利地拿了下来。此刻,我不是很激动,而觉得是应该的,我终于兑现了我的承诺。荣高棠主任上来抱住我,亲了我,此刻我就像块木头一样没有反应,一切尽在不言中。紧接着是男团决赛,傅其芳指导拍了一下我的脑袋说,郑敏之,不要骄傲啊!我想,傅指导怎么这么凶啊。但转念

第28届世乒赛上,郑敏之在女子团体决赛中以2:1战胜日本选手关正子

一想，男队还没打啊，他也有压力啊。现在的运动员赢了比赛就连蹦带跳，展现自己的感情和兴奋。我们当时所受的教育是赢球要赢心，输球不输人，就如总理教育我们的，要学习松崎的风度。

林慧卿就像我的大姐姐，她比我稳重，我对她很敬重。但当我们急碰急时也会有小矛盾。单项比赛中有一场对波兰队的双打，也不知为什么，我们二人对战术处理得不一致，一别扭，各自失误增多。第五局以15：20落后，再失一球就要被淘汰了。一看不对劲了，两个人便又拧成一股绳，最终以22：20扳了回来。随后与日本队决赛，我俩拿了双打冠军。本届女子单打冠军是日本队的深津尚子，她在决赛中胜了林慧卿。其实，我与深津尚子争夺前四名时，一路上很顺，曾先胜两局，第三局又是以19：17领先，但这时出现了小杂念，不住地念叨着快赢了，但一下就丢了两球，这时又认为真倒霉，本可以3：0拿下的，现在搞不好又要辛苦一局了，结果真的以19：21输了。脑子一乱，思想不集中，又连输了两局。事后，我悟出了一个哲理：有什么样的过硬思想，就有什么样的球。比如，我没有准备去拿女单冠军，全部注意力集中在团体赛上，当拿下团体冠军后，就觉得完成任务了，虽然技术已经具备了，也没有全拿的欲望。这就是说，即便单打机会送到面前时，因为自己缺乏思想准备，也会出现问题。这对我后来当教练也是有所警示的：培养运动员，一点不能有侥幸心理。

第28届世乒赛结束后，我们回来稍微庆祝了一下。

三、"文革"开始了

转眼就是1966年了，我们完全搞不明白，怎么一下子运动就起来了。当时，我们住在东郊工人体育场，连厕所里的镜子都被红卫兵封掉了，就是不让人们照镜子，照了就是有资产阶级思想。我当时那个朴实的运动发型也不可以，必须用卡子夹住，以表示革命的样子。

一天晚上，我跟林慧卿正在食堂吃饭，之后就要去对面的体育馆参加北京国际邀请赛，突然进来了七八个红卫兵，带着教训和漫骂的口气，直呼"混蛋，王八蛋，国家把你们养得肥头大耳，喝人民的血，吃人民的肉"。此刻，我感到受到了侮辱，眼泪都快掉下来了。林慧卿也低着头。他们骂完唱完后齐步走掉了，我俩则迈着沉重的步子，穿过人群到比赛馆。虽然还是有许多观众，但氛围与过去很不同。教练、队员都很拘谨，我和林慧卿各自找了一个安静的地方，拿起笔记本，看看事先写好的技战术方案，再拿起毛主席语录，有针对性地念几段。我的第一个念头，就是排除干扰，忘记刚才发生的事。尽管心里无比地沉重，但毕竟我们是代表国家的，无论如何要打好这场球。结果，我们俩人技术和心理素质真的很过硬。如果按现在讲运动心理学，我们扛的是政治压力啊！现在看看邓亚萍她们这一代是多幸福啊！我们有谁来帮助释怀呢？就是要背着莫名其妙的压力与罪状去比赛啊！那时好的领导干部都靠边站了，输了球的话还可能要查你祖宗三代呢。我有时训练脾气不好，王传耀教练就说：郑敏之，这一球你不要，全国人民要啊！我就是在这样一种强烈的意识主导下，改变了自己的人生观。我和林慧卿在受到红卫兵污辱的情况下，为什么没有受到情绪的影响？因为我们知道以国家利益为重。你要说乒乓球队不好，我是不承认的，我们这个团队是优秀的。上场的时候，我们确实为祖国而战，那就是要战胜对手。我和林慧卿一起赢了团体赛。记得赛完了，我没有丝毫的兴奋。记者叫我谈一下感想，我说赢了就不挨批了，这是唯一的想法。这对我是一个印象很深刻的例子，相信阿林也会记住的。

以后，国家乒乓队就逐步进入了"文革"运动的进程。

刚开始，乒乓队似乎是按主力和非主力分成了几个不同的"阶级"，技术一般的就是"贫下中农阶级"；技术较好的则列为"中产阶级"；我们这些队里的主力，包括老徐、庄则栋、容国团就是"资产阶级"了。现在看来真是可笑之极。

当时技术尖子被批斗，我属于帮促对象，整得还算是轻的。一些年轻运动员宣布"造反"了，向我们吐口水，虽然心里很反感，但我从来没有"回敬"他们。庄则栋属于被看管对象，被打得很厉害。我看到有人用啤酒瓶往他肩上打，说他冠军拿得最多，受毒自然也最深，此时庄则栋就本能地用手防。造反派用"大松训练"的方法，拿排球砸我们的领队张钧汉，我看着心里很难过，为什么不以理服人，要拳打脚踢呢？我记得那天容指导也在现场，也都看见了。在运动队里面，游泳队、田径队、足球队因为当时没啥成绩，革命造反性最强。造反派说获奖运动员都是"有产阶级"，要把奖励的东西拿出来。我亲眼看见庄则栋骑着三轮板车，把奖励他的杯子、手表、日本朋友送的半导体收音机等，亲自交给了造反派。最初，乒乓队保荣高棠是铁板一块的，被称为"针插不进，水泼不进"。因为我们拿了那么多的冠军，当然不能忘记老一辈的培养。

不久，国家体委内有人开始反荣高棠了。有一次，造反派要批斗荣高棠，我们听到了风声，就在花市的路上拦截他的汽车，向他通风报信。还有一次，荣高棠在体育馆挨批判，李富荣、周兰荪就带领一批队员上台送饺子。批斗了这么长的时间，总要给人家吃饭吧，这也是一种抗议。荣高棠被关在北京体育馆地下室时，我还拿水给他喝。粉碎"四人帮"后，荣主任出来了，一次在人民大会堂跳舞欢庆时，他一下子抱住我说：小燕子，好想你们啊！其实，我们许多运动员都有这种感情。当年正准备参加亚洲新兴力量运动会，马上就要出国了，当宣布荣高棠不当团长时，我们乒乓球队与其他运动队就去中南海请愿,我也参加了。回来以后,周总理召集紧急会议,批评了我们的行为,说不能因为荣高棠不去,就做出过激的举动,相信我们是能够代表中国打出好成绩的。现在,各种名称、规格的国际比赛多得不得了,各种各样的冠军也多得不得了,但那时国家外汇少,出国打一次比赛承担着不轻的分量。用上纲上线的话说,输给日本就是输给了日本军国主义,输给美国就是输给美帝国主义,输给苏联就是输给苏联修正主义,这些都带上了政治符号。有人对我说,郑敏之,你家庭出身不好,又受了资产阶级的教育,要联系这些东西挖根寻源的啊!我们就是带着这种包袱上阵的。这届新兴力量运动会上,我拿了团体、单项三个冠军。我和林慧卿在"文革"发动前的1965年,是技术的顶峰期。结果,在可以充分发挥水平为国多拿冠军的时候,一下子停了四年。我想不通的是,怎么打球打出了"阶级斗争"?但我理直气壮地讲,整个"文革"时期,我没有改变自己的观点,我坚信我是为祖国争光的,我们是毛主席、周总理培养起来的一代人。

始料未及的是,随着运动的进展,庄则栋在体委最醒目的地方贴出了题为"我要造反了!"的大字报。作为三届世界冠军,庄则栋影响多大啊!就此,本身抱成一团的乒乓队也开始分化了。

具体牵扯到的问题是奖杯究竟是红的还是黑的,一拨认为乒乓球队获得的奖杯是资产阶级的臭杯子,所以要砸烂;还有一拨则认为,取得奖杯是为国争光荣。我的思想也在斗争,怎么是"臭杯子"呢?这个说法我接受不了。说荣高棠、李梦华等是我们身边的"赫鲁晓夫式"的人,我当然拐不出这个弯子,他们是真的教育我们学毛主席思想,教我们运用辩证法打球。当时观点鲜明的是老徐、李富荣和我,这个要实事求是。

那时,我们也要下去为工农兵表演。有一次,我和李富荣等一拨人在大操场上给学生打表演赛，突然北京"天派"的红卫兵冲进来了，还砸了乒乓台。"地派"的红卫兵就保护我们，我们就在人海中，爬过外语学院的铁门跑出来了，爬铁门我可是第一次，真像是逃兵。还有一件印象特别深刻的事情：那次，体委的两派发生冲突，头头让我们尖子上，说你们要到大风大浪中去锻炼，就是要冲在队伍的前面。我们是受摆布的，主观上认为要认真改造自己，所以我就去了。其中有一个头头悄悄地对我说，小郑，你就不要去了，万一有什么事情，你将来还要打球的。这等于让我避开了。这个我也要实事求是。如果老徐还记得，一次北京体院造反派头头来乒乓球队"触灵魂"，正巧我和老徐都不在，不在就要补啊，我和老徐只得另择日子，专门乘公共汽车，从天坛公园赶到北京体育学院。那个非常时期，我们就是这么战战兢兢过来的。

那时徐根宝在国家足球队，他是我静安体校的同学。有一段时间，根宝骑着板车，我便坐在板车上，去北京王府井卖名叫《体育前哨》的小报，两分钱一张，总共卖了近两个月。我们两人的性质不一样，他是帮助者，我是被帮助者，因为我在队里算一个"修正主义苗子"，又是"娇声惯气"的"上海小姐"，但根宝既没有打我，也没有骂我，我的心情好受多了。后来，造反派又叫我去烧锅炉，一起去的有陈镜开等，反正都是破世界纪录的人。有的工具我拿不动，这些冠军就帮助我。

那时提出尖子运动员要到大风大浪中去锻炼。所以，老徐就跟周兰荪到山西大同去了。梁丽珍也表示要去经受大风大浪。我没那胆子，平时就待在自己的宿舍里。乒乓队一些小队员在走廊上贴大字报、刷标语。我是有底线的，在此之前我还能忍，但触犯到我的底线，我会疯狂一般地勇敢。有一个小队员将标语刷到我的床前，我认为这是严重的侮辱，我忍无可忍地厉声说道：你要敢碰到这里，我就跟你拼！不想他还真的刷了过来。我就

"啪"一下打了过去,毛笔上的墨汁溅到了我的衣服和他的身上。我的举动使对方的企图没有得逞。

我就是这样一个人,认理,服理,想不通的事,不委屈自己。

"文革"中,我们乒乓球队的重大损失是"三英"含冤去世。

"三英"是乒乓队的教练傅其芳、姜永宁和容国团。他们都是从香港回来的,便被造反派指认为有"敌特嫌疑"。傅其芳是被关起来的。我们这些"帮触对象"要定期到造反派办公室去报到。那天我从四楼到二楼时听到清扫的工人说傅其芳自杀了。当他们把傅其芳抱下来时,我无意间出来看到,真是吓死了。造反派头头看见我有要离开的样子,责令我站住,在场就我这么一个女队员,我也不敢反抗,就呆呆地站在办公室门口,看着他们用席子把傅其芳的遗体一卷,抬着从后门出去,往卡车上重重地一扔。

我对容指导是很有感情的,他的离世让我很伤心。有一次,在运动员食堂批判庄则栋等业务尖子时,"打倒"的口号铺天盖地,容国团就坐在我旁边。面对此景,我是紧张和恐惧的,当时只听容指导在底下用广东的粗语骂了几句。我看了容指导一眼,他的脸色中充满了愤慨,可以感受到他内心的怒火。尽管当时造反派认为是给了容指导面子,没碰他。但就容指导的个性而言,他是容不得这种现象在眼前发生的。殊不知,正是容国团拿了世界冠军,中国的乒乓球运动才整体地发展起来,才在世界上有了后来的地位。

容指导去世的前一天,我到乒乓馆去打球,此时队伍已松散,训练已没人管了。无意间看见容指导从乒乓馆的四楼走下来。我关心地问:容指导,你干什么去啊?他随口答道:我锻炼锻炼身体。我没往那个方面想,因为大家的心情都是很郁闷的。然而,第二天却传来了容指导不幸的消息。想起前一日在四楼的偶遇,我认为容指导肯定是在徘徊,肯定是难舍他长

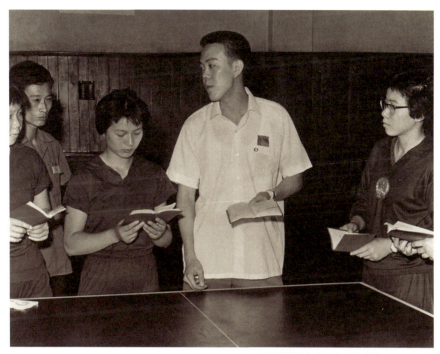

容国团指导率中国女队备战第 28 届世乒赛

期带队训练的那个地方啊！对于容国团的死，我的心情是无比地难过和沉重、惧怕与不安。他是为女队打"翻身仗"的主教练，我对他的感情是很深的。他走的那天，我找了一根自卫的棍子，压在枕头底下。我就是有股倔劲，内心里有很大抵触情绪，时刻准备有人来惹是生非。因为我们这些所谓"尖子运动员"，随时随地可以被叫出去"触及灵魂"的。

四、重大的决策

1968 年 5 月，根据中央的部署，体委来了军代表，目的是整顿松散的队伍。军代表按部队的规定教我们打背包，组织行军，到郊区农场劳动。

那时，还搞"三忠于"活动，开会、办事，先念语录，晚上要对领袖像自我检讨一番，等于每天都要"斗私批修"啊！最新指示一广播，全队就要去天安门游行。队里的年轻小将叫我们跳"忠字舞"，说尖子要带头跳，老徐也得跳啊！反正我们都是被造反派控制的，比如我的父亲被隔离了，我第一时间向军代表报告。军代表说我这是对的，是对组织的忠诚老实。其间，乒乓队曾到山西屯留干校劳动锻炼，这是地处长治县的体委干部下方的基地。我们住的是通铺。劳动拔麦子时，用手直接拔就会出血。我就带了一双袜子，为此还挨了批评，说我娇气，是修正主义思想。

第28届世乒赛之后，我们停了两届。这四年中，整个是处于动荡和无政府状态中，国家队也没什么系统训练，谁要练就练两下，也没有教练辅导。在屯留，我们把堆麦秆的一个仓库腾出来，放了六七张有裂缝的球台，地是泥铺的，坑坑洼洼的。男队下午劳动，上午训练，女队则反过来，各练半天。当时，我自己有一种意念，就是虽不能像正规训练场上那样跑来跑去，嘴上也不念叨什么，但在手上还是下功夫的，甚至想象着就在比赛中，想着万一哪一天我们还能去为国争光呢！巧合的是，就在我们劳动了大概两个礼拜后，上面通知下来了，让我们立即回北京，说是准备参加世乒赛，真是天上掉下来的好消息。

世界变化得太快。回京后的第一件事，就是全队集中在南三楼北京体育馆开会，讨论第31届名古屋世乒赛是否应该去。最初百分之八九十的人都说不要去，"文革"就是"打倒一切"嘛。同意的人也有的，我是随大流，觉悟也没达到那个程度。结果总理不满意，其实这个讨论是总理安排的，他接见我们时说：经过"文化大革命"的队伍，还是要保持国际往来，你们考试不及格啊！中国乒乓球队应该去，主席是批准去的！我们是毛泽东思想哺育的运动员，应该到大风大浪中去锻炼。后藤钾二来邀请我们，承认我们的原则,认为第31届如果没有中国队的参加,就是一个不完整的比赛,就失去了意义。虽然日本与中国还没有建立外交关系,但民间交往应该推进。听了总理的一席话,大家挺兴奋的。就以庄则栋为代表,用中国乒乓球队的名义给毛主席写信,就是向毛主席保证,我们一定完成任务等。信先是交到总理那里,他看后觉得有些句子不太合适,就帮我们作了修改,这信再由总理交到主席那里。后来主席说了,我们这个队伍要"一不怕苦,二不怕死"等。这说明第31届世乒赛去与不去是主席与总理决策的。

  现在看来这是一个大得人心的举动,是利用乒乓球的突破,重新进入这个世界。当时,总理亲自抓、重点抓。总理说,我要看运动员写的东西。队里思想、训练与体质等各方面的情况,定期有简报送到总理处。比如我身体不太好,总理看到简报后,马上作出了需要加强治疗的批示。甚至我与李莉在训练中发生了小矛盾,在一次外事宴会时,总理走过来问我:你和李莉讲话了没有啊?还有针对江青提出对参加第31届的人员要查三代等问题,实际上是干扰总理的外交路线。总理就说,要查三代,首先我的出身就不好,出身不由己,革命道路是可以选择的嘛。后来在总理的关心下,我爸爸也提前解除隔离了。这样,我也就能顺利地参加世乒赛了。事后,总理看见我就说:郑敏之,你是广东人,生在上海,26岁。原来我的家庭档案已到了总理那里。那段时间里,总理时常把乒乓队叫到首都体育馆去打球,并组织田径、篮球等队的运动员当观众。他不是要看我们打表演,是要考察我们的思想作风和训练效果。叶帅、李先念,还有总参的王新亭和外交部等领导都来现场。有总理在,我非但不怯场,反而特来劲。打完以后,大家围在总理身边,听总理一一说来。总理还安排全队到卢沟桥抗日纪念馆接受了一次教育。

第31届世乒赛前,我们参加了瑞典斯堪的纳维亚公开赛。这是极宝贵的检验队伍的机会。去的队员都是准备参加世乒赛的,男队员有庄则栋、李富荣等,女队有我和林慧卿等。离京赴日时,总理一一与我们握手,对我说的一句话是:勇敢敏捷!四年没参加比赛了,记得总理还提醒我们,你们技术生疏,也可能会输。结果男队输了,主要面临欧洲弧圈球冲击的问题。女队拿了女双、女单冠军等。

五、总理的教诲

在外国人眼里,曾获第28届世界冠军的我和林慧卿,应该"余威"还在,说我们的守球是"中国的城墙"。事实证明,日本队确实对我们琢磨得很透了。团体决赛时,我们以1∶3负于日本队。团体赛打完,我汗流满面,人是发木发呆的,就通知上台领奖了。因为决赛输了,我没有笑,还处在刚才的阴影中。后来听说有内参反映到中央,所以,这一举一动都是政治啊!第31届世乒赛结束回国后,总理接见乒乓球代表团时说:林慧卿、郑敏之输了以后,脸色不好看。你们还年轻,一个人要慢慢成长起来。这对我是一次深刻的教育。从此以后,我当领队、教练出国时,在国际场合上,不管输或赢,情绪都不流露在外面,一言一行都很谨慎,始终保持应有的风度。

那时"文革"的极"左"思潮还在,输了后,没人理我和林慧卿的,我这才体会到"赢了一条龙,输了一条虫"。我极力地调整自己,默默地坐在看台上,看其他国家队员的比赛。日本队伊藤繁雄和瑞典队本格森的比赛对我很有感触。本格森是在比分落后面临淘汰的情况下反败为胜的。我看到了一种在逆境下搏杀的力量,就联想到自己,鼓励自己要振作起来。

郑敏之与林慧卿夺得第31届世乒赛女子双打冠军

在单打比赛中,我一点一点把自己的状态调整过来。过五关、斩六将,最后是李莉让了我,决赛跟林慧卿会师。双打我和林慧卿一路下来,也拿了冠军,林慧卿真了不起,又和张燮林拿了混双冠军。这时领导才说"姜还是老的辣"。老实说,这对我的心理是产生阴影的,当时就想退役了,我受不了这种折磨!那天,周总理宴请伊朗公主,我接通知后坐在较后面的一桌。突然,周总理叫了我的名字:乒乓队郑敏之来了没有?我吓了一跳,赶紧拿着杯子走到总理旁边。总理说:郑敏之,你26岁,你还能打啊。总理这句话让我振作起来。我想,一个优秀运动员,国家培养你多不容易啊,我怎么能打退堂鼓呢。总理又问我:郑敏之,你会喝酒吗?我说会,就拿起装有葡萄酒的杯子。总理见此说:这怎么叫酒啊,白酒才叫酒。总理笑着拿起酒杯跟周围的人说,这是郑敏之,第31届世乒赛刚回来,拿了女双世界冠军的。在外宾面前表扬了我。这是对我极大的鼓励。

1971年5月1日下午，周总理接见澳大利亚乒乓球代表团，我和徐寅生、张燮林、梁戈亮、梁丽珍等陪同。接见完后总理说：郑敏之，我想和你打乒乓球。我和梁丽珍便跟着总理到了一间乒乓室，这是为总理繁忙工作之余放松用的。乒乓桌上放了三块球板，都是直拍。我真是不太懂事，心想就打直拍吧，也没什么关系。总理和我打了六七分钟后，两手按在乒乓桌上笑着说：郑敏之，你是打横拍的还是打直拍的？你看不起我啊！我一下子傻掉了，感到犯了一个天大的错误。随后总理说：今天晚上，我请你们观看五一焰火晚会。总理真正是把我们当成孩子一样。

晚上，我和徐寅生等一行上了天安门城楼。八点多，周总理陪着毛主席从观礼通道走了过来，我们站在后面，当走到离我们十来米时，总理突然回过头喊：郑敏之，郑敏之！想不到总理会在这种场合叫我，我还没有反应过来，总理一下子从人群中把我拉了出来，然后把我带到毛主席身边，搂着我的肩膀对主席说，这是第31届世乒赛回来的中国乒乓队的郑敏之。我就握着毛主席的手，感觉暖暖的、软软的。我说：主席身体好，祝您万寿无疆！主席说了三声"谢谢你们"，声音是细细的。记者当即拍下了这个荣光的时刻。接着，邓大姐搂着我的肩膀说，你们乒乓队真了不起，小球转动了大球啊！我当时脑子还没转过来，怎么小球转动大球呢？我和梁丽珍还议论呢。这时总理又走过来与我们拍了合影。这一天，我是最光荣的。这张照片胜过了我所有的奖杯、所有的钱财。现在，我专门在家里搞了个展室，每天下楼看到这些照片，就感到十分地亲切和鼓舞。

总理曾跟我们说过，运动员技术上失手，我不批评，那是要向人家学习；如果政治上失手，是要批评的。第31届世乒赛上，男队违背了"友谊第一"的原则，就遭到了总理的严厉批评。我们女队也有一个例证：有一次朝鲜队来访，这个队的水平是可以的。我们刚刚恢复训练，教练就叫我和林慧卿偷偷地观看她们练球。此事被总理知道了，那天很晚了，队里召开紧急会议，总理批评我们搞小动作，不够光明磊落。总理说，你们应该正大光明地坐在看台上，怎么能用搞情报的方式呢？我是第一次见到总理发火。总理叫我说两句，我紧张得发抖，连自己说了什么都不知道。现在这些事已在报刊上公开了，许多网民也有议论。我认为很多人看问题脱离了当时的历史背景，就不怎么客观了。

总理还问过李富荣的一场球到底擦边还是没擦边。现场裁判是判李富荣得分，李富荣也就默认了。面对总理直截了当的一问，李富荣承认确实擦边了，总理走上去与李富荣握手。总理说，赢球要赢心，输球不输人。你拿一百个冠军也要赢得对方的心啊！总理让我们学习日本运动员松崎君代。松崎不仅球技好，而且无论输赢都保持着坦然的风度。

说起松崎，2017年她还来过我家，我请阿姨做了饭菜，设家宴招待。松崎说，我特别地高兴，你在家里接待我；我知道现在的中日关系不是很好，但想到周总理，现在正需要我们来为中日友谊做工作。这些日本老运动员对中日友谊是很看重的，我们也要结交新朋友，不忘老朋友。听说松崎去了复旦，复旦热情地欢迎了她，复旦大学前党委书记秦绍德还与她挥拍打球呢。

六、访问美国

第31届世乒赛时，庄则栋立了一功。那是发生在男队的事，我们女队的比赛时间与男队不一样，班车也就不同。我以为庄则栋的所做所讲，其实也是总理教育的结果。记得出发前，总理就跟我们说，人民是好的，要把政府与人民区分开来看。什么是民间外交？民间外交就是人民外交，人民外交就是朋友外交。我们运动员就是去做人民工作的。所以，庄则栋做这件事的时候，应该是非常自然的，不是很刻意的。

不久，总理在人民大会堂召开了各部门的外事会议，也通知我们乒乓队的主力队员去了。我们坐在后面几排，听总理讲外交形势。我记得总理说：美国乒乓球队访华，我们中国乒乓球队也可以去嘛！庄则栋、李富荣、林慧卿、郑敏之也可以去嘛！这次访美不是姬鹏飞去，是我们的运动员去。其实，要说去美国，我们都想去，但谁也不敢说我要去。因为总理会上点名了，这就名正言顺了，否则不一定轮得到我。访美的代表团团长是庄则栋，让运动员当团长，真是很英明。当然，大局还是由外交部北美司的钱大镛（上海人，中华全国体育总会委员）和李梦华主任两位副团长（时任中华全国体育总会负责人）帮他把关的。中国乒乓球队回访美国，这二十多年的封闭之门终于打开了。我为能参与到这重要的历史历程中感到高兴和荣幸。真的，这不是我有什么了不起，而是中美乒乓外交产生的效应和影响，使我享受了这份机遇。

1972年3月27日，中国乒乓球代表团从北京出发，开始了访美之行。代表团成员男队员有庄则栋、李富荣、张燮林、梁戈亮、何祖斌等，女队员有林慧卿、郑怀颖、林秀英和我等，再加上外事人员、翻译、摄影等。

我们乘泛美航空的专机，29日在巴黎停留了一天，30日抵达加拿大首都渥太华。专机上的乘务员都会说中文，服务也相当周到。访问美国的第一站是汽车城底特律，这是美国乒协主席斯廷霍文的家乡。我们一下飞机还是有点紧张的，美方也高度重视，生怕哪方面会出现问题。代表团在机场召开了新闻发布会，美方的翻译营女士告诉我，因为过去二十年习惯于讲"中华民国"，现在要称中华人民共和国，怕就怕把"人民"二字漏掉。

1972年郑敏之参加中国乒乓球队代表团访问美国

可是，越不想要什么却偏偏来什么，这位菅女士在翻译时真的有一次把"人民"二字漏掉了。由于我们以充分包容的心态，作为口误也就过去了。这也算是一个小插曲吧。当时两国还没有外交关系，我们不能随便上街，各种活动都是事先组织好的。我们在底特律汽车制造厂打了一场表演赛，庄则栋还与厂里的美国工人打了一会。记得一次自助餐上，我出了个洋相。毕竟没有经历过这种场面，把人家用于布置的假水果拿了来，又悄悄放了回去，想想蛮好笑的。在洛杉矶，代表团去游玩了迪斯尼乐园，坐过山车时转来转去，我被吓得不得了，庄则栋在后面护着我。总的来说，美国人民对我们十分友好，并非是宣传中生活在"水深火热"的样子。

在美国我们的表现也是很好的。在斯坦福大学访问时发生了一件事，当我们入场列队奏响国歌时，突然，观众台上有一帮台湾人叫起来了：庄则栋、李富荣、林慧卿、郑敏之你们可以跑啊！到几零几室去，欢迎你们啊！我们岿然不动，每个人都站得笔挺，有一种代表祖国的尊严的感觉，面对扔过来的果皮等东西，也没有一个人理睬。面对危机的处置，我们的淡定与精彩表现值得称赞。我后来和郑怀颖说过，什么是大风大浪，这就是大风大浪！

出乎我意料的是，我在美国还遇见了分别几十年的中学同学，她是上海南京理发店老板的女儿，60年代为继承遗产到了美国。那天，她在赛场看台上用上海话喊我的名字。原来她是每天看着报纸的消息，一路开车跟过来的。美国方面对我们的警备十分森严，我们平均四个人就有一个保镖，且都是彪形大汉。她如果想接近我们，会被警察推出去的。我看见她在看台上一个劲地哭。还有我祖父的弟弟，也在美申请与我见面，但没有成功。主要原因是中美没有建交，考虑到各方面的因素，不允许我们见面。那些保镖对我们很和气，我们没感到任何压力。但外松内紧，不允许我们随便走动的。

在美国，我们代表团最重要的两次活动中，一次是访问白宫。尼克松总统在白宫接见了我们，当时，我们男女队员各站一边，尼克松分别与我们握手，然后发表讲话，他说：乒乓球总是有输有赢，但我们两国都是胜利者。他还送给我们每人一架可一次成像打印的照相机，内置12张胶卷。这在当时是非常现代化的礼物，我至今还保留着。还有一次是在联合国打

1972年，中国乒乓球队访美代表团在联合国总部会议大厅打表演赛，球台右侧为郑敏之、林慧卿

表演赛，各国的外交大使都来了，场面很隆重。我和林慧卿配合打双打，受到了热烈的欢迎。

七、从运动员到教练员

到第 32 届世乒赛时，林慧卿从第一主力的位置上退下来，兼任中国女队的主教练。郑怀颖、张立、胡玉兰等新生代起来了。我作为老运动员，尽管体力已不如过去，但想到周总理的话：郑敏之，你才 26 岁，你还能打啊！总感到是一种激励和动力，增强了我打第 32 届世乒赛的信心。同时，队里还需要我来"以老带新"。

第 31 届世乒赛团体赛时，我与林慧卿输给了日本队。为此，我始终想在第 32 届世乒赛上重新立功。我算了笔细账，根据我的水平和经验，以及意志品质，很难以2∶0赢日本，所以我做好了打团体赛的准备。国家乒乓队有个宗旨，当年轻运动员跟老队员水平差不多时，往往大胆起用年轻人。第32届世乒赛的女子团体赛没排我上单打决赛，我想单打没出力，那双打也该让我搏搏吧，结果名单上也没有我。为此，我很难过、很失望。

此间有个小插曲：林慧卿时任女队主教练，她的特点是从难、从严、从实战要求。她刚上任，对我的技术、身体状况不够了解，总觉得你郑敏之是党员又是老队员，应该带头苦练，起表率作用啊。其实，我真的是尽力了，只是体力不如过去。有一次在首都体育馆，周总理、叶帅、李先念等领导人来看我们打练习赛。因为之前林慧卿批评了我，我心里很别扭，哭得眼睛肿肿的。因为怕被总理看见，所以就不愿意去。但林慧卿还是要我去，她说，领导看到主力队员缺席，问起来怎么办？记得那天我是跟冯梦雅打比赛，坐在主席台上的总理看到我的眼睛肿了，就问庄则栋，庄则栋凑到总理的耳边说，"挨剋"了。于是，总理就把林慧卿叫到主席台上，对她说，你刚当教练员，这么大的比赛，运动员难免会有这样或那样的情绪，你们要用辩证的方法去调整处理好。这些是我事后知道的。比赛结束回运动员大楼后，林慧卿来到我的宿舍，她说，郑敏之啊，总理批评我了，让我注意方法，为了完成任务要团结起来。我听后特别感动，觉得总理用很高超的艺术化解了我与林慧卿之间的矛盾。其实我跟林慧卿也都是为了事业，为了一个共同的目标，关系是健康的、团结的。

第32届团体赛输了，因为赛前整个脑子都集中在团体赛上，准备随时顶上去，从头到尾没有考虑过单项比赛的事，连单打这条线是对谁都没有在意。结果，我在明处，对方在暗处，单打时我对苏联的安东尼娅，她是两面攻的打法。我以2∶1领先，最后几个球没咬住，被对手打了回头，弄得我反而心虚了，结果以2∶3败下阵来。输了这场球，我哭得非常伤心，顿时趴在场上就不走了。那时是李梦华主任带队,他知道我的心情,说我已尽力了。

混双安排我跟张燮林配对,这场球我是对不起张师傅的。当时团体、单打都输了,我非常灰心,情绪转不过来。"姜还是老的辣",张燮林马上就给我做工作,叫我想开些。他很有经验,比赛中有一种沉得住的大将风度。但上场后我还是不行,全是我丢的球,稀里糊涂又输了。回来后,我就跟梦华主任说,我想到外语学院学外语。体委向外交部反映了我的要求,上面批准我到外语学院当旁听生。

1974年,我开始在国家队女队任教练,具体负责带童玲、戴丽丽等。戴丽丽基本功非常扎实,打梁英子比较有利,且球路上是克梁英子的。但她同时有一个弱点,就是领先或关键时不一定咬得住,这个坎过不了,就难以攀登最高峰。于是,我就用自己当运动员的经历引导她。在大赛前的集训时,就模拟世界大赛的氛围,让她体验怎么进入角色;同时,我不断制造13∶16、14∶17比分落后的场景,要求她必须扳回来。还有就是针对她诸如以20∶16领先时反而会手软的情况进行磨炼。因为此时技术上往往不是很重要了,关键是心理状态。我针对她的心理短板反复练习,和她分享我的经验。

第34届世乒赛以后,我怀孕生孩子,回队上班以后,祖德生病了,我的心情不是很舒畅。得益于制度以及社会各界的关心,对祖德病的治疗是有保障的。我也是全力以赴地照顾,他恢复得还是不错的。

八、非常时期

"文革"后期的国家体委,是"四人帮"路线下的重灾区。如果说要找一个坐标,那就是庄则栋上升为体委系统的第一把手。

这之前,就是第32届世乒赛结束后,国家队、云南队联合组队,一起到泰国访问,庄则栋是团长。此时国内已在搞"批林批孔"运动了。平时,庄则栋与我处得蛮好的,大家还时常打打闹闹,开开玩笑。记得临走时我还问过他:现在国内又出现反对老干部的倾向,荣高棠、李梦华又都不对了?你怎么看?当时庄则栋还是站在老干部的立场上,他脱口而出,说:荣高棠和梦华主任是好的。可从泰国回去以后,整个情况就变化了。他在球队占了一个套间,还安装上了红机子的电话。

那一次,庄则栋对我和林慧卿、张燮林说有领导接见,并安排车子载我们去颐和园。我们也不知道此领导是谁,结果到了才知道是江青。我们一共与江青在颐和园相处了三个下午的时间,她还带我们去参观林彪的住宅毛家湾,也给我们拍了些照片(我现在仍保存着)。回来后,体委有人按照庄则栋的授意找我,给我看了有关同事的材料,提出要我向上面写信。我的第一感觉是有关同事没有违纪违法,只是有某些缺点。所以我说,有意见就直接说嘛,何必要弄到上面去?搞得这么大干什么?再说大家都是战友,让我去做这些事情,我也做不来。那人听了后对我说:江青同志对你蛮关心的!我很本能地回了句:总理对我们也挺好的。我没什么目的,也不知道上面的那些斗争。没想到第二天,庄则栋就把我叫到办公室去,通知我说:郑敏之,从今天开始你就休息吧,不要上班了。在一次接见日本老运动员松崎的外事活动中,我们球队的老运动员都参加了。分管体委的陈锡联跟大家握手的时候,悄悄地对我说,你就不要上班,休息吧。我这才感到问题的严重程度,我当时的压力很大,我被靠边了,但我又不能说,谁也不能说啊!这事老徐、李富荣是不知道的。反正我是下定决心,无论别人怎么样,我是不会干良心上对不起老战友的事。在这里，我要肯定我的前夫陈祖德，尽管他受到的冲击没有我厉害，但对待这个问题，我们的立场是一致的。其实当时我的内心很难受，有时在家里还被人盯着，受到莫名其妙的监控。庄则栋知道我这人是有主见的，不会随大流。其实，他是很希望有我这一票，但我没有这么做。

1975年至1976年间，国家的政治形势异常沉闷。当时国家乒乓队是体育战线上的一个焦点。因为庄则栋从王洪文办的读书班出来后，参与整王猛，搞所谓"体育革命"，作报告动辄就讲费尔巴哈。有一次，庄则栋把我和林慧卿召过去，说阿林、郑敏之，你们要学习费尔巴哈。又考我什么是"新生事物"，我说，就是一个事物在幼苗期，还没有成长。他认为我回答得不完整，说，你们还要好好学习等。后来听说，庄则栋准备让我去插队落户，让打破世界跳高纪录的郑凤荣去当服务员，还好后来"四人帮"被揪了出来。

在那个非常时期，我每天一早就到龙潭湖，坐在长条板凳上东想西想。我还和刘诗昆、王传耀教练、贺龙的女儿等时常在一起议论国家的形势，尤其关注总理的身体状况，因为总理的身体关系到国家的命运。我牢记毛主席说的一句话："得道多助，失道寡助。"无形的力量在支撑着我。在队里，郭仲恭表现得非常勇敢，包括李富荣、老徐、王传耀、林慧卿、郑凤荣等，还有张钧汉领队和萧克的儿子萧新华大家的观点都很一致。肖新华在体育科研所工作，他的消息来源非常广泛，有时他会开着摩托车带着我到北大、清华去看大字报。年轻的郑怀颖也表现得很坚定。我们在体委绝对是少数，但我们立场一致、观点一致，便紧紧地团结在一起。有时我们也集中到王传耀教练家中，像当年的地下党一样，碰头都是有暗号的。记得林慧卿要来我家时，先看有没有一个拖把伸出来，有，说明太平无事，反之拖把没了，就不要过来了。

1976年唐山大地震波及北京。我们一开始住在篮球馆，后来撤出来住在外面水门汀的地上，接着又在幸福街光明楼外搭起了抗震棚。我随身就一个小包，放了点粮票。那年在上海的全国比赛，我们这批人已经没什么地位了，就连主教练李富荣都不能带队训练比赛，让你坐在三十几排的看台上观战就不错了。我肯定是站在李富荣这边的。在队里，我是把徐寅生当老大哥的，大家又都是上海人，良知促使我不可能去做上不了台面的事。在一次会上，队伍要进行整风。在这个节骨眼上，是叶帅出于对乒乓队的爱护，把事情掰过来了。当时，我只是实事求是地叙述与表达看法，叶帅握着我的手说：你们乒乓球队是毛主席、周总理培养起来的队伍，你们是在红旗下长大的、正义的，我就支持你们。说着叶帅掉眼泪了，我也深刻感受到老一辈革命家的可亲可敬。正是因为老帅表了态，我们的压力才稍稍缓和了下来。

对我来说，这段经历刻骨铭心。那个年代，平时对你很好的人，可以为了自身的利益说变就变。我和林慧卿任主力队员时，有一个男队员三进三出国家队，其间都是我们提名叫他来陪练的。诚然，他模仿日本选手，与我们练得还不错。而恰恰就是此人，在运动中说我中了修正主义的毒，而且不顾事实真相地乱咬人。后来我问他：你为什么要这样？你怎么可以不讲友情和良心呢？他说是庄则栋让他做的。"四人帮"被揪出来后，他又表现得比谁都阿谀奉承，看到我连忙鞠躬。瞬间我觉得此人太可怜、太渺小了。我当时就对他说：一个人得势的时候不要得意忘形，落难的时候也不要低三下四。从那时到现在我没有再见到他。当然我也不记恨他，他毕竟陪我练过球。

九、心中的感念

记得报纸登出来周总理在 305 医院里接见外宾时，郑凤荣对我说：小燕子，总理住院了，我们两个能不能写一封问候总理的信。于是我俩在信中写了对总理生病的担忧，希望总理好好养病，我们会做个好运动员，让总理放心。内容就这么简单，署了我和郑凤荣的名字，用四分钱的平信寄了出去。没想到总理真的收到了，还派人来了解球队的情况。

前些年，上海"一大"纪念馆请了我和秦怡等到浙江绍兴去参加周恩来研究会组织的座谈会。与会的都是当年在总理身边工作的领导和秘书。我是抱着学习的态度去的，也没准备发言。会上，研究会的廖会长突然说，小郑，你也讲两句啊。乒乓球队跟总理接触多，有着深厚的感情。我自然不好推脱，就讲了几个小故事，没想到刚讲完，总理的侄女周秉德、总理的警卫秘书高振普就过来与我握手，说我讲得很好。高振普还说：你们写的这封信就是总理收到后，叫我去找你们的。

记得那些年，我的体质较弱，有尿频症状。总理在简报上看到了，就专门作了批示：郑敏之身体不好，需要治疗。那时国家外汇比较紧张，总理特批从香港买来广东人吃的"龙胜"，是一种像虫子样的中药，是对肾脏好的。

总理去世，整个国家都很压抑。上面通知我和林慧卿等去北京 305 医院的太平间吊唁。大家排着队，献上小花，向总理的遗体告别。看见总理躺在那里，林慧卿、郑凤荣哭得很伤心。我的前面是球队的一个造反派，我就咬着嘴唇没有哭，心想我一哭，造反派肯定是开心的，立场、感情不同嘛。

1976年4月5日，我和郑怀颖、杨俊三人出于对总理的热爱，出于正义，在体委已经宣布不能到天安门广场去的情况下，挤在人流中，来到人民英雄纪念碑下，献上了白花。第二天报纸宣称这是一场"天安门事件"，体委就追查谁去过天安门了，我们谁也不吭声。值得说的是，郑怀颖作为年轻运动员，在大是大非面前表现得坚定英勇。我从"天安门事件"中就看到了人民的力量。90年代，我退役后，日本创价大学的池田大作邀请我访日，总理在病重时曾接见过他。创价大学有棵总理亲手种的樱花树。所以，我提出来到南山周总理的纪念地去一次，因为这么多年来，我对总理的情感一直没有得到抒发。总理在国内没有墓，我就在南山总理的墓前痛哭了一场。我告诉总理，自己这么多年牢记总理的教导，努力为社会做出自己应有的贡献，自己一切也都挺好的。

不久，组织又安排我到西山叶帅的家中陪他打球，帮助他锻炼身体。那时叶帅也"靠边"了。我一周或二周去叶帅处一次，不是固定的，每次都有车子来接我。我相信，能派我去，说明叶帅对我一定是了解的。每次与叶帅打好球后，他的秘书、警卫班的战士要跟我打时，叶帅就在一旁做起了裁判。叶帅还留我吃饭，休息时能在一起聊聊，有时还带我看看电影。此刻感到叶帅就是一个长辈、慈父。在我与叶帅相处的日子里，我感觉到叶帅等领导人对国家前途的忧虑。我本来就不是随风倒的人。此时，在叶帅的耳濡目染之下，更使我坚定地站在革命老前辈的一边。我和老徐，还有林慧卿、李富荣，郭仲恭等有那么两三次去见叶帅呢。

后来，随着形势的紧张，我越发感到去叶帅家打球的重要性。我甚至跟家里人都暗示过，尽管我只是个打球的运动员，不可能参加什么事，但万一真有什么事，我估计也要倒霉的。但我有良知、有正义感，我在"文革"初期没随风倒，后期也没随风倒。1976年9月9日，毛主席去世了。

在吊唁毛主席去世的日子里，记得王传耀的爱人带我到毛主席的女儿李敏家去，她家住的是普通的公房，房内布置很简朴，在那里我向主席遗像鞠了躬。

现在回过头来看，幸亏一举粉碎"四人帮"了。"四人帮"被揪出来，我是没想到的。那天，叶帅叫他的大秘书开红旗牌轿车把我接到他家，把我当成家人一起团聚。其实，10月6日粉碎"四人帮"的前两天，我还到叶帅家去打球呢。当时是叶帅先跟我打，然后叫工作人员和警卫班的战士跟我打，叶帅给我们做裁判。记得叶帅好像暗示过的，说过要准备上山打游击之类的话，但我完全没有听懂。在人家眼里，我与叶帅接触多，肯定是知道的一些情况或精神的，其实我根本什么也不知道。在常人眼里，叶帅谈笑风生，看到我第一句话就是"郑老师来了"，或是"小燕子，这是我乒乓球的老师"。吃饭时，他还不断地劝我吃菜。他家院子里的白果熟了，他还托警卫送一些到我家里。可没过两天，肖新华跑来跟我说，"四人帮"被揪出来了。我非常惊讶，前天刚在叶帅家打球，怎么没有一点感觉呢？这正说明叶帅的沉着、镇定与破釜沉舟的胆略和气魄，让我油然而生敬佩之心。不久，华国锋、李先念和叶帅等接见体委的干部。叶帅一进大会堂就问郑敏之在哪里，与我握手时反复说：平安了吧，平安了吧。在这个时候，叶帅是关注我们的平安的，对我们体委的前途、对我们国家的命运是非常关注的。我有一张照片是叶帅在北海接见我、林慧卿、李富荣，正是在这样的鼓励下，使我们这些人能够在非常困难的境况下挺过来。

当时队里是一片拨乱反正的气氛。我和祖德一起去了叶帅家。后来叶帅在西山还单独接见我和林慧卿、郭仲恭、王传耀、徐寅生、李富荣、张燮林。当时叶帅正与王恩茂谈工作，叶帅出来时显得挺开心，问我们有什么要求和想法。我们提出要王猛回来，叶帅立即拨通了电话。粉碎"四人帮"后，我在政治上获得了解放，国家给我的荣誉也很高，当了全国政协常委。

对"四人帮"的倒台，大家非常兴奋，就鼓动我出面"敲竹杠"，提议吃"三公一母"的螃蟹。于是我和李富荣、黄锡萍、郭仲恭、王传耀、郑怀颖等每人拿出两块钱，另外由我动员张俊汉领队拿出十五块钱，在王传耀家里开了一次螃蟹宴，徐寅生带着他的爱人也来了，我们就以这种方式庆祝打倒"四人帮"。

十、"回马枪"

李富荣到北京体院脱产读书两年，队里调整了教练队伍。我也曾一度离开乒乓队，去了荣毅仁的中信公司，这个情况中组部是知道的。其实，我在中信公司做得蛮好，可以说差点做成了泰森拳王赛的比赛。我们旅游公司是个没钱的子公司，我希望通过努力，为中信公司做一点小小的有意义的事。在这个节骨眼上，董事长荣毅仁让我到集团下属的旅游公司任副总经理，并配以专车。公司的大环境很不错，我去了以后，荣毅仁还叫女儿把我请到他家里，给我讲了中信的创业史，希望我这个世界冠军能最大程度地发挥自己的能量。我认认真真干了将近两年，也学了不少新的知识，做了一些事情。比如在钓鱼台与大韩航公司、三星集团谈旅游项目，荣董事长把我叫到身边，使我从另一角度开了眼界。我们要用政策换取经济，他们则要用经济换取政策。荣董事长的话使我开窍了，因为国家的改革开放需要资金，我们的优势是政策条件，但缺少的是资金。我们旅游公司是对外贸易的窗口，国旅、青旅做的是观光旅游，我们开拓的是商务旅游。

但是，我的感情始终是在乒乓球事业上。于是，我主动找了荣毅仁，说想回归乒乓球事业。他听后很惊讶,其实他是希望我能留下来的,但他不愧有大企业家的气度,他说:市场是活的嘛,人才也是活的嘛。如果你真想回去,你就回去吧。这样我就给李先念主席写了信。不久,李主席接见了我。李主席说:你知道吗?我见你是经过调查的。听说你表现不错,你有什么要求啊?我说想回球队。那天,李主席还请我吃了饭,又在院子里散散步。我是很幸运的。

这样,我又回到了体委,被任命为国家体委训练竞赛二司的副司长。首先,为了弄清并理顺教练援外这档事,我查阅了所有援外的教练员名单。当时,出去援外是大家非常眼红的事情。有关系就一直能去,没路子的就永远没机会,这方面群众的反映意见很大,不利于调动整个乒乓球队的积极性。对我来说,要当个好官,就要尽量做到公正。根据这个名单,我清

2002年,第28届世乒赛女团队员与荣高棠合影。照片左起:邱钟惠、林慧卿、李赫男、荣高棠、郑敏之、王传耀、梁丽珍

楚了乒乓队援外的大致情况，便打了个报告给徐寅生，建议优先外派六七十年代的教练，因为这批人最懂得奉献，最不会来事，也最没钱。

同时，老徐也给我布置了一道调研题：中国乒乓球队为什么会断档？我马上请了老领队张俊汉，以及孙梅英、邱钟惠、叶佩琼、庄家富等国家队的老教练，还有河北队管青少年的教练李平志和负责写全国青少年教学大纲的周建康等七人，开展调研工作。这些老教练都是乒乓球界的功臣，他们从第一线退下来，到全国重点乒乓球城市进行摸底。当时差旅费每天12元，我要尽量保证他们的生活，所以均安排住三星级宾馆。有处长讲，你这样是要超标的，我仍然坚持这个意见。调查组去了河南三门峡、浙江宁波、四川绵阳、广东中山和上海的卢湾区。到了上海，我主动给刘振元副市长打了电话，说，请您接见一下，他们也是世界冠军，只是想我的娘家能给他们些待遇。刘市长马上同意了。这些老同志非常认真，尽管天气炎热，但每到一处都问得细致，晚上马上写总结。最后我们归纳了一些意见交给了老徐。

乒乓球队为什么会断档？

第一，我们缺乏一批承上启下的运动员，缺乏高水平的尖子；第二，因为那时设了二十几个乒乓球重点城市，都是重点，也就没有重点；第三，重点城市的情况非常不同，应考虑多层次的设置，比如广东中山可以考虑以社会赞助为基础，上海也可以走一条社会支持的路。而三门峡市，连温饱都没解决，怎么搞乒乓球重点城市呢？所以我们就开始调整方略，重点抓三大方面，北方以中国乒协赞助为主，西南、华东以社会筹集为主。这个模式是乒乓球率先搞起来的，后来篮球、排球也学了起来。刘国梁、邓亚萍都是那个时候大区集训的队员。每逢冬夏搞大区集训，我们体委负责乒乓球的同志就下到省市基层。就这样干了两年。

上海召开东亚运动会时，体委任命我为中国代表团副团长。我想想自己 15 岁就离开上海，孩子是我妈妈带大的，爸妈年纪也大了，身体也不太好。所以，我就对老徐说，副团长不要考虑我了，我打算回上海。因为世界冠军满三十年就可以退休，我就是凭着这条理由提出来的。当时，国务院的秘书长也派秘书找过我，问，好好的一个司长怎么就不当了呢？跟谁过不去啊？我说并没有。过去在总理身边的朋友也都关心我，请我到西花厅参观、吃饭。其实，我是很早就想离开了。

十一、公益大使

回上海后，曾有人提议我当市体委的副主任。我找到体委主任金永昌说：有关上海体委的任何事情，我决不参与，不属于我的活动我也绝不出面；但若是我搞民间活动，比如举办"敏之杯"乒乓赛，务必请你支持我。因为我回上海时，正逢小平同志南方谈话。我似懂非懂，总感到国家要发生变化了，但是怎么个变化法呢？总之是要更开放、更进步。乒乓球是我的特长，所以，我确实是想搞一个"敏之乒乓球俱乐部"，就是不花国家一分钱，走一条"以商养体"的道路，当时也得到了一些朋友的帮助。那年 3 月资金就到位了，我还向上海捐赠了四十张乒乓球台，还有一些省市的教练也准备来帮助我。记得周总理曾对我们说过，将来你们退役后，到社会上要继续发挥作用。这话我是牢记心中的。

后来，我就着手成立了"敏之体育文化交流中心"。其实，我搞的中心跟曹燕华、张德英搞的俱乐部是不一样的，其宗旨就是以青少年为主，开展民间交流。1994 年至 1995 年间，我们跟台湾方面来往不多。我想，越是难做的事情越是要去做，可以到台湾去开展民间交流。所以我就先搞起了

郑敏之（前排右三）身穿特意准备的天蓝色西服与参加宝岛民间乒乓球交流的小队员合影

"敏之杯"乒乓球民间比赛。1996年，应《中国时报》的邀请，我带队赴台湾交流。第一批有六男六女十二名青少年队员，是在上海正规选拔出来的。我的要求是不仅技术优秀，还要看小孩的素养。所以，我就亲自坐在观众台上，看这些孩子们在待人接物上怎么样、是不是尊重他人，因为这不仅是代表敏之中心，还是代表上海、代表大陆的青少年。

出发之前，我与这些小队员和家长们进行了沟通。我用拉来赞助的钱为孩子们定制了服装，女生白衬衫、格子裙，男生天蓝西装、淡蓝西裤。再则，我们这些来自基层的小朋友没见过世面，在机场贵宾室吃饭，看到自己喜欢吃的就抢，我一看苗头不对，马上把小朋友叫过来，教育他们外出要有规矩，要斯斯文文。我还要求每个孩子在汽车上画一幅图，然后在新闻发布会上，每人都拿出自己的画说一下这张画的意义是什么等。张钧汉跟我提出，跑遍世界各地，就是没去过祖国宝岛台湾，现在退休了，想借此机会去一次。我想办法通过何振梁的帮助，借此机会了却了老领队的心愿。上海有线电视台的张大中，看我搞的赛事十分正规，比赛的效果也很好。所以从第一届开始就一直跟踪报道，这次去台湾，东方有线和《解放日报》的体育记者也去了。我们一下飞机，《中国时报》的记者就来了一句蛮幽默的话：你们队伍里还有《解放日报》的记者，是来解放台湾吗？我顺势对台湾朋友说，就是来解放你们的啊！大家开心一笑。当然，我们的孩子在台湾也打了比赛，切磋了球技。我又是领队，又是教练，又是服务员，什么都做，这就是创业的磨炼。东方电视台纪实频道的记者为这次活动进行摄像，还制作了光盘。回来后，我们做了总结，并向台办做了汇报。

后来我们又搞了书法、绘画系列的交流活动。当时是上海教委的领导林同光找我的。虽然我不太懂书法绘画，但知道这是中华民族文化的瑰宝，在青少年中是值得传承并发扬的。为此，教委请书法家张森陪着我一起去。我对张森说，我们两人只是这支队伍的配角，青少年书法交流才是主角。这样，我和教委联手搞了六七届。其间也搞过中老年书画展，和群众文化馆搞过三四届金山农民画展。所以，为了民间的文化交流，我去过台湾三次。

同时，我还在上海搞了"敏之杯"乒乓球比赛，迄今还在继续。

这件事的缘起与长宁区周家桥街道有关。有一次郑怀颖、卜启娟跟我说，那里的乒乓球活动开展得很好，希望我有空去看看。以前，我主要对区一级的乒乓球活动关注得比较多，现在要到基层去，不知是什么情况。我去的那次，区体委主任也来了。结果，我真的被吸引住了，尤其周家桥街道的严伯军书记，别看他只管一个街道，但讲话很有水平，干事很有魄力，热情用心地在推动群众性乒乓活动。恰好中央构建和谐社会的精神出来了。我想和谐社会首先就要从社区街道做起。于是，我的灵感来了，就主动找了严书记。我说，听了你那天的讲话，感到你是个做事业的人，我也是做事业的人，咱们能不能搞个社区杯乒乓球比赛？大家一拍即合。做事首先要讲规则，于是我就和长宁区的一个干部到市体委社区体育管理中心按规定走程序。社区管理中心的同志接待了我们，他们说，郑敏之，你怎么跟社区搞在了一起？意思是你这个身份似乎只跟竞技体育相关。其实，开展民间体育活动，在社区搞就是"接地气"。他们还说可以帮着拉赞助等。我等了半天也不见什么"苗头"，就跟周家桥街道的同志说，与我们敏之中心合作吧！第一届赛事开赛这天，我请来了市体委的李伟昕副主任。李主任看我们确实搞得像模像样，就决定列为上海市的重点项目。其实，搞群众性乒乓球活动，我没有任何压力，但严书记应该有一定压力的。他专职从事社区工作的，却搞起了乒乓球，能弄出什么政绩呢？相反他还要拉赞助。记得第一届我出了一二万块钱，那时用钱还不多，一些小企业也给了赞助，赛事的总体氛围还是不错的。严书记一直坚持做了四到五届，而且他的队都拿了冠军。虽说借了几个外援，但宗旨还是想把这项社区比赛搞下去。以后严书记到年龄后调走了。我私下里是有思想准备的，搞乒乓球还要看领导的喜好，要做就要好好做，不能只是标着我的名字。我对周家桥街道的同志说，如果一项公益性的活动负面评价占六成，正面只有四成，我绝对不做，就是五比五也不做，正面占六七成我才做。我们的组织者每人就一张三百元的车卡，什么都没有，纯粹是为了公益。

记得金永昌主任对我说，交朋友不在于多少，人品好是第一位的，正确定位是前提。这句话我是牢牢记住了。在金永昌主任的支持下，我还搞过中老年乒乓球比赛。大金说，不要一下子铺得很大，从一个地方先做起。

我对此非常认可。做公益事业，不要讲排场，不要在乎谁来捧场。我心态蛮好，做了一届、二届后，就开始扩展到华东地区，华东做完了又扩展到全国。通过朋友的介绍，我认识了一家澳门的企业，这家企业也是做公益的，有一定的财力，最主要是对内地很有感情，这是最重要的。而后，我们就开始了一届在澳门、一届在上海的运作。澳门的组织与接待工作蛮有品位的，我们不张扬。对我来说，"庙"有多大，就办多少事，这样连续做了四届。后来年龄大了，也该休息了，就做罢了。

总之，从内心里讲，我对上海是有深厚的感情的，我对乒乓球是有深厚的感情的。

回上海后，我还经常把同年代的老运动员请到家里聚会，他们有池惠芳、王传祺、戴龙珠、张逸倩、屠汉刚等，包括上海的乔孟山领队。大家每人带一个菜，我负责买酒和水果，多的时候有三四十人呢，开始是有个乒乓台，平时自己活动活动，后来是两个桌子拼起来，桌椅板凳不够，就向居委会借。大家开开心心的，就像一个大家庭。

姚振绪

　　1947年生。毕业于上海体育学院，1962年起为乒乓球上海队、解放军队和国家队的运动员。1985年起历任国家乒乓球队副领队、领队，国家体育总局乒乓球羽毛球管理中心副主任，中国乒乓球协会副主席兼秘书长等职。从第41届世乒赛起，担任国际乒联器材委员会委员、国际乒联技术委员会主席及世乒赛仲裁委员会主席，并担任亚特兰大、悉尼、雅典、伦敦奥运会乒乓赛事的技术代表，北京奥运会乒乓竞赛经理。曾荣获中国乒乓球运动贡献奖、国际乒联贡献奖。

行走于中国和世界乒坛

一、上海足迹

我家住在威海路,就在上海电视台后门的隔壁。

我喜欢体育运动,第一次参加小学生跳长绳比赛,就拿了少年级运动员证书。至于打乒乓球,在门板上打过,在家中红木八仙桌上放条长凳当网打过,在课桌上打过,球网就是铅笔盒。我在读的小学校有两个天井,各放着两张标准的球台。那时班有班队,年级有年级队,校队由体育老师组织训练。有一次校队和其他学校比赛,排在第一场的运动员没有来,由我上去顶替,我赢下来了,得到了体育老师的青睐,我立即进入了校乒乓球队,还被推举为班级体育委员,可为全校的广播操领操等,得到了很大的锻炼。

当时上海的乒乓球运动很普及,机关、工厂、学校都在开展。上海所有的工人文化宫和俱乐部我都去过。周恩来总理曾在接见日本运动员世界冠军荻村时说,我们经济还很落后,但提供个桌子打乒乓球还行,所以我们选择了这个项目。其实,美国记者斯诺的《西行漫记》一书中就曾记载,延安时期也有人打乒乓球。朱德总司令住处吃饭的桌子就是球台,在他吃饭时,就有人拿着球网、球拍在旁边等着要打球。20世纪五六十年代上海球房最便宜的价格是三毛钱一小时,贵一点的要五六毛。上海工人文化宫则要有工会会员证的大人带进去,没会员证则三分钱一张票。那里有四张球台,在第一张上打球的人水平最高,我看见有余长春、吴连法、谷天华等上海市代表队的运动员参与。按水平排下来，在第四张上打球的人就是以小朋友为主了。我基本上是第四张桌子的老大。"摆大王"占台，"小王"上来要提供台球，排队的人少就打十一分制，人多则六分制。大家排着队打，秩序非常好。我也时常到第一张桌子观看高水平的比赛。为此，常常忘了吃饭的时间，回去被母亲说上几句。

我的舅舅陆兆熊是上海市自来水公司的老职工，是50年代的乒乓球二级运动员。他在1959年上海举办的日本工业展览会上花三块五角钱买了块蝴蝶牌海绵拍，那是我第一次见到带胶粒的海绵球拍。于是每个月我都盼着星期天由他带我到公司的标准球台上去打球。我功课比较好；大哥姚振纲从同济大学毕业，是建筑系教授；大姐姚振帼从南京大学天文系毕业，供职于北京天文台；小姐姐姚振烈从北航毕业，为祖国航天事业做贡献；妹妹姚振懿插队归来后当老师，曾被评上模范老师。因此我家也算是书香门第了。有这么个家庭氛围，家里对我的功课不用操心，在业余时间我就是打球。

后来听说体育宫戴龙珠教练办了乒乓球班，每周二、四、六的晚上六至八点训练，而且不收钱，我就报名参加。班主任何闰容老师非常关心我的业余爱好，同意我最后一节课可以不上，早点回家吃完饭去训练，但作业一定不许落下。就这样，我顺利地进入了乒乓球训练班。训练班的管理是放羊式的，主要是自己练，戴教练只是讲一讲训练内容和技术要领，顺带表扬几个动作好的。但我们真是挺努力的，去得早，回得晚，后面还有八至十点的一批，是年岁大一些的，我时常留下来看他们训练。接着，我又参加了新城区李张明教练办的乒乓球训练班，地点在新城游泳池上面。1959年，上海成立了青少年体育学校，并贴出了招生通知，考试地点在市体育宫，由市队的运动员陪打，教练在场边评审。不久，我接到了录取通知。学校是半天文化课、半天训练，去还是不去？妈妈讲，既然你喜欢打球，又有书念，那就去吧。我记得第一届市少体校共招148人，包括游泳、田径、体操、篮球、排球、足球和乒乓球等七个项目。那时正是"大跃进"期间，宣传向乒乓球世界冠军容国团学习，要求每个人树雄心、立壮志，公开表态。我当时考虑再三，写了最终目标是五年后达到全国前八名水平，正好苏健校长到乒乓球队来巡视，他批评我说这算什么雄心大志，最后把全国前八名改成世界前三名，才允许我把决心书贴上墙报。当该期墙报撤下时，我又悄悄地把自己的决心书拿回来了，既是为了勉励自己，也有怕做不到授人以柄的私心。遗憾的是，当我1966年获得全国乒乓球锦标赛男单第三名，正想着挺进世界第三名时，"文化大革命"开始了，中国乒乓球队没有参加第29、30届世乒赛，也让我实施决心书上世界第三的美梦破灭。

初进少体校时，我还是直拍胶皮板，不久改成海绵拍。此时国际上的主要对手均打削球，比如匈牙利的别尔切克、西多等。教练李宗沛便让我改成打横板削球。第一次内部比赛，也是改打法以后，十四个男队员中，我是最后一名；第二次约有二十多人了，我是第十名；第三次，我是第一名。少体校教练非常注重比赛交流，一般周三、周六便邀请社会上的强队，如地处普陀区的大隆机器厂、闵行区的上海汽轮机厂、宝山县的上钢三厂及上海港务队、邮电队等来比赛。每逢比赛那天，我们便吃完早饭，然后挤公共汽车去赛场。记得我第一次代表少体校外出比赛是一个下雨天的晚上，是和大隆机器厂比赛。我打了一场对抗赛，下场时腿直哆嗦，后来逐渐上升到主力队员后，就稳定多了。可以说那一两年我走遍了上海的俱乐部、文化馆和文化宫。印象最深的是外出比赛会有两角钱的夜宵费和二两粮票的补助。晚上十点后回校前在花园路口的点心店能吃碗面或五个汤圆或其他喜欢的点心，尤其是比赛打赢后那个喜悦的心情，以及与他人调侃着比赛的经过，如今回首依然津津有味。而且第二天早上可以不出早操，更使其他人羡慕不已。

20 世纪 60 年代，上海的乒乓球普及和开展的情况，在全国首屈一指。所以，我几乎与上海老一代的运动员都打过比赛，包括杨瑞华、刘国璋等虽然已当了教练，仍参与不少赛事。若干年后国家队的安徽籍运动员刁文元跟我说过，安徽队到上海一般是先与市少体校打，再跟上海青年队打，然后是和上海工人队比赛，上海队根本不出场。只有前面几个队打赢了，才能和上海队打。

周末回家的时候，我总希望大哥在家，他经常给我买球并给我买了第一块海绵球拍。我们少体校挂着上海少年二队的头衔，他从报纸中缝里寻找比赛的消息，也时常来赛场助威，我也尽可能弄几张赠票，运动员的亲

1959 年上海市青少年体育学校建校，乒乓球班部分学生同教练徐介德（后排右一）合影。前排右一为姚振绪。

属们基本坐在一起,父亲有白内障,就坐在第一排。在少体校的三年正值国家遭遇自然灾害。我的定量是每月二十二斤半,米很少,大量的是地瓜。一个同学上课时画了张一两饭票,居然蒙混过去了。我说,你怎么不画一斤?那时为了填饱肚子,也想了些怪招:食堂的籼米饭从笼屉蒸出来,方方正正的,再切割成不同的斤两。我们拿着饭盒买饭时,故意将底部弄湿,当师傅把饭打给你后,你再用饭盒把刚付出去的饭票又给粘了回来。那时候真是无法抵抗饥饿啊!总的来说,少体校是基本可以吃饱的,伙食费一元一天,一荤、一素、一大锅汤,比外面社会上强多了。周六晚上如果有红烧肉或大排骨之类,我就悄悄带回家,因为家里根本见不到什么吃的。但体校生的运动量确实不小,每天早上六点出操,每周有一次跑三千米,上午四节课,中午午休至两点半,然后训练三个小时,晚上自习。市少体校三年给我的感觉,一个是"饿",一个是运动量大。如今培养我的恩师均已作古,他们的教诲永记心头。

1962年9月,我调入了上海队,每月有40元的工资呢。王传祺、刘国璋是我的教练。体育宫由旧上海的跑马厅改建。训练在顶层,几百度的白炽灯,热度大,窗户用墨汁涂黑,更吸收热量。食堂门口有个大磅秤,夏天我训练前后差七公斤半,这样说来出的汗有十五斤啊!伙食一天一块八,荤食是一大荤一小荤,素菜随便吃。体能训练请田径队的教练带,我刚入队时15岁,身高才1.54米,体能训练时就让我到女队去。上海队的训练量大,训练的质量也高,若你不是主力,就要陪女队练,这一点和国家队是一样的。我特意买了本《乒乓球训练法》的书,时不时拿出来读读,看看里面有什么说头。

1963年4月,第27届世乒赛前,上海搞了个优秀运动员邀请赛,有刘国璋、张世德、余永年、何适钧、蒋时祥、刘恒恕、金泰荣、王锡林、马育宁和我等十人打循环赛,周三、周六晚各一场。这种循环比赛就是互相算计、互相琢磨,搞得我晚上都睡不着。给我看病的名中医田稻丰老先生称我为"小朋友",他说,怎么回事啊?体育锻炼就是叫你们动一动睡得着嘛,是刺激得你们太厉害了,你这个失眠我没法医治;这里有几种治疗失眠的中成药,你喜欢喝哪个自己挑吧。被医生数落了一番后,我拿了养血安神的五味子糖浆,每晚睡前喝一点。比赛结果是我拿了冠军,蒋时祥第二,刘国璋第三。上海的报纸和新华社都发了消息:"上海优秀乒乓球运动员邀请赛结束,十五岁横握球拍小将姚振绪获男子单打冠军。"连《中国少年报》《儿童时代》杂志等也发了文章。我这个冠军的成绩是六胜三负,计算互相之间的小分才险占上风,可见名不副实!

当时上海的乒乓球风光一时。1961年全国比赛,李富荣拿了三个冠军(单打、双打、混双);1962年全国比赛,杨瑞华第一,各地对付上海队颇有后来世界各国队对付中国队的味道。1963年全国少年比赛在太原举行,十个小组的第一名再进行大循环,决出第一至第十的名次。当时,未经中国乒协批准,张燮林用的长胶一律不能使用。于是,我就想办法将类似长胶的反胶胶皮从海绵上撕下来,寻找胶粒软一点的胶皮,俗称"半长胶",再用刮胡子刀片把胶粒的圆柱体稍微割断一点,力求能有长胶的性能。因为胶皮撕得不太干净,被人告了状,说是我胶粒上有海绵。乒协主席陈先就把我的教练和我都找去,说这板不符合规则,要换掉。当时我已经赢了郗恩庭,保持全胜,但换胶皮后以2:3负于浙江的黄广林,我和他同分,因输给他而屈居第二。1964年中国青年队成立,论全国比赛的成绩,去的人里没有一个人排在我前面的,我心里真是说不出的难过。

1965年11月,上海市体委主任杜前找我们谈话,说是接到北京的通知,调徐若玮(全国少年女单冠军)、刘恒恕(模仿日本运动员高桥浩的打

1963年全国少年比赛男女前六名合影。前排右二为姚振绪

法）和我到国家队。他同时抱怨说，国家队调上海队这么多人，一个也不还给我，连曹自强退役了也被分到湖南，理由是毛主席的家乡没教练；所以你们三人去北京不带户口、工资、粮油、服装等关系，一切由上海发给，你们就是去打球，打完球就回上海。当时我也不清楚这意味着什么，只要能去国家队，总是高兴的。然而恰恰是因为这个决定，在1968年中央对国家体委实施军管之后，没有户口和工作关系的一律回原单位，由此便断送了我留在国家队的机会。

二、进了国家队

记得我到北京国家队报到的那天是周日，由于寝室床位没安排好，容国团正好回家了，就临时在他的床上睡了一晚。第二天，容国团问我，我说是队里的安排。他说，你把嘴张开。当我张开嘴后，他哈哈大笑起来，说，你也是"地包天"啊！原来我们二人的下巴长得相似。张燮林老开玩笑，说我与容国团长得像，有时还直接用上海话叫我"容国团"。容国团可称中国乒乓球的"祖师爷"。若干年后在珠海向容国团塑像献花时，我跟林慧卿说，我是不是也沾了点容国团的"仙气"啊，若干年后能重返国家队工作。那时，国家队中上海籍运动员很多，彼此都讲上海话。那时国家集训队流行的是：乒乓队讲上海话，游泳队讲广东话，田径队好像讲山东或东北话。徐寅生、李富荣、傅其芳、梁友能、王传耀、孙梅英等都讲上海话，其他队员虽不讲上海话，但基本都能听懂上海话。

进了国家队后，我心里憋着一股劲，就是要好好练。除了周六医生要来查血压、心跳等外，我每天早上六点起床出操，先在田径场上跑几圈，再由主管教练带去"加班"，主要是李仁苏带着我和肖兴国打多球，练习削球的步法和攻球。北京用藤条编的饭箩装球，一次可装500多个，现在的塑料筐只能装200多个。那时每天早上我要打七到八箩球呢！

吃早饭后至8点半，是学"毛选"的时间，然后是上午的训练，当时国家乒乓队有88人，一层的6张球台属于庄则栋、李富荣、徐寅生、张燮林等国家队重点球员专用。后来老徐练得少了，周兰荪、胡道本、于贻泽等就用了，其实就是傅其芳管的一组人。另一边是林慧卿、郑敏之、李赫男、梁丽珍等女队员使用。男队除了六位主力外，其余的每周必须两次帮女队练。我一次陪狄蔷华练，一次陪郑敏之练，因为我削得低、落点好、攻球沉，郑敏之觉得我的球太怪，要把她动作打坏了，世界上没有我这种打法的女运动员。这样我就不去女队陪练了，每周遇到主力队员的机会增多了。

当运动员要有正确的自我估计。我们这个削球组里第一号是张燮林，地位不可动摇；其他依次为王志良、苏国熙、郭仲恭，他们都参加了三届世锦赛，但年龄偏大了。由此我就有了向上的愿望，想在守球组里往前冲一冲，争取参加世乒赛。如同当兵，不想当元帅的士兵不是好兵。当时一天练习五六个小时，也确实练得非常苦，除了技术训练，当时体能训练还没人说蛙跳对膝盖有害，在田径场上跳一圈，真是累得连滚带爬。当时学习经毛主席批示的徐寅生的讲稿，为了带着问题去训练及激励自己，我们将球的包装盒拆开，在反面写上训练的主要问题或是鞭策自己的一句话，放在球网前面，时时提醒自己。我比较适应快攻与扣杀，对弧圈球则不太适应。1965年底，队里用六七千美元从瑞典买了一台斯蒂卡多球机器。李仁苏教练叫张燮林试试，张说球太转了，不符合实际。他是主力队员，有人陪着拉弧圈，我可没有。所以我就要来钥匙，自己打开机器练。其实这台机器很不错，发五六百个球不失误，效率很高，旋转速度则可以调节。以前跟周树森、何祖斌等几位弧圈选手练，他们感到拉了弧圈就可以扣杀了，而我经过和机器训练，他们感觉扣杀的机会少了。总结下来，这段时间一是刻苦努力，二是对手好，三是设备先进，四是教练指导得当，去国家队几个月我进步很快。

1966年4月，我回上海参加全国锦标赛。上海一队有徐寅生、李富荣、张燮林、于贻泽、余长春。当时我还不满19岁，在上海二队，队友有刘恒恕、刘明权、张孚璇等。结果上海一队获得团体冠军，二队打了团体第六。单打时，我3∶1淘汰了周兰荪（当时的世界单打第三名）。上海观众被国家队运动员评为最懂球、最会看球的观众。我和周兰荪比赛时，上海的观众就嘘我，因为他们不想代表上海的我赢，而想看周兰荪和李富荣的半决赛，接下来还想看庄则栋与李富荣的决赛。后来，我以1∶3输给李富荣，获得男子单打第三名,这是我历史上最好的单打成绩。据说周兰荪输球后挨了傅其芳的批评,但兰荪若干年后多次提出把我调回国家队,我一直记着这份情谊。以我的球路,我是怕跟李富荣打,但不怕庄则栋,因为我是高点削球,往下砍的。我和庄则栋训练时,他就认为我的球接起来难受,没有弧线,难扣杀。有一次训练时,他感到别扭不开心,把自己的海绵都撕下来了,弄得领导批评他,并要求他继续练,当时围着一大堆人,把我给吓坏了。

接着,国家队分成三路出访,我和于贻泽、陈宝庆等去欧亚等国,教练是主管我的李仁苏。荣高棠在训练局蹲点,常在运动员食堂吃饭。这天他吃饭时坐在我的边上,说我这次全国比赛成绩不错,并说出访欧洲时要把球板换掉,意思是对我的打法要实施保密。我当时就傻了,换球板不是换衣服啊。教练说这要影响成绩的,荣高棠说:输了就输了嘛!这次出国是去捷克斯洛伐克、叙利亚。因换了球板,团体赛我就轮不到上场了;在捷克斯洛伐克访问的单打比赛,我输了,在叙利亚,也打得不好看。大使说,姚振绪在刚刚结束的全国比赛中得第三名,怎么这个水平呀?李仁苏教练便做了解释。在回国的飞机上,我看到了6月1日《人民日报》发表的《横扫一切牛鬼蛇神》的社论,回来后国家队的训练就越来越不正常了。

因为与外国有已签订的文化交流协议,6月至12月,瑞典、日本、罗马尼亚队乒乓球队先后来中国访问,我与丁贻泽、余长春则回上海挂牌上海二队应战。瑞典是当时的欧洲冠军,我赢了约翰逊、阿尔塞,总分以5:1取胜。约翰逊号称"锤子",重板扣杀过来虎口有震裂感,但他不适应我的削球,失误很多。约翰逊输了球心里不舒服,拿起招待他们的无锡水蜜桃就扔了出去,把体育馆上方窗户的玻璃都砸碎了。当时的国际比赛,队里的竞争激烈。记得另一位运动员跟着瑞典队到天津比赛,输给了一个瑞典的少年选手，不久就调离我们组了。当我们回上海与日本队比赛时，正值红卫兵大串联。我们的卧铺全被占满了，连走道、厕所都是人，餐车的供应断了，只得在济南买了些烧饼对付一下。日本队比我们早一天到上海，他们在参加欢迎宴会时，我们在抓紧时间睡觉。我的排位是第一、五、九，第一场赢了福岛万治，于贻泽第二场胜健本肇，余长春第三场胜长谷川信彦，于贻泽第四场胜福岛万治，上海二队以4：0领先。日本队教练荻村稳坐在教练席上，因前一场对中国青年队许绍发、陆巨芳、土福成时，也是4：0领先后被日本连赢5场，所以荻村等着我们重蹈覆辙。第五场比赛我输给了长谷川信彦，第六、七、八场上海队相继失败，所以最后一场是我对健本肇。端坐在日本教练席上的荻村似乎看到了取胜的希望，露出了微笑。此时全场观众齐声念毛主席语录"下定决心，不怕牺牲，排除万难，去争取胜利"。我抱着必胜的信念上场了，每逢擦汗后便拿着毛巾将标有比分4：4的标牌上的"日本"二字盖掉，以表示我一定要赢的决心，但总被裁判员拿开。最后我以2：1取胜。我们三人团体以5：4赢了当时的世界亚军日本队。

在上海，我们住在南京西路150号体委招待所。第二天天刚亮，我先回家看看老娘，又赶到第五门诊部，请名医石筱山扎针灸治疗腰伤。可能是因为长途奔袭旅途劳累和比赛比较兴奋，没有很好地休息，我居然出现从未有过的"晕针"现象。老人很客气，还亲自给我倒了杯水以示慰问。没多久我又回上海与罗马尼亚队比赛，因都是社会主义国家，就没有按照国际比赛的打法，计较输赢。当时同时用了四张球台，算是友好交流性质。这个办法后来在多个外国队来访时使用，以使更多的运动员都可以上场比赛。"文革"中，日本少年队来上海访问，也是用四张球台比赛，上海少年每张球台均以0：9惨败，总共输了个0：36，这段历史事后无论讲给中国还是日本乒乓球圈里的人,没有人相信,但事实确实如此。

三、难忘的"文革"记忆

"文革"来了,乒乓队一开始都是"保皇派"。后来因庄则栋率先贴出大字报宣布造反,乒乓队就分化成了两派,并分别与北京的天派、地派相关联。像我这样出身不好的人,只得夹着尾巴做人,但又怕被人说成"逍遥派",就在一个组织里搞搞《动态》(一种信息小报)。我一周有两三次向孙梅英或其他人借自行车骑到清华、北大抄大字报,回来后刻蜡纸印刷分发。"文革"中我和林慧卿等回过一次上海,因浙江徐阿科的关系,还到七墅堰机车厂打过表演赛。徐阿科托关系给我们开了火车免票的条子,免票要有铁路工作证。查票时,尽管旁边的人说没事,但毕竟是违规的事,"做贼心虚",我还是叫林慧卿到卧铺上躲一躲,她是世界冠军,认识的人多啊!

新的乒乓馆1967年就造好了(现在是体育医院),是有44张球台的标准场地,结束了国家乒乓球队的训练分散在北京体育馆四五处的局面。但领导、教练没了,爱练就自己练,没人管了。那时训练不正常,反对运动队搞特殊化,又说要减伙食费。一些人说下围棋没什么运动量,围棋队应该先减。围棋队的人说,我们是强脑力劳动,躺在床上可以把十年前下过的棋复盘回来,你们行吗?最后也没有明确减少伙食费,每逢周四吃玉米面杂粮窝窝头,就这天幸福大街的包子铺生意特别好。

"文革"中提倡为工农兵服务,打表演赛前要念语录,敬祝领袖万寿无疆、永远健康等。1967年有了"大联合"的最高指示,乒乓队的两派就联合起来打表演赛,互相之间关系也好了一些。比如庄则栋与张燮林分属两派，但打起表演赛来特别好看。记得有一次比赛，一方是庄则栋和梁丽珍，一方是我和林慧卿，有一个擦网球，我一个滚翻救了起来，这是1964年观摩日本排球教练大松博文训练时学会的，那时人还蛮灵活的。有一年大冬天，我们还坐着救护车去张家口的兵工厂打表演赛呢！途经八达岭长城上厕所，那份寒冷至今令人难忘。吴小明特别擅长打表演赛，每次他都先仔细观察地形，如果有舞台，可以设计成跳下去再跳上来接着打。他放高球能从两根挂日光灯的绳子当中穿过去，还能上到布置舞台的三角扶梯上回球。他说庄则栋上场时观众掌声比我响，我下场时观众的掌声比他响。我可没这个本事，一次在中央党校打表演，由于对舞台的高度没掌握好，我跳下去后就上不来了。通过打表演这种形式，队员之间就比较融洽了，不少年纪大的队员就在这时谈起了对象，解决了婚姻大事。

1968年5月12日，中央下发了"五一二"通知，国家体委实施军管，同时规定：凡是户口关系不在北京的，一律回原来的单位。我6月收到通知，一直拖到8月1日才动身回上海。原来想一门心思搞好训练，从未想过看看祖国的大好河山。这回长城、颐和园都去了，主要是游山玩水，在十大建筑前还留了影，当时觉得这辈子再也没有机会来北京了。要分手了，便与关系好的同伙聚一聚，用热水瓶灌一瓶啤酒，买几个肉包子，加上一个大西瓜，就算是聚餐告别了。不是因为技术落后而离开国家乒乓队，对此，我感到愤恨、委屈，眼看着多年的辛劳将付之东流，前程断送，心里的苦楚无法表达。这也更促使和加深了我对乒乓球、乒乓队以及这项事业的无限留恋。

离开国家队后，我与上海的徐若玮，浙江的徐阿科、周树森等，先是乘火车到青岛，再坐船回上海。记得到了青岛后还为接待我们的学校打了表演赛。上海体育系统也被军管了，按照部队的编制，乒乓队、篮球队合编成一个连，所以那时就认识了姚明的母亲方凤娣以及丛学娣、张大维等人了。回上海训练的情况也比在北京时差多了，第一不正规，第二没有比赛任务。其中印象比较深的有这么几件事。

记得1970年夏天的一个晚上，大家八点钟集合，宣布进行战备拉练，从南京路步行到青浦练塘公社。我对如此集体行动充满了好奇，很是兴奋。大概凌晨三四点钟，我们到达目的地，农民腾出房间，大家睡在铺着稻草的大通铺上，早上七八点便下地干活。我们把收下来的水稻扎成一捆捆，挑上肩送到河边的船上去。结果人走在跳板上，小船晃得厉害，连人带担摔到了河里。我还算灵活，瞬间爬了起来，浸了水的稻谷却沉得拉不动。后来领导把我调到伙房，负责烧火、采购、记账。伙食费一天四角，而运动员的伙食费标准是一块八角。现在要在这四角钱上下功夫，太不容易了。下乡归来后，队里很多人得了肝炎。按说农村人吃得差，也是如此干活，可人家为什么没得病呢？我由此悟出来一个道理：营养这东西，跟劳动量无关，而是跟平时的饮食习惯和体力支出情况有关。珍宝岛自卫反击战时，军管会号召献血，上海体工队全部报名，合格率达到97%。献血时，一个护士管几个窗口，体工队献血时，当护士给第三个人扎针时，第一个游泳运动员的血已经满瓶了，护士非常惊讶，说运动员心脏压力大，弹跳有力。运动队献血工作很顺利，得到军管会的表扬。

1971年1月，我们搬到江湾五角场恒仁路200号（上海体育学院）训练。此时"一打三反"运动开始了。有一天军管会专案组通知我，根据有关方面的材料，决定对我进行审查。于是我被隔离在江湾体育场看台下面的房间里，墙上贴着"坦白从宽，抗拒从严"的标语。专案组安排三人24小时轮班来监管我。至于为何被审查，当时我也不清楚。我自己清楚没做违法违规的事，心里仍惦记着乒乓球。我感觉长时间不锻炼不行，就偷偷弄了两个哑铃放在床底下,趁没有人时抓紧练臂力。至于写交代材料,起初还能回忆起跟谁见过面、讲过什么话等,时间一长也就写不出什么了。于是,就买了好多小方格的学生习字本,开始抄毛主席语录,所以我现在的仿宋体字写得很好,曾有人说像是打印出来的。事后才知道是交往过密的朋友受审查,把我牵涉进去了。最后,查无实据就把我放了。

不久,朝鲜乒乓球队访问上海,团体赛要上三个人,国家队的余长春、于贻泽回来后,执意要我出场,因为我们三人曾赢过瑞典队、日本队,感情也特别好。我刚开始恢复训练,便跟大余、小于说只能赢一场,他们说没关系,主要是想保我的清白。结果那场比赛我们4∶5输了,我只赢了一场。大余、小于也因长期没有系统训练打得不好,人家朝鲜队可是天天练啊。

第31届世乒赛开启了"乒乓外交",加拿大、英国、哥伦比亚、澳大利亚,还有美国等乒乓队都来上海。一般是有个欢迎宴会和一场比赛,再陪同在上海参观访问。我也参加了美国乒乓球队的接待和比赛。我看到市革委会宴请美国乒乓球队的红头文件,标准是酒水除外每人三元五角,应该说在当时是相当好了。赛前陪同美国乒乓球队参观马陆公社,赛后参观彭浦新村。比赛时军代表给我的指示是比分尽可能接近,但最后一定要赢。我最后一个上场,军代表问了我好几次:你赢得了吗?临上场了又问了一次,叮嘱一定要赢,不能开玩笑。一个美帝国主义,一个苏联修正主义,当时这是绝对不能输的。我说连美国队都赢不了,还打什么球呢!场上总比分是2∶2时我出场了,对手正是跟庄则栋握手的科恩,他是美国队一号选手。既然领导说了要赢,我便始终保持4—8分的领先优势,两局分别是以21∶12、21∶14取胜。结束后科恩跟我热烈握手,当时只要两个人一碰头,立马就有翻译到场,有大牌的翻译唐闻生、沈若云,还有国家体委的

1971年，姚振绪与美国队选手科恩在上海江湾体育馆进行比赛

楼大鹏等。科恩说："非常感谢你和我进行了一场认真的比赛。"比赛结束后我陪着科恩来到了彭浦新村。美国人认为这些参观都是事先布置好的。为此那天就由美国人自己指，随便指哪幢楼哪个楼层哪个窗口都可以上去参观。科恩点了个窗口，我就陪他上去了，此时这家人正准备吃午饭，还有红烧肉。科恩问：能否吃啊？主人高兴地回答，可以啊！科恩还真的吃了一块红烧肉，边吃还边说"很香很香"。当时我根本就没有想到这是在参与"乒乓外交"，这是世界重大历史事件的一部分。

后来，我参加了纪念中美乒乓外交二十周年、三十周年、三十五周年和四十周年的活动，我算是乒乓界的代表。有一次，我出来接个电话，外交部副部长杨洁篪也出来了，他开头便说了一句上海话："我从小就认得侬，侬是上海少年冠军，我也喜欢打乒乓啊！"还有一次是在钓鱼台，基辛

送别美国乒乓球队。场上是对手,场下是朋友。比赛场上的对手手挽手相拥告别。前排右一为美国运动员科恩,右二为姚振绪,右三为上海运动员吴新民,右四为美国运动员雷塞克

格来了。我方出面的是李岚清副总理,我准备了一块球板,请他俩签名,现在这块球板已捐给中国乒乓球博物馆了。2011年,美国乒协又组织了一个团来参加纪念活动,我从北京陪他们一路到上海、浙江。有一次科恩的妈妈来了,我跟她聊了几句。我说在上海就是我与科恩进行友谊比赛的,科恩的母亲很激动,说没有想到他在中国有这么多的朋友。

四、塞翁失马　焉知非福

1972年,为纪念毛主席"发展体育运动,增强人民体质"题词20周年,在北京举行了五项球类运动会。我在上海队打内部大循环比赛时是第

一名,自然很想去北京,但宣布名单时却没有我。第二天,乒乓队的军代表找我谈话,说接到上级通知,调整我去长宁区当教练。这一决定出乎我的意料,又正值我年轻气盛,一时火冒三丈,但一想军代表也不是决策人。我说:你们不要我,会有地方要我的!谈话时间就五分钟,第二天,我卷了铺盖,装上自行车,就离开了江湾训练基地。回到家里,我骗母亲说要当教练了,当教练就可以不用住宿舍了。当时特别不想让母亲担忧,每天还装作无事一样。

但问题马上出现了,平时承担家里部分生活开销,零用钱留的很少,那时我还抽烟,工资不够开销怎么办?为此就借钱吃饭,我给自己规定,一天一块钱伙食费,因为我知道,唯有保证体力,保持训练,保持竞技状态,靠球技才有出路,内心对自己还是有要求的。那时主要是去邮电队、港务队练球,训练对手是李振恃、顾名炜等。其间我也想过是否去外地球队打球。有时口袋里没有钱,经常是吃了上顿没有下顿,回到家,母亲问:吃饭了吗?我硬着头皮答:吃过了!其实肚子饿得咕咕响,有些天甚至饿得睡不着觉。这是一段揪心的、无法忘怀的日子,这也是一段磨炼意志、激发斗志的日子。

1973年初,为筹备全军运动会。解放军各军种、各大军区纷纷组建运动队。但我要参军时却受到上海体委的阻拦,坚持要我服从分配去长宁区当教练。恰逢当时全国足球队在上海集训,上海的足球运动员集训第一天就半夜翻墙进宿舍,被国家体委主管司长抓住。第二天上海体委军管主任前去拜会国家体委司长表示歉意时,这位当年贺龙120师的老兵受人之托帮我说情:"你们上海自己不用的人,为什么又拦着不给解放军?你是不是军人?"就这样,海军体工队的陈忠明队长带着海军副司令刘道生的批件,办完了我的入伍手续,我去了海军。此时,李振恃去了空军,施之皓去了铁道兵……上海输出的运动员还是很多的。我们家成分属于资产阶级,能穿上军装对"文革"中的家庭就大不一样了。我妈妈说,以前是头也抬不起来,现在你参军了,加上你妹夫户口在我家,他在云南插队也参军了,我们家的门上可以贴上两幅"光荣人家"的对联了。"母以子贵",我妈非常高兴,她唯一一次送子女到火车站就是送我。就这样,我离开了上海,再次回到北京。

1973年武汉全国锦标赛,我身着刚换装的海军制服、白军装、大盖帽,神气显眼,与陆巨芳、李振恃等代表八一队获得了男子团体亚军。上海一队是于贻泽、王家麟、陆元盛,以国家集训队队员为主;二队是岑仰健、杜功楷等。一队进了前八,二队在小组赛中以0∶5输给八一队,成了全场男团的倒数第二名。我打了一场,赢了上海队冠军岑仰健。有人说,

1973年全国锦标赛时姚振绪在武汉东湖留影

上海队也太惨了，两个放出去的人回过头来打上海队。其实，我对国家队有一种强烈的渴望，自己是壮志未酬啊！当时再想攀高峰已没有资格，哪怕当陪练我也还想回队。后来有一次在恒仁路200号办裁判员学习班，我回顾这段历史，很感慨地对上海的年轻裁判讲，这个地方是让我"冲出亚洲，走向世界"的地方。如果当初不被调整，我至多是上海队的一名教练。人的出路真是被逼出来的。每想到此，我十分感谢当年对他人政治生命不负责的"干部"，十分感谢在高压下被迫在无中生有的证明材料上签字的"朋友"。但怎么想都太对不起我老妈了，哥哥、姐姐大学毕业后都在外地，"文革"期间父亲去世后，就我和老妈留在上海相依为命。临走时我去向一个朋友告别，朋友的妈妈忽然对我说：你怎么舍得走啊？你妈身边就你一个儿子啊。那时血气方刚，除了给家里生活费外，就没有想到这方面的事。我鼻子一酸，打了个招呼，赶紧往火车站跑。在火车车厢的连接处，我是一路抽着烟到了南京站，眼泪止不住地往下流，真是感到对不起我妈啊！

1975年，国家体委派我到巴基斯坦当援外教练。那时我英文不行，就自己编了本有关乒乓球技术用语的小册子，再用了头四个月近70美元的零用钱买了一台"砖头"录音机，让翻译念一遍技术用语，再录下来跟着读。外方体委要求教练员写教案，我用中文写完由翻译译成英语后，再由我用英文翻抄一遍送上去。巴基斯坦体委的官员说，英文写得这样好，不可能不会讲英文啊！后来我能用英文对话，基本是靠耳朵听会的。我在巴基斯坦总共生活了22个月。周恩来总理去世、唐山大地震、毛泽东主席去世等事件发生时，我都在国外。1976年10月，我带巴基斯坦队到北京，在天安门广场转了几圈，总看到有些人在交头接耳，也没多想。随后我们就坐中国政府的专机，前往墨西哥参加第四届亚非拉乒乓球友好邀请赛，时任体委主任庄则栋还到机场送行。专机上有中国队、朝鲜队、尼泊尔队、越南队、老挝队、柬埔寨队等,反正都是穷朋友聚集着一起出发。中国男队员是郭跃华、梁戈亮、陆元盛、蒋志东,其中蒋志东在上飞机前已经知道国内发生大事了。在墨西哥比赛期间,中国驻墨大使姚广传达了中央关于粉碎"四人帮"的文件。我身上穿着巴基斯坦的西服,当大使问我代表哪个国家来比赛时,由于时差和疲劳以及长时间会议让我接近瞌睡状态,我竟然鬼使神差地回答了"阿尔巴尼亚"。大使想了一会儿说:亚非拉国家的比赛哪里会有欧洲的阿尔巴尼亚参加?我这才如梦初醒。在第四届亚非拉友好邀请赛上,巴基斯坦男队取得了男子团体第六名(前面是中国、日本、朝鲜、尼日利亚和加纳)和少年男子单打亚军的好成绩。巴基斯坦运动员

担任巴基斯坦援外教练的姚振绪(前排右三)与队员合影

夏亨·拉蒂夫在男单第五局中以 19：16 领先，差点淘汰日本的前原正浩（现为国际乒联副主席）。另一位运动员贾维德·哈亚特在团体赛中对战日本阿部幸之，先以 1：0 领先，第二局激战至 19：19 才因经验不足失败。当男子团体前 16 名颁奖时，开始时我坚持让巴基斯坦教练领奖，但走上场领奖的队伍，除了日本全部是中国教练。巴基斯坦乒协秘书长硬拉着我的手走进领奖队伍，把巴方教练换下，获得了巴方运动员赞许的眼光。事后我还是把奖章送给了巴基斯坦教练阿达先生。1977 年，我回国后曾作为海军乒乓球队教练在南京海校集训，并去成都参加全军的乒乓球赛。不久，第九届亚洲运动会在泰国举行，国家体委又调我去泰王国当了一段时间的教练。

1980 年，我要从部队转业了，如果自己不去找工作，就会被分配去北京石景山中学当体育老师。因为心里想着乒乓球，便想转到国家体委去，便找了体委干部司司长、上海老乡王传耀，他说这两年没有转业的名额。当时，还听说公安部要建立乒乓球队，国家队领队张钧汉也大力推荐我与公安部门联系。当我揣着转业的户口去报到时，公安部又不建乒乓球队了。这样，我就留在原前卫体协的办公室，归属公安部政治部。其实，在这里平时没什么事，就是打壶开水沏上茶，看看报纸。那时电大刚刚开课，我很努力地在电大学英文。不久，领导找我谈话，说政法干校第十七期学习班要开班了，让我去当班长。当年我 33 岁，就与学员一起住宿，一起念书，一起考试，过起了学生生活。这时，刚刚有"以法律为准绳，以事实为依据"的说法，考法律之类科目，主要靠死记硬背，我记性不错，考试成绩名列前茅。至今我仍保留着政法大学第 17 期学员的证书。

在这里工作是稳定的，同事间相处也不错，但我心里仍想着乒乓球。恰巧国家体委台湾联络处要组织在大陆的台湾籍同胞组成乒乓球队参加全运会。队员来自北京体院和上海等地，水平是业余级别的。我当了一个月的教练后，就是全运会比赛了。我这个教练除了指点自己的队员之外，还要在比赛前与各省市队的教练打招呼，嘱咐他们少赢点；甚至直接撂下话：必须让台湾同胞过10分啊！若干年后，我带队在国外比赛，场外有人喊我，原来是台胞队的一个运动员，他在海外继续以乒乓球工作为生。

当时，正兴"下海"的势头，各单位都成立了"三产"公司，台湾联络处原国家乒乓球队的张伟廉是上海老乡，后担任国家体委中国体育服务公司经理。他负责体育商业市场的开发，比如国家排球队穿的美津浓、乒乓队穿的TSP等服装，都由该公司与外国公司签约。张伟廉经理说想借调我过来干，便出了个借调函，公安部也同意了。这种拿原单位的钱干体育公司的活的做法，不用给我发工资，是很受欢迎的。体育服务公司开发了不少全国第一的项目，著名的有北京国际马拉松比赛，以日本三得利公司为主的赞助商，后面有日中友协牵线，国家体委则由徐寅生副主任主管。1981年10月第一届国际马拉松比赛举办，在天安门发枪，沿着长安街往西兜回来，最后到达工人体育场。当选手向终点跑来时，观众呐喊、鼓掌的场面十分可观。从第三届开始，出售入场券，并在体育场内设立了抽奖环节，奖品有电视机、冰箱等。那时这些大件还要凭票购买，所以，当体育场内广播准备抽奖时，观众情绪高涨，紧接着是一名中国运动员跑进场来，全场掌声雷动。马拉松比赛时，我的工作是接待主赞助商，每年在钓鱼台宾馆租一栋楼，租6—7辆红旗轿车，全程负责日本三得利公司董事长佐治敬三为首的赞助商在北京的所有活动。当时电脑打字尚未流行，所有宴会座席桌签都是我书写排位的。

我在体育服务公司还搞了旅游业务，接待过日本围棋界的棋圣藤泽秀行和日本的剑道代表团，其团长是桥本龙太郎，后来当了首相。令我印象深刻的是还接待过日本的假肢代表团，当时正值对越自卫反击战之后，该团来访获民政部欢迎。记得有一年在上海，收到不知道谁寄来的一篓大闸蟹，原来是前著名自行车运动员、现自行车协会主席沈金康送来的。他当运动员时，因车祸大腿被截肢了，截位还比较高。他说，正因为这个假肢代表团来访，为他定做了质量很好的假腿，现在都可以骑自行车了，所以他要感谢我。但他没想到我是个海鲜、河鲜都不沾的人，只能让别人去享用了。领导徐寅生的家就在我们公司租借的办公楼的对面，有时我看到他房间的灯亮着，就打电话去汇报工作。有时老徐也会打电话过来说，都几点了？你怎么还不睡觉啊？我忙说，这就睡。他对我非常关心的。在管旅游期间，我们每年接待四千多人次，在今天也可算效益高的了。

中国体育服务公司的领导之一是著名跳高运动员郑凤荣。为了扩大业务，公司在深圳成立了一家合资公司，她要求由我去主管。这是一家和广东体育服务公司以及著名的深发展公司合资的公司。与此同时，李富荣升任训练局局长后，国家乒乓队实行了总教练责任制，总教练许绍发想到我，提议我去当副领队。两条路放在我的面前，一条是经商赚钱，这是当时的潮流，还真有人羡慕；另一条路是必须勤奋努力，为国乒做好后勤服务工作。我喜欢乒乓球，1965年进了国家队，"文革"后又让我回了上海，我对国家乒乓球队有一份割舍不下感情。所以，我毫不犹豫地选择到乒乓队工作。

五、事无巨细的副领队

1985年秋，我正式担任中国乒乓球队副领队。因实行总教练负责制，领队由许绍发总教练兼任。上任之前由三届女排冠军的领队张一沛副局长找我谈话，我估计是李富荣局长叮嘱的，谈话的内容大意是我是第一个专业运动员出身的领队，刚刚实行总教练负责制，业务上的事一定不要插手。我牢牢记住了这个叮嘱。

我的分工是后勤与政治思想工作，此时队里的主力情况如下：男运动员是江嘉良、陈龙灿、陈新华等，女运动员有戴丽丽、耿丽娟、焦志敏等。新人有马文革、乔红、邓亚萍、陈子荷、高军等，这都是我到火车站接来的。之前运动员的后勤工作由训练局统一管，现在各队自己管，我的职责是保障后勤不出纰漏。外出比赛时，最麻烦的是买火车卧铺票。先要开介绍信到铁道部，问能否加挂一节卧铺车厢，如果做不到，就得从各方面想办法了。出发前，我在每张票后写上名字，让队员知道自己的座位。当然是主力优先，陪练睡上铺。队员们说，上车前找得到姚领队，上车后就找不到了，肯定是忙了大半夜到上铺睡觉去了。火车票还要收回报账，少了又不忍心叫运动员赔，几十块钱就相当于他们一个月的工资。

那时出门还得带全国粮票，琐碎的事情很多，包括住宿、服装、球鞋、胶皮、海绵、胶水等用具的发放等。运动员说，许指导说话风趣，姚领队说话重要，不听清楚会误事的。记得1989年世界杯男子单打比赛在肯尼亚举行，因海拔一千多米，空气稀薄，球速快，许绍发决定让队员到贵州去适应训练。一名新队员到了机场后到处转以至于误了航班。我对他说，你现在马上到火车站买票去贵阳，坐车也得去。由于我后勤上大包大揽，有些运动员会有依赖心理。胡玉兰要移居法国，临行前问了我一句非常幼稚的话：我到法国要不要过他们的海关？她出国那么多次，都是队里一道办了。童玲也说过，现在才知道，自己去弄张火车票、飞机票那个难和烦啊！

我每天从早上八点到晚上十点都在队里。晚上十点熄灯后，时常还要帮教练一起查房，以保证第二天运动员准时出操。我还要出席训练局各队的领队会议，因经常开会碰头，故与围棋队领队华以刚等互称"开会朋友"。那时电脑还未普及，我通过比赛赞助商得到一台 286 型的电脑。许多管理工作如何时发鞋、仓库里服装还有多少等，都用电脑进行统计留档，极大地提高了效率。有一次跟 TSP 公司谈服装赞助，我说这不是贵公司最好的服装，数量上也不够，对参加世乒赛的运动员应提供额外服装，这是发挥广告效应最好的形式；对方则嫌我们要的太多，乒乓队要一百套，一些编外的单位也要来。为这事我跟有关单位吵架，一直吵到徐寅生那里。我是凭合同据理力争，而其他人则想为本单位的工作人员争取点福利，算是工作上的矛盾。最终是以合同为准。那时帮助我工作的运动员中最得力的是黄飚、朱小勇。若干年后黄飚接替我担任了领队，朱小勇也被运动员冠以"副领队"的称号。

为参加印度新德里第 39 届世乒赛，我路过香港时有友人赞助买了台摄像机。从那时开始，我就开始为大型国际赛事录像，这活等于是我自己找的。国际乒联规定，凡是赛场录像，只能拍自己队的比赛，否则就得付钱，全场随意录像需付 1000 美元。我们没这笔开支，后发现美国等队都有专门的人拍录像，于是就互相关照。我最多时带了四台摄像机，一边拍自己的，一边拍主要对手的，日积月累带子越来越多。曾在 1988 年日本新潟亚洲奥运预选赛时，被日本媒体曝光为各国的"特务"之战，还把我拍录像的照片登上了当地的报纸。回国后因录像带制式的不同，还必须把小带子倒到大带子上才能看。我在办公室起草文件时，旁边的电视机、录像机全开着，边看边编辑。录像带要表明是什么比赛、哪个对手、在第几圈等。那时摄像机的电池容量很小，用一小时就得充电，外出比赛时我基本上是开着闹钟睡觉的，充满一批换一批。记得巴塞罗那奥运会时，我们带了两台电视、两台录像机和两大箱录像带。你还别说，运动员赛前看录像，印象绝对加深了。记得吕林和王涛的男双决赛，第一局打到 20 平后，费兹纳尔发球，吕林正手毫不迟疑地挑了一个空当得分。下场后我说，你胆子也够大的，这个时候居然还敢挑人家空挡。吕林说，这录像有用啊，费兹纳尔比分接近时一直发侧上旋球，录像我不知道看过多少回，是吃准了。

1989 年，男队以 0∶5 输给了瑞典，回来就反思为什么会输。其实，第 31 届世乒赛时，这个趋势已现端倪了。那时中国队几乎没有人赢得了瑞典的本格森。第 32 届世乒赛时我们男女团体都输了，却没有深刻认识到直拍正胶快攻已经遇到很大的危机。能够认识到这一点的是徐寅生，他主张在"快准狠变"后加个"转"字。之所以认识不足，是因为在快攻出问题时，长胶打法帮助我队渡过了难关。第 31、32 届世乒赛上了梁戈亮，第 33 届世乒赛上了陆元盛，第 34 届世乒赛上了黄亮和王俊，都是长胶倒拍打法。这一点我与张燮林谈过，他认为我说得有道理。另外，那个时期之所以输球还有思想混乱的问题。我们的很多运动员出国打球了，如郭跃华在德国，谢赛克在法国，也就是说第 36、37 届世乒赛的世界冠军都在国外打球，而第 38、39 届世乒赛的世界冠军江嘉良在国内的月工资还不到 100 块，与郭跃华等的收入相差 400 倍。一边是在任的世界冠军，一边是"过气"的世界冠军，收入差距如此悬殊，这种经济差距对思想的冲击，也造成了人心不稳的局面。身在国内训练，心里想着外出打球，才会输球啊！所以，不能完全归咎于技术上的失误，也有思想上的问题，只是当时认识不够充分，包括二队的解散也是一个问题。

1989 年第 40 届世乒赛后，许绍发呼吁重建二队，我便起草了报告，很快获得批准。刘国梁、孔令辉、冯喆等就在这时进队了。二队成立时有一个入队教育，第 26 届世乒赛中国男子团体首次获得冠军时，第二天在工人体育馆里捡到的手套、帽子、围巾、鞋子有两筐，这说明群众的欢呼多么忘情。我便把中国队几届世乒赛领奖的镜头剪辑下来,并与瑞典队捧奖杯和双方运动员的表情编辑在一起,来刺激这批小队员,告诉他们未来的任务是要代表国家去争光、去领奖的。做思想工作,我不爱讲空话和大道理,但有时不讲也不行,关键是必须跟比赛训练相结合。以前乒乓队老领队张钧汉的传统思想工作,是赛前不怕你有想法,就怕你窝在心里;你说出来,就有法找钥匙开你这把锁。

许绍发还提出把蔡振华调回来。1988年,我带队访问意大利的时候,就对蔡振华夫妇说受李富荣、许绍发的委托,请他回去当教练。许绍发特别担心蔡振华回国执教没有房子住,他在1990年外出时,特意悄悄地叮嘱严格封锁他外出的消息,以避免将他的房子收走。这样蔡振华从国外归来下飞机后就直接住进原许绍发在幸福大街12楼的家。蔡振华的母亲用无锡普通话称呼我"姚同志",过了二十多年,她还记得这个事。

1989年第40届世乒赛时,我按计划提前一周打前站。出发那天早上,我骑车去体育局,过十字路口时,听见有人大声叫我,一捏闸被后面的车一撞,瞬间从车把龙头上飞了出去。拍片证实是膝盖髌骨摔裂了。我对医生说下午要上飞机,只能简单包扎一下。到中午痛得实在不行,出了一身冷汗,毛衣都湿了,又想吐又想泻。无奈只能等到下个星期带着膝盖处上的石膏飞德国了。后来许绍发说,一个队的领队在出发前摔断了腿,马失前蹄,怎么能不输球?那年,我第一次应邀作为中央电视台评论嘉宾,与韩乔生、孙正平合作讲球。当时于贻泽和郑怀颖幼小的女儿说:普通话这么差也能上中央电视台啊!我至今记得这童言无忌的批评。

90年代初,我被协会提名进了国际乒联器材委员会。根据乒乓球运动发展的需要,在徐寅生的支持下,邱钟惠和我分别在中国乒乓球协会的名义下,主持成立了科研委员会和器材委员会。乒乓球器材在中国主要有两个厂家，一家是上海"红双喜"，另一家是广东"双鱼"。记得我在器材会议报告的结尾处写道：希望中国乒乓球运动"年年有鱼""天天有喜"。

六、奥运会经历

1988年，主要考虑到与汉城相近的地理位置，女队在丹东训练，男队在威海训练。1992年，女队去正定训练，男队在扬州训练。我两面都要跑，要解决后勤保障问题，还须不时回北京开会。

汉城奥运会上中国代表团仅拿了五块金牌，尽管乒乓球占了两块（女单、男双），女单包揽前三名，场上升起了三面红旗，但仍然受到了批评。代表团团长李梦华当时就很生气，理由是别的项目可以输，乒乓球不能输，乒乓球是国球啊！

1992年出征巴塞罗那奥运会时，乒乓队感到压力很大。我们提前去了，抽签结果出来而比赛尚未开始的这段日子，运动员是最难熬的，心吊着，想法特别多。李富荣是代表团副团长，重点负责羽毛球和乒乓球，有时还来与运动员一起打牌，转移运动员的注意力，在看似闲聊中鼓励运动员的自信心，要他们轻装上阵、顽强拼搏。乒乓球比赛是在巴塞罗那一个废弃火车站改建的场地里进行，两边台阶有二十五层之多。为了取得对手的最新资料数据，我就在看台上把摄像机的镜头拉至最近，拍比赛要相遇的外国运动员。那时男单选手马文革、于沈潼、吕林三人，确实打不过欧洲选手；而女队奋勇向前，不可阻挡。女单在八分之一淘汰赛之前，我还向团部表示我的担心，因我方三女将陈子荷、邓亚萍和乔红相遇的对手，在以往双方的比赛中她们都曾有过失利的记录。结果，三女将皆轻松获胜。队部说我制造紧张空气。最后，女队获得两枚金牌、两枚银牌，男双王涛、吕林也在决赛中击败前世界双打冠军。乒乓球获得了三枚金牌,全队圆满完成任务,大家非常高兴。从比赛结束到等专机回国的几天,或许是我当领队以来最开心的日子。

1995年在天津世乒赛的国际乒联理事会上,徐寅生提名我接替竞选国际乒联执行副主席成功的马来西亚人叶荣誉,担任国际乒联技术委员会主席。按照国际乒联章程,技术委员会主席是奥运会上国际乒联两个技术代表之一。

1996年,亚特兰大奥运会乒乓球比赛的技术代表,是我和规则委员会主席、英国人考林·克莱默特。比赛由奥委会承包给了个人,也就是竞赛经理麦卡非。他一家三口都在乒乓球场地工作,包括现场的座位都是从英国租借海运来的,但最后他还获利了。开赛前一天裁判长拿着一组号码球准备抽签。我只看了一眼就说:你这个号码球,从1到16是用纸粘上去的。你见过中国人打麻将吗?想要几号无非是多摸一会。他无言以对,就去用笔把号码写在球上了。我发现,越简单越公开的东西就越能做到公平。抽签时就把一个很小的筐举过脑袋,手伸到筐里去掏,众目睽睽之下就不容易作弊。张燮林曾跟我开玩笑说,技术代表权力大,说电灯装在地上,就得装在地上。我说,老张,你别吃我豆腐啊!当然,作为技术代表,关键之时还是有决定权的。男子单打八分之一决赛时,我国王涛对战白俄罗斯的萨姆索诺夫,比赛到第三局,当时王涛以0∶2落后。突然比赛场地的照明灯熄灭,比赛中止了。中国队教练蔡振华对我说,比赛必须按赛程继续下去,王涛有把握反败为胜。白俄罗斯教练则对我说,灯光没有了,不知道何时维修好,比赛改明天打吧!美国的竞赛经理麦卡非说:我的任务是尽快恢复照明,至于为什么出问题,我调查后明天向你们报告,是继续比赛还是改期,由技术代表决定。我既想比赛继续,又不想表现出"胳膊往里拐",就问美国的竞赛经理:今晚的女子单打四分之一决赛,电视转播权是否已经卖出去了?我是明知故问,那天晚上是中国乔红对代表日本的小山智丽(即何智丽),我知道中央电视台要转播。我问:如果下午的比赛改期,晚上的比赛怎么办?电视转播因关乎经济收入,是主办方最上心的事。麦卡非连声说:不能改!不能改!不一会儿,照明恢复了,我即宣布继续比赛。果然,王涛反败为胜,淘汰了萨姆索诺夫。其实照明熄灭是美国两个主管电工之间在打赌,比赛打到第5局他们还拉了一次闸,好在不用花时间修理只要把开关推上去就可以了。事后获悉拉闸的电工以扰乱公共秩序的罪名吃了半年官司。

乔红对何智丽的那场比赛,我参与了解说。因为事先听到过教练曾传强给乔红布置战术,所以在解说的过程中,自然就把乔红的战术糅在解说当中。后来乔红的父亲对她说,你这场球打得好啊!姚领在上面怎么说,你下面就怎么打,配合得是天衣无缝啊!亚特兰大奥运会上女排输给了美国,中国乒乓球协会名誉主席李瑞环说:这些协会的主席在一块,乒乓球最风光了,为什么呢?因为乔红打败了"皇军"(何智丽加入了日本籍),邓亚萍打败了"国军"(陈静代表中华台北队),谁还能跟我们比啊!"皇军""国军"的说法就这么传出来了。

邓亚萍对陈静的比赛就发生了一点问题。当时在美国亚特兰大街上,台湾国民党的旗帜还不少。我就向代表团领导汇报了。经分析,台湾的国民党在这里经营了很多年,所以旗子问题不是一下子就能解决的,但只要比赛的现场不出现就行。我们那时特别小心,就怕出现此类事。邓亚萍与陈静比赛时,看台上一个台湾观众挥起了国民党的旗子。中国代表团的秘书马上向我反映,徐寅生主席在主席台上向我使着手势,意思是让我赶紧去处理。老徐也跟身旁的国际奥委会主席萨马兰奇说了,萨翁无动于衷,老徐生气了，径直走下了主席台。每个体育馆里都有为观众服务的部门，在我提醒下，竞赛经理马上就叫人上去，当即予以了警告。但陈静赢了第三局时，这人又挥起了旗子。为了让邓亚萍平复心态，比赛暂停了一次。此观众算是屡犯，也就不啰唆了，立马上去了四个警察，把此人抬了出去。比分打到2∶2，第五局陈静是以5∶21的比分惨败给邓亚萍。对此有种种说法。我听乒乓队领队说，陈静赛后的第一个电话是打给当时的男友。据这位男友披露，陈静当时说，对于邓亚萍的球，现场从技术上是打不过她的。所以，第五局以1∶4落后时，只有放手一搏，没想到发球、抢攻一个都没打到，比分成了1∶9。至此就潇洒走一回吧。这场风波让我明白一件事：奥运会的入场券上印刷着非常小的字，那是国际奥林匹克的宪章。宪章里明确写着不准在奥运会比赛场地进行政治和商业的宣传，不准使用未经国际奥委会批准的旗帜。只要你购买了票，就表示认可并必须执行奥林匹克宪章。

这一届奥运会，乒乓队第一次包揽了全部金牌。刘国梁与孔令辉获得双打冠军，决赛时的对手是王涛和吕林。他们四人比赛结束后，举着国旗绕场致意，那面国旗至今我还收藏着呢！所有运动员身上的号码布，运动员领奖前，我都要上前给他们摘掉，并督促他们换好衣服去领奖。

2000年，悉尼奥运会乒乓馆的景观布置令我有些震惊，真是漂亮啊！挡板、地胶、球台三者颜色非常和谐，桌子腿都用布料包起来了。国际乒联要对比赛进行电视转播，收视率是衡量一个项目能否在奥运会里待得住的重要标准。悉尼奥乒赛的球票卖得不如其他项目好，但决赛时的门票仅次于开幕式，是第二个售完的，大都被中国人买走了。我在现场问一位中国母亲为什么带才几岁的孩子来看球，她说只要买乒乓球的票，就能百分之百听到国歌。原来在国外听国歌的感觉是不一样的。悉尼奥运会培养了一大批搞竞赛的人才，到2004年雅典奥运会时，整个比赛均交由澳大利亚人操办。我从悉尼带回来一大摞的文字材料，起初没当回事，等筹办北京奥运会时，我仔细看了才发现此资料对整个奥运会乒乓球竞赛工作做了非常详尽的阐述，日程、应急预案、景观布置，还有国际技术官员的比例分配、志愿者的岗位及具体分工等，为我们举办北京奥运会提供了极大的便利。

奥运会强调公正与平等。一个代表团往往只有一张A证。我持B证，这期间配有T2专车，并且可以上VIP席。瑞典国王来看老瓦比赛时就坐在我的旁边。记得北京奥运会时，一个当地场馆的负责人与国际奥委会的人为了主席台的设置吵了起来。该负责人说，我们必须设主席台，这是中国国情。国际奥委会的人说，自1936年奥运会后，奥运会就不再设主席台了。

北京奥运会上，东道主球队总是希望增加主场赛前适应场地的机会，我则表示要按公平原则办。否则，外国队会提出异议甚至抗议，会给今后的比赛活动造成损害。这使我想起第一届青年奥运会时，所有运动员都住在大学生宿舍，而我们的运动员提出这里有蚊子，要搬到旅馆里去。团长蔡振华说，别的队住哪里，我们就住哪里，不可以搬。现在运动员的生活条件太好了，稍有不顺就怨天尤地，你不是输给对手，是输给了蚊子，冤不冤啊！过去国家队训练时还有意识地制造困难，比如训练时放高音大喇叭去磨炼队员克服困难的意志；甚至一周吃一次西餐，以让运动员适应欧洲比赛的环境。现在有钱了，动不动就叫中餐馆送饭，那要是没有中餐馆你就不打比赛了吗？有一次举行大型的国际比赛，有人请示徐主任中国队要不要抽一个好签。徐主任说，不能作弊！中国人的冠军是打出来的，如果你作弊一次，人家就会怀疑你以前都是在作弊。所以我在北京奥运会筹备时多次说：兴奋剂是丑闻，比赛中的不公平也是丑闻。

在北京奥运会开赛以前，日本、韩国、新加坡再三跟我打听团体分组抽签名单是怎么排的，目的就是想在四分之一决赛前避开中国队，这样至少有希望拿块铜牌。我说是按各队三名运动员的世界排名，据此计算出种子排名的位置。我是吃透了乒乓球的规则，才能做到有理有据。北京奥运会乒乓球团体赛的赛制规程，是我主持的技术委员会制定后，经多次会议形成提案，并由国际乒联奥林匹克委员会批准的。日本的木村兴治（时任国际乒联副主席）看了后说，这个规程是A、B、C号占便宜，X、Y、Z号吃亏了。我说，木村先生，我当中国队教练，我拿X、Y、Z号，你拿A、B、C号，咱们纸上谈兵比个输赢。我们队是马琳、王皓、王励勤，你们是水谷隼带队。第一、二单打你都赢不了，双打可以换，你可以把最好的排在双打，但无论怎样你还是赢不了。所以抽签虽带有偶然性，但还是实力说话啊。

雅典奥运会时，一天，裁判长拿着张怡宁的球板来找我，说张怡宁的板上有个气泡，导致板面有点尖，高出来了。我想球板问题的终极裁决应由裁判长来定，怎么来找我呢？我琢磨，这裁判长胆小，不敢裁决，可我又不能给他留下把柄。于是我问他，如果球打在这板高出的点上，谁先失误啊？当然是打的人失误啊，既然如此，就不会给对方造成影响。这位裁判长就认可了。这个事中国队不知道，也没人告诉张怡宁。我说过，你让运动员侥幸过一次，他以后就会心存更多的侥幸。后来在北京奥运会上，张怡宁跟李佳薇比赛时，板又起泡了，当场就没通过，只能换上预备板，虽说赢了，但还是让人捏了一把汗。此事我事后才知道。此外，我很荣幸在雅典乒乓球比赛结束后去观看了其他项目的比赛。刘翔夺金牌时我在场，女子网球夺金牌时我在场，皮划艇首夺金牌时我也在场，女排对俄罗斯反

姚振绪（左四）在 2008 年北京奥运会乒乓球比赛抽签仪式上

败为胜那场我更是从头看到尾。

那些天，天天喜悦充满我心，我喜欢这样的日子，我怀念这样的日子，我向往这样的日子！

七、探索之路

1988 年，伍绍祖任国家体委主任之后，开始组建各个项目的管理中心。先是篮球、足球进行试点，乒乓球、跳水等运动成绩好的项目则按兵不动。我那时已任多年领队，便在队里与徐寅生的秘书杨树安经常沟通商议如何筹建乒乓球管理中心。

第 42 届世乒赛中，"海外兵团"大放异彩。代表德国的施捷赢了乔红，代表新加坡的井浚泓赢了邓亚萍，也就是中国女队的一、二号选手皆被原中国运动员打败了。当时到国外打球赚钱的思潮还是比较严重的。1992年巴塞罗那奥运会之后，我男队双打有很大突破，女队也拿了单打、双打冠亚军，我们就开始考虑怎样才能留住优秀运动员。以足球为例，一转为俱乐部制，运动员的工资就猛涨啊！提高运动员的待遇，这是成立乒乓球中心首先要考虑的问题。我们分析了运动员外流的几种情况，主要是有些运动员在国内打不上主力，而其技术在国外算好的，如井浚泓进过国家青年队，有一定水准，我还带她参加了在印度举行的亚洲锦标赛。巴塞罗那奥运会之后，乔红想退役，因有的国家如日本、韩国是以产业组队的形式参赛的，于是我们主动联系松下公司，松下公司本身有球队，也愿意接纳乔红，而且待遇比国内高。后来女队的情况有点青黄不接，就把乔红调回来，她又和邓亚萍拿了亚特兰大奥运会双打金牌。所以政策搞好了，人才就有可能不外流。再比如李惠芬也去过日本松下队，樊建欣、满丽去过日本生命保险公司的球队等。这些在国内属于前八名水平的运动员出去打球，既能赚钱并保持运动水准，又不用代表所在国打球。对此老徐是支持的，包括积极地向香港输出人才，因为出去要徐主任签字啊。那时的总趋势是卡不住的。我知道国家体委曾经给湖北省委领导打过招呼，不要让陈静走，但是陈静还是走了。人家去留学，你总不能不批吧？所以与其堵，不如疏。

1994年6月，乒乓球中心成立了。主任是李富荣，杨树安任常务副主任，60岁的程嘉炎是新提拔的副主任，老徐的意见是"先提起来然后退休"。老徐就是这么个好心眼。乒乓球与羽毛球合并进来称乒羽中心那是后话。1994年，中心在江西新余召开了全国乒乓球工作会议，通过了我起草的经领导批改审核的有关章程，内容大致有：打进全国比赛前八名的人，一律调国家队；青年赛的冠军调国家队；青年、少年比赛前几名调国家二队等。长期以来，下面对国家队调人有些意见，现在公开按成绩说话。我们开始打造乒乓球俱乐部系统，先是制定目标标准，一是保持我国乒乓球的优势和领先水平；二是留住人才，提高运动员的待遇。具体的措施有：某一运动员代表俱乐部比赛，则人事、工资便留在省里，以确保其能代表省队出战全运会，同时也保证地方上有选送运动员进国家队的积极性。因为在我们这个项目里，世界比赛永远高于商业比赛，祖国利益高于一切，绝不允许出现足球中为俱乐部卖力，代表国家队则担心受伤等劣行。

刚刚成立俱乐部搞赛会制时，薪金最高的是邓亚萍。后来实行主客场制，并规定唯有世界冠军可以流通，属于自由人，不一定代表其所在省市的俱乐部。第一个出现的情况就是北京的周树森教练出五十万元去辽宁队挖王楠，结果辽宁本溪钢铁厂的老总也出了五十万，留住了王楠。这样一来，运动员的待遇自然往上走了，甚至中国俱乐部的待遇逐步超过了外国俱乐部。此间，徐寅生曾表示过担心，怕钱多了控制不住。我跟老徐说，不是让"一部分人先富起来"吗？现在不就是少数几个冠军多拿了吗？在俱乐部对运动员的薪酬管理上，我反对暗合同，一切写在明处。直至现在，乒乓队没有出现俱乐部大于国家队、商业比赛高于世界比赛的局面，乒乓球为国争光的目标始终如一。在我们国家乒乓球队里，你如果在代表国家的比赛里不卖力，你就"死"定了。

1996年，国际乒联职业运动员巡回赛开始了。我参与了全程工作，记得当时为了找赞助，还专程到广东中山，做彩电生意的老板当场赞助了二十万。第一届总决赛在天津举行，其间国际乒联开了执委会会议。我的意见是应对各国协会参赛人数进行限制，因中国运动员人数太多。沙拉拉则说，这是商业比赛，谁有本事谁打上来。我发现外国人特别强调个人，单打是绝对提倡的，甚至对双打都认为有集体意识。所以，他们不在乎巡回赛中中国选手的多少，只是希望运动员要拼，要真打，否则对不起观众，对不起电视转播。在世界体育职业巡回赛上，乒乓球第一次实现了男女奖金平等。本来差距很大，男的拿六十，女的最多拿四十；或者男的拿一百，女的最多拿六十。实行了乒乓球比赛职业巡回赛后，国际乒联就逐步开始商业化了。1999年在埃因霍温的世乒赛，经与中国天津大维制衣公司谈判，国际乒联第一次以"大维"冠名，这是最早的商业开发。有了广告和商业赞助再加上电视转播出售，国际乒联就逐步扭亏为盈啦！之前，国际乒联办比赛都是赔钱的，包括荻村当主席时花了日本乒协大约有上亿日元。

各类比赛多了，就带来了新问题。欧洲人都是"以赛代练"，我们试了一下，发现运动员受伤太多了，在外国打球谁给你治啊？那时还没有像今天队医可以跟着走的条件。再一个就是"赛"代替不了"练"，很多新技术没有练过，怎么敢比赛呢？所以，我们中国人是"以赛促练"。那时国内搞比赛开始强调正规化，起码同一个队的运动员上场时服装要一致。但一开始做不到，穷啊！一个运动员总共只有三四件衣服。于是就弄了类似足球队分组对抗时的大背心，服装不统一，外面套背心。这自然遭到运动员的抵制，特别是女孩子们的反对，太难看了！不像现在的比赛，连业余队的服装都统一了。

比赛多了，奖金也越来越多。原来乒乓队的奖金是打统账的，男的拿得高，但次数少；女的拿得低，但次数多。政策规定国际比赛中获得的奖金可以提成，当时运动队可拿到总奖金的30%，由队里决定怎么分配，大约27%给运动员，剩下的3%给教练和陪练等。我每到年底便制订一个分配方案，与许绍发、张燮林三人一起商量，看看有没有漏掉或太高、太低的问题。这方面许绍发和张燮林都很大度。蔡振华接任后不久，男女队的奖金分开了，我也省事了。但凡钱多、名气响的地方，尤其在平衡个人利益方面，或多或少会存在着矛盾。我们这一代强调集体主义，但也免不了个人主义的产生。乒乓球这个赛制本身就会产生个人主义。邓亚萍、乔红的双打天衣无缝，获两届奥运会金牌和两届世乒赛冠军。但单打决赛相遇则必须"翻脸不认人"，否则就是不公平的竞赛。我认为集体主义的思想教育是不可缺的，有人曾问我：怎么才能打败中国乒乓球队？我说：你们打不败，要打败的只有他们自己。因为老徐曾告诫我，钱多了当心出毛病！我就对地方教练说，你们把我的话带给运动员，现在钱多了，还老埋怨俱乐部搞得不好。乒羽中心或中国乒协再怎么没本事，叫俱乐部比赛停办还是有本事的。如果俱乐部停办，谁的损失最大？裁判员一场比赛只有一千元，你们呢？俱乐部是你们的"爹"，观众是你们的"娘"，运动员要对得起掏钱的人、养你们的人。我们几十年走过的这条路是成功的，名誉主席李瑞环接见乒乓队时说：一件事情反复出现，必然有它的道理和规律，一是乒乓球练得够数；二是不断创新。我想今后乒乓队还会碰到各种问题，要传承好的作风，包括强调集体主义，反对金钱挂帅，希望未来的领导把好这一关。

有人批评中国乒乓球的市场不好，是因为没给俱乐部很大的权限。殊不知，俱乐部的权限大了，国家队的权限就少了。正如媒体评论国内大球："国家队感冒，联赛吃药。"乒乓球队有这么个特点：非俱乐部联赛和全运会期间，国手都在北京训练，这不仅证明国家队的水平绝对是一流的，更证实这种集中训练的方式行之有效。现在日本人在学我们，日本奥委会拨给了上亿日元，日本乒协有钱组队了，将人员集中起来一起练，水平马上就上来了。

我现在已退休，回顾往事，有哪些事是比较令人满意的？比如国际乒联一致公认上海世乒赛办得好，在我看来起码开幕式是空前绝后的。再一个就是北京奥运会，比赛还没结束，国际乒联就要给我这个竞赛主任颁发奖牌,我说北京大学副校长是场馆主任,要发就发两块奖励牌,结果真的发了两块。我这一辈子做乒乓球的工作,自己最满意的还是于1994年参与制定乒羽中心的政策。我到乒乓队当领队时,1987年有6项冠军,1989年第40届世乒赛输得一塌糊涂。第41、42届世乒赛男团、男单冠军丢了,1995年第43届世乒赛又重新拿回来,这也是我当领队十年跌宕起伏的过程。接着第44、45、47届世乒赛得了6项冠军,第46届世乒赛获得7项冠军,第48届世乒赛又是7项冠军。直至2018年第54届世乒赛,从没有少于5项冠军。莫斯科比赛中女团输了,雅典奥运会王皓输给柳承敏等,都属于偶然失手,我们整体上是长盛不衰的。所以方针和政策是第一位的。大环境好了、政策好了,人才就不会外流。运动员能安心训练,竞争激烈,竞赛就出人才,当然这个竞赛必须是真刀真枪地干,绝对不能打假球,假

1993年5月26日,参加第42届世界乒乓球锦标赛的中国代表团载誉回到北京,国家体委主任伍绍祖到机场欢迎。图为荣获冠军的运动员和教练员在欢迎仪式上合影,后排右一为姚振绪(领队)

球害人。总之，我希望不管怎么改，一些好的经验、好的思想、好的路子别动。不要因为领导更换的原因、环境变化的原因、过于考虑经济的原因等，把我们很好的模式抛弃了。只有传承乒乓精神，才能保持长盛不衰。

八、出任国际乒联官员

1995年在天津世乒赛的比赛场上，国际乒联原技术委员会主席、马来西亚人叶荣誉对我说：姚先生恭喜你啊！你升任技术委员会主席了。我说：开啥玩笑，主席是你啊！他说自己竞选国际乒联副主席成功，徐寅生提名我任此职。按照国际乒联的规定，一个国家可以有三人在国际乒联工作。条件是所在国协会提名，由国际乒联通过。这样，老徐就把我推上去了。对我来讲，着实感到了压力，尽管我懂一点英文，但总体上的确还差得很远。

技术委员会主席是奥运会的当然技术代表，有相当的话语权，但技术代表的所有决定都有记录可查。应该讲，在国际乒联的工作人员中，我还是比较受欢迎的。因为我第一秉持公平公正；第二，在互相交往中讲诚信，说话算数，答应的事情不含糊，承诺的事情要做好；第三，我工作努力是有目共睹的；第四，在交往中要大方，别太抠门。国际乒联主席沙拉拉曾评价我为不可替代的竞赛组织技术人才。

到目前（2018年）为止，奥运会的团体竞赛、世界锦标赛团体赛的竞赛办法，都是我当技术委员会主席时的产物。国内乒乓球爱好者可能不了解，在国际组织做事必须表决通过，不是一个人能说了算的。国际乒联章程规定，重大的变革和提案必须由代表大会人数的3/4多数通过。比如徐寅生提出的用40毫米直径的大球取代38毫米直径的小球的提案，1999年代表大会表决就已经超过半数同意，但未达到 3/4 的多数，到 2000 年代表大会时才通过。悉尼奥运会以后，国际奥委会对乒乓球比赛的评价中提出的唯一不足之处，是认为最后由同一国家的运动员决赛不好。国际乒联开会讨论，欧洲人提出一个国家只能报一对双打，但亚洲国家包括日本、韩国都反对，双方吵得不可开交，结果非洲人出了个折中的点子，把报名的两对抽到同一半区内，决赛时不是就碰不到了吗？但问题又来了，2004 雅典奥运会半决赛仍然是在中国运动员之间进行，即便不能拿金银牌，也会拿金牌、铜牌。这让国际乒联下决心继续改。双打改团体是最好的选择，一是团体比赛电视转播时间长；二是团体代表一个国家，不可能一个国家出两个团体；三是他们也知道，双打改团体中国人不会反对。我便对沙拉拉说，你这是"一石三鸟"啊。本来一般国家的电视不会转播乒乓球比赛，但因为团体是国家的象征，便也转了。沙拉拉叫我拿出方案，有的认为按女团考比伦杯比赛形式，可只上二人打五场球，我说团体应上三人为好，符合"重在参与"的奥林匹克精神，结果获得多数同意。再者，国际奥委会承诺不取消双打，把双打放在团体里进行。我提出，把双打放在第一场进行，可以节省换场的间隙时间 8 分钟。大多数人的意见是不习惯（背景是中国的双打在奥运会上没有失败过），还是放在第三场。我又提出，双打的名单可以在两场比赛后，根据场上的形势再决定，理由是帮助弱队尽量不以 0 : 3 输球。我的方案获得了通过。国际乒联主席沙拉拉说，这个竞赛办法应该叫 "Yao system"。我说应该叫 "Olympic system"。2009 年我辞去国内外一切职务后，由中国乒协提名，国际乒联授予我乒乓球运动"贡献奖"。

国际乒联器材委员会主席是美国人哈里森，他是美国杜邦公司化工博士、美国乒乓队访问中国时的领队、中美"乒乓外交"的见证人。任职期间，他对中国人比较熟悉的长胶和快攻所使用的又短又粗的正胶动了"手术"。这两种胶皮今天已经灭亡了，当时的过程颇为复杂，有必要讲讲这方面的事。

1989年器委会提出，重新制定球拍覆盖物的正胶几何图形的标准，目的是力求控制住对乒乓球运动发展有影响的覆盖物。在此后的国际乒联理事会上通过了正胶的新标准，规定粒高≥1 mm，粒顶部直径1—2.2 mm，粒间距1—2 mm；1993年又增加了颗粒高度/直径≤1.3的T4标准，新标准获得通过后定于1998年实施。由于器委会的提案是个数据、比例和概念，没有实物，便未引起重视，包括器材厂商和打长胶的运动员，都没当回事。

于是，器委会于1997年8月公布了球拍覆盖物清单的18号表，当年年底后将由裁判根据这个清单来认定所用球拍是否符合规定。这个表列出球拍覆盖物，主要是正胶胶皮中的几十种，按新标只能使用到1997年底。刘国梁是1996年的奥运会冠军、1999年的世锦赛冠军。如果按照1997年8月的标准，受到影响的世界优秀运动员约20人。为此，1997年12月，我代表国际乒联技术委员会，向在香港召开的国际乒联执行局会议提出"关于推迟执行器材委员会球拍覆盖物新标准的建议"（至2000年底）。因为根据目前的世界排名，受影响的世界优秀运动员有邓亚萍、陈静、耿丽娟、柳智慧、施捷、倪夏莲、齐宝华等，女运动员前25名中占了13名；男运动员有刘国梁、王涛、丁松、黄文冠、杨敏、松下浩二等，前25名中有6名。这对国际乒联是一个严重的问题，且近十年来，球拍问题并未对重大比赛产生干扰。若是多名优秀运动员退赛，无疑会使比赛获得的赞助、观赏性和电视收视率下降。

在这段约8个月的日子里，我和哈里森博士在通信中唇枪舌剑、各抒己见。哈里森认为乒乓球拍型号多样，性能各异，比起网球、羽毛球，球拍在比赛中所起的作用大得多，这不利于公平竞赛；问题主要在正胶，所以要对正胶"动手术"，器材委员会有责任解决这个问题。我则认为，第一，该新标准只是纸面上的数字，没有按照新标准生产的新覆盖物进行实践。第二，在长时间的实践中，作为正贴主要有两种类型——长胶，胶粒细长，多用于防守；短胶，胶粒短粗，多用于快攻打法。现新标准介于两者之间，胶粒不长不短、不粗不细，攻，攻不死、守，守不住，让运动员进退两难。这也是为什么新标准的覆盖物没人重视的原因。所以我建议延长对原批准的覆盖物使用期至2000年底。哈里森说，比赛结果应该是运动员水平的反映，而不应该受球拍因素的影响，双方应该一样；同时不应从某些运动员的胜负考虑，而是要从本项运动的发展考虑。正胶胶粒如果在几何图形改变后使速度和旋转减弱了，这正好和40毫米直径球的改革不谋而合，不是更好吗？我说，有矛就有盾；在强烈旋转弧圈前，世界上采用防守打法的运动员多选择长胶，即以长胶的多变和强烈下旋来克敌制胜。此后，又发展到进攻打法的运动员用一面长胶过渡，靠旋转变化为进攻创造条件。当今主要采用防守打法的松下浩二、涩谷浩（日本）、田静、施婕（德国），主要靠长胶进攻打法的倪夏莲（卢森堡）、齐宝华（中国香港）都会因正胶颗粒标准改变而受影响。而根据新的标准，颗粒必须高1毫米，则刘国梁等快攻也会受影响。没有防守和快攻的乒乓世界，是完全不精彩的。同时，任何一种胶粒，击出的球都有规律可循，一旦被人掌握，使用长胶反受长胶的限制，比如中国防守运动员丁松已经不使用长胶了。哈里森表示赞同我的观点，不能让守球打法消失。

其实，我也不反对对球拍的覆盖物制定统一标准，只是这一标准应来源于实践，并考虑到公平和合理性。当初张燮林的长胶使在日本的运动员一筹莫展,荻村任国际乒联主席时,仍认为球拍是靠人掌握的,技术的进步必然带动器材的发展,器材的发展也会促进技术的进步。所以日本人尽管吃长胶的亏很多,但从没提出要取消长胶。包括日本的国际乒联理事木村,当初也吃过张燮林的亏,也认为不应轻举妄动,应经过实践后再改。

最终,在1998年5月南非的理事会上,德国乒协提出,正胶的几何图形中,颗粒的粒高和胶粒顶直径之比值,由1.3改为1.1。提案以19票同意、18票反对获得通过。这意味着自第26届世乒赛开始使用的长胶,将在1999年6月底结束历史使命。根据国际乒联章程,由表决产生结果,器材委员会于6月16日发出通知,对球拍覆盖物改革采取三步走的两项决定。第一项如下:(1)对新报批的球拍覆盖物正胶,立即执行颗粒高度与直径之比值不得大于1.1的规定。(2)已公布的18号表上的胶皮,如果颗粒高度与直径之比值大于1.1,只能使用到1999年7月1日。(3)器材委员会将对现所有的胶皮进行复审。如不符合新标准,将立即通知器材厂商提供新样品。第二项如下:(1)新报批的胶皮如不符合T4的标准,将不被列入批准表。(2)目前在18号批准表上按T4标准有误差的胶皮,粒高度与直径之比等于或小于1.1的,可使用到2000年奥运会后,即2000年10月1日为止。(3)在奥运会之后,允许有0.2毫米误差而在18号表上符合T4标准的胶皮继续在批准表上保留并使用;在下次国际乒联器材委员会公布的批准表上,不符合标准的胶皮将用符号标明。

这也就是说,为中国乒乓球队屡建功勋的长胶将结束其使命已成定局。但刘国梁使用的正胶、王涛使用的TSP,都可以打到2000年奥运会之后。假如当初不是跟器委会去沟通和交涉,刘国梁能不能打到2000年还是个疑问。

按照新标准,长胶改成了长不长、短不短的样子。本来用的胶粒呈金字塔形或 T 型也不行了，胶粒一律要垂直圆柱体，以减少胶粒触球后的摇动，降低球的怪异度。后来又做了规定：每平方厘米中胶粒不能少于十粒；而且胶皮出厂后，不能再做化学和物理上的改变。以前有些人为了使胶皮"怪"，就放在汽油、煤油里泡，甚至放在微波炉里烤，使胶粒膨胀，胶粒变得比原来更软更"怪"。近台快攻关键要使球打得快，就要求胶粒尽可能短，如果是宝塔形的就会更快。中国出的正胶，既不同于 TSP 的生胶，又不同于长胶，比生胶更好控制一点。我们有的胶粒呈圆形，上面是梅花形的；有的胶粒看上去是平的，但细看上面有井字型条纹。新规则就要求统统去掉，胶粒只能是平的。别小看这些改动，这可能就结束了某些运动员的运动生涯。的确，长胶不"怪"了，正胶不快了，球拍两面颜色不同了，开始使用大球了，很多以变化、速度、旋转为主的选手就退出历史舞台了。我认为，比赛的公平性应该得到支持，一些"小动作"也应该取消，仅仅靠器材搞花样是不可取的。

九、要"世乒赛"，不要战争——在贝尔格莱德的日子

1999 年，第 45 届世界乒乓球锦标赛原定在南斯拉夫首都贝尔格莱德举行。从北京直达贝尔格莱德的飞机每星期只有一个航班。3 月 22 日中午，我乘坐南航 JU485 班机出发，前往赛地主持团体赛的抽签工作。抽签原定于 3 月 18 日举行，由于以美国为首的北约和南联盟就科索沃问题的第一轮和谈未达成协议，国际乒联将抽签推迟到 3 月 25 日进行。

我将出发的时候，北约和南联盟的第二次和谈眼看又要破裂，战争看起来不可避免了，乒羽中心的同事都替我担心。临行的头一天晚上，《乒乓世界》杂志的记者夏娃给我家里打电话进行采访，她的记录中有我的表态：

"不管第45届世乒赛能否如期举行,在国际乒联执委会3月25日做出决定之前,有关这次世乒赛的准备工作还要按部就班进行。"此外,作为中国乒协的副主席兼秘书长,如果不去,有可能被误解为中国对南乒协不支持,"所以无论那里将会发生什么问题,我都必须去!"

经过十几个小时的飞行,我抵达贝尔格莱德,立即给乒羽中心发去一份传真:

> 我已平安到达贝尔格莱德,这里静悄悄。南乒协的秘书长及裁判长来机场迎接。目前组委会已经接到报名男队85个、女队65个,德国、美国、韩国还没有报名。

南乒协希望比赛能够如期举行,体育馆现有1 700名工作人员24小时轮流干,一天一个样。抽签定于当地时间25日13点举行,南斯拉夫电视台二台将向全世界进行抽签的实况转播。卡普坦尼奇先生和南乒协主席准备赶在25日之前到北京,为争取世乒赛如期在贝尔格莱德举行做最后的努力。

这里有一个国际音乐比赛正在进行,总之还看不出战争的迹象。但刚刚有报道说,美国给了24小时期限,否则就要动武,恐怕到不了25日就会见分晓。

贝尔格莱德时间3月22日24点,第45届世乒赛报名截止。23日上午我再次向国内发传真,告知报名结果:"韩国男女队在最后一刻报名参赛,使参赛队增加到了男86个、女66个。"向国内报告不仅是告知中国乒协,也是向国际乒联报告,因为当时的国际乒联主席是徐寅生,是他在主持国际乒联的工作。我特意提到:"南乒协、组委会和赞助商似乎丝毫不受北约要打击的影响,依然积极筹备。"

事实上,报名截止后,又有协会确认报名,总数达到105个协会,其中男队92个、女队72个。在北京,大家通过电视新闻已知道北约就要对南联盟动武了。乒羽中心外联部马上往我居住的旅馆打电话,因电话无人接,又把电话打到中国驻南联盟大使馆,才知我去了另外一个城市诺维萨德。原来,我除了抽签的任务之外,还帮着中国队打前站,即跟组委会商讨能否接待中国队提前到贝尔格莱德适应训练。南乒协负责人非常为难,因新体育馆的内部装修工程十分紧张,故建议我到邻近的诺维萨德去看看场馆。诺维萨德离贝尔格莱德很近,开车不到一个小时就到了。1981年,中国乒乓球队在这里举行的第36届世乒赛上第一次包揽了世乒赛7项冠军,那是个福地。体育馆的设施非常好,南斯拉夫国家队正在那里训练。中国队提前来训练不成问题。

我去诺维萨德的另一个原因,是中国援外的乒乓球教练陈宝庆、黄锡萍夫妇就在诺维萨德,在异国他乡遇故知感到分外亲切。当晚,我在他们家促膝长谈。在战争的乌云笼罩下,他们没有丝毫离开的打算,决意和南联盟的运动员一起继续训练,抵制战争,真让我钦佩,也鼓舞了我。记得第二天早市,他们陪我上街,有个穿蓝大衣的女士用英语问我:中国人,马上要轰炸了,为什么还不离开?我不知道哪来的勇气,用英语脱口而出:"We are not afraid!(我们不怕!)"对那件蓝大衣,我至今记忆犹新。陈宝庆、黄锡萍也担任我在南斯拉夫期间的塞尔维亚语翻译。

24日上午,我惜别两位教练好友,返回贝尔格莱德,去检查抽签现场,并调试了由"红双喜"制作的鼓风吹球的抽签机器。24日晚8点(北京时间25日凌晨3点),南联盟乒协秘书长等人正陪我在下榻的洲际大饭店用餐,这里距贝尔格莱德城外的军事基地大约20公里。突然,城市的上空响起了警报声，组委会的工作人员劝我不要紧张，我很坦然。空袭开始了，我感觉脚下有一阵颤动，但整个饭店里没有人惊慌失措，南联盟乒协秘书长拿出手机打电话，一个都没有接通。大家平静地谈论着空袭，大堂酒吧里，乐手在钢琴旁弹着悠扬的古典乐曲，饭店外面的街道上仍然有汽车穿梭往来。

回到房间打开电视，几乎每个频道都是关于北约空袭南联盟的报道，画面上重复着空袭后着火的场面。凌晨两点钟，床头的电话铃响了，传来国际乒联主席徐寅生的声音。乒羽中心外联部的几位翻译拨了几十遍的号码，才接通了洲际大饭店的总机，此时是北京时间25日上午9点。徐寅生说，根据目前的局势，第45届世乒赛恐怕无法如期举行了。国际乒联执委在北京时间25日晚19点召开电话会议，团体赛抽签是在北京时间晚20点举行的，他让我先向南乒协负责人透露一下，做好不抽签的准备。

又过了4个小时，北京时间25日中午1点，记者夏娃拨了十几遍电话号码，终于艰难地打通了贝尔格莱德的国际长途。我告诉她："这里没有你们想象得那么恐怖。特别是空袭之前，一切都很好，当地百姓一点都不惊慌。昨天，我们一起磋商团体赛抽签的具体事宜，还进行了一次彩排。电视台相当重视，抽签会场布置得非常好，会场中间是一个大屏幕，两边是男女团体抽签结果的公告栏，比过去任何一次世乒赛的抽签会场都好。但是空袭开始后，这里很多人预料世乒赛大概办不成了。他们为了举办世乒赛花了几年时间，付出了极大的努力，到空袭之前还有1700多名工人在体育馆里加班加点，组委会副主任卡普坦尼奇先生和南乒协主席本来要在25日之前赶到北京，想在国际乒联执委会召开之前，为争取第45届世乒赛在贝尔格莱德如期举行做最后的努力。但是炸弹下来了，有人就说：这下麻烦了。"我说："现在是早晨6点多，我和组委会的人约好了9点钟碰头，到时候会把徐寅生主席的话转达给他们。"

北京时间18点30分（贝尔格莱德时间11点30分），夏娃再次拨通我房间的电话。我说，已经把徐寅生主席的意见传达给组委会竞赛部门的负责人，也与卡普坦尼奇先生通了电话，但南斯拉夫乒协坚持要按预定计划举行抽签仪式，他们说，组委会不希望此事就这么中断。至于这次抽签算不算数，等国际乒联做出决定再说。我特别强调说，他们这样做，是要表达"要世乒赛，不要战争"的决心。

一个小时后，距离抽签仪式还有半个小时，我给乒羽中心打去电话，正在会议室回答记者提问的徐寅生赶来接电话，他请我转告世乒赛组委会和南乒协负责人，由于不可抗拒的原因，国际乒联执委会决定世乒赛改期易地，这是迫不得已做出的决定，国际乒联非常感谢南斯拉夫政府和乒协为世乒赛所做的大量工作。

在北京举行的新闻发布会结束后，夏娃又给我打来电话，了解南乒协方面的反应。世乒赛组委会的几位副主任和南乒协的负责人都到了设在洲际大饭店的抽签会场，听到国际乒联决定改期易地举办第45届世乒赛的消息后，都感到非常遗憾，同时也对国际乒联的决定表示理解。

第45届世乒赛改期易地的消息发出以后，乒羽中心的同事们开始为我的安全担心。我原定抽签结束后，26日乘飞机返回北京，现在贝尔格莱德的机场被炸后关闭，南乒协和中国大使馆正在想办法让我取道匈牙利回国。挂断电话之前，我说："中国大使馆的文化参赞一会儿就到我这里，放心吧，这儿有'组织'呢！"26日北京时间上午9点多，我从贝尔格莱德给乒羽中心打了最后一个电话。此后，我便和北京方面失去了联系。至于我怎样离开被轰炸中的贝尔格莱德，是我回到北京以后向大家追述的。

在贝尔格莱德，笼罩在战火中的南斯拉夫人像往常一样工作，晚上听到空袭警报时，居民楼照样灯火通明，对北约的空袭，历史上曾屡次经受战争洗礼的南斯拉夫人没有丝毫的恐慌感。自轰炸开始即陪着我的南联盟乒协秘书长特力波·考夫斯基先生，依依不舍地对我说：昨天到今天妻子打了多个电话催我回家，你的回程已经安排妥当，我开车回家还需要点时间，不能送你了。他还叮嘱我旅馆的长途电话随便打，迷你吧的水和食品带着上路，谁知道今后谁来结账、怎么结账！我俩拥抱告别。

白天有一帮人在一起没有感觉，回到房间等待出发时，我才真真切切地感觉到了什么是战争。房间内有旅馆发的告示：听到警报后要拉上窗帘，要离开房间去地下室，不要乘电梯下行等。电视上放映的不是被炸的房屋镜头，就是电影《瓦尔特保卫萨拉热窝》或是军乐和进行曲之类的音乐。出发前，我把可能遇到的各种情况都预想了一遍，脑子里尽是战争体裁电影的镜头。我把护照放在最贴身的衬衣口袋里，钱分开装在安全一点的地方，临行前还特意带上了矿泉水、巧克力和饼干，心想万一遇上空袭，可能在地上一趴就是几个小时，得有点东西充饥，以保持体力。

为了取道匈牙利回国，南斯拉夫乒协找到一辆连夜出发到布达佩斯机场接旅客的大巴士，并且替我联络好了匈牙利乒协，由他们安排住宿和回中国的航班。中国大使馆开始不同意这个方案，认为空袭大多在夜晚，路上不安全。刘鑫泉参赞又提议自己开车送我，但大使要求工作人员必须坚守岗位。实在没有什么更好的办法，而且南乒协向使馆保证我的安全，如果遇到危险，司机会停下车来。就这样，26日凌晨2点半，我搭上大巴上路了，车上只有4个人，两个上了年岁的司机，一个搭车的小伙子和我。车没走高速公路，而走的是路两旁有居民住房的慢道。我想这是为了安全起见，高速公路很空旷，容易成为目标。

平时我一坐车就打盹，那天晚上我一直很警醒。但路上什么事也没发生，大约早晨6点，我们到了边境，从南斯拉夫出境只用了两分钟，而过匈牙利边境却花了两个小时，一位军官和一位士兵先是把前面一辆车查了很久，轮到我们时，把我随身带的行李也翻了个遍，那个士兵拿着录像带盒，装糊涂地问"香烟？香烟！"后来当官的过来说：别查了，放行！事后才知道，司机给了当官的50马克。

过了边境进入匈牙利境内机场商店，两位司机在超级市场里停留了一个多小时，买了很多必需的日用品。进入战争状态，贝尔格莱德的物质供应立刻就紧张起来。在他们采购的时候，我给他们买了早餐。司机抱歉地说，原承诺送我到布达佩斯体育招待所，因边检耽误了时间，现需要接人的飞机很快要降落了，只能把我带到机场自己打出租车去了。我问出租车大约多少钱，他们说30马克。我想就是300马克也要掏啊！分手前，我换了100马克零钞，把其中50马克给了司机，入境时塞给边检当官的50马克当然不能让司机掏腰包啊！

乘出租车到旅馆时，是26日下午1点多，匈牙利乒协的秘书长（后来当选国际乒联副主席，又改任国际乒联CEO）朱迪·法拉古女士很快就来了，给我送来了第二天从布达佩斯直飞北京的机票。她告诉我，南斯拉夫乒协已经交给她1500马克，用于我的机票和食宿开销。我目睹这1500马克就是南乒协的工作人员自己先掏腰包凑起来的。他们正处在最困难的时候，还考虑得这么周到，让我很感动。当天上午，匈牙利乒协秘书长对电视记者谈到世乒赛改期易地的消息时，顺便说起我要经过布达佩斯回国。下午，在匈牙利打球的中国运动员陈治平看了电视后，特地到旅馆来找我。他本来要动身去奥地利比赛，陪我吃过晚饭后，才连夜赶往奥地利。

当地时间27日下午2点50分，我坐上了回国的班机，9个多小时后安全回到北京。在贝尔格莱德的这几天，给我印象最深的不是警报和空袭，

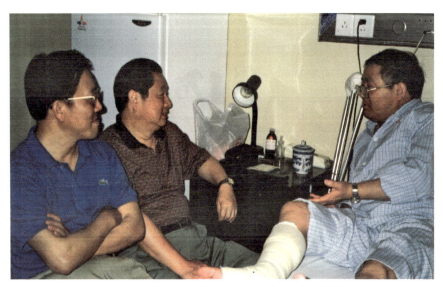

姚振绪陪同徐寅生探望在美国飞机轰炸中腿部被炸伤的驻南斯拉夫大使馆文化参赞刘鑫泉

而是国际乒联决定第45届世乒赛改期易地以后，贝尔格莱德组委会宣布取消抽签仪式的那一刻，到会的南斯拉夫乒乓球界的元老们都特别希望贝尔格莱德能够举办这届世乒赛。但组委会常务副主任卡普坦尼奇说，他非常理解国际乒联的这个决定，这是没办法的事。他和我拥抱分手的时候，我看到他眼里含着泪水，当时我心里也很难过，不知道这位挚爱乒乓球的70岁老人，今后能否如愿看到世乒赛在南斯拉夫举行。同时，南乒协很关心第45届世乒赛有可能在哪些国家举行，我说马来西亚、印度等几个协会已经提出申请，如果别的协会有困难，中国乒协也会考虑把第45届世乒赛接下来。南乒协秘书长说，最好在中国举行，我们都希望世乒赛在中国举行。

光阴似箭，20年过去了。2009年，第25届世界大学生运动会在贝尔格莱德举行。我以国际乒联派出的技术代表身份出席。第25届大运会开幕和闭幕式都在当年为第45届世乒赛建造的体育馆进行。在这个当初因北约轰炸未能如期完工的建筑里，看着各国大学生运动员兴高采烈地入场，我默想：要和平，不要战争！为此，我专门两次前往被炸的中国前驻南联盟大使馆旧址，缅怀牺牲的烈士。

追忆往事，我打开徐寅生主席特意叮嘱乒羽中心帮我多买的几份保险文本，上面赫然写着"战争无效"。抚摸着那份薄薄的纸页，深切体会到领导和同志们厚厚的情谊。经历过一次劫难，更觉得生命的可贵。不忘初心，不忘乒乓球事业，不忘祖国荣誉，无限感叹！